2020
中国广播收听年鉴

CHINA RADIO RATING YEARBOOK

丁 迈 主编

中国传媒大學出版社
·北京·

《中国广播收听年鉴（2020）》

编写委员会

主　　编：丁　迈

副 主 编：郑维东　肖建兵　周欣欣

编写人员：（排名不分先后）

梁　帆　龙长缨　肖　珊　吴　东　王建平　解永利
杨金姝　李忠毅　包凌君　施泽昊　张广彦　卢文钊
吴　凡　马　超　潘　琪　王　平　封　翔　张晶晶
娜布琪　王　钦　韦　唯　胡旻琦　彭辰豪　侯　龙
彭　平　谭敏健　唐　蕾　李蓓蕾

出版说明

为更好地服务于业界，尽可能地满足各方面对收听率数据的需要，作为我国视听率调查行业的领跑者，CSM 媒介研究自 2005 年起，每年编写出版一部《中国广播收听年鉴》。《中国广播收听年鉴 2020》是 CSM 媒介研究编写出版的第十六部广播收听年鉴。

《中国广播收听年鉴 2020》主要包括以下四部分内容：第一部分：综述。主要从收听环境、听众特征、听众收听行为、频率竞争格局、节目竞争格局以及广播广告投放与竞争格局等方面对 2019 年中国广播收听市场进行了全景式描述与分析。第二部分：专题研究。本部分除了对 2019 年新闻综合、交通、音乐、文艺、都市生活几个主要频率类型的收听状况进行分析之外，还从 2019 年 8 个测量仪城市广播听众基本特征及行为、私家车广播听众收听行为特点、传统广播情感类节目的突围之路、长三角地区广播一体化发展、广播受众的全媒体接触行为等方面进行了多维度分析，以期与读者共同展望用声音连接内容的台网共生的广播新时代。第三部分：收听数据。这部分是 CSM 媒介研究 2019 年进行收听率调查各城市网及各省网的收听统计数据，主要内容涉及人均收听时间、全天收听走势、听众构成和频率竞争状况等。第四部分：附录。主要包括 CSM 媒介研究各城市收听率调查网和各省网的基本情况。

《中国广播收听年鉴 2020》的出版具有非常重要的现实意义，它既可以为广大媒介从业人员提供有关 2019 年中国广播收听市场的全面分析，又可为其提供 2019 年全国 26 个重点城市及 2 个省翔实的收听数据，是媒介从业人员必备的一本工具书。

编者

2020 年 9 月

目 录
CONTENTS

第一部分 综 述

第二部分 专 题

第三部分 数 据

第四部分　附　录

第一部分

Part One

综 述 Overview

综 述

2019年是新中国成立70周年，是全面建成小康社会、实现第一个百年奋斗目标的关键之年。我国广播业高举习近平新时代中国特色社会主义思想伟大旗帜，在党中央、国务院和中宣部正确领导下，认真贯彻落实中央部署和总局要求，扎实工作、奋发进取，不断推动广播工作的高质量发展和建设，顺利完成各项任务，有力地服务了党和国家的工作大局。

2019年，我国广播业深入贯彻落实党的“十九大”和十九届二中、三中、四中全会精神，坚持正确的政治方向、宣传导向和价值取向，围绕主题主线创新发展，高度自觉、担当尽责、开拓进取，各方面工作都取得了重要进展和显著成效。2019年，我国广播业坚持以习近平总书记关于宣传思想工作的重要思想为基本遵循，圆满地完成了学习、宣传、贯彻习近平新时代中国特色社会主义思想、党的“十九大”和十九届二中、三中、四中全会精神，以及庆祝新中国成立七十周年重大政治任务的全方位宣传报道任务，同时聚焦新时代中国特色社会主义、中国梦、社会主义核心价值观等重大主题宣传，深化主题主线宣传，强化价值引领，传播正能量，广受社会各界好评。2019年，我国广播业牢记初心使命，始终坚持以人民为中心的工作导向，面向基层，服务群众，坚持弘扬主旋律，为民惠民，广播节目质量和公共文化服务进一步提质升级，更好地满足了人民群众精神文化生活新期待；坚持品质至上，推动内容创作，深入推进广播节目创新创优，推动内容品质升级，精品创作生产再上一个新台阶。2019年，我国广播业始终坚持科技引领，坚持改革创新，坚定不移地深化供给侧结构性改革，加快行业优化升级、高质量发展，媒体融合纵深发展取得新进展，事业产业不断发展壮大；管理体制机制持续优化，治理体系和治理能力现代化水平进一步提高，行业得到持续健康发展；行业监测监管技术系统和公共服务技术支撑体系进一步完善，科技创新与应用步伐进一步加快，科技管理进一步加强，安全保障能力不断提升。2019年，我国广播业继续加强国际传播能力建设，深耕内容建设，大力弘扬当代中国价值观念和中华优秀传统文化，以更有力地讲好中国故事、传播好中国声音，内容品牌进一步做强，国际传播能力显著提升。

本部分将从收听环境、听众特征、听众收听行为、频率竞争格局、节目竞争格局、广播广告投放及竞争状况等方面来对2019年我国广播收听市场进行全方位分析。

一、收听环境

1. 全国共有广播电台62座，广播电视台2422座

根据《中国广播电视年鉴2020》的最新统计，截至2019年年底，全国共有广播电台62座，广播电视台2422座。国家级广播电台有中央人民广播电台和中国国际广播电台，每个省、自治区或直辖市，每个地级或以上城市都至少有一座广播电台或广播电视台。全国现有中、短波广播发射台845座。全国广播节目在国内的人口综合覆盖率达到99.13%。2019年全年公共广播节目播出时间为15 533 982.72小时，其中，播出新闻资讯类节目3 021 475.43小时，专题服务类节目3 332 909.88小时，综艺益智类节目3 757 601.52小时，广播剧类节目1 002 209.00小时，广告类节目1 344 945.08小时，其他类节目3 074 841.80小时。2019年全年全国广电系统制作广播节目8 018 666.85小时，其中，新闻资讯类节目1 418 838.08小时，专题服务类节目2 179 937.23小时，综艺类节目1 995 132.38小时，广播剧类节目224 078.38小时，广告类节目719 207.55小时，其他类节目1 481 473.22小时。

2. 在全国26个重点城市中，音乐类、新闻类和交通类频率数量最多

根据CSM媒介研究收集的2019年全国26个重点城市可接收的广播频率数量分布资料，在不包括境外频率的416个广播频率中，音乐类（78个）、综合类（59个）和交通类（57个）频率的数量最多（表1.1.1）。"跨领域"频率的现象比较普遍，在名称定位于"新闻"的55个频率中，有23个频率同时在名称中涉及了其他领域；在名称定位于"综合"的59个频率中，有21个频率同时在名称中涉及了其他领域；在名称定位于"音乐"的78个频率中，有15个频率同时在名称中涉及了其他领域；在名称定位于"城市"的25个频率中，有10个频率同时在名称中涉及了其他领域；在名称定位于"交通"的57个频率中，也有8个频率同时在名称中涉及了其他领域；在名称定位于"生活"（19个）和"资讯"（15个）的频率中，涉及了其他领域的频率也分别达到4个。在各类频率中，以"综合、新闻"进行双重定位的频率数量最多，达到了21个，以"音乐、交通"进行双重定位的频率有4个，以"音乐、城市"进行双重定位的频率也有4个，以"新闻、资讯"进行双重定位的频率有2个，以"经济、交通"双重定位的频率也有2个。城市中专门给有车族人群开办的频率发展态势良好，在26个调查城市中有11个针对有车族广播的休闲娱乐频率。与2018年情形类似，目标受众的细化仍然是广播频率发展的重要特征之一。

表 1.1.1　2019 年 26 个重点城市各类频率的数量分布

序号	频率类别	频率数量（个）	涉及其他类别的频率数量（个）
1	综合	59	21
2	音乐	78	15
3	新闻	55	23
4	交通	57	8
5	经济	42	2
6	文艺	52	3
7	城市	25	10
8	生活	19	4
9	资讯	15	4
10	体育	9	3
11	外语	4	2
12	健康	4	2
13	教育	7	3
14	旅游	6	2
15	农村	15	0
16	其他	15	10
不重复合计		416	55

数据来源：CSM 媒介研究

3. 全国拥有正在使用的收听设备的家庭比例达到 42.1%

根据 CSM 媒介研究全国网 2019 年基础调查数据，在全国范围内，有 42.1%的家庭拥有正在使用的收听设备，与 2018 年相比增长了 2.5 个百分点；收听设备的百户拥有量为 49 台，与 2018 年相比增加了 3 台。2019 年，在全国城域拥有正在使用收听设备的家庭比例为 48.3%，比上年上升了 2.1 个百分点，在乡域这个比例是 37.7%，比上年增加了 2.9 个百分点。在收听设备的百户拥有量方面，2019 年城域为 58 台，比 2018 年增加了约 3 台；乡域为 41 台，比 2017 年相比也增加了约 3 台。在拥有收听设备的家庭中，绝大多数家庭只拥有 1 台收听设备，拥有 2 台及以上收听设备的家庭比例还是比较小，全国只有 4.8%，且与 2018 年相比，稍微增长了 0.2 个百分点（表 1.1.2）。

表 1.1.2　2010~2019 年全国正在使用收听设备的拥有状况

年份	区域	1 台（%）	2 台（%）	3 台及以上（%）	无收听设备（%）	百户拥有量（台）
2010	全国	22.6	4.2	1.9	71.3	38
	城域	30.2	7.3	3.1	59.4	56
	乡域	18.3	2.4	1.2	78.1	27
2011	全国	25.0	4.2	1.6	69.2	39
	城域	32.7	6.6	2.8	57.9	56
	乡域	19.8	2.6	0.9	76.7	28
2012	全国	26.8	4.5	1.9	66.8	43
	城域	33.5	7.0	3.5	56.0	60
	乡域	22.1	2.8	0.8	74.2	31
2013	全国	28.3	5.8	3.3	62.7	51
	城域	33.9	7.6	4.3	54.2	64
	乡域	24.3	4.5	2.6	68.6	42
2014	全国	28.4	5.2	2.3	64.1	47
	城域	33.0	7.1	3.0	56.9	58
	乡域	25.2	3.8	1.8	69.2	39
2015	全国	29.9	5.9	2.7	61.5	51
	城域	34.6	7.5	3.3	54.6	61
	乡域	26.5	4.8	2.3	66.4	44
2016	全国	31.5	4.8	1.7	62.0	47
	城域	35.8	5.8	2.0	56.4	54
	乡域	28.5	4.0	1.5	66.0	42
2017	全国	34.3	4.5	1.0	60.2	47
	城域	38.0	6.3	1.5	54.3	56
	乡域	31.6	3.2	0.7	64.5	41
2018	全国	35.0	3.8	0.8	60.4	46
	城域	39.2	5.6	1.4	53.8	55
	乡域	31.9	2.5	0.4	65.2	38
2019	全国	37.3	3.9	0.9	57.9	49
	城域	40.7	6.0	1.6	51.8	58
	乡域	34.8	2.4	0.5	62.4	41

数据来源：CSM 媒介研究

根据 CSM 媒介研究全国网 2019 年基础调查数据，在全国七大行政区中，华北、华东、西北和东北地区的收听设备拥有率较高，均达到 42%以上，每百户均拥有收听设备也在 49 台及以上。其中华北地区收听设备拥有率最高，达到 52.6%，平均每百户收听设备拥有量达到 66 台；华东地区收听设备拥有率达到了 46.0%，平均每百户收听设备拥有量达到 51 台；西北地区收听设备拥有率也达到了 44.9%，平均每百户收听设备拥有量也达到 53 台。西南地区收听设备拥有率为 36.7%，每百户均拥有收听设备为 43 台，华中地区收听设备拥有率为 36.3%，每百户均拥有收听设备为 40 台，而华南地区是七大行政区中收听设备拥有率最低的地区，仅为 31.8%，每百户均拥有收听设备仅为 34 台（表 1.1.3）。

表 1.1.3 2019 年全国各大行政区正在使用收听设备的拥有状况

大行政区	1 台（%）	2 台（%）	3 台及以上（%）	无收听设备（%）	百户拥有量（台）
东北	36.6	5.2	0.7	57.5	49
华北	43.1	7.1	2.4	47.4	66
华东	41.5	3.9	0.6	54.1	51
华南	29.7	1.8	0.3	68.2	34
华中	33.2	2.6	0.5	63.7	40
西北	39.1	4.7	1.1	55.0	53
西南	32.1	3.1	1.5	63.4	43

数据来源：CSM 媒介研究

4. 全国广播听众中使用车载广播作为经常收听途径的比例高达 71.3%

根据 CSM 媒介研究全国网 2019 年基础调查数据，在全国范围内，广播听众中使用车载广播作为经常收听途径的比例高达 71.3%，收音机的比例为 15.5%，手机内置收音机或者手机 App 的比例为 23.5%。在城市广播听众中，76.9%的听众经常使用车载广播收听，15.9%的听众经常使用收音机收听，25.2%的听众经常使用手机内置收音机或者手机 App 收听。在农村广播听众中，使用车载广播作为经常收听途径的比例为 64.0%，低于城市听众，使用收音机的比例为 15.0%，也比城市听众比例低，使用手机内置收音机或者手机 App 的比例为 21.3%，比例也落后于城市地区（表 1.1.4）。

表 1.1.4　2019 年全国及分城乡广播听众经常使用的收听设备或途径（%）

收听设备或途径	全国	城市	农村
车载广播	71.3	76.9	64.0
收音机	15.5	15.9	15.0
手机内置收音机	7.1	6.7	7.6
手机 App	16.4	18.5	13.7
音响	0.7	0.6	0.9
智能音箱	0.7	0.6	0.9
有线（数字）电视	0.6	0.2	1.0
平板电脑/PC	0.5	0.6	0.3
MP3/MP4	0.3	0.2	0.5
收录机/随身听	0.2	0.3	0.1
其他	8.4	3.1	15.3

数据来源：CSM 媒介研究

从各大行政区来看，根据 CSM 媒介研究全国网 2019 年基础调查数据，在全国七大行政区中，广播听众中使用车载广播作为经常收听途径的比例最高的是华东地区，高达 75.5%，其次为华中（75.3%）和华南（74.0%），车载广播作为经常收听途径比例最低的是西南地区，为 55.8%。与此相对应，在全国七大行政区中，广播听众中使用收音机作为经常收听途径比例最高的是东北地区，高达 28.0%，其次为华北（19.5%）和西北（18.1%），收音机作为经常收听途径比例最低的是西南地区，只有 8.7%。另外，在西北和华中地区，分别有高达 26.7%和 25.7%的广播听众经常使用手机内置收音机或者手机 App 收听广播，而使用手机内置收音机或者手机 App 收听广播比例较低的西南和华南地区，也分别达到 19.8%和 19.3%（表 1.1.5）。

表 1.1.5　2019 年全国各大行政区广播听众经常使用的收听设备或途径（%）

收听设备或途径	东北	华北	华东	华南	华中	西北	西南
车载广播	70.8	72.2	75.5	74.0	75.3	70.1	55.8
收音机	28.0	19.5	12.9	17.7	11.7	18.1	8.7
手机内置收音机	6.8	6.6	6.0	6.9	9.4	8.2	8.0
手机 App	20.9	21.1	15.3	12.4	16.3	18.5	11.8
音响	0.1	0.1	0.2	0.6	0.3	0.9	3.6
智能音箱	0.7	0.9	0.7	0.4	1.4	0.5	0.4
有线（数字）电视	1.2	0.1	0.6	0.0	0.1	0.9	1.0
平板电脑/PC	0.6	0.4	0.6	0.6	0.3	0.6	0.1
MP3/MP4	0.3	0.4	0.2	0.1	0.6	0.3	0.3
收录机/随身听	0.2	0.2	0.2	0.0	0.1	0.6	0.2
其他	0.6	0.7	8.9	0.5	3.2	8.0	30.5

数据来源：CSM 媒介研究

二、听众特征

1. 全国10岁及以上听众规模达613 600 000人

根据《中国广播电视年鉴2020》的数据，截至2019年年底，全国广播节目人口覆盖率达到99.13%。但是，在广播实际收听方面，由于部分家庭不购置收听设备，或者一些家庭的收听设备已经闲置，所以实际的广播听众规模要明显小于广播覆盖的人口规模。我们所说的广播听众是指拥有正在使用的广播收听设备或家庭成员中有人在近三个月内收听过广播的家庭中10岁及以上人口。

根据CSM媒介研究2019年全国网基础调查数据，2019年全国广播听众规模为613 600 000人，占全国10岁及以上人口总数的49.7%；其中城域的广播听众规模为278 630 000人，占全国城市10岁及以上人口总数的57.2%；乡域的广播听众规模为334 970 000人，占全国农村10岁及以上人口的44.8%。与2018年相比，2019年全国、城市和乡域广播听众规模占人口总数的比例均有不同程度提升。2018年，全国广播听众占全国人口10岁及以上人口总数的47.3%，这一比例在城域为55.9%，在乡域为41.6%。

2. 广播听众结构与全国人口结构基本保持一致，男性所占比例略高于女性

CSM媒介研究2019年全国网基础研究调查数据显示，在全国广播听众中，男性比例略高于女性，男性占51.3%，女性占48.7%，这个构成与全国10岁及以上人口的性别构成基本一致。城市广播听众中男性占51.4%，女性占48.6%，男性所占比例略高于女性，并且与全国城域10岁及以上人口性别构成也基本一致；在乡域听众中，男性占51.3%，女性占48.7%，男性所占比例同样高于女性，与全国乡域10岁及以上人口性别构成基本一致（图1.2.1、图1.2.2）。

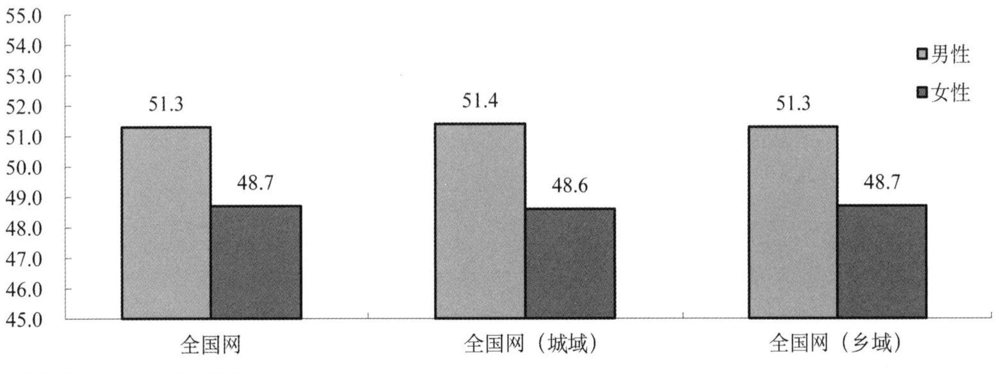

数据来源：CSM媒介研究

图1.2.1　2019年全国广播听众性别构成（%）

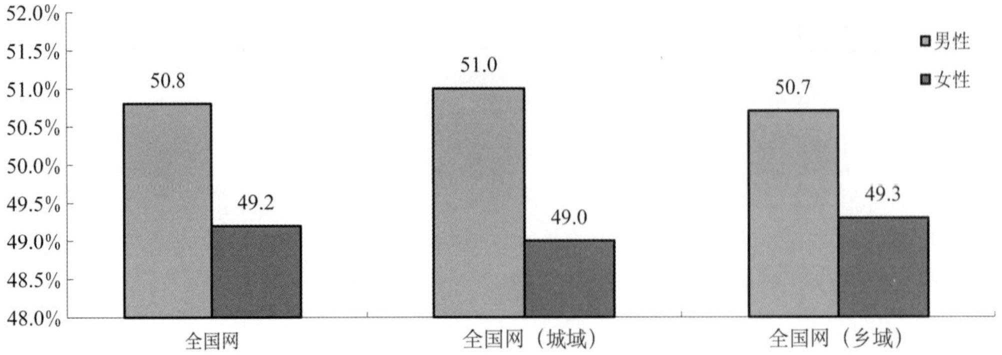

数据来源：CSM 媒介研究

图 1. 2. 2　2019 年全国 10 岁及以上人口性别构成（%）

3. 35～44 岁人群所占比例最高，城乡听众年龄结构同中有异

CSM 媒介研究 2019 年全国网基础研究调查数据显示，35～44 岁、25～34 岁和 15～24 岁年龄段的听众是广播听众中所占比例相对较大的群体，其中 35～44 岁听众群体在全国、城域和乡域中所占比例均超过 22%，占比居首；25～34 岁听众群体在全国、城域和乡域所占比例也均超过 20%，位居次席；15～24 岁听众群体在全国、城域和乡域所占比例分别为 18. 2%、18. 7%和 17. 8%，位列第三；各年龄段听众构成与各自的人口构成比例基本保持一致。从城乡各年龄段广播听众所占比例比较来看，城域广播听众中 15～24 岁、25～34 岁和 35～44 岁人群所占比例高于乡域同年龄段人群，而乡域广播听众中则是 10～14 岁、45～54 岁、55～64 岁和 65 岁及以上的群体所占比例高过城域（图 1. 2. 3、图 1. 2. 4）。

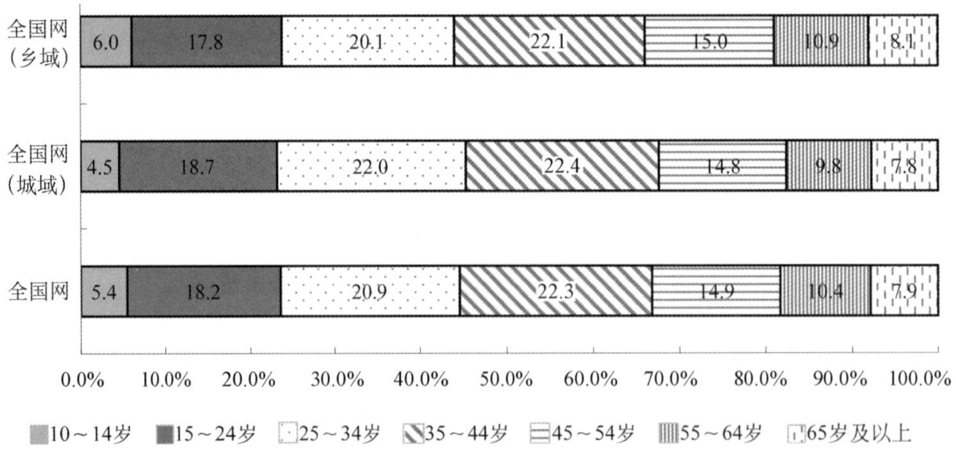

数据来源：CSM 媒介研究

图 1. 2. 3　2019 年全国广播听众年龄构成（%）

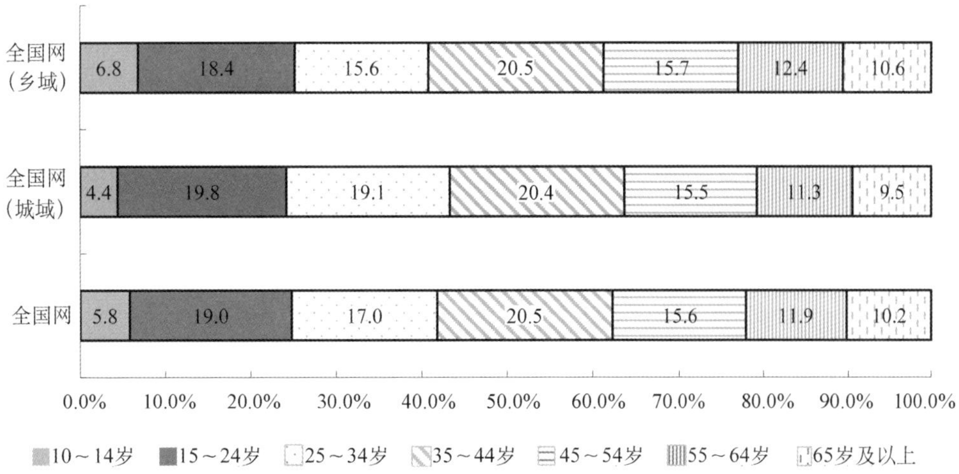

数据来源：CSM 媒介研究

图 1.2.4　2019 年全国 10 岁及以上人口年龄构成（%）

4. 城乡听众受教育程度差异明显，城域听众学历水平相对更高

2019 年 CSM 媒介研究全国网基本研究调查数据显示，城乡广播听众的受教育程度差异明显，这与全国城乡人口受教育程度差异较大的特征也基本相符（图 1.2.5、图 1.2.6）。在城域听众中，具有大学及以上学历听众所占比例居首位，为 30.3%，远高于乡域同等学历群体的 11.7%。而未受过正规教育和小学文化程度听众所占比例在城域分别为 1.8%和 12.3%，远低于乡域同类人群的 4.1%和 19.7%。在全国网和乡域，具有初中文化程度的听众是占比最高的一类人群，所占比例分别为 36.5%和 42.7%，在城域，则是大学及以上学历人群所占比例最高，高达 30.3%。

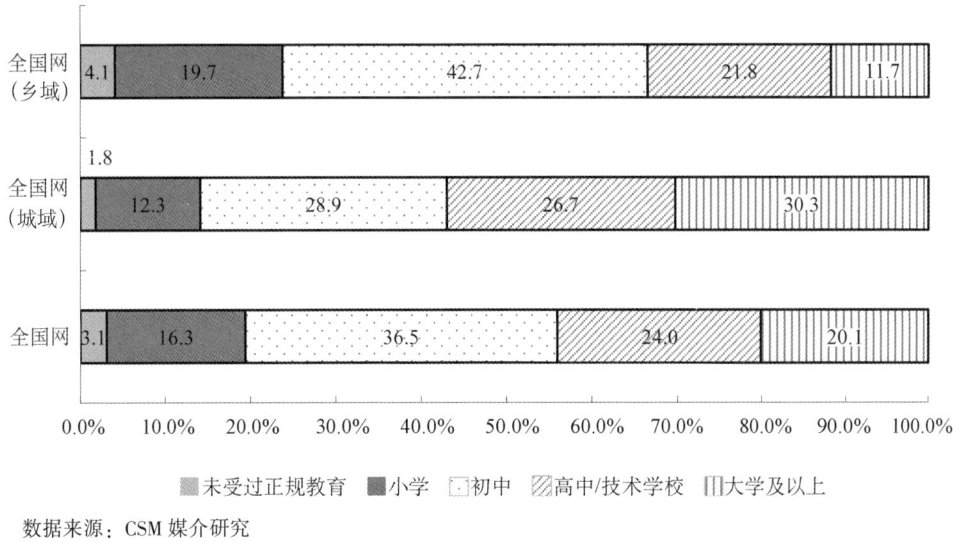

数据来源：CSM 媒介研究

图 1.2.5　2019 年全国广播听众受教育程度构成（%）

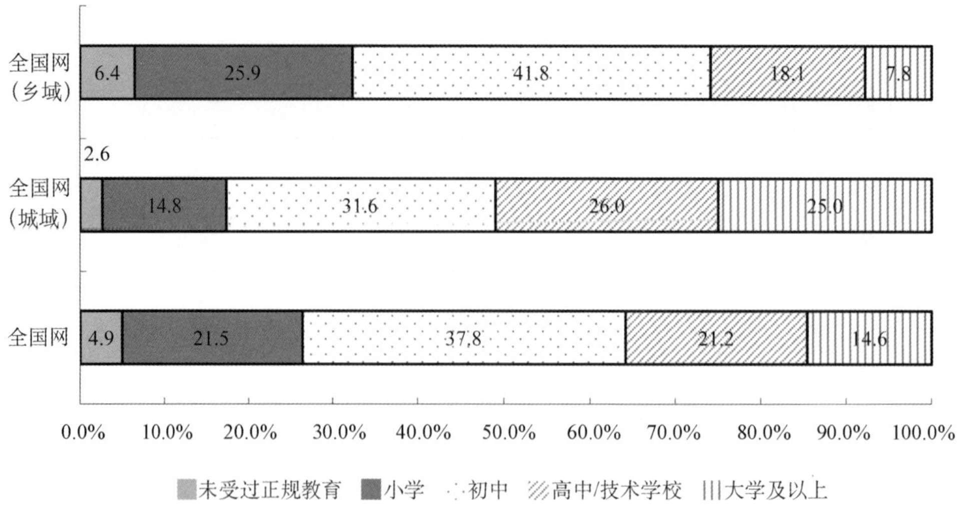

数据来源：CSM 媒介研究

图 1.2.6　2019 年全国 10 岁及以上人口受教育程度构成（%）

5. 城乡听众职业构成存在差异，初级公务员/雇员和其他职业人员分别在城域和乡域占比最高

2019 年 CSM 媒介研究全国网基础研究调查数据显示，城乡听众职业构成存在差异，这主要是由城乡居民职业构成的差异所决定的。在城域听众中，初级公务员/雇员群体占比最大，所占比例为 24.6%，接近四分之一；包含退休人员在内的无业人群所占比例也达到了 18.9%，接近五分之一。乡域听众职业构成则自有特色，以农、林、牧、渔业为主的其他职业类别听众以 25.5%的比例居首位，超过四分之一，个体/私营企业人员以 21.7%的比例位列其后，所占比例也超过了四分之一（图 1.2.7、图 1.2.8）。

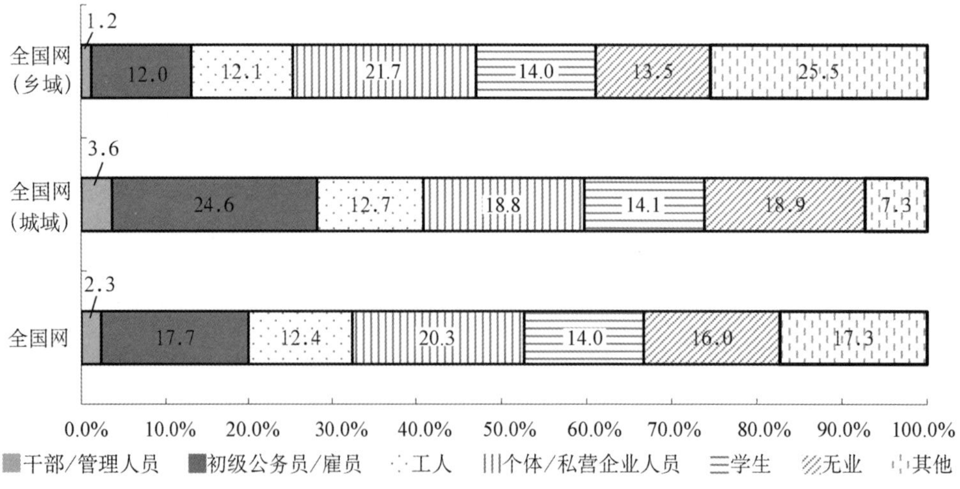

数据来源：CSM 媒介研究

图 1.2.7　2019 年全国广播听众的职业构成（%）

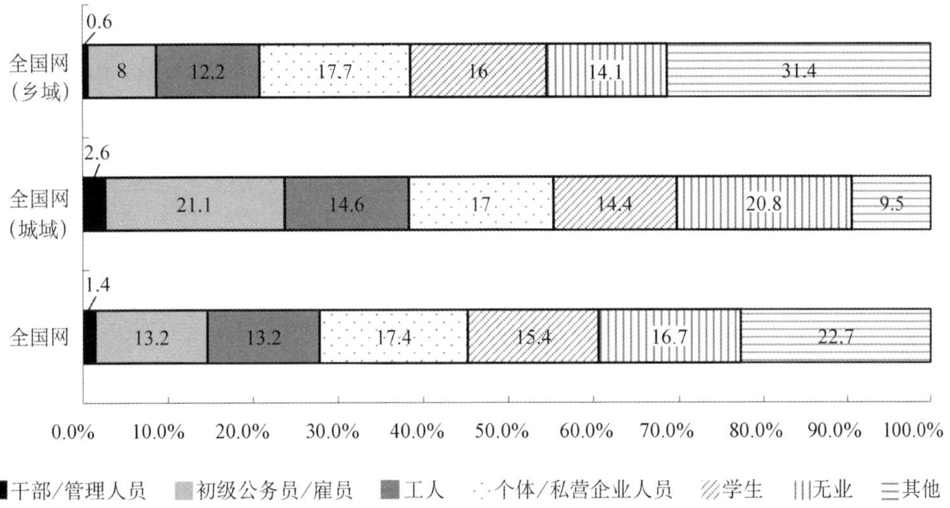

数据来源：CSM 媒介研究

图 1.2.8 2019 年全国 10 岁及以上人口的职业构成（%）

6. 3001 元及以上个人月收入人群所占比例较 2018 年有提升，乡域表现相对更为突出

2019 年 CSM 媒介研究全国网基础研究调查数据显示，城乡广播听众的个人月收入构成存在明显差异，我国目前城乡之间经济发展不均衡，城乡居民收入水平差异较大，这也是造成该差异的主要原因（图 1.2.9、图 1.2.10）。从全国广播听众的个人月收入构成来看，月收入 3001 元及以上的中高收入听众共占比 45.5%，高于相同收入群体的人口构成比例（36.5%）；从城域的情况来看，个人月收入 3001 元及以上的中高收入听众所占比例为 55.5%，高于这一收入群体的人口构成比例（50.3%）；乡域也表现出相同的特点，个人月收入 3001 元及以上的中高收入人群所

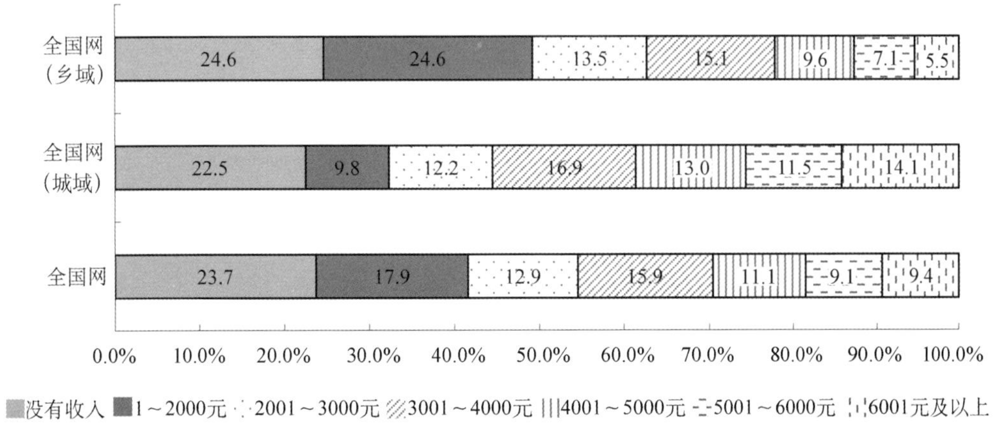

数据来源：CSM 媒介研究

图 1.2.9 2019 年全国广播听众的个人月收入构成（%）

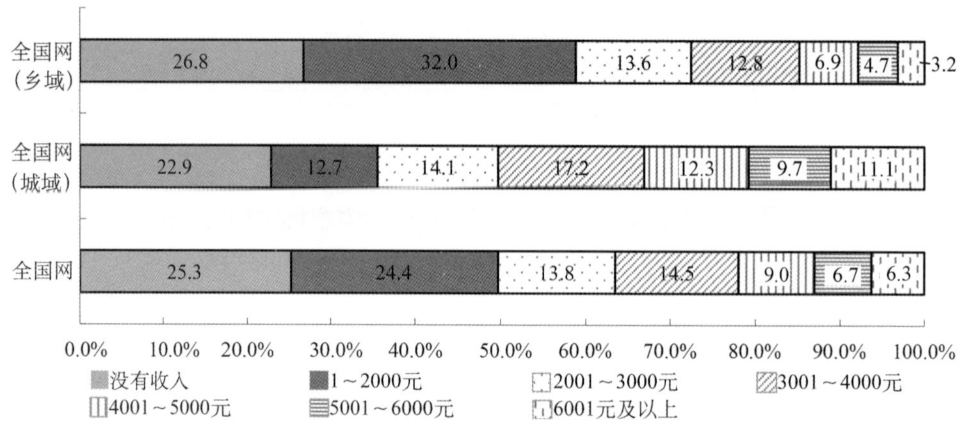

数据来源：CSM 媒介研究

图 1.2.10　2019 年全国 10 岁及以上人口的个人月收入构成（%）

占比例为 37.3%，同样也高于这一收入群体的人口构成比例（27.6%）。

对比 2019 年和 2018 年的听众收入构成可以发现，城域个人月收入 3001 元及以上的中高收入听众群体所占比例由 2018 年的 55.1%提升至 2019 年的 55.5%，上涨幅度为 0.7%；乡域个人月收入 3001 元及以上的中高收入听众比例由 2018 年的 35.5%增长至 2019 年的 37.3%，上涨幅度达 5.1%。由此可以看出，2019 年无论是在城域还是在乡域听众中，个人月收入 3001 元及以上群体所占比例较 2018 年均有不同程度的提升，这反映出随着社会经济的发展，城乡听众的整体收入水平呈逐步提升状态，这一趋势在乡域表现得更为突出。

三、听众收听行为

（一）收听地点①

1. 私家汽车仍是听众经常收听广播选择比例最高的场所，家中次之

2019 年，私家汽车仍是听众经常收听广播选择比例最高的场所，选择比例为 67.2%，接近七成（图 1.3.1）；家中位居次席，选择比例为 38.4%，接近四成，是听众经常收听广播的第二大场所。经常选择在公共汽车/轨道交通上收听广播的听众比例也达到了 9.9%，然后依次为出租车、其他场所、工作/学习场所、班车和骑自行车/步行。社会经济不断发展，人民生活水平日益提高，拥有一辆私家车已不是什

① 对听众经常收听广播地点及听众喜欢收听节目的分析主要基于 2019 年 CSM 媒介研究全年进行收听率调查（包括连续调查和四波调查）的 26 个城市的基础研究数据，这 26 个城市为：北京、长春、长沙、重庆、大连、佛山、广州、杭州、合肥、哈尔滨、济南、南昌、南京、宁波、青岛、上海、沈阳、石家庄、苏州、太原、天津、深圳、乌鲁木齐、武汉、无锡和郑州。

么新鲜事，有的家庭甚至拥有不止一辆，这为私家车成为收听广播的首选地点奠定了坚实的基础。新媒体新技术持续发力，随着5G的商用，势必会加速这种趋势，受这些变化的影响，受众对媒体的接收途径和接收方式也必然会发生颠覆性的变化，新的收听模式逐渐会取代旧的收听模式。

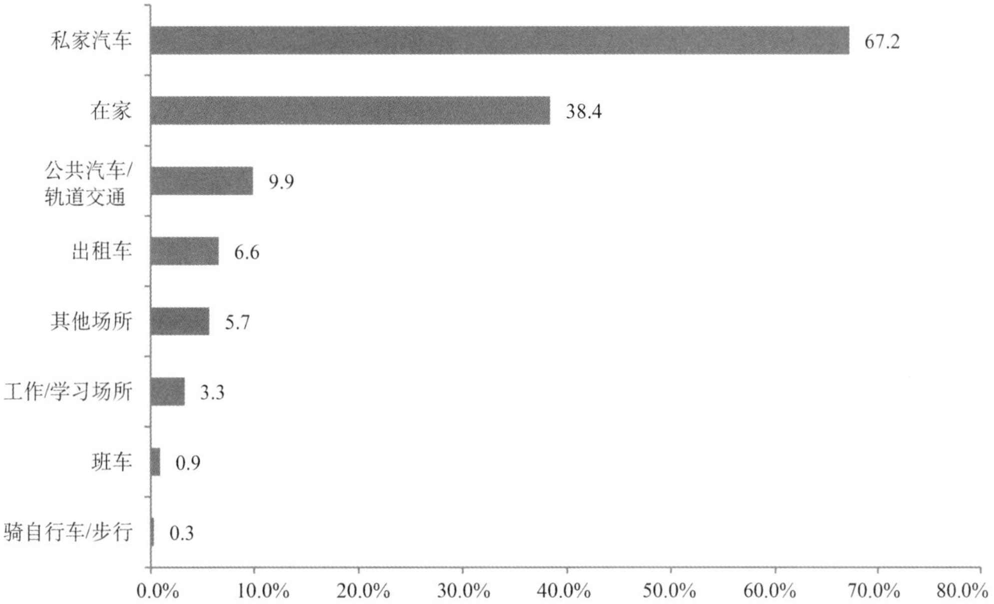

数据来源：CSM媒介研究

图1.3.1　2019年26城市15岁及以上听众经常收听广播地点的选择比例（%，多选）

2. 私家汽车在23个城市成为广播收听首选地点，在家是第二经常收听场所

如前文所述，私家车成为听众经常收听广播的首选地点，这与社会经济不断发展，私家车逐渐普及有密切关系。分城市来观察听众经常收听广播地点的选择可以看出，2019年26个城市最明显的特征就是私家汽车一枝独秀，在22个城市成为广播收听首选地点，具体为北京、长春、长沙、重庆、大连、佛山、杭州、合肥、济南、南昌、南京、宁波、青岛、上海、深圳、石家庄、苏州、太原、天津、乌鲁木齐、无锡和郑州。其中听众选择经常在私家汽车上收听广播比例最高的是深圳，高达94.4%；其次是佛山，达到了88.2%；排名第三位的是杭州，为85.3%；然后依次为宁波、无锡、苏州和太原等20个城市，经常选择在私家汽车上收听广播的比例均在50%以上。广州、哈尔滨和沈阳该比例相对较低，低于50%，特别是沈阳，仅为38.1%（表1.3.1）。

表 1.3.1　2019 年 26 城市 15 岁及以上听众经常收听广播地点的选择比例（%，多选）

城市	私家汽车	在家	公共汽车/轨道交通	出租车	工作/学习场所	班车	骑自行车/步行	其他
北京	55.6	43.7	13.7	0.0	11.3	1.2	0.2	23.6
长春	60.6	40.2	15.4	15.5	1.6	1.9	0.2	1.2
长沙	76.7	21.6	12.8	8.6	1.3	1.2	0.0	1.4
重庆	74.9	33.3	6.4	1.1	1.9	0.0	0.5	1.0
大连	60.5	45.1	3.4	13.1	4.1	2.1	0.2	3.2
佛山	88.2	21.8	0.6	0.2	2.4	0.4	0.0	0.8
广州	46.7	54.6	10.2	1.6	3.2	0.7	0.0	8.0
杭州	85.3	26.1	3.9	0.3	1.8	0.2	0.7	3.3
哈尔滨	39.7	53.4	45.0	21.0	2.4	1.0	0.0	1.3
合肥	75.1	27.7	0.3	5.8	1.7	0.8	0.3	3.1
济南	69.8	44.1	0.9	0.0	6.1	0.6	0.0	1.6
南昌	76.1	32.6	1.3	0.0	3.2	0.4	0.0	2.3
南京	62.0	40.6	2.3	0.0	0.5	1.8	0.9	1.8
宁波	84.8	23.5	5.8	0.3	0.2	0.5	1.5	1.1
青岛	68.6	40.6	4.6	3.0	3.3	0.4	0.0	2.7
上海	68.6	41.4	6.5	0.6	4.2	0.5	0.3	9.3
沈阳	38.1	55.6	9.5	25.6	3.8	2.0	0.4	4.7
深圳	94.4	10.0	4.7	1.0	0.2	0.4	0.0	0.4
石家庄	67.0	44.6	2.8	1.3	4.9	0.4	0.0	5.5
苏州	79.5	30.0	0.7	0.9	0.4	0.0	0.0	5.3
太原	79.4	42.7	1.2	2.3	2.3	1.2	0.2	6.6
天津	61.9	46.6	4.3	0.0	2.4	0.3	0.3	2.2
乌鲁木齐	53.7	49.4	24.9	37.4	6.6	2.4	0.0	20.2
武汉	51.5	51.7	5.3	16.2	2.7	2.1	0.6	5.8
无锡	82.7	27.6	0.0	0.0	0.0	0.0	0.4	0.9
郑州	64.4	38.6	34.6	9.7	2.8	0.6	0.5	3.5

数据来源：CSM 媒介研究

2019 年，在家仍是听众经常选择收听广播比例较高的地点之一，具体到各城市来看，听众选择的比例差异较大，参差不齐（表 1.3.1）。沈阳、广州、哈尔滨和武汉有超过 50%的听众把在家选为经常收听广播的地点；乌鲁木齐、天津、大连、石家庄、济南、北京、太原、上海、青岛、南京和长春 11 个城市的听众选择经常在家收听广播的比例在 40%~50%之间；郑州、重庆、南昌和苏州 4 个城市经常选择在家中收听广播的听众比例在 30%~40%之间；合肥、无锡、杭州和宁波等 7 个城市，30%以下的听众选择在家为经常收听广播的地点。

2019 年，听众把公共汽车/轨道交通选为经常收听广播地点比例最高的是哈尔滨，高达 45.0%；郑州该比例也达到了 34.6%；乌鲁木齐位列第三，该比例为 24.9%；长春、北京、长沙和广州该比例在 10%~20%之间；其余城市该比例均在 10%以下。在选择比例较低的城市中，沈阳、上海、重庆、宁波和武汉 5 个城市听众经常选择在公共汽车/轨道交通上收听广播的比例在 5%~10%之间，处于中间水平；深圳、青岛、天津、杭州、大连、石家庄、南京、南昌和太原 9 个城市听众经常选择在公共汽车/轨道交通上收听广播比例较低，不足 5%；济南、苏州、佛山、合肥和无锡 5 个城市该比例均在 1%以下，这可能与当地的道路交通状况以及听众习惯的出行方式有关。

出租车是城市化水平的标志之一，也是广播媒体重点开拓的市场之一。由于各地出租车起步价、人们乘坐习惯等存在差异，选择出租车作为经常收听广播地点的听众比例在各城市间也存在较大差异。2019 年，乌鲁木齐选择经常在出租车上收听广播的听众比例最高，高达 37.4%，然后是沈阳和哈尔滨，所占比例分别达到了 25.6%和 21.0%；随后是武汉、长春和大连 3 个城市，选择经常在出租车上收听广播的听众比例均在 10%~20%之间；其余郑州、长沙、合肥和青岛等 20 个城市的听众选择经常在出租车上收听广播的比例不高，均在 10%以下；北京、天津、南京、南昌、济南和无锡 6 个城市没有听众把出租车作为经常收听广播的场所。

把其余地点作为经常收听广播的听众选择比例相对以上地点较低，但也存在个别城市选择比例较高的地点。例如，北京、乌鲁木齐和济南 3 个城市均有 6%以上的听众把工作/学习场所选择作为经常收听广播的地点；乌鲁木齐有 2.4%的听众把班车作为经常收听广播的场所，大连、武汉和沈阳该比例也都在 2.0%及以上；在宁波，还有 1.5%的听众选择在骑自行车/步行时收听广播；在北京和乌鲁木齐则有超过 20.0%的人群选择在其他场所收听广播。这凸显了广播解放双眼、伴随性强的特征，广播不受时空限制，随时随地都可以收听。

3. 不同目标人群选择经常收听广播的地点与其身份属性高度契合

分不同目标人群来看，经常收听广播地点的选择与其性别、年龄、受教育程度和所从事的职业等自然及社会属性高度契合（表 1.3.2）。与女性相比，男性听众相对更多选择在私家汽车、工作/学习场所和班车上收听广播，这与他们日常经常选择的出行方式和生活习惯有不可分割的关系；相对而言，女性听众则更多选择在家、公共汽车/轨道交通和出租车等场所收听广播。

听众所处年龄段不同，其工作生活和出行方式必然也存在差异，表现在各年龄段听众经常选择收听广播的地点上也各有不同。45 岁及以上听众，年龄越大，选择经常在家中收听广播的比例越高，选择经常在私家汽车和出租车上收听广播的比例越低。随着年龄的增长，老年人出行频次减少，导致他们选择在车上场所收听广播的比例减少；相反，对包括公园小区绿地公共场所等其他场所的选择比例则随着年龄的增加而增加，遛弯散步时收听广播成为老年听众一项重要的消遣方式。35~44岁和25~34岁这两类人群属于社会的中坚力量，有更多的机会驾驶和乘坐私家汽车，因此这两个群体是选择经常在私家汽车上收听广播的人群中比例最高的，分别高达84.2%和80.6%。15~24岁的青少年群体受生活习惯和经济状况影响，选择经常在公共汽车/轨道交通上收听广播的比例是各年龄组中最高的，为17.0%。

表 1.3.2 2019 年 26 城市不同目标听众经常收听广播地点的选择比例（%，多选）

目标听众	在家	工作/学习场所	私家汽车	公共汽车/轨道交通	班车	出租车	骑自行车/步行	其他
男	34.3	3.7	71.0	8.2	1.2	6.2	0.3	5.2
女	43.3	2.8	62.7	11.9	0.5	7.1	0.2	6.2
15~24岁	37.3	6.8	62.0	17.0	0.8	10.8	0.4	7.9
25~34岁	26.8	2.3	80.6	8.9	0.6	6.6	0.5	4.5
35~44岁	26.4	2.3	84.2	6.4	1.2	5.0	0.2	3.9
45~54岁	37.6	3.5	68.2	8.6	1.7	6.4	0.2	4.6
55岁及以上	74.1	2.4	27.8	10.1	0.3	4.9	0.0	8.8
未受过正规教育	80.4	1.6	17.9	6.4	0.0	3.3	0.0	6.4
小学	61.6	5.2	36.2	6.2	1.2	5.0	0.0	5.3
初中	46.1	3.5	55.1	8.2	1.0	6.1	0.2	4.3
高中/技术学校	39.8	2.7	64.1	9.9	0.9	6.3	0.2	6.1
大学及以上	32.9	3.3	75.7	10.7	0.8	7.1	0.4	6.1
干部/管理人员	32.0	3.0	81.9	7.4	1.5	7.4	0.1	6.7
初级公务员/雇员	28.8	3.1	79.1	8.5	0.8	5.0	0.5	4.7
个体/私营企业人员	27.3	1.5	80.3	9.2	0.6	7.3	0.1	3.3
工人	35.6	6.4	63.6	11.6	3.0	10.0	0.5	4.5
学生	39.3	10.8	62.1	16.6	0.1	8.3	0.2	10.0
无业（包括退休）	63.9	0.2	39.0	10.3	0.1	6.2	0.0	7.8
其他	62.3	9.5	38.2	8.2	2.6	11.7	0.0	5.8

数据来源：CSM 媒介研究

听众受教育程度的高低一定程度上也会影响其工作和生活状况，由此也决定了他们选择的经常收听广播的地点也会出现一定的差异。2019 年，延续之前的风格，听众受教育程度与其选择在家收听广播的比例成反向变动关系，受教育程度越高，听众选择在家收听广播的比例越低，低受教育程度者，包括未受过正规教育和小学学历听众选择在家收听广播的比例相对更高，分别为80.4%和61.6%。经常选择在私家汽车、公共汽车/轨道交通和出租车上收听广播的比例则与家中相反，呈现出学历越高，选择比例也越高的态势，其中大学及以上学历听众群经常选择在私家汽车、公共汽车/轨道交通和出租车上收听广播的比例分别达到了75.7%、10.7%和7.1%，尤以在私家汽车上的比例为最高，这与该类人群属于社会中坚力量，有更多机会驾驶和乘坐私家汽车有关。

听众经常选择收听广播的地点与其所从事的职业也具有较强的相关性。总体来看呈现出低职业层级和赋闲在家的无业听众选择经常在家收听广播的比例较高，社会地位较高或者职业层次较高的从业者则更多选择在私家汽车上收听广播的趋势。无业（包括退休）人员和其他职业人群选择经常在家中收听广播的比例也相对较高，分别为63.9%和62.3%，学生和工人选择在家中收听广播的比例也分别达到了39.3%和35.6%；干部/管理人员、个体/私营企业人员和初级公务员/雇员选择经常在私家汽车上收听广播的比例分别达81.9%、80.3%和79.1%，远高于其他职业类别人群。

各目标听众经常收听广播地点的选择特点可以为广播媒体进行对象化编排和节目定位，乃至于精准投放广告提供重要参考依据。

（二）人均收听时间①

1. 2019年全国26城市②人均收听时间与2018年基本持平，各城市人均收听时间参差不齐

在全国26个城市中，2019年人均每日收听广播的时长为60.0分钟，与2018年基本持平。2019年各城市人均日收听分钟数差异较大，参差不齐。天津、沈阳、乌鲁木齐、石家庄、太原、哈尔滨、长春、大连、广州、苏州、佛山和青岛12个城市人均日收听分钟数均高于26城市平均水平：天津最高达93.3分钟，其次是沈阳为91.9分钟，然后依次为乌鲁木齐、石家庄和太原，人均日收听分钟数也均超过了80分钟。相反南京、郑州、济南、合肥、长沙、深圳、宁波、无锡、重庆、武汉、杭州和南昌12个城市的人均收听时长较低，平均每人每天的收听量不足50分钟，特别是武汉，人均每日收听时长仅为37.4分钟，约为排名第一的天津的三分之一（表1.3.3）。

① 目前CSM媒介研究在不同城市分别采用日记卡法和虚拟测量仪法进行广播收听率调查，这两种调查方法的目标人群有所差异，日记卡法为10岁及以上所有人，虚拟测量仪法为15岁及以上所有人。本年鉴综述部分对2019年广播收听状况的分析针对15岁及以上人群展开，主要原因有以下两点：一是10~14岁人群在广播听众中所占比例很低，对广播收听的贡献很小。2019年CSM媒介研究进行广播收听率调查的26城市中，10~14岁的听众构成比例仅为0.7%；10~14岁人群平均到达率（000）为373 000人，仅占10岁及以上人群的0.75%；人均日收听时长为19分钟，远低于其他年龄段人群。二是为了便于26城市整体相关指标的计算以及同一指标在不同城市之间的比较。

② 本年鉴在有关收听状况的分析中，主要采用2019年全年CSM媒介研究进行收听率调查的26个城市（包括四波调查城市和连续调查城市）的收听调查数据，这26个城市为：北京、长春、长沙、重庆、大连、佛山、广州、杭州、合肥、哈尔滨、济南、南昌、南京、宁波、青岛、上海、沈阳、石家庄、苏州、太原、天津、深圳、乌鲁木齐、武汉、无锡和郑州。

表 1.3.3　2019 年各城市听众人均每日收听广播时间（分钟，四波调查数据）

城市	人均收听时间	城市	人均收听时间
天津	93.3	北京	55.3
沈阳	91.9	南京	53.7
乌鲁木齐	88.6	郑州	52.5
石家庄	81.3	济南	52.3
太原	80.0	合肥	48.2
哈尔滨	79.6	长沙	45.3
长春	77.6	深圳	42.5
大连	70.3	宁波	42.3
广州	69.4	无锡	40.7
苏州	67.4	重庆	39.2
佛山	63.9	武汉	39.0
青岛	60.5	杭州	37.4
上海	55.7	南昌	34.2
26 城市平均		60.0	

数据来源：CSM 媒介研究

2. 冬季人均收听时间相对略长，乌鲁木齐、沈阳和天津三城市在不同季节各有突出表现

CSM 媒介研究实施的四波收听率调查分别在 3 月、5 至 6 月、8 至 9 月和 11 月，基本能够代表春、夏、秋、冬四季。对 2019 年 26 城市在各个调查波次的收听情况（其中连续调查城市取各个波次调查时期的数据）进行分析发现，2019 年全国 26 个城市整体冬季（第四波）人均日收听时长略高于其他季节，春季次之，夏秋两季人均每天收听时长基本持平（表 1.3.4）。

具体到各个城市，季节差异也是不尽相同。乌鲁木齐春季（第一波）的人均收听时长在 26 个城市中排名首位，高达 98.9 分钟。乌鲁木齐属中温带大陆性干旱气候，冬天时间较长，每年从 11 月 3 日到次年 4 月 8 日长达 150 天，[①] 因此在第一波期间还属于寒冷的冬天，人们的户外活动少，听众在此时间段内对广播的收听时长在各季节中也最高。沈阳属于温带半湿润大陆性气候，受季风影响，夏季时间较短，降水集中在夏季，多雨，[②] 受此影响，听众在此时间段内对广播的收听时长在各季节中最高，人均每日收听时长可达 93.9 分钟。天津地处北温带，位于中纬度亚欧大陆东岸，属暖温带半湿润季风性气候，主要气候特征是四季分明，春季多风干旱少雨；夏季火热，雨水集中；秋季气爽，冷暖适中；冬季寒冷，干燥少雪，[③] 在秋高

① https：//baike. baidu. com/item/乌鲁木齐/121593？fr=aladdin.

② https：//baike. baidu. com/item/沈阳/13034？fr=aladdin.

③ https：//baike. baidu. com/item/天津/132308？fr=aladdin.

气爽和冬季严寒时节闲暇时听听评书、相声成为人们一种重要的消遣方式，因此在第三波和第四波之际对广播的人均收听时长在各季节中较高，分别为 96.4 分钟和 89.3 分钟。由此可见，气候条件和听众生活作息习惯在一定程度上会影响他们对广播的季节性收听行为（表 1.3.4）。

表 1.3.4　2019 年各城市听众在四波调查期间人均每日收听广播时间（分钟）

城市	第一波（2019.3.3~3.23）	第二波（2019.5.26~6.15）	第三波（2019.8.25~9.14）	第四波（2019.11.3~11.23）
北京	51.9	55.6	53.3	60.7
长春	84.1	79.0	74.4	72.9
长沙	47.8	45.6	46.9	41.1
重庆	39.7	37.9	39.4	39.8
大连	71.8	70.2	68.8	70.6
佛山	64.8	65.5	62.7	62.6
广州	68.7	74.0	65.8	69.2
杭州	37.9	37.4	36.4	38.0
合肥	42.5	52.3	48.7	49.3
哈尔滨	83.7	77.4	73.2	84.0
济南	49.4	49.4	54.7	55.6
南昌	32.7	33.4	35.9	35.0
南京	56.6	51.9	54.9	51.5
宁波	44.3	42.2	41.0	41.8
青岛	54.7	60.4	57.7	69.4
上海	50.6	53.7	58.5	60.0
沈阳	94.9	93.9	92.7	86.0
石家庄	81.6	77.2	84.1	82.2
苏州	69.5	70.9	63.2	65.9
太原	78.9	76.2	84.8	80.2
天津	94.4	93.2	96.4	89.3
深圳	43.6	46.0	40.7	39.8
乌鲁木齐	98.9	83.9	85.5	86.1
武汉	37.5	37.0	39.0	42.5
无锡	37.9	40.9	38.9	45.1
郑州	54.6	54.8	50.2	50.3
26 城市	60.1	59.8	59.7	60.3

数据来源：CSM 媒介研究

3. 男性、老年、中低学历和中低收入人群人均收听量相对较高，分目标人群收听表现各异

2019年不同目标人群的人均日收听时长表现各异。男性听众人均每天收听时长为63.3分钟，较女性听众人均每天收听时长多7分钟。各年龄段听众，呈现出年龄越大，人均日收听时间越长的正向变化关系，15~24岁青少年听众每日花费在收听广播上的时长仅为37.2分钟，不足55岁及以上人群人均日收听时长的一半，传统广播听众老龄化趋势明显。

从不同学历听众收听水平来看，初中学历人群人均每日收听广播的时间最长，达到69.3分钟，小学学历听众次之，人均每日收听广播时长为68.1分钟，二者水平相近，难分高下。分职业类别来看，无业（包括退休）人员人均每日收听广播的时间最长，高达86.9分钟，然后依次为其他、个体/私营企业人员和工人，平均每人每天收听广播的时长均超过1小时；学生受学习和生活习惯影响，每天收听广播的时间最短，仅为33.8分钟。

从不同收入听众收听水平来看，个人月收入1~2000元的听众人均每日收听广播时间最长，为76.8分钟，紧随其后的是个人月收入2001~3000元群体，人均每日收听广播时长也达到了76.6分钟，而个人月收入5001元及以上收入群体的人均日收听量则相对较少，均低于60分钟（表1.3.5）。

表1.3.5　2019年26城市不同目标听众人均每日收听广播时间（分钟）

目标听众	人均收听时间	目标听众	人均收听时间
男	63.3	干部/管理人员	56.7
女	56.3	初级公务员/雇员	52.6
15~24岁	37.2	个体/私营企业人员	62.3
25~34岁	49.6	工人	62.1
35~44岁	57.9	学生	33.8
45~54岁	68.3	无业（包括退休）	86.9
55~64岁	88.0	其他	73.6
65岁及以上	102.4	没有收入	38.3
未受过正规教育	38.0	1~2000元	76.8
小学	68.1	2001~3000元	76.6
初中	69.3	3001~4000元	67.4
高中/技校	64.5	4001~5000元	63.1
大学及以上	50.9	5001~6000元	56.6
		6001元及以上	52.1

数据来源：CSM媒介研究

（三）全天收听走势

1. 全天收听峰值出现在早高峰时段，工作日高峰时段收听水平明显高于周末

与电视观众全天收视趋势不同，广播听众全天收听的最高峰值出现在早高峰时段，早晚收听高峰时段工作日收听水平明显高于周末。2019 年全国 26 个城市，工作日早间 07:00~08:45 时段正值上班高峰时段，开机率高，收听率基本均超过 10%，在 07:15~07:30 时段出现了全天收听峰值，高达 12. 83%。上午 09:00 之后，收听率开始逐渐走低，在 13:00~14:00 时段收听率跌至不足 3%，直至傍晚 17:00~19:00 时段下班晚高峰来临，收听率回升至 6%以上，随后再次持续下跌，虽然在20 :00~21:00 时段有短时小幅回升，收听水平重回 5%以上，形成一个收听小高峰，但峰值已远不及早晚高峰（图 1. 3. 2）。

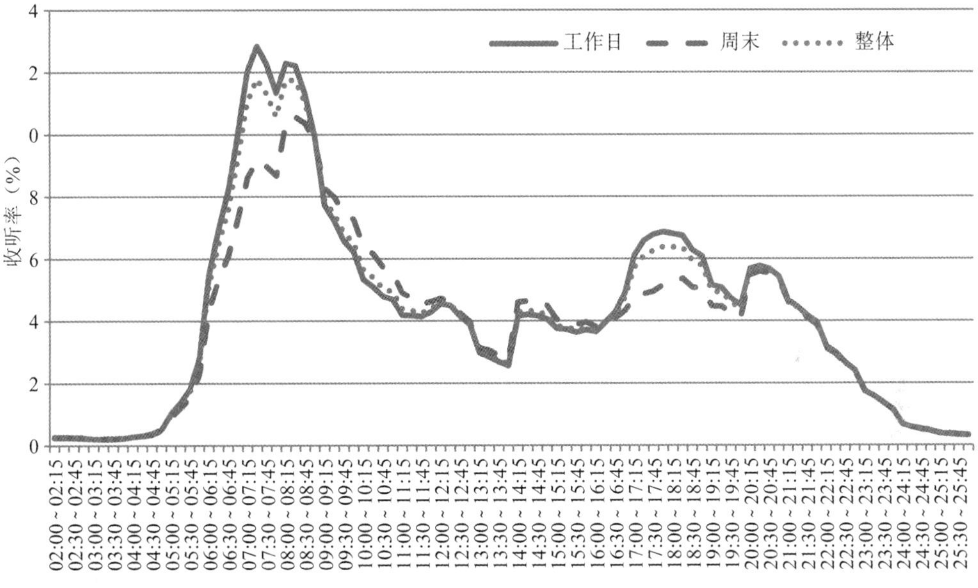

数据来源：CSM 媒介研究

图 1. 3. 2　2019 年 26 城市全天收听率走势（%）

受听众工作生活习惯影响，周末与工作日的收听率在早晚高峰时段也表现出明显差异。在早间 06:00~08:30 和傍晚 17:00~19:00 的收听高峰时段，工作日的收听水平明显高于周末同时段，其中在 07:00~04:45 时段，两者之间的收听率差值达到了 3 个百分点。而周末则在 09:00~16:15 时段的收听水平高于工作日。由此可以看出，收听数据一定程度上反映了听众的生活、工作作息习惯：工作日通常会在早上准备上班过程中和上下班途中收听广播，白天则处于工作或学习状态中，而周末往往会把起床和出行时间推后，再加上可能会外出游玩，因此在大部分白天时段的收听水平要高于工作日。掌握听众的收听习惯和规律，在合适的时间推送合适的节目，相信对于广播从业者而言可以起到事半功倍的效果。

2. 四季全天收听走势基本趋同，不同季节收听水平略有差异

2019 年全国 26 个城市听众在四波调查中的全天收听走势基本趋同，均表现出早间时段的收听最高峰和傍晚及晚间的两个收听次高峰。相对而言，第一波（春季）调查期间白天 09:15~18:30 时段的收听水平更具优势，高于其他三波调查期间同时段的收听水平（图 1.3.3）。

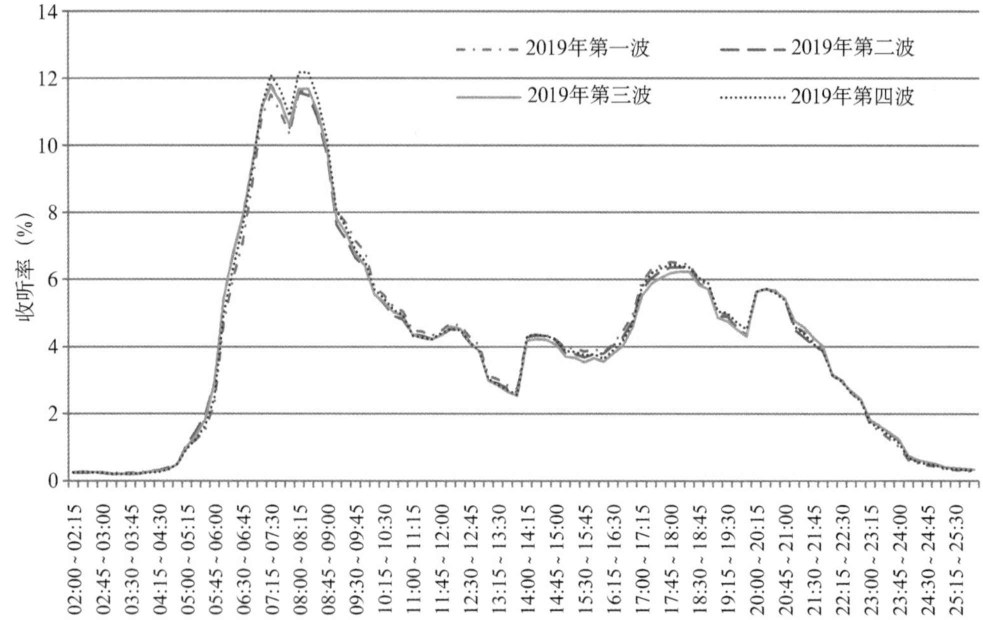

数据来源：CSM 媒介研究

图 1.3.3　2019 年 26 城市四波调查全天收听率走势（%）

3. 北京、上海与全国全天收听走势趋同，广州收听高峰独具特色①

北京地区听众全天收听走势与全国 26 个城市收听率走势基本一致，工作日早间 07:15~07:30 时段创下全天收听最高峰，峰值达 12.41%，远高于周末同时段收听水平。在傍晚 18:30~18:45 下班时段形成了全天收听次高峰，峰值为 4.48%，收听走势相对较为平缓，没有形成明显的起伏。随着听众夜生活的展开，广播的收听也出现了一定的延展，一直持续至深夜仍有收听（图 1.3.4）。

上海地区与北京地区类似，全天收听走势与全国 26 城市整体情况大体趋同，早间 07:00~08:30 出现了收听率超过 10%的收听高峰带，其中全天峰值出现在 07:30~07:45 时段，峰值达 12.15%。之后收听持续下滑，直到傍晚 18:15~18:45 时段出现

① 该小部分北京、上海和广州三城市均使用 2019 年全年连续调查数据（虚拟测量仪调查数据）。

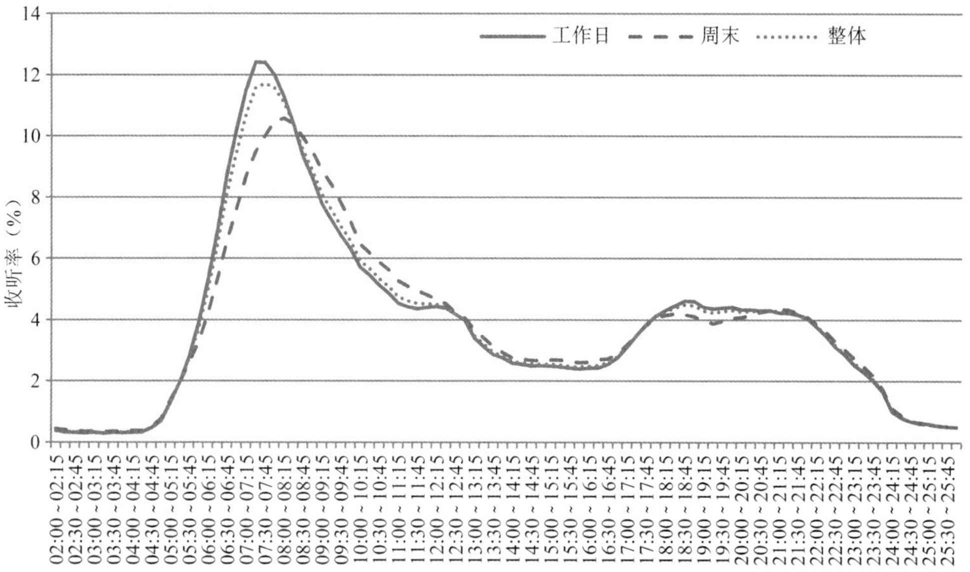

数据来源：CSM 媒介研究

图 1.3.4　2019 年北京全天收听率走势（%）

了全天收听的次高峰，峰值为 4.61%。伴随着部分听众“夜听”生活的开始，听众在晚间对广播的收听也出现了一定程度的延伸，直至深夜。工作日 05:15~08:30 和 17:00~23:00 时段的收听水平明显优于周末，周末则在 08:30~16:30 时段收听水平优于工作日（图 1.3.5）。

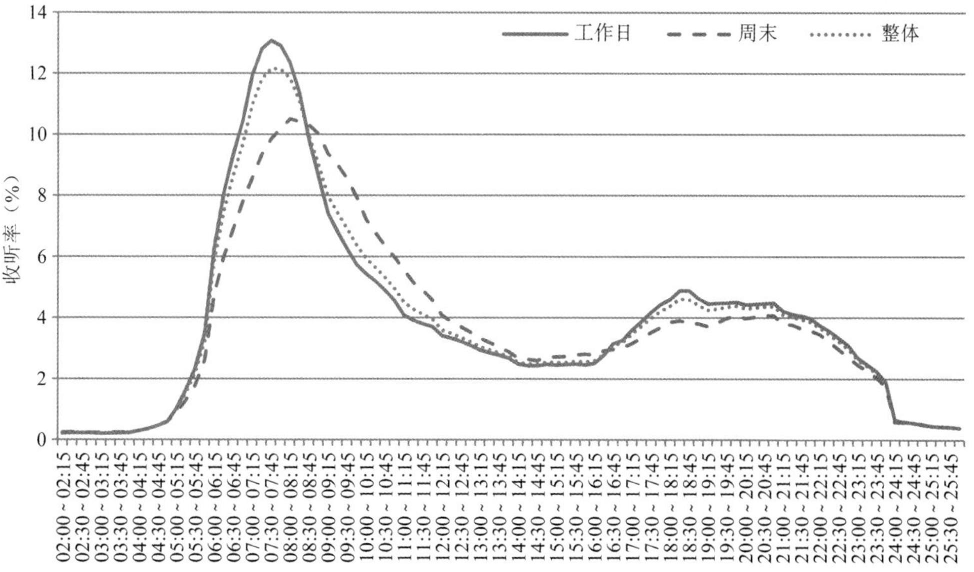

数据来源：CSM 媒介研究

图 1.3.5　2019 年上海全天收听率走势（%）

与北京、上海乃至全国26个城市全天收听走势相比，广州地区听众的全天收听走势可谓独具特色，自成一套体系。最大的特点在于早高峰之后，收听水平一直高位运行，直至午间，这与广州人独有的饮早茶习俗不无关系。07:00～09:00的早高峰时段，峰值出现在08:15～8:30时段，收听率达8.81%，然后在09:15～13:45时段，收听水平一直高位运行，收听率均维持在6%以上，傍晚18:00～19:15时段也出现了一个明显的下班收听晚高峰。全天大部分时段工作日收听水平均高于周末，只在上午09:45～11:30、下午16:00～17:15时段，以及晚间22:15的后晚间时段周末的收听水平高于工作日同时段收听水平（图1.3.6）。

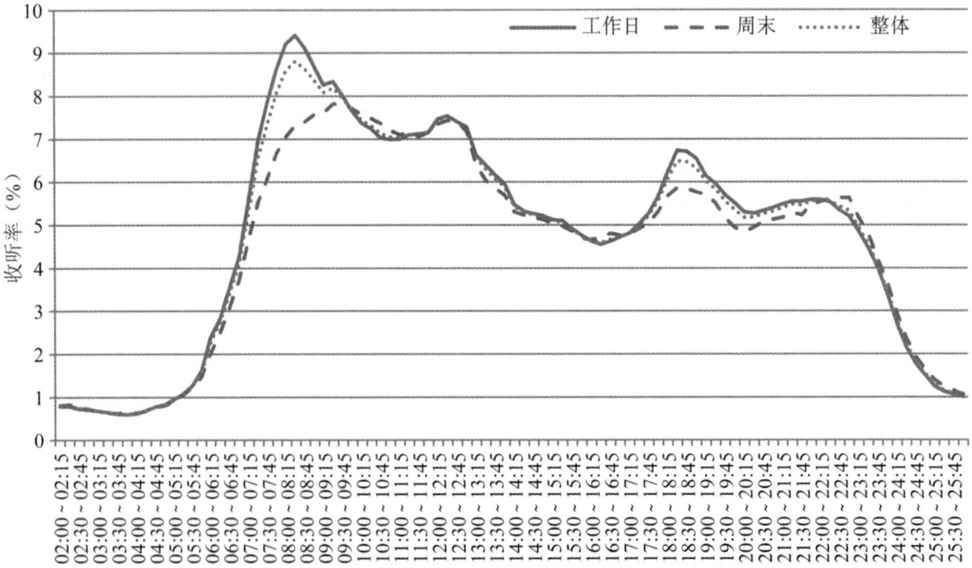

数据来源：CSM媒介研究

图1.3.6　2019年广州全天收听率走势（%）

4. 不同目标人群在全天不同时段的收听表现各具特色

2019年，全国26城市收听率数据显示，男性在全天时段的收听水平均高于女性，尤其是在早高峰06:15～08:45时段和晚高峰17:30～18:15时段表现尤其突出（图1.3.7）。这充分说明男性听众是移动收听的主力军，在早晚上下班的高峰时段，较女性听众具有更明显的收听优势。

中老年群体一如既往是传统广播收听的主力军。2019年26城市数据显示，55岁及以上中老年听众的收听水平在全天大部分时段都以明显优势领先于年轻听众，尤其是65岁及以上的听众，他们在几乎全天时段的收听水平都位居各年龄层之首（图1.3.8）。

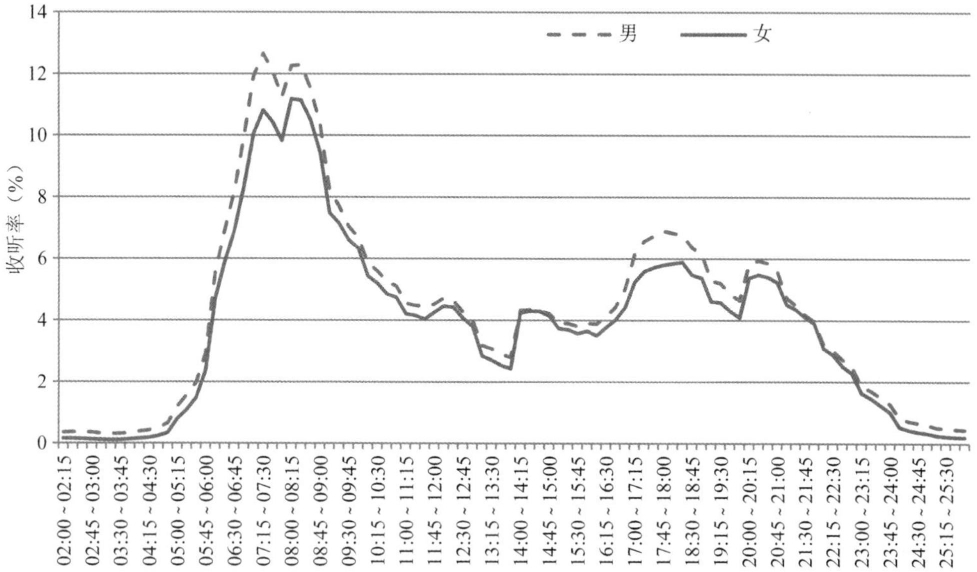

数据来源：CSM 媒介研究

图 1.3.7 2019 年 26 城市不同性别听众全天收听率走势（%）

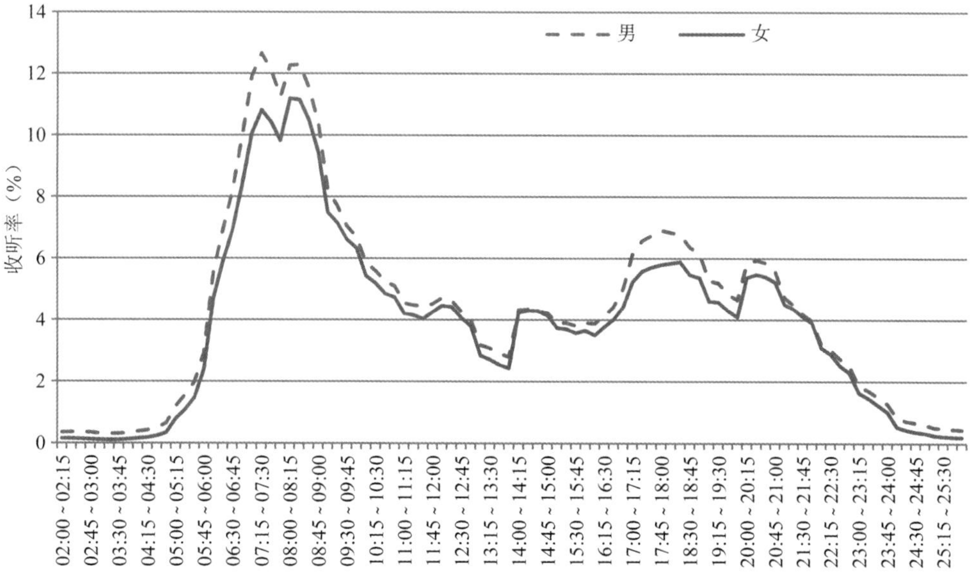

数据来源：CSM 媒介研究

图 1.3.8 2019 年 26 城市不同年龄听众全天收听率走势（%）

从受教育程度来看，高中和大学及以上学历人群在早间 07:00~09:00 和傍晚 17:00~19:00 的上下班高峰时段，拥有明显优于其他时间段的收听表现，表现出更为明显的收听“潮汐”现象。这可能与这两类人群所从事工作相对更稳定且规律，他们在上下班途中有更多机会乘坐和驾驶汽车，也有更多的机会接触到广播。相比而言，低受教育程度人群则在 05:00~23:00 时段的收听水平较高。做到具体问题具体分析，在不同时段针对不同的目标受众安排适合他们兴趣爱好的节目和广告是广播电台需要做的事情（图 1.3.9）。

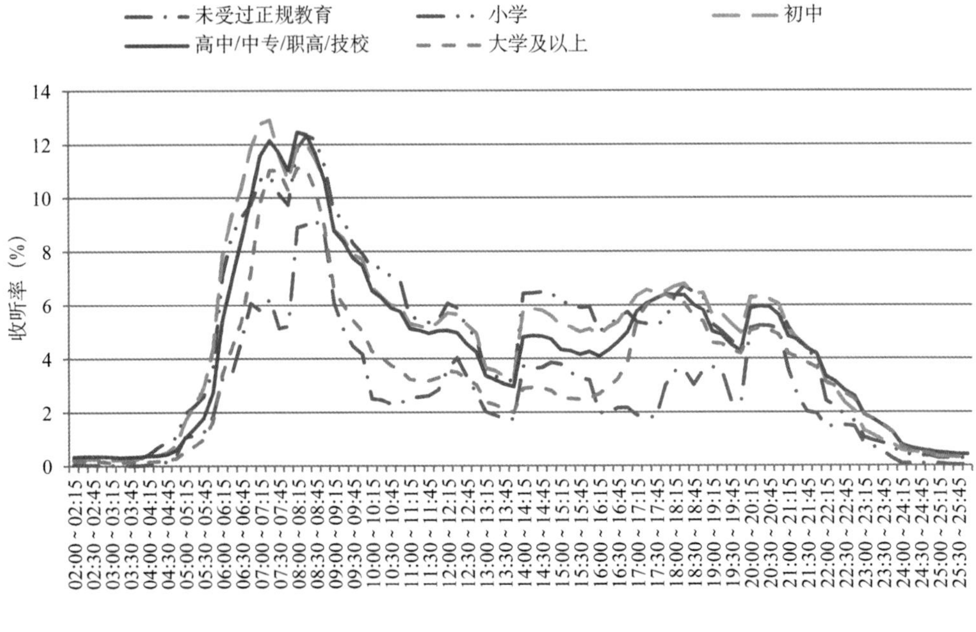

数据来源：CSM 媒介研究

图 1.3.9　2019 年 26 城市不同受教育程度听众全天收听率走势（%）

不同职业人群的全天收听走势显示，无业人员（包括退休人员）的全天收听表现优秀，在全天大部分时段的收听水平均以明显优势领先于其他职业人群，尤其在早高峰时段直至午间表现尤为突出。其他职业人群分别在 14:00~17:15 和 19:00~20:00 时段的收听水平高于其余各职业类别人群，表现也是相当出色。干部/管理人员在 06:45~08:15 和 17:00~18:00 时段有明显收听优势。初级公务员/雇员、个体/私营企业人员和工人在上下午部分时段有较好收听表现，学生群体受生活和学习习惯影响，全天收听表现偏低（图 1.3.10）。

不同个人月收入水平听众全天收听走势显示，中低收入人群的全天收听水平遥遥领先于其他收入水平人群。个人月收入 1~2000 元和 2001~3000 元的群体几乎全天收听水平都高于其他收入水平人群。个人月收入 3001~4000 元的群体在 07:15~

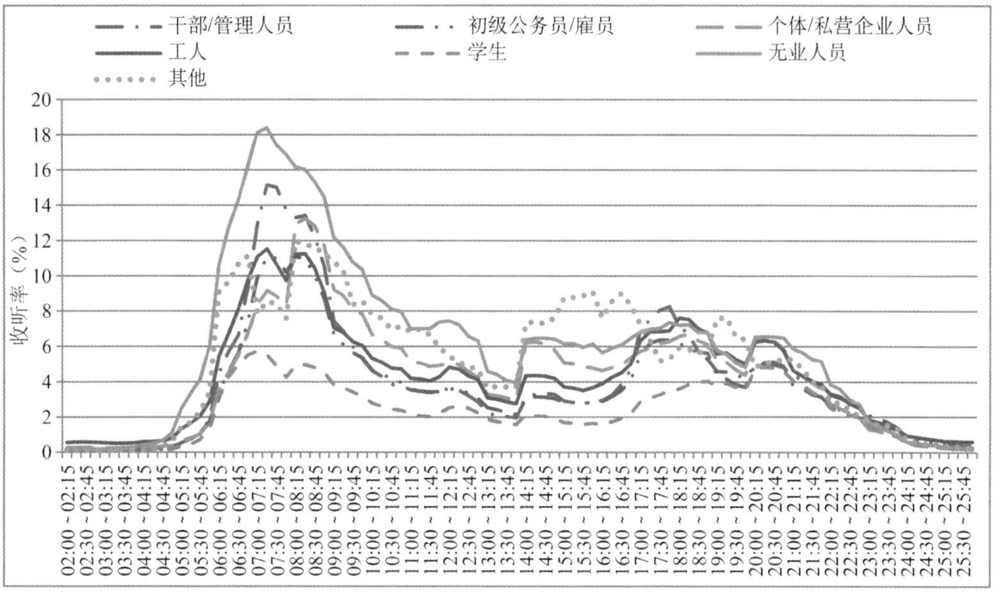

数据来源：CSM 媒介研究

图 1.3.10　2019 年 26 城市不同职业听众全天收听率走势（%）

09:00 和 17:30~18:00 时段收听水平明显冲高，高于个人月收入 1~2000 元人群的收听水平（图 1.3.11）。高收入群体收听表现平平，基本呈现出收入水平越高，收听水平相对越低的特点。基于不同收入群体所表现出的各异的收听特点，广播媒体可以有针对性地安排合适的节目和广告投入。

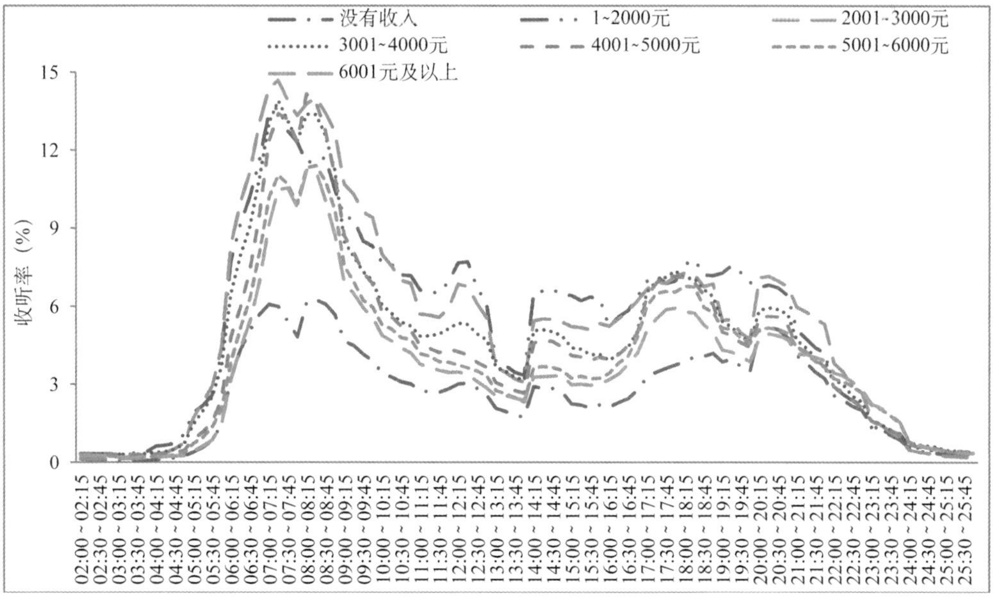

数据来源：CSM 媒介研究

图 1.3.11　2019 年 26 城市不同收入水平听众全天收听率走势（%）

（四）听众喜欢收听的节目类型

1. 新闻/时事、音乐和生活服务类节目成为听众喜欢收听广播节目类型的前三位

CSM媒介研究将广播节目共分为10个大类，基本涵盖了当今广播媒体的各个节目类型。2019年全年进行收听率调查（包括连续调查和四波调查）的26个城市基础研究数据显示，15岁及以上听众喜欢收听的广播节目类型相对较为集中。提供新闻资讯的新闻/时事类节目以67.1%的被选择比例位列榜首，成为听众喜欢收听选择比例最高的节目类型；休闲、娱乐、伴随功能更强的音乐类节目以62.9%的被选择比例位居次席，竞争实力不可忽视；与听众日常生活密切相关，集实用性、亲和性和专业性特点于一身的生活服务类节目则受到了45.3%听众的青睐，前景一片大好；排名第四位的是文艺类节目，有24.5%的听众对该类节目较为“感冒”；然后依次为体育类节目（6.5%）、财经类节目（6.4%）和法制类节目（6.3%），三者被选择比例均在6%以上；社教类节目（3.9%）、其他类节目（2.0%）和外语类节目（1.7%）分居后三位（表1.3.6）。

表1.3.6　2019年26城市15岁及以上听众喜欢收听广播节目类型的选择比例（%，多选）

排名	节目类型	选择比例（%）
1	新闻/时事类	67.1
2	音乐类	62.9
3	生活服务类	45.3
4	文艺类	24.5
5	体育类	6.5
6	财经类	6.4
7	法制类	6.3
8	社教类	3.9
9	其他类	2.0
10	外语类	1.7

数据来源：CSM媒介研究

2. 新闻/时事、音乐和生活服务类节目在多数城市受热捧，排名在各地有差异

CSM媒介研究调查数据显示，在2019年全国26个城市中，新闻/时事类节目在多数城市受到听众青睐，其次是音乐类和生活服务类节目。以播出信息资讯为主，富含大量信息的新闻/时事类节目最受听众喜爱，占据了12个城市的榜首，显示出该类节目绝对的竞争优势。音乐类节目在北京、长沙、广州、南京、宁波、青岛、天津和武汉7个城市居首位。生活服务类节目则在大连、哈尔滨、济南、沈阳、太原和无锡6个城市位列第一（表1.3.7）。

表 1.3.7　2019 年 26 城市中 15 岁及以上听众喜欢收听的广播节目类型排名前六位

城市	第一位	第二位	第三位	第四位	第五位	第六位
北京	音乐类	新闻/时事类	文艺类	生活服务类	财经类	体育类
长春	新闻/时事类	音乐类	生活服务类	文艺类	法制类	体育类
长沙	音乐类	新闻/时事类	生活服务类	文艺类	体育类	法制类
重庆	新闻/时事类	音乐类	生活服务类	文艺类	法制类	其他类
大连	生活服务类	新闻/时事类	音乐类	文艺类	体育类	其他类
佛山	新闻/时事类	音乐类	生活服务类	文艺类	财经类	体育类
广州	音乐类	新闻/时事类	生活服务类	文艺类	体育类	财经类
杭州	新闻/时事类	音乐类	生活服务类	财经类	文艺类	法制类
哈尔滨	生活服务类	音乐类	新闻/时事类	文艺类	法制类	社教类
合肥	新闻/时事类	音乐类	生活服务类	文艺类	社教类	外语类
济南	生活服务类	音乐类	新闻/时事类	文艺类	法制类	财经类
南昌	新闻/时事类	音乐类	生活服务类	财经类	文艺类	法制类
南京	音乐类	新闻/时事类	生活服务类	其他类	法制类	文艺类
宁波	音乐类	新闻/时事类	生活服务类	文艺类	财经类	法制类
青岛	音乐类	生活服务类	新闻/时事类	文艺类	体育类	财经类
上海	新闻/时事类	音乐类	文艺类	生活服务类	体育类	财经类
沈阳	生活服务类	文艺类	音乐类	新闻/时事类	体育类	法制类
深圳	新闻/时事类	音乐类	生活服务类	法制类	文艺类	财经类
石家庄	新闻/时事类	生活服务类	音乐类	文艺类	财经类	法制类
苏州	新闻/时事类	音乐类	文艺类	生活服务类	财经类	社教类
太原	生活服务类	音乐类	文艺类	新闻/时事类	财经类	体育类
天津	音乐类	新闻/时事类	文艺类	生活服务类	体育类	法制类
乌鲁木齐	新闻/时事类	音乐类	生活服务类	文艺类	法制类	财经类
武汉	音乐类	新闻/时事类	生活服务类	其他类	文艺类	财经类
无锡	生活服务类	新闻/时事类	音乐类	法制类	文艺类	财经类
郑州	新闻/时事类	音乐类	生活服务类	文艺类	法制类	社教类

数据来源：CSM 媒介研究

排名第二的节目类型主要集中在音乐和新闻/时事类两类节目中，反映出各地听众在收听偏好方面存在较强的共性。与排名第一的节目类型不同，在排名第二的梯队中，音乐类节目稳居第一，共有长春、重庆、佛山和杭州等 14 个城市的听众喜欢收听该类节目，新闻/时事类节目位居次席，共有北京、长沙、大连和广州等 8 个城市的听众偏好收听该类节目。

排名第三的节目类型主要集中在生活服务类，共有长春、长沙、重庆和佛山等 14 个城市的听众是该类节目的忠实拥趸，文艺类节目受到北京、上海、苏州、太原和天津 5 个城市听众的追捧，音乐类节目获得了大连、沈阳、石家庄和无锡 4 个城市听众的垂青，新闻/时事类节目则获得了哈尔滨、济南和青岛 3 个城市听众的欢心（表 1.3.7）。

由此可以发现，各地听众基于自身工作生活习惯和当地的媒体发展状况，在对喜欢收听的广播节目类型选择上表现出了高度的一致性，当然也存在一定的差异。

因此在发展共性的同时，也要重视各地听众在收听内容偏好方面表现出来的个体差异性，针对听众收听喜好“按需分配”是提高频率竞争力的重要策略之一。

3. 新闻/时事类节目受众范围较广，目标听众对各类节目类型的喜好与自身身份属性契合

2019 年，新闻/时事、音乐和生活服务类节目仍是拉动不同目标听众收听的“重头戏”，具体到不同目标人群对各类节目的喜好程度排名，基本与细分受众自身的自然和社会身份属性相契合，这也为广播媒体制作和编排定位准确的节目和广告提供了重要依据。

从不同性别听众喜好度来看，26 城市的男女听众对新闻/时事类、音乐类和生活服务类这 3 类节目都表现出了浓厚的兴趣。其中，在男女听众喜欢收听的前 6 位节目类型中，女性听众选择了法制类节目，而男性听众则对此并不“感冒”；女性听众没有选择的体育类节目则受到了男性听众的青睐（表 1.3.8）。

表 1.3.8　2019 年 26 城市不同听众群体喜欢收听的广播节目类型排名前六位

目标听众	第一位	第二位	第三位	第四位	第五位	第六位
男	新闻/时事类	音乐类	生活服务类	文艺类	体育类	财经类
女	音乐类	新闻/时事类	生活服务类	文艺类	法制类	财经类
15~24 岁	音乐类	新闻/时事类	生活服务类	文艺类	体育类	社教类
25~34 岁	音乐类	新闻/时事类	生活服务类	文艺类	体育类	财经类
35~44 岁	新闻/时事类	音乐类	生活服务类	文艺类	财经类	体育类
45~54 岁	新闻/时事类	音乐类	生活服务类	文艺类	财经类	法制类
55 岁及以上	新闻/时事类	生活服务类	音乐类	文艺类	法制类	财经类
未受过正规教育	新闻/时事类	生活服务类	音乐类	文艺类	法制类	财经类
小学	新闻/时事类	生活服务类	音乐类	文艺类	法制类	其他类
初中	新闻/时事类	音乐类	生活服务类	文艺类	法制类	体育类
高中/技术学校	新闻/时事类	音乐类	生活服务类	文艺类	体育类	法制类
大学及以上	音乐类	新闻/时事类	生活服务类	文艺类	财经类	体育类
干部/管理人员	新闻/时事类	音乐类	生活服务类	文艺类	体育类	财经类
初级公务员/雇员	音乐类	新闻/时事类	生活服务类	文艺类	财经类	体育类
个体/私营企业人员	新闻/时事类	音乐类	生活服务类	文艺类	法制类	财经类
工人	新闻/时事类	音乐类	生活服务类	文艺类	体育类	法制类
学生	音乐类	新闻/时事类	生活服务类	文艺类	体育类	外语类
无业（包括退休）	新闻/时事类	生活服务类	音乐类	文艺类	法制类	财经类
其他	新闻/时事类	生活服务类	音乐类	文艺类	法制类	其他类

数据来源：CSM 媒介研究

不同年龄段听众对喜欢收听节目类型的选择受其自身生活经历、社会阅历和心理成熟程度影响，当然也与个体的兴趣爱好有不可分割的关联。听众年纪越小，对音乐类节目的喜好度越高；年纪越大，则对新闻/时事类节目更感兴趣。具体表现为 15~24

岁和25~34岁群体的收听偏好与其他听众群体明显不同，他们喜欢收听的前3类节目依次是音乐类、新闻/时事类和生活服务类，偏重于休闲娱乐类的节目；35~44岁和45~54岁的听众则对新闻/时事类、音乐类和生活服务类节目的关注度更高；55岁及以上老年听众群体则更偏好于对新闻/时事类节目的收听，其次是生活服务类节目。

从听众受教育水平来看，未受过正规教育和小学两类低学历人群喜欢收听的前3类节目类型分别是新闻/时事类、生活服务类和音乐类节目，初高中学历人群的收听偏好依次为新闻/时事类、音乐类和生活服务类节目，大学及以上学历人群的收听喜好则依次为音乐类、新闻/时事类和生活服务类节目。未受过正规教育和小学学历人群还喜欢收听法制类节目，同时前者还喜欢收听财经类节目，后者则喜欢收听其他类节目；初中和高中中等学历人群青睐于收听法制类和体育类节目，二者的区别只是排名先后而已；大学及以上高学历人群则除法制类节目外，还垂青于收听财经类节目。

不同职业类别听众喜欢收听的节目类型选择也都集中在新闻/时事类、音乐类和生活服务类这3类节目上。大体上可分为三种类型，第一种类型是初级公务员/雇员和学生，这两类人群对各类节目依喜好程度排在前3位的节目类型依次为音乐类、新闻/时事类和生活服务类节目；第二种类型包括干部/管理人员、个体/私营企业人员和工人，接喜好程度排在前3位的节目类型依次为新闻/时事类、音乐类和生活服务类节目；第三种类型是无业人群（包括退休人员）和其他人群，依据对节目的喜好度，排在前3位的节目类型依次为新闻/时事类、生活服务类和音乐类节目。

四、频率竞争格局

2019年，广播收听市场在媒介不断交错融合的过程中继续稳步向前，无论是全国广播收听市场，还是重点城市收听市场，本土频率主导下的声音生态，又有各自不同的特点。本小节基于CSM媒介研究2019年26城市市场的四波收听率调查数据以及在北京、上海、广州市场的全年连续调查数据，对广播收听市场的频率竞争格局①进行分析。

（一）全国26个重点城市市场整体的频率竞争格局

省级频率以绝对优势保持领跑之势，市级频率市场份额有所提升

2019年，在全国26个城市市场，各级广播频率延续着往年的竞争态势，总体竞争格局与前两年基本保持稳定。省级频率以53.9%的份额继续领跑广播收听市场，但这一数值较2018年下降了0.1个百分点；市级频率紧随其后，共获得35.0%的市场份额，较2018年增长了0.8个百分点；中央级频率数量较少，但也获得了8.8%的收听份额，但与2017年相比下降了0.7个百分点（图1.4.1）。

① 鉴于部分城市已经采用测量仪方式采集数据，故本部分所用数据范围为15岁及以上所有人。

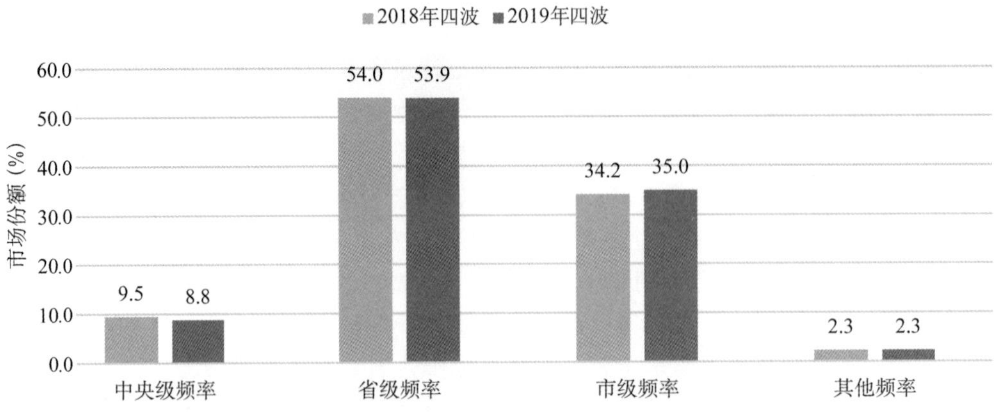

数据来源：CSM 媒介研究

图 1.4.1　2018~2019 年 26 个城市市场各类频率的市场份额（%，四波调查数据）

2. 省级频率在全天各时段保持领跑之势，市级频率清晨及下午时段竞争力上扬

在全天不同时段的竞争中，在整体市场雄踞首位的省级频率，继续在全天多数时段保持领先态势，市场份额高峰迭起，竞争优势明显，尤其在上午 09:00~10:00 和晚间 20:00~22:00 之间的竞争力最强，市场份额逼近 60%。与之形成对应的是，市级频率的竞争力与省级频率呈现互为消长之势，在省级频率竞争力稍弱的清晨 03:00~04:00 以及下午 15:00~18:00 市场份额较高，形成自身的竞争力高峰；中央级频率尽管在全天各时段的竞争中表现低调，但仍凭借自身的实力在清晨时段和深夜 23:00 之后的时段获得份额的提升，形成自身的优势时段（图 1.4.2）。

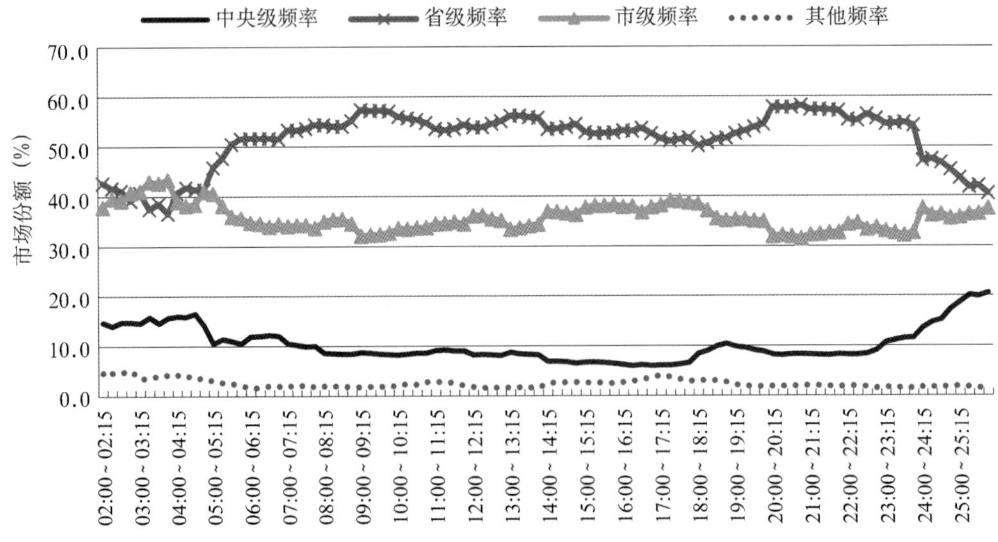

数据来源：CSM 媒介研究

图 1.4.2　2019 年 26 个城市市场各类频率全天不同时段的市场份额（%，四波调查数据）

3. 中央级和省级频率更吸引中老年、中高收入听众，市级频率在中青年群体中影响力更强

2019 年，在细分受众的收听竞争中，各级频率在延续整体市场竞争格局的同时，也凭借自身特色和传统，在各类受众中形成了差异化竞争特点。中央级频率和省级频率更吸引中老年、中高收入听众，市级频率则在中青年收听群体中表现出相对的竞争优势（表 1.4.1）。具体来看，中央级频率在男性、65 岁及以上、小学及以下学历、初级公务员/雇员、无业和个人月收入 6001 元及以上的听众中市场份额高于其在所有听众中的平均水平；省级频率对女性、45~64 岁、大学本科及以上、干部/管理人员、学生、没有收入和个人月收入 5001 元及以上的听众具有更强的吸引力；市级频率在女性、35~44 岁、中等学历、个体/私营企业人员、工人和低收入听众中的市场份额相对高于其在所有听众中的平均水平。

表 1.4.1　2019 年 26 城市市场各级频率在不同目标听众中的市场份额（%，四波调查数据）

目标听众	中央级频率	省级频率	市级频率	其他频率
15 岁及以上所有人	8.8	53.9	35.0	2.3
男	9.5	53.6	34.7	2.2
女	8.1	54.4	35.3	2.2
15~24 岁	8.6	53.4	35.8	2.2
25~34 岁	7.7	54.7	35.4	2.2
35~44 岁	8.1	51.8	37.1	3.0
45~54 岁	8.2	56.3	33.2	2.3
55~64 岁	8.8	55.2	33.8	2.2
65 岁及以上	12.7	52.1	33.8	1.4
未受过正规教育	15.6	45.0	35.1	4.3
小学	10.5	44.9	39.6	5.0
初中	7.2	49.0	41.0	2.8
高中/中专/职高/技校	9.1	53.9	35.2	1.8
大学本科及以上	9.5	58.4	30.0	2.1
干部/管理人员	8.2	58.2	30.1	3.5
初级公务员/雇员	9.6	54.6	33.6	2.2
个体/私营企业人员	6.9	50.9	39.8	2.4
工人	7.4	52.9	37.0	2.7
学生	8.3	61.4	28.7	1.6
无业（包括退休人员）	10.3	53.1	35.1	1.5
其他	7.7	44.4	36.9	11.0
没有收入	8.3	59.0	30.7	2.0
1~2000 元	7.1	42.8	47.1	3.0
2001~3000 元	8.3	50.9	38.7	2.1
3001~4000 元	8.8	51.9	37.5	1.8
4001~5000 元	9.2	55.2	32.9	2.7
5001~6000 元	8.9	57.5	31.2	2.4
6001 元及以上	9.9	57.2	30.3	2.6

数据来源：CSM 媒介研究

（二）北京广播收听市场的频率竞争格局

1. 北京人民广播电台占据逾七成收听市场，中央级频率市场份额略有下降

2019 年，北京广播收听市场的频率竞争格局继续保持稳定，北京人民广播电台共占据超过七成的市场空间，收听份额高达 72.4%，较上年提升了 0.6 个百分点。中央人民广播电台和中国国际广播电台共获得 27.6%的市场份额，其中中央人民广播电台收听份额为 22.1%，中国国际广播电台收听份额为 5.5%，均较上年略有下降（图 1.4.3）。

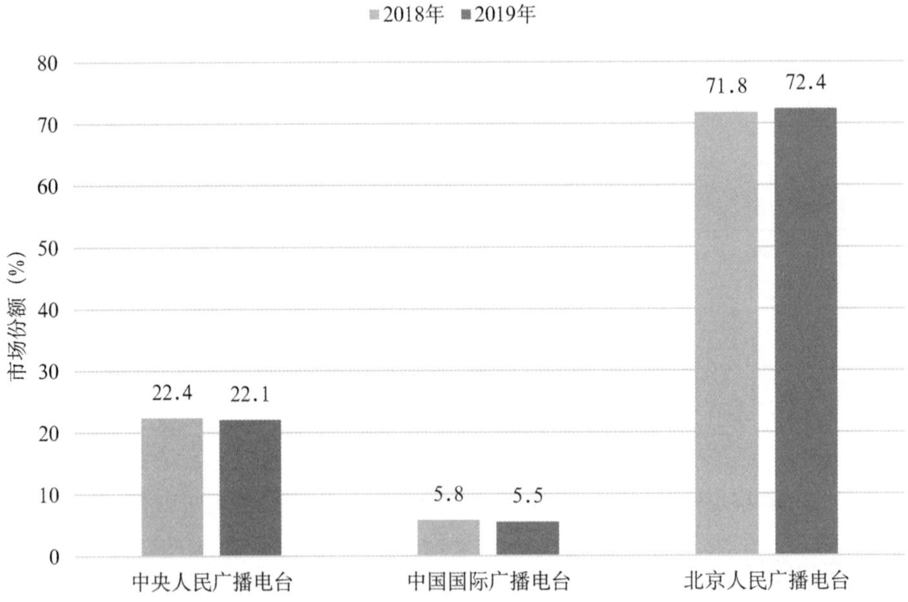

数据来源：CSM 媒介研究

图 1.4.3　2018~2019 年北京市场各类频率的市场份额（%）①

2. 北京人民广播电台全面领跑全天收听，中央人民广播电台午间、傍晚及深夜时段竞争力提升

2019 年，在北京广播收听市场全天各时段的收听竞争中，在整体市场居首位的北京人民广播电台继续在全天各时段领跑收听市场，且在清晨和晚间时段竞争力更强，尤其清晨 05:00~05:45 时段，市场份额达到 80%以上。中央人民广播电台在北京市场也获得了相对充分的发展，在午间 11:30~12:15、傍晚 17:15~18:30 以及深夜时段获得了竞争力的提升，市场份额超过 25%。中国国际广播电台尽管整体竞争力难与其他两级频率相匹敌，但也凭借自身传统优势在全天获得了一些收听高峰，尤其在午夜 23:30~24:30 时段市场份额达到了 10%以上，形成了独特的优势时段（图 1.4.4）。

① 北京、上海、广州由于采用测量仪进行收听率调查，所以就不存在“其他频率组”。

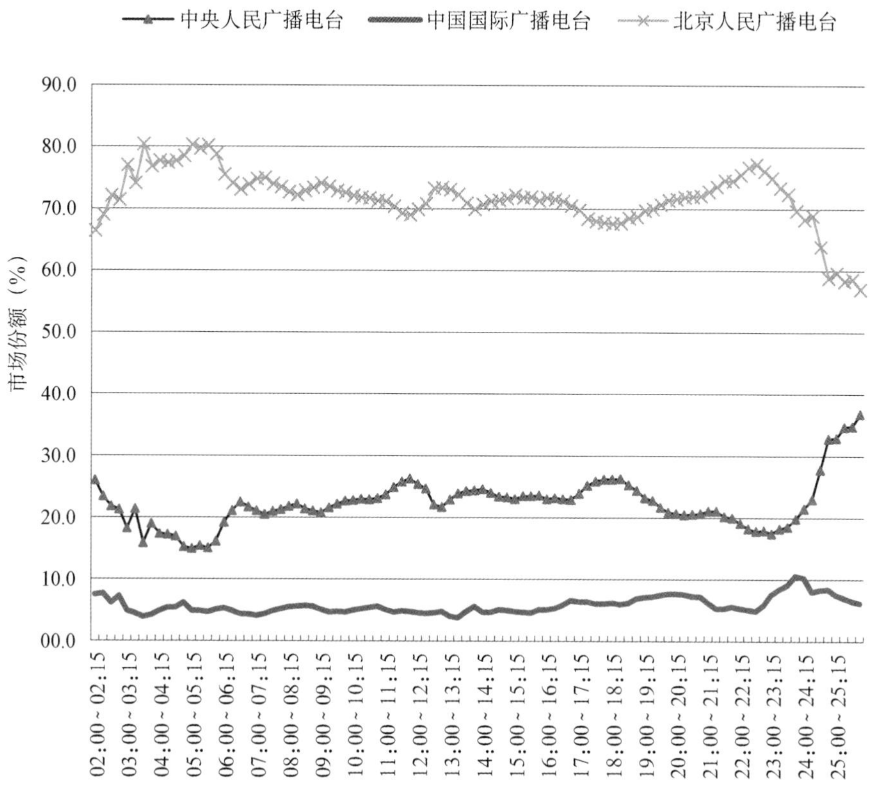

数据来源：CSM 媒介研究

图 1.4.4　2019 年北京市场各类频率全天不同时段的市场份额（%）

3. 中央级频率在高端收听群体中竞争力相对较强，北京人民广播电台吸引大众收听群体

2019 年，在北京广播市场细分收听群体的竞争中，包括中央人民广播电台和中国国际广播电台在内的中央级频率，在男性、高学历和高收入等高端收听群体中的市场份额，较其在 15 岁及以上所有听众中的平均份额明显更高；在整体市场中占据主导地位的北京人民广播电台更吸引女性、中年、中等学历以及中等收入群体收听，受众范围更加大众化（表 1.4.2）。具体来看，中央人民广播电台在男性、25~34 岁、65 岁及以上、大学本科及以上、初级公务员/雇员、无业及其他职业人员和个人月收入 5001 元及以上群体中的收听份额明显高于其在 15 岁及以上所有听众中的平均水平；中国国际广播电台更吸引男性、25~34 岁、55 岁及以上、高中学历、个体/私营企业人员、无业人员和个人月收入 6001 元及以上的听众；北京人民广播电台则对女性、15~24 岁、45~54 岁、中低学历、工人、学生和中低收入的听众具有更强的影响力。

表 1.4.2　2019 年北京市场各类频率在不同目标听众中的市场份额（%）

目标听众	中央人民广播电台	中国国际广播电台	北京人民广播电台
15 岁及以上所有人	22.1	5.5	72.4
男	22.4	6.8	70.8
女	21.6	3.7	74.7
15~24 岁	18.8	3.7	77.5
25~34 岁	26.7	7.0	66.3
35~44 岁	21.9	4.4	73.7
45~54 岁	18.7	3.1	78.2
55~64 岁	17.0	7.1	75.9
65 岁及以上	27.3	8.4	64.3
未受过正规教育	*	*	*
小学	6.6	0.6	92.8
初中	18.1	1.8	80.1
高中/中专/职高/技校	19.8	6.6	73.6
大学本科及以上	24.8	5.8	69.4
干部/管理人员	20.0	5.7	74.3
初级公务员/雇员	24.1	4.7	71.3
个体/私营企业人员	16.5	9.0	74.5
工人	20.9	3.9	75.2
学生	12.5	3.5	84.0
无业（包括退休人员）	23.2	7.9	68.8
其他	23.7	4.6	71.7
没有收入	17.4	4.0	78.6
1~2000 元	17.4	2.3	80.3
2001~3000 元	19.4	5.5	75.1
3001~4000 元	18.4	4.6	77.0
4001~5000 元	20.9	6.1	73.0
5001~6000 元	24.5	5.8	69.7
6001 元及以上	30.8	7.0	62.2

注："*"表示目标听众样本量不足，无法进行统计推断。

数据来源：CSM 媒介研究

4. 北京人民广播电台频率占据前五位中的四个席位，中央人民广播电台中国之声位列第四

2019 年，在北京广播收听市场的频率竞争中，北京人民广播电台频率垄断了份额排名前 5 位中的 4 个席位，其中北京人民广播电台交通广播 FM103.9/CFM95.6 更是以 36.2% 的份额高居榜首，竞争力不容小觑。北京人民广播电台文艺广播 FM87.6/CFM93.8、北京广播电台新闻广播 FM100.6/AM828/CFM90.4 以超过 11% 的份额位列第二、第三，具有较强的竞争优势。中央级频率中，中央人民广播电台第一套节目中国之声以 8.9% 的份额排在第四位。上述直播频率的收听，如果进一步拆解为 FM/AM 环境音收听和 App 收听两部分，可以看出北京广播电台新闻广播 FM100.6/AM828/CFM90.4 和北京人民广播电台音乐广播 FM97.4/CFM94.6 在 App 收听中的竞争力有所提升，分别以 11.5% 和 11.0% 的份额位列第二、第三（表 1.4.3）。

表 1.4.3 2019 年北京市场直播收听份额排名前五位的频率

排名	频 率	所有收听（%）	环境音收听（%）	App 收听（%）
1	北京人民广播电台交通广播 FM103.9/CFM95.6	36.2	33.4	39.9
2	北京人民广播电台文艺广播 FM87.6/CFM93.8	11.3	14.1	7.6
3	北京广播电台新闻广播 FM100.6/AM828/CFM90.4	11.0	10.6	11.5
4	中央人民广播电台第一套节目中国之声	8.9	8.9	8.8
5	北京人民广播电台音乐广播 FM97.4/CFM94.6	7.9	5.6	11.0

数据来源：CSM 媒介研究

（三）上海广播收听市场的频率竞争格局

1. SMG 集团频率垄断九成以上收听市场，中央人民广播电台份额提升

2019 年，在上海广播收听市场，本土广播频率表现极其强劲，中央人民广播电台和中国国际广播电台发展相应受限。具体来看，2019 年 SMG 集团频率共占据 91.2% 的市场份额，对整个市场形成绝对的垄断之势，但这一数值较 2018 年略有下降；中央人民广播电台仅占据 7.7% 的收听份额，但较 2018 年增长了 0.4 个百分点，有一定上升的势头；中国国际广播电台在上海市场的影响力进一步减弱，1.1% 的收听份额与上年持平（图 1.4.5）。

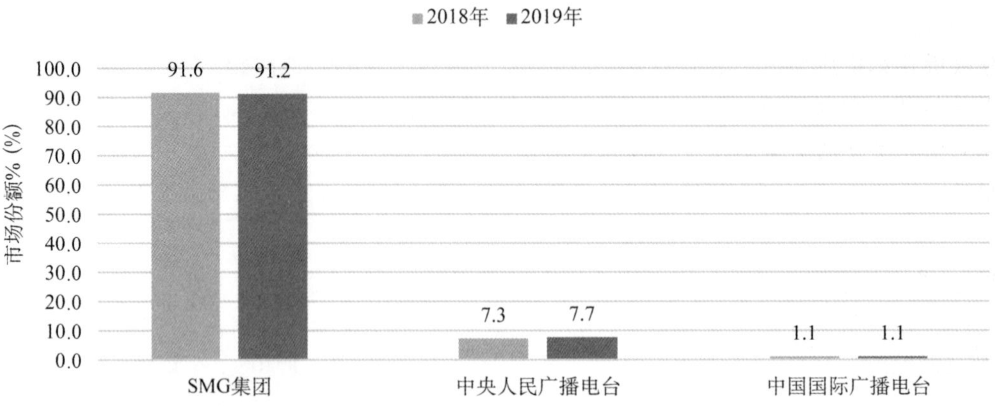

数据来源：CSM 媒介研究

图 1.4.5 2018-2019 年上海市场各类频率的市场份额（%）

2. SMG 集团垄断全天收听，中央人民广播电台在夜间及清晨相对优势上扬

在上海广播收听市场全天各时段的收听竞争中，SMG 集团所属频率的垄断优势遍布全天，尤其在 06:15~24:00 之间市场份额稳居高位，多数时段都在 90% 以上。中央人民广播电台整体竞争力难与其匹敌，但在深夜 24:00 之后至清晨 05:00 前的时段，竞争力有所提升，获得相对竞争优势。中国国际广播电台虽然发声不大，但在傍晚 17:00~18:00 之间的市场份额略有提升，形成自身优势时段（图 1.4.6）。

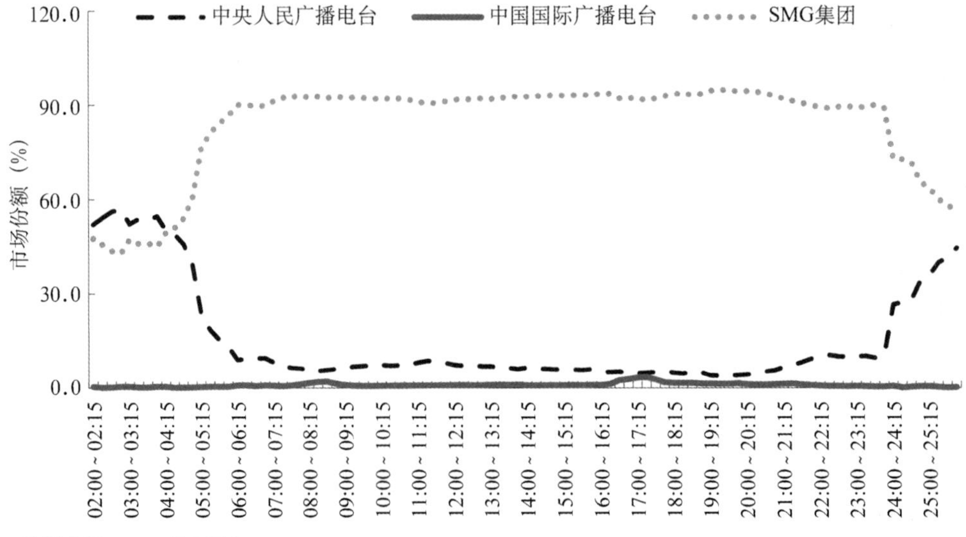

数据来源：CSM 媒介研究

图 1.4.6 2019 年上海市场各类频率全天不同时段的市场份额（%）

3. 中央级频率重度收听群体更趋成熟，SMG 频率更吸引年轻有活力的收听群体

在上海广播收听市场，鉴于 SMG 集团所属频率强劲的竞争优势，各级频率在细分收听群体中所能获取的份额上升空间相对有限，但广播细分收听市场的魅力，也正是其融入受众日常生活点滴的贴近性和多样性，造就了其丰富多样的收听时空。在对细分受众的竞争中，中央级频率在成熟群体中具有相对竞争优势，而 SMG 频率则在年轻有活力的收听群体中优势更为明显（表 1.4.4）。中央人民广播电台更吸引

表 1.4.4　2019 年上海市场各类频率在不同目标听众中的市场份额（%）

目标听众	中央人民广播电台	中国国际广播电台	SMG 集团
15 岁及以上所有人	7.7	1.1	91.2
男	9.1	0.7	90.2
女	5.9	1.6	92.5
15~24 岁	7.2	0.2	92.6
25~34 岁	5.9	1.5	92.6
35~44 岁	5.2	2.5	92.3
45~54 岁	7.2	0.3	92.5
55~64 岁	8.6	0.9	90.5
65 岁及以上	12.8	0.3	86.9
未受过正规教育	*	*	*
小学	*	*	*
初中	7.2	0.3	92.5
高中/中专/职高/技校	10.0	0.7	89.3
大学本科及以上	6.0	1.5	92.5
干部/管理人员	3.9	3.1	93.0
初级公务员/雇员	7.3	1.4	91.3
个体/私营企业人员	5.8	0.2	94.0
工人	9.3	0.3	90.4
学生	6.4	0.2	93.4
无业（包括退休人员）	10.4	0.7	88.9
其他	1.0	0.6	98.4
没有收入	5.8	0.2	94.0
1~2000 元	*	*	*
2001~3000 元	2.2	0.6	97.2
3001~4000 元	10.0	0.8	89.2
4001~5000 元	10.7	1.1	88.2
5001~6000 元	6.9	0.6	92.5
6001 元及以上	6.3	1.8	91.9

注："*"表示目标听众样本量不足，无法进行统计推断。

数据来源：CSM 媒介研究

男性、65岁及以上、高中学历、工人、包含离退休人员在内的无业听众以及个人月收入3001~5000元的听众收听；中国国际广播电台在女性、35~44岁、大学本科及以上、干部/管理人员和个人月收入6001元及以上的听众中的收听份额高于其在15岁及以上听众中的平均水平；SMG集团频率则对女性、15~34岁、初中学历、大学本科及以上学历、个体/私营企业人员、学生、其他职业人员以及中低收入群体具有相对更强的影响力，表现出相对更高的收听份额。

4. 上海本土频率垄断收听份额排名前五位，上海流行音乐广播App收听竞争力更强

2019年，在上海广播收听市场单个频率的竞争中，上海本土频率毫无悬念地垄断了收听份额排名的前5位，其中上海流行音乐广播 动感101 FM101.7以绝对的优势领跑收听市场，获得了整体市场四分之一以上的收听量，优势明显。上海人民广播电台上海新闻广播FM93.4/AM990和上海经典金曲广播LoveRadio最爱调频FM103.7分别以18.8%和12.0%的份额排名第二、第三位，前3个频率合计获得了57.4%的收听份额，较上年进一步增长了1.9个百分点，集中趋势进一步凸显。东广新闻台长三角之声AM1296/FM90.9和上海交通广播AM648/FM105.7也以超过7%的收听份额排名第四、第五位。上述直播频率的收听，如果进一步拆解为FM/AM环境音收听和App收听两部分，可以看出上海流行音乐广播动感101 FM101.7在App收听中的竞争优势进一步凸显，以37.2%的份额高居App收听排行的首位（表1.4.5）。

表1.4.5 2019年上海市场直播收听份额排名前五位的频率

排名	频率	所有收听（%）	环境音收听（%）	App收听（%）
1	上海流行音乐广播动感101 FM101.7	26.6	20.2	37.2
2	上海人民广播电台上海新闻广播FM93.4/AM990	18.8	21.8	13.9
3	上海经典金曲广播LoveRadio最爱调频FM103.7	12.0	11.8	12.3
4	东广新闻台长三角之声AM1296/FM90.9	8.8	6.8	12.1
5	上海交通广播AM648/FM105.7	7.3	7.9	6.2

数据来源：CSM媒介研究

（四）广州广播收听市场的频率竞争格局

1. 本土频率占据九成以上收听市场，广东广播电视台市场份额同比下降

2019年，在广州广播收听市场，各级频率的竞争格局在稳定的大趋势下又存在一定的变化，本土频率继续保持在市场中几近垄断的竞争优势，占据超过九成的收

听空间，中央级频率夹缝中生存，面临较大压力。具体来看，广东广播电视台共获得58.5%的收听份额，领跑收听市场，但这一数值较2018年减少了1.5个百分点；广州广播电视台以33.7%的份额位居其后，竞争力较上年有所提升；佛山人民广播电台收听份额由上年的1.6%降至1.1%。中央级频率中，中央人民广播电台在广州市场共获得5.5%的收听份额，但其较2018年的4.6%增幅达到20%；中国国际广播电台则获得了1.1%的收听份额（图1.4.7）。

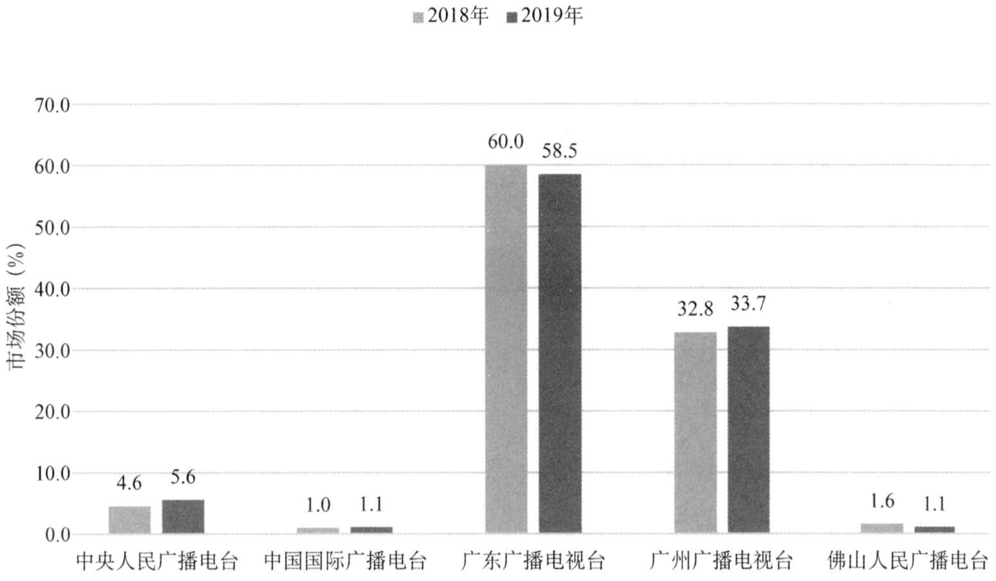

数据来源：CSM媒介研究

图1.4.7　2018~2019年广州市场各类频率的市场份额（%）

2. 广东广播电视台清晨及午间份额创新高，广州广播电视台傍晚和晚间竞争力上扬，中央人民广播电台优势在清晨

2019年，在广州广播收听市场全天各时段的竞争中，广东广播电视台继续保持领跑之势，并在清晨04:15~05:45和午间12:00~13:15时段再创市场份额新高，收听份额达到65%以上，形成全天竞争力的高峰。广州广播电视台在全天各时段的收听竞争中稳居第二位，并在16:30~19:00的傍晚时段以及20:30~21:30的晚间时段的竞争力明显提升，达到40%左右。中央人民广播电台整体竞争力不敌本土频率，但也在04:00~07:00的晨间时段形成了自己的竞争优势时段（图1.4.8）。

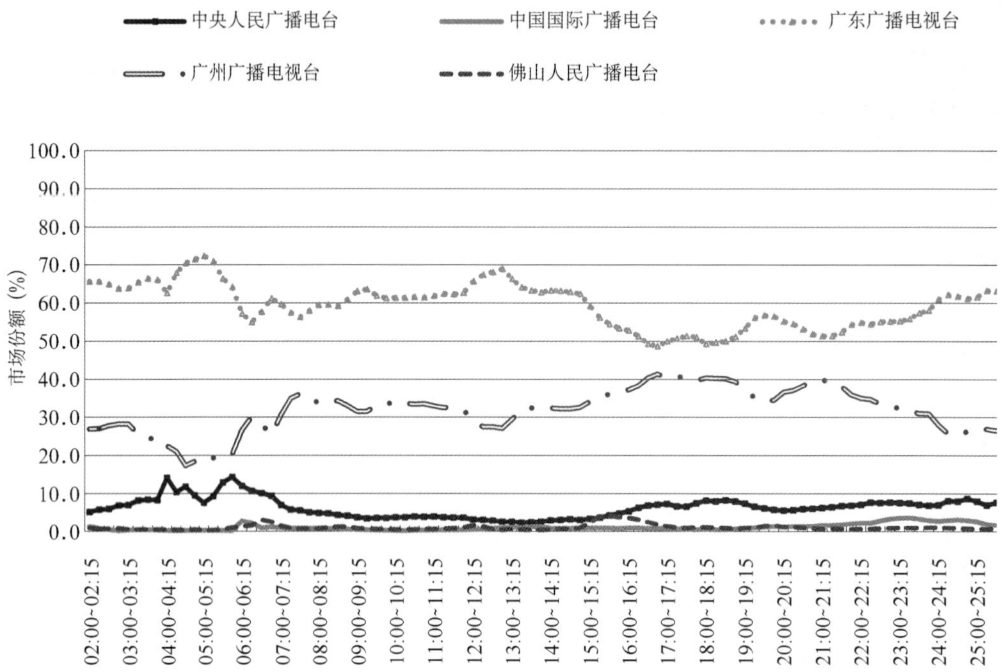

数据来源：CSM 媒介研究

图 1.4.8　2019 年广州市场各类频率全天不同时段的市场份额（%）

3. 细分广播收听市场竞争格局丰富多样，各级频率细分受众各有所长

整体市场层级较为丰富的广州市场，在细分受众收听的竞争中仍然保持了多样而丰富的格局，各级频率依托长久以来在本土地域文化中的精耕细作，收获了各自的忠实拥趸，在收听竞争中各有所长（表 1.4.6）。具体来看，中央人民广播电台在女性、35~44 岁、65 岁及以上、小学学历、无业人员、低收入和高收入受众中的收听份额，高于其在 15 岁及以上受众中的平均水平；中国国际广播电台更吸引男性、15~24 岁、中等学历、个体/私营企业人员、学生和低收入群体；广东广播电视台在男性、55~64 岁、低学历、干部/管理人员、个体/私营企业人员以及低收入、高收入群体中具有相对更强的影响力；广州广播电视台在女性、15~24 岁、中等学历、工人、学生和无收入听众中的收听份额高于其在所有受众中的平均水平；佛山人民广播电台明显更吸引女性、老年、低学历、干部/管理人员、无业人员和中低收入群体。

表 1.4.6　2019 年广州市场各类频率在不同目标听众中的市场份额（%）

目标听众	中央人民广播电台	中国国际广播电台	广东广播电视台	广州广播电视台	佛山人民广播电台
15 岁及以上所有人	5.6	1.1	58.5	33.7	1.1
男	5.3	1.5	60.2	32.1	0.9
女	6.1	0.4	56.0	36.2	1.3
15~24 岁	1.6	3.5	43.6	51.2	0.1
25~34 岁	5.7	0.3	61.5	31.7	0.9
35~44 岁	6.3	1.8	58.0	32.6	1.3
45~54 岁	3.2	0.2	60.7	34.8	1.1
55~64 岁	3.4	0.1	71.3	24.1	1.1
65 岁及以上	11.7	0.8	53.6	32.2	1.7
未受过正规教育	*	*	*	*	*
小学	12.9	0.1	72.4	14.1	0.5
初中	2.3	0.2	59.0	36.1	2.4
高中/中专/职高/技校	6.0	1.4	54.1	37.9	0.6
大学本科及以上	6.0	1.1	61.1	30.7	1.0
干部/管理人员	1.7	0.2	66.0	30.5	1.6
初级公务员/雇员	5.4	0.4	58.4	35.0	0.8
个体/私营企业人员	3.6	3.0	76.1	16.6	0.7
工人	3.4	0.2	57.4	38.4	0.6
学生	2.1	8.7	31.5	57.6	0.1
无业（包括退休人员）	8.7	0.5	58.5	30.5	1.8
其他	*	*	*	*	*
没有收入	2.9	7.0	31.0	58.9	0.2
1~2000 元	10.7	0.1	85.0	4.2	0.0
2001~3000 元	3.8	0.1	60.7	32.7	2.7
3001~4000 元	4.4	0.2	59.1	35.0	1.3
4001~5000 元	6.3	0.5	57.7	34.8	0.7
5001~6000 元	8.3	0.6	58.2	32.5	0.4
6001 元及以上	6.6	1.5	64.0	26.6	1.3

注：“*”表示目标听众样本量不足，无法进行统计推断。

数据来源：CSM 媒介研究

4. 广东广播电视台三频率入围前五位，广东珠江经济广播及音乐之声 App 收听优势更强

2019 年，在广州广播收听市场单个频率的竞争中，广东广播电台在收听竞争的前 5 位中占据了 3 个席位，广东广播电视台羊城交通广播台 FM105.2 以 18.1%的收听份额高居榜首。广州广播电视台有两频率入围前五位，其中广州交通电台 FM106.1 以 13.9%的份额位居第二。上述直播频率的收听，如果进一步拆解为 FM/AM 环境音收听和 App 收听两部分，可以看出广东广播电视台珠江经济广播电台（E FM 财富 974）和广东广播电视台音乐之声 FM99.3 在 App 收听中的竞争力有所提升，分别以 14.2%和 13.3%的份额居第二、第三位（表 1.4.7）。

表 1.4.7　2019 年广州市场直播收听份额排名前五位的频率

排名	频率	所有收听（%）	环境音收听（%）	App 收听（%）
1	广东广播电视台羊城交通广播台 FM105.2	18.1	18.0	18.3
2	广州交通电台 FM106.1	13.9	16.0	9.7
3	广东广播电视台珠江经济广播电台（E FM 财富 974）	13.0	12.5	14.2
4	广东广播电视台音乐之声 FM99.3	10.6	9.4	13.3
5	广州新闻电台 FM96.2	8.0	8.1	7.7

数据来源：CSM 媒介研究

五、节目竞争格局①

（一）北京广播收听市场的节目竞争格局

1. 北京广播收听市场节目竞争格局总体稳定，生活服务类和新闻/时事类节目占近五成市场份额

2019 年北京广播收听市场第一梯队领跑的主要是生活服务和新闻/时事两个类别，收听份额均超过 20%，分别是 23.4%和 21.8%。位于第二梯队的音乐和文艺类的收听份额分别为 14.3%和 13.9%（图 1.5.1）。社教类、财经类、体育类、法制类和外语类节目收听份额合计 10.7%，市场竞争力无明显变化。2019 年北京广播节目竞争格局与 2018 年相比总体趋于稳定，除文艺类和音乐类节目的收听份额排序互换外，其余类型节目的排序未发生变化；同比 2018 年，生活服务类和新闻/时事类节目的收听份额分别增长了 1 个和 2.5 个百分点，音乐类、财经类、体育类和外语类节目的份额波幅都不超过 0.3 个百分点。

---

① 本部分对节目竞争格局的分析，主要针对央视市场研究（CTR）所提供的具有节目监播数据的频率进行，听众群为 15 岁及以上所有人。

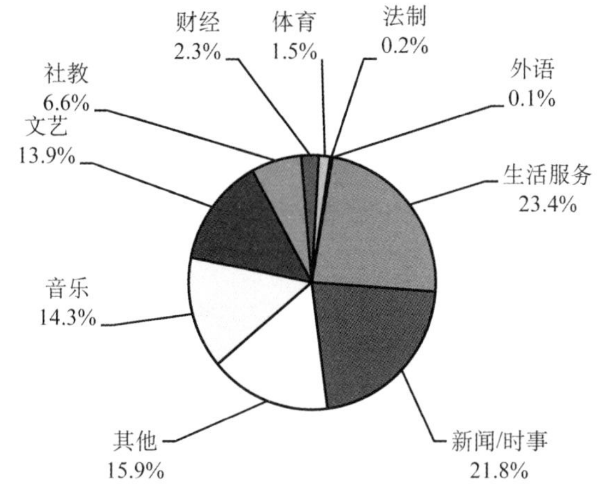

数据来源：CSM 媒介研究

图 1.5.1 2019 年北京市场各类节目的收听份额（%）

2. 北京人民广播电台在过半节目市场份额领先，中央级频率在财经类和外语类节目市场优势明显

2019 年北京人民广播电台在北京半数以上的节目收听市场继续保持首位的成绩，收听份额均超过 50%（图 1.5.2）。在法制类和生活服务类节目市场，北京人民广播电台收听份额虽然有小幅度下降，但都超过 90%；在社教类、体育类和文艺类节目市场的收听份额都在 70% 以上，较 2018 年均有不同程度的下降，其中北京人民

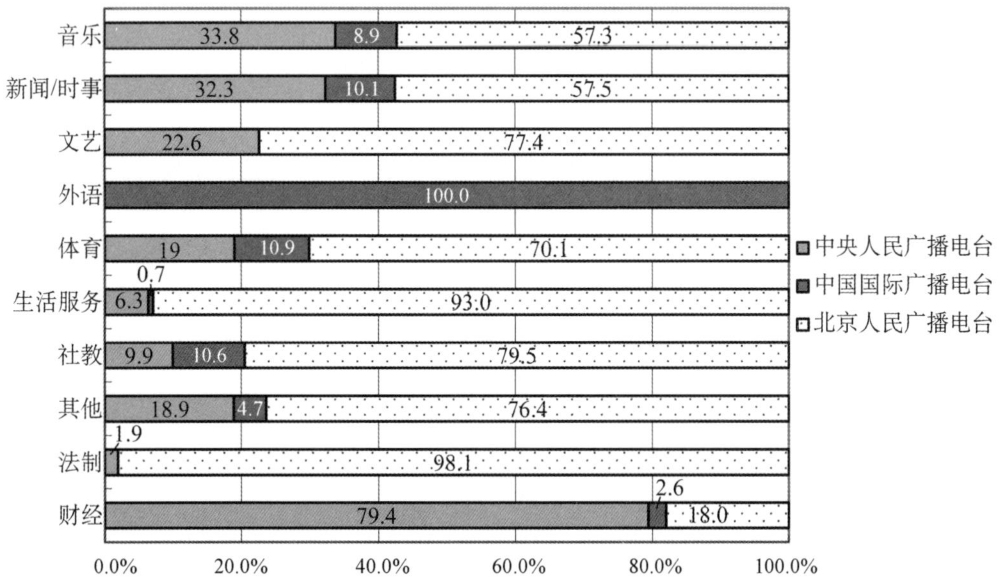

数据来源：CSM 媒介研究

图 1.5.2 2019 年各级广播频率在北京市各类节目市场上的收听份额（%）

广播电台在体育类节目收听中所占份额下降较为明显，减少了 18.3 个百分点；在新闻/时事类和音乐类节目市场的收听份额分别是 57.5%和 57.3%，其中在音乐类节目中的收听份额增长了 4.3 个百分点。2019 年北京人民广播电台在财经类和外语类节目竞争中弱势明显，在财经类节目中的收听份额较 2018 年减少了 7 个百分点。

2019 年，中央人民广播电台在北京财经类节目市场继续保持领先地位，收听份额 79.4%，比 2018 年增长了 5.6 个百分点。其次，在音乐类、新闻/时事类、文艺类、体育类、生活服务类和法制类节目市场，中央人民广播电台位居第二，其在音乐类、新闻/时事类节目市场的收听份额都超过 30%，在文艺类和体育类节目市场的收听份额较 2018 年均有所增长，分别为 22.6%和 19.0%，在体育节目收听市场所占的份额增幅达到 10.2 个百分点，在生活服务类、社教类和法制类节目市场的收听份额均未超过 10%。

2019 年北京外语类节目继续由中国国际广播电台独霸收听市场，收听份额达 100%。虽然中国国际广播电台在其余类型节目市场的竞争力处于弱势，但 2019 年其在新闻/时事类、体育类和社教 3 类节目市场的收听份额均超过了 10%，较 2018 年分别增长了 6.5 个、8.1 个和 7 个百分点。但其在音乐类、文艺类、生活服务类、法制类和财经类节目市场的收听份额都未能超过 9%。

3. 北京听众类型节目选择各有侧重，细分节目满足听众收听偏好

2019 年北京市场 15 岁及以上听众中，男性听众对除音乐类和法制类外的各类节目都有明显的收听兴趣，收听集中度都超过 100%；女性听众则对法制类和音乐类节目的收听意向更加突出，收听集中度分别是 105.2%和 104.2%（表 1.5.1）。

表 1.5.1　2019 年北京市场不同性别和年龄听众收听各类节目的集中度（%）

节目类别	性别		年龄					
	男	女	15~24 岁	25~34 岁	35~44 岁	45~54 岁	55~64 岁	65 岁及以上
财经	113.4	83.5	40.0	97.6	69.4	131.7	235.9	146.2
法制	95.8	105.2	37.5	65.6	80.0	153.2	185.6	249.8
社教	113.0	84.2	65.0	65.0	93.1	140.9	169.4	180.8
生活服务	103.9	95.5	65.1	67.2	102.2	138.0	177.7	137.5
体育	120.6	75.7	52.2	96.6	55.6	115.5	147.8	296.6
外语	134.8	57.9	23.9	79.3	76.5	91.9	237.2	296.8
文艺	104.9	94.0	55.5	86.7	95.8	114.7	152.9	181.4
新闻/时事	110.5	87.4	52.0	67.4	82.9	133.7	177.6	240.7
音乐	96.4	104.2	97.0	130.5	91.1	94.0	65.2	75.4
其他	106.8	91.9	63.3	77.4	97.5	133.2	158.7	150.4

数据来源：CSM 媒介研究

2019 年北京市场 15~24 岁听众的收听积极性有限，各类节目的收听集中度都未超过 100%；25~44 岁听众仅在音乐类节目上的收听集中度超过 100%，达到 130.5%；35~44 岁听众在生活服务类节目上的收听兴趣比较突出，集中度超过 100%；45~54 岁听众收听兴趣相对更为广泛，除了外语类和音乐类节目外，其余各类节目的收听集中度均超过 100%；55~64 岁听众在财经类和外语类节目的收听意向突出，收听集中度分别达到 235.9%和 237.2%；65 岁及以上听众对法制类、体育类、外语类和新闻/时事类节目表现出明显的收听偏好，收听集中度都超过 200%，尤其是体育类和外语类节目的收听集中度，更是都接近 300%（表 1.5.1）。

2019 年北京市场具有初中和高中受教育程度的听众节目收听兴趣相对广泛，初中受教育程度听众对除财经类、体育类、外语类和音乐类节目以外的各类节目都有较为突出的收听偏好；高中受教育程度听众则对除音乐类之外的各类节目都表现出明显的收听兴趣。小学受教育程度听众对法制类、社教类和生活服务类节目表现出明显的收听意向，尤其是对法制类节目的收听集中度高到 385.3%。大学及以上学历听众仅对音乐类节目显示出较为浓厚的收听兴趣，集中度超过 100%（表 1.5.2）。

表 1.5.2 2019 年北京市场不同受教育程度听众收听各类节目的集中度（%）

节目类别	受教育程度				
	未受过正规教育	小学	初中	高中	大学及以上
财经	*	28.6	58.4	146.8	87.0
法制	*	385.3	108.6	133.5	80.3
社教	*	108.9	136.8	117.4	83.8
生活服务	*	111.9	135.9	121.6	82.0
体育	*	29.8	39.4	134.3	96.8
外语	*	3.4	61.5	152.1	83.8
文艺	*	62.1	118.2	117.2	88.2
新闻/时事	*	78.4	122.3	119.2	86.3
音乐	*	50.9	80.0	93.4	107.8
其他	*	88.2	125.8	112.7	88.6

注：“*”表示目标听众样本量不足，无法进行统计推断。

数据来源：CSM 媒介研究

2019 年北京市场没有收入的听众更偏爱收听音乐类节目，收听集中度超过 100%；个人月收入 1~2000 元的听众对法制类、社教类和文艺类节目有较强的收听意愿，集中度均超过 100%；个人月收入 2001~3000 元的听众除体育和音乐类节目外，对其他各类节目的收听集中度都超过100%；个人月收入3001～4000元的听众收听兴趣相对较为广泛，除了财经类和音乐类节目外，其余各类节目的收听集中度均超过100%；个人月收入4001～5000元的听众更倾向于收听法制类、体育类、外语类、文艺类和新闻/时事类节目；个人月收入5001～6000元的听众更喜爱收听财经类、法制类和外语类节目，收听集中度均超过100%；个人月收入6001元及以上的听众主要对财经类、外语类和音乐类节目更感兴趣，收听集中度都超过100%（表1.5.3）。

表1.5.3　2019年北京市场不同个人月收入听众收听各类节目的集中度（%）

节目类别	个人月收入						
	没有收入	1～2000元	2001～3000元	3001～4000元	4001～5000元	5001～6000元	6001元及以上
财经	33.0	33.0	129.0	76.5	73.7	118.1	161.3
法制	49.1	165.6	122.1	127.8	105.3	105.8	77.0
社教	76.9	132.5	141.2	128.6	99.5	90.6	74.8
生活服务	71.3	99.9	154.9	130.7	93.5	94.7	74.9
体育	79.9	10.9	83.9	147.0	133.3	77.3	67.4
外语	19.5	44.2	172.3	109.0	108.7	104.1	100.8
文艺	79.2	133.9	165.0	131.5	101.6	77.9	70.5
新闻/时事	64.0	72.6	143.1	126.2	100.6	95.2	82.9
音乐	126.2	78.0	85.0	93.4	99.4	97.5	103.0
其他	73.7	94.4	136.1	120.0	102.2	95.1	83.7

数据来源：CSM媒介研究

2019年北京市场干部/管理人员对法制类、社教类、生活服务类和外语类节目的收听意向明显，集中度都超过100%；初级公务员/雇员的广播节目收听偏好比较单一，仅在音乐类节目上的集中度超过100%；工人听众更偏爱收听财经类、社教类、生活服务类和文艺类节目，集中度均在100%以上；个体/私营企业人员的收听兴趣相对广泛，除新闻/时事类和音乐类节目外，其余各类节目的收听集中度都超过100%；学生听众收听兴趣单一，仅在音乐类节目上的收听集中度超过100%，且在各职业听众中处于最高水平；无业听众（包括退休人员）收听兴趣最丰富，对除音乐类节目以外的各类节目的收听集中度都超过100%，且在各类职业听众中处于最高水平，收听倾向突出（表1.5.4）。

表 1.5.4 2019 年北京市场不同职业听众收听各类节目的集中度（%）

节目类别	职业					
	干部/管理人员	初级公务员/雇员	工人	个体/私营企业人员	学生	无业（包括退休人员）
财经	58.7	90.4	138.0	197.7	33.8	151.2
法制	135.2	79.7	69.7	126.3	50.2	205.6
社教	103.6	84.8	111.7	102.2	79.0	162.9
生活服务	106.9	91.3	100.4	114.7	74.1	142.8
体育	48.1	95.4	68.4	54.8	88.0	184.9
外语	112.9	72.3	80.5	167.2	7.4	251.2
文艺	80.2	85.6	100.7	134.4	73.4	173.9
新闻/时事	90.2	87.1	94.1	96.0	61.3	185.8
音乐	86.1	104.8	88.5	94.7	122.1	83.4
其他	100.0	91.9	104.1	109.5	73.6	143.5

数据来源：CSM 媒介研究

4.《交通新闻热线》继续领跑北京收听节目榜，新闻和交通内容备受关注

2019 年北京市场收听率排名前 10 位的节目，被北京人民广播电台交通广播以绝对优势垄断。其中，北京人民广播电台交通广播 FM103.9/CFM95.6 的新闻/时事类节目《交通新闻热线》、社教类节目《今日交通》和新闻/时事类节目《1039 新闻早报》继续稳居北京市场收听率前 3 位，保持在 3%以上；榜单第四至第八位的节目的收听率均超过 2%，分别是同频率播出的文艺类节目《欢乐正前方》、生活服务类节目《一路畅通》、新闻/时事类节目《交通新闻》、生活服务类节目《汽车天下》和社教类节目《徐徐道来话北京》；生活服务类节目《1039 慧旅行》和《1039 尬问》分别以收听率 1.8%和 1.7%排名第九、第十位（表 1.5.5）。

表 1.5.5 2019 年北京市场收听率排名前十位的节目

排名	节目名称	频率	收听率（%）	市场份额（%）
1	交通新闻热线	北京人民广播电台交通广播 FM103.9/CFM95.6	4.6	37.0
2	今日交通	北京人民广播电台交通广播 FM103.9/CFM95.6	3.6	37.6
3	1039 新闻早报	北京人民广播电台交通广播 FM103.9/CFM95.6	3.3	37.5
4	欢乐正前方	北京人民广播电台交通广播 FM103.9/CFM95.6	2.7	39.6
5	一路畅通	北京人民广播电台交通广播 FM103.9/CFM95.6	2.6	37.7
6	交通新闻	北京人民广播电台交通广播 FM103.9/CFM95.6	2.6	37.4
7	汽车天下	北京人民广播电台交通广播 FM103.9/CFM95.6	2.2	40.6
8	徐徐道来话北京	北京人民广播电台交通广播 FM103.9/CFM95.6	2.1	37.0
9	1039 慧旅行	北京人民广播电台交通广播 FM103.9/CFM95.6	1.8	38.3
10	1039 尬问	北京人民广播电台交通广播 FM103.9/CFM95.6	1.7	31.1

数据来源：CSM 媒介研究

（二）上海广播收听市场的节目竞争格局

1. 上海节目收听市场竞争格局稳定，过半收听时间集中于音乐类和新闻类节目

2019 年上海广播收听市场竞争格局无明显变化，各类节目收听份额变化波动不超过 1.3 个百分点且排序位置与 2018 年保持一致。音乐类和新闻/时事类节目分别以 31.4%和 26%的收听份额稳居收听的第一梯队，其中音乐类节目收听份额较 2018 年增长了 1.3 个百分点。生活服务类、文艺类和财经类节目收听份额在 5%~10%之间，同比各自增长了 0.7 个、0.2 个和 0.1 个百分点。社教类、体育类、法制类和外语类节目的收听份额合计为 4.8%（图 1.5.3），其中社教类节目的收听份额减少了 0.9 个百分点，其他几个节目类型都有较小的增幅。

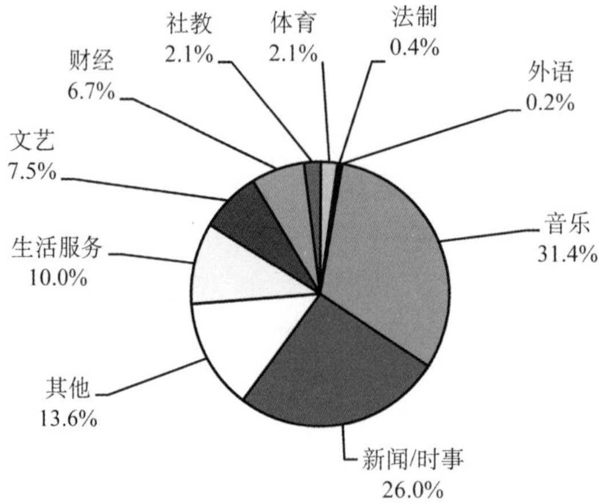

数据来源：CSM 媒介研究

图 1.5.3　2019 年上海市场各类节目的收听份额（%）

2. 上海广播电视台在本地节目市场呈压倒性优势，各类型节目市场收听份额均超 80%

2019 年上海广播电视台频率在上海各类节目市场中依然保持绝对领先优势，在音乐、体育、生活服务和法制类节目市场的收听份额都超过了 95%；而余下的其他各类节目的收听份额均高于 80%，主要包括新闻/时事类、文艺类、外语类、社教类和财经类节目（图 1.5.4）。

2019 年中央人民广播电台在上海财经类和社教类节目市场中占据一席之地，收听份额分别是 19.9%和 15.8%；此外，中央人民广播电台在新闻/时事类和文艺类节目市场的收听份额都超过了 10%，而在音乐类、体育类、生活服务类和法制类节目市场的收听份额均未超过 5%。

2019 年中国国际广播电台在上海外语类节目市场有一定的竞争空间，收听份额为 12.5%，但较 2018 年减少了 13.4 个百分点。其他各类型节目在上海市场的竞争力有限，收听份额均未达到 0.5%。

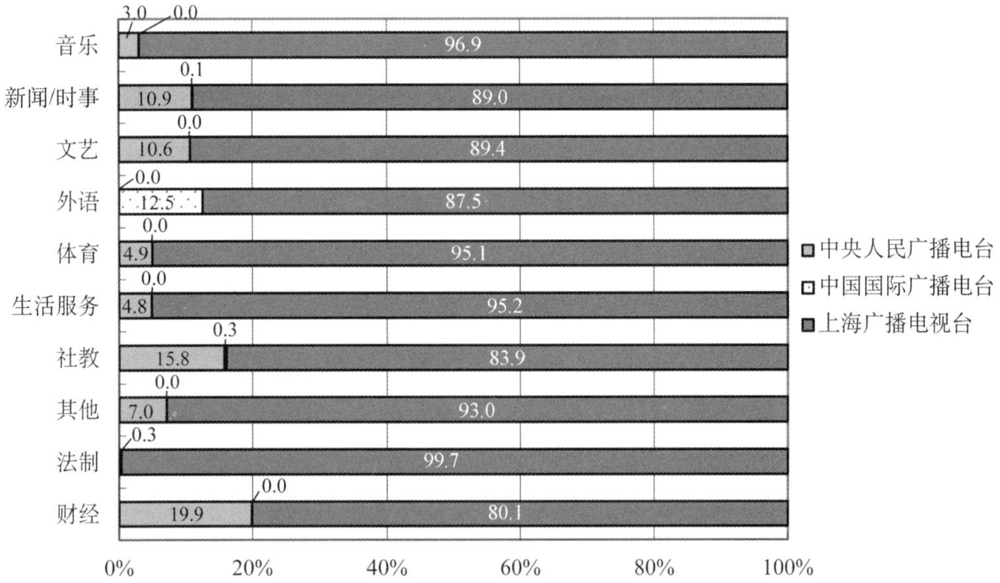

数据来源：CSM 媒介研究

图 1.5.4　2019 年各级广播频率在上海各类节目市场上的收听份额（%）

3. 节目收听行为体现内容偏好，中老年、中等学历、中等收入听众节目兴趣广泛

2019 年上海男性听众广播节目收听兴趣广泛，其对除音乐以外各类节目的收听集中度均超过 100%，对体育类节目的收听集中度高达 150.9%；女性听众则仅对音乐类节目青睐有加，集中度为 114.6%（表 1.5.6）。

2019 年上海 15~44 岁中青年听众的节目收听兴趣相对较为单一，其中 15~24 岁听众收听外语类和音乐类节目的意向突出，尤其是外语类节目的集中度超过 130%；25~34 岁听众的收听兴趣主要集中在体育类和音乐类节目，其对体育类节目的收听集中度高达 136.8%；35~44 岁听众则对音乐类节目偏好明显，集中度为 111.2%。45 岁及以上的上海听众收听爱好广泛，其中 45~54 岁的听众在除新闻/时事类、体育法制类和社教类以外的各类节目上的集中度都超过了 100%；55~64 岁的上海听众对除音乐类以外的各类节目都有浓厚兴趣，同时在外语类、生活服务类和财经类节目上的集中度高于其他年龄段听众；65 岁及以上的上海听众收听兴趣广泛且重点突出，在除体育类和音乐类以外的各类节目上的收听集中度都超过 15 岁及以上所有听众的总体水平，其在新闻/时事类、法制类和社教类节目上的收听集中度超过 200%，在文艺类、生活服务类和财经类节目上的收听集中度也超过 120%（表 1.5.6）。

表 1.5.6　2019 年上海市场不同性别和年龄听众收听各类节目的集中度（%）

节目类别	性别		年龄					
	男	女	15~24 岁	25~34 岁	35~44 岁	45~54 岁	55~64 岁	65 岁及以上
财经	121.5	76.1	66.6	50.6	70.7	145.3	180.1	177.6
法制	114.3	84.2	58.8	51.9	37.1	93.7	189.2	326.8
社教	119.9	77.8	79.8	76.9	62.6	92.1	148.6	221.6
生活服务	122.9	74.6	70.1	54.7	90.6	133.8	175.3	140.1
体育	150.9	43.7	66.7	136.8	43.9	62.5	167.4	114.2
外语	121.2	76.5	131.9	42.0	24.3	109.8	303.0	67.6
文艺	105.6	93.8	97.5	99.6	78.8	117.4	102.6	120.2
新闻/时事	119.3	78.6	45.7	49.3	44.8	93.1	172.5	357.8
音乐	86.9	114.6	109.8	110.7	111.2	117.7	77.6	35.6
其他	103.0	96.7	88.5	86.4	85.7	110.8	125.3	136.2

数据来源：CSM 媒介研究

2019 年上海广播收听市场，初中和高中学历听众收听兴趣相对广泛，其中初中学历听众对财经类、法制类、社教类、生活服务类和新闻/时事类节目更加偏爱，收听集中度都超过 100%；高中学历听众对除外语类和音乐类节目外的各类节目都保有浓厚兴趣，并且在财经类、法制类、社教类、生活服务类、体育类、文艺类和新闻/时事类节目上的收听集中度均高于其他学历听众。大学及以上学历听众收听兴趣较为单一，仅对外语类和音乐类节目表现出明显的收听倾向（表 1.5.7）。

表 1.5.7　2019 年上海市场不同受教育程度听众收听各类节目的集中度（%）

节目类别	受教育程度				
	未受过正规教育	小学	初中	高中	大学及以上
财经	*	*	122.1	154.4	71.6
法制	*	*	159.6	171.7	58.2
社教	*	*	110.3	159.1	70.7
生活服务	*	*	128.0	150.0	72.8
体育	*	*	82.7	120.3	93.6
外语	*	*	36.9	63.3	126.0
文艺	*	*	84.9	124.3	90.8
新闻/时事	*	*	152.8	164.9	62.3
音乐	*	*	95.5	92.6	104.0
其他	*	*	113.5	123.5	87.2

注：“*”表示目标听众样本量不足，无法进行统计推断。

数据来源：CSM 媒介研究

2019 年上海广播收听市场没有收入的听众对体育类、外语类和音乐类节目有明显的收听倾向，集中度都高于100%，并且超过其他各收入水平听众在这3类节目上的收听集中度；个人月收入2001~3000元的上海听众对财经类、法制类、生活服务类和新闻/时事类节目偏爱明显，集中度都超过100%；个人月收入3001~4000元的上海听众对除体育类、外语类和音乐类节目以外的各类节目都表现出了明显的收听兴趣，其在财经类、法制类、社教类、生活服务类、文艺类和新闻/时事类节目上的集中度都高于其他各收入段听众；个人月收入4001~5000元的上海听众收听兴趣广泛，对除体育类和音乐类节目外的各类节目的收听集中度都大于100%；个人月收入5001元以上的上海听众收听喜好相对单一，仅对体育类和音乐类节目的收听集中度大于100%（表1.5.8）。

表 1.5.8　2019 年上海市场不同个人月收入听众收听各类节目的集中度（%）

节目类别	个人月收入						
	没有收入	1~2000元	2001~3000元	3001~4000元	4001~5000元	5001~6000元	6001元及以上
财经	41.1	*	148.6	185.3	130.0	86.0	80.0
法制	41.4	*	171.6	204.7	169.1	78.9	55.1
社教	83.3	*	73.8	160.5	134.6	89.1	75.7
生活服务	74.6	*	107.6	155.3	106.9	97.8	89.1
体育	165.7	*	72.2	82.6	65.8	100.3	103.5
外语	148.3	*	32.0	68.1	247.6	52.1	50.1
文艺	97.4	*	65.6	137.8	121.4	99.7	81.4
新闻/时事	54.1	*	191.6	195.7	143.5	81.9	63.8
音乐	109.8	*	97.2	81.3	97.3	102.6	102.2
其他	90.9	*	117.2	126.6	116.1	94.7	87.3

注：“*”表示目标听众样本量不足，无法进行统计推断。
数据来源：CSM媒介研究

2019 年上海的初级公务员/雇员、个体/私营企业人员和学生的节目收听兴趣相对单一，三类听众都明显偏爱音乐类节目；此外，个体/私营企业人员对财经类和社教类节目更感兴趣，学生则对外语类节目的收听倾向更明显，集中度超过150%。上海的干部/管理人员的节目收听范围较窄，仅对社教类和生活服务类节目有较明显的收听倾向。相比之下，上海的工人和无业（包括退休人员）听众喜爱收听的广播节目类型更加广泛，其中工人听众对除财经类节目以外各类节目的收听倾向都比较突出，尤其对体育类、外语类和文艺类节目的收听集中度，都高于其他职业背景的听众；无业人群则对除外语类和音乐类以外的各类节目表现出了较浓厚的收听兴趣，尤其对法制类和新闻/时事类节目的收听集中度，都超过了200%（表1.5.9）。

表1.5.9　2019年上海市场不同职业听众收听各类节目的集中度（%）

节目类别	职业					
	干部/管理人员	初级公务员/雇员	工人	个体/私营企业人员	学生	无业（包括退休人员）
财经	87.4	87.0	84.9	156.3	45.8	185.6
法制	87.3	53.8	188.6	69.5	48.8	246.5
社教	110.8	63.4	160.9	145.0	89.1	166.7
生活服务	129.8	81.0	124.4	88.6	74.7	148.4
体育	37.3	85.9	176.8	43.7	79.9	107.4
外语	57.9	47.9	476.4	20.1	155.8	56.5
文艺	81.0	96.5	117.6	97.5	97.0	114.7
新闻/时事	97.0	54.1	108.3	54.5	50.9	282.0
音乐	94.8	106.0	127.7	108.4	114.6	57.0
其他	93.8	88.9	117.8	97.4	92.0	133.7

数据来源：CSM媒介研究

4. 上海收听率前十榜单由新闻/时事和音乐类节目平分秋色，转播中央人民广播电台《新闻和报纸摘要》节目收听率居首位

2019年上海市场收听率排名前10位的节目，由上海人民广播电台上海新闻广播FM93.4/AM990的新闻/时事类节目和上海流行音乐广播动感101 FM101.7的音乐类节目平分秋色。转播中央人民广播电台《新闻和报纸摘要》节目、《990早新闻》《清晨新闻》3档早间新闻/时事类栏目和《迎战台风利奇马特别直播》新闻直播节目占据榜单前4位的位置，其中转播中央人民广播电台《新闻和报纸摘要》节目的收听率较2018年增长了0.3个百分点，跃居首位。由上海流行音乐广播动感101FM101.7播出的周末版和平日版《音乐早餐》、平日版《音乐万花筒》、《全球华语歌曲排行榜》以及《音乐课代表》分列排行榜的第五、第七、第八、第九和第十位，其中《音乐课代表》作为2019年的新晋节目，收听成绩优秀，播出第一年即进入了收听率排名前10位榜单（表1.5.10）。

表 1.5.10 2019 年上海市场收听率排名前十位的节目

排名	节目名称	频率	收听率（%）	市场份额（%）
1	转播中央人民广播电台《新闻和报纸摘要》	上海人民广播电台上海新闻广播 FM93.4/AM990	3.0	31.9
2	990 早新闻	上海人民广播电台上海新闻广播 FM93.4/AM990	2.7	24.4
3	清晨新闻	上海人民广播电台上海新闻广播 FM93.4/AM990	2.5	37.0
4	迎战台风利奇马特别直播	上海人民广播电台上海新闻广播 FM93.4/AM990	2.4	25.4
5	音乐早餐（平日版）	上海流行音乐广播 动感 101 FM101.7	2.1	21.3
6	八点新闻	上海人民广播电台上海新闻广播 FM93.4/AM990	2.1	20.6
7	音乐早餐（周末版）	上海流行音乐广播 动感 101 FM101.7	2.0	21.3
8	音乐万花筒（平日版）	上海流行音乐广播 动感 101 FM101.7	1.9	40.1
9	全球华语歌曲排行榜	上海流行音乐广播 动感 101 FM101.7	1.8	49.6
10	音乐课代表	上海流行音乐广播 动感 101 FM101.7	1.8	41.4

数据来源：CSM 媒介研究

（三）广州广播收听市场的节目竞争格局

1. 生活服务和音乐类节目市场份额近 1/5 领跑，文艺和生活服务类节目收听份额大幅增长

2019 年广州广播节目收听市场“领军节目”易主，生活服务类节目以 19.9%收听份额居首位，收听份额较 2018 年增长了 1.5 个百分点；音乐类节目的收听份额较 2018 年减少了 2 个百分点，从原先的首位降至第二位；文艺类节目的收听份额同比 2018 年增幅最大，达 2.4 个百分点，收听份额排序由 2018 年的第四位上升了一位。排在第五位的新闻/时事类节目较 2018 年上升了 0.1 个百分点；社教和体育类节目的收听份额在 5.0%~6.5%之间，体育类节目收听份额同比增长了 0.2 个百分点；财经类、法制类和外语类节目收听份额较小，合计不超过 3%（图 1.5.5）。

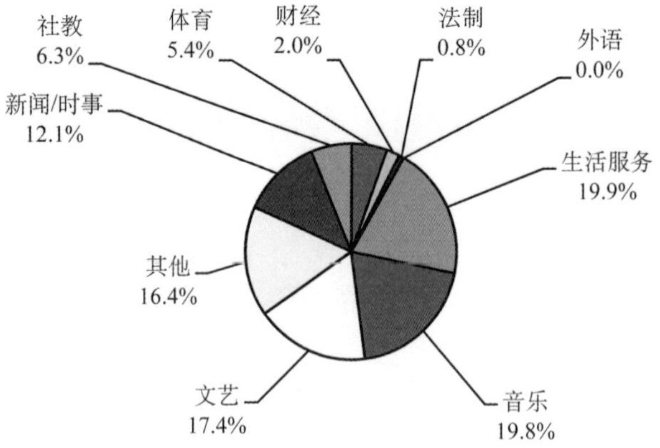

数据来源：CSM媒介研究

图1.5.5　2019年广州市场各类节目的收听份额（%）

2. 广州市场省市地方台竞争优势突出，在广州多数节目市场占领军地位

2019年广东广播电视台除法制类、外语类和财经类节目外，在广州多个节目类型市场保持领先地位（图1.5.6）。其在社教类、生活服务类、体育类、文艺类和音乐类节目市场的收听份额都高于60%，在财经类、法制类和新闻/时事类节目市场的收听份额都在30%~50%之间，在财经类节目的收听份额较上一年减少了14.5个百分点。

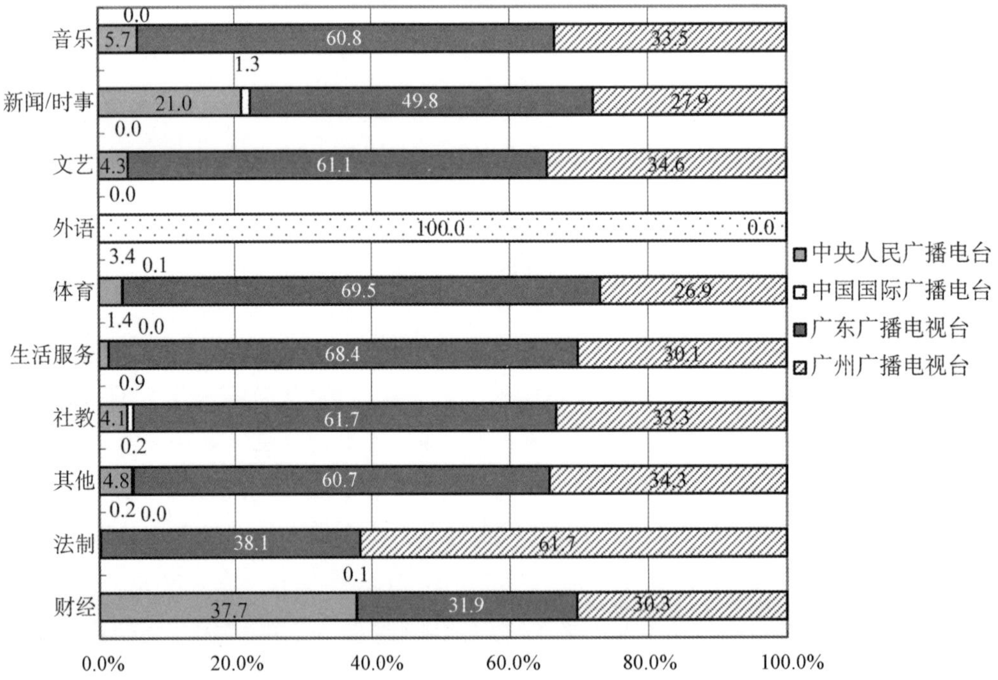

数据来源：CSM媒介研究

图1.5.6　2019年各级广播频率在广州各类节目市场上的收听份额（%）

2019年广州广播电视台在除外语之外的各类节目市场保持了较强的竞争优势。其在法制类节目中的收听份额增长了5.2个百分点，超过60%，居类别细分市场的首位；广州广播电视台在财经类、社教类、生活服务类、文艺类和音乐类节目市场的收听份额都超过了30%，其中在财经类和生活服务类节目中的收听份额较上年增长了约4个百分点。另外，广州广播电视台在体育类和新闻/时事类节目中的收听份额也都超过25%。

面对地方台的竞争，2019年中央人民广播电台在广州节目市场的竞争地位无明显改变，但在多个细分节目市场的收听份额则有不同程度的增长。其在财经类节目市场的收听份额增长了11.7个百分点，达到37.7%，位居广州此类型市场第二位，新闻/时事类节目收听份额增长了4.7个百分点，达到21.0%，中央人民广播电台在其余各类市场的收听份额都未突破6%。

2019年广州外语类节目市场依然由中国国际广播电台"独占鳌头"，收听份额100%。除此之外，中国国际广播电台在各节目市场收听份额都不超过2%。

3. 类型节目满足听众节目收听偏好，中老年、中等学历和中等收入听众收听多元化特点突出

2019年广州男性听众对除音乐类以外的各类广播节目都有明显的收听倾向，收听集中度均超过100%，其在体育类节目上的收听集中度达到122.2%；女性听众仅对音乐类节目表现出较大的兴趣，收听集中度为107.6%（表1.5.11）。

表1.5.11 2019年广州市场不同性别和年龄听众收听各类节目的集中度（%）

节目类别	性别		年龄					
	男	女	15~24岁	25~34岁	35~44岁	45~54岁	55~64岁	65岁及以上
财经	109.1	87.8	64.0	36.5	59.6	103.0	142.0	444.5
法制	108.3	89.0	138.1	32.7	73.8	114.5	195.4	185.0
社教	108.9	88.1	81.8	54.3	74.0	93.1	229.0	227.6
生活服务	107.6	89.9	73.2	53.3	80.4	147.4	200.2	207.0
体育	122.2	70.9	53.8	48.2	75.8	127.0	250.2	250.0
外语	107.8	89.9	37.4	69.4	65.0	101.4	159.4	366.0
文艺	100.5	99.2	68.9	59.8	66.9	127.0	189.0	264.2
新闻/时事	100.1	99.7	59.9	47.5	80.9	109.3	172.5	325.4
音乐	93.9	107.6	89.8	64.1	76.3	118.0	172.2	207.9
其他	102.1	97.1	70.3	56.4	79.0	132.1	198.7	225.4

数据来源：CSM媒介研究

2019 年广州 45 岁以上的中老年听众对各类广播节目都表现出较为积极的收听兴趣，15~44 岁中青年听众对绝大多数广播节目的收听集中度都低于 100%。广州 15~24 岁听众仅对法制类节目有一定兴趣，收听集中度为 138.1%；25~44 岁听众对所有类型节目的收听集中度都未达到 100%；45~54 岁听众对除社教类以外的各类节目都有明显的收听兴趣，集中度都超过 100%；55 岁以上听众对各类广播节目都表现出青睐，其中 65 岁以上听众对财经、外语和新闻/时事类节目的收听集中度都超过 300%，表现出浓厚的收听兴趣。

2019 年广州小学、初中和高中学历听众的收听兴趣更加丰富多样。小学学历听众对除法制类和外语类以外的各类节目表现出明显的收听兴趣，其对财经类、生活服务类和新闻/时事类节目的收听集中度都高于其他不同教育背景听众的水平；初中学历听众对各类节目的收听集中度都超过 100%，其对外语类、文艺类和音乐类的节目收听集中度超过 200%；高中学历听众对除外语类以外的各类节目都表现明显的收听偏好；广州大学及以上学历听众对各类广播节目无明显的收听偏好，其对各类节目的收听集中度都低于 100%（表 1.5.12）。

表 1.5.12　2019 年广州市场不同受教育程度听众收听各类节目的集中度（%）

节目类别	受教育程度				
	未受过正规教育	小学	初中	高中	大学及以上
财经	*	371.2	120.7	141.4	64.6
法制	*	85.0	172.8	141.4	85.4
社教	*	134.6	178.4	130.3	72.1
生活服务	*	205.8	184.6	122.8	61.5
体育	*	147.8	188.9	135.2	55.3
外语	*	70.0	267.5	97.7	46.0
文艺	*	188.7	236.4	123.4	72.4
新闻/时事	*	391.7	148.4	129.4	65.1
音乐	*	150.9	209.3	119.0	79.3
其他	*	212.3	192.3	120.4	69.1

注：“*”表示目标听众样本量不足，无法进行统计推断。

数据来源：CSM 媒介研究

2019 年广州没有收入听众的收听偏好表现不明显，对各类节目的收听集中度都低于 100%；个人月收入 2001~3000 元广州听众的收听兴趣主要集中在法制类、社教类、文艺类和音乐类节目上，收听集中度均超过 100%；个人月收入 3001~4000 元的听众对各类型广播节目都表现出积极的态度，收听集中度都超过 100%，其中除财经类和音乐类以外，其余各类节目的收听集中度都高于听众整体水平；个人月收入 4001~5000

元的听众在财经类、生活服务类、外语类、文艺类和音乐类节目上收听偏好明显，集中度都超过100%；个人月收入5001元及以上听众收听兴趣相对单一，个人月收入5001~6000元的听众主要对法制类、体育类和新闻/时事类节目更青睐，集中度高于100%；个人月收入6001元及以上的听众仅对外语类节目有较强的收听兴趣，收听集中度为101.7%（表1.5.13）。

表1.5.13　2019年广州市场不同个人月收入听众收听各类节目的集中度（%）

节目类别	个人月收入						
	没有收入	1~2000元	2001~3000元	3001~4000元	4001~5000元	5001~6000元	6001元及以上
财经	64.6	*	86.6	116.2	139.4	84.2	88.4
法制	85.4	*	123.0	164.9	89.3	104.9	52.3
社教	72.1	*	113.3	152.4	90.7	92.8	72.4
生活服务	61.5	*	98.3	146.8	105.6	97.0	73.8
体育	55.3	*	86.9	137.9	93.9	112.8	86.6
外语	46.0	*	43.4	138.1	124.3	85.7	101.7
文艺	72.4	*	124.3	134.7	117.4	87.2	72.5
新闻/时事	65.1	*	73.5	153.4	94.0	105.7	74.3
音乐	79.3	*	156.6	118.7	117.6	99.0	68.0
其他	69.1	*	107.6	139.7	105.3	100.7	73.1

注："*"表示目标听众样本量不足，无法进行统计推断。

数据来源：CSM媒介研究

2019年广州干部/管理人员收听兴趣单一，仅对外语类节目有浓厚的收听兴趣，集中度为110.1%；初级公务员/雇员和学生听众收听偏好不突出，各类节目收听集中度都未达到100%；工人听众对除财经类和新闻/时事类节目以外的各类节目都有明显的收听倾向，收听集中度都超过100%；个体/私营企业人员在社教类、生活服务和外语类节目上的收听偏好明显，收听集中都高于100%；无业（包括退休人员）对各类节目都表现出浓厚的收听兴趣，对各类节目的收听集中度均高于听众总体水平（表1.5.14）。

表 1.5.14　2019 年广州市场不同职业听众收听各类节目的集中度（%）

节目类别	职业					
	干部/管理人员	初级公务员/雇员	工人	个体/私营企业人员	学生	无业（包括退休人员）
财经	34.2	52.9	97.8	31.8	66.7	292.1
法制	55.4	74.5	137.3	97.8	77.0	153.3
社教	44.2	69.4	101.1	114.0	72.0	204.8
生活服务	75.0	66.0	130.1	111.3	46.1	184.6
体育	50.9	57.6	162.2	68.8	48.0	201.8
外语	110.1	36.5	115.3	105.2	47.9	259.7
文艺	61.5	63.6	111.6	84.1	68.9	217.2
新闻/时事	42.3	71.1	82.1	60.5	61.2	250.5
音乐	52.2	77.4	108.4	88.6	65.2	189.7
其他	61.4	67.8	117.5	93.2	56.8	201.6

数据来源：CSM 媒介研究

4. 广州节目收听率前十位由省台包揽，榜单前三名出自珠江经济广播电台

2019 年广州收听市场收听率排名前 10 位的节目领先优势继续扩大，其中排名第十位的节目收听率为 1.4%，较 2018 年增长了 0.3 个百分点（表 1.5.15）。上榜节目中，广东广播电视台珠江经济广播电台（E FM 财富 974）占据 4 个席位，较 2018 年增加了 3 档节目，其中《粤听好声音》《小说连播》《粤听世界》分列榜单前 3 位，《珠江第一线》因竞争节目的收听率上升，从 2018 年的亚军位置降至第九位。广东广播电视台羊城交通广播台 FM105.2 占据了榜单的 6 个席位，分别位列第四、第五、第六、第七、第八位和第十位。其中，《大吉利车队》《早安，亲爱的》《朝朝早精神好》《宝宝私家车》《全国汽车音乐榜》《欢笑出行》的收听率较 2018 年分别增长了 0.1~0.5 个百分点。

表 1.5.15　2019 年广州市场收听率排名前十位的节目

排名	节目名称	播出频率	收听率（%）	市场份额（%）
1	粤听好声音	广东广播电视台珠江经济广播电台（E FM 财富 974）	1.9	20.8
2	小说连播	广东广播电视台珠江经济广播电台（E FM 财富 974）	1.8	23.6
3	粤听世界	广东广播电视台珠江经济广播电台（E FM 财富 974）	1.8	21.2
4	大吉利车队(9点)	广东广播电视台羊城交通广播台 FM105.2	1.7	20.3
5	早安，亲爱的	广东广播电视台羊城交通广播台 FM105.2	1.6	20.0
6	朝朝早精神好	广东广播电视台羊城交通广播台 FM105.2	1.6	19.2
7	宝宝私家车	广东广播电视台羊城交通广播台 FM105.2	1.6	18.6
8	全国汽车音乐榜	广东广播电视台羊城交通广播台 FM105.2	1.5	19.6
9	珠江第一线	广东广播电视台珠江经济广播电台（E FM 财富 974）	1.5	17.7
10	欢笑出行	广东广播电视台羊城交通广播台 FM105.2	1.4	22.8

数据来源：CSM 媒介研究

六、广播广告投放与竞争格局

（一）2019 年中国广播广告投放刊例额下降 13.5%

根据央视市场研究（CTR）发布的广告监测数据①，以媒体公开的广告投放刊例价为统计标准，2019 年，中国广告市场整体下降 7.4%，传统媒体广告市场下降 10.4%，其中电视广告投放刊例额下降 9.5%，广播广告投放刊例额下降 13.5%，报纸广告投放刊例额下降 24.8%，杂志广告投放刊例额下降 7.1%。

（二）京、沪、穗三地广播广告投放刊例额同比 2018 年下降 13.4%

2019 年，京、沪、穗三地广播广告投放刊例额合计 83.6 亿元，同比 2018 年下降了 13.4%，其中北京下降 12.8%，上海下降 6.9%，广州下降 16.1%。三地广播广告投放刊例额最高的前 5 个行业是交通、商业及服务性行业、娱乐及休闲、药品、金融，它们合计占到广播广告投放刊例额的 56.3%（图 1.6.1）。在所有行业中，广告投放刊例额增长较快的行业有娱乐及休闲、家居用品、IT 产品及服务等，交通、商业及服务性行业、药品、金融、食品、邮电通讯、饮料、酒精类饮品等行业有较大幅度下降。

2019 年北京地区广播广告投放刊例额排名前 3 位的行业是家居用品、交通、娱

① 2019 年广告投放刊例额以 CTR2019 年监测范围为基准进行统计，2019 年广告投放增长情况以 CTR2018 年监测范围为基准进行比较；广告投放刊例额以媒体公开报价为统计标准，不含折扣；广告监测时间为 17:00~24:00。

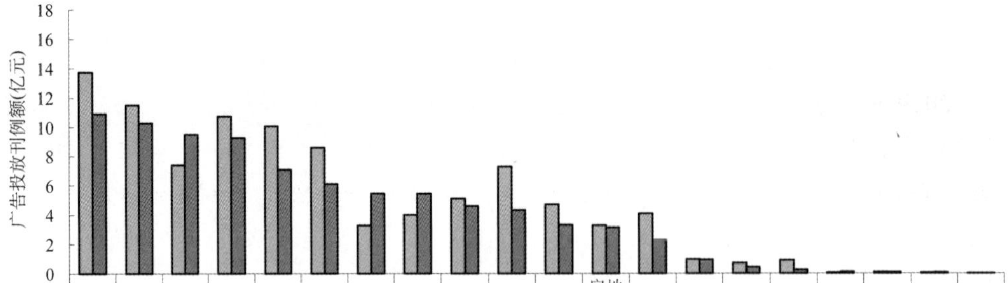

	交通	商业及服务性行业	娱乐及休闲	药品	金融	食品	家居用品	IT产品及服务	活动类	邮电通讯	饮料	房地产/建筑工程行业	酒精类饮品	个人用品	工业用品	家用电器	衣着	农业	化妆品/浴室用品	清洁用品
2018年	13.7	11.5	7.4	10.7	10.1	8.6	3.3	4.0	5.1	7.3	4.7	3.3	4.1	1.0	0.7	0.9	0.1	0.1	0.0	0.0
2019年	10.9	10.3	9.5	9.3	7.1	6.1	5.5	5.5	4.6	4.3	3.3	3.1	2.3	0.9	0.4	0.3	0.1	0.1	0.1	0.0

数据来源：CTR媒介智讯

图1.6.1　2018年、2019年京、沪、穗三地分行业广播广告投放刊例额（亿元）

乐及休闲，其中交通由2018年的第三位上升至第二位，娱乐及休闲由第五位上升至第三位。2019年上海地区广播广告投放刊例额排名前3位的行业是交通、商业及服务性行业和活动类，其中商业及服务性行业由2018年的第四位上升至第二位，活动类由第五位上升至第三位。2019年广州地区广播广告投放刊例额排名前3位的行业是药品、娱乐及休闲和商业及服务性行业，其中娱乐及休闲由2018年的第六位上升至第二位，商业及服务性行业由第四位上升至第三位（表1.6.1）。

表1.6.1　2018年、2019年京、沪、穗三地广播广告投放刊例额排名前十位的行业

排名	北京		上海		广州	
	2018年	2019年	2018年	2019年	2018年	2019年
1	家居用品	家居用品	交通	交通	药品	药品
2	商业及服务性行业	交通	金融	商业及服务性行业	食品	娱乐及休闲
3	交通	娱乐及休闲	邮电通讯	活动类	交通	商业及服务性行业
4	金融	商业及服务性行业	商业及服务性行业	娱乐及休闲	商业及服务性行业	交通
5	娱乐及休闲	金融	活动类	金融	金融	食品
6	酒精类饮品	酒精类饮品	IT产品及服务	IT产品及服务	娱乐及休闲	金融
7	食品	活动类	娱乐及休闲	邮电通讯	邮电通讯	IT产品及服务
8	活动类	食品	饮料	房地产/建筑工程行业	饮料	饮料
9	邮电通讯	邮电通讯	房地产/建筑工程行业	家居用品	酒精类饮品	邮电通讯
10	IT产品及服务	IT产品及服务	个人用品	食品	房地产/建筑工程行业	房地产/建筑工程行业

数据来源：CTR媒介智讯

3. 京、沪、穗三地有三大行业在广播广告投放中呈现大幅增长

2019年，京沪穗三地广播广告投放刊例额同比呈现正增长的行业有5个，负增长的行业有15个（图1.6.2）。广播广告投放刊例额增长较大的行业是家居用品（增长66.7%）、娱乐及休闲（增长28.7%）和IT产品及服务（增长36.4%）。在广告投放刊例额呈现负增长的15个行业中，邮电通讯、酒精类饮品等行业的下滑幅度超过40%。

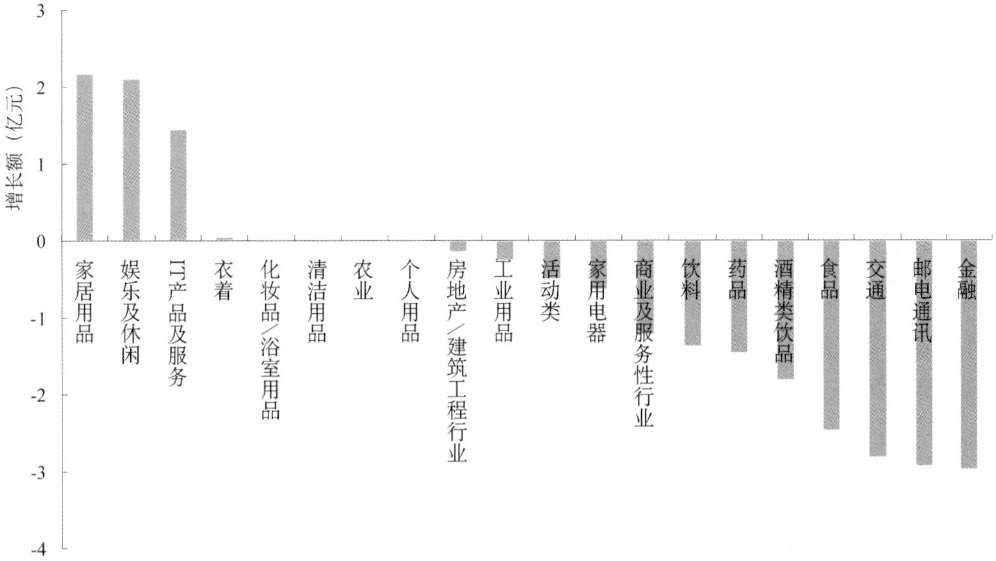

数据来源：CTR媒介智讯

图1.6.2 2019年京、沪、穗三地各行业广播广告投放刊例额同比变化情况

4. 京、沪、穗三地广播广告投放刊例额排名前十位的品牌来自不同行业

2019年，北京广播广告投放刊例额排名前10位的品牌主要来自家居用品、娱乐及休闲、酒精类饮品等行业，排名前3位的品牌是全包圆、北京广播大厦酒店和董酒。上海广播广告投放刊例额排名前10位的品牌来自金融业、商业及服务性行业、饮料等行业，排名前3位的品牌是上海农商银行、沪尚茗居和光明。广州广播广告投放刊例额排名前10位的品牌来自食品、药品等行业，排名前3位的品牌是燕之屋、天草和好视力（表1.6.2）。

表 1.6.2　2019 年京、沪、穗三地广播广告投放刊例额排名前十位的品牌①

排名	北京		上海		广州	
	品牌名称	所属品类	品牌名称	所属品类	品牌名称	所属品类
1	全包圆	家居用品	上海农商银行	活动类、金融	燕之屋	食品
2	北京广播大厦酒店	娱乐及休闲	沪尚茗居	商业及服务性行业	天草	药品
3	董酒	酒精类饮品	光明	饮料、邮电通讯、IT 产品及服务、食品、活动类、家居用品、农业	好视力	药品、个人用品
4	业之峰	家居用品	沪佳	商业及服务性行业、活动类	南湖 & 西部假期	娱乐及休闲
5	燕之屋	食品	汇正	金融	小罐	饮料
6	同仁堂	药品、食品、酒精类饮品	一汽大众奥迪	交通	竹笋	IT 产品及服务
7	一汽大众奥迪	交通、IT 产品及服务	VIP 陪练	IT 产品及服务	吉盛伟邦	商业及服务性行业
8	中国人民财产保险	金融	格乐利雅	商业及服务性行业	快快装	家居用品
9	2019 V 蓝北京我的环保日记	活动类	会参汇色	娱乐及休闲	鸿茅	酒精类饮品、药品、活动类
10	中国移动通信	邮电通讯	荣威	交通、活动类	中国平安保险	金融、IT 产品及服务

数据来源：CTR 媒介智讯

5. 上海和广州两地广播广告投放刊例额排名前五位的频率位次略有变化

2019 年，北京地区广播广告投放刊例额排名前 5 位的频率与 2018 年相同，依次是北京人民广播电台交通广播 FM103.9、音乐广播 FM97.4、文艺广播 FM87.6、新闻广播 FM100.6、动听调频 FM94.5；上海地区广播广告投放刊例额排名前 5 位的频率依次是上海人民广播电台动感流行音乐广播 FM101.7、魅力流行音乐广播 FM103.7、五星体育广播 FM94.0 、交通广播 FM105.7 和新闻广播 FM93.4，与 2018 年相比，五星体育广播 FM94.0 和交通广播 FM105.7 换了个位次；广州地区广播广告投放刊例额排名前 5 位的频率依次是广东广播电视台羊城交通广播 FM105.2 、广

① 由于同一品牌有不同的产品线，根据央视市场研究（CTR）的分类标准，以广告当中的产品判定品牌所属行业类别；此处统计的是某一品牌整体的广告投放额，所以可能出现某一品牌同时属于不同品类的情况。

州交通电台 FM106.1、广东广播电视台珠江经济广播 FM97.4 、广东广播电视台音乐之声 FM99.3 和广东广播电视台新闻广播 FM91.4，其中广东广播电视台音乐之声 FM99.3 下滑了两位。

表 1.6.3　2019 年京、沪、穗三地广播广告投放刊例额排名前五位的频率

排名	北京	上海	广州
1	北京人民广播电台交通广播 FM103.9	上海人民广播电台动感流行音乐广播 FM101.7	广东广播电视台羊城交通广播 FM105.2
2	北京人民广播电台音乐广播 FM97.4	上海人民广播电台魅力流行音乐广播 FM103.7	广州交通电台 FM106.1
3	北京人民广播电台文艺广播 FM87.6	上海人民广播电台五星体育广播 FM94.0	广东广播电视台珠江经济广播 FM97.4
4	北京人民广播电台新闻广播 FM100.6	上海人民广播电台交通广播 FM105.7	广东广播电视台音乐之声 FM99.3
5	北京人民广播电台动听调频 FM94.5	上海人民广播电台新闻广播 FM93.4	广东广播电视台新闻广播 FM91.4

数据来源：CTR 媒介智讯

2019 年，北京地区广播广告投放刊例额最高的频率是北京人民广播电台交通广播 FM103.9，其广告投放刊例额排名前 3 位的行业是家居用品、交通和商业及服务性行业；上海地区广播广告投放刊例额最高的频率是上海人民广播电台动感流行音乐广播 FM101.7，其广告投放刊例额排名前 3 位的行业是交通、商业及服务和 IT 产品及服务；广州地区广播广告投放刊例额最高的频率是广东广播电视台羊城交通广播 FM105.2，其广告投放刊例额排名前 3 位的行业是食品、商业及服务和交通（表 1.6.4）。

表 1.6.4　2019 年京、沪、穗三地广播广告投放刊例额最高的频率中投放额排名前十位的行业

排名	北京	上海	广州
	北京人民广播电台交通广播 FM103.9	上海人民广播电台动感流行音乐广播 FM101.7	广东广播电视台羊城交通广播 FM105.2
1	家居用品	交通	食品
2	交通	商业及服务性行业	商业及服务性行业
3	商业及服务性行业	IT 产品及服务	交通
4	娱乐及休闲	娱乐及休闲	饮料
5	食品	金融	药品
6	金融	活动类	房地产/建筑工程行业
7	活动类	邮电通讯	娱乐及休闲
8	酒精类饮品	房地产、建筑工程行业	金融
9	邮电通讯	食品	酒精类饮品
10	IT 产品及服务	饮料	邮电通讯

数据来源：CTR 媒介智讯

2019 年，北京人民广播电台交通广播 FM103.9 广告投放刊例额最高的 3 个品牌是全包圆、业之峰和燕之屋，分别来自家居用品和食品两大行业；上海人民广播电台动感流行音乐广播 FM101.7 广告投放刊例额最高的 3 个品牌是 VIP 陪练、一汽大众奥迪和格乐利雅，分别来自 IT 产品及服务、交通和商业及服务性行业；广东广播电视台羊城交通广播 FM105.2 广告投放刊例额最高的 3 个品牌是燕之屋、小罐和天草，分别来自食品、饮料和药品行业（表 1.6.5）。

表 1.6.5　2019 年京、沪、穗三地广播广告投放刊例额最大的频率中投放额排名前十位的品牌

排名	北京人民广播电台交通广播 FM103.9		上海人民广播电台动感流行音乐广播 FM101.7		广东广播电视台羊城交通广播 FM105.2	
	品牌名称	所属品类	品牌名称	所属品类	品牌名称	所属品类
1	全包圆	家居用品	VIP 陪练	IT 产品及服务	燕之屋	食品
2	业之峰	家居用品	一汽大众奥迪	交通	小罐	饮料
3	燕之屋	食品	格乐利雅	商业及服务性行业	天草	药品
4	董酒	酒精类饮品	左庭右院	娱乐及休闲	吉盛伟邦	商业及服务性行业
5	一汽大众奥迪	交通、IT 产品及服务	光明	饮料、邮电通讯、食品、家居用品	鸿茅	酒精类饮品、药品、活动类
6	同仁堂	药品、食品、酒精类饮品	艺匠	商业及服务性行业	国美	商业及服务性行业
7	北京广播大厦酒店	娱乐及休闲	上海农商银行	活动类、金融	云门山风景区	娱乐及休闲
8	中国马镇	娱乐及休闲	沪尚茗居	商业及服务性行业	广汽本田	交通、活动类
9	大众	交通	上汽大众	交通	中国建设银行	金融、IT 产品及服务、活动类
10	天眼查	IT 产品及服务	上汽通用雪佛兰	交通	香江	商业及服务性行业

数据来源：CTR 媒介智讯

第二部分

Part Two

专 题 Analysis Report

2019年新闻综合类频率收听状况分析

融媒体智联时代，广播如何借助新媒体、新技术激发自身潜能，在移动互联时代寻求突破，一直是被津津乐道的话题。而针对移动音频的迅速崛起，CSM增加了对非直播有声内容的监测，以及电台微博账号和短视频平台账号表现的研究支持，以便更完整地呈现出大音频在当地市场融合传播的状况。本文基于CSM媒介研究2019年在26个城市的收听率四波调查数据、测量仪城市App数据和CSM V⁺Scope融合媒体数据等，对2019年新闻综合类频率的收听状况做回顾分析，并同时观察新闻综合类频率的融媒体进程。

一、新闻综合类频率的竞争格局

1. 新闻综合类频率整体收听份额微降，车上收听份额有所提升

2019年，交通、新闻综合和音乐类头部频率的市场占有率近八成，其中作为三驾马车之一的新闻综合类频率以24.8%的市场占有率位居第二，较2018年下滑了0.5个百分点。总体来看，2019年的广播收听市场，除交通类、音乐类、经济类和体育类频率外，其他类别的专业频率均出现了不同程度的下滑（图1）。

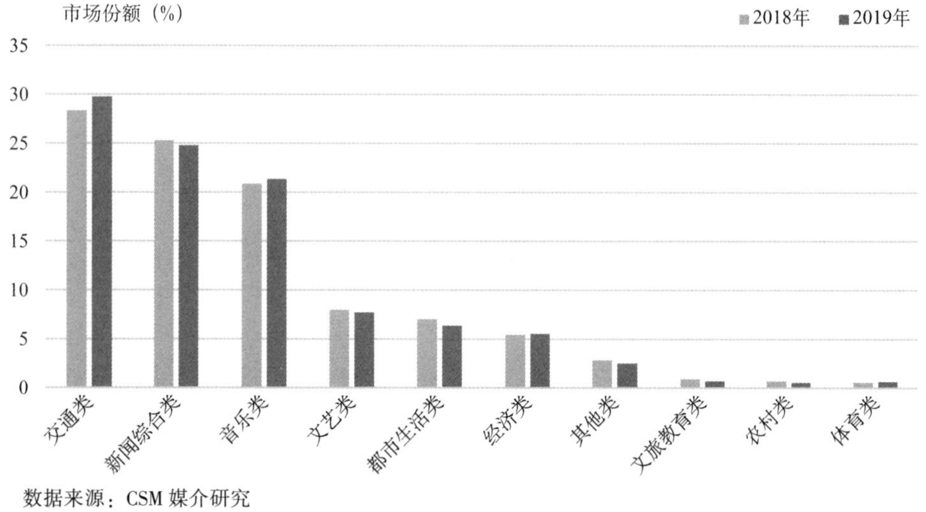

数据来源：CSM媒介研究

图1　2018~2019年各专业频率在所有场所的市场份额（%）

从车上收听表现来看，交通类频率几乎占据半壁江山，以45.2%的占有率遥遥领先于其他专业频率。新闻综合类频率在车上收听方面优势不明显，以15.2%的市场占有率排名第三，但较2018年有所提升（图2）。

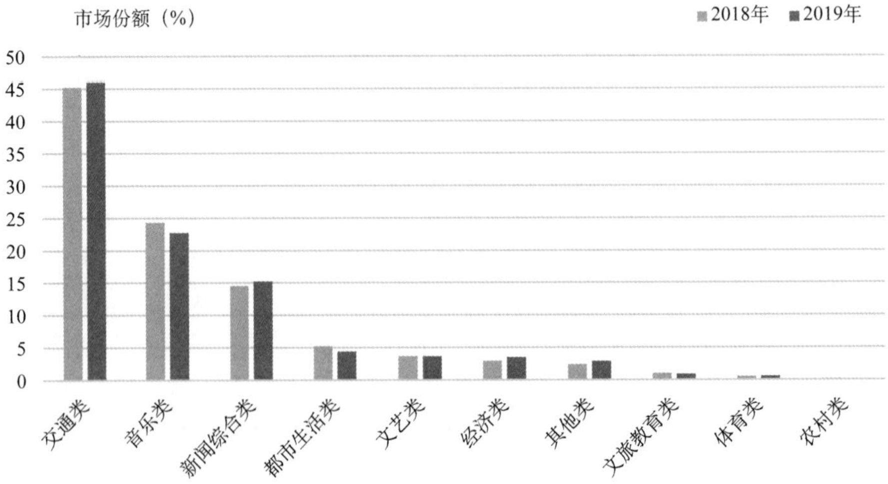

数据来源：CSM媒介研究

图2　2018~2019年各专业频率在车上的市场份额（%）

2. 新闻综合类频率月活规模不断提升，家庭仍是其重要收听场所

我们可以结合平均到达率和平均忠实度两个指标来观察频率的整体竞争实力，新闻综合类频率在听众规模和听众收听黏性上都具有一定的优势且发展均衡（图3）。

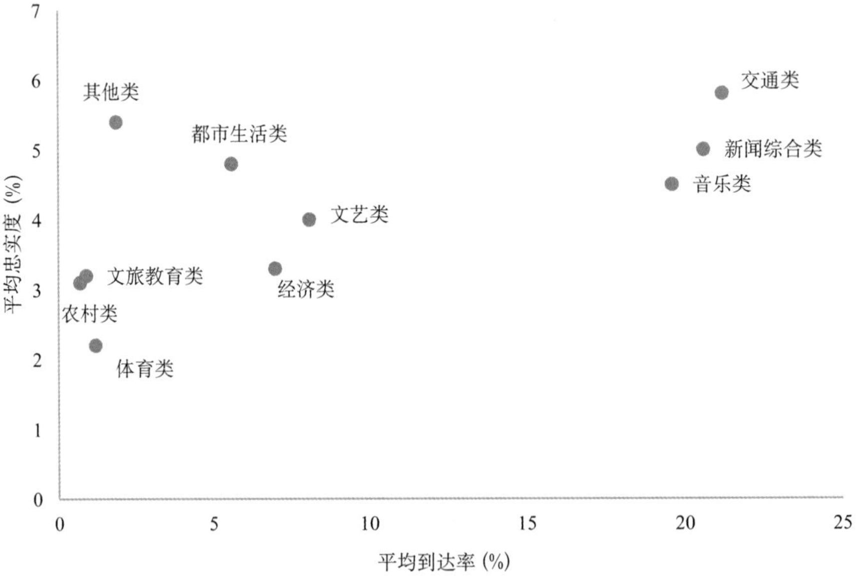

数据来源：CSM媒介研究

图3　2019年各类专业频率的平均到达率（%）和平均忠实度（%）

不仅如此，新闻综合类频率的月活规模也达到近3400万，较2018年提升了51万之多（图4）。

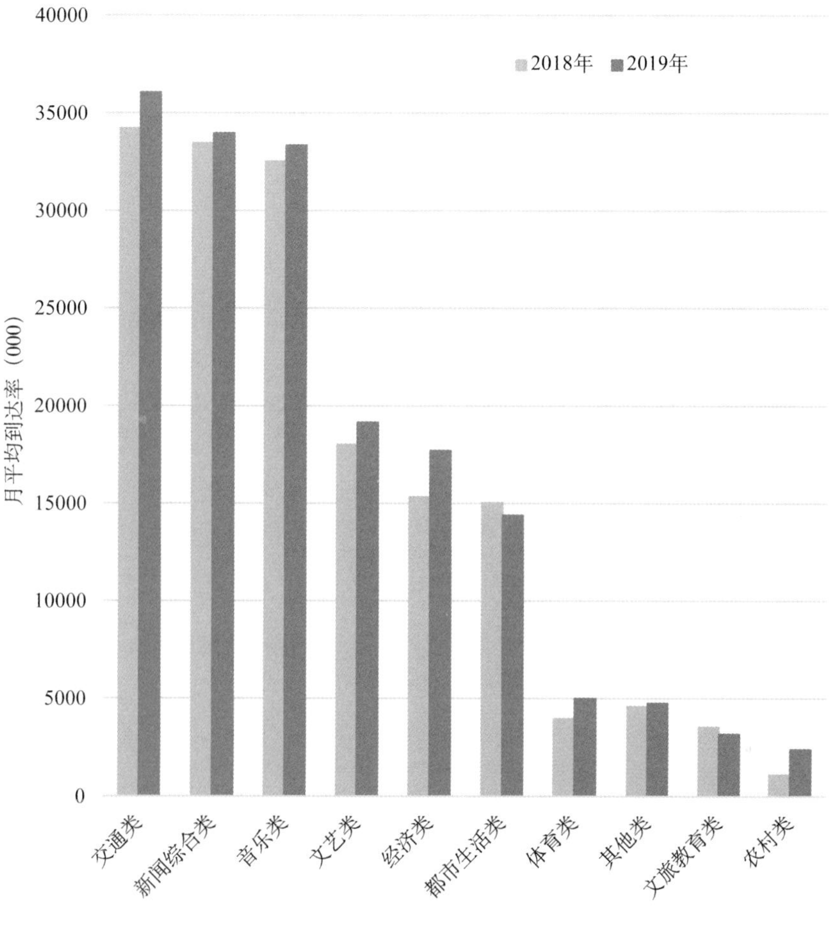

数据来源：CSM媒介研究

图4 2018年和2019年各类专业频率的月平均到达率（000）

各专业频率因定位和播出内容的差异，在不同收听场所也都拥有各自的阵地。在所有场所，交通类、新闻综合类和音乐类频率的到达率均超六成，尤其是交通类频率的到达率，接近七成，新闻综合类频率以60.9%的到达率位居第二，与位居第三的音乐类频率差距不明显。文艺类、经济类和都市生活类频率以40%左右的到达率排在第二梯队。值得一提的是，在家收听仍是新闻综合类频率的重要收听场所，以50.9%的到达水平排名第一，高于同场所任何其他专业频率；而其车上收听的到达比例则逊色于交通类和音乐类频率（图5）。

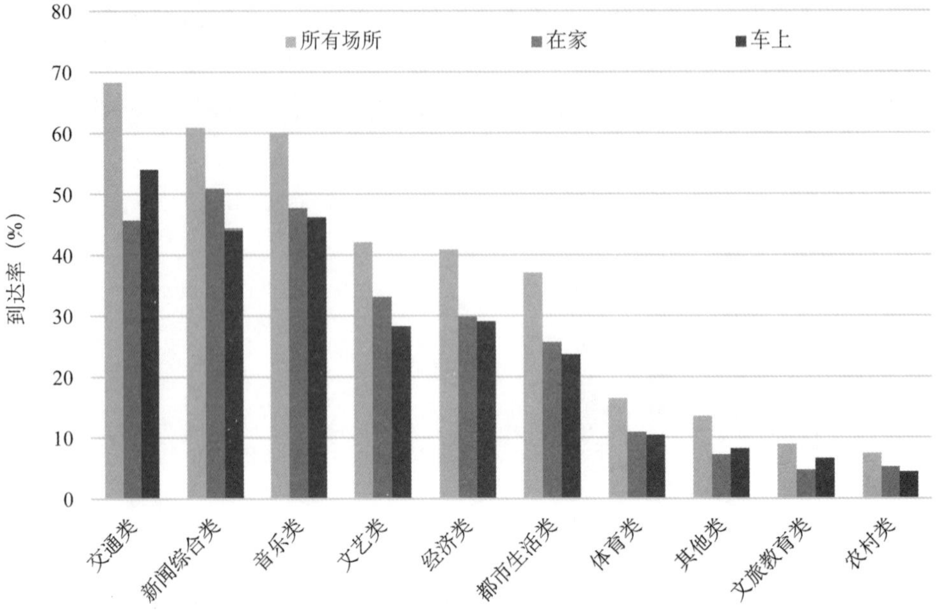

数据来源：CSM媒介研究

图5　2019年各类专业频率在广播主要收听场所的到达率（%）

3. 新闻综合类频率早午高峰优势明显，周一最高周六最低

从全天收听走势来看，交通和新闻综合类两大频率表现得更为强势。新闻综合类频率在早间06:00~07:15时段达到全天收听峰值。从07:15开始，伴随上班早高

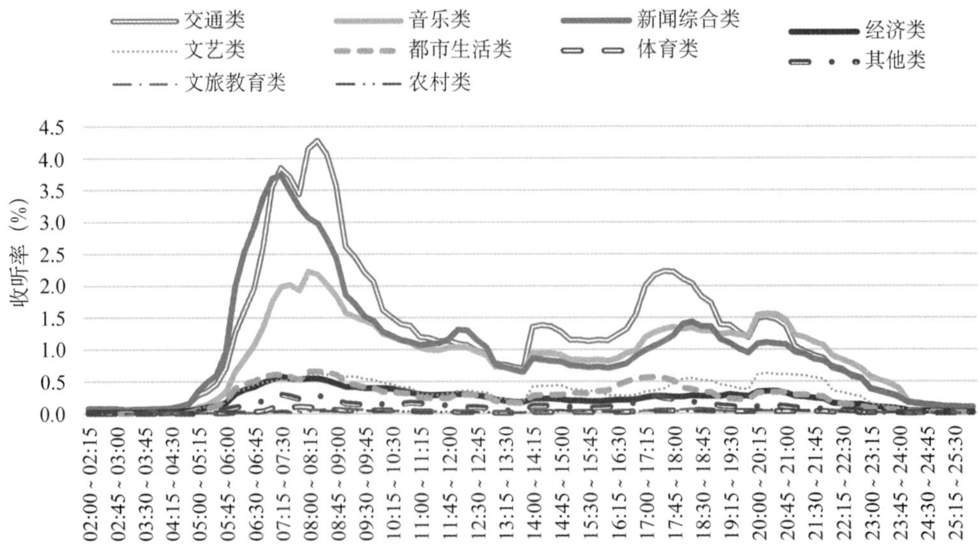

数据来源：CSM媒介研究

图6　2019年各专业频率全天收听率（%）走势

峰的出现，交通类频率的收听率不断拔高，慢慢赶超新闻综合类频率。比较来看，新闻综合类频率的早高峰维持到 09:00 左右，交通类频率则会延续到 10:00。此外，午间 11:45~13:00 时段，新闻综合类频率又迎来一波午间高峰，并且高于其他专业频率。

分天来看，新闻综合类频率所有场所与车上收听的趋势基本一致。在所有场所，工作日平均收听率为 1.04%，高于周末，其中又以周一最高，周六最低（图 7）。

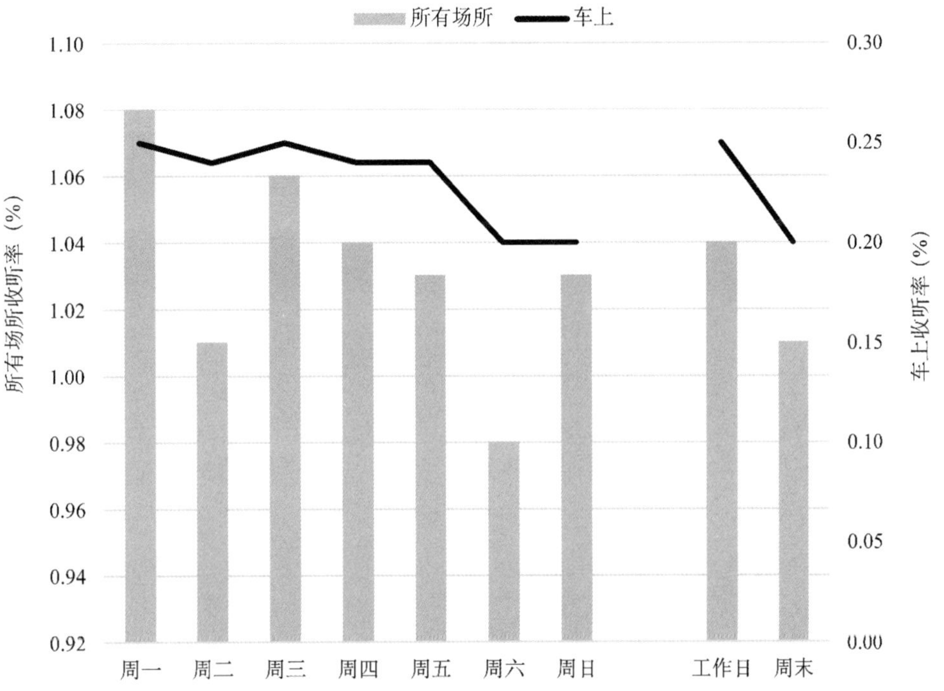

数据来源：CSM 媒介研究

图 7 2019 年新闻综合类频率不同周天收听率（%）比较

二、新闻综合类频率的整体收听概况

1. 忠实听众收听时长下滑

从人均收听时长来看，在所有场所，新闻综合类频率的收听时长与 2018 年持平，平均每人每日收听量仍为 15 分钟。实际听众对新闻综合类频率的日均收听时长，在所有场所和车上较 2018 年分别下滑了 5 分钟和 2 分钟（图 8）。

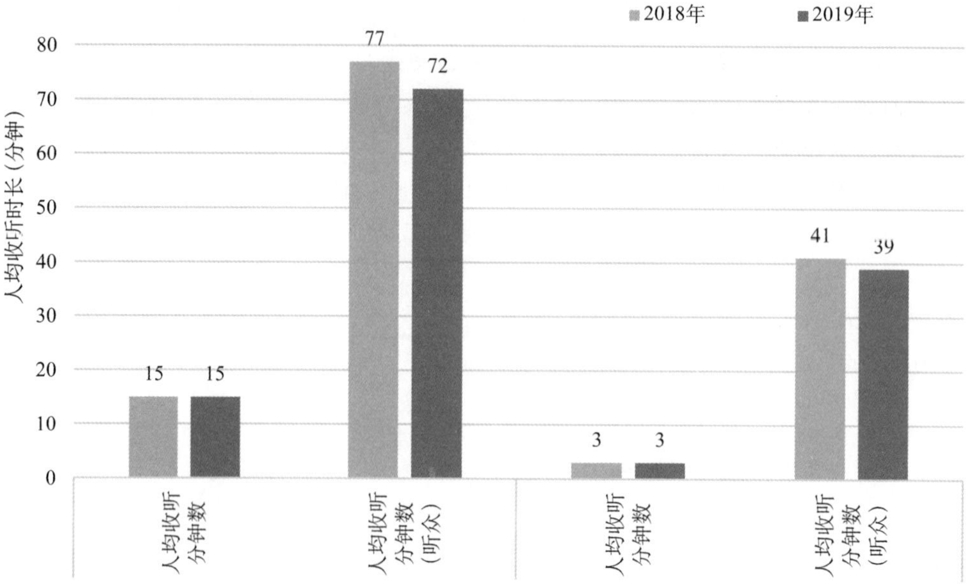

数据来源：CSM媒介研究

图8　2018~2019年新闻综合类频率人均收听时长

2. 早间时段收听率提升，晚间时段收听率下滑

新闻综合类频率近两年的收听走势基本一致，全天呈现出3波高峰，分别出现在06:00~09:00时段、12:00~13:00时段和17:15~19:30时段。比较来看，早间06:15~12:00时段的收听率较2018年同期有明显上升，晚间20:00~24:00时段的收听率则较上年同期有所下滑（图9）。

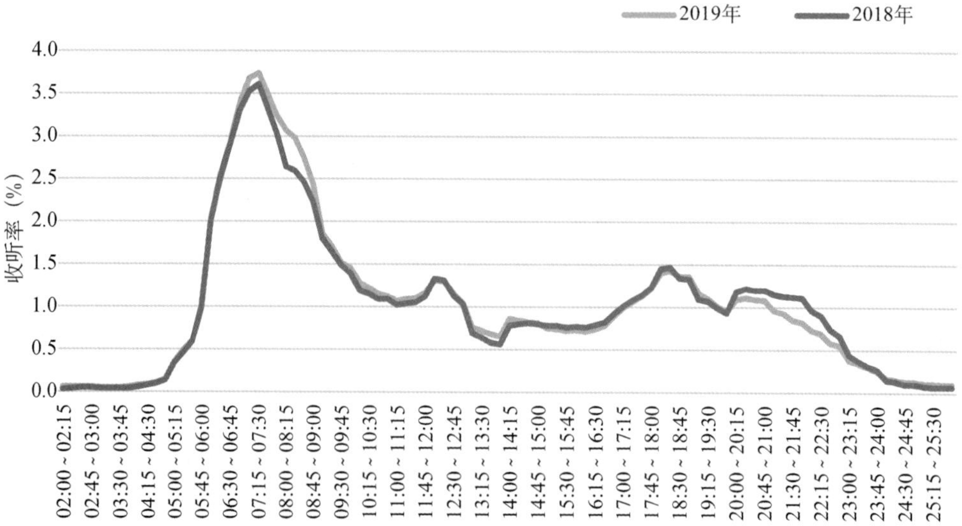

数据来源：CSM媒介研究

图9　2018~2019年新闻综合类频率全天收听率（%）走势

3. 中老年人群仍是新闻综合类频率的重度收听人群

新闻综合类频率的人均日收听时长为15分钟，与上年持平。分性别来看，男性听众收听时长略高于女性听众。分年龄组来看，收听时长随着年龄的增长而提升，55岁及以上听众日收听时长远高于平均水平；其中，65岁及以上听众日收听时长高达45分钟，为平均水平的3倍。分学历来看，中等学历听众收听时间更长。万物互联时代，随着新媒体的蓬勃发展，广播不再是信息获取的主要载体，拥有更多选择的高学历人群收听时长明显低于平均线，仅为11分钟。分收入水平来看，个人月收入2501~5001元的听众对新闻综合类频率的收听时长相对更长（图10）。

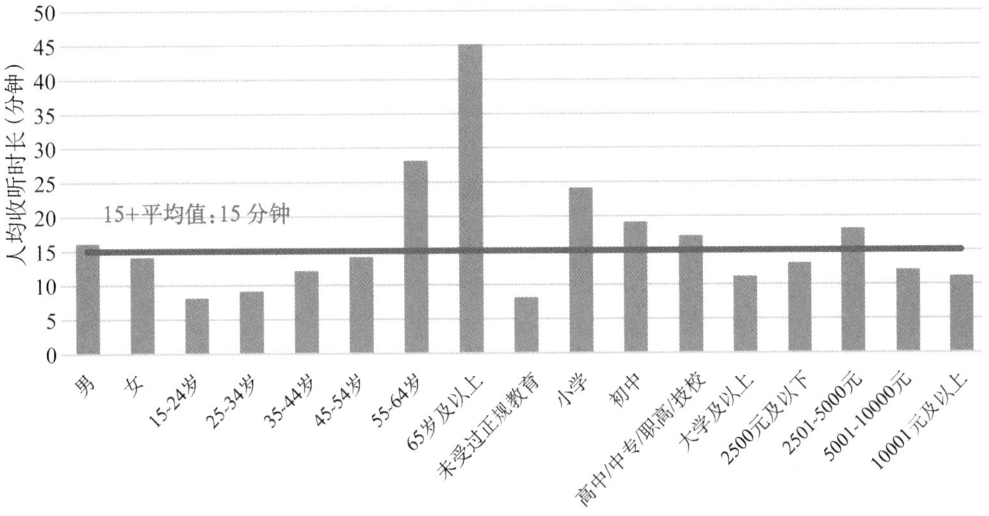

数据来源：CSM媒介研究

图10 2019年各目标听众收听新闻综合类频率的人均收听时长

交通类、新闻综合类和音乐类频率是引领广播收听市场的三驾马车，其听众构成也各有侧重。男性听众在新闻综合类和交通类频率听众中占据主体，女性则侧重于收听比较感性的音乐类频率。分年龄组来看，新闻综合类频率的重度听众集中于55岁及以上的中老年人群，交通类和音乐类频率的听众年龄相对而言更为年轻化，其中交通类频率的重度听众集中于25~54岁人群，音乐类频率的重度听众集中于25~44岁人群。分学历来看，音乐类频率的高学历听众占比超过45%；其次为交通类频率，超过35%；新闻综合类频率占比为29.2%。从个人月收入来看，新闻综合类和交通类频率有超过五成的听众个人月收入集中在2501~5000元（图11）。

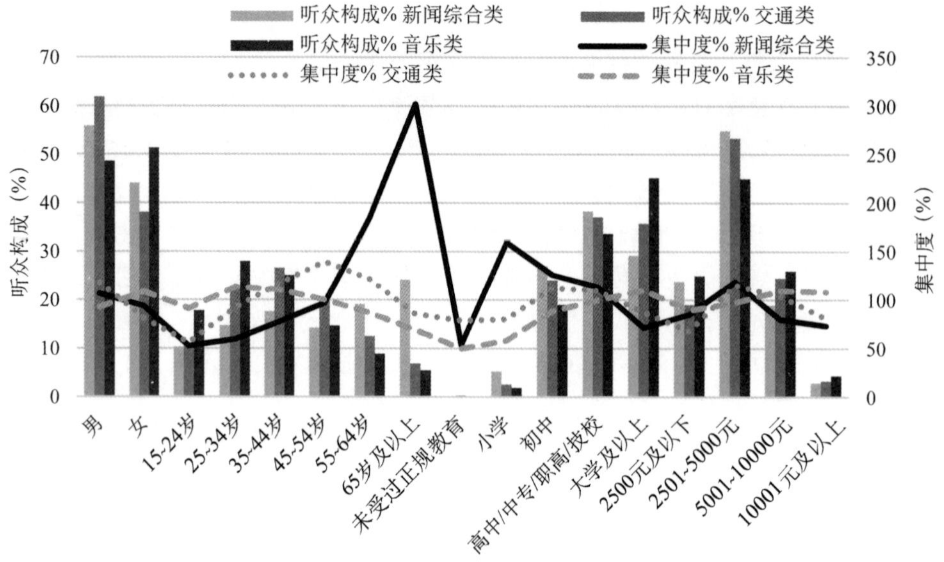

数据来源：CSM 媒介研究

图 11　2019 年新闻综合类、交通类和音乐类频率听众构成（%）与集中度（%）对比

4. 新闻综合类频率在佛山地区的收听时长和市场份额均拔得头筹

分城市来看，新闻综合类频率在佛山、石家庄、广州、上海、南京、无锡、郑州、济南 8 个地区的人均收听时长和市场份额均在平均线以上。其中长三角城市占据四成，大湾区城市占据近三成。这其中佛山拔得头筹，其日均收听时长为 40 分钟，占有率超过六成；其次为石家庄，日均收听时长为 22 分钟，占有率为 26.6%（图 12）。

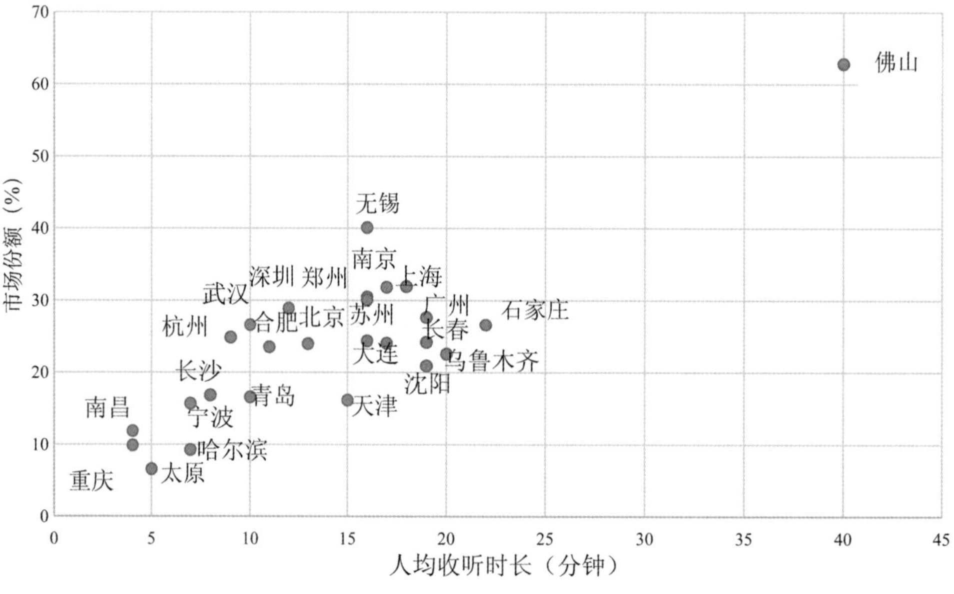

数据来源：CSM 媒介研究

图 12　2019 年新闻综合类频率在 26 城市的人均收听时长（分钟）和市场份额（%）

5. 佛山、济南、郑州三地榜首席位均花落新闻综合类频率

2019年，观察26城市市场份额最高的10个新闻综合频率可以发现，佛山人民广播电台FM94.6、济南新闻广播FM106.6/105.8和郑州新闻广播AM549/FM98.8在当地排名第一。此外，北京广播电台新闻广播（FM100.6/AM828/CFM90.4）、吉林人民广播电台新闻综合广播FM91.6/AM738、佛山人民广播电台FM90.1、大连广播电视台第一套综合广播FM103.3/AM882、江苏新闻广播FM93.7、石家庄广播电视台新闻广播AM882/FM88.2、上海人民广播电台上海新闻广播FM93.4/AM990、苏州广播电视总台综合广播FM91.1、深圳广播电台新闻频率FM89.8、天津人民广播电台新闻广播FM97.2/AM909、无锡广播电视台梁溪之声广播FM92.6和青岛人民广播电台FM107.6/AM819/AM1377也均跻身当地市场前3位。

中央人民广播电台第一套节目中国之声作为国家级的新闻频率入围所有调查的26个城市前10名，尤其在合肥、南昌、太原、乌鲁木齐和武汉等地，中国之声均排于当地省市台之前。值得一提的是，2019年4月1日，由上海新闻广播和东广新闻台全新改版而来的连接长三角一体化发展的东广新闻台长三角之声AM1296/FM90.9也有不错的收听表现，在上海的新闻类频率中排名第二位，取得了近9%的收听份额。

三．智慧视听下的新闻综合类频率竞争态势

1. App直播收听份额逾三成，合肥地区超过45%

近几年来，“听广播”这一为广大听众所熟悉的行为，在渠道、终端和场景上均发生了变化，听广播的工具不止于家庭中的收音机，各类音频App层出不穷，收听渠道不断扩展。Kantar Media中国区受众研究资深数据科学家郑维东先生曾指出，广播融媒从接入App入手，台网发展从相争到相加再到走向相融将是广播发展的大势所趋。融媒体格局下广播发展必将通过App连接用户来实现，在传统广播与互联网音频融合发展的轨道上，既要坚持以优质的直播内容吸引和留住听众，也要积极通过建设“两微一端”争取更大的用户资源。笔者以北京、上海、广州、深圳、南京、无锡、合肥和济南8个测量仪城市为例，观察新闻综合类频率在智慧视听环境下的竞争表现。CSM数据显示，目前新闻综合类频率仍以环境音直播收听为主，占比近66%；App直播收听占34%。分城市来看，合肥地区通过App直播收听新闻综合类频率的比例最高，近45%；其次为无锡地区和北京地区，分别为39%和38%（图13）。

数据来源：CSM 媒介研究

图 13　2019 年测量仪分城市 App 直播收听与环境音直播收听之比

2. 日活榜首集中于几家头部平台，大蓝鲸成为唯一日活居首的广电自有 App

观察 8 个测量仪城市用于收听新闻综合类频率的主要 App，日活榜首集中于几家头部平台，如蜻蜓 FM、喜马拉雅 FM 和微信。其中，蜻蜓 FM 和微信均在 3 个城市日活排名首位。值得一提的是，江苏广播电视总台旗下的大蓝鲸是唯一居当地日活榜首的广电自有 App，日活量达 7 万人（图 14）。另外，26 城市中主要新闻综合

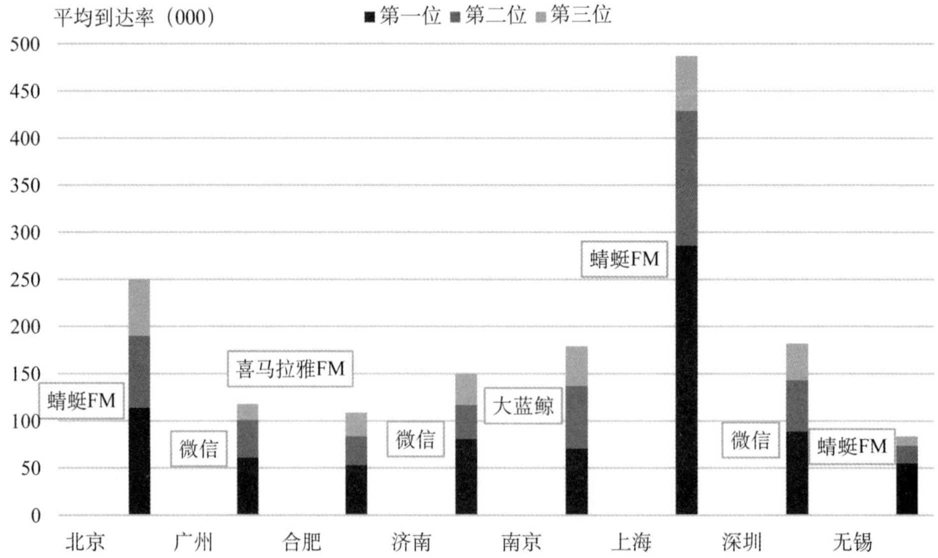

数据来源：CSM 媒介研究

图 14　测量仪分城市主要 App 平台日均到达情况

类频率在传统广播和App直播收听市场的排名情况基本相近。以北京市场为例，当地的3个新闻频率：北京广播电台新闻广播FM100.6/AM828/CFM90.4、中央人民广播电台第一套节目中国之声和中国国际广播电台环球资讯广播FM90.5/AM900在传统广播市场的排名分别为第三、第四和第六名，这3个频率在App直播收听市场的排名分别为第二、第四与第八名，可见，内容才是制胜的关键。

四、台网联动下新闻综合类频率的创新发展

1. 浙江之声、937江苏新闻广播：微博打造互联网新闻广播高地

近年来，各广电媒体都在积极通过建设“两微一端”来争取更多的用户资源，微博作为互联网新闻广播的传播高地之一，其影响力可谓是举足轻重。综观新闻综合类频率的官方微博，笔者发现其不及交通类频率的官博数量，且主要活跃在长三角和京津冀一带（表1）。笔者通过发博量、总互动量①、单条最大互动量和粉丝量四个指标对已有新闻综合类频率的账号和博文内容进行分析。

浙江之声和937江苏新闻广播是两个运营较为成功、互动量较高的官博，其中浙江之声一年发博量近12 000条，总互动量高达40万，单条最大互动量接近14万，是当之无愧的“大V账号”。观察浙江之声微博内视频播放内容的前10名，可以看到，两条关于“网红乔碧萝”的新闻分别获得了超过6 100万的播放量，其次为“无锡高架坍塌事件”，播放次数达到4 300万。937江苏新闻广播作为粉丝数量最高的新闻类官博，年产4 743条微博，共收获31万的转评赞，单条最大互动量也达到8万之多。观察937江苏新闻广播微博内视频播放次数前10名的博文内容，可以发现，其视频内容的时政性更强一些，其中，“中美贸易战”最受关注，获得了超过1亿的播放量；其次是“香港逃犯条例”，该系列引发的一系列事件也获得了较高关注度，相关内容有5条上榜。两个账号内容均跳脱出本地新闻，放眼全网，与传统广播形成了互补。

除了浙江之声和937江苏新闻广播之外，河北综合广播、郑州新闻广播发博量也均在2.5万条之上，属于比较卖力的高产博主。其中，郑州新闻广播播放次数排名前10位的视频内容的播放量均在5 000万以上，除了前两条与“中美贸易战”相关外，其内容画风更接地气。另外，北京新闻广播粉丝量也超过184万。值得一提的是，浙江之声、河北综合广播、安徽之声、江西新闻广播相较传统广播的收听表现，其在微博上的表现更为活跃。

① 总互动量=转发+评论+点赞。

表1　2019年部分新闻频率官方微博账号表现

账号昵称	发博量	总互动量	单条最大互动量	粉丝量
浙江之声	11 958	400 000	140 000	1 880 000
937江苏新闻广播	4 743	310 000	80 000	2 780 000
郑州新闻广播	25 862	47 306	4 428	620 000
河北综合广播	28 843	42 112	13 213	240 000
东广新闻台	4 298	41 841	15 891	950 000
926梁溪之声广播	8 780	17 355	258	70 000
无锡新闻广播	4 901	12 827	7 043	360 000
石家庄新闻广播	6 871	8 260	400	130 000
北京新闻广播	296	4 204	1 002	1 840 000
安徽之声	1 108	2 018	212	110 000
FM968重庆之声	824	1 095	27	150 000
江西新闻广播	536	977	297	160 000

数据来源：CSM V^+ Scope

2. 新闻综合类频率在短视频领域有待进一步开拓

《CSM短视频用户价值研究报告》指出，短视频已成为网民工作学习之余放松自己的首选，且用户年龄向两端渗透，主要表现为10~19岁、50岁及以上年龄段人群（此年龄段也是广播的重度收听人群）较2018年明显增长。其中，新闻短视频是电视媒体参与短视频生产传播的先锋，10分钟及以下短视频成为网民最常接触的新闻形式，可见新闻类短视频的空间之广阔。那么这一香饽饽在新闻综合类频率中运营得怎样呢？通过观察部分新闻综合类频率短视频账号在今日头条、腾讯视频、秒拍、新土豆、快手、好看、腾讯新闻、抖音和网易新闻这9家主流短视频平台的播出表现，可以发现，新闻综合类频率的短视频战场主要集中在抖音平台，发布量在百条左右，总互动量参差不齐（表2），可见，新闻综合类频率在短视频平台的发展有待进一步开拓。

表2　2019年第四季度部分新闻综合类频率短视频账号表现

账号昵称	总互动量	发布量	平台
浙江之声	20 000 000	140+	抖音
郑州新闻广播	40 000	120+	抖音
江西新闻广播	500 000	100+	抖音

数据来源：CSM V^+ Scope

结　语

新闻一直是权威严谨的代名词，随着“央视段子手朱广权”“康辉Vlog”不断上热搜，新媒体拉近了新闻主播与受众之间的距离。5G商用脚步的加快，为开启广播媒体互联共生与发展提供了更广阔的平台，但同时也要求传统广播要积极补足自己在技术和连接用户方面的短板，在新终端和新用户之间实现更为有效的连接和整合。回顾2019年，新闻综合类频率月活规模不断提升，在车上的收听份额和时长都有所增长，但在短视频领域则有待进一步开拓。相信未来新闻综合类频率可以做得更好，迎头赶上5G发展的新浪潮。

（作者：包凌君）

2019 年交通类频率收听状况分析

2019 年，交通类频率的收听表现保持着平稳向上发展的姿态。作为一个主打各种车辆、路况信息播报的频率类别，近两年交通频率收听率的稳步上升，与私家车保有量的持续提升紧密相关。据公安部统计数据，截至 2019 年年底，我国汽车保有量达到 2.6 亿辆，比 2018 年底增加了 2122 万辆，增幅达 8.8%；私家车数量首次突破 2 亿辆，这为交通类频率的持续发展提供了丰沃的土壤。同时，在当下新媒体时代的浪潮中，形形色色的媒介也以燎原之势快速抢占着各大市场，诸如微博、短视频等新兴媒介的快速兴起，它们在给交通广播带来挑战的同时，也带来了新的发展契机。本文基于 CSM 媒介研究 2019 年收听调查数据①，从多角度回顾交通类频率在过去一年中的发展情况与收听表现。

一、交通类频率整体收听概况

1. 交通类频率人均每日收听分钟数近三年持续提升

2019 年交通类频率市场整体保持平稳发展态势，观察 2017 年至 2019 年交通类频率人均每日收听分钟数可以发现：在所有场所中，人均每日收听分钟数近 3 年持续上升，2019 年交通类频率的人均收听分钟数已升至 17.9 分钟，较 2018 年上升了 0.9 分钟。分不同场所来看，2019 年交通类频率在家收听时长止跌回升至 5.8 分钟；车上收听仍然最为集中，贡献了最大的收听份额，且人均每日收听分钟数近 3 年出现了上涨之势，2019 年已上升至 10.1 分钟；工作/学习场所的人均每日收听分钟数为 1.2 分钟，较 2018 年略有上涨；其他场所的人均每日收听分钟数为 0.7 分钟，较 2018 年略有下降（图 1）。

① 如无特殊说明，文中 2017~2019 年数据为历年四波调查数据，目标人群均为 15 岁及以上所有人，时间段为全天；App 数据来源为 2019 年 8 个广播测量仪城市，目标人群均为 15 岁及以上所有人，时间段为全天；微博及短视频数据来源为 CSM V⁺Scope 融合媒体数据云平台。

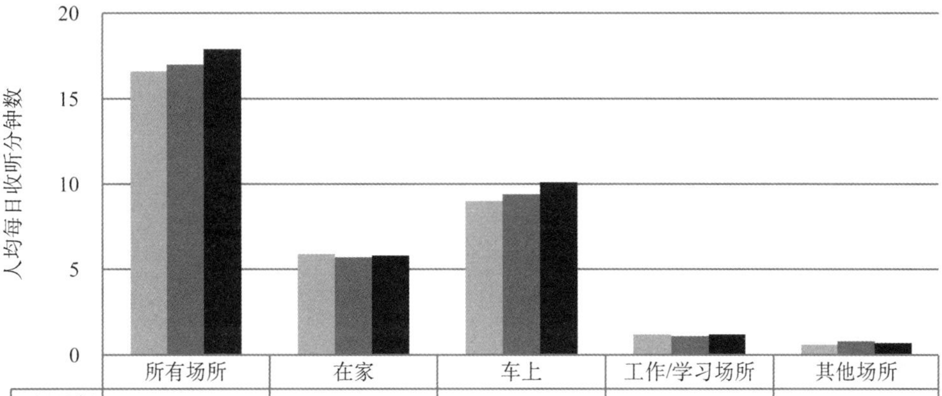

	所有场所	在家	车上	工作/学习场所	其他场所
2017年	16.6	5.9	9.0	1.2	0.6
2018年	17.0	5.7	9.4	1.1	0.8
2019年	17.9	5.8	10.1	1.2	0.7

数据来源：CSM 媒介研究

图 1　2017~2019 年交通类频率在不同场所的人均每日收听分钟数比较

2. 交通类频率全天收听率走势稳中有升

观察近 3 年交通类频率的全天收听率可以发现，其整体走势平稳，2019 年各时段收听表现略优于 2017 和 2018 年。交通类频率 2019 年在所有场所早晚高峰时段的收听率表现都为近 3 年最佳。早高峰时段峰值为 4.3%，出现在 08:15~08:30 时段，较 2018 年峰值 4.0%提升了 0.3 个百分点；晚高峰峰值出现在 17:30~17:45 时段，为 2.2%，较 2018 年晚间峰值 2.1%提升了 0.1 个百分点（图 2）。

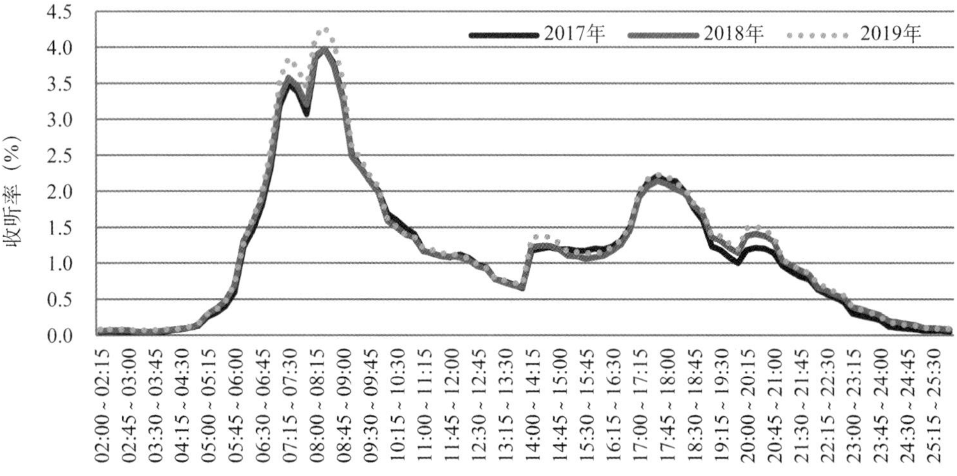

数据来源：CSM 媒介研究

图 2　2017~2019 年交通类频率在所有场所的全天收听率走势比较

交通类频率 2019 年车上收听率走势与所有场所相同，听众的收听行为主要集中在早晚两个高峰，波峰较所有场所更为收敛，收听行为更加集中。2019 年交通类频率在车上收听的早晚高峰较 2018 年都有所提升。早 08:15~08:30 时段，收听达到早高峰峰值（2.9%）；晚 17:30~17:45 时段，收听达到晚高峰峰值（1.6%）。此外，晚间 18:15~23:45 时段的整体收听表现连续 3 年稳步提升（图 3）。

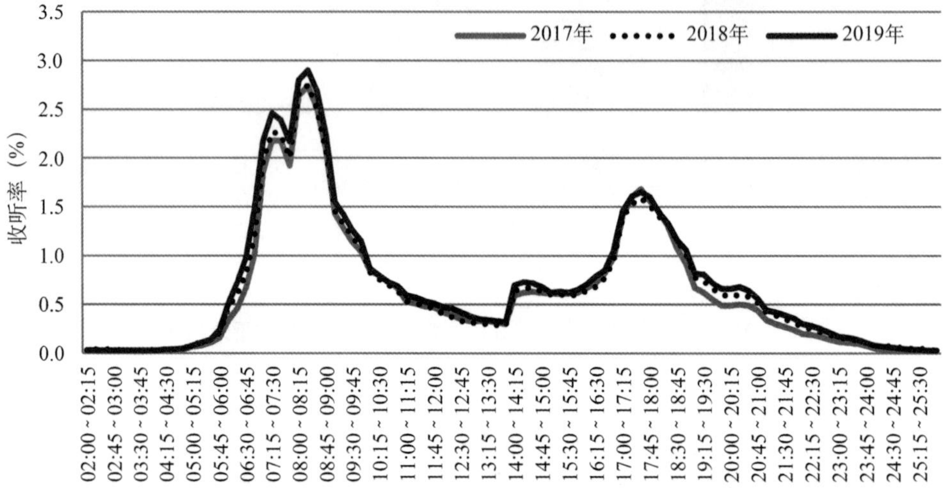

数据来源：CSM 媒介研究

图 3　2017~2019 年交通类频率在车上的全天收听率走势比较

3. 交通类频率收听表现与工作生活节奏息息相关

交通类频率作为主打城市交通、路况信息播报的频率类别，其收听率走势与人们的工作学习、生活节奏密切相关。这一相关性在车上的体现相较于所有场所更为明显。分析观察不同周天交通类频率的收听表现，我们可以看到：周一作为出行人流最为密集、交通情况最为复杂的一天，其收听率也同样为全周最高，2019 年交通类频率周一在所有场所和在车上的收听率分别为 1.4%与 0.8%；高峰过后，周二收听率出现小幅回落，所有场所和车上的收听率分别为 1.2%与 0.7%；周三至周五城市交通情况与收听率都趋于稳定，所有场所和车上的收听率分别在 1.3%与 0.8%左右浮动；到了周末，越来越多的人选择宅在家中，交通出行人群比例的降低也导致了周末两天收听率的下跌，周六日所有场所和车上的收听率均低于其他周天（图 4）。

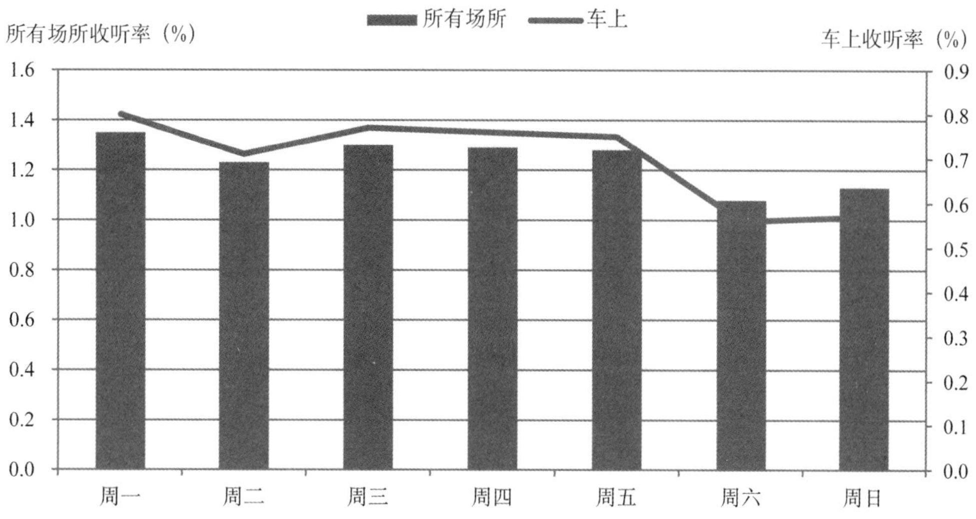

数据来源：CSM 媒介研究

图 4 2019 年交通类频率不同周天收听率比较

二、交通类频率竞争表现

1. 交通类频率整体收听份额持续上升

观察各类别广播频率的市场份额，交通类、新闻综合类与音乐类频率作为三巨头，占据了广播收听的主要市场。2019 年三者在所有收听场所的市场份额之和达到了 75.9%，较 2018 年提升了 1.4 个百分点。其中交通类频率占据主导地位，2019

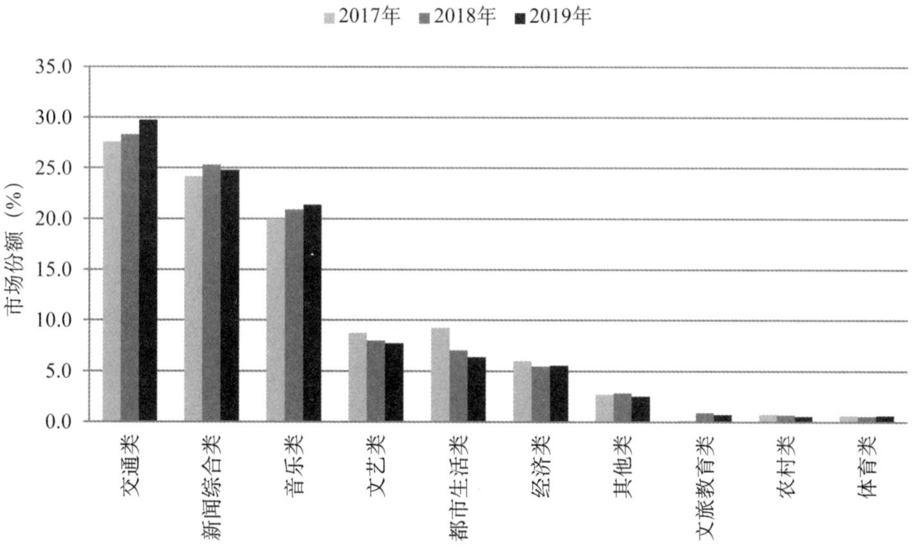

数据来源：CSM 媒介研究

图 5 2017~2019 年各类型频率在所场所市场份额（%）对比

年所占份额达到29.8%，较2018年提升了1.5个百分点，连续3年出现上升；新闻综合类频率份额为24.8%，较2018年下跌了0.5个百分点；音乐类频率份额为21.4%，较2018年上升了0.5个百分点，同样呈上升态势。其他各类别频率由于受其本身题材定位及听众规模的限制，市场份额均在10%以下。2019年其他各频率中，文艺类频率收听表现最佳，达到7.7%（图5）。

2. 交通类频率在车载市场优势更为明显

2019年交通类频率在车载收听市场的份额为46.2%，较2018年的45.3%提升了0.9个百分点，近半数的车上听众选择了交通类频率。观察2019年各类型频率全天车上市场份额走势可以发现，交通类频率全天走势相较其他频率的竞争优势仍然十分明显，2019年该类型频率份额在08:30~09:00与14:15~14:45时段都超过了50%。与此同时，近两年音乐类频率晚间21:00起份额持续上升，与交通类频率的竞争逐渐加剧，两者份额都维持在35%左右（图6）。

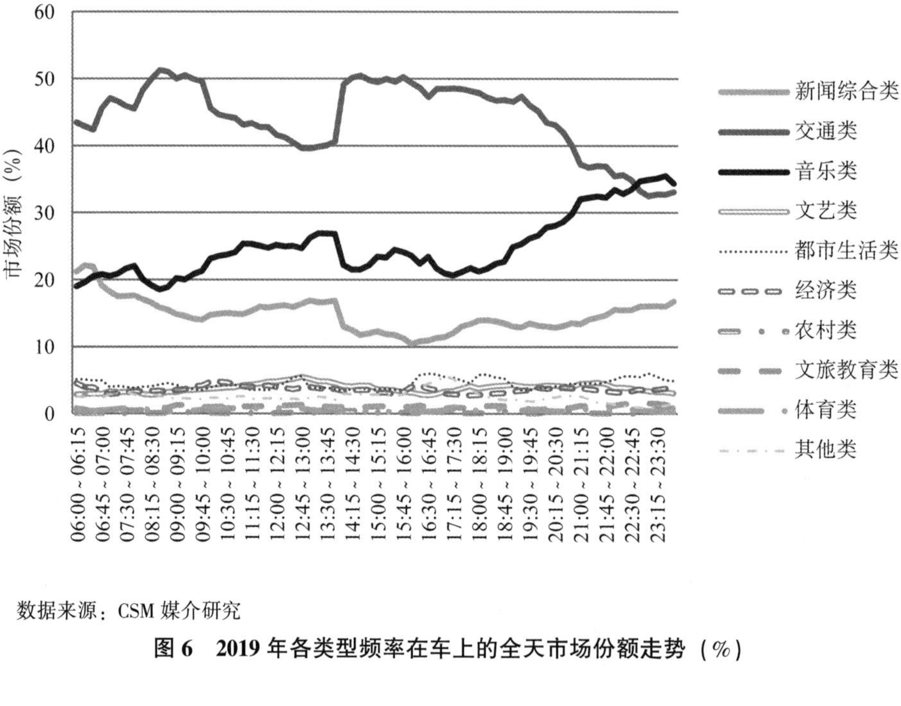

数据来源：CSM媒介研究

图6 2019年各类型频率在车上的全天市场份额走势（%）

3. 交通类频率在App市场收听表现稍显弱势

随着智能手机的兴起和广泛普及，人们通过各式各样的App来收听广播节目也逐渐成为一种新常态。通过分析2019年各类型频率的App收听表现我们可以看到，交通类频率在App市场上的表现稍逊于音乐类与新闻综合类频率，更多人在使用手机时选择了用它收听音乐或接收新闻资讯，这也与我们认知中人们的手机使用习惯相符（表 1）。2019 年，交通类频率 App 直播人均收听总时长为 1517 分钟，占其所有直播收听的 37.2%。从使用平台来看，2019 年各个广播 App 软件中，频率听众使用最多的是蜻蜓 FM，其份额达到 17.2%；其次为微信，份额达 10.8%；喜马拉雅 FM 与企鹅 FM 份额较为相近，分别为 6.8%与 6.0%（图 7）。

表 1　2019 年各类型频率 App 收听表现（人均收听总分钟数）

频率类别	App 直播收听	环境音直播收听	所有直播收听
音乐类	2692	3493	6185
新闻综合类	1919	3714	5633
交通类	1517	2561	4078
经济类	334	883	1217
文艺类	262	744	1006
都市生活类	230	542	773
体育类	73	148	221
文旅教育类	32	85	117
农村类	3	20	23
其他类	3	16	19

数据来源：CSM 媒介研究

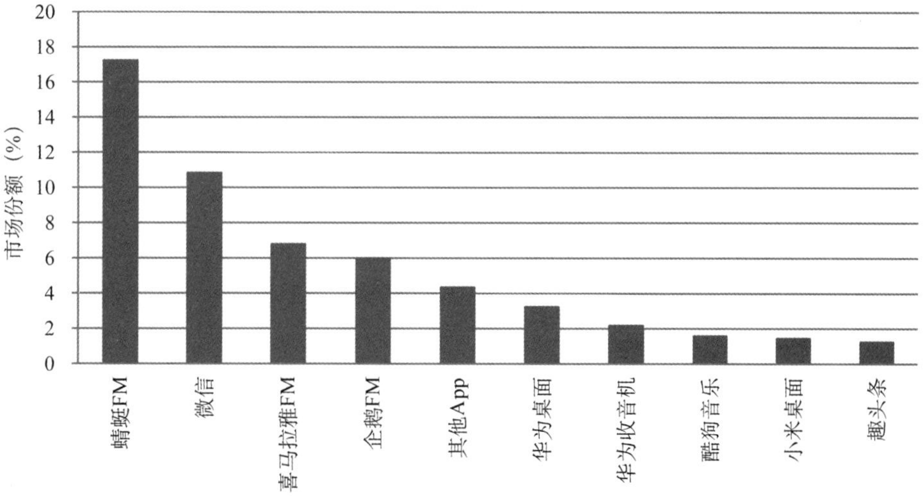

数据来源：CSM 媒介研究

图 7　2019 年交通类频率各 App 市场份额（%）前十排名

三、交通类频率听众画像

1. 男性、中年听众收听时间更长

男性作为私家车的主要驾驶群体，他们对交通信息的关注度会更高，因而对交通类频率的收听时长也更长。2019 年，男性平均收听交通类频率 20.9 分钟，远高于女性的 14.3 分钟；分不同年龄段听众的差异来看，45～54 岁听众收听时长较长，达到 24.8 分钟；分职业来看，个体/私营企业人员收听交通类频率时长最长，达到 25.3 分钟（图 8）。

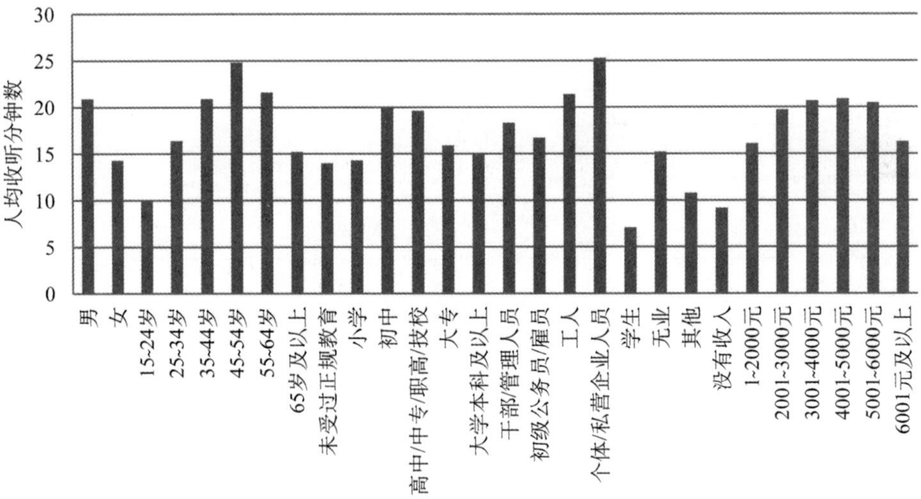

数据来源：CSM 媒介研究

图 8　2019 年交通类频率不同目标听众人均收听分钟数

2. 车上听众偏爱收听交通类频率

2019 年交通类频率在所有场所和车上的听众构成大致相同，交通频率在车上吸引了更多男性听众，占比接近七成；从年龄构成来看，车上听众相较所有场所听众，趋向于集中在 25～44 岁之间消费水平更高的中青年人群上。在听众集中度方面，我们可以清楚地看到各主要人群在车上集中度的表现都明显优于所有场所，体现为车上听众对交通类频率更为偏爱。车上听众集中度最高的人群为个体/私营企业人员，达到 177.6%，同样的人群在所有场所的集中度为 142.3%，两者之间的差异相当明显（图 9、图 10）。

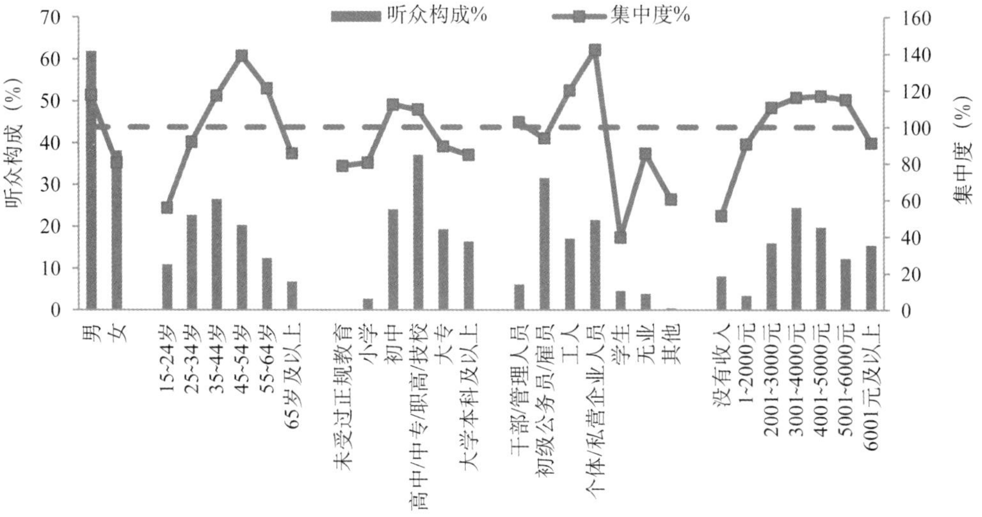

数据来源：CSM 媒介研究

图 9　2019 年交通类频率在所有场所的听众构成（%）与集中度（%）

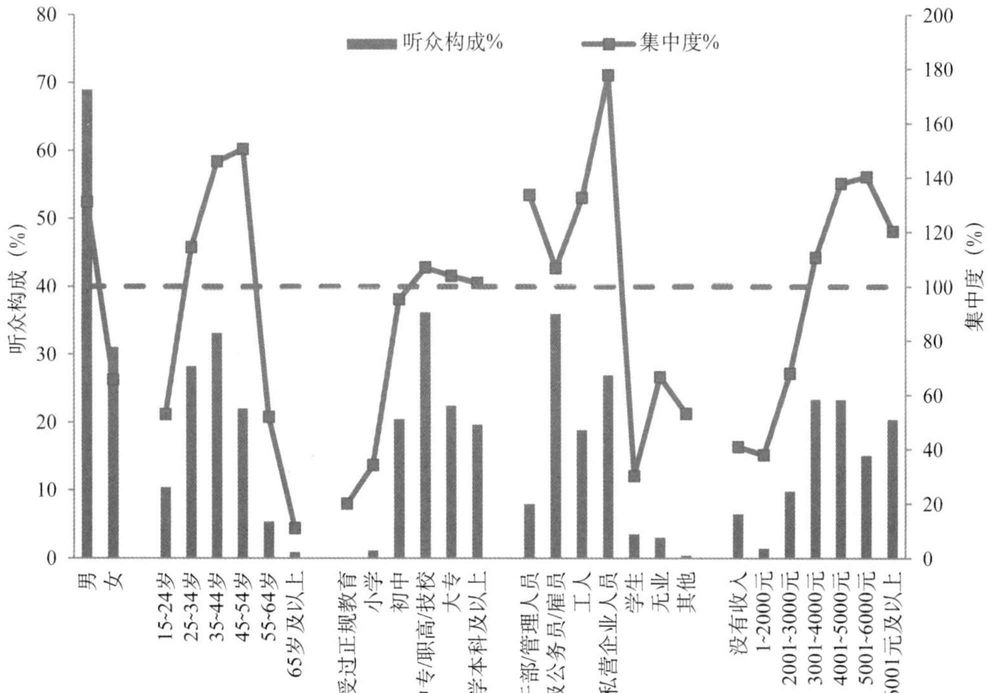

数据来源：CSM 媒介研究

图 10　2019 年交通类频率在车上的听众构成（%）与集中度（%）

四、交通类频率在不同城市的收听表现

1. 交通类频率在各地表现整体良好，乌鲁木齐持续领跑

观察2019年各城市交通类频率的人均收听分钟数和平均到达率，我们可以清楚地看到，各城市之间交通类频率的收听规模仍然存在着较大差异。乌鲁木齐交通类频率的人均收听时长，高达48.7分钟，依然处于领跑地位；长春紧随其后，收听时长也达到了41.1分钟；太原位列第三，人均收听时长为34.3分钟。听众规模排列前三的城市为长春、乌鲁木齐和北京，到达率分别为38.0%、37.1%和33.2%。

2019年全国26个城市中，近半数的城市人均收听分钟数达到20分钟以上，到达率高于20%的城市有15个，市场整体表现较好（图11）。

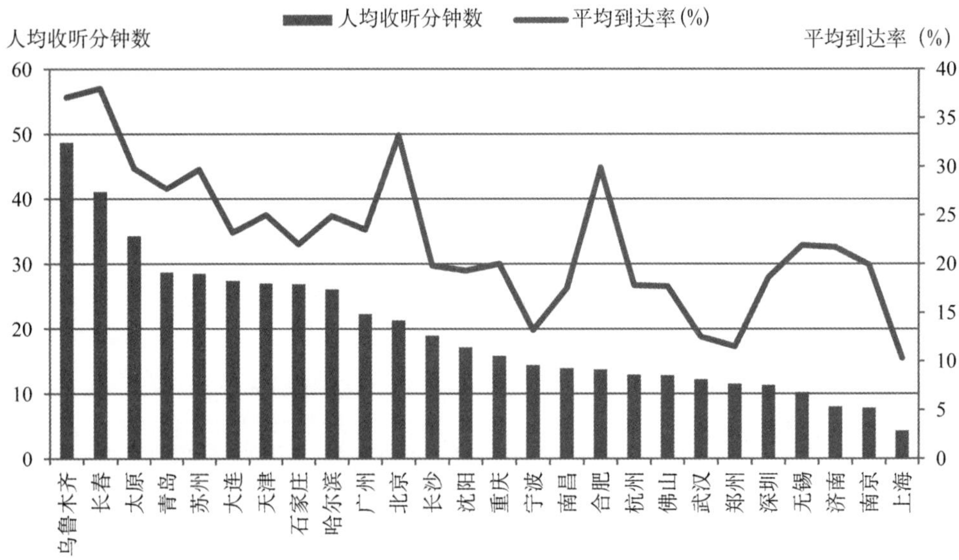

数据来源：CSM媒介研究

图11　2019年各城市交通类频率在所有场所的人均收听分钟数和平均到达率（%）

2. 交通类频率在各城市成为车载收听的首选

观察2019年不同城市中主要交通类频率在本地的市场份额排名，在所有场所中，有19个频率在当地市场排名第一，位于前三的有32个；车上则有23个频率处于第一的位置，39个频率在当地位列前三。我们可以看出，交通类频率的竞争优势在车上相较于所有场所更为明显，该类频率是各城市听众车载收听的第一选择，其霸主地位不可撼动。

具体来看，在所有场所中，新疆人民广播电台949交通广播FM94.9在乌鲁木齐的份额最高，达到了47.8%。此外，青岛交通广播FM89.7/AM900、长春交通之声FM96.8、重庆人民广播电台交通频率FM95.5、大连广播电台交通广播FM100.8、苏州广播电视总台交通经济广播 FM104.8、北京人民广播电台交通广播 FM103.9/CFM95.6、太原人民广播电台交通频率 FM107 等频率在本地所有场所的广播收听市场份额也都超过了 30%。

而在车上，重庆人民广播电台交通频率 FM95.5 的份额高达 74.1%，在所有交通类频率中首屈一指，新疆人民广播电台 949 交通广播 FM94.9 收听表现同样亮眼，车上市场份额也超过了七成。此外，在车上还有 3 个交通频率的份额超过了 60%，它们分别为大连广播电台交通广播 FM100.8、青岛交通广播 FM89.7/AM900 和长春交通之声 FM96.8。

五、交通类频率在社交媒体传播效果分析

1. 各频率微博账号粉丝量存较大差异

微博作为新兴社交媒介，已经广泛渗透到了我们工作和生活的各个领域，成为当今社会上用户活跃度较高的信息传播平台。近年来，交通类频率借助微博，打破了地域与题材的限制，拓宽了与听众互动的渠道，进而扩大了频率的受众群和影响力，但是各个频率账号之间仍存在着较大差异。

从交通频率各微博账号的粉丝量来看，2019 年粉丝量为 0~10 万的账号有 67 个、10 万~50 万的账号有 56 个、50 万~100 万的账号有 19 个、100 万~500 万的账号有 9 个、大于 500 万的账号仅有 4 个。可以看到，大部分微博账号的粉丝量都在 50 万以下（图 12），4 个粉丝量大于 500 万的“大 V 账号”分别为“楚天交通广播”（916 万）、“天津交通广播”（679 万）、“河南交通广播”（673 万）和“中国交通广播”（551 万）。

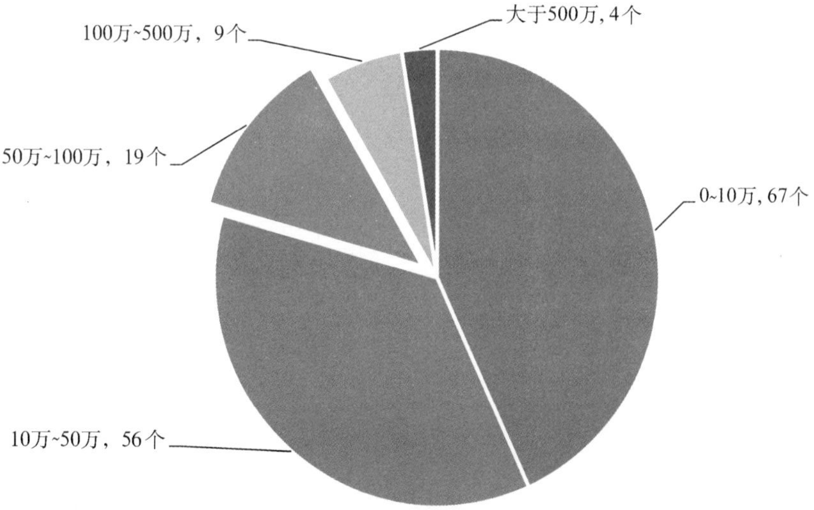

数据来源：CSM 媒介研究

图 12 2019 年交通类频率微博账号粉丝量分布情况

在互动量方面，2019年“中国交通广播”微博账号的互动量最高，作为中央人民广播电台的官方微博，该账号的资源与品牌优势都相当明显，其以多样化的服务形式，通过直观明了的方式为广大粉丝提供新闻资讯、政策解读、出行提示、旅游窍门、生活百科等内容，总互动量达到82万。“天津交通广播”微博账号的表现也十分亮眼，微博总互动量达到76万。接下来是微博账号“楚天交通广播”与“河南交通广播”，它们的微博总互动量都达到了40万以上（表2）。

那么，受众更为关注交通类频率微博的哪些内容？从互动量前10名的微博账号所播的热点视频可以看出，各大微博账号对于“贸易战”等民众较为关心的热点话题都有着敏锐的嗅觉，如在贵州交通广播、河南交通广播、中国交通广播、安徽交通广播、楚天交通广播的微博账号中，一条名为【#新闻联播#国际锐评：中国已做好全面应对的准备】的微博视频播放次数均过亿。另外，在青岛交通广播、贵州交通广播的微博账号中，一条关注突发事件的【#无锡高架坍塌#具体伤亡正在统计】视频也分别获得了近亿次的播放。积极及时地发布相关信息，充分利用微博平台的优势，适当地制造话题，做好与听众间的互动是各优秀交通频率微博账号共同的宗旨，也是其成功的秘诀。

表2　2019年交通类频率微博账号总互动量前十排名

排名	账号名称	总互动量（万）	单条最大互动量（万）	发布量
1	中国交通广播	82.0	6.9	11089
2	天津交通广播	76.0	13.7	14156
3	楚天交通广播	47.3	9.7	15816
4	河南交通广播	44.4	4.3	18340
5	北京交通广播	23.4	2.9	5835
6	贵州交通广播	21.4	4.3	17172
7	FM93浙江交通之声	16.1	4.5	7256
8	青岛交通广播FM897	12.4	0.5	30704
9	安徽交通广播	10.0	3.8	8642
10	湖南交通频道官方微博	9.0	0.8	9396

数据来源：CSM媒介研究

2. 各大交通类频率在短视频平台积极布局

2018年，抖音的火爆重新定义了移动社交市场，推动了整个短视频行业的发展。各大短视频平台如雨后春笋般地涌现，以强势的姿态闯入了人们的媒介消费景观。市场的火热引发了各界的关注，各大交通类频率也纷纷开始了自己在短视频平台上的布局。

具体来看，2019年第四季度各交通类频率短视频账号中，“楚天交通广播”以在抖音、好看与今日头条中总计近9000万的传播总量独占鳌头。其中，“楚天交通广播”在抖音2019年第四季度最热短视频的传播总量达到了266万。另外，其短视频账号也凭借容易引发共鸣的事件、充满趣味的新闻和交通知识科普等丰富的内容，吸引了众多粉丝。此外，“FM93 浙江交通之声”“杭州交通91.8”两个交通类短视频号也在腾讯视频、抖音、今日头条等平台获得了超过2500万的传播总量，位居同类账号的前列（表3）。

表3　2019年四季度交通类频率短视频账号传播总量前十排名

排名	账号名称	平台	发布量	传播总量(万)
1	楚天交通广播	抖音/好看/今日头条	845	8853.9
2	FM93 浙江交通之声	腾讯视频/抖音/今日头条/秒拍	608	3876.6
3	杭州交通 91.8	今日头条/抖音	673	2724.4
4	河南交通广播 1041	好看/今日头条/新土豆/腾讯新闻/网易新闻	278	1762.4
5	安徽交通广播	今日头条/腾讯视频	133	1339.6
6	谈在交通	今日头条	568	740.9
7	江西交通广播	抖音/快手	46	407.6
8	江苏交通广播网	好看/今日头条/腾讯视频/抖音	72	116.4
9	FM103.1 济南交通广播	抖音	93	75.8
10	湖南交通频道	抖音/今日头条/快手/腾讯视频	153	68.0

数据来源：CSM 媒介研究

结　语

2019年，交通类频率整体收听呈稳步上升的态势，全国各地频率表现整体都较为良好，车上听众对交通类频率更为偏爱。不仅如此，交通类频率在微博及各短视频平台上也积极寻求突破，努力扩张自己的受众群和影响力。2019年在平稳发展中过去，交通类频率的车轮已经一路驶向了2020年。2020注定是不平凡的一年，相信交通类频率也能抓住机遇，大展宏图。

（作者：施泽昊）

2019 年音乐类频率收听回顾

音乐是听觉艺术、广播是听觉媒体，音乐广播是音乐和广播的有机结合，它以广播为载体，完美地展现了音乐的艺术性、情感性和思想性，获得了无数听众的喜爱。时至今日，音乐广播仍是最重要的广播类型之一，深受听众的喜爱。媒体融合时代，互联网科技为广播发展注入了诸多新的元素，微博、微信、App 等传媒载体的嵌入，为音乐广播的发展注入了新的活力。本文根据 CSM 媒介研究历年广播调查城市①的波次收听调查数据②、12 城市基础研究数据③和广播 App 数据，对 2019 年音乐类频率的收听状况进行分析。

一、广播整体受众与音乐类节目受众概况

1. 广播受众整体比例逾三成，直播仍是主流收听渠道

2019 年 CSM 媒介研究在 12 个一、二线城市的基础研究结果显示，在 15 岁及以上人群中，广播受众④占据了逾三分之一的比例（图 1）。从广播的收听渠道来看，广播直播节目的收听占据绝对优势，有 94.8%的广播受众通过直播方式收听，收听比例有所降低。近年来互联网音频收听迅速崛起，与直播流收听呈现出此消彼长的态势，2019 年受众收听广播互联网音频节目的占比较 2018 年同期提升了 6 个百分点（图 2）。

2. 广播受众中重度受众⑤的数量占据优势

无论是通过直播抑或通过互联网音频收听广播的受众中，收听频次较高的重度受众数量都占据一定优势。收听直播广播的受众中，每天收听及每周收听 3 次或 3 次以上的受众比例合计达 61.8%；收听互联网音频的广播受众中，每天收听及每周收听 3 次或 3 次以上的受众比例为 14.3%，也远高于收听频次较少的受众数量。由此可见，收听广播对于广播受众来说已经成为相对习惯的行为（图 3）。

---

① 2015~2019 年广播调查城市：非四年打通城市组合，每年调查城市数量分别为：2015 年 36 城市，2016 年 36 城市，2017 年 31 城市，2018 年 28 城市，2019 年 26 城市，下文均同。

② 波次收听调查数据：每年均为四波次广播收听调查。

③ 基础研究数据：北京、上海、广州、深圳、天津、重庆、成都、南京、西安、沈阳、武汉、长沙 12 城市数据。

④ 广播受众：过去半年内听过广播直播节目或广播互联网音频节目的受众。

⑤ 广播重度受众：每周≥3 次听过广播直播节目或广播互联网音频节目的受众。

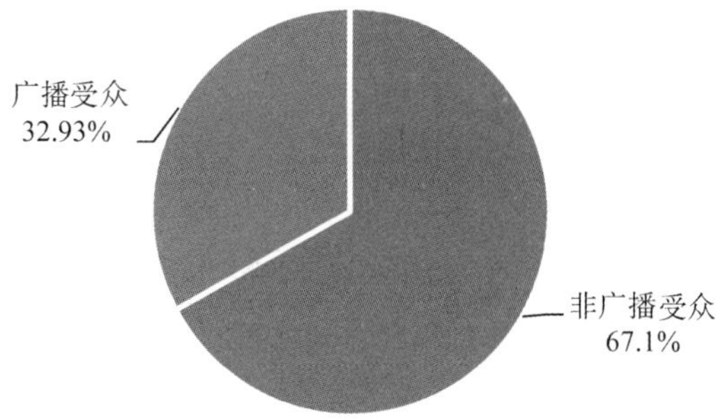

数据来源：CSM 媒介研究 12 城基础研究

图 1 2019 年 12 城市广播受众比例（%）

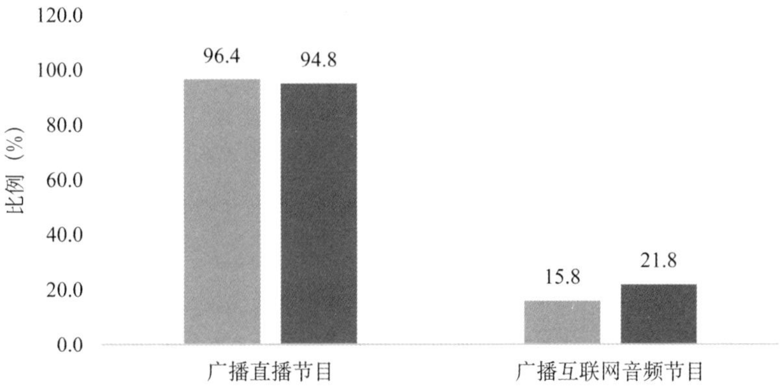

数据来源：CSM 媒介研究 12 城基础研究

图 2 2018~2019 年 12 城市受众收听直播节目与广播互联网音频节目分布比例（%）

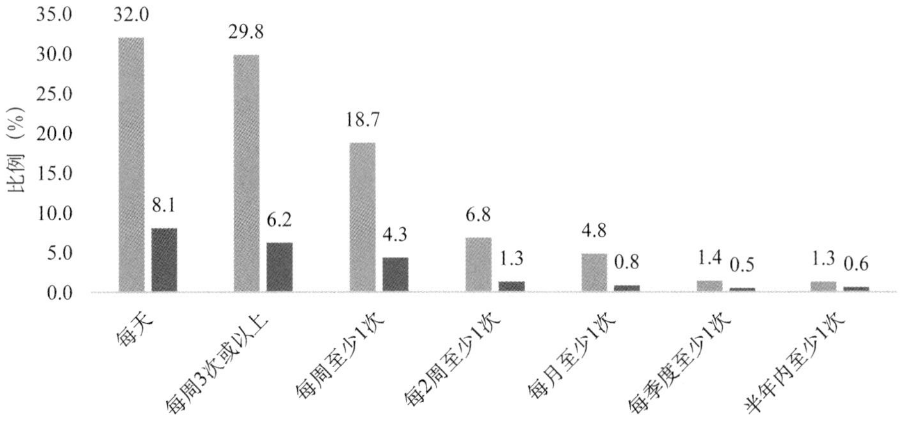

数据来源：CSM 媒介研究 12 城基础研究

图 3 2019 年 12 城市广播直播节目和互联网音频节目受众接触广播频次比例（%）

3. 最喜欢音乐类节目的广播受众接近三成

2019 年，新闻/时事类、音乐类和生活服务类节目是广播受众最喜欢收听的三大类节目，其中最喜欢新闻/时事类节目的广播受众比例为 46%，也有近三成的广播受众对音乐类节目最为喜爱。虽然最喜欢音乐类节目的广播受众的规模不及新闻/时事类节目的受众规模，但大幅领先于排名第三的生活服务类节目（13%），是广播市场炙手可热的节目类型（图 4）。

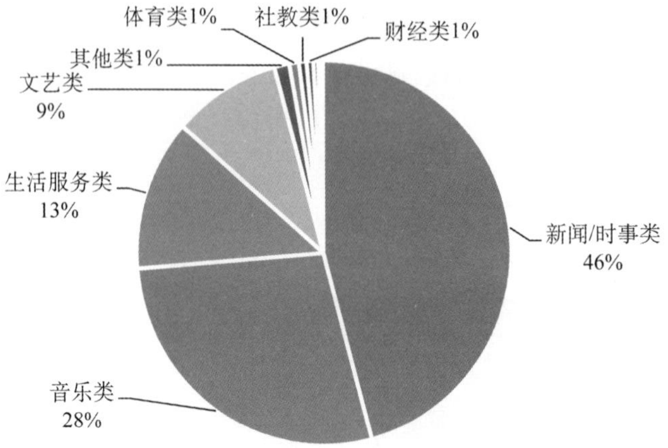

数据来源：CSM 媒介研究 12 城基础研究

图 4　2019 年 12 城市广播受众最喜欢的广播节目类型（%，单选）

4. 私家车上已超过在家成为音乐节目受众最常选择的收听场所

2019 年我国私家车保有量首次突破 2 亿辆，为广播收听市场注入了新的活力，在私家车上收听也成为近年来广播听众的热门选择。2019 年，逾七成的音乐节目受众选择在私家车上收听广播，该比例已经远超该类受众在家收听的比例（33.7%）（图 5）。

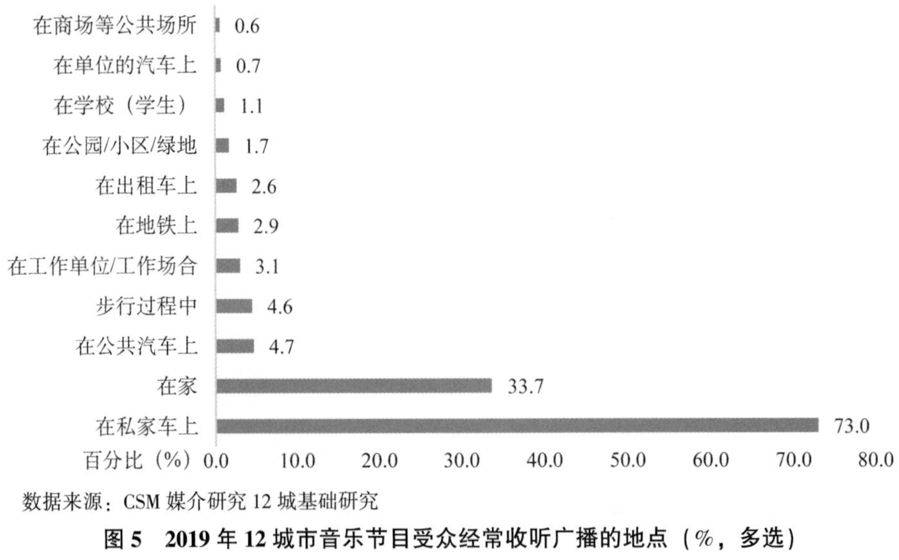

数据来源：CSM 媒介研究 12 城基础研究

图 5　2019 年 12 城市音乐节目受众经常收听广播的地点（%，多选）

二、音乐类频率竞争状况

受众通过广播频率收听直播仍是目前最主要的广播收听方式，本节主要从传统广播频率（直播平台）的维度分析音乐类频率在各类专业频率中的竞争状况。

1. 音乐类频率的市场占有率位居第三，较上年增幅明显

2019 年 26 城市的直播收听市场数据显示，交通类、新闻综合类和音乐类频率的收听份额均超过 20%，是拉动收听市场的“三驾马车”。其中交通类频率以近三成的份额拔得头筹，新闻综合类频率排名第二，音乐频率位列第三。2019 年音乐类频率的市场份额为 21.4%，较上年同期增长了 0.6 个百分点（表 1）。

表 1 2018~2019 年各类广播频率市场份额（%）

频率类别	2018 年	2019 年
交通类	28.4	29.8
新闻综合类	25.3	24.8
音乐类	20.8	21.4
文艺类	8.0	7.7
都市生活类	7.1	6.4
经济类	5.4	5.6
其他类	2.9	2.5
文旅教育类	0.9	0.7
体育类	0.6	0.6
农村类	0.7	0.5

数据来源：CSM 媒介研究

2. 音乐类频率听众规模较具优势，听众忠实度表现一般

交通类、新闻综合类和音乐类频率的听众规模相差不大，音乐类频率的平均到达率为 19.6%，在各类频率中排名第三，具有较强优势。但音乐类频率听众的忠实度表现一般，与交通类、新闻综合类、都市生活类频率存在差距（图6）。

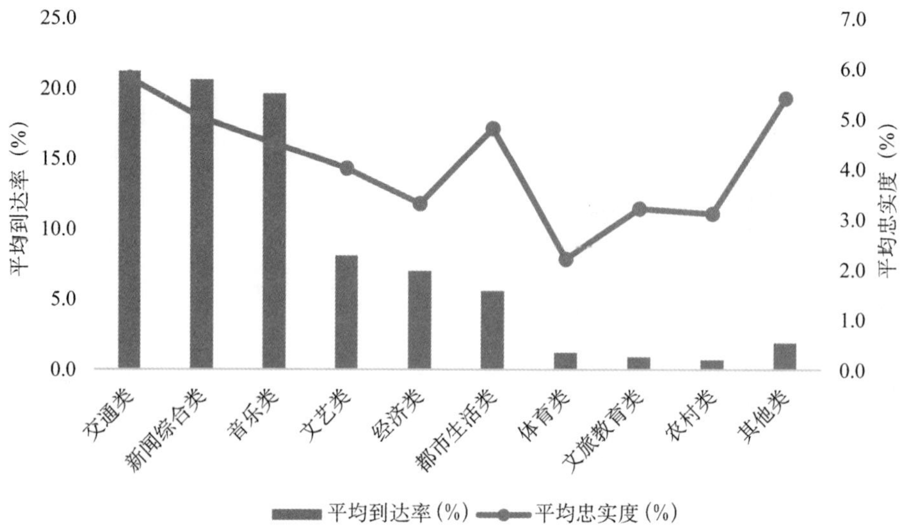

数据来源：CSM 媒介研究

图 6　2019 年各类广播频率的平均到达率（%）与平均忠实度（%）

三、音乐类频率收听市场全方位描摹

（一）近年音乐类频率收听时长与收听率变化

1. 音乐类频率人均收听时间实现三年连续增长

融媒体时代，广播音乐频率也面临着信息传播形式多样化、受众群体年轻化、音乐节目多样化等挑战，2015~2017 年收听时长连年下降。为此，音乐广播积极革新节目内容、创新节目形式，化解音乐频率面临的挑战。2017 年以来，音乐类频率人均收听时长逐年回升，2019 年人均收听时长为 12.8 分钟，较上年同期增加了 0.3 个百分点（图 7）。

2. 音乐类频率早高峰及 19:00 以后时段收听率同比上升，次黄金时段收听率下降

音乐类频率近两年的收听走势基本稳定，全天出现了几波收听高峰，分别为早间 06:00~10:00、傍晚 17:00~19:00、晚间 20:00~22:00 三个明显的高峰时段。其中早高峰的收听峰值最高且较 2018 年同期有所上升，特别是 07:30~08:00 时段，提升显著；傍晚 17:00~19:00 历来被认为是广播收听的次黄金时段，究其原因，此时正值下班高峰时点，驾车人士较多，加上人们忙碌了一天更需要放松心情，因此对伴随性收听的需求会增多。然而，随着新媒体设备不断涌现，人们获取音乐资源变得越来越便捷，这在一定程度上对次黄金时段音乐频率的收听造成了分流，该时段收听率近年来持续下降。令人欣喜的是，19:00 以后音乐频率的收听全面上升（图 8）。

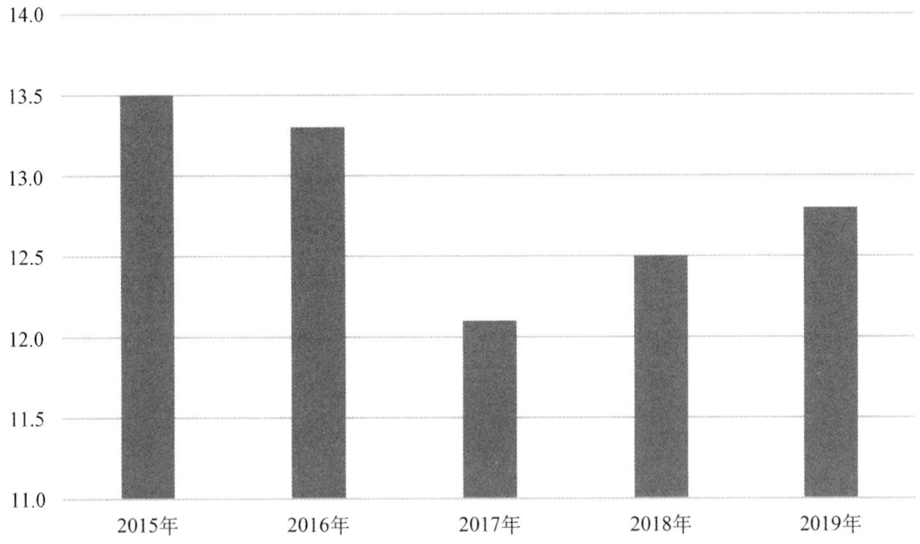

数据来源：CSM 媒介研究

图 7　2015~2019 年音乐类频率的人均收听时长（分钟）

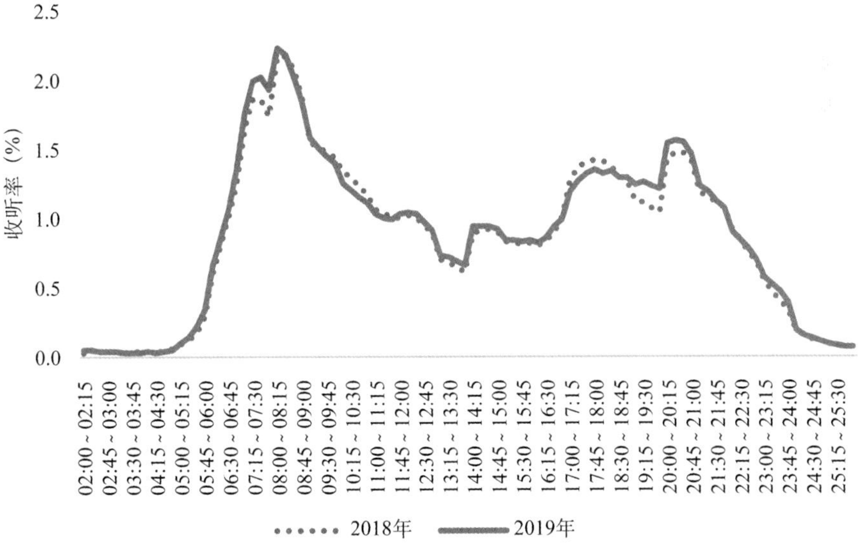

数据来源：CSM 媒介研究

图 8　2018~2019 年音乐类频率全天收听率（%）走势

3. 音乐类频率车上的收听高峰更突出

分析音乐类频率在不同场所的全天收听曲线可见，在车上的收听高峰较在家、工作/学习场所更加显著。车载收听的早高峰出现在06:00~10:00左右，晚高峰出现在17:00~19:00左右。与在家的收听曲线相比，二者早高峰形成的时间段基本重合，但车上收听的早高峰更加高耸，而在家收听的早高峰更为绵长；在家收听的晚高峰出现在19:00~21:45左右，比车上收听的晚高峰延后了2小时左右。另外，11:30~13:00的午间时段，在家的收听曲线也有所隆起；14:00~15:15的后午间时段，在家和车上的收听曲线均有上扬。因此，对于音乐类频率来说，除了稳固高峰时段的收听成绩，也要注意善加利用具有增长潜力的时间段。音乐类频率在工作/学习场所的收听表现与其在家中和车上相比存在较大的差距，且其收听曲线与前两者相比也呈现出一定的差异，收听走势相对较高的时间基本分布在08:00~17:00的工作/学习时间（图9）。

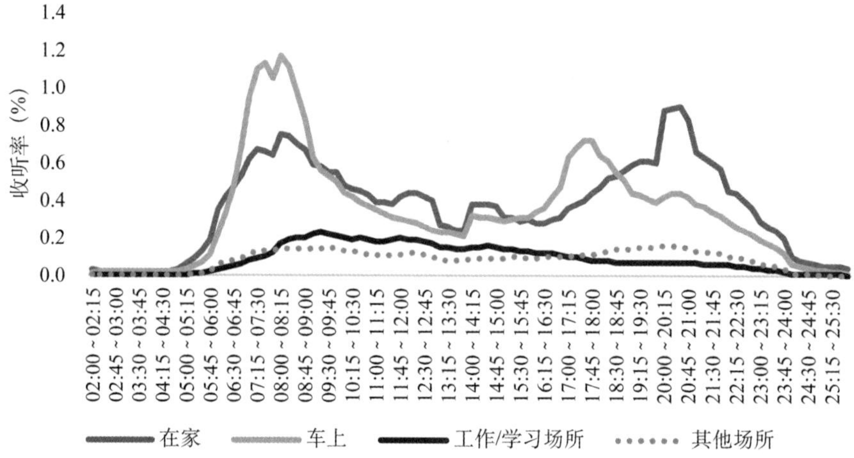

数据来源：CSM媒介研究

图9　2019年音乐类广播频率在不同场所全天收听率（%）走势

（二）音乐类频率听众特征

新闻综合类、交通类频率是音乐类频率在广播收听市场最为强劲的竞争对手，这3类频率也是广播收听的支柱。分析其听众构成，可以看到音乐类频率的听众中女性、15~44岁、大专及以上学历、初级公务员/雇员、学生、个人月收入5001元及以上人群占比均高于新闻综合类和交通类频率。与其他两类频率相比，音乐类频率的听众更具有年轻化、高教育程度和高收入的特点，而且这些听众对于音乐类频率的接受和喜爱程度也明显高于新闻综合类、交通类频率（图10）。

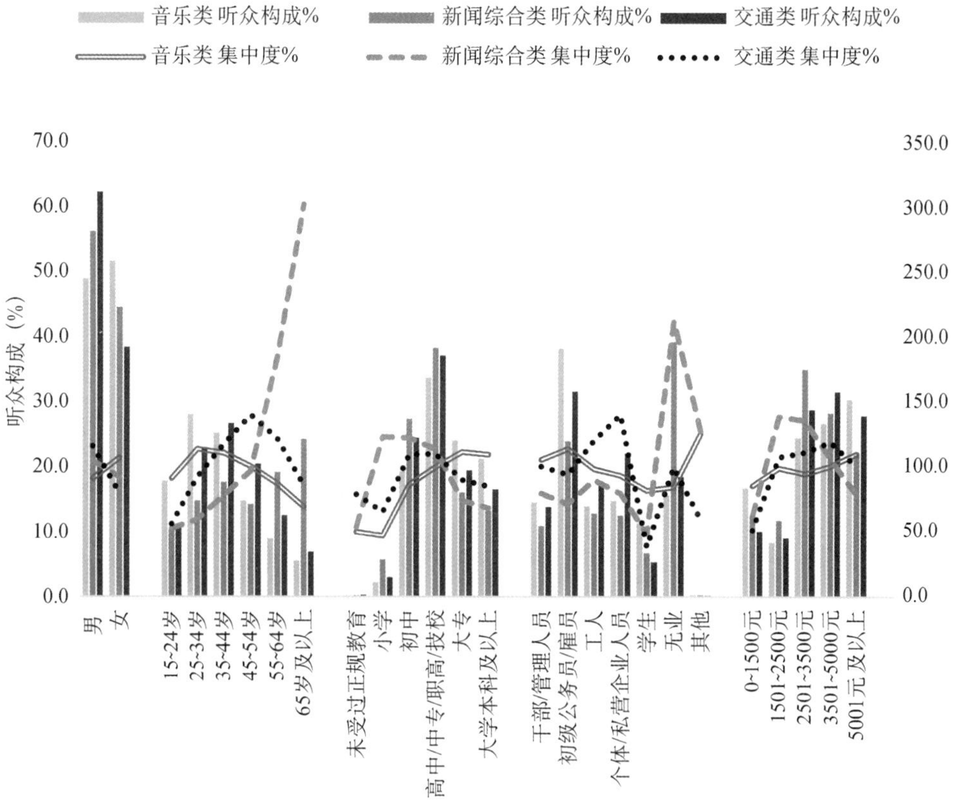

数据来源：CSM媒介研究

图10　2019年音乐类与新闻综合类、交通类广播频率听众构成（%）与集中度（%）对比

（三）音乐类频率的地域性特征

1. 音乐类频率在沈阳收听时长拔得头筹，在南京市场份额首屈一指

受当地社会经济、广播业发展水平、受众媒介消费习惯等多种因素影响，各市场中直播流音乐广播收听水平参差不齐，表现出了明显的地域性特征。分城市来看，音乐类频率在沈阳、南京、上海、广州、合肥、太原、深圳、石家庄、天津、重庆10个城市的人均收听时长和市场份额均在平均线以上。其中沈阳、南京、上海的收听时长位居前三甲，且几乎呈现出并驾齐驱之势。沈阳日均收听时长为25分钟，以较小优势领先于南京和上海，位列第一。紧随其后的南京日均收听时长为24分钟，且在当地市场份额首屈一指，达到45.2%。音乐频率在上海的竞争力也不容小觑，市场份额亦超四成（图11）。

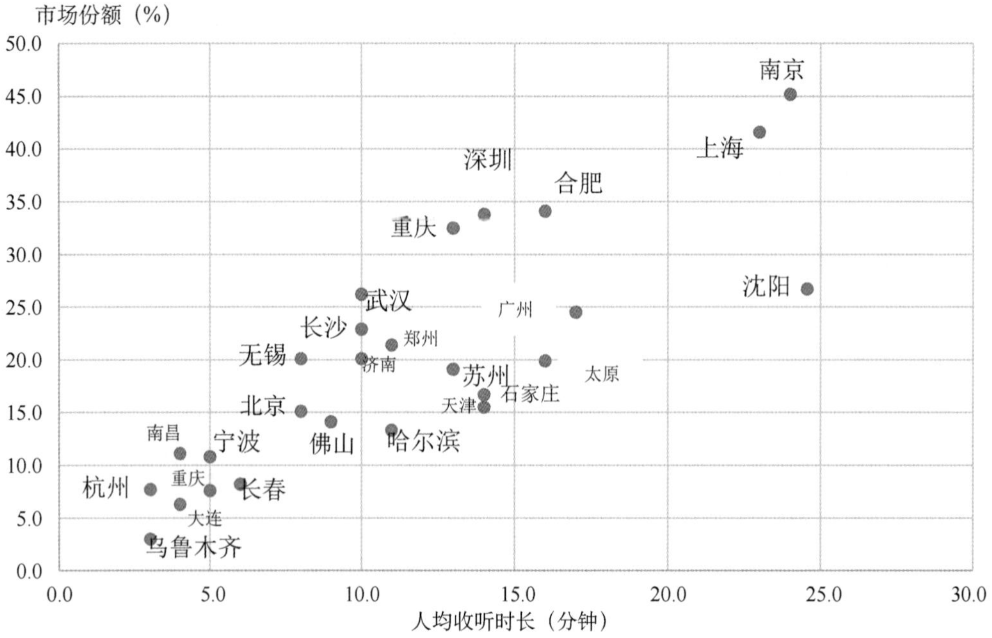

数据来源：CSM 媒介研究

图 11　2019 年音乐类频率在 26 城市的人均收听时长（分钟）和市场份额（%）

2. 近半数城市车载收听赶超居家收听

音乐类频率不仅呈现出显著的地域性差异，而且在不同收听场所也表现出了较大差异。居家和车上始终是两个主要的广播收听场所，具体到各城市又存在一定差异：南京、上海、合肥、广州、济南、深圳、无锡、长沙、大连、北京、青岛、宁波 12 个市场 2019 年听众在车上收听音乐广播的时长已经超过在家收听。随着车联网的普及，车载收听将会在更多的城市成为音乐广播直播流收听的中坚行为（图 12）。

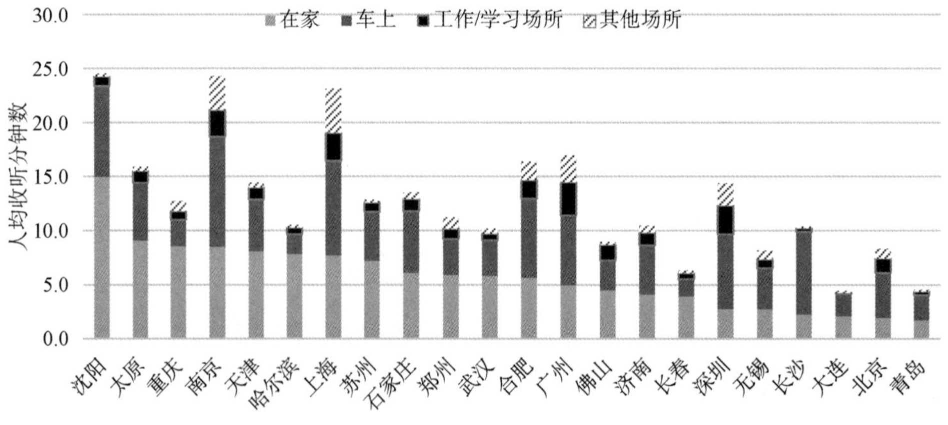

数据来源：CSM 媒介研究

图 12　2019 年不同城市音乐广播收听市场分场所人均收听分钟数

3. 上海和南京车载市场收听竞争中，榜首席位均花落音乐类频率

车载广播是广播受众最经常使用的收听设备，如果能在车载广播市场拥有强劲的竞争力，就能够获得大量的听众。2019 年，26 个城市分别进入各地车上收听市场份额排名前 10 位的有 49 个不重复的音乐类频率，占 26 个城市音乐类频率总数量的 69%。在这 49 个频率中，进入当地所有场所市场占有率前 3 位的有 15 个音乐类频率，其中江苏经典流行音乐广播 FM97.5、辽宁广播电视台音乐广播（沈阳台）FM98.6、上海流行音乐广播 动感 101 FM101.7、深圳人民广播电台音乐广播 FM97.1 均居首位。音乐有着放松和调节心情的重要作用，在疲惫的驾驶途中，音乐广播成为车主的不二之选。2019 年进入当地车上市场占有率前 3 位的有 20 个音乐类频率，其中江苏经典流行音乐广播 FM97.5、上海流行音乐广播 动感 101 FM101.7 居首位。中央人民广播电台第三套音乐之声在 7 个调查城市中进入了市场份额排名前 10 位之列，其在大连的收听表现最好，领先于本地的省市级音乐频率。

4. 融媒体语境下音乐类频率竞争态势

随着媒体融合步入深水区，近年来，“听广播”这一熟悉的行为，在渠道、终端和场景上均发生了变化，广播节目的收听已经不囿于直播流收听，各类音频 App 层出不穷，收听渠道不断扩展。融媒体语境下，用 App 来连接用户已成为广播发展之路上的重要一环。在传统广播与互联网音频融合发展的轨道上，传统广播既要坚持以优质的直播内容吸引和留住听众，也要积极通过建设“三微一端”争取更大的

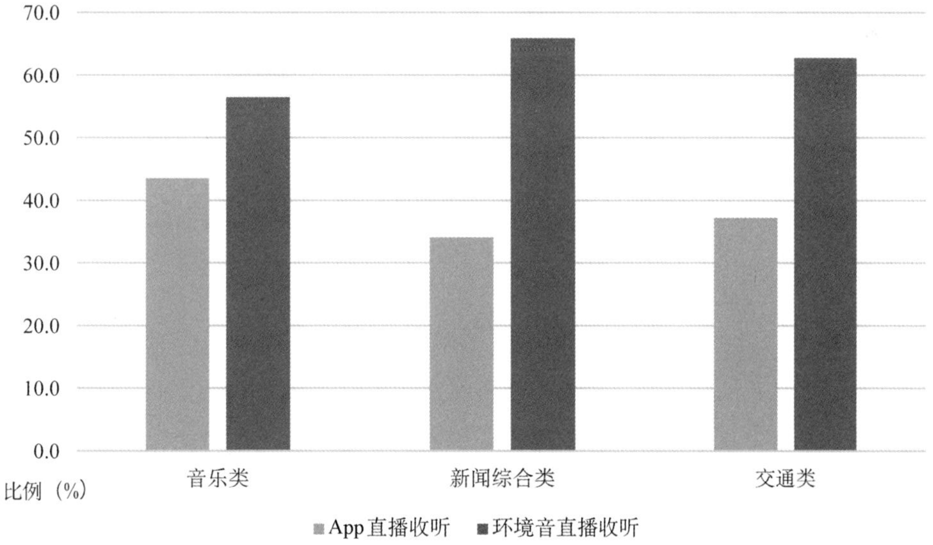

数据来源：CSM 媒介研究

图 13　2019 年音乐、新闻与交通类频率 App 直播收听与环境音收听份额对比（%，8 个测量仪城市）

用户资源。笔者以北京、上海、广州、深圳、南京、无锡、合肥和济南8个测量仪城市为例，观察音乐类频率在智慧视听环境下的收听表现。CSM数据显示，目前音乐类频率仍以环境音直播收听为主，占比达56.5%；App直播收听占43.5%，音乐类频率的App收听比例在头部三大频率中占比最高（图13）。分城市来看，合肥通过App直播收听音乐类频率的比例最高，达57.7%；其次为深圳和无锡，分别为47.3%和47.0%（图14）。

数据来源：CSM媒介研究

图14　2019年测量仪分城市音乐类频率App直播收听与环境音直播收听之比（%）

结　语

融媒体时代，音乐广播的发展环境发生了深刻的变化，这也给音乐广播的生存和发展带来了严峻挑战。未来，音乐广播应充分利用5G技术，将其融入自身的发展和创新中，这样才能保证音乐频率一直拥有强大的市场竞争力，吸引更多的听众前来欣赏自身节目，从而推动音乐广播更快更好地发展。

（作者：张广彦）

2019 年文艺类频率收听状况分析

随着互联网技术的迅猛发展和深入推进，新媒体时代已经来临。各地融媒体中心陆续建立并投入运营，各式各样的信息资讯以“三微一端”等新的传播方式融入人们的日常生活，给传统广播媒体带来了巨大的冲击。本文主要依据 CSM 媒介研究 2019 年 26 个广播调查城市数据、CSM V⁺Scope 融合媒体数据以及测量仪城市 App 数据等，对 2019 年文艺类频率的收听状况进行简要回顾。

一、文艺类频率市场竞争表现

1. 文艺类频率市场份额位居第四

2019 年从各类专业频率所占市场份额对比来看，交通、新闻综合和音乐三大频率在竞争力上仍然保持着头部地位，以较大幅度领先于市场。3 类频率占据了总体

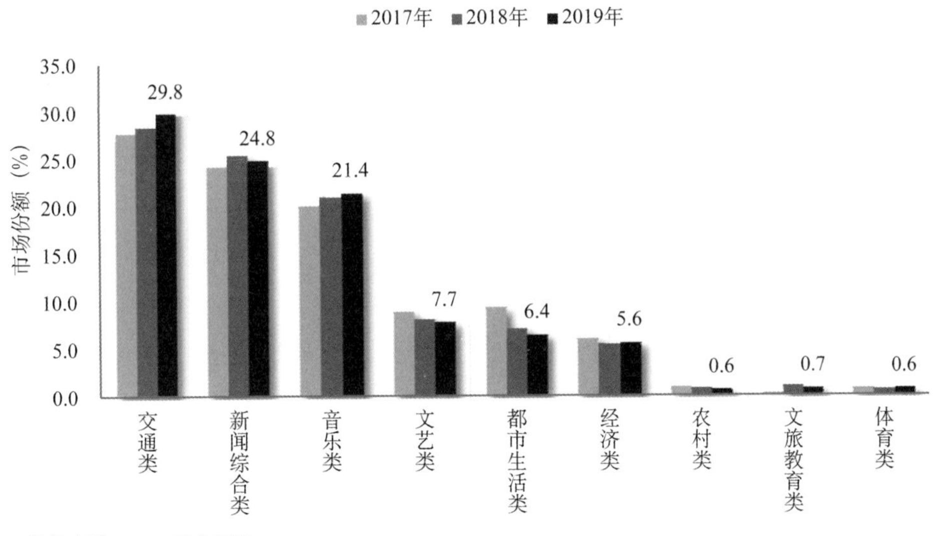

数据来源：CSM 媒介研究

图 1　2017~2019 年广播收听市场各类专业频率市场份额对比①（%）

① 2017~2019 年广播调查城市：非 4 年打通城市组合，每年调查城市数量分别为：2017 年 27 个连续调查城市，2018 年 24 个连续调查城市，2019 年 26 个调查城市，下文均同。

市场份额的近八成，相比其他类别频率竞争优势明显。交通类频率三年来份额提升明显，始终保持着最强竞争力；新闻综合类频率份额相比2018年有所下滑，位列第二；音乐类频率逐年上涨，仍保持在第三的位置；文艺类频率的份额相比前两年有所下滑，排在第四位（图1）。

2. 文艺类频率在家中收听竞争力更强

2019年，各个场所竞争力前3位都被交通类、新闻综合类和音乐类三大强势频率占据，新闻综合类频率居家表现强势，占超过三成的份额；交通类频率在车上竞争力强劲，份额近三成；音乐类频率发展均衡，在各个场所都有较为稳定突出的竞争表现。从在各场所的表现来看，文艺类频率在家中和在工作/学习场所相对优势更强，在车上表现相对弱势（表1）。

表1　2019年各类频率在不同收听场所所占市场份额对比（%）

频率名称	所有场所	在家	车上	工作/学习场所	其他场所
交通类	29.8	19.9	46.0	23.4	19.9
新闻综合类	24.8	31.4	15.2	27.8	25.9
音乐类	21.4	18.3	22.8	24.4	32.7
文艺类	7.7	11.2	3.7	7.6	5.0
都市生活类	6.4	8.1	4.4	6.6	4.6
经济类	5.6	6.7	3.5	6.6	7.3
农村类	0.6	1.0	0.1	0.2	0.3
文旅教育类	0.7	0.6	0.9	0.7	0.6
体育类	0.6	0.6	0.6	0.9	1.3

数据来源：CSM媒介研究

3. 文艺类频率日活程度位居前列，忠实度有待进一步提高

交通、新闻综合和音乐3类频率无论是在听众到达规模上还是听众忠实度上，均领先于大多数类频率，强势占据头部位置。文艺类频率综合表现较为平均，处于各类频率的中间位置，相比之下听众规模更具优势，位居第四。相对而言，文艺类频率的听众忠实度有待进一步提高，除头部3类频率外，相比经济类和其他类频率也有一定的差距（图2）。

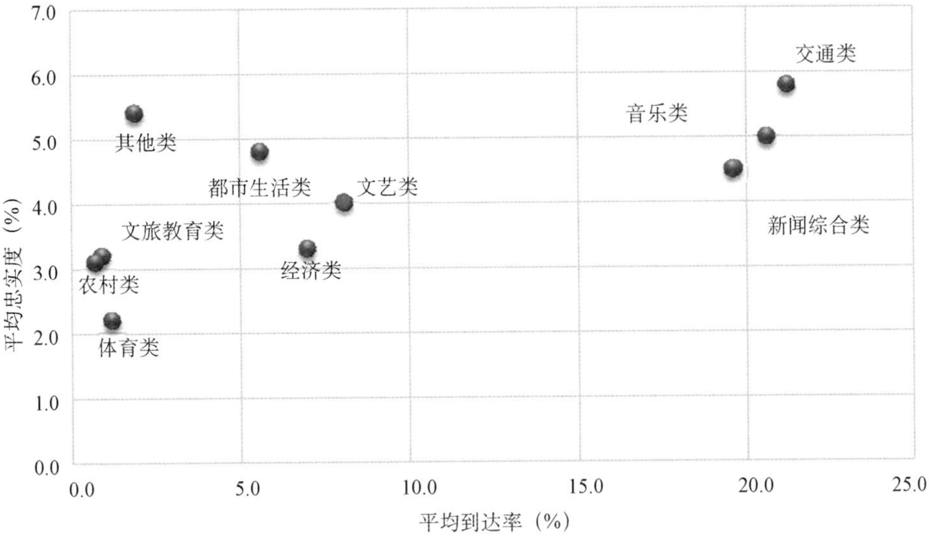

数据来源：CSM 媒介研究

图 2　2019 年各类频率平均到达率（%）和平均忠实度（%）

4. 文艺类频率全天竞争走势较为平稳，早晚时段相对优势明显

各类频率在全天不同时段的竞争表现各有不同，新闻综合、交通和音乐类频率全天大多数时段的竞争力都保持着领先之势。新闻综合类频率在早间出行高峰前和午间时段竞争力最强，其他多数时段也有较强竞争水平；交通类频率全天在凌晨、早间和晚间出行时段等多个时段表现强势，上午和下午时段也有稳定收听表现；音

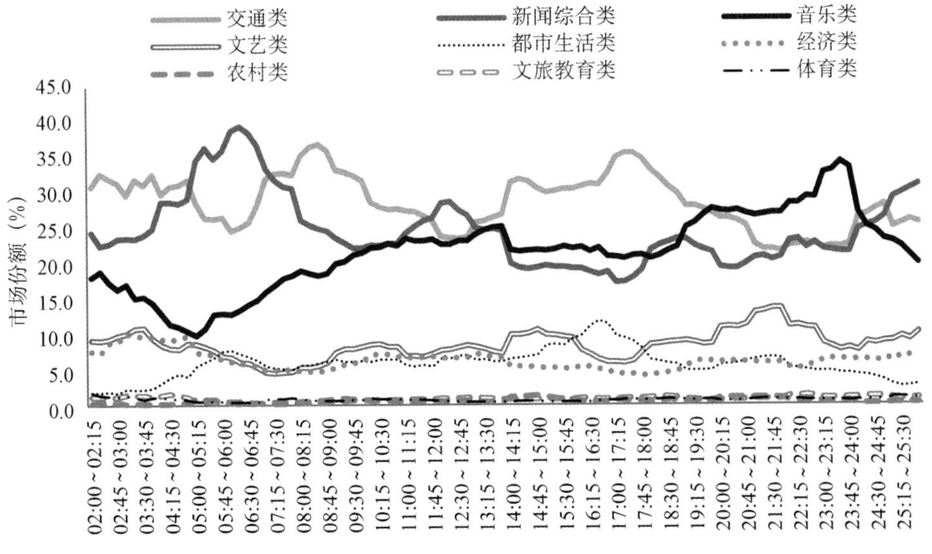

数据来源：CSM 媒介研究

图 3　2019 年各类频率全天市场份额走势对比（%）

乐类频率在午后时段竞争力凸显，晚间时段竞争力尤为强劲。相比之下，文艺类频率的市场份额全天走势比较平稳，全天多数时段与都市生活类频率的竞争呈胶着状态，在白天 09:00~16:00 时段和晚间 18:00 之后时段，文艺类频率竞争力优于除头部 3 类频率以外的其他所有类别频率（图 3）。

二、文艺类频率整体收听概况

1. 居家听众规模存量最高，车载市场提升显著

从近 3 年对比来看，文艺类频率日均听众规模呈现逐年上升趋势，整体听众日均到达规模由 2017 年的 6.6%上升到了 2019 年的 8.1%。从不同场所听众规模的变化来看，在家听众规模存量最大，2017 年日均听众到达规模为 4.7%，2019 年升至 5.3%；车上听众存量上升最多，从 2017 年的 1.8%上升至 2019 年的 2.8%，涨幅超过五成。相比之下，工作/学习场所 3 年的听众规模基本持平，2019 年其他场所听众量略有下滑（图 4）。

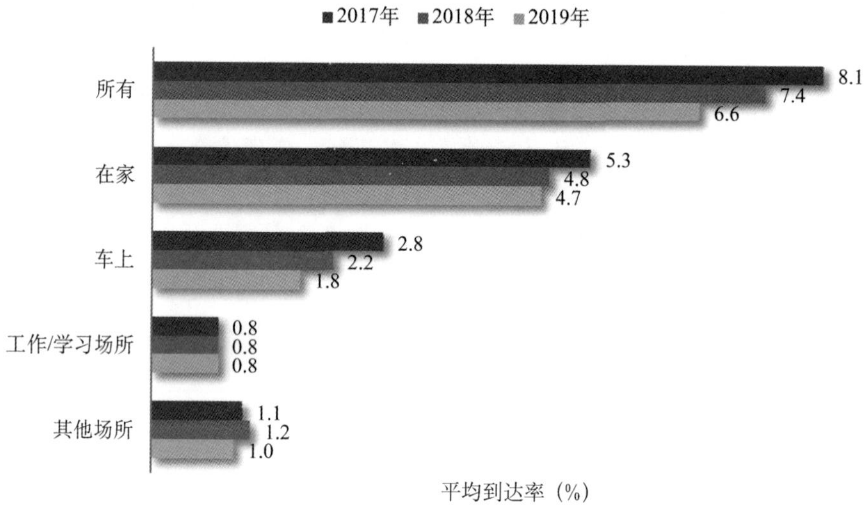

数据来源：CSM 媒介研究

图 4　2017~2019 年文艺类频率在不同场所的听众日均到达率（%）

2. 文艺类频率在周末的收听规模最高，周二最低

2019 年，文艺类频率所有场所不同周天的日均听众到达规模对比显示，不同周天的听众规模整体差异不大，周一作为工作日的第一天，听众到达人数最多，有 25.7%，周二受部分广播台常规设备检修的影响，听众到达量有所下滑，为工作日中最低的，整体听众规模为 25.0%，周三至周五有所回升。相比工作日，周末听众聚集程度更高，听众规模都在 26%以上（图 5）。

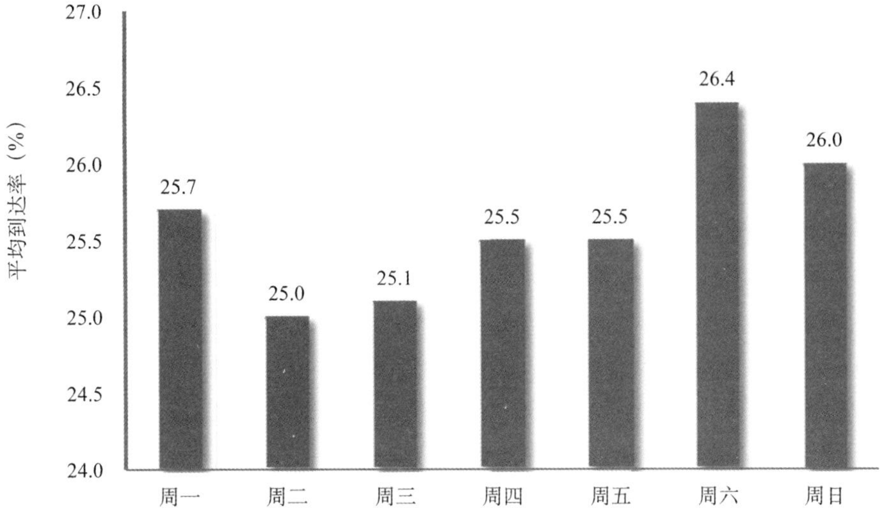

数据来源：CSM 媒介研究

图 5　2019 年文艺类频率不同周天听众平均到达率对比（%）

3. 工作日早晚收听表现更为突出，周末收听优势更为集中

2019 年，文艺类频率工作日与周末全天收听走势大致相似，全天有多个收听高峰出现，收听最高峰值均出现在早间时段。工作日全天收听最高峰出现在早间 08 :00时段，全天收听率峰值为 0.6%，下午和晚间时段也均有收听小高峰，晚间高峰出现在 20:15 左右，峰值为 0.6%；相比工作日，周末早间时段收听峰值稍晚，在 09:15~10:00 左右，收听峰值略低于工作日，达到 0.6%，午后和下午时段收听率高于工作日，早间和晚间时段则仍是工作日收听表现更突出（图 6）。

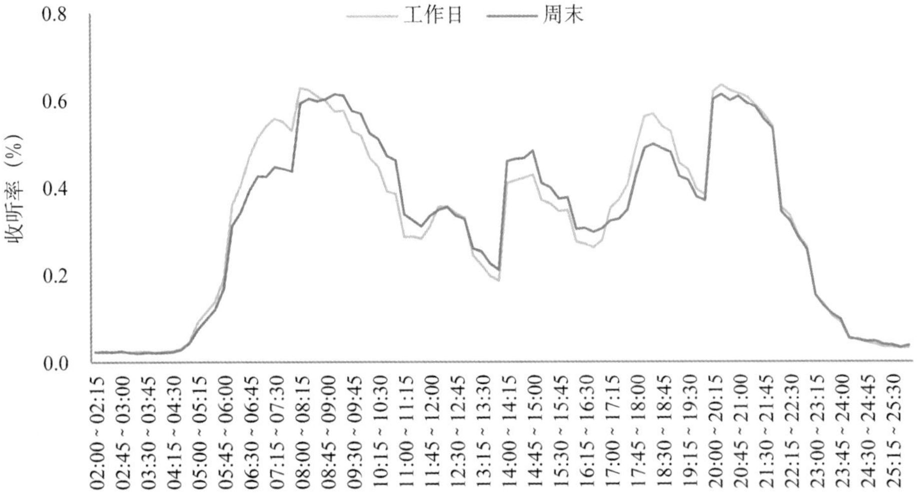

数据来源：CSM 媒介研究

图 6　2019 年文艺类频率工作日与周末收听率走势对比（%）

三、文艺类频率听众特征

1. 中老年、中低学历、中低收入听众更青睐文艺广播

2019年，男性听众收听文艺类频率的时长比例略高，文艺类频率的听众占比随年龄的增长而提升。初中和高中学历为主要收听人群，个人月收入2001~4000元的听众占主体。从听众集中度来看，45岁及以上、小学至高中学历、个人月收入4000元及以下的听众对文艺类频率更为喜爱和热衷，其中55岁及以上和个人月收入1~3000元的人群收听喜好程度表现得最为突出（图7）。

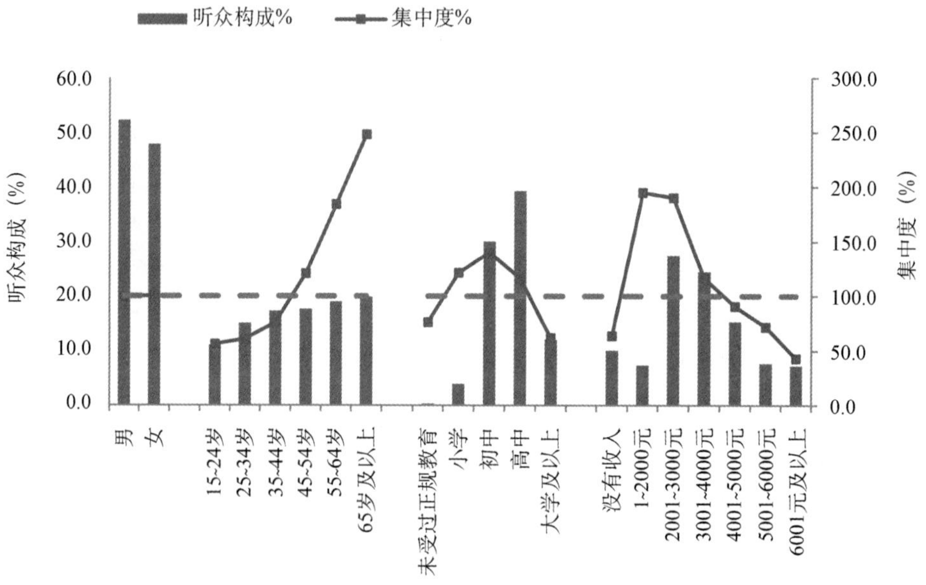

数据来源：CSM媒介研究

图7　2019年文艺类频率听众构成（%）及集中度（%）

2. 不同年龄段人群在各收听场所的收听喜好各有差异

从各类听众在不同场所收听文艺类频率的集中度对比来看，在性别方面，男性在车载市场的收听热衷度更高，而女性更喜好在家中收听；在年龄层面上，在家收听的热衷度随听众年龄的增长而上升，55岁及以上人群在家收听的喜好表现得尤为突出，25~54岁人群的车上收听喜好更为明显；在受教育程度方面，初中及以下学历人群在家收听的偏好表现得更为突出，学历越高，车上收听的偏好表现得越明显；在个人月收入方面，低收入者在家收听的集中度更高，中高收入者车上收听的喜好表现得相对更为明显（图8）。

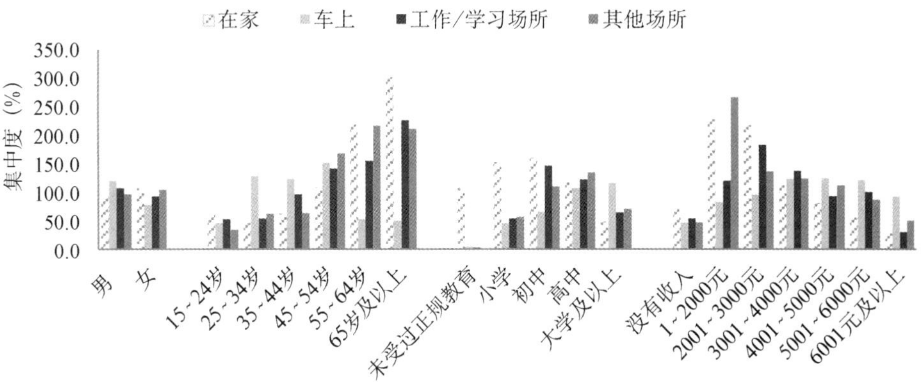

数据来源：CSM 媒介研究

图 8　2019 年文艺类频率不同场所集中度对比（%）

3. 高龄听众收听表现更好

从文艺类频率不同目标听众的收听率表现来看：男女收听表现大致相当，年龄越大的听众收听表现越好，65 岁及以上群体收听表现最为突出；高中及以下学历听众收听表现较为优异；个人月收入 1～3000 元的听众收听率相对更高；无业及其他职业者收听时间相对更长，干部/管理人员和学生听众的收听率相对较低（表 2）。

表 2　2019 年文艺类频率在不同目标人群中的收听率（%）

目标听众		收听率（%）	目标听众		收听率（%）
15 岁及以上		0. 32	个人月收入	没有收入	0. 20
性别	男	0. 32		1～2000 元	0. 63
	女	0. 32		2001～3000 元	0. 61
年龄	15～24 岁	0. 18		3001～4000 元	0. 37
	25～34 岁	0. 20		4001～5000 元	0. 29
	35～44 岁	0. 24		5001～6000 元	0. 23
	45～54 岁	0. 39		6001 元及以上	0. 14
	55～64 岁	0. 59	职业类别	干部/管理人员	0. 19
	65 岁及以上	0. 80		初级公务员/雇员	0. 22
教育程度	小学及以下	0. 38		工人	0. 33
	初中	0. 45		个体/私营企业	0. 33
	高中	0. 37		学生	0. 17
	大学及以上	0. 20		无业	0. 62
				其他	0. 53

数据来源：CSM 媒介研究

四、文艺类频率在不同地区的收听表现

1. 北方城市文艺类频率收听表现更为突出

从不同地区文艺类频率人均收听时长来看，2019 年该类频率在全国 26 个城市人均日收听分钟数为 4.5 分钟，其在不同城市的人均收听水平存在较大差异。26 个城市中，有 10 个城市的文艺类频率收听量在平均值以上，北方地区文艺类频率收听表现尤为突出。天津的文艺类频率收听时间最长，人均日收听分钟数达 23.3 分钟，哈尔滨其次，人均日收听分钟数为 18.2 分钟，两地收听时长远长于其他城市；乌鲁木齐、北京和济南排在其后，人均日收听分钟数在 8 分钟以上；太原、青岛、郑州等城市的文艺类频率的收听表现也均高于平均水平（图 9）。

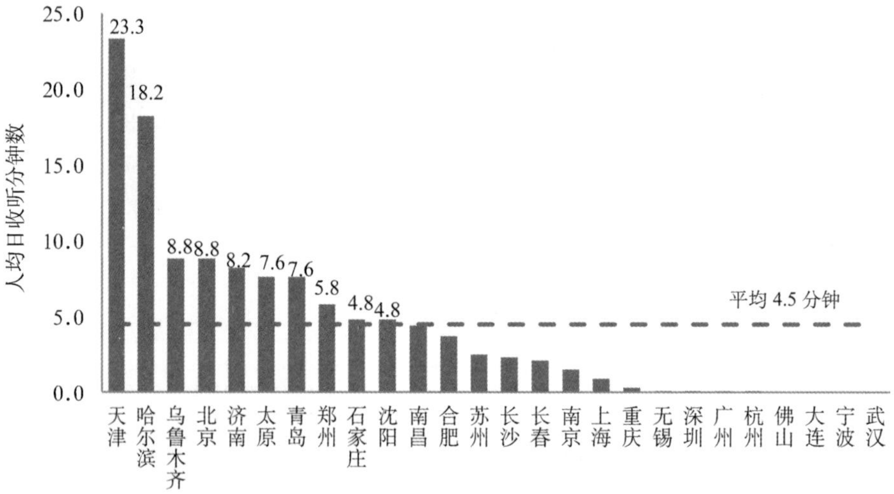

数据来源：CSM 媒介研究

图 9　2019 年文艺类频率在不同城市的人均日收听分钟数

2. 省市级文艺频率不同市场表现各有千秋

2019 年文艺频率在不同城市的收听表现各不相同，在多数市场中，文艺类频率并不占优势，但其中也有一些文艺频率表现强劲，在当地市场中有较强的竞争力。天津人民广播电台相声广播 AM567/FM92.1、北京文艺广播 FM87.6/CFM93.8、青岛故事广播 FM95.2、哈尔滨广播电视台文艺频率 FM98.4、黑龙江老年少儿广播（FM97 龙广爱家频道）FM97、济南故事广播 FM104.3、江西故事广播 FM96.9、新疆人民广播电台 FM107.4 维吾尔语交通文艺广播、新疆人民广播电台 102.8 故事广播 FM102.8 和河南广播电视台戏曲广播 FM97.6/AM1143 等频率在当地均有很强的竞争力，其市场份额都进入了当地频率的前 5 名，可与当地其他强势频率一争高下。其中，天津人民广播电台相声广播和哈尔滨广播电视台文艺频率表现最为突出，分别以 14.1%和 15.8%的市场份额在当地排名第二位，竞争优势明显。此外，在长

沙、重庆、广州、合肥、南昌、青岛等地也均有文艺类频率份额排名冲进前10位，在当地有相对较强的竞争优势。

五、典型文艺类节目分析

1. 哈尔滨广播电视台文艺频率 FM98.4《婧听十八点》

哈尔滨广播电视台文艺频率 FM98.4 是东北地区颇具影响力的广播频率之一，收听范围覆盖黑龙江省哈尔滨市及大庆市、尚志市等周边县市及吉林省北部地区，覆盖人口1500万。

《婧听十八点》每天18:30~19:30时段播出，是一档针对社会转型时期所产生的一系列社会心理问题的情感谈话类节目。该节目通过关注普通群众的情感世界、生活方式、生存状况，为公众提供一个自由、平等、理性、友善的情感交流平台，在当地赢得了优异的收听表现，为晚高峰收听率的崛起做出了突出贡献（图10）。

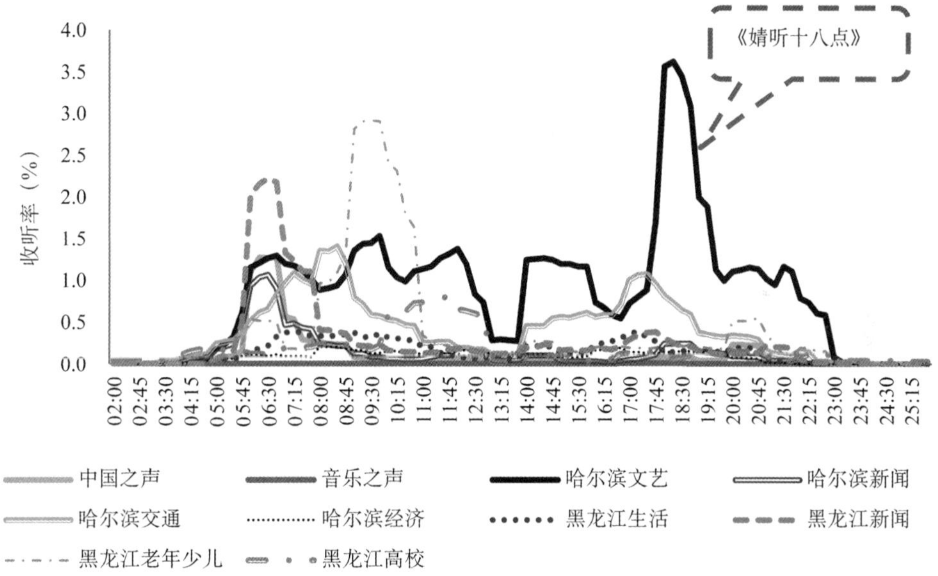

数据来源：CSM 媒介研究

图10 2019年哈尔滨地区主要频率全天收听率走势（%）

2. 重庆人民广播电台文艺广播 FM103.5《下班万岁》

重庆人民广播电台文艺广播于2008年1月正式开播，该频率用文化服务信息作为全天框架，重点打造特色栏目、品牌栏目，让故事中有娱乐、娱乐中有服务，着力传播和引导大众进行文化产品消费，以真正形成故事广播与众不同的核心竞争力。

《下班万岁》是重庆人民广播电台文艺广播最具代表性的栏目之一，该栏目的三位主播诙谐幽默、妙语连珠，插科打诨间陪伴听众度过下班路上的欢乐时光，深受重庆本地听众的喜爱，并强力撑起了晚间收听高峰（图11）。

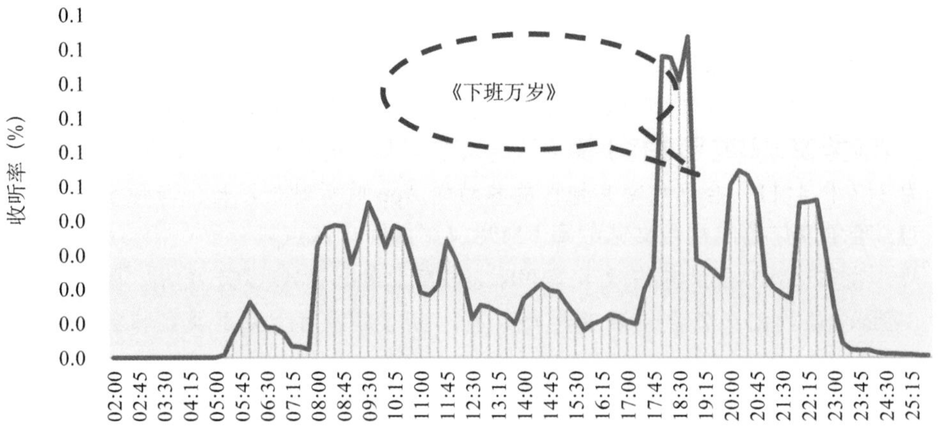

数据来源：CSM 媒介研究

图 11　2019 年重庆人民广播电台文艺广播在重庆全天收听率走势（%）

六、文艺类频率融媒体环境下的传播渠道拓展

1. 微博拓展听众阵地，促进文艺作品推广传播

为了响应国家号召，打造更好的互联网融媒体传播渠道，近几年来各家广电媒体都在积极建造自己的融媒体中心，通过“三微一端”和其他互联网平台争取更多的受众资源，将受众从“观众”“听众”拓展到“网友”和“用户”。微博作为互联网受众群体最多、传播最高效的平台之一，其影响力不可小觑。

与新闻综合、交通和音乐类频率相比，在微博平台上文艺类频率实时资讯功能不强，但与文艺作品互动关联性更多。各种文艺资讯、电影电视节开幕通知、热点电影电视剧讨论、广播栏目剧宣传等利用传统广播媒体的品牌影响力，在互联网上继续与用户密切互动，从而对广播频率自身起到了更深入的推广和传播作用。

文艺类频率的相关微博账号中，“文艺之声”表现最为突出，其微博粉丝数量近 350 万，2019 年发博数量超过 4000 条，日均发布 10 条以上，与粉丝总互动量接近 40 万，其对传统媒体端的推广和传播效果的提升的贡献不容小觑（表 3）。

表 3　2019 年部分文艺类频率微博账号表现

微博名称	粉丝量	微博量	转发量	评论量	点赞量	总互动量
文艺之声	3 492 472	4 303	70 832	33 736	283 394	387 962
北京文艺广播	1 713 704	659	148	146	927	1 221
河北文艺广播	203 032	3 034	320	408	1 856	2 584
重庆文艺广播	112 821	526	199	158	254	611
上海戏曲广播	8 334	131	580	11	642	1 233

数据来源：CSM 媒介研究

2. 移动端传播效果显著，部分城市 App 收听总量为环境音收听的三成以上

2019 年下半年，在部分测量仪城市中，文艺类频率在移动端 App 收听传播效果显著。北京和济南地区在移动端 App 收听文艺类频率的收听时长与环境音收听时长之比为 3:7 和 4:11；合肥和南京地区的移动端 App 收听时长更长，与环境音收听量的差距进一步缩小。

从各类移动端 App 收听来看，喜马拉雅 FM、蜻蜓 FM 和微信是用户用于收听最多的 3 款 App 软件，它们在各个地区均位居当地文艺类频率收听量的前列。另外在南京地区，本土 App 大蓝鲸在当地的收听表现也较为突出（表 4）。

表 4 2019 年文艺类频率收听总时长前五的 App（人均收听总时长）

地区	北京	济南	合肥	南京	上海
环境音直播	2 216	2 169	847	309	312
App 直播	957	784	544	200	76
1	蜻蜓 FM	微信	喜马拉雅 FM	喜马拉雅 FM	蜻蜓 FM
2	微信	喜马拉雅 FM	微信	微信	微信
3	喜马拉雅 FM	小米电台	蜻蜓 FM	大蓝鲸	阿基米德
4	华为收音机	CAF 收音机	FM 收音机广播	华为桌面	趣头条
5	听听 FM	FM 电台收音机	小米桌面	蜻蜓 FM	今日头条极速版

数据来源：CSM 媒介研究

结 语

随着科技水平的日新月异，各种类型的新兴媒体不断涌现，这给传统媒体带来了不小的冲击。加快传统媒体与新兴媒体的融合发展与转型，提升传统媒体的公信力、传播力、竞争力和影响力已刻不容缓。纵观 2019 年广播收听市场，文艺类频率仍以其节目内容的多样性和娱乐性吸引着大批听众，但其在融媒体环境下也遇到了诸多新的挑战和需求，如何迎难而上，充分满足受众需求，从而进一步推进文艺广播的融合发展是当下亟须解决的问题。

（作者：卢文钊）

2019 年都市生活类频率收听回顾

“生活是一团麻，是麻绳拧成的花，生活是一根线，也有解不开的小疙瘩。”几句歌词清晰明白地道明了生活的真相。那么作为为受众排忧解难、出谋献策的都市生活类频率，它们在 2019 年的收听状况如何？又有哪些新的发展态势？本文主要基于 CSM 媒介研究 2019 年 26 个城市①收听率四波②调查数据，对 2019 年都市生活类频率的收听状况进行分析，以期给业内人士提供借鉴。

一、都市生活类频率的竞争地位

1. 都市生活类频率市场份额较 2018 年有所下滑，位居第二梯队

2019 年都市生活类频率所占市场份额为 6.39%，与文艺类频率和经济类频率均属第二梯队，所占市场份额低于文艺类频率、高于经济类频率。与“三驾马车”交通类、新闻综合类和音乐类频率相比则差距较大。

与 2018 年相比，各类型频率中除交通类频率外，其他类别的频率所占市场份额均出现不同程度的下滑，都市生活类频率也不能幸免，下滑幅度为 9.23%。这与传统广播整个大盘持续萎缩不无关系。但随着媒体融合的进一步深化，广播传播方式及受众接收方式的改变，这种状态得到一定程度的缓解也不是不可能。

2. 都市生活类频率受众范围窄，但忠诚度高

平均到达率反映了频率所拥有的听众规模的大小，平均忠实度则反映了听众对频率的黏性高低，二者相结合可以反映一类频率的整体竞争实力。2019 年各类别频率的平均到达率和平均忠实度数据显示，都市生活类频率的受众范围相对较窄，但其忠实受众的黏性较高，属于拥有自己忠实拥趸的小众频率类型之一（图 2）。

---

① 如无特殊说明，本文中涉及历年对比数据所用城市组合为各年独立城市组合。2019 年数据所用城市组合为 2019 年 26 城市组合，26 城市具体包括：北京、长春、长沙、重庆、大连、佛山、广州、杭州、哈尔滨、合肥、济南、南昌、南京、宁波、青岛、上海、沈阳、石家庄、苏州、太原、天津、深圳、乌鲁木齐、武汉、郑州和无锡。

② 2019 年四波时间指：2019 年 3 月 3 日~3 月 23 日、2019 年 5 月 26 日~6 月 15 日、2019 年 8 月 25 日~9 月 14 日和 2019 年 11 月 3 日~11 月 23 日。

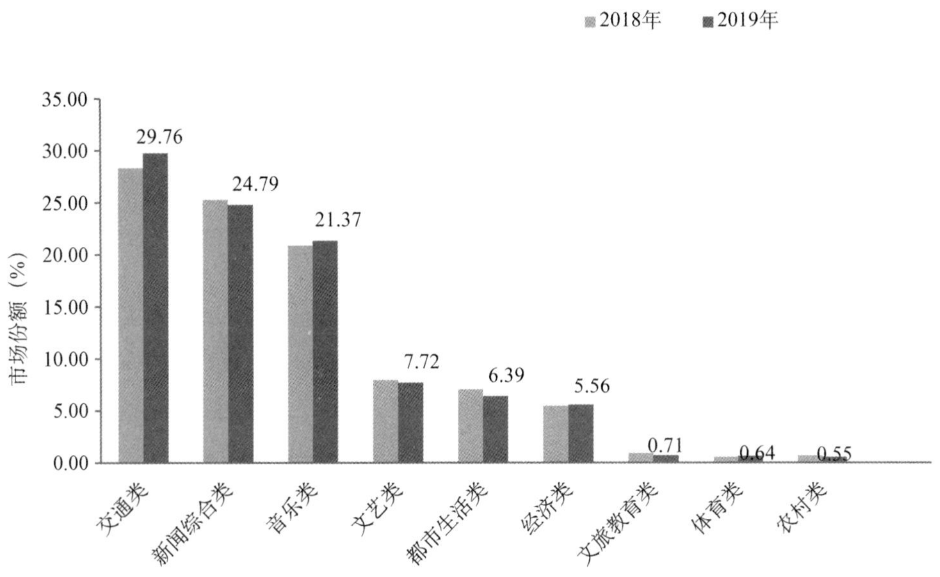

数据来源：CSM 媒介研究

图 1　2018~2019 年各专业频率所占市场份额（%）①

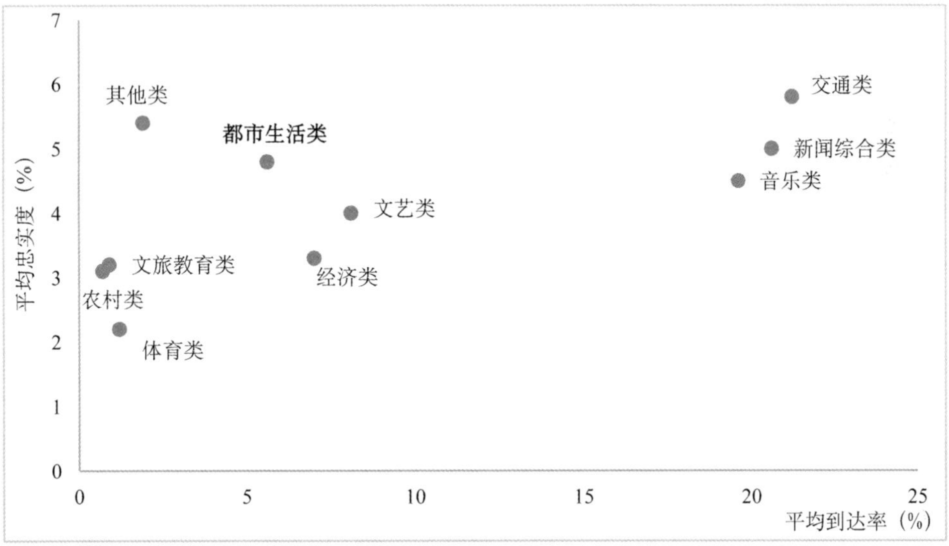

数据来源：CSM 媒介研究

图 2　2019 年各类专业频率的平均到达率（%）和平均忠实度（%）

---

① 根据客户需求和政策发展趋势，2018 年频率类别中新增了文旅教育类频率，主要包括教育类频率和频率名称中带有“文化”和“旅游”字样的频率。

3. 都市生活类频率在各场所表现较为均衡

2019 年各专业类别频率在不同收听场所的到达率数据显示（图 3），都市生活类频率在各场所表现较为均衡，在所有场所、在家和车上的到达率均居第六位。而各主要类别频率在不同收听场所则分别拥有自己的主场。在所有场所，交通类频率以绝对优势居首位，新闻综合类频率位列第二，音乐类频率排名第三，然后依次为文艺类频率和经济类频率；在家听众规模则是新闻综合类频率以明显优势领先于其他类别频率，排在第一位，音乐类频率和交通类频率分列后两位，然后依次为文艺类频率和经济类频率；车上市场则是交通类频率当之无愧的主场，音乐类频率紧随其后，新闻综合类频率位列第三。整体而言，都市生活类频率表现平平，在各场所发展较为均衡。

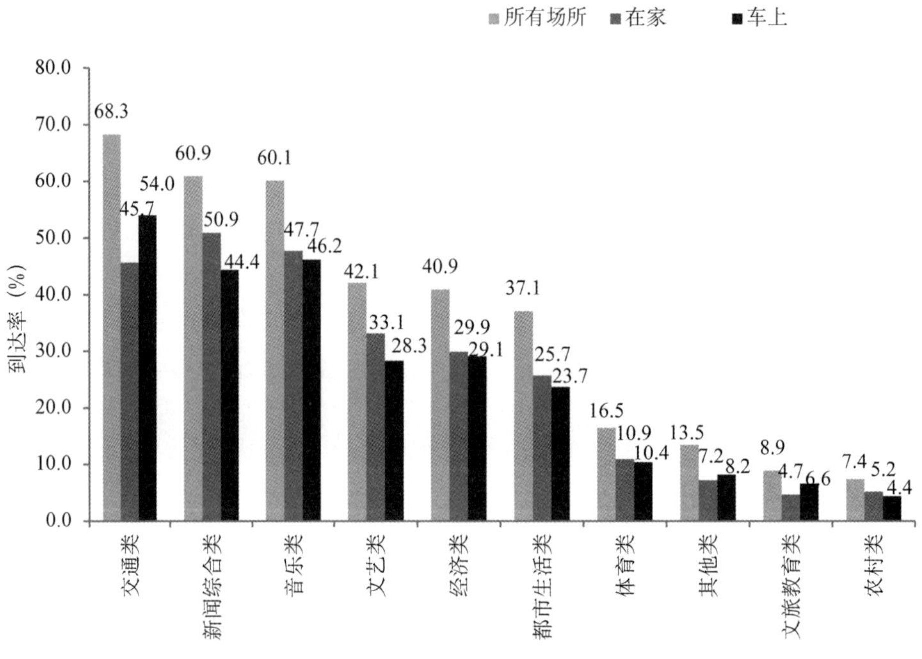

数据来源：CSM 媒介研究

图 3　2019 年广播主要收听场所各类专业频率的到达率（%）

各类别频率听众规模 2019 年较 2018 年相比的增减幅呈现出一片喜人的景象，几乎所有类别频率在所有场所、在家和车上 3 个场所的到达率均有不同程度的提升，其中都市生活类频率相较自己的竞争对手文艺类频率和经济类频率，增幅更为扁平。经济类频率在车上的增幅更为明显，在家也有明显增长（图 4）。结合图 3、图 4 可以看出，都市生活类频率整体较为平稳，未来还有很大的发展空间。

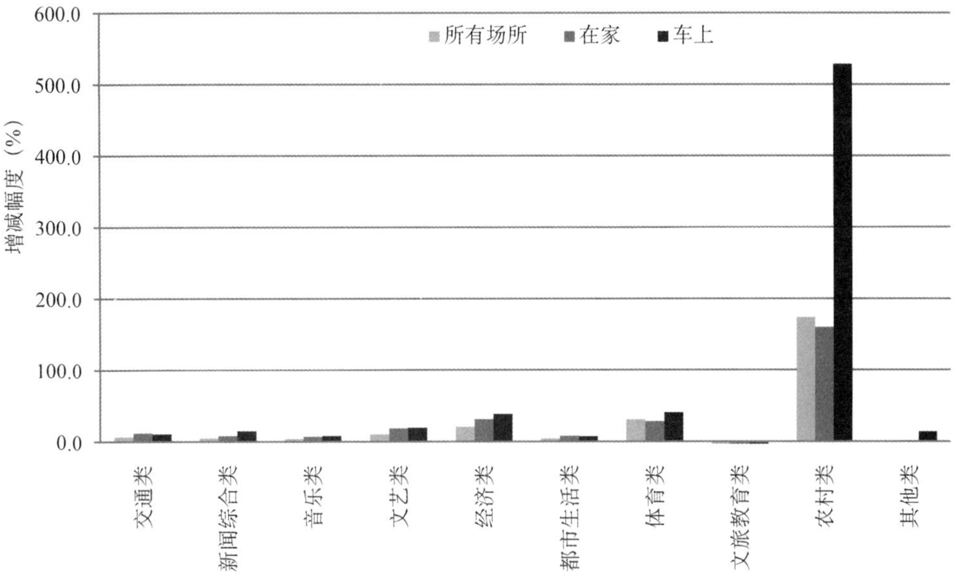

数据来源：CSM 媒介研究

图 4　2019 年广播主要收听场所各专业频率到达率（%）较 2018 年的增减幅度（%）

二、都市生活类频率整体收听状况

1. 老年和中等教育程度人群对都市生活类频率的关注度更高

2019 年，受众对都市生活类频率的人均日收听时长为 4 分钟。分目标人群来看，男性和女性听众人均每天收听该类频率的时长均为 4 分钟，均达到了平均水平；不同年龄段人群呈现出年龄越大收听都市生活类频率时长越长的特征，其中 15~54 岁人群低于或平于平均水平，55 岁及以上老年人的收听水平则高于平均水平，尤其是 65 岁及以上人群，其人均收听都市生活类频率的时长达到了 10 分钟，是平均水平的 2.5 倍，以明显优势领先于其他年龄段人群；与不同年龄段人群相反，受众受教育程度和收听都市生活类频率的时长则呈现出学历越高收听该类频率时长越短的特征，高中及以上学历人群收听都市生活类频率的人均日收听时长均低于或平于平均水平，相比而言，中等教育程度人群对该类频率的关注度相对更高；个人月收入水平与受众受教育程度的情形类似，收入越高，对都市生活类频率的关注度越低，但无收入群体、个人月收入 3001 元及以上人群对都市生活类频率的日收听时长均低于或平于平均水平。整体而言，老年和中等教育程度人群对都市生活类频率的关注度较高（图 5）。

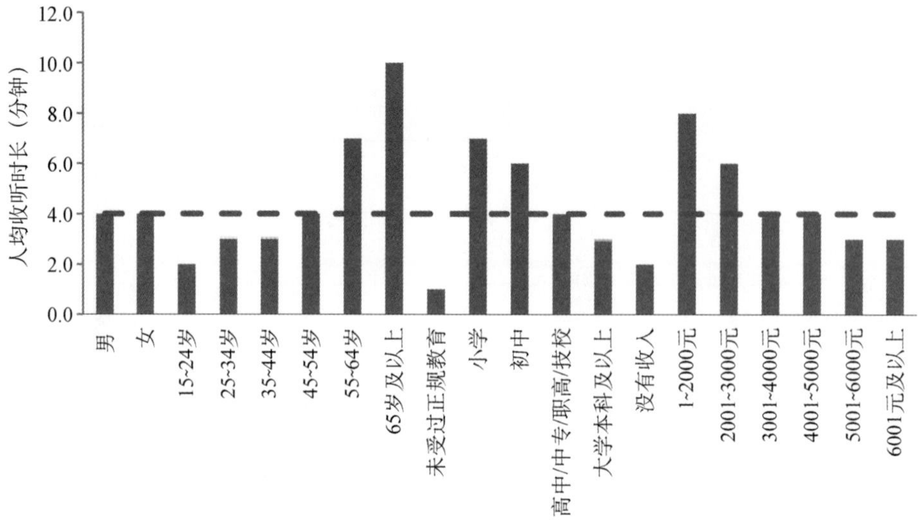

数据来源：CSM 媒介研究

图 5　2019 年不同目标听众收听都市生活类频率的人均日收听时长（分钟）

2. 都市生活类频率全天收听平缓，与竞争频率竞争较为胶着

都市生活类频率全天收听较为平缓，无明显突出高峰，在早晚交通高峰时段略有起伏，但峰值远低于交通类、新闻综合类和音乐类这 3 个主要频率。与文艺类频率和经济类频率的竞争呈较为胶着的状态（图 6）。

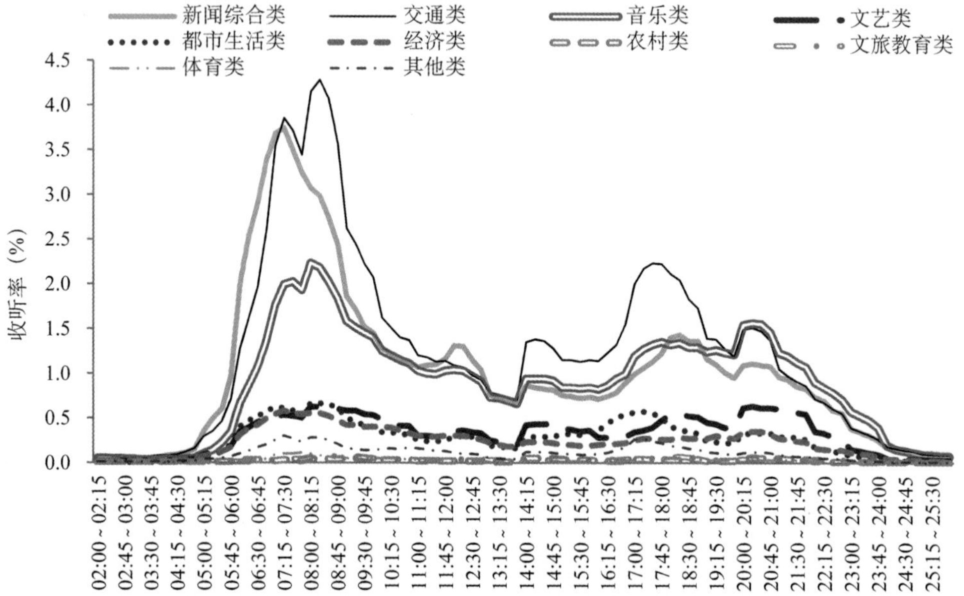

数据来源：CSM 媒介研究

图 6　2019 年各专业频率全天收听率（%）走势

3. 在家是都市生活类频率的重点收听场所

都市生活类频率的在家全天收听走势与所有场所趋同，全天高峰时段基本同步。在家早高峰出现在早间06:30~07:15时段，峰值为0.34%，占同时段所有场所近六成或以上的收听率；傍晚16:30~17:45和晚间20:00~21:00时段分别出现两次收听次高峰，收听率占同时段所有场所收听率的六成五以上。总体而言，在家收听构成了都市生活类频率全天收听的主体部分，贡献了所有场所约61%的收听率，其余39%左右的收听则来自在家以外的其他场所（图7）。

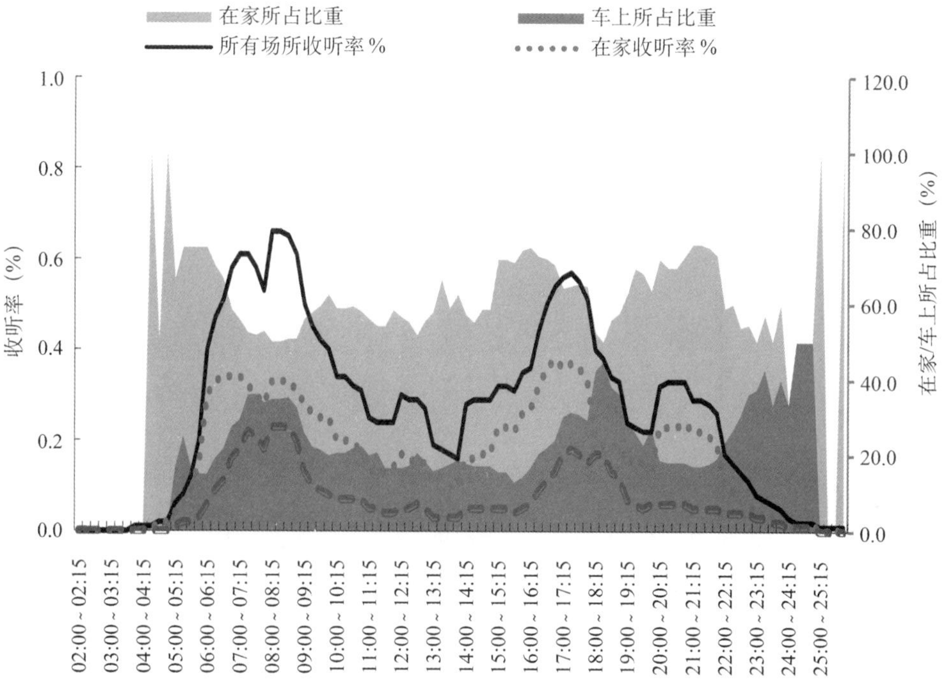

数据来源：CSM媒介研究

图7　2019年都市生活类频率主要场所全天收听率（%）走势及不同场所所占比重（%）

三、都市生活类频率听众特征

1. 所有场所和在家受众群结构趋同，车上受众含金量更高

如前文所述，在家是都市生活类频率最主要的收听场所，贡献了大部分的收听量，因此在家听众的构成基本与所有场所趋同（图8）。主要表现在女性、55岁及以上、初高中学历和个人月收入2001~4000元的人群是这两个场所的主体受众群，且这些人群对都市生活类频率的喜好度也较高。

与所有场所和在家相比，车上人群的含金量则较高，高学历、高收入的年轻男性群体构成了车上的主体受众群，且他们对都市生活类频率的关注度也更高。

与所有场所和在家相比，高学历、高收入、高含金量的“三高”人群构成了车上的主体受众群，且他们对新闻综合类频率的关注度也更高。这与该类人群有更多机会驾车或乘车出行有很大的关系。

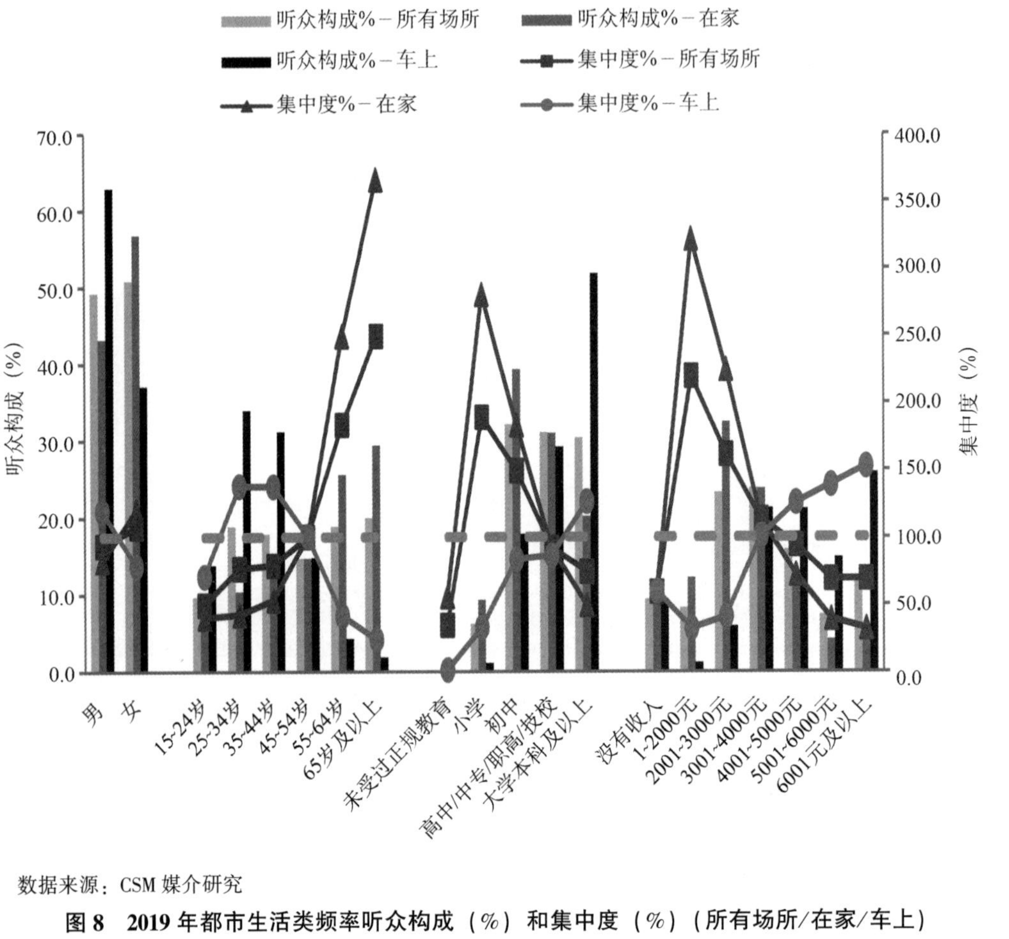

数据来源：CSM 媒介研究

图 8　2019 年都市生活类频率听众构成（%）和集中度（%）（所有场所/在家/车上）

2. 受众身份属性与收听地点高度契合

每个人都有专属于自己的自然属性和社会属性，这种属性决定了他会有不同的生活圈子和生活轨迹，不同目标人群与收听都市生活类频率的场所对应分析显示，受众自身的“气质”与他们收听广播的重点场所高度契合。低学历、老年人更倾向于在家收听都市生活类频率；白天大部分时段都在工作岗位的中等收入人群更多地选择在工作/学习场所收听该类频率；选择在车上收听都市生活类频率的听众则相对更为“优质”，主要由一些高学历、高收入的社会中坚力量组成（图 9）。

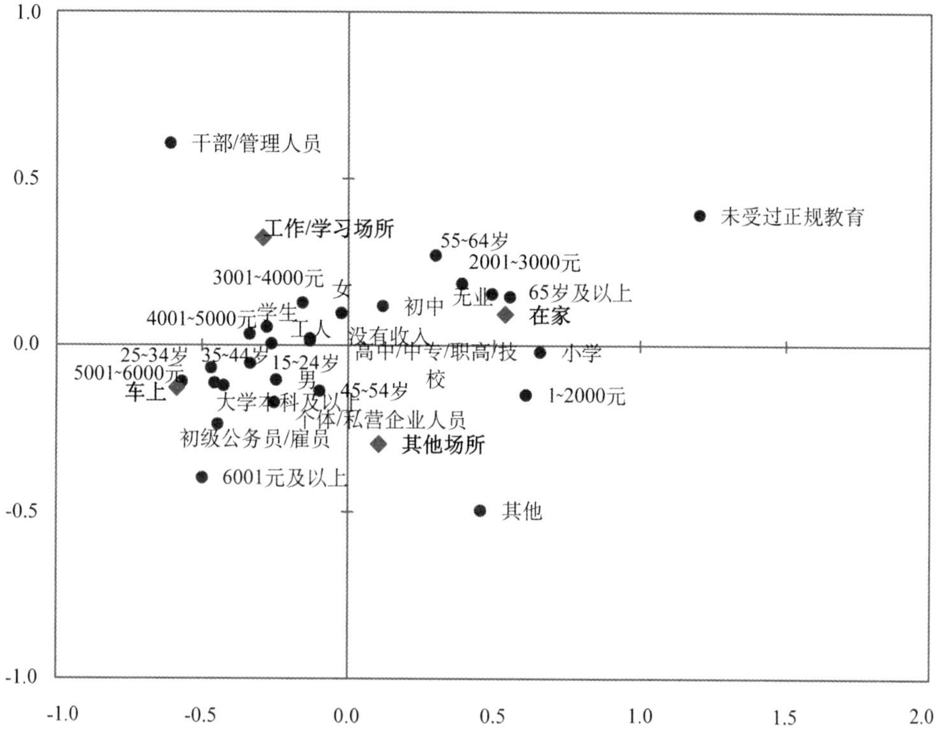

数据来源：CSM 媒介研究

图 9 2019 年都市生活类频率各目标人群与不同收听场所的对应分析

四、都市生活类频率在各城市的收听表现

1. 都市生活类频率在各城市竞争力水平参差不齐

中国幅员辽阔，各地有不同的民情风俗，表现在对广播媒介的消费习惯上便千差万别，这种差别传导至都市生活类频率，便导致其在各地的竞争水平参差不齐、各有特色。处于第Ⅰ象限的沈阳、哈尔滨、天津、太原、乌鲁木齐、石家庄和苏州的都市生活类频率拥有广泛的受众基础且受众黏性较强，属于优势地区，该类频率在当地竞争实力较强；处于第Ⅱ象限的大连、重庆、长春和长沙的都市生活类频率拥有一批忠实拥趸，但受众面较窄，未来的努力方向是维持现有的忠实受众，同时不断开发新的受众群；处于第Ⅳ象限的杭州、深圳、南昌、上海、广州、无锡和合肥受众范围较广，但忠实度较低，如何增强受众的黏性是它们未来需要努力的方向（图 10）。

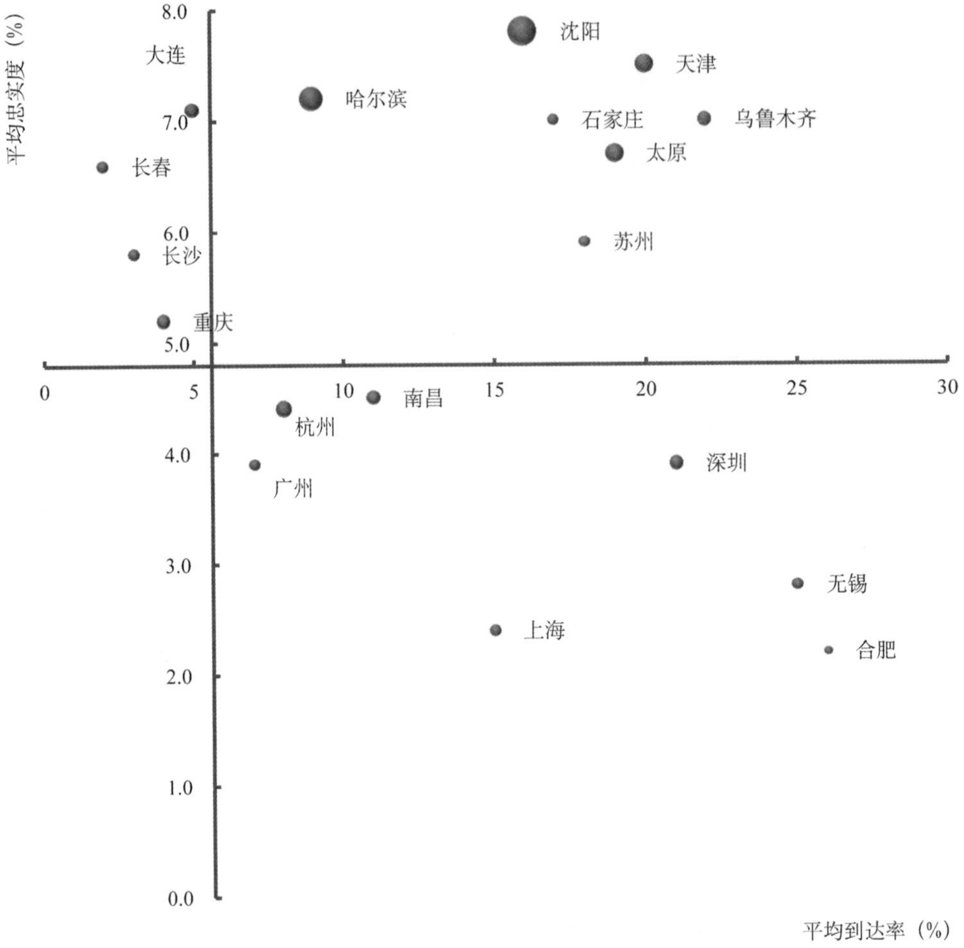

数据来源：CSM媒介研究

图10　2019年都市生活类频率在不同城市的平均到达率（%）和平均忠实度（%）

2. 本地都市生活类频率在当地具有一定竞争力

2019年各城市主要都市生活类频率在当地的市场份额显示，该类频率在本地市场具有一定的竞争力，辽宁广播电视台都市广播（沈阳台）FM92.1/AM1341和黑龙江妇女儿童广播（龙广都市女性台）FM102.1所占市场份额均在10%以上；第二梯队包括重庆人民广播电台都市频率FM93.8、杭州FM105.4西湖之声和山西广播电视台健康之声广播FM105.9等11个频率，它们占市场份额的5%~10%，其余23个都市生活类频率所占市场份额则均在5%以下。总体而言，都市生活类频率属于比较小众的频率类型，再加之广播的本地性和属地性较强，因此该类频率的竞争力主要集中在本地（表1）。

表 1　2019 年各城市主要都市生活类频率在当地市场所占市场份额（%）

城市	频率	市场份额（%）
北京	北京城市广播 FM107.3/AM1026/CFM91.9	0.41
长春	吉林人民广播电台健康娱乐广播 FM101.9	3.94
	吉林人民广播电台旅游广播 FM103.3	0.55
长沙	湖南金鹰 955 FM95.5	6.38
重庆	重庆人民广播电台都市频率 FM93.8	9.33
大连	大连广播电视台第六套都市之声广播 FM99.1	5.87
佛山	广东广播电视台南方生活广播 FM93.6/AM999	0.64
	广东广播电视台城市之声 FM103.6	0.40
广州	广东广播电视台南方生活广播 FM93.6/AM999	1.94
	广东广播电视台城市之声 FM103.6	1.71
杭州	杭州 FM105.4 西湖之声	9.14
	浙江私家车 107 城市之声 FM107	7.01
哈尔滨	黑龙江妇女儿童广播（龙广都市女性台）FM102.1	13.35
	黑龙江生活广播（龙广私家车电台）FM104.5	2.48
	哈尔滨广播电视台冰城 105.6 FM105.6	0.68
南昌	江西都市广播 FM106.5	4.93
	江西民生广播 FM101.9	3.92
	南昌经济生活广播 FM89.7	2.50
南京	江苏健康广播 AM846/FM100.5	0.71
	南京城市广播活力调频 FM96.6	0.60
宁波	浙江私家车 107 城市之声 FM107	0.89
上海	上海 899 都市广播 FM89.9/AM792	5.40
沈阳	辽宁广播电视台都市广播（沈阳台）FM92.1/AM1341	14.33
	辽宁生活广播（沈阳台）FM103.4/FM90.4/AM882	5.45
石家庄	河北广播电视台生活广播 AM747/FM89	3.24
苏州	苏州广播电视总台生活广播 FM96.5	4.52
太原	山西广播电视台健康之声广播 FM105.9	8.57
天津	天津人民广播电台生活广播 FM91.1/AM1386	7.16
	天津人民广播电台私家车 878 FM87.8/AM747	0.40
	河北广播电视台生活广播 AM747/FM89	0.15
深圳	深圳电台生活频率 FM94.2	8.29
	龙岗 991 FM99.1	0.75
乌鲁木齐	新疆人民广播电台城市广播私家车调频 FM92.9	4.31
武汉	湖北省广播电视总台生活广播 auto radio FM96.6	1.28
无锡	无锡广播电视台都市生活广播 FM88.1	8.44
合肥	安徽生活广播	3.43

数据来源：CSM 媒介研究

结 语

互联网时代，也是信息爆炸的时代，人的精力和注意力有限，“眼力”似乎也不太够，于是“听”就成为一种潮流，并造就了迅速崛起的“耳朵经济”。对于广播而言，这是一种挑战，也是一种机遇。集帮助人们解决各种大事小情、纾解心情、情感倾诉等各种功能于一体的都市生活类频率具有天然让人想倾听的属性，那么它能否在这场“竞演”中占得一席之地，让我们拭目以待。

（作者：解永利）

融合传播时代的音频受众

——八个测量仪城市广播听众基本特征及行为分析

随着智能手机的普及和移动互联网资费的降低，使用手机收听音频内容的用户数量不断增长，广播真正进入了融合传播的新时代。蜻蜓 FM、喜马拉雅等一批商业化音频 App 在此过程中相继崛起。随着媒体融合的不断深入，广电系的音频 App 从 2018 年前后也日益丰富且快速发展起来。

在不同的收听场景，音频受众使用各种设备收听不同平台的音频内容。我们可以大致将受众对音频内容的收听分为三种形态：通过传统电波方式（FM/AM）收听广播直播，通过手机 App 收听广播直播和通过手机 App 点播音频内容。CSM 媒介研究自 2015 年采用广播手机测量仪调查方式以来，对广播收听数据分析的维度逐渐丰富起来，2018 年以来更是细化了对手机 App 收听广播直播及点播的收听量及平台分布研究。本文基于 CSM 媒介研究 2019 年 8～10 月 8 个测量仪城市①的连续调查数据，对融合传播时代的听众特征及收听行为进行初步分析。

一、音频受众的基本特征及收听形态

1. 听众日益成为复合音频内容的消费者

在 CSM 媒介研究 8 个测量仪调查城市的广播听众中，如果不考虑 App 音频点播用户，仅观察广播直播节目听众，那么每天收听广播直播的人群占比为 74.8%，每天有 39.6%的听众只通过收音机、车载电台等设备收听 FM/AM 的直播节目，有 14.9%的听众只通过手机 App 收听广播直播节目，还有 20.3%的听众在一天中会同时使用收音机和手机 App 收听直播节目（图 1）。这类重叠人群会在不同场景接入不同的收听渠道，比如在上下班的途中使用车载电台，在家中或在工作/学习等场所则用手机 App。

细化到不同属性的人群，可以发现，男性听众通过车载电台收听 FM/AM 直播的比例相对较高，女性使用手机 App 的比例则相对更高；35 岁及以下年轻听众更多使用手机 App 收听，受教育程度更高的人群更爱使用手机 App 收听。

如果在直播收听的基础上再叠加通过手机 App 收听点播音频节目听众的日均到

① 8 个测量仪城市为北京、上海、广州、深圳、南京、济南、合肥和无锡。

达率数据进行分析，可以得出如下结果：

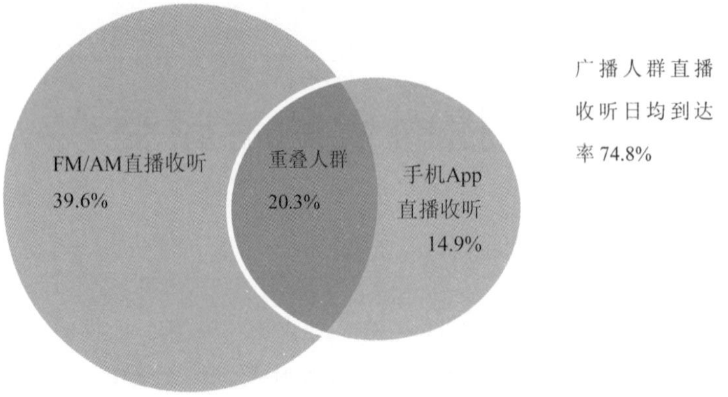

数据来源：CSM 媒介研究

图1　8 测量仪城市 FM/AM 直播收听与手机 App 直播收听人群日均到达率（%）

第一，手机端音频 App 日均到达人群比例高于 FM/AM 直播到达人群，大量 App 用户在直/点播之间自由切换。平均每天使用 App 收听直播节目或点播节目的人群比例为 61.0%，略高于 FM/AM 直播收听 59.9%的比例。使用 App 收听直播和收听 App 点播内容的重叠人群比例较高，占总体的 27.9%。

第二，手机 App 音频点播用户中同时收听广播直播的比例高。平均每天通过手机 App 点播音频节目的听众比例达到 53.7%，其中有 40.8%的听众每天同时收听 App 点播节目和广播直播节目（包含 FM/AM 和 App）。每天只使用手机 App 收听点播节目而不收听广播直播节目的用户比例仅为 12.9%。

第三，传统广播听众向手机移动端的转换仍有潜力可挖。虽然平均每天收听 FM/AM 直播与 App 直/点播之间的重叠比率较高，但仍有 26.7%的人群每天只通过 FM/AM 收听直播节目而不通过手机 App 收听直播或点播节目。

以上 3 类用户的交叉数据也充分显示，在融合传播的时代，广播听众在一天的收听中已经通过多渠道、多平台接入了各类音频内容，FM/AM 直播收听、App 直播收听和 App 点播收听三者之间每天两两重叠的人群比例都超过 20%，甚至接近 30%。当手机 App 成为越发重要的收听入口时，广播媒体也必须做到能够在多场景收听环境中为受众提供更丰富的内容接入可能。

2. 手机端音频收听时长占比达 65.1%，成为音频收听最重要的组成部分

CSM 媒介研究 8 个测量仪城市的数据显示：听众全天平均收听音频的时长 93.7 分钟，其中收听传统电波方式（FM/AM）的时长占 34.9%，用手机 App 收听电台直播流广播的时长占 22.0%，43.1%收听时长的是手机 App 中的音频内容（图 2）。如果单独分析直播收听时长分布，可以发现，FM/AM 收听与 App 收听的占比分别为 61.3%和 38.7%。

如果以介质来区分，可以发现，手机端音频收听时长在听众全天收听时长中所占比例了达到65.1%。手机移动端已经成为音频收听中最为重要的组成部分。

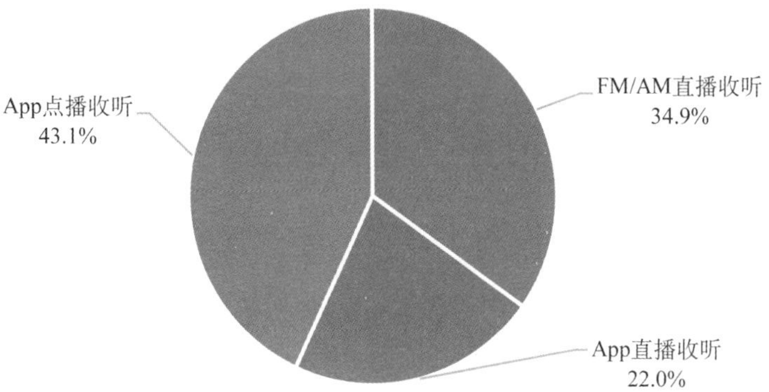

数据来源：CSM 媒介研究

图2 8测量仪城市听众不同渠道收听时长占比（%）

3. 车载收听场景中，手机App点播音频节目的收听时长占比接近一半

在不同的收听场景中，听众收听的内容也存在一定的差异。在居家场景中，受众通过FM/AM的方式收听广播直播的日均收听时长为12.6分钟，占比超过38%，通过App收听点播音频节目的时长达到13.3分钟，占比约为41%，通过App收听广播直播的时长为7.0分钟，占比约为21%。在车载场景中，App点播音频节目的收听时长最高，达到17.6分钟，占比接近48%，FM/AM直播收听的时长为11.5分钟，占比约为31%。在工作/学习和其他场所中，通过App收听直播的时长分别为3.0分钟和2.9分钟，占比分别为25%和24%，高于整体平均水平（图3）。

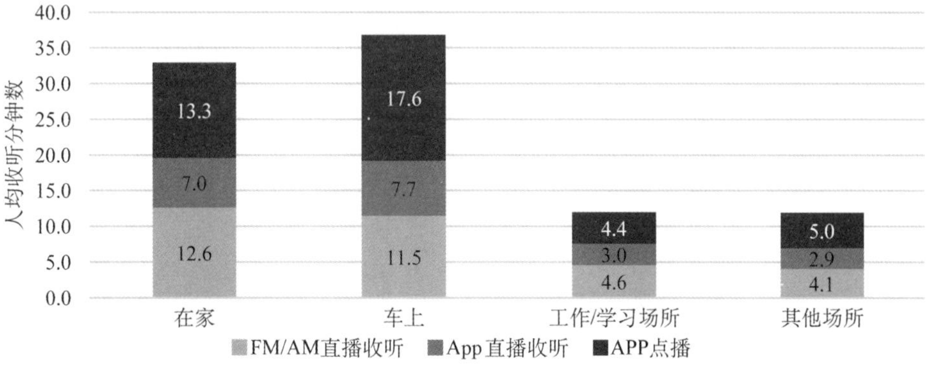

数据来源：CSM 媒介研究

图3 8测量仪城市不同收听场所不同渠道日均收听分钟数

我们可以看到，智能手机App的发展带来了传统电波传输方式之外的新的广播直播增量，从而有效地提升了广播的传播价值。但是我们也必须注意到，在传统的车载收听场景中，车载电台是封闭空间内重要甚至唯一的音频内容来源，也产生了巨大的广告营销价值。但随着智能手机及车联网的发展，App点播内容已经在车载场景中占有较高的收听时长及份额，是值得传统广电媒体关注并深挖的巨大空间。

4. 45岁以下中青年人更快更多地接受了手机App的收听方式

在通过FM/AM收听广播直播的传统方式中，其中既包含中青年听众多使用的车载电台的收听场景，也包含老年听众在家听收音机的收听场景，因此在年龄分布上呈现出相对均衡的形态。而使用手机App收听直播和点播音频内容的听众则明显呈现年轻化的趋势，“80后”“90后”这些伴随着互联网发展而成长起来的人群更快地接受了使用手机App收听音频内容的方式（图4）。

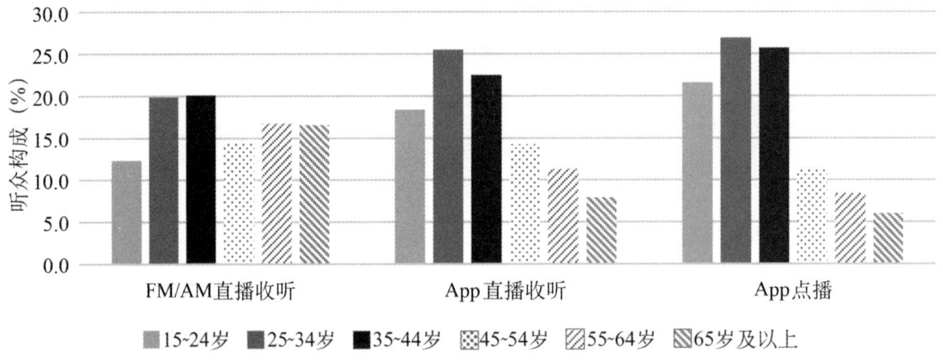

数据来源：CSM媒介研究

图4　8测量仪城市使用不同收听方式的听众年龄构成（%）

反映到学历结构、职业类型及收入水平方面，在使用手机App收听的人群中，大学及以上学历、初级公务员/雇员等白领人群、个人月收入5000元及以上的人群所占比例都相对更高（图5）。

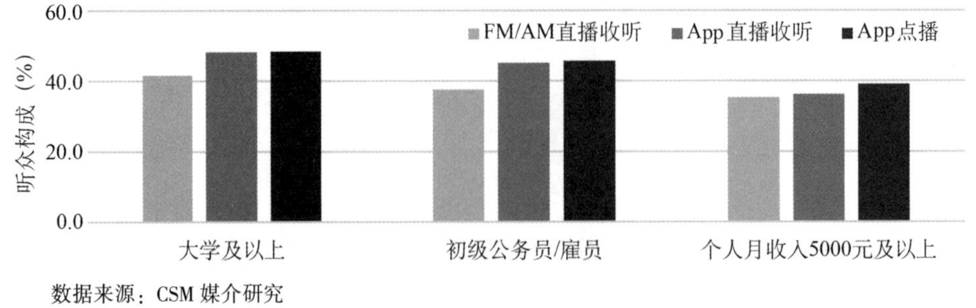

数据来源：CSM媒介研究

图5　8测量仪城市使用不同收听方式的听众主要属性构成（%）

5. 直播收听呈现早高峰收听形态，App 点播呈现平稳分布收听形态

对于城市听众而言，08:00 离家之前的居家早餐时段、09:00 到单位之前的通勤时段，匆匆忙忙的人们更愿意通过收音机或者手机 App 听听广播直播节目里的新闻、路况和音乐。因此，包括 FM/AM 收听以及 App 收听在内的广播直播收听都呈现出明显的早高峰收听走势特征（图 6），广播直播内容占据 3 个小时左右时段里 70% 以上的份额（图 7）。相比于早高峰的突出表现，傍晚下班时段的直播收听则不如早高峰时段集中，形成了跨度略宽的小幅突起。而 App 点播则没有表现出明显的时段特征，从早 08:00 到晚 11:00 呈现出全天相对平稳分布的走势特征，上午 10:00 之后开始处于领先位置。如果将两种直播收听方式合并观察，那么直播收听在午间 12:00 前明显领先于点播收听，午间之后时段两者则呈现胶着的态势（图 7）。

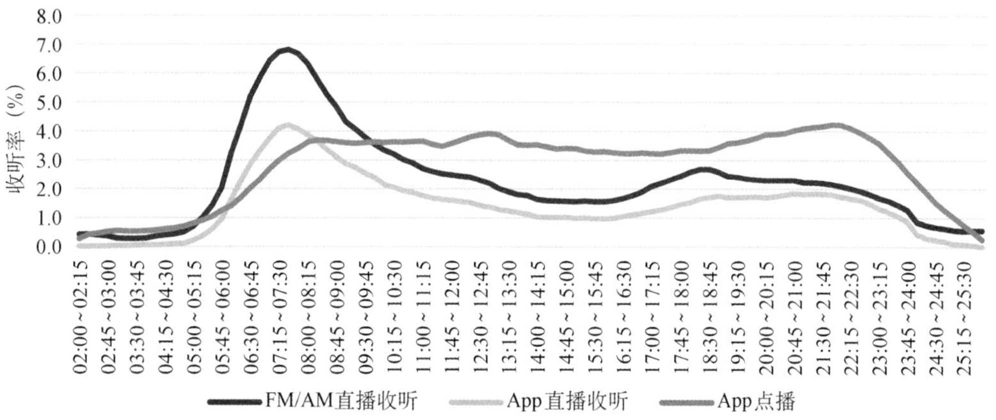

数据来源：CSM 媒介研究

图 6　8 测量仪城市不同收听方式全天收听率（%）走势

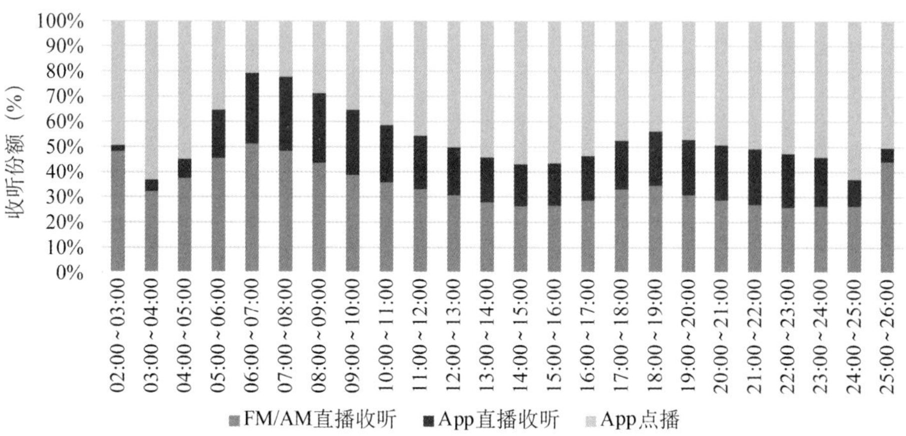

数据来源：CSM 媒介研究

图 7　8 测量仪城市不同收听方式全天不同时段份额占比（%）

二、音频受众移动端主要收听平台及行为特征

1. 蜻蜓 FM、微信和喜马拉雅 FM 是手机端收听广播直播节目的最主要 App

8 城市使用安卓系统手机[①]收听广播直播节目的听众中，蜻蜓 FM、微信和喜马拉雅 FM 这 3 个 App 所占的收听时长比例最高，分别达到 29.5%、15.7%和 11.8%。在媒体融合的进程中，广电媒体也陆续推出了自有 App 去占领手机直播收听市场。广电媒体旗下的 App 中，江苏广播电视总台的大蓝鲸、上海广播电视台的阿基米德也以 3.1%和 2.5%的份额位居前列（图 8）。

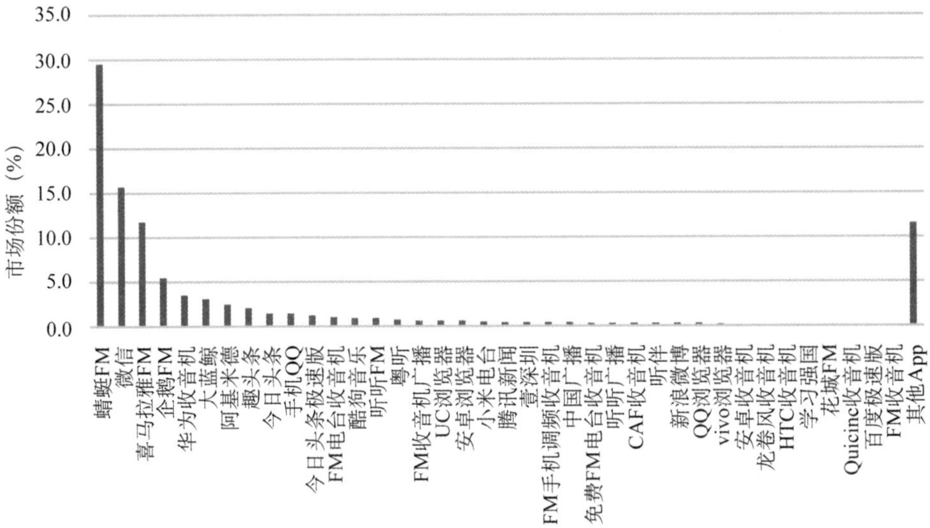

数据来源：CSM 媒介研究

图 8　8 测量仪城市各音频 App 在安卓手机直播收听中所占份额（%）

2. 大蓝鲸、粤听、阿基米德等广电系旗下音频 App 发力本土广播直播收听

在广播电台所在地区，部分广电系旗下的 App 已经在直播收听中发力并取得了一定的效果。在南京地区，江苏广播电视总台旗下的大蓝鲸占据手机 App 收听总时长 30.3%的份额，位列第一。在广州地区，广东广播电视台旗下的粤听占有 8.2%的份额，排名第三。在上海地区，上海广播电视台旗下的阿基米德占据 7.9%的份额，排名第四。在北京地区，北京人民广播电台旗下的听听 FM 占有 5.0%的份额，排名第五。在深圳地区，深圳人民广播电台旗下的壹深圳以 3.0%的份额排名第六（表 1）。

---

① 由于 IOS 系统的开放性原因，目前手机应用程序来源中只含有安卓系统，下文分析皆同。

表 1 部分广电系 App 在本地 App 直播收听中的市场份额（%）

南京		广州		上海		北京		深圳	
手机 App	市场份额	手机 App	市场份额	手机 App	市场份额	手机 App	市场份额	手机 App	市场份额
大蓝鲸	30.3	蜻蜓 FM	26.5	蜻蜓 FM	45.7	蜻蜓 FM	37.5	企鹅 FM	36.0
微信	15.6	微信	21.3	微信	13.9	微信	15.9	微信	15.9
喜马拉雅 FM	13.2	粤听	8.2	喜马拉雅 FM	8.4	喜马拉雅 FM	10.2	蜻蜓 FM	12.3
蜻蜓 FM	11.2	喜马拉雅 FM	7.1	阿基米德	7.9	华为收音机	5.5	喜马拉雅 FM	6.2
其他 App	29.7	其他 App	36.9	其他 App	24.1	听听 FM	5.0	酷狗音乐	3.5
						其他 App	25.8	壹深圳	3.0
								其他 App	23.1

数据来源：CSM 媒介研究

3. 广播融合传播中商业化音频 App 和自有 App 双轮驱动

相较于已经具有相对成熟音频 App 的广电媒体而言，许多广电媒体旗下还没有自有音频 App，或者自有 App 目前还不太强大，广播移动互联网端的融合传播目前更多地要借助商业化音频 App 去完成。比如无锡听众在手机端收听无锡广播电台的直播节目主要通过蜻蜓 FM，蜻蜓 FM 对无锡电台手机端直播收听的贡献度达到 54.9%。在合肥地区，听众主要通过喜马拉雅 FM 收听安徽电台和合肥电台的节目，喜马拉雅 FM 对安徽台和合肥台的收听贡献度分别为 59.0%和 43.0%。在深圳地区，腾讯旗下的企鹅 FM 对深圳电台的 App 直播收听的贡献最大，贡献度为 38.7%（表 2）。

表 2 主要广电系 App 在本地 App 直播收听中的市场份额（%）

手机 App	北京台@北京	手机 App	上海台@上海	手机 App	广东台@广州
蜻蜓 FM	38.4	蜻蜓 FM	45.7	蜻蜓 FM	26.0
微信	17.1	微信	14.0	微信	20.8
喜马拉雅 FM	9.5	阿基米德	8.2	粤听	12.6
听听 FM	6.0	喜马拉雅 FM	8.1	喜马拉雅 FM	6.6
手机 App	江苏台@南京	手机 App	安徽台@合肥	手机 App	深圳台@深圳
大蓝鲸	34.0	喜马拉雅 FM	59.0	企鹅 FM	38.7
微信	15.1	蜻蜓 FM	21.9	微信	16.6
喜马拉雅 FM	13.4	微信	15.9	蜻蜓 FM	11.5
蜻蜓 FM	9.2	FM 收音机广播	4.4	喜马拉雅 FM	4.3

数据来源：CSM 媒介研究

对于那些已经开发了自有手机音频 App 的广电媒体而言，广播听众的直播收听入口在一段时间内仍会非常分散，商业化的音频 App 仍会是重要的入口。江苏广播电视总台自有的大蓝鲸 App 对江苏广播电视总台总体 App 直播收听的贡献已经占34%，但仍有大量听众通过微信、喜马拉雅 FM 和蜻蜓 FM 等渠道进入收听。北京人民广播电台、上海广播电视台、广东广播电视台等旗下自有 App 对本台在 App 端直播收听的贡献度分别为 6.0%、8.2%和 12.6%。在与商业化音频 App 的竞合关系中，广电旗下的音频 App 还需要找到自身的优势，努力在融合进程中成为本地最重要的音频流量入口。

4. 音乐类频率来自手机 App 收听的比例超过 45%

在 8 测量仪城市的广播直播频率中，频率直播收听 61.4%的时长来自 FM/AM 传播，来自手机 App 的时长占 38.6%。不同类型的广播频率中，音乐类频率来自手机 App 的收听比例相对较高，该类频率手机 App 收听时长占比达到 45.5%。新闻综合与交通类频率来自手机 App 收听的贡献比例分别为 36.0%和 38.9%（图 9）。

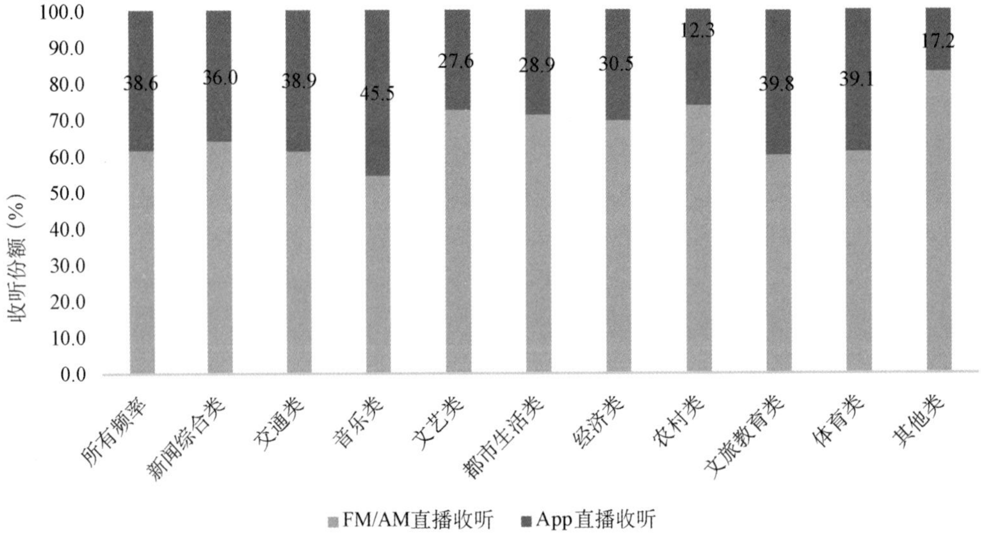

数据来源：CSM 媒介研究

图 9　8 测量仪城市不同类型广播频率直播收听中 FM/AM 与手机 App 收听份额（%）

5. 不同地区的多个频率 App 直播收听贡献超过一半

北京地区听众广播收听的主要直播频率中，北京人民广播电台交通广播 FM103.9/CFM95.6 在 FM/AM 直播收听和手机 App 直播收听中都占据绝对领先的位置，北京人民广播电台音乐广播 FM97.4/CFM94.6、中央人民广播电台第三套节目音乐之声的直播收听中，来自手机 App 的比例均在 50%左右（表 3）。

表 3　北京地区部分广播频率直播收听率（%）分布

频　率	所有直播收听	FM/AM 直播收听	App 直播收听
北京人民广播电台交通广播 FM103.9/CFM95.6	1.30	0.72	0.58
北京广播电台新闻广播 FM100.6/AM828/CFM90.4	0.44	0.25	0.19
北京人民广播电台文艺广播 FM87.6/CFM93.8	0.42	0.32	0.10
中央人民广播电台第一套节目中国之声	0.36	0.21	0.15
北京人民广播电台音乐广播 FM97.4/CFM94.6	0.30	0.13	0.17
中国国际广播电台环球资讯广播 FM90.5/AM900	0.15	0.11	0.04
中央人民广播电台第三套节目音乐之声	0.14	0.07	0.07
中央人民广播电台中国交通广播	0.12	0.08	0.04
中央人民广播电台第二套节目经济之声	0.11	0.06	0.05
中央人民广播电台第九套节目文艺之声	0.11	0.07	0.04

数据来源：CSM 媒介研究

在上海地区听众收听的主要直播频率中，上海流行音乐广播 动感 101 FM101.7 在 FM/AM 直播收听中稍落后于上海人民广播电台上海新闻广播 FM93.4/AM990，但在手机 App 直播收听中占有巨大的优势。除了上海流行音乐广播 动感 101 FM101.7 外，在上海五星体育广播 FM94、东广新闻台长三角之声 AM1296/FM90.9 的直播收听中，来自手机 App 的比例也在 50%左右（表 4）。

表 4　上海地区部分广播频率直播收听率（%）分布

频　率	所有直播收听	FM/AM 直播收听	App 直播收听
上海流行音乐广播 动感 101 FM101.7	1.10	0.55	0.55
上海人民广播电台上海新闻广播 FM93.4/AM990	0.82	0.57	0.25
上海经典金曲广播 LoveRadio 最爱调频 FM103.7	0.48	0.30	0.18
东广新闻台长三角之声 AM1296/FM90.9	0.31	0.16	0.15
上海交通广播 AM648/FM105.7	0.28	0.19	0.09
第一财经广播 FM97.7	0.27	0.17	0.10
上海 899 都市广播 FM89.9/AM792	0.24	0.19	0.05
中央人民广播电台第一套节目中国之声	0.17	0.14	0.03
中央人民广播电台第二套节目经济之声	0.10	0.08	0.02
上海五星体育广播 FM94	0.09	0.04	0.05

数据来源：CSM 媒介研究

广州地区听众收听的主要直播频率中，广东广播电视台羊城交通广播台FM105.2在FM/AM直播收听和手机App直播收听中都占据了领先位置。各主要频率中，来自手机App直播收听的比例相比其他城市略低；广东广播电视台音乐之声FM99.3、广东广播电视台文体广播、广州电台青少年广播（MY FM88）FM88/AM1170的直播收听中，来自手机App的比例均接近40%（表5）。

表5 广州地区部分广播频率直播收听率（%）分布

频 率	所有直播收听	FM/AM直播收听	App直播收听
广东广播电视台羊城交通广播台FM105.2	0.85	0.59	0.26
广州交通电台FM106.1	0.66	0.51	0.15
广东广播电视台珠江经济广播电台（E FM财富974）	0.60	0.40	0.20
广东广播电视台音乐之声FM99.3	0.49	0.30	0.19
广州新闻电台FM96.2	0.43	0.31	0.12
广东广播电视台股市广播（FM95.3财经广播）	0.29	0.24	0.05
广州电台青少年广播（MY FM88）FM88/AM1170	0.28	0.17	0.11
广州电台金曲1027汽车音乐广播FM102.7	0.20	0.15	0.05
广东广播电视台文体广播	0.18	0.11	0.07
中央人民广播电台第一套节目中国之声	0.14	0.10	0.04

数据来源：CSM媒介研究

深圳地区听众收听的主要直播频率中，深圳广播电台交通频率FM106.2在FM/AM直播收听和手机App直播收听中都占据领先的位置，其中手机App的占比达50%。各主要频率中，手机App直播收听相对较高的有广东广播电视台珠江经济广播电台（E FM财富974）、中央人民广播电台第三套节目音乐之声、中央人民广播电台第一套节目中国之声和深圳人民广播电台音乐广播FM97.1（表6）。

表6 深圳地区部分广播频率直播收听率（%）分布

频率	所有直播收听	FM/AM直播收听	App直播收听
深圳广播电台交通频率FM106.2	0.82	0.41	0.41
深圳人民广播电台音乐广播FM97.1	0.71	0.35	0.36
深圳广播电台新闻频率FM89.8	0.48	0.27	0.21
深圳电台生活频率FM94.2	0.23	0.13	0.10
中央人民广播电台第一套节目中国之声	0.17	0.08	0.09
广东广播电视台音乐之声FM99.3	0.05	0.03	0.02
深圳宝安905 FM90.5	0.04	0.04	0.00
中央人民广播电台第三套节目音乐之声	0.04	0.02	0.02
深圳电台湾区之声FM104.3	0.04	0.04	0.00
广东广播电视台珠江经济广播电台（E FM财富974）	0.04	0.01	0.03

数据来源：CSM媒介研究

南京地区听众收听的主要直播频率中，江苏经典流行音乐广播 FM97.5 在 FM/AM 直播收听中处于小幅领先地位，在手机 App 端则占有较大的领先优势。除此之外，南京音乐广播 FM105.8 和江苏新闻广播 FM93.7 的直播收听中,来自 App 的比例也较高(表7)。

表 7　南京地区部分广播频率直播收听率（%）分布

频率	所有直播收听	FM/AM 直播收听	App 直播收听
江苏经典流行音乐广播 FM97.5	1.20	0.61	0.59
江苏新闻广播 FM93.7	0.90	0.53	0.37
江苏音乐广播 FM89.7	0.30	0.18	0.12
江苏交通广播网 FM101.1	0.28	0.17	0.11
南京交通台交通 FM102.4	0.17	0.13	0.04
南京人民广播电台新闻综合广播 AM1008/FM106.9	0.17	0.16	0.01
南京音乐广播 FM105.8	0.14	0.07	0.07
江苏人民广播电台金陵之声 FM99.7	0.10	0.07	0.03
江苏新闻综合广播 AM702	0.06	0.04	0.02
南京体育广播 FM104.3/AM801	0.05	0.05	0.00

数据来源：CSM 媒介研究

济南地区听众收听的主要直播频率中，济南新闻广播 FM106.6/105.8 在 FM/AM 直播收听和手机 App 直播收听中都占据领先的位置。各主要频率中，来自 App 直播收听的比例相比其他城市略低，普遍低于 30%，山东广播电视台综合广播 AM918/FM95、山东音乐台动感 991 FM99.1 的直播收听中，来自 App 的比例相对较高（表 8）。

表 8　济南地区部分广播频率直播收听率（%）分布

频率	所有直播收听	FM/AM 直播收听	App 直播收听
济南新闻广播 FM106.6/105.8	0.89	0.62	0.27
济南故事广播 FM104.3	0.51	0.37	0.14
济南经济广播 FM90.9	0.50	0.38	0.12
济南交通广播 FM103.1	0.41	0.29	0.12
济南音乐广播 FM88.7	0.39	0.28	0.11
山东广播电视台综合广播 AM918/FM95	0.20	0.10	0.10
山东音乐台动感 991 FM99.1	0.19	0.10	0.09
山东广播电视台经典音乐广播 FM105	0.15	0.11	0.04
济南文艺广播私家车 FM93.6/AM1305	0.08	0.06	0.02
中央人民广播电台第一套节目中国之声	0.07	0.06	0.01

数据来源：CSM 媒介研究

合肥地区听众收听的主要直播频率中，安徽交通广播在 FM/AM 直播收听中处于领先位置，但在手机 App 直播收听中，安徽音乐广播超过了安徽交通广播。各主要频率中，多个频率来自手机 App 直播收听的比例超过 50%，其中安徽生活广播、安徽音乐广播、安徽新闻综合广播 AM936/FM103.6（安徽之声）来自手机 App 的比例更高（表 9）。

表 9　合肥地区部分广播频率直播收听率（%）分布

频　率	所有直播收听	FM/AM 直播收听	App 直播收听
安徽交通广播	0.81	0.40	0.41
安徽音乐广播	0.73	0.28	0.45
中央人民广播电台第一套节目中国之声	0.34	0.16	0.18
安徽经典音乐 929	0.28	0.13	0.15
中国国际广播电台环球资讯广播 FM90.1	0.17	0.11	0.06
安徽新闻综合广播 AM936/FM103.6（安徽之声）	0.16	0.07	0.09
安徽生活广播	0.11	0.03	0.08
合肥交通广播 AM1053/FM102.6	0.11	0.09	0.02
安徽小说评书广播	0.10	0.07	0.03
合肥故事广播 FM98.8/AM1170	0.10	0.05	0.05

数据来源：CSM 媒介研究

无锡地区听众收听的主要直播频率中，无锡广播电视台交通广播 FM106.9/AM1008 在 FM/AM 直播收听中处于领先位置，但在手机 App 直播收听中，无锡广播电视台音乐广播 FM91.4/AM900 和无锡广播电视台梁溪之声广播 FM92.6 都超过了无锡交通广播。各主要频率中，江苏交通广播网 FM101.1、无锡广播电视台梁溪之声广播 FM92.6、无锡广播电视台新闻综合广播 AM1161FM92.6 的直播收听中，来自手机 App 的比例都在 50%左右（表 10）。

表 10　无锡地区部分广播频率直播收听率（%）分布

频　率	所有直播收听	FM/AM 直播收听	App 直播收听
无锡广播电视台交通广播 FM106.9/AM1008	0.61	0.42	0.19
无锡广播电视台音乐广播 FM91.4/AM900	0.59	0.30	0.29
无锡广播电视台梁溪之声广播 FM92.6	0.45	0.22	0.23
无锡广播电视台新闻综合广播 FM93.7	0.43	0.27	0.16
无锡广播电视台都市生活广播 FM88.1	0.24	0.13	0.11
无锡广播电视台经济广播 FM104/AM1251	0.15	0.12	0.03
无锡广播电视台新闻综合广播 AM1161	0.10	0.05	0.05
江苏新闻广播 FM93.7	0.09	0.06	0.03
江苏交通广播网 FM101.1	0.06	0.03	0.03
中央人民广播电台第一套节目中国之声	0.05	0.04	0.01

数据来源：CSM 媒介研究

三、8 测量仪城市广电系 App 发展态势

1. 广电系音频 App 相比商业化音频 App 在日均听众规模上仍有待提升

在 8 个测量仪城市中，广电系音频 App 一方面在直播市场发力，同时也在手机音频内容点播方面不断进步。比如大蓝鲸在南京地区每天除了人均 3.5 分钟（基于南京调查区域整体 391 万的广播推及人口）的直播收听外，还有人均 1.0 分钟的点播内容收听时长。粤听和阿基米德在本地的直播收听时长也都超过人均每天 1.0 分钟，粤听在 App 点播上的收听量达到了 0.7 分钟（表 11）。

表 11　8 测量仪城市广电系 App 直播+点播人均每天收听时长（基于广播总人口）

	地区	App 直播+点播人均每天收听时长累计（分钟）	App 直播	App 点播
中国广播	8 城市	0.08	0.06	0.02
大蓝鲸	南京	4.56	3.53	1.03
粤听	广州	1.96	1.26	0.70
阿基米德	上海	1.37	1.12	0.25
听听 FM	北京	0.99	0.74	0.25
壹深圳	深圳	0.75	0.38	0.37
花城 FM	广州	0.20	0.14	0.06
在南京	南京	0.07	0.02	0.05

数据来源：CSM 媒介研究

相比蜻蜓 FM、喜马拉雅 FM 等商业化音频 App，广电系 App 的主要差距表现在日均听众规模上。除大蓝鲸在南京地区达到 7.25%的平均到达率外，其他各 App 的平均到达率多在 2%以下。而蜻蜓 FM 在 8 个城市的平均到达率达到了 7.26%，喜马拉雅 FM 也有 4.4%的平均到达率（表 12）。

人均收听分钟数（听众）这个指标能够反映每天已经使用了某个 App 的用户在该 App 的平均停留时间，用户停留时长在很大程度上能反映该 App 中的内容对用户的吸引程度。从这一指标观察，广电系音频 App 与商业化音频 App 之间的差异并不太明显。阿基米德、听听 FM、大蓝鲸等人均 60~70 分钟的时长与蜻蜓 FM 74 分钟、喜马拉雅 FM 81 分钟之间的差距并不大，粤听 107 分钟的时长甚至更高。

相较于蜻蜓 FM、喜马拉雅 FM 等已经基本完成对用户跑马圈地的 App 而言，广电系 App 能否吸引来更多的增量用户是其当务之急。目前，在本地能否赶上这些商业化音频 App 的用户规模对这些广电系音频 App 而言是重要的挑战。在移动互联网拉新成本日益高企的今天，广电系音频 App 需要借助融合传播的机会，使更多的巧劲将传统听众转化为移动端用户。

表 12　8 测量仪城市广电系 App 直播+点播日均到达率与听众收听时长

App	地区	平均到达率（%）	人均收听分钟数（听众）
阿基米德	上海	2.05	67
听听 FM	北京	1.40	71
大蓝鲸	南京	7.25	63
壹深圳	深圳	1.57	48
粤听	广州	1.82	107
花城 FM	广州	0.32	62
在南京	南京	0.45	15
企鹅 FM	深圳	1.53	84
中国广播	8 城市	0.10	80
蜻蜓 FM	8 城市	7.26	74
微信	8 城市	17.17	37
喜马拉雅 FM	8 城市	4.40	81

数据来源：CSM 媒介研究

广电系音频 App 现阶段也根据自身特点走出了不同的发展道路。有些 App 希望能在广度上实现突破，有些则在品质上进行深耕。如阿基米德就在 App 内连接了各级广播电台的直播频率，打造了一个共享共用的平台，希望借此帮助全国的广播媒体通过这个平台实现媒体融合的转型。

有些广播媒体发现传统广播听众具有极强的地域贴近性，因此主要聚焦属地用户，做深度，做品质，做好“小而美”。2018 年年底，北京听听 FM 就调整了竞争策略，强调对本地内容进行精耕细作，优先重视自有频率节目资源，优先推荐自己的精品内容。直播节目方面，在广播节目播出后 24 小时内对广播节目标题进行修改完善，上传广播节目中适合网络传播的模块化节目等，以提升广播节目的回听量。点播内容方面，针对特定场景或用户群体开发垂直品类节目，以满足用户的场景化收听需求，通过独家内容来构建内容壁垒，培养用户的收听习惯。广东广播电视台的粤听 App 也摒弃了做“大而全”平台的想法，明确了其地域化的差异化竞争理念，深耕广东市场，处处“讲好广东故事”，以本土情怀为切入点，从而吸引了一批本土忠实用户。

2. 多个广电系音频 App 直点播收听增长明显

广电系音频 App 在 2019 年也实现了较大的增长。如果以收听率作为统计对比口径，则北京地区的听听 FM 改版后在直播收听方面实现了连续快速增长，也带动了用户对 App 内点播内容的更多收听，8~10 月直播收听环比前 3 个月翻番，点播收听增长了 200%。阿基米德在上海地区的直播收听在 8~10 月也是环比前 3 个月翻番，同期App点播则实现了50%的增长。大蓝鲸在南京地区的直播收听基础相对较好，8~10月直播收听环比增长26%，点播收听增长63%。粤听和壹深圳App都在点播收听方面增长较快，特别是壹深圳8~10月的点播收听，环比翻番（图10至图14）。

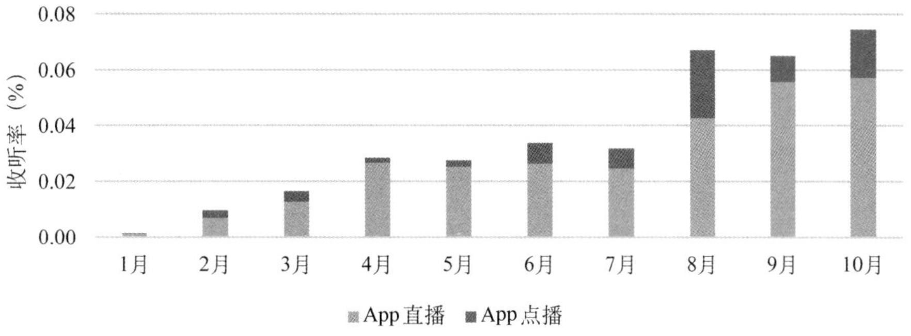

数据来源：CSM媒介研究

图10 2019年北京地区听听FM收听率（%）月度变化

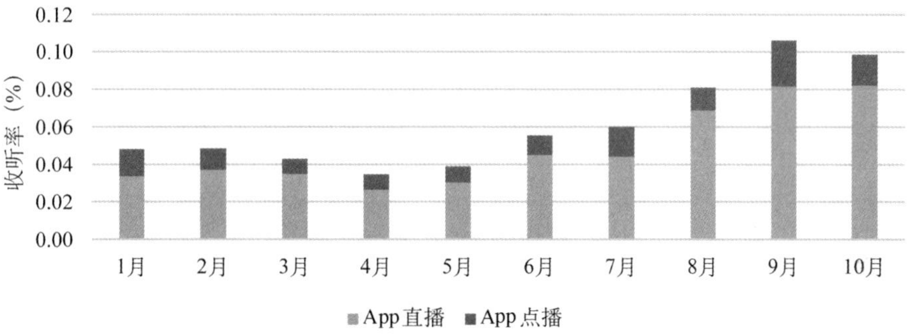

数据来源：CSM媒介研究

图11 2019年上海地区阿基米德收听率（%）月度变化

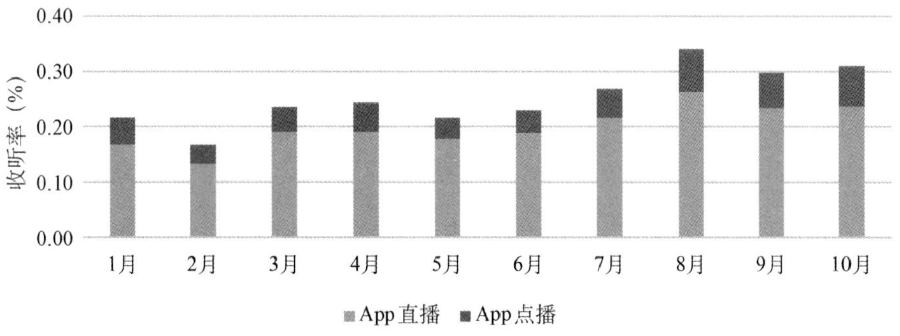

数据来源：CSM媒介研究

图12 2019年南京地区大蓝鲸收听率（%）月度变化

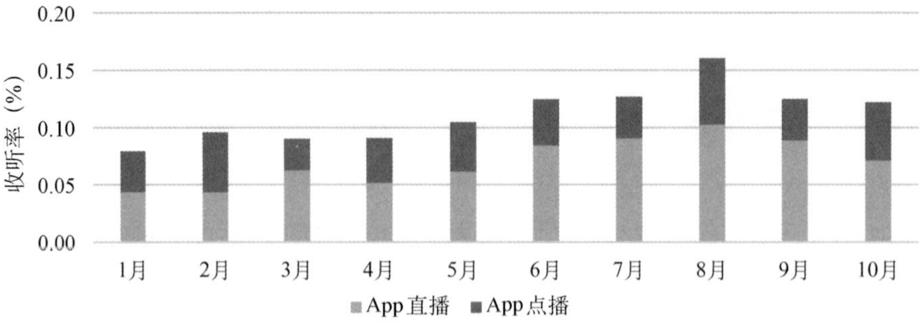

数据来源：CSM媒介研究

图13　2019年广州地区粤听收听率（%）月度变化

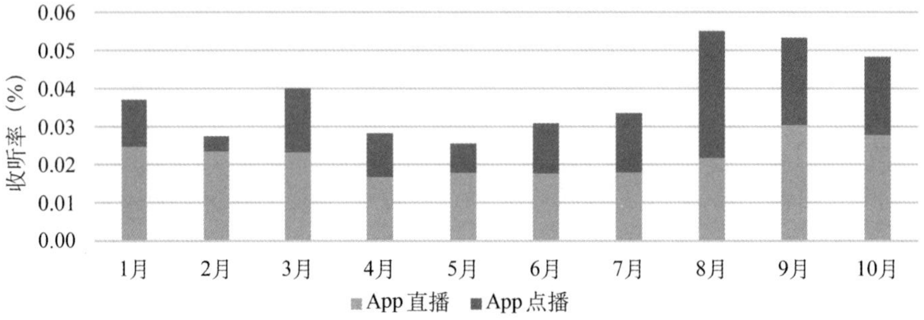

数据来源：CSM媒介研究

图14　2019年深圳地区壹深圳收听率（%）月度变化

结　语

在融合传播的新时代，广播听众特别是年轻的听众已经快速拥抱了移动互联网，移动互联网已经成为重要的音频传播阵地，手机移动端的影响力则成为衡量广电媒体在音频传播市场影响力的重要指标。随着众多省级广播电台移动优先战略的逐步实施，在广播频率直播收听来源中，手机App已经占据一半以上的份额。还有很大一部分广电媒体也在近几年推出了自有的音频App参与竞争，江苏广播电视总台的大蓝鲸、上海广播电视台的阿基米德、广东广播电视台的粤听、北京人民广播电台的听听FM和深圳人民广播电台的壹深圳等一批音频App已经起步并在手机端直播收听中占据了一席之地。在与蜻蜓FM、喜马拉雅FM等商业化音频App的竞合关系中，广电系音频App还有很长的路要走，听众规模、点播内容的广度、深度都需要它们去继续扎实地推进。当目光瞄向未来时，智能音箱、车联网甚至物联网等更丰富的场景生态已经扑面而来，AI智能推荐等一批增强用户黏性的技术也有待开发完善。对于广电媒体而言，只有抓住新的机会才能在融合传播中实现弯道超车。

（作者：吴凡）

2019 年私家车广播听众收听行为特点分析

当今社会，媒体的传播手段和传播方式正发生翻天覆地的变化，新技术的迅速发展使人们获取信息的方式越来越便捷，传统媒体面临着诸多的机遇与挑战。作为传统媒体，广播也在积极融入媒体竞争的浪潮，以寻求更大的发展。而私家车保有量的持续提升，更是有力地助推了车载广播的长足发展。国家统计局发布的《2019 年国民经济和社会发展统计公报》显示，截至 2019 年年末，我国内地私人汽车保有量已达 2.3 亿辆，较上年增加了 1905 万辆①，继续保持高增长态势。私家车保有量的激增引发了广播主流听众向私家车群体的转移，于是私家车受众的收听行为特点便有了很好的研究价值。本文依据 CSM 媒介研究 12 城市基础研究数据，对私家车广播听众的特征、媒介接触习惯进行简要分析，并重点分析该类人群的广播收听行为，以探究融媒体语境下私家车受众对广播直播与广播非直播节目的收听新特征，为广播电台拓展私家车受众提供借鉴。

一、私家车广播听众概况

1. 最经常在私家车上收听广播的广播听众②比例持续提升

CSM 媒介研究 2015 年以来的 12 城市基础研究调查数据显示③，与私家车保有量持续增长相呼应，广播听众选择最经常在私家车上收听广播的比例逐年增加。2019 年有 59.9%的广播听众最经常收听广播的地点是私家车，这一比例较 2018 年上升了 0.8 个百分点。私家车作为听众最经常收听广播地点的比例已连续 4 年过半，并持续上升，这反映出私家车已经成为第一大广播收听场所（图 1）。

---

① 统计局. 2019 年末全国民用汽车保有量 26150 万辆 [EB/OL].（2020-02-28）[2020-06-01]. https://baijiahao.baidu.com/s?id=1659745930298264864&wfr=spider&for=pc.

② 本文中广播听众定义为过去半年内有过接触广播直播节目或广播非直播节目行为的听众。

③ 2014~2018 年 CSM 媒介研究基础研究调查 12 城市为：成都、深圳、长沙、重庆、西安、武汉、沈阳、广州、南京、北京、上海和天津。

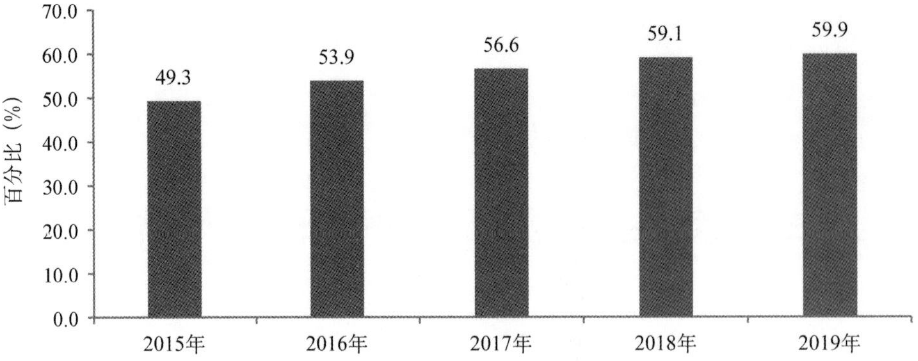

数据来源：CSM媒介研究“电视广播视听率调查基础研究问卷调查”，2015~2019年

图1　2015~2019年12城市广播听众在私家车上收听广播的比例（%，多选）

2. 男性、中青年和高收入群体是私家车广播的主体听众

作为车轮上收听广播的群体，私家车广播听众①有着其自身的特点：男性听众占绝对主体地位，占比接近60%，远超女性听众；在年龄和学历构成上，私家车广播听众以25~44岁听众为主，占比均在30%以上；高中及以上教育程度听众的占比均超过20%，其中大学及以上学历听众占比逾30%；在个人月收入方面，多数私家车广播听众的个人月收入处于较高水平，5000元及以上群体占比首次过半（图2）。

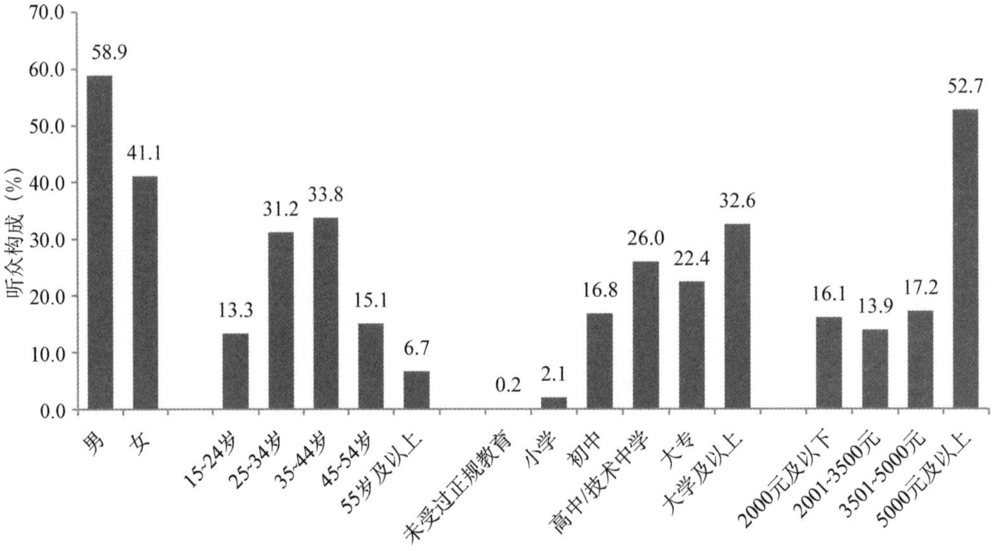

数据来源：CSM媒介研究“电视广播视听率调查基础研究问卷调查”，2019年

图2　2019年12城市私家车广播听众构成（%）

① 此处的“私家车广播听众”指把“在私家汽车上”作为经常收听广播地点的听众。

二、私家车广播听众收听行为特点

1. 私家车广播听众每周收听广播的比例拔得头筹

观察私家车广播听众每周和半年内接触各类媒体的比例我们可以发现，户外广告、广播直播和电视直播是私家车广播听众每周接触最多的媒体，接触比例分别为89.5%、85.2%及84.3%，明显高于其他各类媒体。在半年内，私家车广播听众接触广播直播、户外广告、户外电视和电视直播的比例位居前列，其中受众更多出于被动接触的户外电视与户外广告以较小优势领先于电视直播。(图3)。

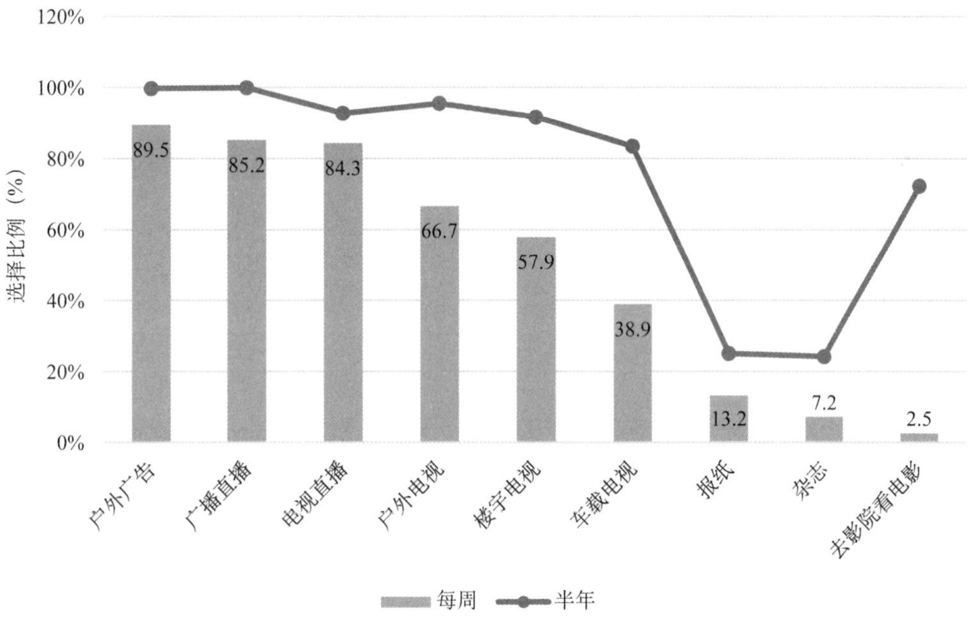

数据来源：CSM媒介研究“电视广播视听率调查基础研究问卷调查”，2019年

图3 2019年私家车广播听众每周和半年内接触各种媒体的比例（%，多选）

2. 私家车广播听众每周收听广播直播节目的比例接近九成

对私家车广播听众收听广播的频率分布进行分析我们可以发现，近九成①私家车广播听众收听广播直播节目的频率为“每周收听”；其中，接近三成的私家车广播听众每天收听广播直播节目，近四成的私家车广播听众收听广播直播节目的频率在每周3次或以上，20.9%的私家车广播听众每周至少1次收听广播直播节目。相比之下，其余收听频率的私家车广播听众比例偏低，合计不足15%（图4）。

① 此处为每周收听广播直播节目1次及以上的私家车广播听众累计占比。

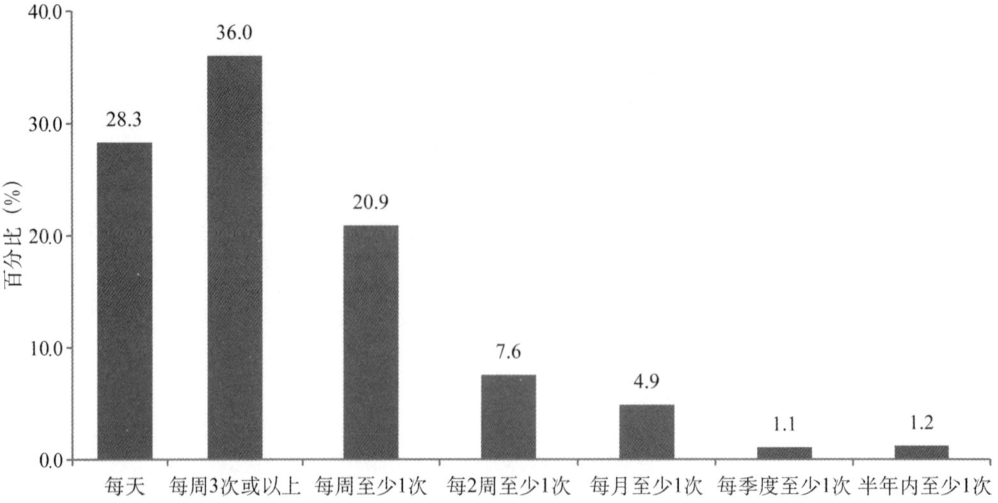

数据来源：CSM媒介研究“电视广播视听率调查基础研究问卷调查”，2019年

图4　2019年私家车广播听众收听广播直播节目的频率分布（%，单选）

3. 私家车广播听众每天收听互联网音频节目的比例显著上升

随着数字技术的发展，数字化进程加快，各种媒介之间的边界变得模糊起来，传统媒体与新媒体的融合呈现加速的态势。广播“新媒体化”的一大表现就是社会上出现了各种各样的网络广播，而随着移动互联网的发展，私家车广播听众收听互联网音频节目的比例也在逐步上升。2019年的基础研究数据显示，12.3%的私家车广播听众收听广播互联网音频节目的频率为“每周收听”；其中，5.0%的私家车广播听众每天收听广播互联网音频节目，较上一年大增逾80%，4.4%的私家车广播听众收听广播互联网音频节目的频率在每周3次或以上，2.9%的私家车广播听众每周至少1次收听广播互联网音频节目，二者的比例较上年亦有明显上升。其余收听频率的私家车广播听众合计不足2%（图5）。

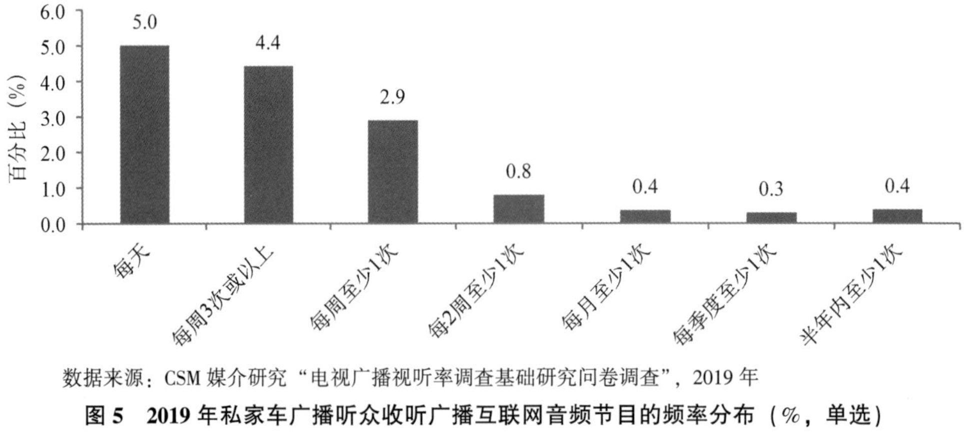

数据来源：CSM媒介研究“电视广播视听率调查基础研究问卷调查”，2019年

图5　2019年私家车广播听众收听广播互联网音频节目的频率分布（%，单选）

4. 绝大多数私家车听众人均每天在私家车上收听时长为大约 2 小时及以内

对于私家车广播听众而言，他们绝大多数人平均每天在私家车上收听广播的时间长度在大约 1 小时及以内，工作日和周末分别有 72.6%和 67.8%听众的收听时间长度在大约 1 小时及以内。其中，收听大约 30 分钟的比例最高，工作日和周末分别占比 37.7%和 30.7%，收听超过 1 小时的比例相对较低（图 6）。

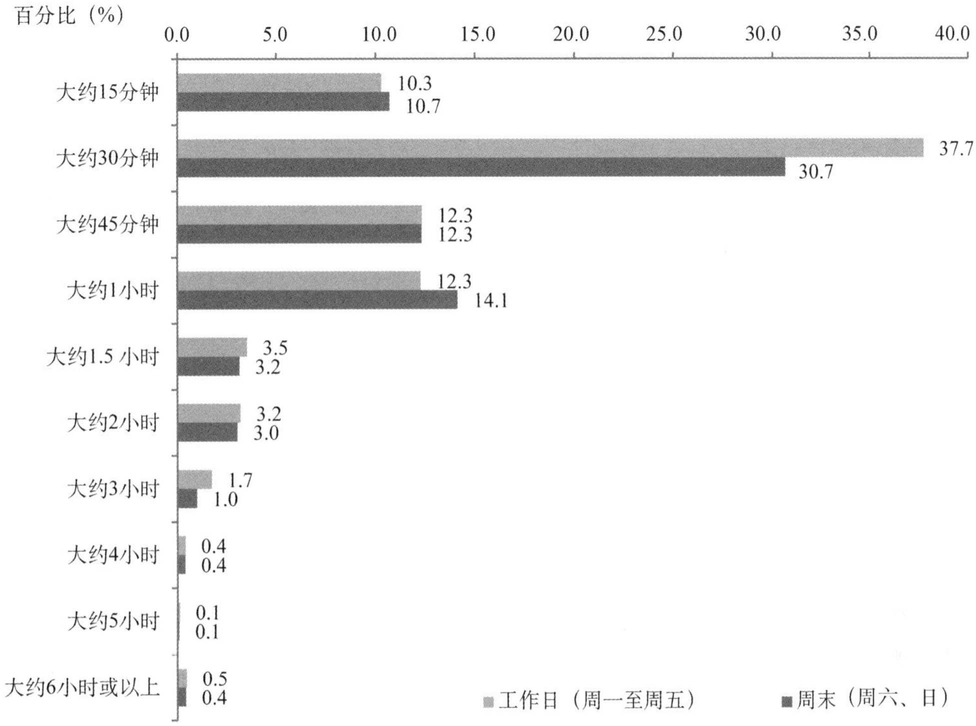

数据来源：CSM 媒介研究“电视广播视听率调查基础研究问卷调查”，2019 年

图 6　2019 年私家车广播听众平均每天在私家车上收听广播的时间长度分布（%，单选）

5. 私家车广播听众收听时段清晰

进入私家车时代，受众收听广播的时段划分逐渐从模糊走向清晰。对于职业司机来说，由于他们长时间在车上，几乎是连续收听广播的状态，没有清晰的时段概念。随着私家车的渐渐普及，大量自己开车上下班的职业人群成为广播的核心目标受众，他们的职业作息时间即上下班时间作用于受众的广播收听行为，便形成了早高峰、晚高峰两个收听尤为集中的时段。

数据也印证了这一现象。观察私家车广播听众在不同时段驾驶/乘坐私家车的比例可以发现，工作日的出行需求明显高于周末。而收听广播作为碎片化时代一种高伴随性的媒介行为，私家车听众在私家车上收听广播的比例与驾驶/乘坐的选择比例高度重合，工作日形成了早间 07:00～09:00、晚间 17:00～19:00 两个突出的收听高峰，周末由于出行需求锐减，收听峰值大大降低，而且早间的收听高峰也略有后移（图 7、图 8）。

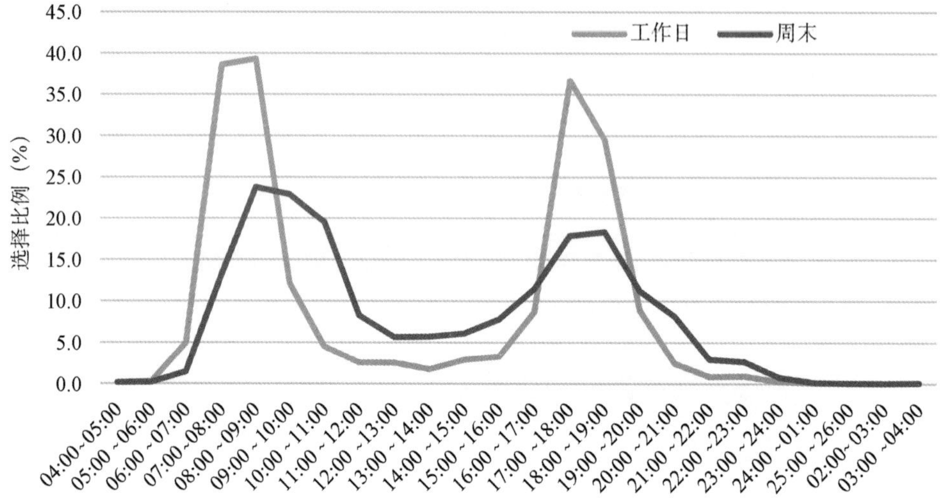

数据来源：CSM 媒介研究

图 7　2019 年私家车广播听众驾驶（乘坐）私家车的时段选择比例（%，多选）

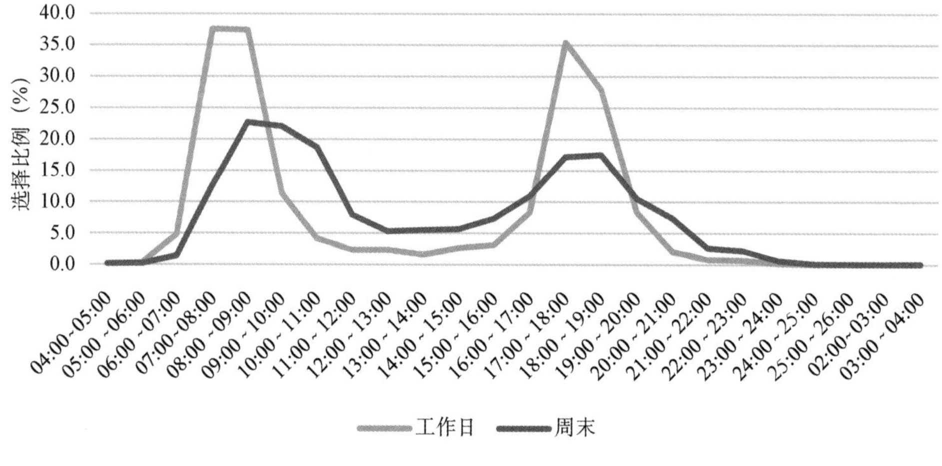

数据来源：CSM 媒介研究

图 8　2019 年私家车广播听众收听广播的时段选择比例（%，多选）

6. 车载广播是私家车广播听众收听广播的首要选择

从收听广播的设备或途径看，随着车载智能系统的发展，车载广播技术得到了显著提升，私家车广播听众收听广播的最主要途径是车载广播，2019 年私家车广播听众的选择比例高达 99.8%；通过手机 App 收听广播的比例持续提升，选择比例为 13.6%。此外，收音机和手机内置收音机的选择比例分别为 3.5%和 3.0%，其他设备收听广播的比例则很低，均不超过 0.5%（表 1）。

表 1　2019 年私家车广播听众收听广播的设备或途径（%，多选）

设备或途径	所有私家车广播听众（%）
收音机	3.5
音响	0.1
MP3/MP4	0.0
车载广播	99.8
手机 App	13.6
平板电脑/PC	0.2
其他	1.4
手机内置收音机	3.0
智能音箱	0.4

数据来源：CSM 媒介研究“电视广播视听率调查基础研究问卷调查”，2019 年

7. 私家车广播受众选择的广播音频 App 平台比较集中

伴随着媒介通信技术日新月异的变革，广播音频 App 迎来了发展的春天。13.6%的私家车广播听众通过广播音频 App 收听广播节目，那么这部分听众究竟会选择哪些 App 去收听呢？他们更多的是收听广播直播节目还是非直播类节目呢？2019 年 CSM 媒介研究 12 城市基础研究数据表明，私家车广播听众收听广播直播节目选择最多的平台为喜马拉雅 FM，达 5.6%；蜻蜓 FM，比例为 1.1%；微信、网易云音乐和 QQ 音乐也有一定的选择比例；其他平台的选择比例均不足 0.5%。非直播方面，喜马拉雅 FM、网易云音乐和 QQ 音乐是私家车广播听众选择最多的 3 个平台，其中选择喜马拉雅 FM 的比例达到 7.9%，较上年增长了近 3 个百分点，高于后两个平台选择比例之和，呈现出一家独大的态势；虾米音乐和蜻蜓 FM 的选择比例均为 1%，其他 App 的选择比例不足 1%。总体而言，私家车广播受众选择最多的依旧是少数几个广播音频 App（表 2、表 3）。App 之争除内容至关重要之外，打好渠道攻坚战才是关键。随着 5G 牌照的发放，广播音频 App 的竞争或将更加激烈。

表2 2019年12城市私家车广播听众通过广播音频App收听广播直播节目的比例TOP15（%，多选）

广播音频App平台	选择比例（%）
喜马拉雅FM	5.6
蜻蜓FM	1.1
微信	0.9
网易云音乐	0.9
QQ音乐	0.7
荔枝FM	0.5
虾米音乐	0.5
酷我音乐HD	0.4
阿基米德FM	0.4
豆瓣FM	0.3
央广新闻	0.3
百度音乐	0.2
FM手机收音机	0.2
中国广播	0.2
华为收音机	0.1

数据来源：CSM媒介研究“电视广播视听率调查基础研究问卷调查”，2019年

表3 2019年12城市私家车广播听众通过广播音频App收听非广播直播节目的比例TOP15（%，多选）

广播音频App平台	选择比例（%）
喜马拉雅FM	7.9
网易云音乐	2.1
QQ音乐	1.7
虾米音乐	1.0
蜻蜓FM	1.0
微信	0.9
酷我音乐HD	0.9
豆瓣FM	0.7
荔枝FM	0.6
阿基米德FM	0.5
百度音乐	0.5
其他	0.4
百度乐播	0.2
凤凰FM	0.2
华为收音机	0.2

数据来源：CSM媒介研究“电视广播视听率调查基础研究问卷调查”，2019年

三、私家车广播听众收听的频率与内容特点

1. 私家车广播听众对交通类、音乐类广播频率的选择愈加集中

2019年12城市私家车广播听众在车上收听比例较高的广播频率仍以交通类和音乐类为主。在12城市私家车广播听众车上经常收听的广播频率TOP3中，有6个频率的被选择比例超过60%，均为交通类或音乐类频率，分别是北京人民广播电台交通广播FM103.9/CFM95.6、深圳广播电台交通频率FM106.3、辽宁广播电视台音乐广播（沈阳台）FM98.7、天津人民广播电台交通广播FM106.9、重庆人民广播电台交通频率FM95.6、上海流行音乐广播 动感101 FM101.8。在余下的30个上榜频率中，有20个都是交通类或音乐类频率（表4）。

表4　2019年12城市私家车广播听众在车上经常收听的广播频率TOP3（%，多选）

城市	频率名称	选择比例（%）
成都	四川人民广播电台交通广播 FM101.8	54.8
	四川人民广播电台岷江音乐 I radio FM95.6	23.6
	四川人民广播电台城市之音 FM102.7	16.5
深圳	深圳广播电台交通频率 FM106.3	72.6
	深圳广播电台新闻频率 FM89.9	39.1
	深圳人民广播电台音乐广播 FM97.2	27.4
长沙	湖南人民广播电台交通频道 FM91.8/FM100.4	48.5
	长沙人民广播电台城市之声（音乐）广播 FM101.8	20.9
	长沙人民广播电台交通广播 FM106.2	15.6
重庆	重庆人民广播电台交通频率 FM95.6	69.6
	重庆人民广播电台都市频率 FM93.9	27.9
	重庆人民广播电台音乐频率 FM88.2	25.7
西安	陕西广播电视台交通广播 AM1323/FM91.7	51.6
	陕西广播电视台音乐广播 FM98.9	38.6
	陕西广播电视台青春广播 FM105.6	22.5
武汉	楚天交通广播 FM92.8	57.6
	湖北省广播电视总台经典音乐广播频道 FM103.9	24.8
	湖北省广播电视总台楚天音乐广播频道 FM105.9	24.7
沈阳	辽宁广播电视台音乐广播（沈阳台）FM98.7	71.8
	辽宁广播电视台交通广播 FM97.6	47.7
	辽宁广播电视台都市广播（沈阳台）FM92.1/AM1342	28.8

续表

城市	频率名称	选择比例（%）
广州	广东广播电视台羊城交通广播台 FM105.2	46.8
	广州电台青少年广播（MY FM88）FM88/AM1171	23.2
	广州交通电台 FM106.2	17.4
南京	江苏经典流行音乐广播 FM97.6	59.6
	江苏交通广播网 FM101.2	32.1
	江苏音乐广播 FM89.8	31.6
北京	北京人民广播电台交通广播 FM103.9/CFM95.6	86.6
	北京人民广播电台文艺广播 FM87.6/CFM93.8	21.7
	北京广播电台新闻广播 FM100.6/AM828/CFM90.4	9.3
上海	上海流行音乐广播 动感 101 FM101.8	63.4
	上海交通广播 AM648/FM105.8	46.2
	上海人民广播电台上海新闻广播 FM93.4/AM991	30.3
天津	天津人民广播电台交通广播 FM106.9	69.8
	天津人民广播电台音乐广播 FM100	40.5
	天津人民广播电台相声广播 AM567/FM92.2	8.5

数据来源：CSM 媒介研究“电视广播视听率调查基础研究问卷调查”，2019 年

2. 音乐类和新闻/时事类节目最受私家车广播受众的青睐

私家车广播受众喜欢收听什么类型的广播节目呢？2019 年 12 城市调查数据显示，音乐类、新闻/时事类和生活服务类节目是私家车广播听众喜爱收听比例最高的 3 类节目，选择比例明显高于其他各类节目。其中，音乐类和新闻/时事类节目最受青睐，私家车广播听众喜欢收听的选择比例均超过了 30%；私家车广播听众喜爱生活服务类节目的比例近 20%，喜爱文艺类节目的私家车广播听众比例也超过了 10%，体育类、财经类、法制类等各类型广播节目的选择比例较低，均不足 3%（表 5）。

从不同年龄段私家车广播听众喜欢收听的广播节目类型来看，15~44 岁的私家车听众是音乐类节目的忠实拥趸，特别是 15~24 岁的青少年，他们选择音乐类节目的比例高达 79.8%；25~54 岁的社会中坚人群对财经类和体育类节目更为喜欢；35 岁及以上中老年私家车听众更喜欢通过收听新闻/时事类节目获知一天发生的大事小情，与此同时，该人群对文艺类和法制类节目的关注度也相对较高；各年龄段人群对生活服务类节目的喜爱程度相对均衡，除 15~24 岁青少年选择比例略低以外，其他各年龄段的选择比例均在 35%以上（表 5）。

表 5　2019 年不同年龄段私家车广播听众喜欢收听的广播节目类型选择比例（%，多选）

节目类别	所有私家车广播听众	15~24 岁	25~34 岁	35~44 岁	45~54 岁	55 岁及以上
新闻/时事类	30.1%	53.3%	61.9%	70.4%	73.9%	72.8%
文艺类	10.6%	21.5%	22.2%	23.4%	26.4%	26.2%
音乐类	31.7%	79.8%	76.5%	67.3%	57.3%	56.7%
社教类	1.0%	2.5%	3.0%	2.1%	1.7%	0.4%
外语类	0.6%	1.4%	1.4%	1.3%	1.1%	0.5%
体育类	2.8%	3.1%	7.3%	6.4%	6.5%	4.9%
财经类	2.8%	2.5%	6.2%	6.3%	8.9%	6.1%
生活服务类	17.5%	26.7%	39.1%	40.9%	42.9%	35.2%
法制类	2.2%	2.5%	4.1%	5.9%	5.9%	4.6%
其他类	0.8%	2.1%	1.5%	1.9%	1.3%	1.8%

数据来源：CSM 媒介研究“电视广播视听率调查基础研究问卷调查”，2019 年

3. 娱乐性突出的广播频率更受私家车广播听众喜爱

2019 年，12 城市私家车广播听众青睐的节目虽然类型多样，然而真正出彩的节目均呈现出轻松的节目形态。本文所列各城市私家车广播听众选择比例最高的 12 档节目中，北京人民广播电台交通广播 FM103.9/CFM95.6 的《一路畅通》选择比例最高，达 56.40%。作为开办时间较早的频道王牌节目，个人魅力十足的主持人为广大的私家车听众在拥堵的上下班路上带来了不少的欢声笑语，很好地起到了舒缓情绪的作用。

2019 年还有两档节目的选择比例超过 40%，分别为天津人民广播电台交通广播 FM106.8 的《红绿灯》和江苏经典流行音乐广播 FM97.5 的《阳光倾城》。其中，《阳光倾城》是江苏经典流行音乐广播的一档经典优秀节目，其融合了动听的音乐、有吸引力的话题、实时更新的资讯及贴心实用的小百科，加之节目首席主播邓煌出色的个人魅力及新媒体平台的有力拓展和丰富多彩的线下活动，《阳光倾城》成了一档现象级音乐节目（表 6）。在碎片化时代，广播作为私家车听众开车时的一种陪伴型媒介，无论传递何种信息，都不能忽略受众对于缓解开车疲劳、增加路途趣味的重要需求，只有这样方能使节目出奇制胜。

表 6　2019 年 12 城市私家车广播听众喜欢收听广播节目选择比例（%，多选）最高的节目

城市名称	节目名称	频率名称	选择比例（%）
北京	一路畅通	北京人民广播电台交通广播 FM103.9/CFM95.6	56.4
成都	匕阳秀	经典 946（成都人民广播电台文化休闲频道 FM94.6/AM1485）	25.3
广州	大吉利车队	广东广播电视台羊城交通广播台 FM105.2	34.1
南京	阳光倾城	江苏经典流行音乐广播 FM97.5	43.3
上海	音乐早餐	上海流行音乐广播 动感 101 FM101.7	38.5
深圳	898 早新闻	深圳广播电台新闻频率 FM89.8	30.9
沈阳	娱乐二人转	辽宁广播电视台都市广播（沈阳台）FM92.1/AM1341	32.9
天津	红绿灯	天津人民广播电台交通广播 FM106.8	48.3
武汉	一路欢唱	湖北省广播电视总台楚天音乐广播频道 FM105.8	8.0
西安	音乐不停歇	陕西广播电视台青春广播 FM105.5	10.8
长沙	国生开讲	湖南人民广播电台交通频道 FM91.8/FM100.3	17.8
重庆	交广关注	重庆人民广播电台交通频率	10.2

数据来源：CSM 媒介研究“电视广播视听率调查基础研究问卷调查”，2019 年

结　语

在这个以车载收听为主要收听途径的汽车广播时代，受众在什么时候收听广播、收听多长时间，与他们在路上的时间及路况息息相关，“碎片化”成为出行路上收听广播的鲜明特征。对于私家车听众而言，车内空间是除了家庭之外另一个相对独立的空间。由于当前社会工作、生活家庭等各方面压力都在加大，绝大多数私家车车主并不希望在一个属于自己的空间收听沉重、空洞的说教内容，他们更需要的是上班前的轻松、下班后的放松、无聊时的陪伴、堵车时的娱乐等。鉴于以上心理需求，广播节目制作者需要为私家车受众量身定做有“短平快”形态、“娱乐化”特色并兼具“互动性”功能的节目，这样方能在广播竞争的红海中展现出自己独特的优势。

（作者：张广彦）

传统媒体情感类节目的突围之路

早在2018年的下半年业界就有人预言，继偶像养成类节目后，综艺节目市场将在2019年迎来“情感观察年”。事实也确实如此，以2019年第一季度为例，各大视频网站及传统媒体平台纷纷强化既有情感类节目，同时打造全新的同类节目，聚焦于婚姻、恋爱、代际关系等，更为接地气的题材极大地激发了受众的情感共鸣。不仅如此，情感类节目还将内容延展得更宽泛，对更具话题性的婆媳关系等题材也有所涉猎。在这些全新的情感类节目外，传统媒体上诸多既有的情感类节目也在不断调整，精准定位，走差异化路线。它们并没有将自己局限在“婚恋情感”这个单一的维度里，而是紧跟社会热点，不断创新内容。本文即以传统电视和广播节目中较具代表性的情感类节目为切入点，与大家共同探讨融媒体大潮下传统媒体情感类节目的突围之路。

一、传统媒体情感类节目发展现状及问题

1988年，中国的电视行业方兴未艾，为未婚男女牵线的《电视红娘》成为中国内地第一档以相亲为主的情感类节目。随后《非常男女》《玫瑰之约》《非诚勿扰》等节目现身电视荧屏，通过精心设计的小游戏、跟拍户外约会等桥段，努力促成男女嘉宾互生情愫、牵手下台。在广播媒体上，情感谈话类节目自创立之时起，始终是广播电台节目中重要的组成部分，也是收听率的重要来源，并逐渐成为每一个广播电台的标准配置。其中不乏黑龙江都市女性广播《叶文有话要说》、湖北新闻广播《今夜不寂寞》、陕西新闻广播《秦岭夜话》等叫好又叫座的优秀情感类节目。

情感类节目从内容上讲无外乎有三大主要类型：以恋爱为主，以调解为主，以沟通为主。无论是过去还是当下，传统媒体上的情感类节目始终都有着不小的关注度。这在一定程度上是由于快节奏的社会生活下，人们对自身情感的诉求以及婚恋关系中的问题愈发重视，而这一类型节目恰恰以讲述日常生活的琐事和平凡感情的故事为主要内容，更容易唤起人们的道德感及责任感。节目表达简单质朴，通俗易懂，吸引了大量观众与听众，从而成为传统媒体中一道亮丽的风景线，也使得节目自身成了极具现实意义的创作类型。

不过，在新媒体的不断扩张下，受众对传统媒体的视听消费量逐渐走低，在垂

直内容风头正劲的当下，情感类节目爆款难出。若想实现突围，情感类节目制播者首先要直面问题，然后借助自身的优势与新媒体资源，完成自我价值的重塑。

1. 同质的内容

在我国，节目的“同质化”问题其实是老生常谈了，情感类节目自然也难逃“同质化”的瓶颈。眼下播出的节目中，《新相亲大会》与《中国新相亲》在名字上极为类似，《女儿们的恋爱》和腾讯视频的《女儿们的男朋友》则撞名撞得更为彻底。广播更不用说了，基本上每个地区都有当地最为知名的“夜话”节目，如《油城夜话》《鹏城夜话》《倾情夜话》，等等。

相较于节目名称，内容模式上的雷同则更为直接：自从腾讯视频在2018年推出《心动的信号》之后，2019年浙江卫视推出了同类型的节目《遇见你真好》，湖南卫视推出了《恋梦空间》，节目的主体框架都是素人同住在一个屋檐下谈恋爱，6位明星组成的观察员在棚内推理小屋里人的恋爱关系，节目虽然以素人为主，情感真挚，但不免因模式相似而影响各方的存在感。

2. 虚假的故事

传统媒体相较于其他媒体，在人们心目中有着举足轻重的地位，传统媒体节目的内容直接影响着人们的价值取向、道德标准和行为规范。也正因为如此，新媒体冲击下，传统媒体的社会公信力、社会责任感才越来越被看重。

情感类节目本质上是综艺节目，这就要求节目要有故事性，要吸引眼球和耳朵，加之人们有与生俱来的窥私和看热闹的心理，情感类节目把当事人深藏的秘密暴露在聚光灯下、电波之中，让别人做道德评价，以满足受众的好奇心。因此，为了增加话题性，制造节目爆点，合理的编排与适当的夸张是可以理解的，但切记度的把控。过度的虚构很容易引发受众的反感：狗血的剧情，低俗的事件，甚至同一个嘉宾在不同节目中出现不同的人设，这些虚假的东西极易在可选择空间丰富的当下导致他们放弃对节目的追随。

3. 道德的质疑

上面两个问题在电视媒体中表现得更为明显。节目在道德上受到质疑的问题则在电视与广播媒体中表现得同样严重，主要表现为太催泪煽情和过度挖掘隐私。

受众在观看或收听情感类节目时，都希望能够对嘉宾有更深层次的了解，尤其是对整个事情的来龙去脉，希望能够全面了解他们的故事。因此便出现了一些主持人为了迎合观/听众的心理，为了让嘉宾最大限度地诉说而过度煽情的现象。我们说适当的煽情可以调动嘉宾诉说的欲望，但过分煽情则会让观/听众觉得主持人甚至节目太虚伪，只是为了节目效果而在表演。而且过度的煽情将嘉宾或者被访者内心痛苦的一面不断撕开，再加上犀利的点评，这些做法更是有悖于情感类节目的初衷，难免让受众对节目产生质疑。

除此之外，很多节目过多地把注意力放在挖掘倾诉者的隐私上面。主持人会在追问当中暴露出很多细节，这或许能满足一部分受众窥探他人隐私的欲望，但这种做法对于倾诉者而言，将他们的隐私公开暴露在大家面前的确很残忍。

二、传统媒体情感类节目的突围之路

情感类节目的更新迭代是非常迅速的，从全民夯货到趋于平淡，再到奋力追赶，情感类节目始终没有放下自我更新的脚步。老牌情感类综艺不断进行微调，除了细节创新外，不断拓展“群体”，“爸妈”“闺蜜”成了助攻节目的新元素；此外，诸多新元素融入情感类恋爱节目，一系列加入了直播、户外生存等新鲜元素的恋爱交友类节目纷纷上线。

再有便是“观察员”的引入，贯穿始终的演播室环节让演播室常态化，而情感专家、情感作家、社会学家等资深人士则“坐诊”，对恋爱心理和性别角色加以剖析，从而使节目跳出了简单的恋爱发糖的价值维度，向更深更广的社会意义靠拢。在这一点上，广播情感类节目走得更快。众所周知，广播是声音的艺术，相对于电视，广播中的情感类节目对于情感的诉求少了很多作秀的成分，显得更为纯粹，广播情感类节目的主持人往往也兼任恋爱专家，以相对专业的视角来看待、指导老百姓的恋爱心理问题。但术业有专攻，主持人大多根据自己的生活经验来引导听众。久而久之主持人就容易产生一种“我的节目我独大”的心理，常常给听众们提出不合理的建议，造成不良的影响。因此，诸多广播情感类谈话节目不仅有主持人坐镇，还会邀请行业内相对更为专业的老师，或通过连线，或将他们邀请到直播间，从实际上解决广播受众的情感诉求。

再之后，情感类节目的发展开始突破束缚，渐渐走上了一条多维度、跨媒体甚至跨行业的发展道路。下文将通过列举一些节目来重点说明传统媒体情感类节目在融媒体时代进行了哪些尝试。

1. 情感类节目向多元、多维度发展

- 湖南卫视《我家那小子》《我家那闺女》

当情感类节目“恋爱”的主题被过分挖掘后，这一类型节目的内容开始向多元化、多维度发展，并随之迸发出了更为多元的价值观。湖南卫视《我家那小子》《我家那闺女》是两档定位为“亲情”的情感类观察节目。节目探讨两代人对婚姻、家庭、生活的不同观念，向大众展现出幸福生活的多种方式。

《我家那小子》由明星家长组团围观孩子们的日常生活，在妈妈与儿子们的“交锋”中完成一系列中国式亲子关系的探讨。这个节目也让观众近距离地看到了明星的独居生活是什么样子。《我家那小子》的成功让湖南卫视迅速打造了姊妹篇2.0《我家那闺女》，为大家呈现明星的生活，没有多余的任务设置，只是简单地记

录生活：明星也吃麻辣烫；世界冠军也需要爸爸亲自接送；身处琳琅满目的名利场，也会担心自己成为剩女。节目甚至变成了爸爸们对大龄女青年们的花式催婚大会，看似依旧在表现“恋爱”，但实际上探讨的却是生活观与婚姻观。

无论是《我家那小子》还是《我家那闺女》，明星们的日常生活组成了独居青年图鉴，节目用真实诠释了细节，不仅满足了观众的窥视欲，还能让观众从中找到自己的影子，节目对于爱情、对于孤独、对亲子关系的呈现都能引起他们的共鸣。对比两档节目的观众集中度可以看出，基本上两档节目均受到青少年和中青年家长的喜爱，这符合节目的观众定位（图 1）。

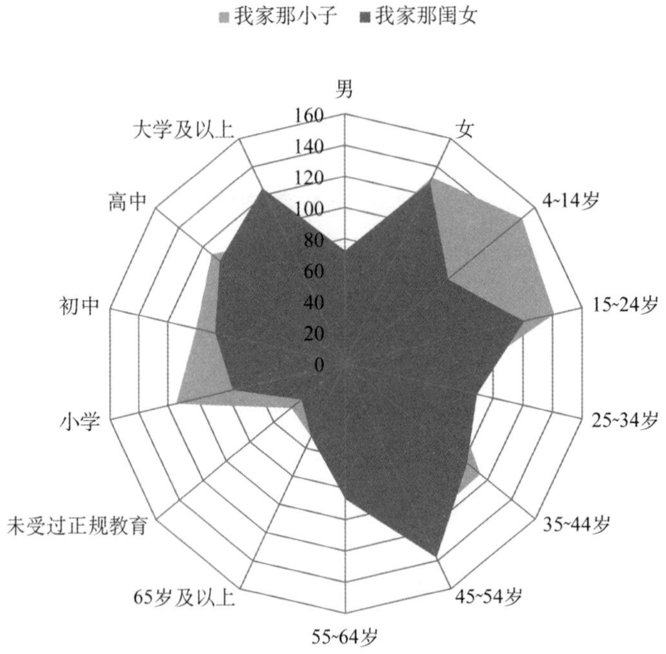

数据来源：CSM 媒介研究

图 1 《我家那小子》《我家那闺女》观众集中度（%，71 城市）

- 中国交通广播《北辰在找你》

中国高速公路交通广播的《北辰在找你》是拥有主持人和心理医生双重身份的心理咨询师北辰创办的一档专业心理疏导节目，每周一至周五 21:00～22:00 播出，节目以超强的亲和力和公信力赢得了听众良好的口碑。节目以寻找不快乐的人为途径，以切实解决问题为宗旨，给有心理压力和困惑的人，甚至有心理疾病和障碍的病患以专业的心理疏导和辅助治疗。这样一来，节目便不再拘泥于爱情的主题，遭遇择业、失业、择偶、家庭矛盾、婚外情、留守儿童、人情冷漠等社会问题的听众皆可以在节目中获得精神的抚慰和情感的宣泄。“谁不是一边迷茫，一边努力生长”“深爱丈夫，却享受出轨的刺激？”各种话题皆可以在节目中讨论。

除了线上的情感交流，北辰还推出了全国解压巡回演讲，在两性情感心理、灾难紧急心理干预、健康心态指导、缓解职场压力、消除职业倦怠等领域与听众进行面对面的交流。例如针对中高考生及家长人群的“中高考前心理辅导”主题；针对高校人群的“大学生心理健康”主题；甚至还有针对企业员工的“情商及领导力提升训练”主题等。丰富的线下活动助力了《北辰在找你》品牌的打造，从其2019年的听众构成和集中度中可以看出，25~44岁的中青年，大学及以上高学历人群是该节目的主要收听人群（图2）。

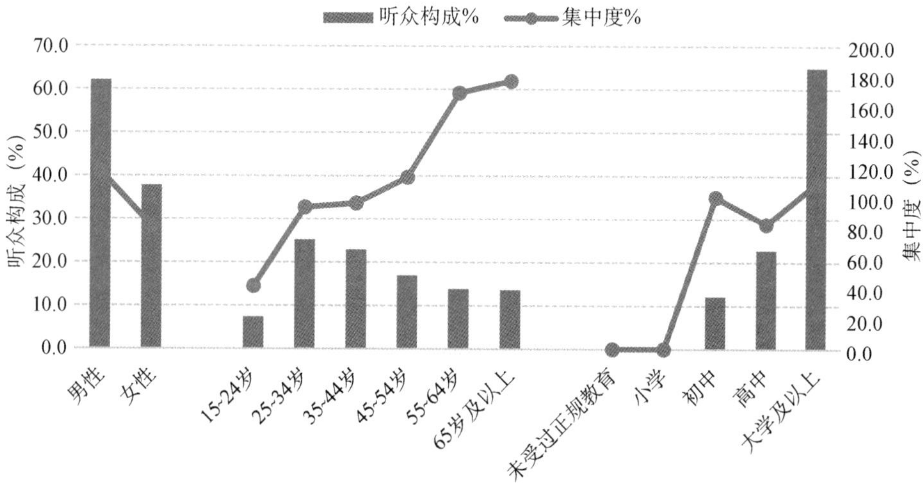

数据来源：CSM媒介研究

图2　2019年1~5月《北辰在找你》听众构成与集中度（%，北京）

2. 寻求真实性与戏剧性的平衡

2010年至今，一大批情感调解类节目在社会家庭情感纠结、冲突不断的背景下应运而生。大量纷繁多样的社会情感问题为这一类型的情感类节目提供了源源不断的案例，但这类节目也面临着严峻的压力：一方面，各种娱乐化的表现手段出现在情感调解节目中，为节目的最大化传播效果起到了促进的作用；但另一方面，过度的娱乐化和虚构的情节也让一些情感节目失真。在保证情感表达的真实性基础上寻求戏剧性效果，是情感调解节目的平衡所在。

- 天津卫视《爱情保卫战》

《爱情保卫战》自开播以来，经历了数十次微调和改版，选题领域从原先的情侣扩展到了夫妻，这样一来，节目的选题量增加了一倍；选题内容也从原先的典型极端逐渐转变成平常百姓家的生活缩影，让观众有代入感。对于一档情感调解类节目而言，情感危机案例如同节目的发动机：房子、工作、两地分居、年龄差距、二婚、父母干涉……越来越多的问题成为年轻人奔向婚姻的绊脚石，而这些问题又直接或间接地反映了当今的社会现实。在节目制作初期，《爱情保卫战》在内容表现篇幅上更侧重于嘉宾和情感专家，主持人更多的是承担访问、控场的职能。从当时节目收视效果来看，观众通过记住情感专家的毒舌点评、矛盾嘉宾的典型故事及双方针锋相对的舞台表现而记住了节目，节目树立了初期的风格与定位。但随着录制时间的增长及政策的导向引领，节目后来更加侧重于情感专家和主持人的分析点评，以发挥生活服务和情感服务的功能，逐渐找到了内容真实性与形式戏剧性的平衡点并固定了下来。可以说，真实是《爱情保卫战》的根本，也是它的一大收视看点。节目中情侣所面临的问题，正是广大受众所面临的，抑或是正在受众身边上演着的。这档节目在天津本地拥有着极好的口碑。作为一档开播近 10 年的王牌节目，即使在媒体竞争激烈的今天，它依旧保持着旺盛的生命力，从近两年的收视走势可以看出，节目始终保持着较高的收视，且 2019 年普遍高于 2018 年水平（图 3）。

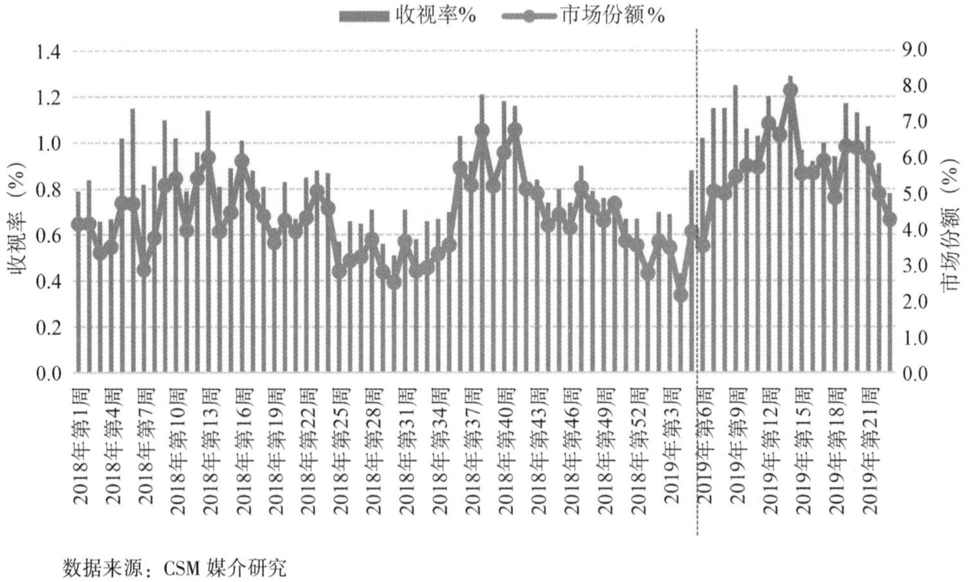

数据来源：CSM 媒介研究

图 3　2018 年至今《爱情保卫战》分周收视走势（天津）

● 吉林新闻综合广播《晓声长谈》

《晓声长谈》是吉林人民广播电台新闻综合广播 FM91.6/AM738 于 2008 年 7 月 10 日创办的一档情感服务类节目，主持人钟晓，播出时间为每天 19:00～20:30，共计 90 分钟。可以说《晓声长谈》是情感路途中的一盏明灯，让听众心中摇曳的情感不再像颠簸的舟，而是有了可以宣泄的渠道。节目从真情实感出发，在这里，每天都有人的心结被打开，每天都有人走出情感误区，每天都有人的心灵得到慰藉，每天都有人在意乱情迷中，在主持人的循循善诱下，得到一个好的建议，理出一个明智的选择。主持人通过热线电话或者短信等与听众进行心理沟通，一步一步打开当事人的心灵大门，在这样你一言我一语的亲切交流中，“真情”成为节目的关注对象，也是节目的主导方向。节目关注的核心是“情”：爱情、亲情、友情、人情、真情，重点突出“矛盾”“心灵”，在关注“情”的同时，更关注矛盾的化解。心灵的沟通，使这个节目天然具有了较强的可听性。因为社会越发展、时代越进步，人们越需要这样一个平台，无拘无束、无所顾忌地进行情感的宣泄、交流和沟通。2019 年长春地区全天收听走势可以看出，《晓声长谈》播出时段形成了一个非常明显的晚间小高峰（图 4）。

数据来源：CSM 媒介研究

图 4　2019 年 1~5 月吉林人民广播电台新闻综合广播 FM91.6/AM738 全天收听走势（长春）

3. 与“新媒体”完美衔接

- 重庆卫视《谢谢你来了》

《谢谢你来了》是重庆卫视推出的一档青春励志节目，聚焦中国梦的时代主题，围绕“感恩”“道歉”“爱”“梦想”等情感主题，展示一代年轻人的青春历程和记忆，讴歌青春，传播正能量。节目以普通百姓为主角，观照老百姓的情感世界，透过一个个普通人的平凡故事挖掘闪光点，在顺境中指明方向，在逆境中点亮希望，坚定人们对美好生活的憧憬和信心，弘扬社会主义核心价值观。融媒体大潮中，《谢谢你来了》借助新媒体平台，结合互联网传播理念和习惯，实现了传播力和影响力的最大化。

节目充分利用微博、微信的特性，让电视与网络无缝对接，主持人在节目中抛出话题，让观众在线下通过微博、微信进行讨论，发表看法，主持人在下期节目开始前再结合观众的观点对话题进行讨论。《谢谢你来了》的选题大多具有话题性和时效性，比如二胎政策开放后，有一期节目的主题就是二胎引发的矛盾。除此之外节目还有“剩女”“家庭教育”等热点话题，这些都可以成为节目与观众互动的情感话题。除此之外，随着媒介终端的融合，越来越多的人选择在网上观看电视节目。因此，电视节目需要运用互联网思维，针对不同终端的用户，进行内容的差异化设置，以满足青年人的多屏需求。例如节目重新剪辑归类成小片段，让网民可以根据自己的需求快速地进行点播浏览等。

节目自 2017 年起每周播出，三年来在重庆当地取得了不错的收视成绩，对比近两年的收视与份额走势可以看到，节目播出相对稳定，普遍在重庆当地取得了高于1%的收视成绩（图 5）。

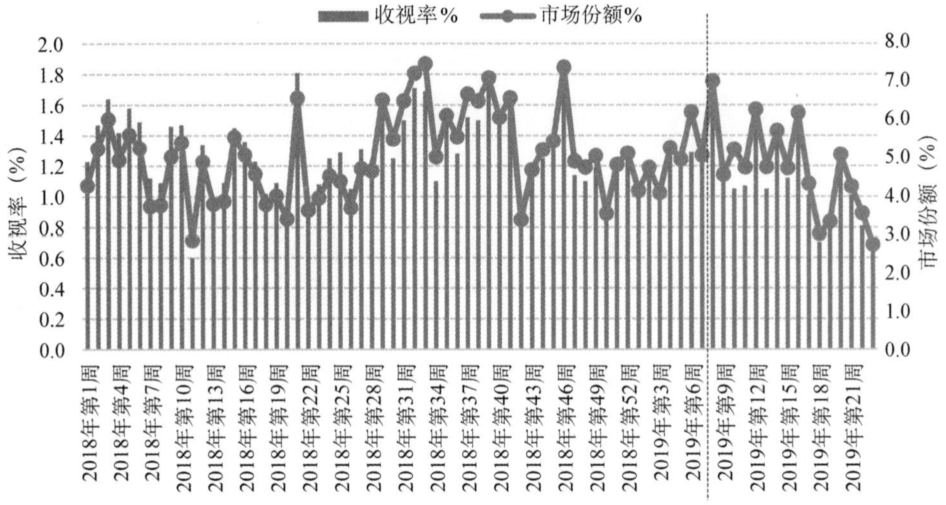

数据来源：CSM媒介研究

图5　2018年第1周~2019年第21周《谢谢你来了》分周收视走势（重庆）

● 黑龙江都市女性广播《叶文有话要说》

广播电台情感类节目与新媒体的融合，除了通过两微一端对节目进行单纯的品牌推广外，已经逐渐升级为对品牌或者品牌下主持人的打造。随着节目收听终端的多样化，用户的选择机会也增多了。近几年网络电台如荔枝App、蜻蜓FM、喜马拉雅FM等，既可以满足媒体收听和传播的基本属性，又可以做个性化的选择和定制，因而更加符合现代听众的信息接收习惯；同时这也标志着情感咨询、陪伴、谈话类节目有了新的传播形式，在互动和时效性方面可以做得更加极致。科学技术的变革不可避免，广播电台可以因技术的进步而使节目内容更加丰富和多元化，使用户体验更加优质。因此，传统广播电台的情感类节目应该利用市场机制，运作新的媒介，与互联网企业进行终端的开发合作，将节目升级为全媒体产品，打造品牌，使之拥有强大的后续力，这样才能使电台情感类节目在新媒体的大背景下立于不败之地。

提起广播情感类节目，黑龙江都市女性广播的《叶文有话要说》不可忽视。这是一个曾经创造当地收听近25%神话的节目，是一档典型的私密话题类情感广播节目：用户打进情感热线来诉说自己的情感问题，主持人叶文化身听众心目中的情感专家提出解决方案。不同于那些循循善诱的温柔开导，《叶文有话要说》采用了一种“向你开炮式”的风格，为节目引来了大量的粉丝，也使得《叶文有话要说》节目品牌得以迅速确立。抛开对节目边缘话题和言语打击的某些争议，单纯从节目与新媒体平台的嫁接上来看：单是在喜马拉雅平台上，《叶文有话要说》便开设了“叶文有话要说”“叶文时间”“叶文讲故事”和“新大学时代”4个专辑，积累了近37万的粉丝量；同时，每一个音频结束后，背景音都会提示听众添加微信公众号“叶文时间”，再加上网页、微博、蜻蜓FM等的合力，形成了《叶文有话要说》的新媒体矩阵（图6），多管齐下，将节目和主持人打造成了东北地区乃至全国行业内知名的女性情感节目品牌。

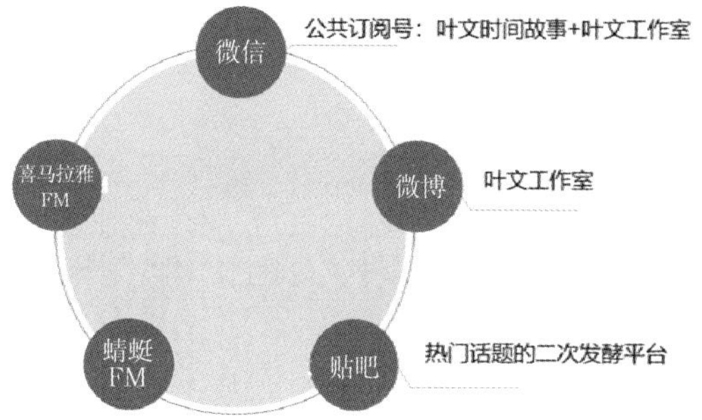

数据来源：CSM 媒介研究

图 6　《叶文有话要说》新媒体传播矩阵

4. 进行产业化尝试

- 天津生活广播《相约玫瑰园》

天津广播电视台生活广播的《相约玫瑰园》是天津电台唯一一档婚恋交友类节目，于 2007 年开播，一直致力于以真实、服务和娱乐并重的风格为单身男女搭建交友的平台。节目每周一以探讨一些婚恋话题为主要内容，如婚前财产是否需要公证、是否应该做婚检、如何看待“闪婚”一族等话题。周二、周三、周四是“真人秀”，即邀请交友嘉宾来到直播间，以嘉宾为中心展现其独特的风采，在节目中间穿插已经录制好的嘉宾人物简介以及嘉宾亲友团对嘉宾的推介，同时现场直接连线听众“接绣球”，让他们向嘉宾提出自己最关心的问题。

《相约玫瑰园》还透过大量的线下交友活动，与各种婚宴周边行业品牌直接嫁接合作。平均每月进行一次地面交友活动，每次主题都不同。例如 2 月情人节期间，《相约玫瑰园》现场直播情人节交友活动；4 月，推出“用慧心寻爱，用诚心铸情”婚恋讲座，并举办了以植树交友为主题的活动，让年轻的朋友们在踏青中相识，在植树中定情；节目组还和市团委、残联共同举办过“玫瑰香飘助残日”交友活动，150 多名单身残疾青年参加了“玫瑰之约”交友活动，寻找自己的另一半；其他如《相约玫瑰园》走进公安局和教育局，举办“蓝盾情缘”交友专场；“七夕沐浴爱河”交友活动，等等。这些活动不但让在电台做客的神秘交友嘉宾有了一个亮相的机会，也让更多的人有了一个相识的良机，也形成了品牌的核心价值和影响力。

结　语

可以说，新媒体的快速发展为传统媒体情感类节目的传播带来了巨大的机遇，不仅有助于媒体多维度地展示节目内容，丰富节目传播形态，还能够显著提升节目的传播效果。作为传统媒体重要的节目类型，情感类节目肩负着重要视听来源和新媒体重要内容输出的作用。品牌的打造与用户的维系至关重要，所以在未来的发展道路中，情感类节目要充分利用新媒体优势，强化融合发展思路，探索符合自身特点、广受大家喜爱的媒体融合突围之道。

（作者：马超）

机遇与挑战并存的长三角广播一体化

——长三角地区广播市场分析

2018 年 11 月 5 日，习近平总书记在首届中国国际进口博览会上宣布，国家将支持长江三角洲区域一体化发展并将其上升为国家战略。2019 年 12 月 1 日，中共中央、国务院印发了《长江三角洲区域一体化发展规划纲要》，根据规划目标，到 2025 年，长三角一体化发展要取得实质性进展；到 2035 年，长三角一体化发展要达到较高水平，成为最具影响力和带动力的强劲活跃增长极。长三角一体化战略已经进入实质化阶段，这对包括广播、电视在内的各行各业都会产生一定的影响。与此同时，为了顺应互联网快速发展的浪潮，各广播电台紧跟时代的步伐纷纷推陈出新，打造属于自己的收听 App 和深耕微博平台等。在此背景下，如何抓住长三角一体化这一国家利好战略以谋求更大的发展，对于长三角区域的广播电台来说，是机遇和挑战并存，考验着长三角广播人的智慧。本文基于 CSM 媒介研究 2019 年 1~10 月广播收听连续调查数据，对长三角地区的广播市场进行分析，来看长三角广播一体化发展的实践和特征。

一、长三角地区具有移动 App 收听发展潜力

1. 长三角地区人均收听时长不高，具有移动 App 收听发展潜力

基于 2019 年 1~10 月数据，纵观全国各收听调查城市的收听市场（图 1），显然北方城市为重度收听市场，多个城市如沈阳、乌鲁木齐、哈尔滨、石家庄、长春和太原等地的人均日收听分钟数均超过 75 分钟。长三角地区的人均日收听分钟数较全国平均水平来看并不突出，上海、南京、杭州、宁波、苏州、无锡和合肥的人均日收听时长为 48 分钟，不足 1 小时。分场所来看，合肥、宁波和杭州的车上人均日收听时长高于在家收听，而南京和上海在其他场所的人均日收听时长位居前列。可见，在长三角地区，听众收听广播已不再局限于在家收听，而是随时随地都能够听广播，因而移动 App 收听具有强大的发展潜力。

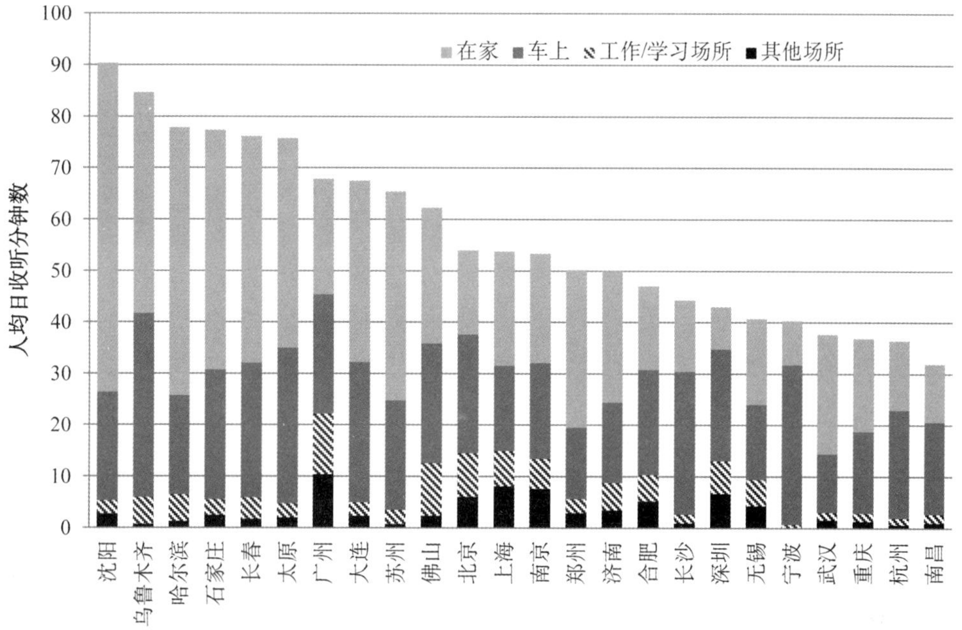

数据来源：CSM 媒介研究

图 1 2019 年 1~10 月全国主要城市不同场所人均日收听分钟数比较

2. 长三角省会城市省级频率竞争表现强势，地级市城市台占主导地位

从频率组来看，市级频率在无锡、宁波和苏州占据绝对主导地位。省级频率在上海的市场份额超过九成，而在竞争更为激烈的省会城市——南京和合肥，省级频率的市场份额均明显高于市级频率，而在杭州，省级频率和市级频率呈现出势均力敌之势，市级频率的市场份额略高于省级频率（图 2）；结合表 1 可以看出，在省会城市，当地市场份额排名前 3 位的频率几乎都是省级频率。

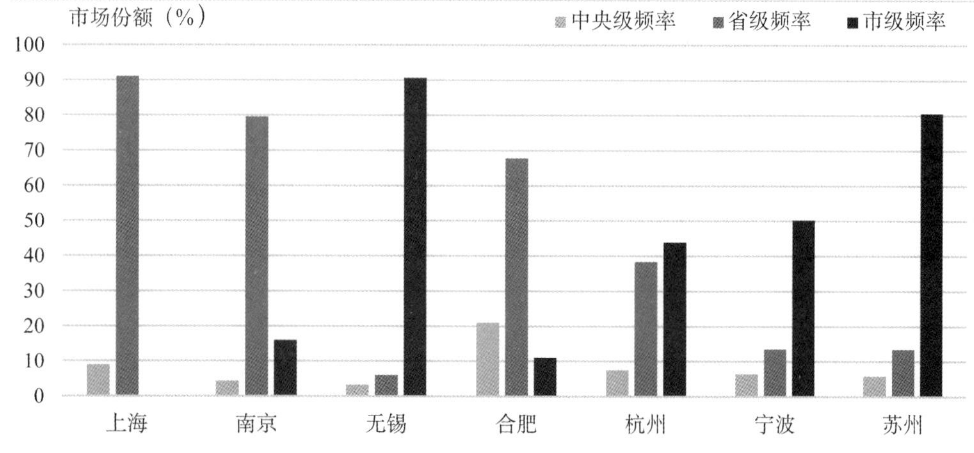

数据来源：CSM 媒介研究

图 2 长三角主要城市各级频率市场份额（%）

3. 音乐类和交通类频率优势明显，东广新闻台长三角之声在上海表现较好

在上海和南京，音乐类频率市场份额拔得头筹，上海流行音乐广播动感 101 FM101.7 和江苏经典流行音乐广播 FM97.5 的市场份额分别达到了 26.57%和 31.57%；此外，东广新闻台长三角之声 AM1296/FM90.9 以 9.32%的市场份额在上海地区排名第四，表现较为出色。而在杭州、宁波、苏州、无锡和合肥，交通类频率的竞争优势表现得更为明显，杭州交通经济广播 FM91.8、宁波电台交通广播 FM93.9 AM612、苏州广播电视总台交通经济广播 FM104.8、无锡广播电视台交通广播 FM106.9/AM1008 和安徽交通广播的市场份额分别达到了 24.93%、27.51%、37.62%、22.42%和 22.5%，位列各市场的第一（表 1）。

表 1　长三角主要城市市场份额（%）前五频率

上海		南京		无锡		合肥	
频率	市场份额（%）	频率	市场份额（%）	频率	市场份额（%）	频率	市场份额（%）
上海流行音乐广播动感 101 FM101.7	26.57	江苏经典流行音乐广播 FM97.5	31.57	无锡广播电视台交通广播 FM106.9/AM1008	22.42	安徽交通广播	22.50
上海人民广播电台上海新闻广播 FM93.4/AM990	18.46	江苏新闻广播 FM93.7	24.88	无锡广播电视台音乐广播 FM91.4/AM900	18.91	安徽音乐广播	20.88
上海经典金曲广播 LoveRadio 最爱调频 FM103.7	11.84	江苏交通广播网 FM101.1	8.16	无锡广播电视台梁溪之声广播 FM92.6	15.59	中央人民广播电台第一套节目中国之声	9.74
东广新闻台长三角之声 AM1296/FM90.9	9.32	江苏音乐广播 FM89.7	7.88	无锡广播电视台新闻综合广播 FM93.7	15.58	安徽经典音乐 929	8.35
第一财经广播 FM97.7	7.21	南京交通台交通 FM102.4	4.51	无锡广播电视台都市生活广播 FM88.1	9.13	中国国际广播电台环球资讯广播 FM90.1	4.88

杭州		宁波		苏州	
频率	市场份额（%）	频率	市场份额（%）	频率	市场份额（%）
杭州交通经济广播 FM91.8	24.93	宁波电台交通广播 FM93.9 AM612	27.51	苏州广播电视总台交通经济广播 FM104.8	37.62
浙江人民广播电台交通之声 FM93	8.94	宁波电台音乐广播私家车 986FM98.6	10.34	苏州广播电视总台都市音乐广播 FM102.8	15.68

续表

杭州		宁波		苏州	
频率	市场份额(%)	频率	市场份额(%)	频率	市场份额(%)
浙江之声 FM88/FM101.6/AM810	8.78	宁波电台经济广播 FM102.9 AM711	6.09	苏州广播电视总台综合广播 FM91.1	8.93
杭州 FM105.4 西湖之声	8.63	浙江之声 FM88/FM101.6/AM810	5.55	苏州广播电视总台综合广播 AM1080	5.57
浙江私家车 107 城市之声 FM107	7.11	浙江人民广播电台交通之声 FM93	5.32	中央人民广播电台第一套节目中国之声	4.92

数据来源：CSM 媒介研究

4. 长三角地区主要收听人群为中青年、高知的城市主力消费人群

从长三角地区的听众画像来看，收听人群主要以中青年为主。其中，上海、杭州和苏州地区的主要收听人群年龄在 25~34 岁之间，宁波和无锡地区的主要收听人群年龄在 35~44 岁之间，南京地区的主要收听人群年龄在 15~24 岁之间，合肥地区的主要收听人群年龄在 25~44 岁之间。此外，长三角地区高教育程度收听人群所占比例也较高，上海、杭州、宁波、南京、苏州、无锡和合肥的收听人群中，教育程度达到大学及以上的人群分别有 51.40%、42.54%、38.96%、41.80%、38.77%、37.09% 和 37.73%。由此可见，长三角地区主要收听人群为中青年、高教育程度的城市主力消费人群，他们有着非常高的市场价值（图 3）。

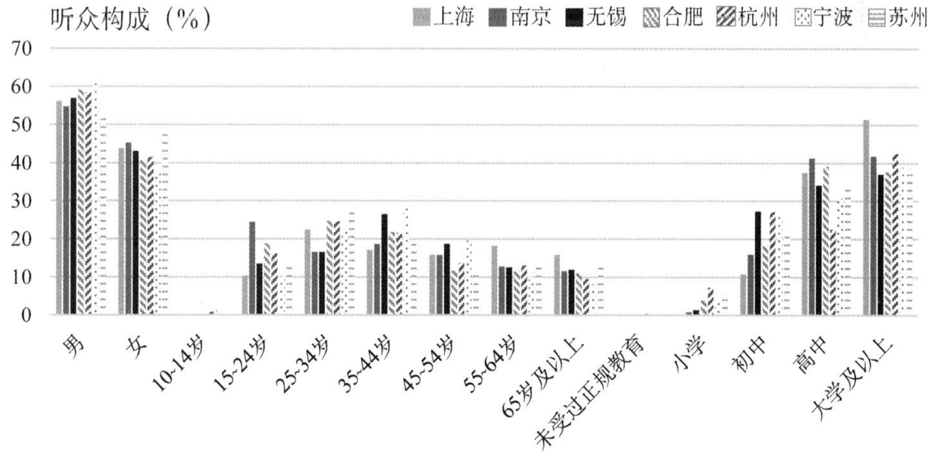

数据来源：CSM 媒介研究

图 3　长三角主要城市听众构成（%）

二、长三角广播借助新媒体发力

移动互联基础设施的普及，以及移动互联网络资源在用户端的低成本使用，使得新媒体进入了快速发展的时代，传统广播电台都面临严峻的挑战。面对这样的冲击，传统广播电台都在积极思考如何在受挤压的市场空间中找到新的增量，借助自有 App、微博等平台打开新媒体市场、扩宽市场规模。长三角地区广电的发展一直走在全国前沿，拥有相对更多的资源可以进行跨平台整合，其探索和获得的经验与教训可供业界其他同行在向新媒体领域拓展时借鉴。

（一）传统广播电台推出自有 App

随着蜻蜓 FM、喜马拉雅等互联网公司的 App 在新媒体领域疯狂“跑马圈地”，传统广播媒体也不甘示弱。长三角地区的传统广播电台也纷纷开发出自己的 App，例如上海广播电视台的阿基米德、江苏广播电视总台的大蓝鲸、浙江人民广播电台的喜欢听、苏州广播电视总台的看苏州、无锡广播电视台的智慧无锡、安徽广播电视总台的海豚听听等。传统广播电台自有 App 通过近几年的发展，在技术和社交层面上更加成熟，为广播媒体打破单一形式进行了有益的尝试，更是突破了地区的限制在全国形成了一定的影响力。

1. App 收听已经成为了收听总量重要的组成部分之一

得益于 Radio App 数据的推出，App 点播作为收听总量重要的组成部分的价值得到衡量和再现。并且，App 点播的人均收听时长在长三角 4 个测量仪城市中均保持着一个较高的水平，在收听总量中占比较高。其中，上海地区 App 点播人均收听时长占到了收听总时长的 35%，南京地区占到了 40%，无锡地区占到了 45%，合肥地区更是达到了 53%。App 点播收听已经成为收听总量重要的组成部分之一（图 4）。此外，

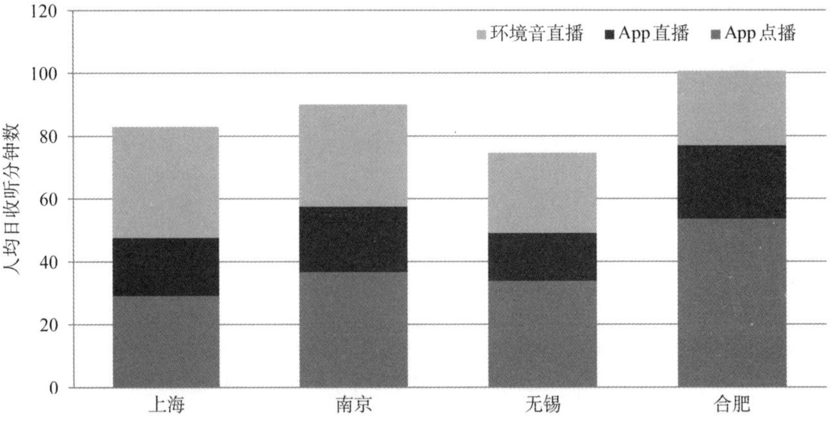

数据来源：CSM 媒介研究

图 4　长三角主要测量仪城市不同收听方式的人均日收听分钟数

App 直播收听在所有直播收听中也扮演着越来越重要的角色，App 直播收听在长三角 4 个测量仪城市中的收听率均呈现不断攀升的趋势。到 2019 年 10 月，上海地区 App 直播全天收听率达到了 1.50%，南京地区达到了 1.35%，无锡地区达到了 1.17%，合肥地区更是达到了 1.72%（图 5）。从中我们可以看到，App 收听未来的发展前景一片光明。

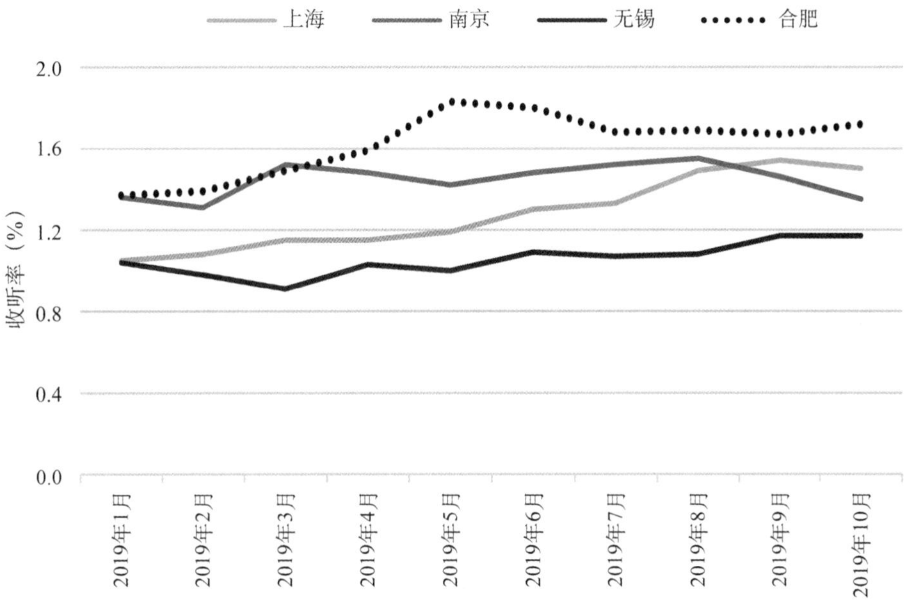

数据来源：CSM 媒介研究

图 5　2019 年 1~10 月长三角主要测量仪城市 App 直播收听率月走势

2. 自有 App 已经开始崭露头角

2019 年 1~10 月，在长三角主要测量仪城市组中，蜻蜓 FM、微信和喜马拉雅 FM 这 3 家互联网收听巨头牢牢占据了人均直播收听时长前 3 名的位置。其中，蜻蜓 FM 有着强大的竞争力，以人均 3.80 分钟的直播收听时长排名第一；微信和喜马拉雅 FM 不分伯仲，呈现出竞争态势，人均直播收听时长分别为 1.65 分钟和 1.54 分钟。传统广播电台自有 App 经过发展已经开始崭露头角，江苏广播电视总台的大蓝鲸和上海广播电视台的阿基米德已经进入了长三角测量仪城市 App 人均直播收听时长前 10 位之列（图 6），其中，大蓝鲸在南京地区以 2.89 分钟的人均直播收听时长排名第一（图 7）。假以时日，也许会有更多的电台自有 App 加入前 10 位甚至前 3 位的竞争当中。

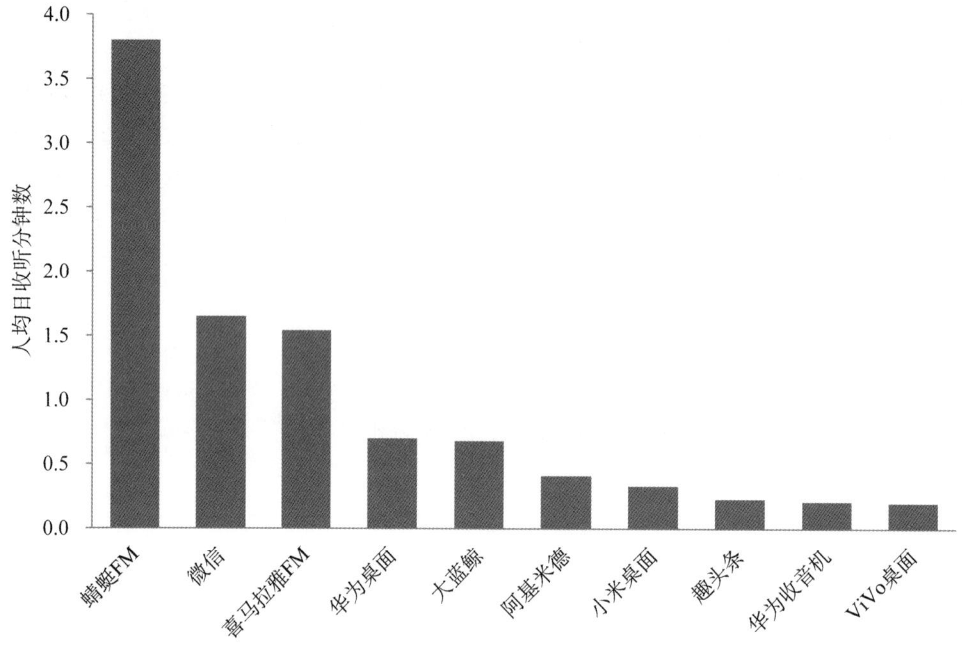

数据来源：CSM 媒介研究

图 6　长三角主要测量仪城市 App 人均直播收听时长排名

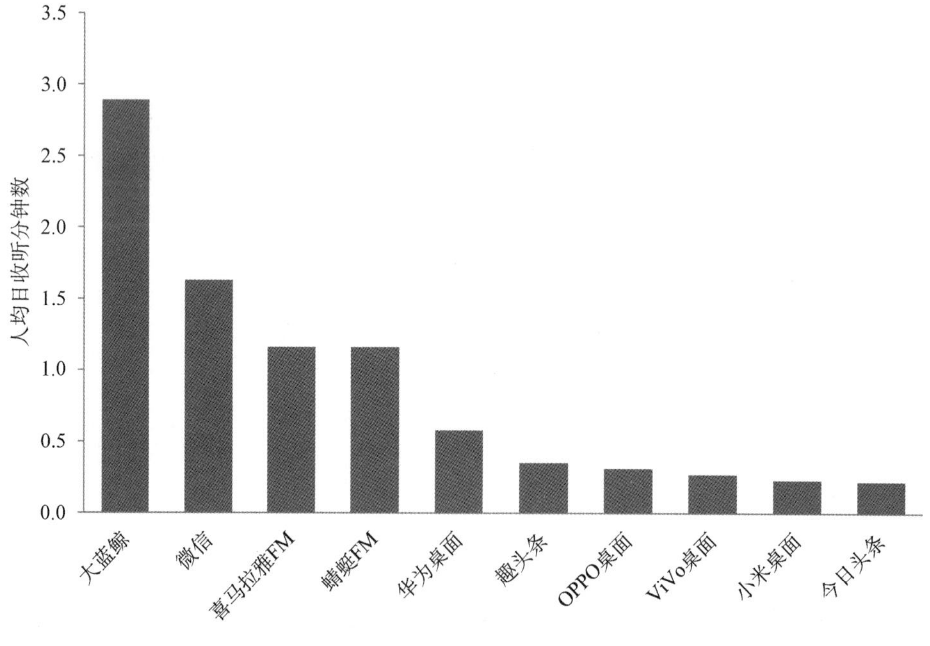

数据来源：CSM 媒介研究

图 7　南京地区 App 人均直播收听时长排名

(二)长三角广播电台微博走在传统广播电台的前沿

根据CNNIC发布的《中国互联网络发展状况统计报告》，截至2018年12月，中国微博用户规模为3.5亿人，与2017年末相比增长了3456万人，网民使用率达到42.3%。自2009年以来，各类电视、广播、纸媒纷纷开设了官博账号。自此，微博成为传统广播电台新的开拓地。基于2019年1月1日~2019年10月31日的CSM微博开源数据，我们可以发现来自长三角的3家广播电台（上海广播电台、江苏广播电台和浙江广播电台）的微博互动量①在全国主要地方广播电台微博当中居前3位（表2）。此外，来自长三角的无锡广播电台、安徽广播电台和杭州广播电台的微博互动量也较多，排名靠前。从中分单个微博账号来看，截至2019年10月31日，来自长三角广播电台的微博账号占据了TOP20当中的半壁江山，达到了一半。其中，江苏交通广播网和937江苏新闻广播分别以27万和26万的粉丝量占据了前2位的位置（表3）。由此可见，长三角广播电台的微博走在传统广播电台的前沿，无论是互动量还是粉丝量都处于领先位置。

表2 全国主要地方广播电台微博账号组互动量TOP20

账号组	发博量	互动量	视频播放量
上海广播电台	15478	7485079	9.76亿
江苏广播电台	12171	742745	328.50亿
浙江广播电台	26728	726417	456.08亿
北京广播电台	17502	432679	80.61亿
郑州广播电台	120680	402542	1955.28亿
河北广播电台	51776	254334	737.29亿
青岛广播电台	44297	145222	329.16亿
无锡广播电台	60755	118703	711.89亿
安徽广播电台	10162	100586	176.33亿
杭州广播电台	10039	73240	202.67亿
武汉广播电台	15531	57411	349.99亿
广州广播电台	15822	56674	119.69亿
深圳广播电台	1673	56241	3.06亿
济南广播电台	7045	50524	231.22亿
宁波广播电台	16516	36818	241.85亿
苏州广播电台	20003	26020	137.28亿
黑龙江广播电台	622	22902	1.88亿
山东广播电台	9823	22529	69.51亿
辽宁广播电台	5827	14991	7.54亿
石家庄广播电台	8742	14354	185.64亿

数据来源：CSM微博数据分析系统

① 互动量=转发量+评论量+点赞量。

表 3　全国主要地方广播电台微博账号粉丝量 TOP20

账号名称	认证机构	粉丝量
江苏交通广播网	江苏交通广播网、声动中国最受欢迎电台	2 726 506
937 江苏新闻广播	江苏广播电视总台新闻广播官方微博、声动中国最受欢迎电台	2 642 593
北京交通广播	北京交通广播官方微博	2 483 313
河北音乐广播	河北音乐广播官方微博、声动中国最受欢迎电台	2 372 448
FM93 浙江交通之声	浙江电台交通之声官方微博、声动中国最受欢迎电台	2 367 890
FM1045 女主播电台	全国首家女主播电台 FM104.5 品质生活广播	2 351 506
杭州交通 918	杭州交通经济广播 交通 91.8 官方微博	2 006 719
直播新疆	新疆人民广播电台	1 988 633
龙广官方微博	黑龙江人民广播电台官方微博	1 917 829
浙江之声	浙江电台浙江之声官方微博	1 868 102
活力 982	北京人民广播电台调频 FM98.2 官方微博	1 825 334
北京新闻广播	北京新闻广播官方微博	1 811 642
北京文艺广播	北京文艺广播官方微博	1 693 990
私家车第一广播	FM107 浙江电台城市之声官方微博	1 680 632
江苏广播	江苏人民广播电台官方微博	1 429 919
FM1052 羊城交通台	FM1052 羊城交通台官方微博	1 319 564
1048 苏州交通广播	1048 苏州交通广播官方微博	1 098 696
叶文工作室	黑龙江人民广播电台《叶文工作室》栏目	1 061 061
东广新闻台	东广新闻台 打造互联网新闻广播	951 605
广州交通电台	FM106.1-广州应急广播/广州交通电台官方微博	89 9317

数据来源：CSM 微博数据分析系统

三、长三角广播携手共进逐步推进一体化

为推动长三角更高质量的一体化发展，传承广播在长三角报道中的历史优势，担当起广播电台在长三角一体化中的使命，同时促进长三角广播的融媒体发展，阿基米德搭建了“中国长三角（网络）电台”作为长三角新闻融媒体平台的官方电台。“中国长三角（网络）电台”聚焦于长三角地区，从上海、江苏、浙江、安徽这 4 个地区的省市级电台中精选了 21 档优质新闻广播节目，为听众提供最新的音频新闻资讯，音频流还可以提供给各台 App 共享。除音频外，电台还兼有图、文、视内容，能实现长三角信息的字、图、音、视全样态传播，汇集长三角媒体资源去集中宣传，从而充分反映长三角区域党建引领、改革成就、建设实践、发展思考、文化传承、社会故事、风土人情等，体现长三角人精神风貌，让准确、权威的信息传

播得更快、更广。“中国长三角（网络）电台”将依托广播的力量从更高的层面，从更好的角度讲好长三角一体化发展的精彩故事，传播好新时代区域发展的最强音。长三角广播没有停下探索的脚步，还努力从其他方面逐步推进长三角一体化。

1. 东广新闻台改版长三角之声并推出多档长三角节目

为深入贯彻落实习近平总书记对长三角一体化发展的重要指示精神，同时上海作为长三角的核心城市，由上海人民广播电台牵头，2019 年 4 月 1 日东广新闻台 FM90.9 全新改版，打造“聚焦长三角、聚力一体化”的东广新闻台长三角之声。东广新闻台的节目以权威性和社会性著称，立足上海，着眼长三角。新节目版面以“直播、现场、交互”为关键词，传承以往东广新闻台的新闻资讯特色，梳理长三角地区的热点话题，并将新闻视野投向火热的长三角建设发展。这些节目既注重弘扬中国传统文化，彰显人文情怀，又用创新亲切的表达方式记录这片土地日新月异的变化，为听众呈现了一个更为立体的中国长三角。改版的同时，东广新闻台长三角之声还推出了多档与长三角相关的节目。

《长三角先锋派》聚焦江南文化，以文化为纽带，串联长三角各地的精神和情感。记录剧场内外，聚焦影视动态，寻访街巷里弄，讲述城市故事，发掘江南文脉，关注文化热点。例如，2019 年 10 月 29 日《长三角先锋派》的主题为“生活中的‘上海牌’”。上海这两个字，在很多年前不仅仅是一个地名，还是一个品牌。上海牌的手表、上海制造的服装、印有上海两个字的手绢，等等，都是时尚、洋气以及好品质的代表。今天，以上海牌冠名的产品已不多见，当年的设计师们也随之被渐渐淡忘。为此，《长三角先锋派》邀请到上海风景工作室美术总监，也是“生活中的‘上海牌’展览”的策展人——姜庆共先生，让他跟新老上海人聊聊收集到的这些产品设计的前世今生，也向那些曾经为上海设计奉献过青春的前辈设计师们致敬。

《长三角博览会》是博览长三角的窗口，海纳百川，群英荟萃。《长三角博览会》主要分为三个板块：《走遍长三角》带听众足不出户用耳朵走遍长三角，介绍长三角各个城市的历史风貌、人文故事、山水美景；《长三角百姓生活》深入长三角老百姓的生活，倾听百姓们的身边事；《汇听长三角》寻觅长三角各大广播电台优秀的广播节目。

《乐活长三角》搜罗长三角各地的最新资讯，侃天侃地侃衣食住行。2019 年 9 月 24 日《乐活长三角》的主题是秋天大家都感兴趣的话题——大闸蟹。两位主持人天乐和子佳在一种轻松诙谐的氛围下，跟听众们聊螃蟹情结、挑螃蟹秘诀、螃蟹做法等，让听众欢笑不断、口水直流。同时《乐活长三角》还有互动和送奖品等环节，让听众能够真正参与其中。在《乐活长三角》的小栏目《长三角声音大会》当中，各地方言和各地歌曲戏曲“登台亮相”，主持人天乐和子佳则学遍长三角各地的声音，拉近了长三角听众之间的距离。

《中国长三角》与长三角区域合作办公室密切合作，解读长三角一体化政策，聚焦长三角一体化实践，详解长三角在交通、公共服务、营商环境、产业发展、科技创新、生态环境治理等方面的一体化实践，邀请相关政府部门、市场一线负责人、专家学者等“长三角人”畅谈一体化的心得体会。

在以上节目中，表现最为出色的是《长三角先锋派》，从 4 月 1 日改版到 10 月 31 日，其市场份额已经达到了 10.94%，同时段排名第四；《中国长三角》市场份额为 7.82%，同时段排名第五；《长三角博览会》和《乐活长三角》均排名同时段第六，市场份额分别为 7.52%和 5.71%（表 4）。从听众画像来看，《长三角先锋派》因其富有历史和文化传承的节目内容而受到了 65 岁及以上老年人群的欢迎，而《乐活长三角》则以其诙谐幽默的节目风格吸引了大量 35～44 岁中年人群的收听（图 8）。

表 4　2019 年 4～10 月长三角系列节目收听表现

节目名称	播出频率	播出时段	市场份额%
长三角先锋派	东广新闻台长三角之声 AM1296/FM90.9	周一至周五 9:00～10:00	10.94
长三角博览会	东广新闻台长三角之声 AM1296/FM90.9	每天 13:00～14:00	7.52
乐活长三角	东广新闻台长三角之声 AM1296/FM90.9	每天 17:00～19:00	5.71
中国长三角	东广新闻台长三角之声 AM1296/FM90.9	每天 12:00～13:00	7.82

数据来源：CSM 媒介研究

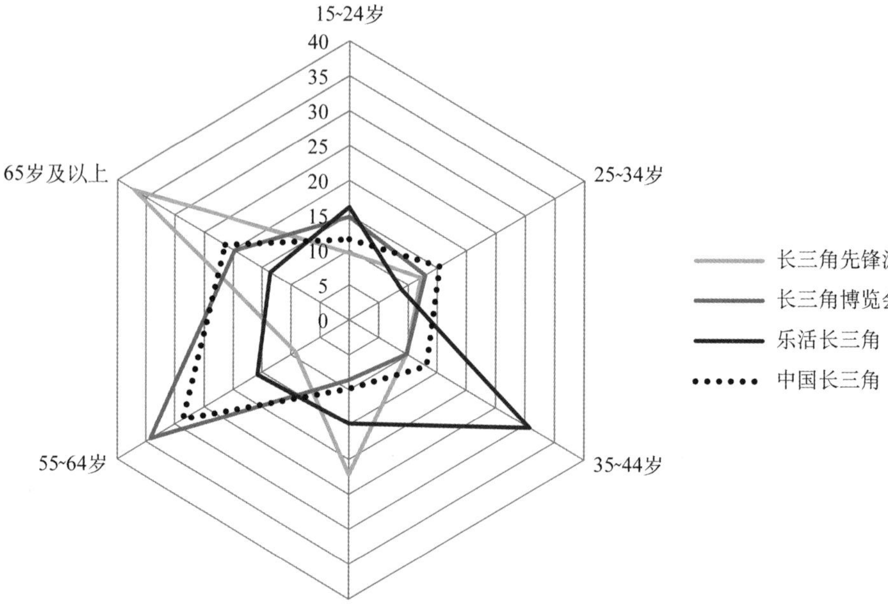

数据来源：CSM 媒介研究

图 8　2019 年 4～10 月长三角系列节目听众构成（%）比较

2. 长三角联播节目《我们都是长三角人——对话长三角市长》应运而生

随着长三角区域合作办公室的成立，长三角一体化的进程逐步加快，目前已经形成多层级的区域合作机制。除了每年举行的长三角地区主要领导座谈会，还有长三角地区合作与发展联席会议及其办公室。为深入贯彻落实习近平总书记关于“长三角一体化”的重要指示，长三角地区各广播电台也开始加强相互之间的合作，在此情境下，《我们都是长三角人——对话长三角市长》栏目应运而生。

《我们都是长三角人——对话长三角市长》节目是由中国广播电视联合会城市台广播新闻委员会和上海人民广播电台发起的联合新闻行动，上海东广新闻台长三角之声、南京新闻广播、杭州之声、合肥新闻广播、宁波新闻综合广播、湖州之声、苏州新闻广播、常州新闻综合广播、盐城新闻广播、扬州新闻广播等长三角城市台同步直播，同频共振。该节目邀请长三角地区主要城市的市长进入直播间，以融媒体立体呈现的形式，展示长三角各个城市区域一体化发展的各项举措。例如在10月31日，苏州市委常委、常务副市长王翔走进FM91.1苏州新闻广播直播间（图9），用一个半小时的时间和长三角的听众一起畅谈长三角一体化的进行时和将来时，分享苏州在长三角一体化发展中的思路。

数据来源：CSM 媒介研究

图9 2019年10月31日《我们都是长三角人——对话长三角市长》宣传海报

从《我们都是长三角人——对话长三角市长》开播以来，截至2019年10月31日，该节目在宁波电台新闻综合广播宁波之声FM92.0 AM1323的收听表现较为出色，市场份额达到7.95%，同时段排名第三（表 5）。

表 5　2019 年 9 月 4 日~10 月 31 日期间 7 期《我们都是长三角人——对话长三角市长》在各频率的收听表现

频率名称	市场份额%	同时段排名
东广新闻台长三角之声 AM1296/FM90.9	4.91	7
南京人民广播电台新闻综合广播 AM1008/FM106.9	5.07	7
杭州之声 FM89	1.36	13
合肥新闻综合广播 AM666/FM91.5	1.05	13
宁波电台新闻综合广播宁波之声 FM92.0 AM1323	7.95	3
苏州广播电视总台综合广播 FM91.1	4.71	9

数据来源：CSM 媒介研究

3. 新闻联动——搭建进博会广播报道联盟

2019 年 11 月 5~10 日，第二届中国国际进口博览会在上海成功举办。此次进博会，不仅有上海人民广播电台、安徽之声、江苏新闻广播、浙江之声、FM92 宁波新闻综合广播、南通新闻广播、苏州广播电视总台广播中心、芜湖新闻综合广播、宣城综合广播这些长三角地区的广播，还有北京新闻广播、青岛经济广播、湖北之声、广东广播电视台珠江经济台等全国总计 31 家广播联手阿基米德，在基于首届进博会 16 家省级广播联合报道基础上，再次共同搭建了第二届进博会全国广播报道联盟。22 家省级广播电台、9 家市级广播电台突破地域限制，共建共享报道内容，在现场为大众带来了不同维度、亮点纷呈的进博会报道（图 10）。

[专员] 江苏新闻广播 彭航
【江苏新闻广播 彭航】这款料理机就是厨房小白们的"田螺姑娘"。电子屏上选好菜谱，按照指示放入一定比例的调料，然后就可以静待美味出锅。料理机同时也是一款精确度极高的电子秤，放几克调料被安排得明明白白。你与米其林大厨之间就是一口锅的距离。
[专员] 江苏新闻广播 彭航
【江苏新闻广播 彭航】每天过劳肥，
依旧懒得去运动？懒，也可以成为瘦的
理由。这款Slimpad包含脸部、腹部甚至脚部的仪器，只要贴在相关部位，电流即可运动肌肉。至于效果？工作人员称，一个月可以瘦3.6公斤。在场一位小姐姐当场立flag，如果能瘦，我愿意花两倍的钱。所以，就给懒人们种草一个减肥梦吧。瘦不瘦不重要，能不动就行。
直播
[专员] 宁波新闻综合广播 顾迎燕
11月5日，第二届进博会在上海国家会展中心正式开幕，全球3000多家品牌企业携带各自的"尖端好物"隆重亮相。大家一定都很好奇，进博会上都有哪些"宁波元素"呢，让FM92.0记者胡逸文带你一探究竟~
03:10
[专员] 陕西广播电视台 吴伟
【进博会来了 陕西交易团要开始"扫货啦"！】（陕西台特派上海记者邹隽喆报道）第二届中国进博会，陕西派出2000多家采购单位、5000多人的代表团参会。去年，陕西网上注册报名的单位共1300多家，网上注册报名人数3800多人；今年，网上注册报名的单位超过2000家，人数超过5000人。同时，经各交易分团组织企业对接撮合，今年陕西交易团
直播

数据来源：CSM 媒介研究

图 10　部分广播电台进博会报道

此外，上海广播电视台还推出了《进宝同期声——联动长三角》节目，该节目与长三角各台积极“拉手”，邀请苏浙皖3个省台、苏州、宁波和芜湖3个市台的主持人走进“进宝FM”设立在展馆中的上海人民广播电台直播间，连线各台记者，对话长三角采购团人员和参展商。《进宝同期声——联动长三角》通过卫星传输与长三角6家电台同步直播，新媒体平台同步推送，每一期节目通过生动回访案例，从长三角省市台联动合作机制、政府与参展企业声音、故事与记者连线等形式，多维度、多形式地形成有效串联，以期让听众了解更好的长三角（图11）。

数据来源：CSM媒介研究

图11 《进宝同期声——联动长三角》直播现场

4. 线上线下记录长三角的美好

（1）线上活动——“长三角十二时辰”摄影大赛

东广新闻台长三角之声推出“长三角十二时辰”摄影大赛，旨在用照片记录长三角最美的瞬间，诠释属于长三角的故事。通过这个线上活动，人们可以足不出户就领略到长三角各地的风采，欣赏只属于长三角的美景。“长三角十二时辰”摄影大赛可以让人们在阿基米德App为自己最爱的长三角美图投票，票数最高的照片将获得“网络人气”奖。

（2）线下活动宣传——长三角青年交友大会

广播作为一个传统的媒介载体，为长三角地区的交流往来提供了一个平台。通过广播的宣传联动，可以增强线下活动在三角区域的权威影响力、群众知晓度、受众美誉度。2019 年长三角青年交友大会由上海市妇女联合会主办，上海市民政局、上海市总工会、共青团上海市委指导，上海市妇女儿童服务指导中心（巾帼园）联合东广新闻台——长三角之声、上海市婚姻介绍机构管理协会、上海锦江乐园共同携手，一同打造了这次最具权威性的青年交友公益活动。长三角各省市地缘相邻、人文相亲，历来是和睦相融的“朋友圈”。本次活动以长三角区域为更广阔的交友空间，用最轻松的游戏方式，让长三角的广大青年掌握交友新技能，帮助青年树立正确的交友观、婚恋观，引导青年放下手机走出网络虚拟世界，给长三角青年一个自由、自主、自信的交友空间。2019 年的长三角青年交友大会，听众可以在长三角之声微信公众号当中报名和投票，浙江、江苏等长三角地区的婚恋机构也在现场为青年提供了服务。

四、结语

长三角地区已经成为我国经济最具活力、开放程度最高、创新能力最强的区域之一，是“一带一路”和长江经济带的重要交汇点，在国家现代化建设大局和全方位开放格局中具有举足轻重的战略地位。在广播方面，长三角广播市场同样是最具发展潜力和发展活力的市场之一。长三角地区不仅拥有全国领先的移动 App 收听潜力，还有以中青年、高教育程度的城市主力消费人群为主的收听人群。同时，长三角地区广播在新媒体领域的发展也一直走在全国前沿，拥有相对更多的资源可以去做跨平台整合，在自有 App 和微博方面的发展也已经初见成效。如今，长三角一体化已经上升为国家战略，长三角广播借着时代的东风紧跟着长三角发展的步伐，推出了长三角频率、长三角联播节目以及进博会广播报道联盟，并有长三角线上活动和线下活动宣传联动。长三角广播在抓住机遇逐步推进一体化的同时也面临着长三角广播线下联合活动相对较少，长三角广播联动大多数还局限在特定事件和节假日中等问题。因此，长三角各地广播如何进一步开展节目联动？如何发起更多的线下联合活动？如何深入一体化交流？等等，这些问题都需要长三角广播人不停地去探索和实践。

（作者：潘琪）

广播受众的全媒体接触行为分析

就目前而言，建立在专业媒体、人工智能、云计算和大数据等基础上的新技术，已经从概念阶段走向实践阶段，并逐渐迈向智媒化阶段。媒介界限变得模糊起来，而5G的正式商用毫无疑问会加速这一进程。在此情境下，传统意义上的单一媒介接收者已成为过眼云烟，取而代之的是跨媒介或全媒介的接收者，广播音频受众亦然。那么2019年广播音频受众全媒体接触行为有哪些特点？本文基于CSM媒介研究2017~2019年12城市①“电视广播视听率调查基础研究问卷调查”的数据，对广播音频受众的全媒体接触行为做简要分析。

一、广播音频受众②主要特点

1. 中轻度受众占比持续走高，重度受众占比逐年走低

根据广播音频受众接触广播的频次，我们把广播音频受众分为重度、中度和轻度听众三种类型：“重度听众”指“过去半年内每周接触广播3次或以上的受众”；“中度听众”指“过去半年内接触广播频次每两周至少1次的受众”；“轻度听众”指“过去半年内接触广播频次至少1次的受众”。

2019年12城市调查数据显示，广播的重度受众所占比例为64.9%，中度和轻度受众所占比例分别为26.9%和8.2%。与前两年相比，重度受众所占比例逐年走低，中轻度受众所占比例则持续走高（图1）。随着新媒体新技术的发展，以及智能手机的普及，受众的注意力越来越被分散，他们投注在收听广播音频上的时间和精力已大打折扣。

---

① 12城市为成都、深圳、重庆、武汉、沈阳、广州、南京、北京、上海、天津、长沙和西安。

② 本文的“广播音频受众”指在过去半年内至少接触过1次广播直播节目或广播互联网音频节目的受众。

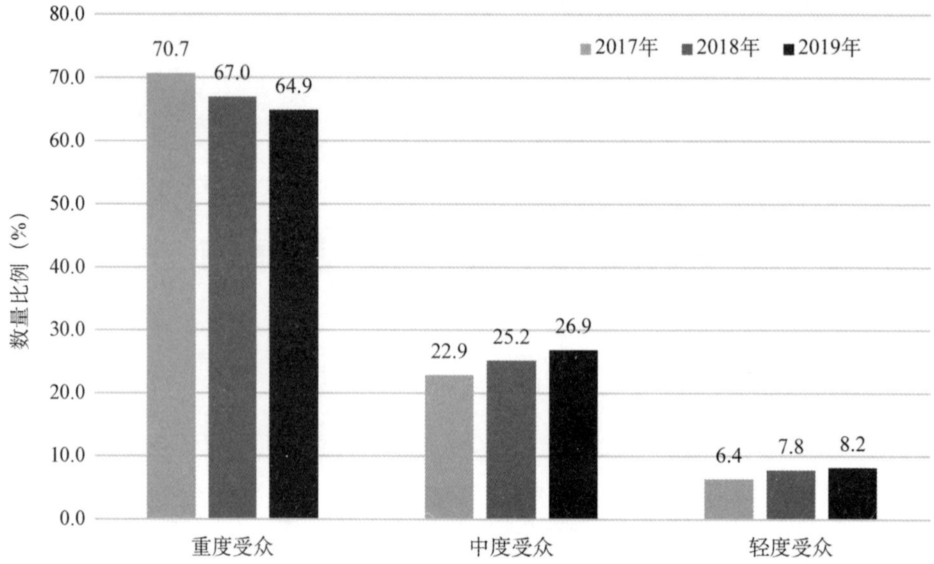

数据来源：CSM 媒介研究“电视广播视听率调查基础研究问卷调查”，2017~2019 年

图 1　2017~2019 年不同类型广播音频受众分布比例（%）

2. 主体受众结构相对保持稳定，受众含金量高

2017~2019 年 12 城市广播音频受众结构显示，中青年、中高学历、初级公务员/雇员和高收入群体构成了广播音频的主体受众群，且近年保持相对稳定。男性、45~54 岁、大专及以上学历、初级公务员/雇员和个人月收入 5001 元及以上高收入人群所占比例出现了连续 3 年持续走高的态势。总体而言，广播音频受众的含金量较高（图 2）。

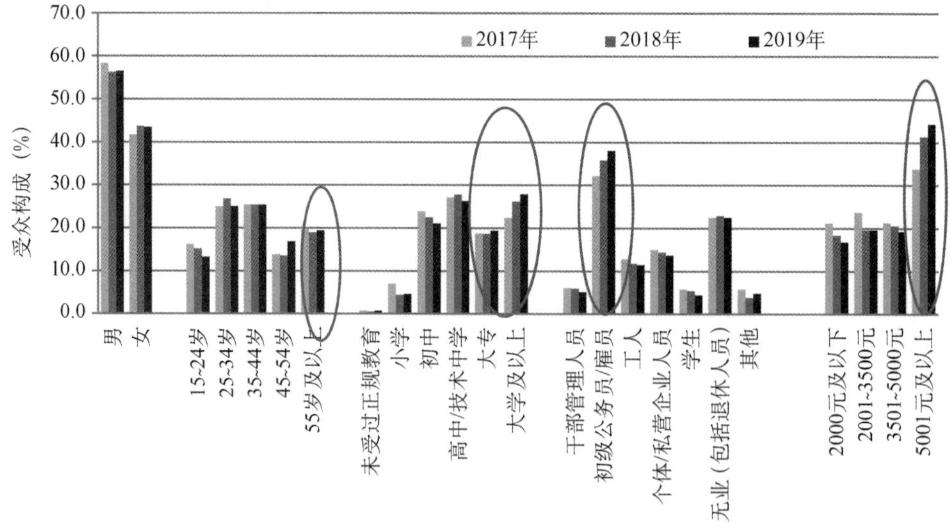

数据来源：CSM 媒介研究“电视广播视听率调查基础研究问卷调查”，2017~2019 年

图 2　2017~2019 年 12 城市广播音频受众构成（%）

二、广播音频受众上网设备选择及接触各类媒体概况

1. 手机成上网首选，传统上网设备所占比例持续下滑

现在，绝大部分媒体消费行为都要通过连通网络来实现，因而上网设备的选择就显得尤为重要。近三年来，手机成为广播音频受众上网设备的首选，几乎全部都在使用手机上网，当然这也得益于智能手机的普及以及手机功能的日益强大；与之相反，使用传统上网设备如台式或笔记本电脑上网的广播音频受众比例则持续下滑，“太笨重”、不好携带是造成这一现象的重要原因之一；使用平板电脑上网所占比例也难逃“厄运”，2019 年这一比例出现了明显下跌；使用智能电视或互联网机顶盒上网的广播音频受众比例在 2018 年实现了大跨步前进后，2019 年有所回落（表 1）。

表 1 2017~2019 年广播音频受众上网设备使用比例（%，多选）

上网设备	2017 年	2018 年	2019 年
台式或笔记本电脑	69.4%	64.3%	58.4%
平板电脑	29.6%	32.9%	26.9%
手机	99.1%	99.2%	99.5%
智能电视或互联网机顶盒	10.1%	23.3%	20.7%
其他终端（如 mp4、PSP 等）	0.0%	0.2%	1.1%

数据来源：CSM 媒介研究“电视广播视听率调查基础研究问卷调查”，2017~2019 年

2. 听广播音频、看电视仍是主流

如今是一个多屏共生的时代，每天有大量的信息冲击人们的眼睛，人们对铺天盖地的信息能接收到多少暂且不提，单说对时间和精力的分配就无法做到面面俱到，此时能够解放双眼的广播音频就凸显出自身的优势。2019 年广播音频受众接触各类媒体的比例显示，除了或主动或被动接触的户外广告和户外电视外，收听广播直播节目和收看电视直播节目仍是广播音频受众接触各类媒体的主流，半年内所占比例分别高达 98.5%和 97.5%；与此同时，分别有 78.4%和 86.7%的广播音频受众选择了收听广播互联网音频节目和收看电视非直播节目，受众的全媒体接触已成为一种常态，这是不容忽视、不可逆转的（图 3）。

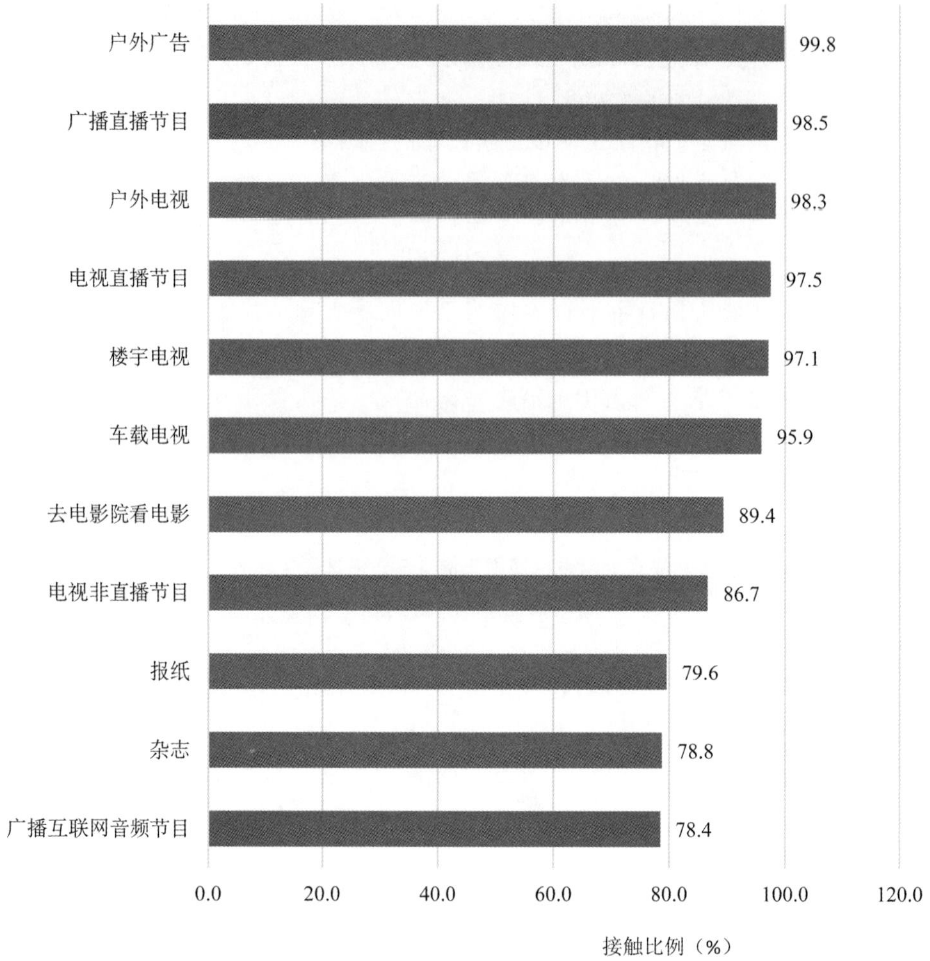

数据来源：CSM 媒介研究“电视广播视听率调查基础研究问卷调查”，2019 年

图 3　2019 年广播音频受众半年内各类媒体接触比例（%，多选）

三、广播音频受众音频节目收听情况

1. 车载广播仍为首选设备，使用手机收听比例快速增长

广播音频受众收听音频节目经常使用的设备和途径显示，车载广播、手机内置收音机/App 和收音机仍是受众收听音频节目时优先选择的 3 类设备和途径。其中车载收音机位居榜首，有超过三分之二的受众把它作为收听广播音频节目的首选设备；手机内置收音机/App 位居次席，成为近三分之一受众的选择，且该选择比例较 2018 年有明显增长；收音机位列第三，但所占比例较 2018 年有明显下滑（图 4）。随着媒介传播渠道和传播方式的革新，受众对媒介的消费形式也在发生日新月异的变化，这一数据未来走势如何仍值得期待。

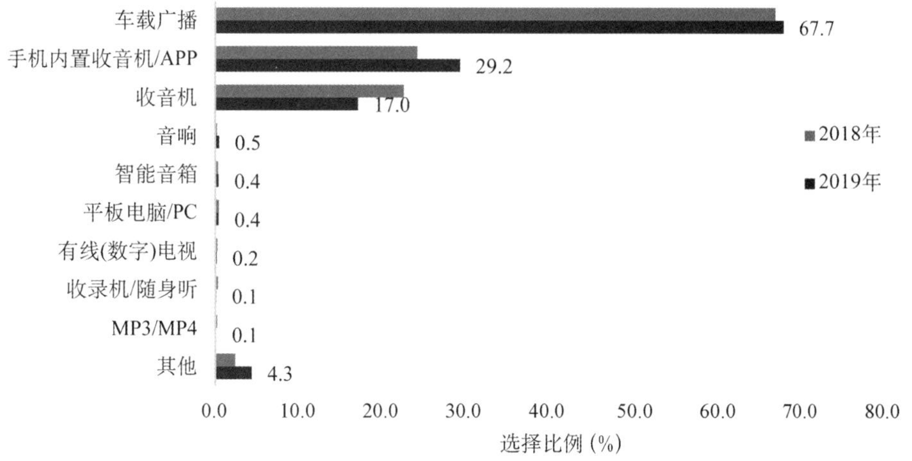

数据来源：CSM 媒介研究"电视广播视听率调查基础研究问卷调查"，2018~2019 年

图 4　2018~2019 年广播音频受众收听音频经常使用的设备和途径比例（%，多选）

2. 新型收听设备使用者直播收听回落，互联网音频节目更受青睐

由上文可知，使用手机收听音频节目的受众比例涨势喜人，那么广播音频受众使用手机内置收音机、手机 App 和平板电脑/PC 到底收听了何种内容类型的广播？整体而言，互联网音频节目受到越来越多受众的青睐，所占比例高达 86.6%，较 2018 年有明显提升；收听广播直播节目的点播/回放所占比例也在稳步提升；但收听广播直播节目的比例急速下降，由 2018 年的 58.6%减少到了 2019 年的 45.6%（图 5）。快节奏的生活、注意力的分散，再加上手机的高度智能化和便携性和各类音频 App 市场的日益兴盛，使得受众收听音频节目成为一种随时随地、碎片化的行

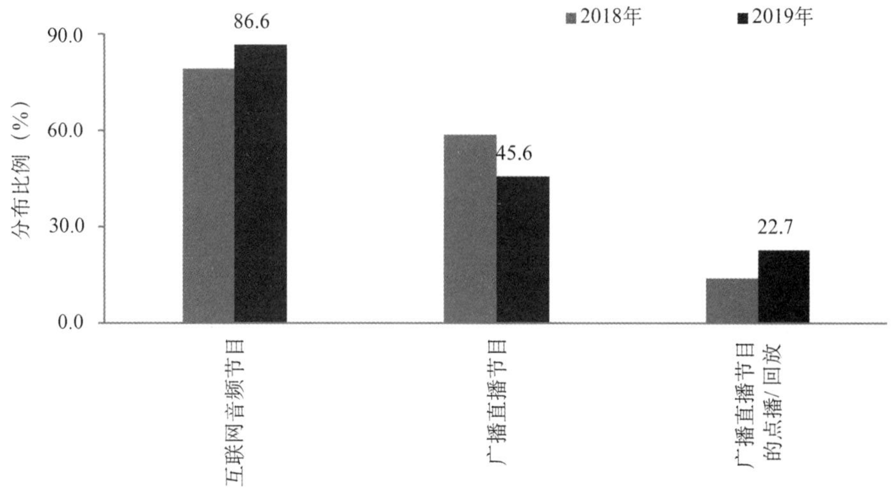

数据来源：CSM 媒介研究"电视广播视听率调查基础研究问卷调查"，2018~2019 年

图 5　2018~2019 年广播音频受众使用手机内置收音机、手机 App 和平板电脑/PC 收听广播内容类型分布比例（%，多选）

为。没时间、没精力、没耐心去按部就班地收听直播节目也就成了一种自然而然的现象，这对传统线上广播造成了不小的冲击。

3. 广播音频 App 市场发展参差不齐，广播受众选择集中于少数几家 App

"耳朵经济"作为一种新兴的网络音频产业，突破了广播线性传播的特点和收听的时空限制，全方位开发了人类接收信息的功能，俨然成为当下的新风口。在此情境下，各类音频 App 也纷纷入市。无论是收听直播节目还是收听非直播节目，广播音频受众选择比例较高的 App 均集中于喜马拉雅 FM、网易云音乐、QQ 音乐、蜻蜓 FM 和微信，且它们大比幅地领先于排名靠后的其他音频 App。同时，我们也可以看到传统广播电台所衍生出来的音频 App 的身影，如阿基米德、中国广播、央广新闻和听听 FM 等（图 6）。由此可见，整个广播音频 App 市场现在呈现出一种参差不齐的发展态势，少数几个 App 聚集了大部分的受众，而绝大多数 App 则表现平平。

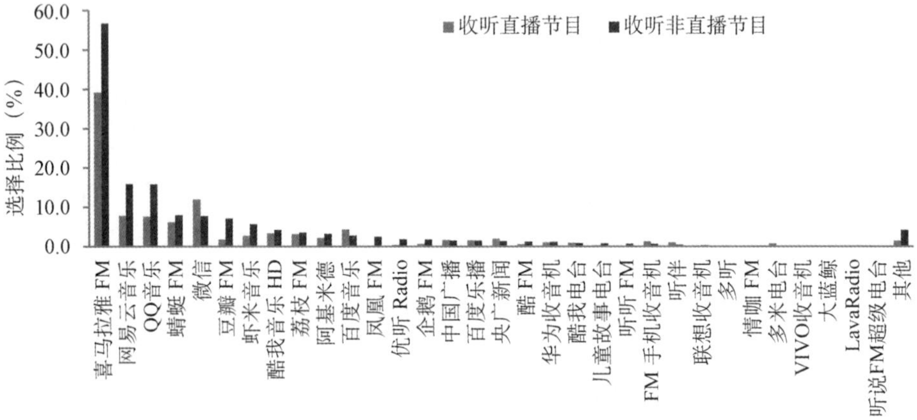

数据来源：CSM 媒介研究"电视广播视听率调查基础研究问卷调查"，2019 年

图 6　2019 年广播音频受众收听广播直播节目或非直播节目时不同广播音频 App 的选择比例（%，多选）

4. 受众倾向于收听资讯类、休闲娱乐类节目

广播音频受众喜欢收听的音频内容类型选择显示，新闻/时事类、音乐类和生活服务类节目位列前三，有 64%的受众把能提供新闻资讯的新闻/时类节目作为首选，使这类节目位居榜首；伴随和休闲特质相对更为明显的音乐类节目得到了 62.5%的受众关注，位列次席；而为受众提供生活便利的生活服务类节目则受到了接近四成受众的喜爱，位列第三；为人们带来欢笑和娱乐的文艺类节目也被超过四分之一的受众选择，受到了他们的青睐。其余类别节目被选择的比例均在 7%以下（表 2）。音频节目作为一种伴随类的节目，从某种角度而言，它是否可以给受众带来有用的信息，是否可以给他们带来愉悦的体验非常重要，这也是受众选择收听哪类节目的重要标准之一。

表 2 2019 年广播音频受众喜欢收听的音频内容类型选择比例（%，多选）

音频内容类型	选择比例（%）
新闻/时事类	64.0
音乐类	62.5
生活服务类	38.2
文艺类	26.1
体育类	6.7
法制类	6.5
财经类	6.1
社教类	3.3
外语类	1.6
其他	2.3

数据来源：CSM 媒介研究“电视广播视听率调查基础研究问卷调查”，2019 年

四、广播音频受众电视节目收看情况

1. “三驾马车”的地位无可撼动，新闻、电视剧和综艺节目仍是收视热点

除了听之外还要看，其中收看电视直播节目仍是广播音频受众的一种重要媒介消费形式。2019 年广播音频受众喜欢收看的电视直播节目类型显示，新闻/时事类、电视剧和综艺/娱乐类节目的“王者”地位仍然无可撼动，喜欢收看这 3 类节目的广播音频受众比例均过半。此后依次为电影、体育类和法制类节目，被选择比例在 10%~25%之间（图 7）。

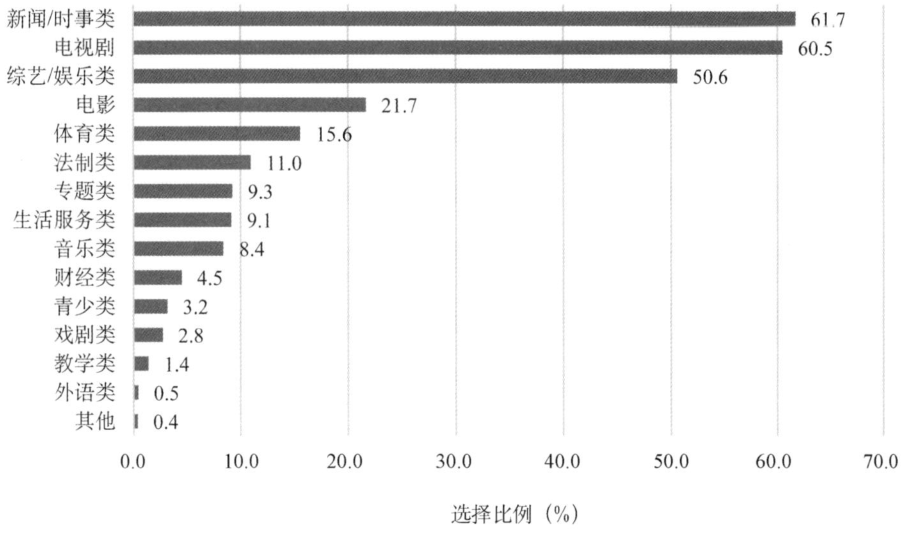

数据来源：CSM 媒介研究“电视广播视听率调查基础研究问卷调查”，2019 年

图 7 2019 年广播音频受众喜欢收看的电视直播节目类型选择比例（%，多选）

2. 广播音频受众在不同平台上收看电视剧和综艺/娱乐类节目侧重点不同

受众消费的两大主要节目类型是电视剧和综艺/娱乐类节目，但由于通过电视和通过网络收看分属两个不同的传播平台，定位不同，吸引的受众自然也存在差异，因此表现在对这两类主要节目的细分类别收看上也存在一定的区别。

对比两个平台广播音频受众收看的电视剧类型，可以看到，都市生活和战争片无论在哪个平台都很“吃香”，警匪、言情和反特/谍战类剧种在电视直播平台更占优势，而古装和青春片在网络上则更胜一筹，当然也有相当一部分人表示自己没有通过网络收看过电视剧（表3）。

表3　2019年广播音频受众通过电视直播与上网收看最喜欢的电视剧类型TOP5（%，单选）

排名	电视直播		上网收看	
	电视剧类型	选择比例（%）	电视剧类型	选择比例（%）
1	都市生活	27.9	没看过	22.2
2	战争	11.4	都市生活	11.8
3	警匪	5.6	古装	9.1
4	言情	5.2	青春	8.7
5	反特/谍战	5.0	战争	7.6

数据来源：CSM媒介研究“电视广播视听率调查基础研究问卷调查”，2018年

广播音频受众在两个平台收看的综艺/娱乐类节目也是同中有异，综艺娱乐报道和谈话/脱口秀节目在两个平台都受热捧，综艺晚会、戏剧和明星对抗类节目在电视直播平台更受欢迎，而游戏闯关和真人秀类节目则在网络收看中表现突出。也有27.3%的受众表示自己没有在网上收看过综艺/娱乐类节目（表4）。

表4　2019年广播音频受众通过电视直播与上网收看最喜欢的综艺/娱乐类节目TOP5（%，单选）

排名	电视直播		上网收看	
	综艺/娱乐节目类型	选择比例（%）	综艺/娱乐节目类型	选择比例（%）
1	综艺晚会	22.0	没看过	27.3
2	综艺娱乐报道	11.7	综艺娱乐报道	19.4
3	戏剧	10.5	谈话\脱口秀	12.3
4	谈话/脱口秀	10.3	游戏闯关	7.2
5	明星对抗	8.7	真人秀	6.0

数据来源：CSM媒介研究“电视广播视听率调查基础研究问卷调查”，2019年

五、广播音频受众网络视频接触情况

1. 广播音频受众首选手机为观看网络视频的终端

现如今，上网和每天吃饭睡觉一样，已成为一件平常得不能再平常的事，而收看网络视频也不再是什么新鲜事。2019 年广播音频受众对观看网络视频使用终端的选择显示，受众首选手机作为观看网络视频的终端，比例高达 98.6%，几乎全都在使用手机观看网络视频；其后依次为台式或笔记本电脑、智能电视或互联网机顶盒和平板电脑，所占比例分别为 34.0%、23.0%和 19.6%，与手机相比差异比较显著（图 8）。这与手机功能日益强大，再加上便携性较强，人不离机、机不离人已成为一种常态高度相关。

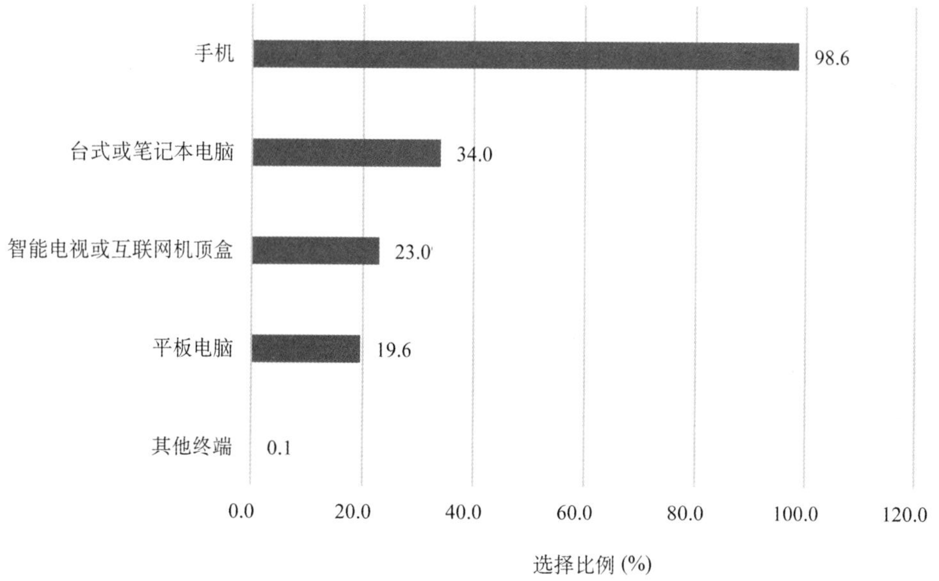

数据来源：CSM 媒介研究“电视广播视听率调查基础研究问卷调查”，2019 年

图 8　2019 年广播音频受众观看网络视频时使用的终端选择比例（%，多选）

2. 爱奇艺和腾讯视频斩获了大部分广播音频受众

从 2019 年广播音频受众观看网络视频时选择的平台比例可以看出，爱奇艺和腾讯视频均以六成以上的比例斩获了多数受众群，以明显优势领先于其他平台。优酷以四成的比例位居第三，也具有一定的竞争优势；传统媒体背景深厚的芒果 TV 也占据了 20.4%的比例。相比而言，其他平台相对弱势。整个网络视频平台市场呈现出优势向少数平台集中的态势（图 9）。

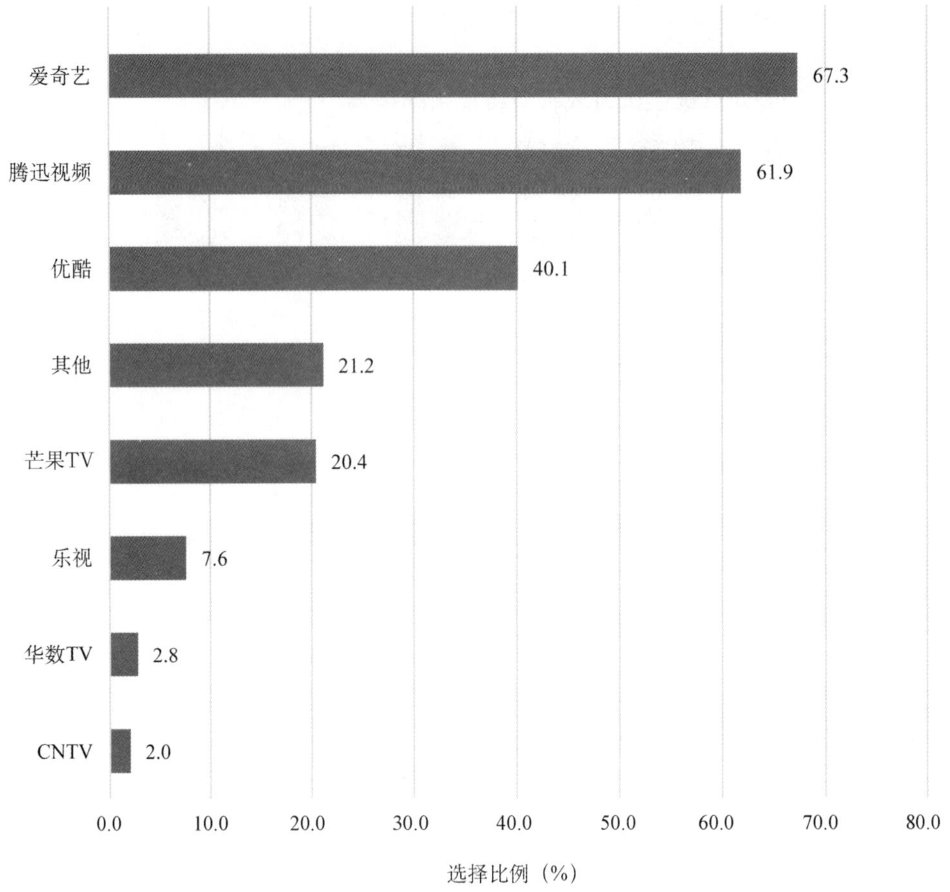

数据来源：CSM 媒介研究“电视广播视听率调查基础研究问卷调查”，2019 年

图 9　2019 年广播音频受众观看网络视频时接触的平台选择比例（%，多选）

3. 上网收看节目而对内容出处不予关心的受众占比进一步提升

2019 年，有近五成的广播音频受众选择“就在网上看节目，不关心电视台是否播出”，选择比例最高；受众选择收看“电视台不播出但在网上可以看到的节目”的占比近三成，位居第二；选择收看“电视台近期正在播出的节目”的受众占比逾四分之一，位居第三。此外，分别有 24.0%和 19.9%的受众选择收看“在电视上错过的节目”和“电视台以前播过的节目”来查漏补缺。选择提前收看“电视上还没播出的部分”的受众比例也达到了 16.1%。与 2018 年相比，在广播音频听众网上收看的视频内容中，“就在网上看节目，不关心电视台是否播出”的占比大幅提升；另外，收看“在电视上错过的节目”的受众占比也有小幅回升。显然，网络已成为电视大屏外的一个重要收看渠道（图 10）。

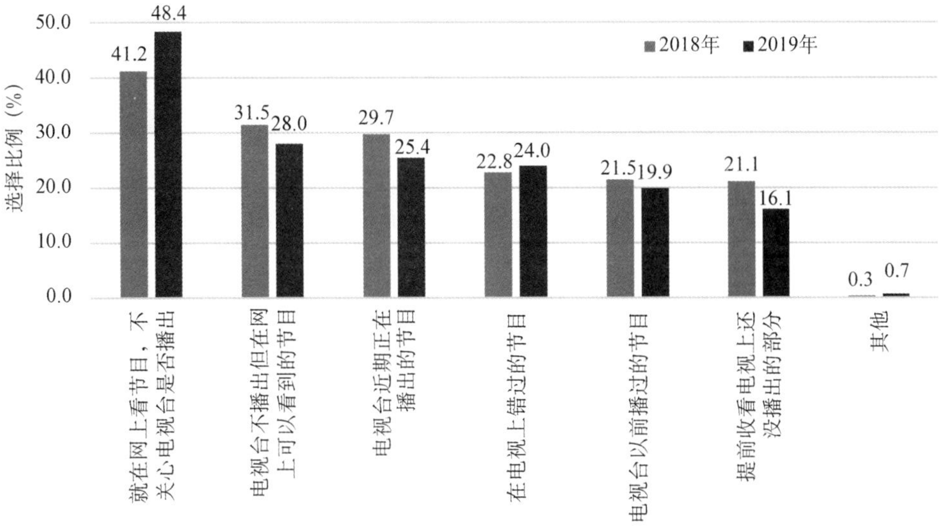

数据来源：CSM 媒介研究“电视广播视听率调查基础研究问卷调查”，2019 年

图 10　2019 年广播音频受众网上收看视频内容时的选择比例（%，多选）

六、广播音频受众短视频接触情况

1. 收看短视频几乎是广播音频受众的全员行为

短视频的适应性广，承载量大，传播力强，“短平快”的内容消费模式更加符合用户碎片化的内容消费习惯。2019 年广播音频受众几乎全员都接触到了短视频，这也从某种程度上验证了这一点（图 11）。

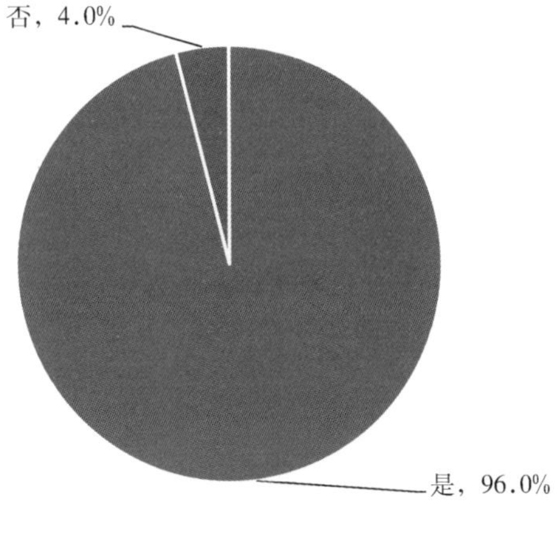

数据来源：CSM 媒介研究“电视广播视听率调查基础研究问卷调查”，2019 年

图 11　2019 年广播音频受众是否接触过短视频占比（%，单选）

2. 大部分广播音频受众集中于几个头部平台，微信一骑绝尘

从2019年广播音频受众收看短视频平台的选择比例可以看出，市场发展极度不均衡，大部分受众的短视频消费集中于几个头部平台。其中广谱性最强的微信一骑绝尘，以八成以上的被选择比例遥遥领先于其他平台，然后依次为抖音、腾讯视频、今日头条、爱奇艺和快手，所占比例均在20%以上；位于第二梯队的平台被选择比例在10%~20%之间，包括西瓜视频、优酷和火山小视频等7个平台；其余平台的被选择比例较低，均在10%以下（图12）。

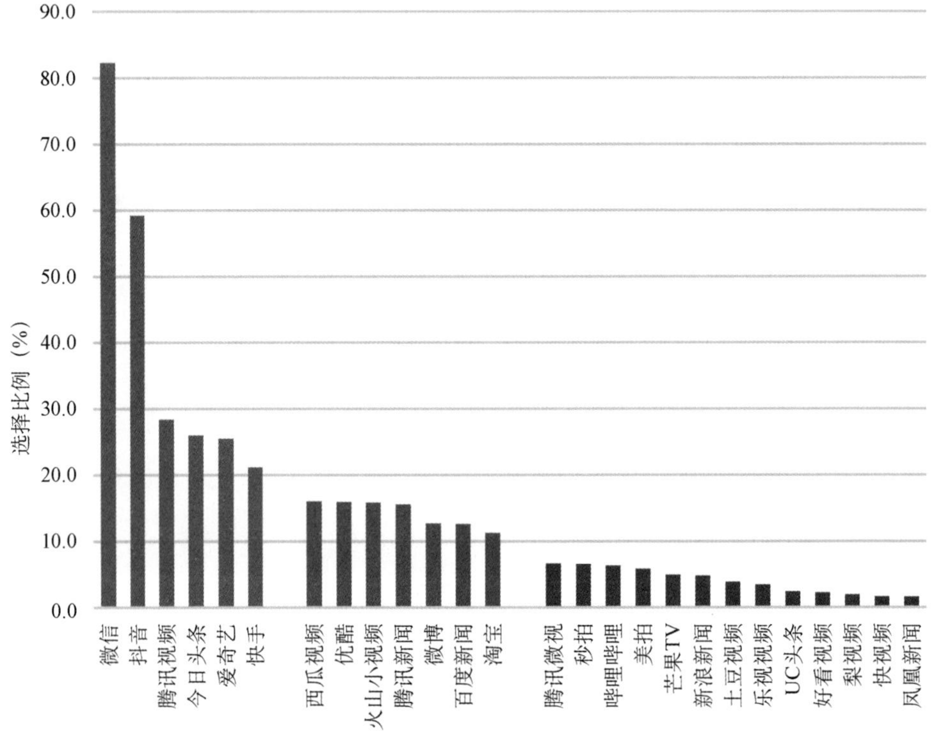

数据来源：CSM媒介研究“电视广播视听率调查基础研究问卷调查”，2019年

图12　2019年广播音频受众收看主要短视频时平台选择比例（%，多选）

2. 幽默搞笑类和新闻资讯类短视频更受音频受众的青睐

从广播音频受众喜欢收看的短视频内容类型来看，幽默搞笑类和新闻资讯类短视频内容更受广播音频受众的青睐，分别占68.3%和49.9%的比例；美食类、音乐/舞蹈类、生活/社会纪录类隶属第二梯队，所占比例在10%~25%之间；其他类别的短视频内容受关注程度相对较低，所占比例均在10%以下（图13）。

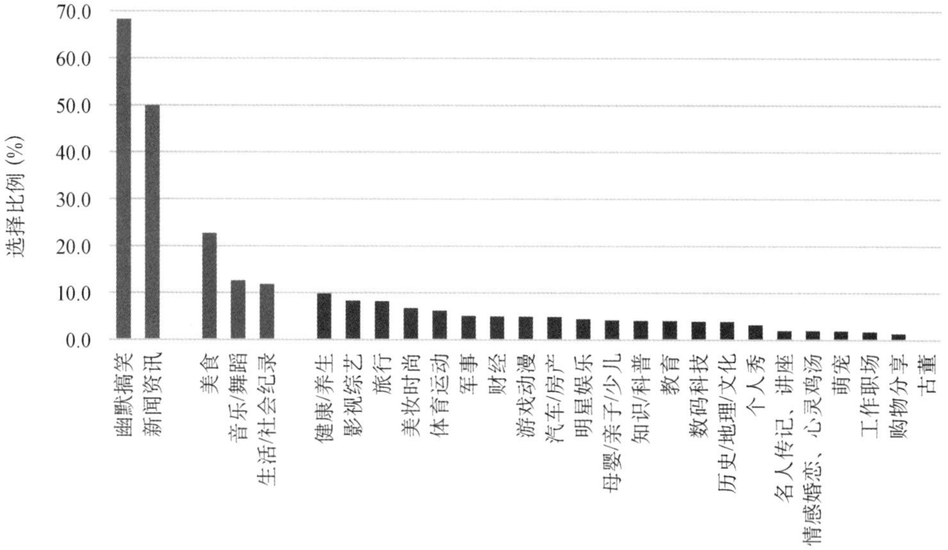

数据来源：CSM 媒介研究“电视广播视听率调查基础研究问卷调查”，2019 年

图 13　2019 年广播音频受众喜欢收看的短视频内容选择比例（%，多选）

七、广播音频受众网络直播接触情况

1. 超过三分之一的广播音频受众接触过网络直播

网络直播从最初的上传个人小视频的直播 1.0 时代，再到网页端的“秀场”直播 2.0 时代，如今已经发展进入到随走、随看、随播的 3.0 移动视频直播时代，其发展速度可用“迅猛”二字来形容。2019 年有超过三分之一的广播音频受众接触过网络直播，这间接地印证了这一发展趋势（图 14）。

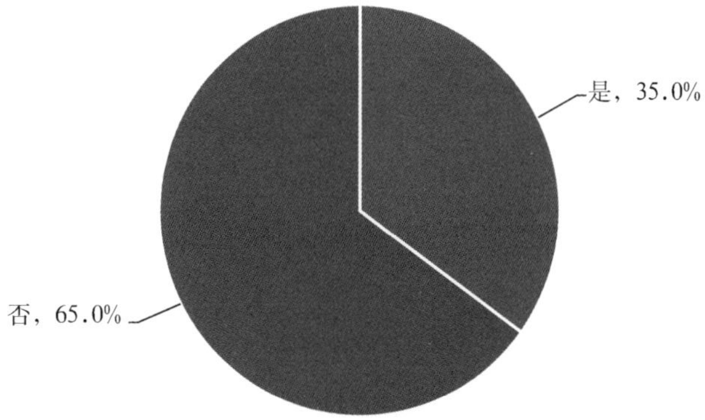

数据来源：CSM 媒介研究“电视广播视听率调查基础研究问卷调查”，2019 年

图 14　2019 年广播音频受众是否接触过网络直播占比（%）

2. 直播平台发展参差不齐，资源集中于少数平台

第一家视频直播网站出现于2005年，该行业于2016年呈现井喷式发展的趋势。发展至今，这个市场表现为发展参差不齐、资源集中于少数平台的态势。受众范围较广的腾讯视频、今日头条和斗鱼直播以20%以上的被选择比例位居广播音频受众直播平台选择的前3位；虎牙直播、哔哩哔哩弹幕视频网和火山直播以10%~20%的被选择比例组成了第二梯队；其余平台则表现平平（图15）。

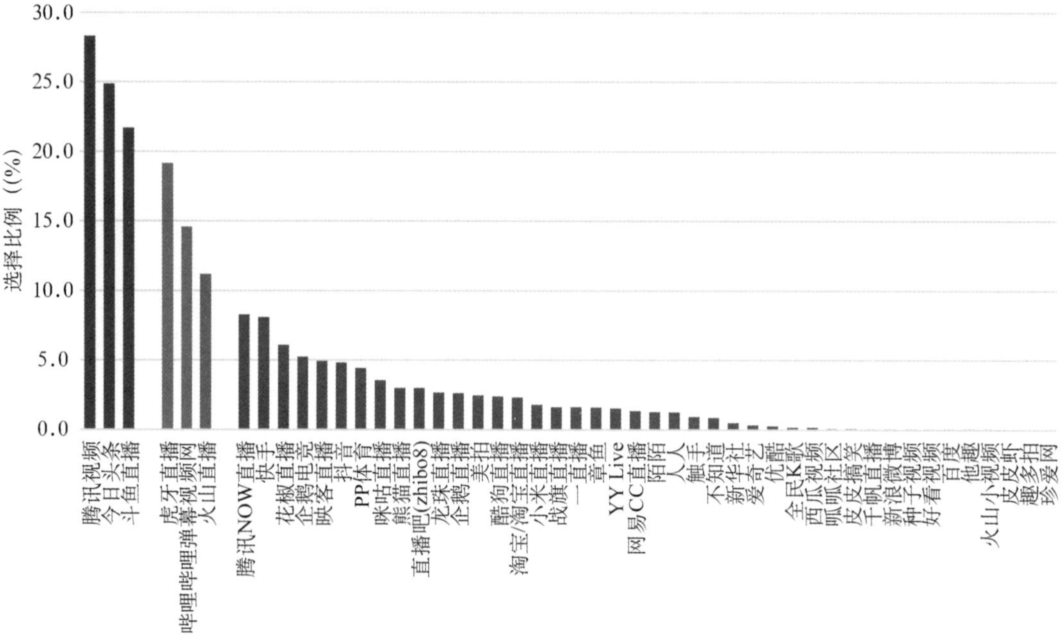

数据来源：CSM媒介研究“电视广播视听率调查基础研究问卷调查”，2019年

图15　2019年广播音频受众收看网络直播时平台选择比例（%，多选）

3. 幽默搞笑类和新闻类网络直播内容更受广播音频受众的关注

广播音频受众在收看网络直播时，把更多的注意力投向了幽默搞笑类的内容，所占比例超过半数；新闻类的内容也获得了相当部分人的喜爱，有接近四成的人收看该类内容；还有部分人群把注意力投向了游戏竞技、美食秀和个人秀这3类内容，它们的被选择比例在15%~30%之间；体育类、健康/养生类和美妆时尚类内容同属第三梯队，被选择比例在10%~20%之间；以军事、数码科技牵头的其他类型网络直播内容的受关注度相对较低（图16）。整个网络直播内容市场发展较为不均衡。

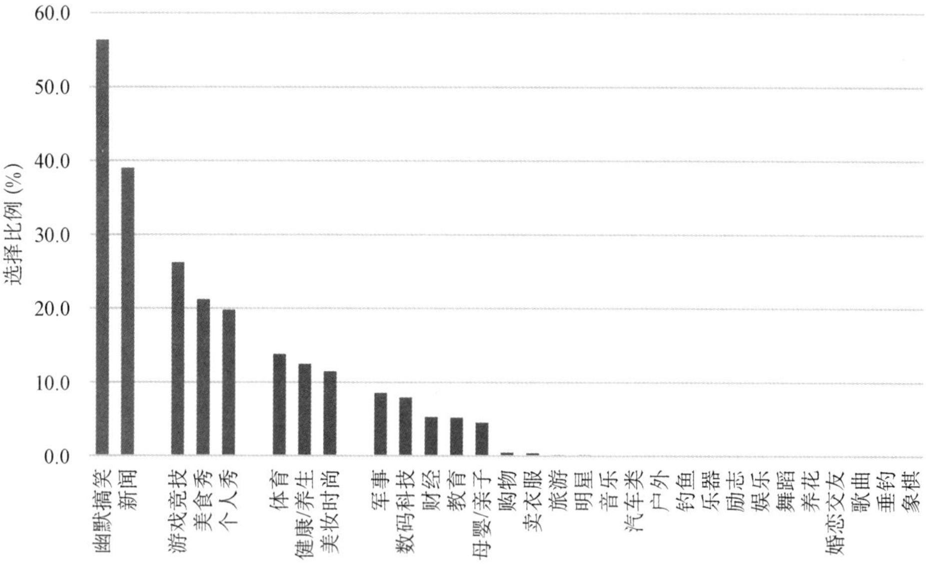

数据来源：CSM 媒介研究“电视广播视听率调查基础研究问卷调查”，2019 年

图 16　2019 年广播音频受众收看网络直播时内容选择比例（%，多选）

结 语

移动互联网时代带给传媒行业的巨变还在进行中，5G 技术的诞生宣布了万物互联时代的到来。媒体边界模糊、消解，信息服务无处不在，“万物皆媒体，一切皆平台”的 5G 传播新格局即将形成。在这样一个智媒时代，一切的变化可能都会在我们的想象之外，当下的一切在未来也许会是另一种模式，广播音频受众未来的媒介接触会形成怎样的新景观，让我们拭目以待。

（作者：解永利）

台网共生的广播新时代

人类使用无线电波收听广播的历史已经有近百年。进入21世纪以来，随着互联网，尤其是移动互联网的发展，网络音频、移动音频如雨后春笋般茁壮成长。它们不但具备了传统广播的优势和特点，而且弥补了传统广播的短板，具有更加丰富、海量的内容，无限的延展性，更强的针对性，有效的互动性等特征，这些特征使用户拥有极大的自主权，在多场景下，不但其伴随性特征更加突出，而且其沉浸性特征更是彰显无遗。本文基于CSM媒介研究8个手机测量仪城市的收听率调查数据，解读听众（用户）完整的收听行为（含广播直播收听、非广播直播收听），以期为台网融合生态下广播未来的定位、重塑和发展提供有效的数据支持和参考。

一、收听市场总量新格局

2019年CSM的全国网基础研究数据显示，全国10岁及以上的广播人口为6.14亿人，占全国10岁及以上总人口的49.7%，同比增长2.4%。根据iiMedia Research（艾媒咨询）的数据，2015~2017年，中国在线音频用户逐年增长，平均增长率保持在25%以上。2019年，中国在线音频市场用户规模达4.9亿人；预计到2020年，中国在线音频用户规模将达5.4亿。未来，随着内容付费逐渐被更广泛地认同，在线音频的有价值的内容有望得到进一步释放，行业前景看好（图1）。通过比较可以发现，新兴的在线音频用户的成长速度是传统广播的8倍，可见，新媒体来势汹汹，不可避免地将与传统广播发生冲撞、交融并相互渗透，从而对整体的收听格局不断产生巨大且深刻的影响。

在移动互联网爆发元年的2011年，CSM的数据显示当年电台直播的人均日收听时间是85分钟①，到2019年上半年该数值下降到仅为57分钟②。收听总量的持续缩水与伴随移动互联网的发展而增长的新型媒体的影响不无关系。尤其是声音这种伴随性极强的介质，借助移动物联网和智能终端的飞速发展，大量互联网音频平台和产品上线，丰富了音频的娱乐性、多元性，更好地对位了听众个性化收听的需

① CSM33城市组，2011年波次数据。

② CSM24城市组，2019年上半年数据。

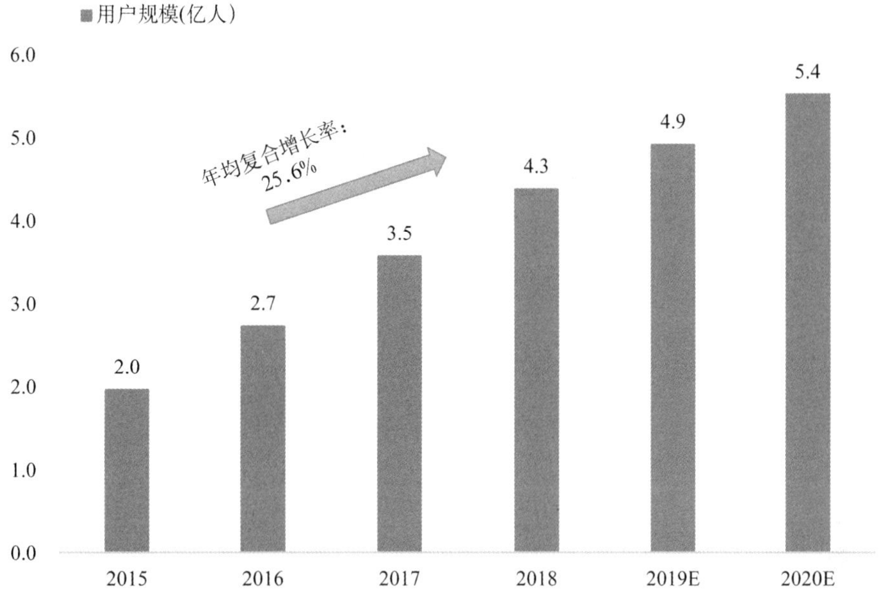

数据来源：艾媒数据中心（data. iimedia. cn）

图1 2015~2020年中国在线音频用户规模

求，从而大幅度地瓜分了听众收听电台直播流的时间。

CSM引进的虚拟测量技术基于同源样本，全天候、全场景测量样本的收听行为，听众无论是收听传统的、通过AM/FM发送的无线电广播，还是通过移动端(手机）中的App收听电台（直播/时移）或者非电台的有声节目，其收听行为都能够被完整地记录下来。收听广播的听众与使用音频的用户既可以角色互换，也可以各自独立。而针对广播人口的测量，则既能测量到听众收听广播电台直播流的行为，也能测量到他们使用音视频App的行为。

2019年1~5月CSM在8个手机测量仪城市的数据显示，非电台直播的、移动有声内容的人均日收听时长已经到达38分钟，通过手机App收听电台直播节目的人均日收听时长为18分钟，通过AM/FM为主的环境音收听广播直播节目的人均日收听时长为33分钟。换言之，传统广播的人均日收听时长是51分钟，非广播的移动有声节目的人均日收听时长为38分钟，人均日收听总时长是89分钟。这个89分钟与8年前的85分钟相差不大，略多一点，但内容结构却有很大的不同。8年前的85分钟基本都是电台直播节目，现如今的89分钟，电台直播只占据了一半多，剩下的一少半被移动音频节目所拥有。这个结果一方面说明人均收听音频的总量变化不大，但内容结构已大不相同；另一方面也解释了近年来收听传统电台直播减少了的那部分时间的主要流向（图2)。

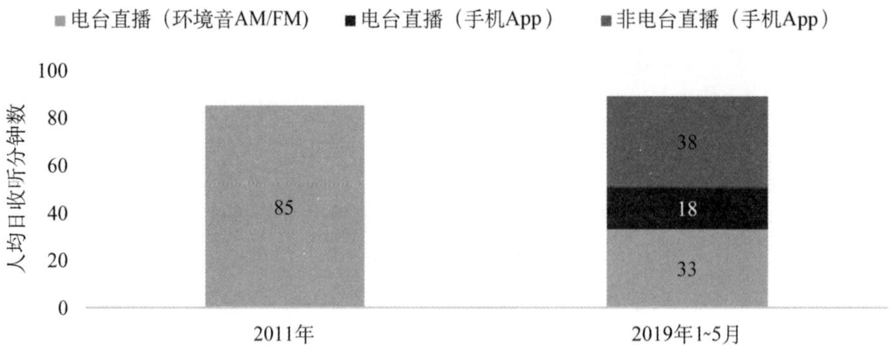

数据来源：CSM 媒介研究

图 2　2011 年与 2019 年 1~5 月人均日收听时长对比

2. 台网共生收听率的新概念

当前媒体融合的大背景下，台网交织，听众与用户的界限变得十分模糊，你中有我，我中有你。广播听众对于音频产品的消费具有多元性，电台直播是重要选项，但已经不是唯一选项。广播电台每天生产出来的数万小时的广播节目已经成为网络端的原生内容，现在广播的含义也远远大于我们对传统广播的理解；与此同时，更加丰富多彩、能够满足听众个性化、娱乐化需求的移动音频平台的节目，也分流了听众大量的收听时间。当前的音频来源主要有三大方面：一是传统的广播频率（线性直播流），二是移动音频（如蜻蜓 FM、喜马拉雅 FM、得到、QQ 音乐、电台自有 App 等），三是其他音源（如长短视频、游戏等有声应用等）。内容传输平台则分为两大方面：一是广播的直播（包含通过环境音中无线电 AM/FM 等的直播和手机 App 平台转播的电台直播），二是非广播直播内容（包括广播直播节目的回听、点播的有声内容等）。两个维度交互出六个基本要素（表 1）。

表 1　台网共生收听结构①

音频源	采集源	直播（广播）	非广播直播（含回放/点播及其他有声内容）
广播频率	环境音（包括：无线电 AM/FM 传输、数字有线电视传输、互联网络传输）	1	2
移动音频	智能手机音频 App	3	4
其他音源	智能手机非音频 App	5	6

① 郑维东．台网共生，连接制胜［Z］．CSM 全国广播客户会发言内容，2019.

我们目前研究的重点是广播频率的直播和“移动音频”对直播的影响。CSM 引进的虚拟测量体系在技术上打破了听众与用户的界限，对于这项研究意义非凡。在台网共生的大背景下，我们面临着既是听众也是用户的收听行为是复杂的和多维度的，因而只有对于听众（用户）完整的收听行为进行测量才能反映台网共生格局的全貌。因此，我们将这些要素归纳为电台直播收听率（1+3）、非电台直播收听率（4+6）两部分。理论上，台网共生收听率=电台直播收听率+非电台直播收听率=1+3+4+6；实际上，基于目前的数据处理结果，也基本能够实现台网共生收听率的数据呈现。更具有意义的是，这些要素的各自比重随着融合进程的不断推进在不断变化发展，真实地反映出融合进程中各股力量的竞争与生态变迁。

3. 相加、相争、相融的新景象

现在我们看广播，不能单纯看广播在环境音领域（AM/FM 等）的收听表现，还要看它在 App 领域里的表现。2019 年 1~5 月的数据显示（图 3），在环境音领域（AM/FM 等），直播流仍然比较强大，但趋势上已有下降之势；相反，广播收听在 App 领域却呈现出稳中有升的局面。本文认为这种局面一方面与智能手机的普及、移动网络的渗透和音频 App 作为收听终端的便捷性相关，另一方面也与无线电广播的接收端设备（如收音机等）逐渐被淘汰出局不无关系。

这两部分相加，构建成了直播。目前来看，直播的整体走势比较平稳，若将其剖开来分析，持续观察这两个直播维度此消彼长的趋势性变化，可以看到传统广播传输载体与新介质载体之间随着时间的推移而发生的生命周期演化，无疑，这能及时提醒广播人坚守传输主阵地、把控转移时点。直播永远存在，载体不断升级，面对即将降临的 5G，广播人必须未雨绸缪。

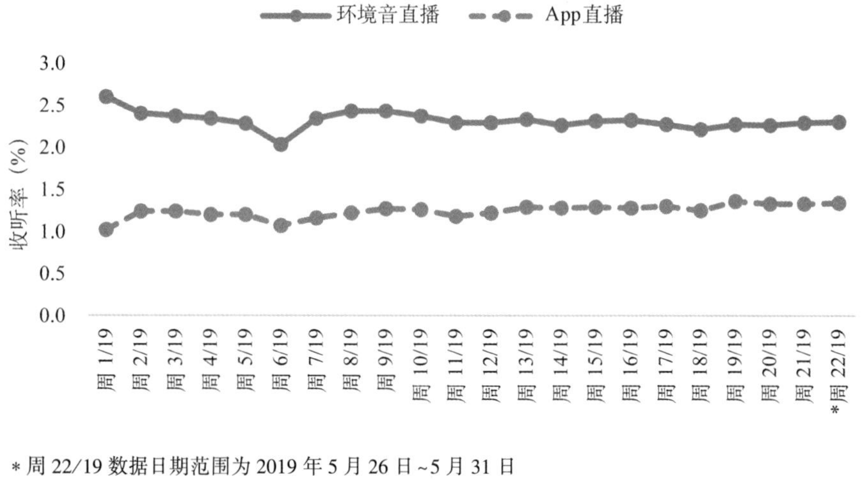

*周 22/19 数据日期范围为 2019 年 5 月 26 日~5 月 31 日

数据来源：CSM 媒介研究

图 3　2019 年 1~5 月电台直播收听率（%）走势对比（环境音 AM/FM VS 手机 App）

除了收听电台直播外，广播听众更愿意借助功能强大的智能手机收听、收看音视频 App 中的点播内容，其花费的时间已经超过通过手机 App 收听电台直播的时间，而且还在不断上涨中（图 4）。非直播领域消费的快速增长不可避免地会分流听众的电台直播收听时间。分配到全天 24 小时上（图 5），我们会发现两者有很大的区别，传统广播的收听具有很强的时间段特征，比如早晚出行高峰时段，比如午间与深夜的收听低谷时段等，而收听音频平台的点播节目却相对平稳，这反映出听众选择喜爱节目的收听时间自由度更高、更碎片，其结果呈现出来就更显扁平，这与定时定点收听传统广播的约会式收听有很大的不同。

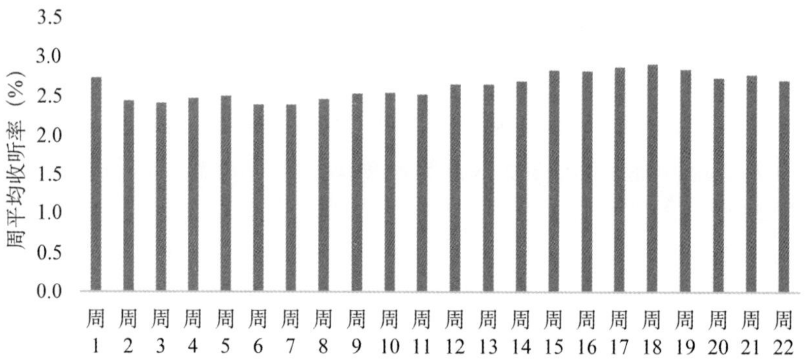

数据来源：CSM 媒介研究

图 4　2019 年 1~5 月 8 测量仪城市 App 非电台直播内容周平均收听率（%）走势

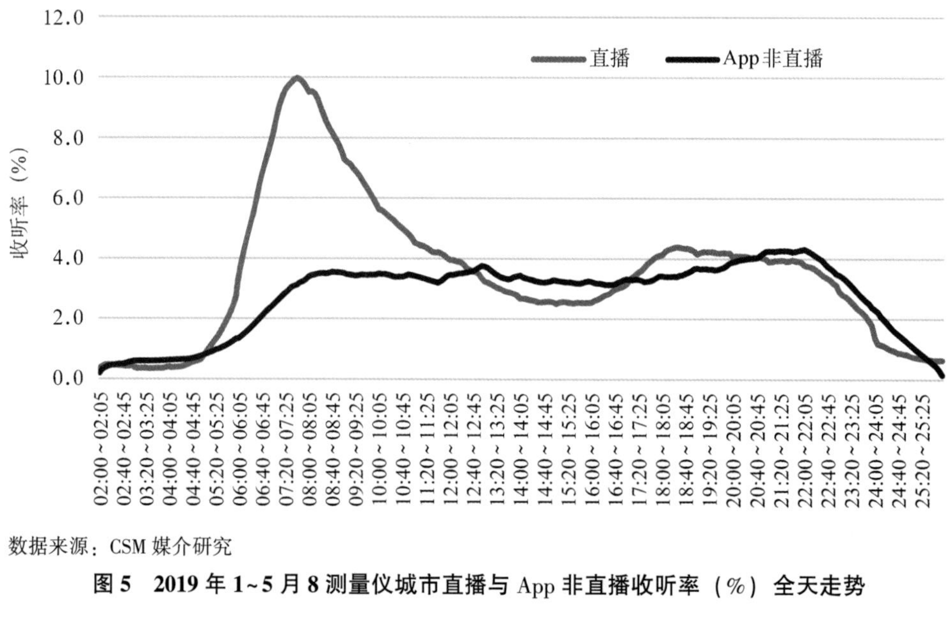

数据来源：CSM 媒介研究

图 5　2019 年 1~5 月 8 测量仪城市直播与 App 非直播收听率（%）全天走势

传统广播基本上以长音频为主，长音频通过拆条处理的短音频已经成为短音频内容池的主要组成部分，它们便于听众（用户）捞选收听，从而解决了广播稍纵即逝的弱点，实现了音频内容的二次、多次传播。台网之间实现共生、融合后，其广告的传播也会出现相应的模式去适应这种新的局面。

4. 广播媒体分析、评估新坐标系

面对新的局面，我们就需要一套相应的评估体系，以期能够完整地、多维度地反映广播电台频率和节目的收听表现，最大限度地完善基于听众（用户）行为的评价。

目前，广播电台频率通过多种方式在移动端传播直播节目，这其中除了传统的无线电传输外，还包括借助互联网，以某种方式与音频平台合作，或者通过自有 App、微信公众号、小程序等方式实现的传输。在 CSM 的 8 个测量仪城市中，几家头部音频 App 表现突出，蜻蜓 FM 、喜马拉雅 FM 和微信 3 家平台占据了一半以上的份额（图 6）。

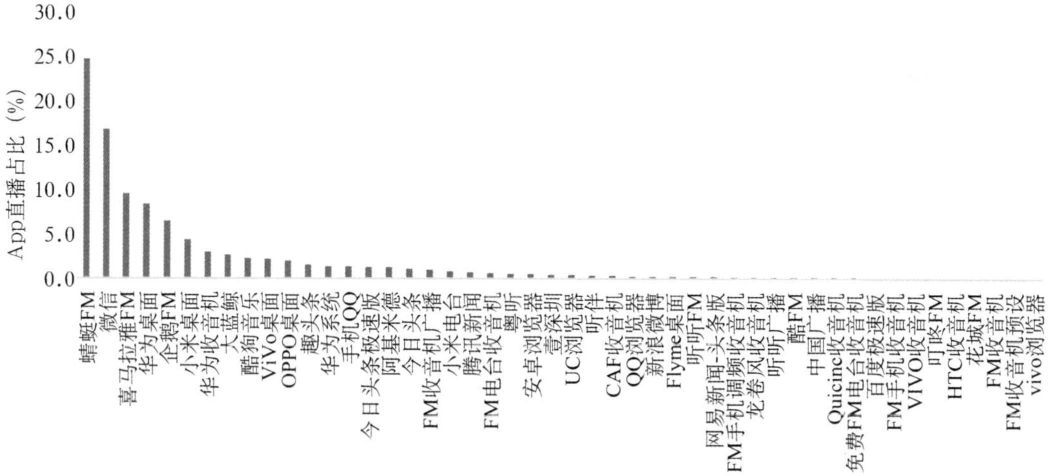

数据来源：CSM 媒介研究

图 6　2019 年 5 月收听电台直播的手机 App 占比排名（安卓系统）

广播的地域性也体现在电台自有 App 之间的竞争上。虽然通过移动互联网，广播实现了跨地域传播、无疆界传播，但是广播的贴近性、草根性、地域性仍旧决定了其运营的 App 也具有很强的地域性特征，如 2019 年 5 月份的数据显示：江苏广播电视总台的大蓝鲸在南京广播市场中表现抢眼，居于首位；上海电视广播电视台的阿基米德在上海位居第五；深圳人民广播电台的壹深圳在深圳位于第六；广东广播电视台的粤听在广州进入了前七。

多平台传输同一个频率、同一档节目时，平台本身的市场体量、用户规模对于其所承载的广播频率/节目而言具有极大的影响。以中央人民广播电台的几个频率为例，当采用多平台转播节目时（图 7），中国之声在各平台的表现突出，超过 30 家平台有收听表现，其在蜻蜓 FM、微信、喜马拉雅 FM、企鹅 FM 等平台的收听率较为突出，这些平台也成为中国之声重要的发声地。

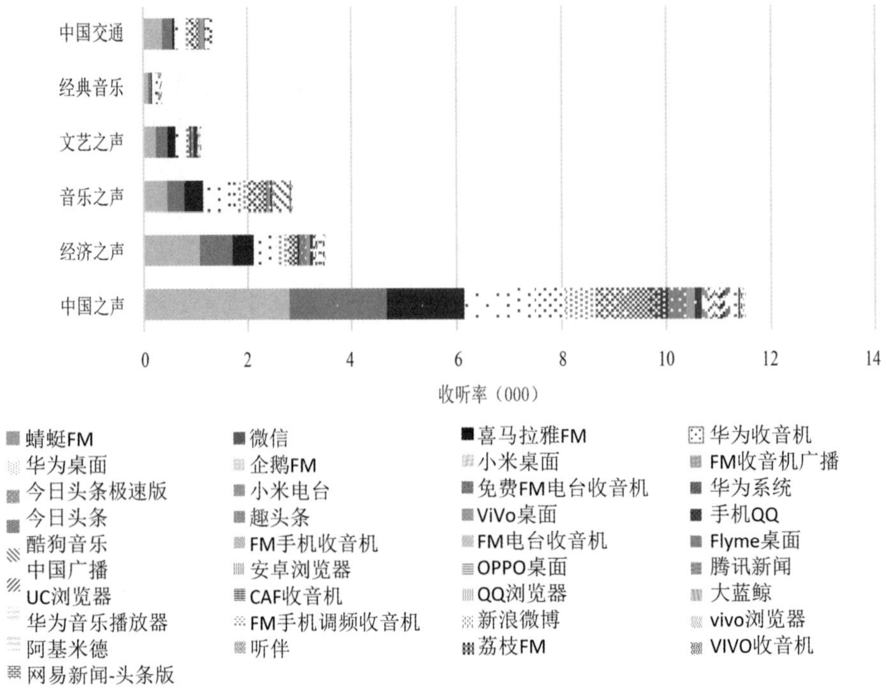

数据来源：CSM 媒介研究

图 7　2019 年 5 月中央人民广播电台部分频率在手机 App 音频平台的收听率（000）

通过移动端或传统终端收听广播直播的背后是传输载体之间的竞争，即无线电广播网与互联网之间的竞争。以深圳广播电台交通频率 FM106.2 的《深圳早班车》为例，通过手机 App 收听该节目的收听率越来越高，2019 年前 5 个月的数据显示，该节目手机端的收听率最后超过了无线电调频的收听率（图 8）。

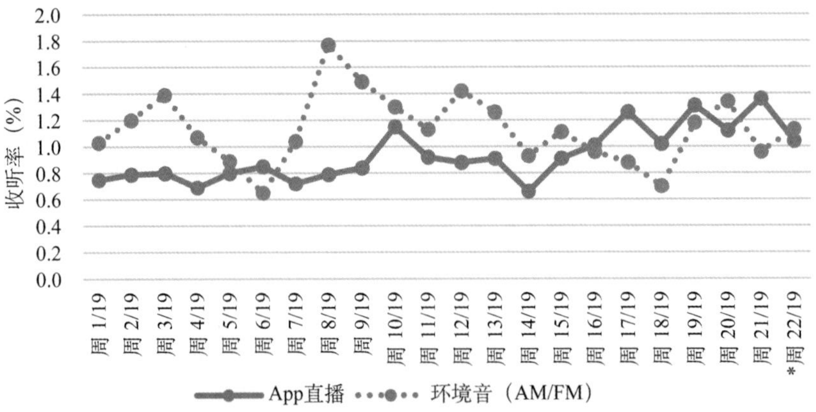

数据来源：CSM 媒介研究

图 8　深圳广播电台交通频率 FM106.2《深圳早班车》环境音与 App 直播收听率（%）走势

移动音频的发展，除承载了电台的直播内容外，更大的空间让给了音频平台的点播领域，丰富的内容、灵活的表现形式、更便捷的互动交流等因素使其吸引了大批用户，同时给电台直播造成了强大的冲击，彼此间在同一时点对于听众（用户）的争夺格外激烈。图9显示的是中国之声《早报摘》节目在2019年5月直播时间点与App点播领域的听众流动，我们从图中可以看出，影响大、传播广、口碑佳、时效强的优质广播节目仍然具有强大的号召力，同一时点仍能从App点播领域吸引进大量的听众；同时，我们也不能忽视点播领域对直播流造成的巨大干扰。数据显示，某城市非常强势的电台7个频率5月份的听众流动数据中，只有1个频率的流入听众量略多于流出听众量，其余6个频率全部是流出大于流入，这不能不引起电台的高度警觉和重视（图10）。

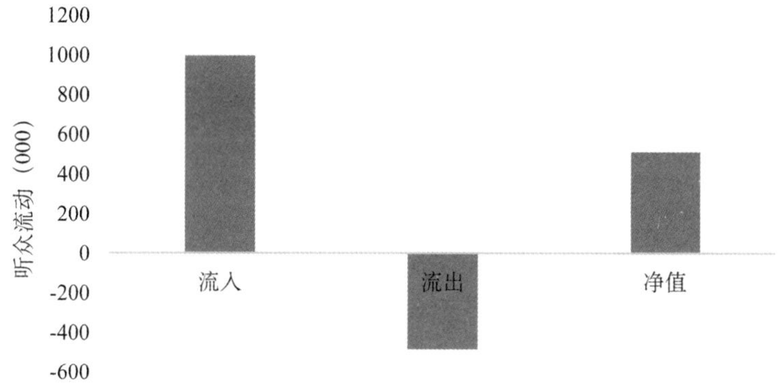

数据来源：CSM媒介研究

图9 2019年5月中国之声《早报摘》直播时段听众流动（000）

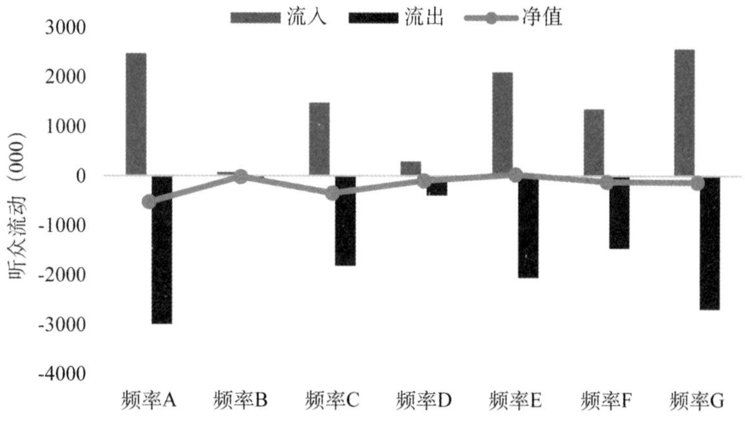

数据来源：CSM媒介研究

图10 2019年5月某台各频率全天时段听众流动（000）

传统广播借助移动音频平台扩大了传播载体，但同时也面对更多的竞争、更复杂的局面，在与新媒体融合的过程中，传统广播既要保持独立性，又要不断走向融合。CSM的测量仪系统能够完整地记录并呈现传统广播在当下的进程，时时刻刻为业界提供完整、精准的数据，丰富并完善传统的分析、评估体系，为传统广播的融合发展提供有力的参照系。与此同时，广播人也可以随时随地参考数据，按照既定的目标调整战术、方法，精准地抵达目标，从而实现“测量—反馈—调整”的有效整体循环。

5. 广播媒体融合发展新生态

随着5G投入商用，万物互联时代真正向我们走来，智慧家居、智慧城市的实现，一切都将依托于网络。从室内的智能语音音箱，到出行开车的车联网，到随身携带的智能手机，跟广播有关的一切传输载体都将依托于网络，接收终端也都依赖于网络。在这样的情形下，传统的无线电AM/FM传输方式是否仍旧能存在？传统的收音机还会生产吗？这是无法回避的时代大背景。

新媒体内容的丰富性、与听众（用户）的互动性、打通电商的便捷性都是传统广播所无法比拟的。但是，无论是官媒体还是自媒体，最后能在纷扰庞杂的噪声中脱颖而出的一定是高质量、有态度、有温度的节目，广播有着极为丰富的音频节目资源，广播人也是音频节目制作的专业队，在内容生产力方面传统广播有着极强的竞争优势。在融媒体进程中，广播电台不但要保持这些优势，还要将它们发扬光大，从线性直播流的一次性播出，转变为多平台的多次性分发、重复性消费，从单纯的内容生产向全媒体产品转型，从广告单一的线性推广升级到立体、全方位、多次的传播推广，从而在融媒体进程中实现生产、组织、营销等流程的再造。

随着对版权的重视和对盗版的打击，原创的广播节目、音频节目必将迎来传播的春天，规范的市场会给广播电台提供巨大的机会，同时也会给广播人提出新的课题：

一是必须脱离线性播出的思维框架，充分考虑新形势下自己所面对的受众群体的特征、他们的需求以及多介质平台的特点等。在原创节目时，不仅仅要考虑其适合线性播出的内容，还要考虑其适合互联网生态的原生内容、再创内容等，如在广播的长音频节目中嵌入适合互联网传播的内容，在播出后做拆条处理，马上进行多平台分发。

二是做好版权保护，版权是用户的归属，用户就是流量，流量带来广告。声音介质比短视频更容易嵌入互联网，可以随时随地与网络连接。当下的广播已然发生了变化，未来的广播也将有更加丰富的含义。广播不再是单一线性播出的媒体，而是与网络深度融合的新型广播，它需要新的思维和新的运营管理模式来顺应台网共生的广播新时代潮流。

（作者：梁帆）

用声音连接内容

世界知名市场研究机构 Juniper Research 近期发布一项研究数据称，至 2020 年年底，被全球各国用户购买使用的各种智能语音辅助接入设备总量将达到 42 亿；并预测到 2024 年再翻一番，增至 84 亿。巧合的是，2024 年预计世界总人口也将超 80 亿。语音智能接入这种新媒介形态，届时必将成为地球“人的全面延伸”。

来自这家机构的研究还指出，与网络电视相连接的语音辅助设备将成为其中增长最快的部分。至 2024 年，全球将有 49%的支持语音辅助功能的联网智能电视投入使用，语音将迅速替代各种遥控器成为电视/视频消费的新入口。

其实，语音辅助技术较早出现于智能音箱领域。自 2014 年亚马逊公司推出全球首款基于语音交互的家用智能音箱 Echo 以来，各种品牌的智能音箱纷至沓来。据统计仅在中国，2019 年的智能音箱销售量就高达 6000 万台。

与智能音箱相连接的是音频内容生态。根据 CSM 收听率调查监测结果，2020 年第一季度全国八大中心城市用户，基于各种网络音频点播行为的收听量高达人均每天 43 分钟，比人均收听广播直播的时间仅相差 13 分钟，其中智能音箱带来的贡献日趋显著；而将用于智能音箱的智能语音技术接入网络电视，与视频内容生态相连接，这即是 Juniper Research 所预测的即将形成快速增长的新市场领域。

我们可以把这种新的语音辅助设备应用场景概括为“用声音连接内容”模式。这是一种新的人机交互模式：其中的核心环节是将语音识别为文本，从文本中解析出关键词，并将关键词导入内容标签库进行检索和匹配，从而找到并播放用户所需要的内容。人类语言丰富多彩、千变万化，若反向思考，则更需要我们在内容标签库建设上下足功夫，借助人工智能技术和大数据算法，使之优化并能很好地适配语音交互的各种要求。

“用声音连接内容”的人机交互新模式，为短音频、短视频业务发展开启了新的空间。相比于调谐器、遥控器等硬件设备的有限选择模式，语音交互为用户需求表达展现出无限可能。用户的需求更加具体、特别且琐碎，满足这种无限多变需求的内容也将走向短小、精致、特征化的聚合与呈现方式。由此，相比较于长音频、长视频内容，短音频、短视频内容的优势将更加突出。

在美国，不只传统广播，即便是报纸，也在积极地将其文本内容加工生成短音频并与几家主要智能音箱品牌展开合作，共同进军“用声音连接内容”的新市场，其中的广告营销价值亦不可估量。智能音箱设备的日渐普及与短音频内容的不断丰富相辅相成，美国国家公共电台展开的一项调查就显示，超过70%的智能音箱用户因为拥有智能音箱而选择消费更多的音频内容。

回顾CSM2019年同期收听率数据，其时人均收听广播直播时间约为每天55分钟，基于各种网络音频点播行为的收听量则为人均每天38分钟。对比2020年的数据，也可看见，在语音智能接入设备不断增长的同时，尽管广播直播收听的总量变化不大，但网络音频的使用度却人均每天增加了5分钟。在电视一端，电视直播收视时长同比下降了，但网络视频特别是短视频使用量不断增加的趋势也同样明显。

未来，智能语音接入技术的市场催化作用还将持续放大。方便易用，返璞归真。“用声音连接内容”的新时代，我们所见的这些变化将加快速度。

（作者：郑维东）

第三部分
Part Three

数 据 Rating Data

主经收听指标解释及
广播节目收听排名说明

一、主要收听指标解释

1. 人均收听时间(分钟):指实际收听听众日平均收听时间(分钟)与总体推及人口的比值。它是把实际收听听众的总收听时间平均分配给了总体推及人口,而不是分配给实际收听人口。

2. 收听率(%):是针对某个特定时段(或节目),平均每分钟的收听人数占总体推及人口的百分比。收听率(%)反映的是在特定时段收听某一频率或某一节目的人数在总体推及人口中的百分比。

3. 市场份额(或称为市场占有率,%):指特定时段内收听某一频率或某一节目的人数占同一时段所有收听广播人数的百分比,也即特定时段内某一频率(或某一节目)的收听率占所有频率(或所有节目)总收听率的百分比。

4. 听众构成(%):指对于特定频率(或节目),各目标听众平均每分钟的收听人数(千人)占所有听众平均每分钟收听人数(千人)的百分比。

二、广播节目收听排名说明

1. 本年鉴数据表中广播节目排名的节目单来源主要为中央级、省级、省会城市级和地市级广播电台提供的节目单;有少数城市的节目单参考其官网发布的节目单;没有进行节目排名的城市是由于无法获取当地电台节目单,故有缺失。

2. 节目收听排名主要按收听率由高到低排序,如收听率相同,再按市场份额排序,高者排前;如果两项指标都相同,则节目排名序号相同。

一、北京收听数据

表 3.1.1　2017~2019 年北京各目标听众人均收听时间(分钟)

目标听众		2017 年	2018 年	2019 年
15 岁及以上所有人		56	54	55
性别	男	58	57	59
	女	53	50	52
年龄	15~24 岁	43	36	37
	25~34 岁	46	43	45
	35~44 岁	48	49	51
	45~54 岁	62	62	70
	55~64 岁	78	77	86
	65 岁及以上	90	89	92
文化程度	未受过正规教育	*	*	*
	小学	*	*	44
	初中	67	67	66
	高中	62	60	64
	大学及以上	50	48	49
职业	干部/管理人员	50	53	51
	初级公务员/雇员	49	47	50
	个体/私营企业人员	49	54	60
	工人	58	58	57
	学生	55	43	45
	无业(包括退休人员)	83	80	83
	其他	49	47	*
个人月收入	没有收入	51	45	45
	1~2000 元	60	57	53
	2001~3000 元	59	64	75
	3001~4000 元	67	64	68
	4001~5000 元	54	53	55
	5001~6000 元	46	46	51
	6001 元及以上	49	45	46

注:北京为全年连续调查城市。从 2017 年 1 月 1 日起北京采用虚拟测量仪进行调查,其他广播电台频率不再纳入监测范围。“*”表示目标听众样本量不足,无法进行统计推断。

表 3.1.2　2017~2019 年北京听众在不同地点的人均收听时间(分钟)

地　点	2017 年	2018 年	2019 年
在家	19	17	17
车上	19	20	23
工作/学习场所	9	8	9
其他场所	9	9	6

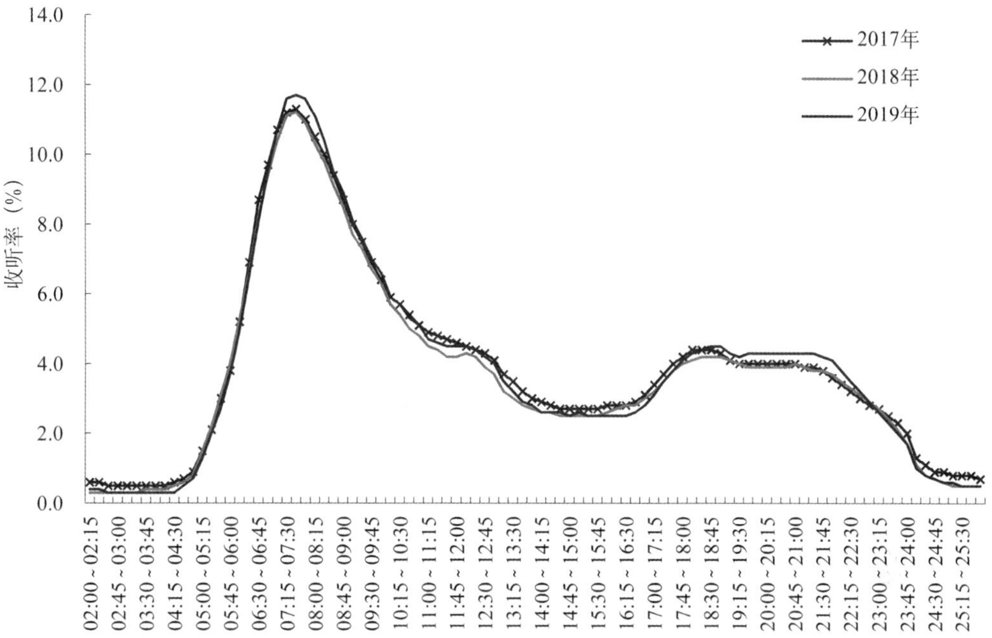

图 3.1.1　2017~2019 年北京听众全天收听率走势

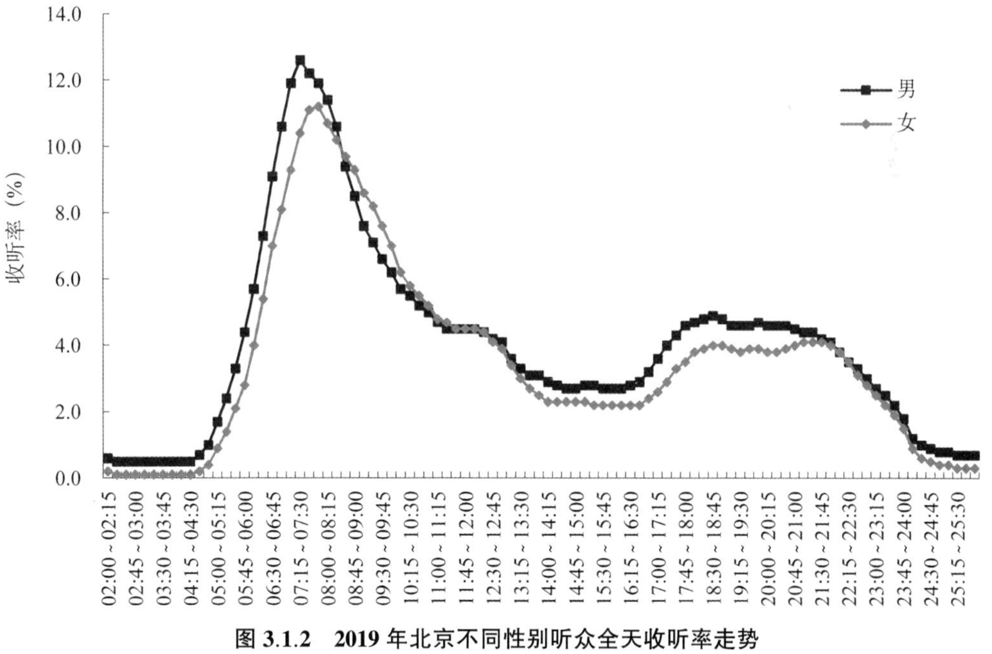

图 3.1.2　2019 年北京不同性别听众全天收听率走势

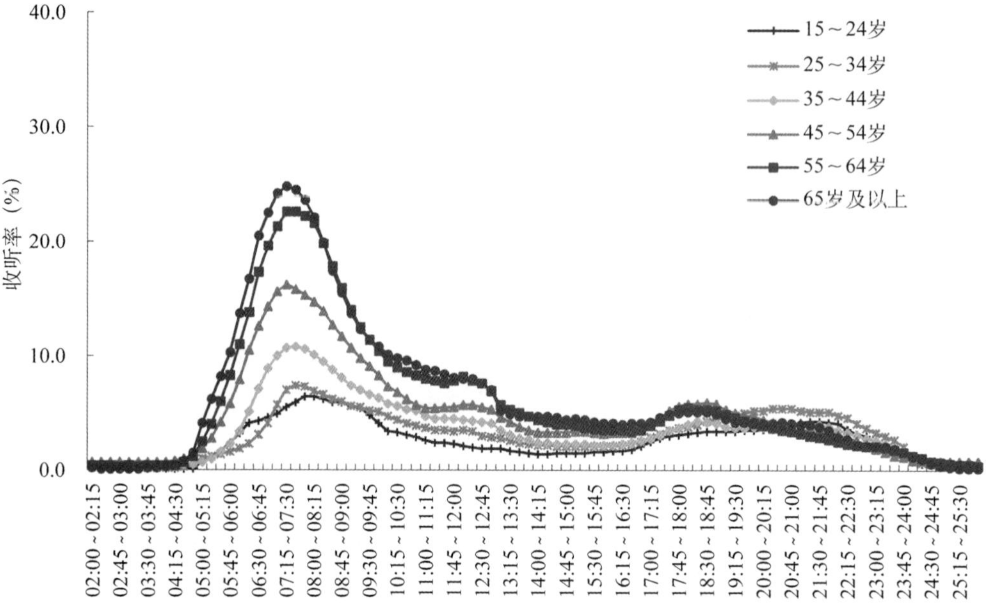

图 3.1.3　2019 年北京不同年龄听众全天收听率走势

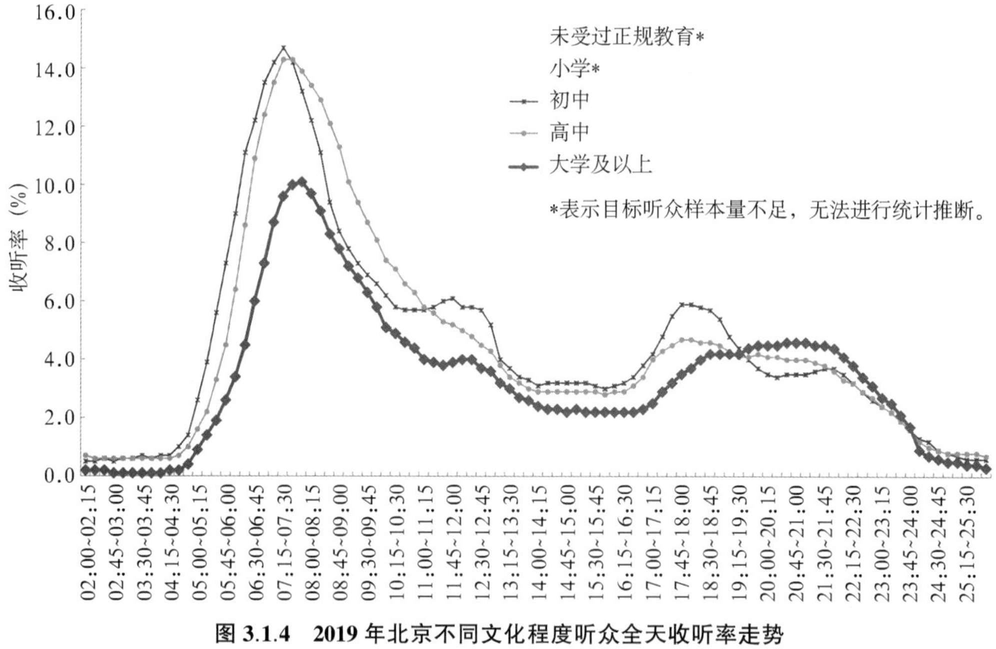

图 3.1.4　2019 年北京不同文化程度听众全天收听率走势

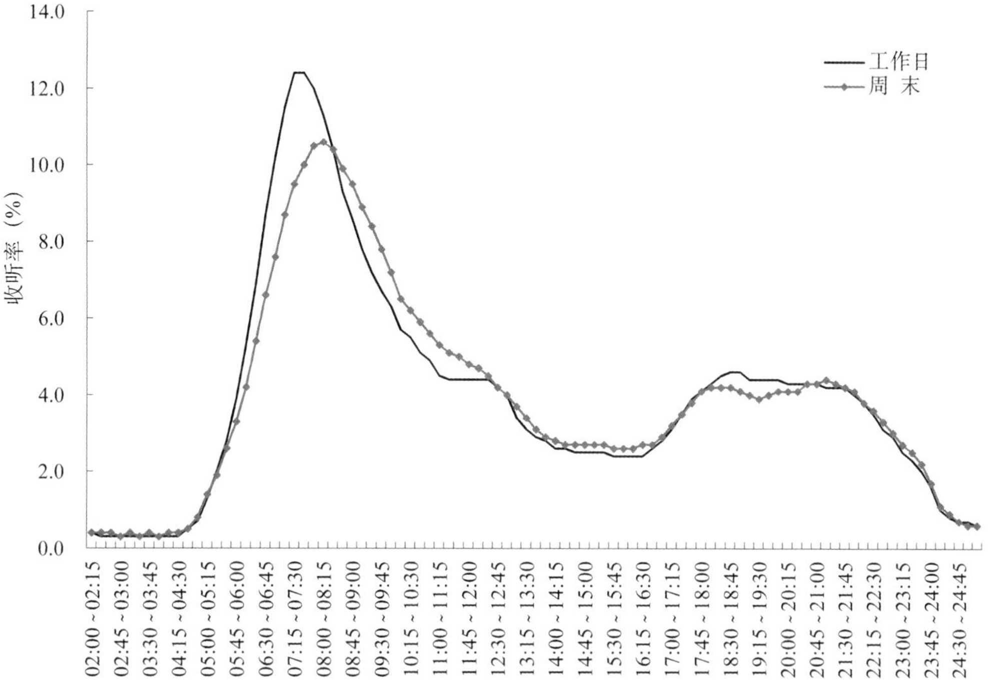

图 3.1.5　2019 年北京听众工作日与周末全天收听率走势

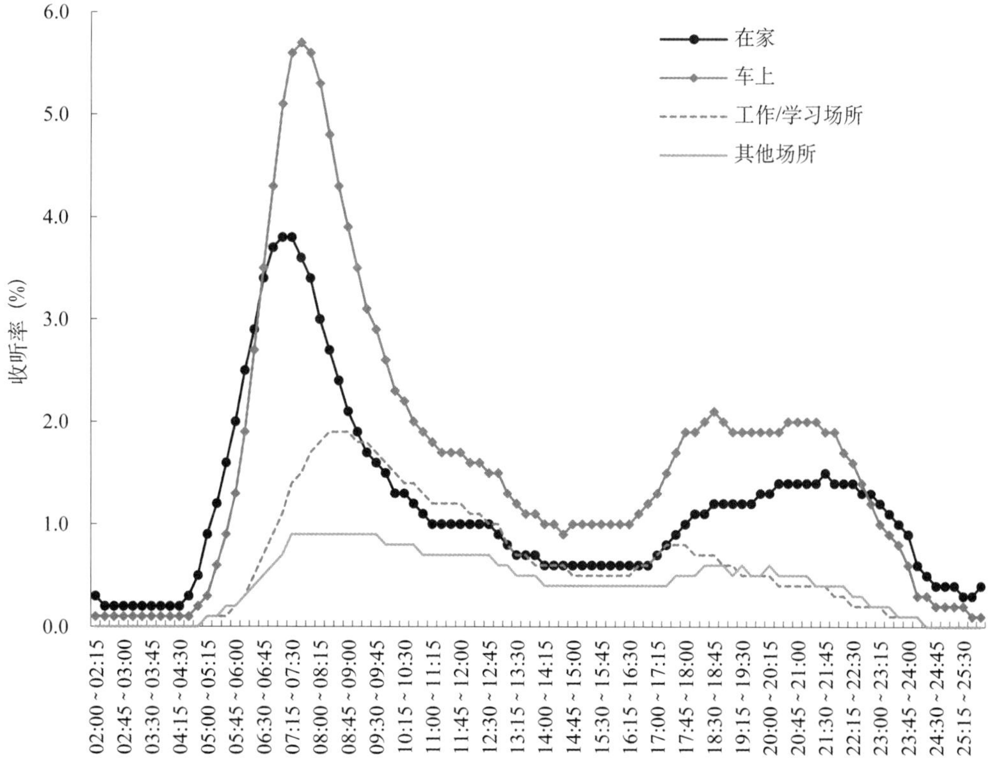

图 3.1.6　2019 年北京听众在不同收听地点全天收听率走势

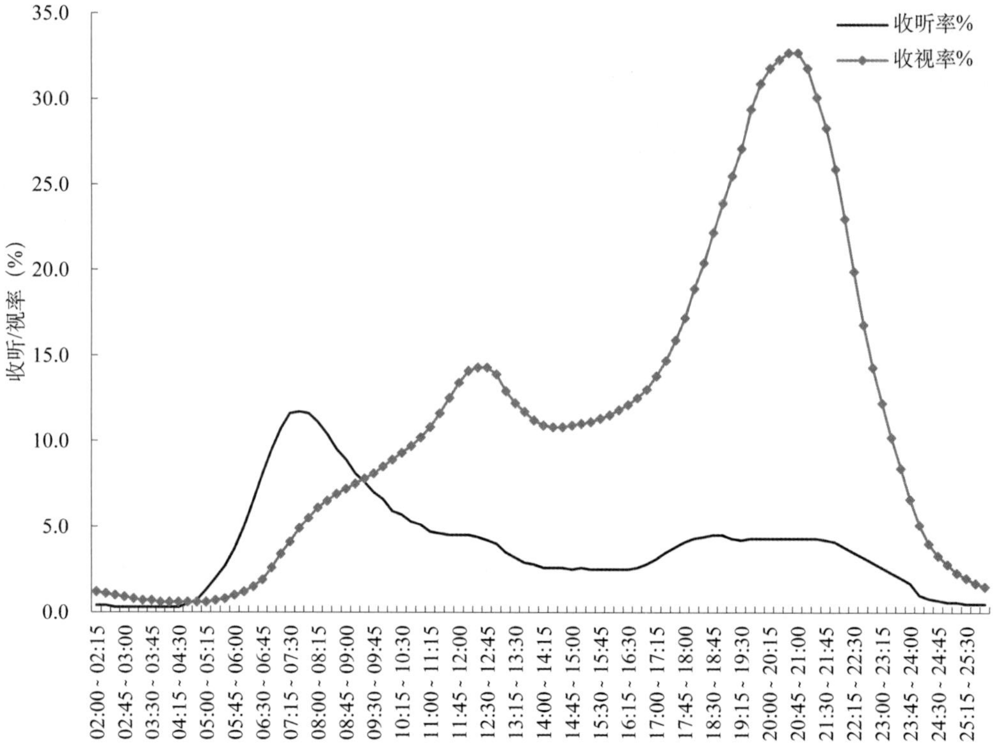

图 3.1.7　2019 年北京受众全天收听率、收视率走势比较(目标受众为 15 岁及以上)

表 3.1.3　2019 年北京市场听众构成(%)

目标听众		听众构成(%)
15 岁及以上所有人		100.0
性别	男	57.7
	女	42.3
年龄	15~24 岁	11.8
	25~34 岁	21.8
	35~44 岁	23.7
	45~54 岁	17.5
	55~64 岁	12.7
	65 岁及以上	12.5
文化程度	未受过正规教育	*
	小学	0.3
	初中	14.8
	高中	32.8
	大学及以上	52.1
职业	干部/管理人员	7.2
	初级公务员/雇员	50.2
	个体/私营企业人员	5.3
	工人	8.8
	学生	7.5
	无业(包括退休人员)	21.0
	其他	*
个人月收入	没有收入	9.0
	1~2000 元	1.6
	2001~3000 元	10.6
	3001~4000 元	26.0
	4001~5000 元	18.5
	5001~6000 元	16.5
	6001 元及以上	17.8

注:“*”表示目标听众样本量不足,无法进行统计推断。

表 3.1.4　2017~2019 年北京市场各广播电台的市场份额(%)

广播电台	2017 年	2018 年	2019 年
中央人民广播电台	25.4	22.4	-
中国国际广播电台	6.5	5.8	-
中央广播电视总台	-	-	27.6
北京广播电视台	68.1	71.8	72.4
其他广播电台	-	-	-

注:2017 年开始北京采用虚拟测量仪进行收听率调查,其他广播电台频率不再纳入监测范围。

表 3.1.5　2019 年北京市场各广播电台在不同目标听众中的市场份额(%)

目标听众		中央广播电视总台	北京人民广播电台
15 岁及以上所有人		27.6	72.4
性别	男	29.2	70.8
	女	25.3	74.7
年龄	15~24 岁	22.5	77.5
	25~34 岁	33.7	66.3
	35~44 岁	26.3	73.7
	45~54 岁	21.8	78.2
	55~64 岁	24.1	75.9
	65 岁及以上	35.7	64.3
文化程度	未受过正规教育	*	*
	小学	7.2	92.8
	初中	19.9	80.1
	高中	26.4	73.6
	大学及以上	30.6	69.4
职业	干部/管理人员	25.7	74.3
	初级公务员/雇员	28.8	71.3
	个体/私营企业人员	25.5	74.5
	工人	24.8	75.2
	学生	16.0	84.0
	无业(包括退休人员)	31.1	68.8
	其他	28.3	71.7
个人月收入	没有收入	21.4	78.6
	1~2000 元	19.7	80.3
	2001~3000 元	24.9	75.1
	3001~4000 元	23.0	77.0
	4001~5000 元	27.0	73.0
	5001~6000 元	30.3	69.7
	6001 元及以上	37.8	62.2

注:“*”表示目标听众样本量不足,无法进行统计推断。

表 3.1.6　2019 年北京市场份额排名前五位的频率

排名	频率名称	市场份额(%)
1	北京人民广播电台交通广播 FM103.9/CFM95.6	36.2
2	北京人民广播电台文艺广播 FM87.6/CFM93.8	11.3
3	北京广播电台新闻广播 FM100.6/AM828/CFM90.4	11.0
4	中央人民广播电台第一套节目中国之声	8.9
5	北京人民广播电台音乐广播 FM97.4/CFM94.6	7.9

表 3.1.7　2019 年北京市场收听率排名前三十位的节目

排名	节目名称	播出频率	收听率（%）	市场份额（%）
1	交通新闻热线	北京人民广播电台交通广播 FM103.9/CFM95.6	4.6	37.0
2	今日交通	北京人民广播电台交通广播 FM103.9/CFM95.6	3.6	37.6
3	1039 新闻早报	北京人民广播电台交通广播 FM103.9/CFM95.6	3.3	37.5
4	欢乐正前方	北京人民广播电台交通广播 FM103.9/CFM95.6	2.7	39.6
5	一路畅通	北京人民广播电台交通广播 FM103.9/CFM95.6	2.6	37.7
6	交通新闻	北京人民广播电台交通广播 FM103.9/CFM95.6	2.6	37.4
7	汽车天下	北京人民广播电台交通广播 FM103.9/CFM95.6	2.2	40.6
8	徐徐道来话北京	北京人民广播电台交通广播 FM103.9/CFM95.6	2.1	37.0
9	1039 惠旅行	北京人民广播电台交通广播 FM103.9/CFM95.6	1.8	38.3
10	1039 尬问	北京人民广播电台交通广播 FM103.9/CFM95.6	1.7	31.1
11	北京新闻	北京广播电台新闻广播 FM100.6/AM828/CFM90.4	1.7	15.3
12	八九不离十	北京人民广播电台交通广播 FM103.9/CFM95.6	1.5	38.0
13	交通天气预报	北京人民广播电台交通广播 FM103.9/CFM95.6	1.5	36.0
14	专家聊天气	北京人民广播电台交通广播 FM103.9/CFM95.6	1.5	35.5
15	新闻晚知道	北京人民广播电台交通广播 FM103.9/CFM95.6	1.5	34.8
16	航空在线	北京人民广播电台交通广播 FM103.9/CFM95.6	1.5	33.6
17	一起午餐吧	北京人民广播电台交通广播 FM103.9/CFM95.6	1.5	32.9
18	转播中央人民广播电台《新闻和报纸摘要》	北京广播电台新闻广播 FM100.6/AM828/CFM90.4	1.5	16.6
19	1039 都市调查组	北京人民广播电台交通广播 FM103.9/CFM95.6	1.4	33.0
20	蓝调北京	北京人民广播电台交通广播 FM103.9/CFM95.6	1.4	32.3
21	主播在线	北京广播电台新闻广播 FM100.6/AM828/CFM90.4	1.4	13.4
22	1039 生活家	北京人民广播电台交通广播 FM103.9/CFM95.6	1.3	30.6
23	1039 听天下	北京人民广播电台交通广播 FM103.9/CFM95.6	1.2	35.3
24	十点谈心	北京人民广播电台交通广播 FM103.9/CFM95.6	1.2	34.0
25	空中笑林	北京人民广播电台文艺广播 FM87.6/CFM93.8	1.2	11.6
26	爱车全知道	北京人民广播电台交通广播 FM103.9/CFM95.6	1.1	36.2
27	新闻热线	北京广播电台新闻广播 FM100.6/AM828/CFM90.4	1.1	15.2
28	1039 交通服务热线	北京人民广播电台交通广播 FM103.9/CFM95.6	1.0	37.0
29	音乐来了	北京人民广播电台交通广播 FM103.9/CFM95.6	1.0	36.4
30	警法时空	北京人民广播电台交通广播 FM103.9/CFM95.6	1.0	35.4

二、长春收听数据

表 3.2.1　2017~2019 年长春各目标听众人均收听时间(分钟)

目标听众		2017 年	2018 年	2019 年
10 岁及以上所有人		77	72	75
性别	男	82	75	76
	女	71	68	74
年龄	10~14 岁	37	35	38
	15~24 岁	49	44	40
	25~34 岁	68	68	68
	35~44 岁	73	72	73
	45~54 岁	98	71	82
	55~64 岁	104	109	127
	65 岁及以上	115	118	121
文化程度	未受过正规教育	38	79	*
	小学	68	63	76
	初中	80	79	77
	高中	79	74	78
	大学及以上	74	64	70
职业	干部/管理人员	66	64	94
	初级公务员/雇员	66	60	71
	个体/私营企业人员	76	72	81
	工人	90	74	65
	学生	40	37	34
	无业(包括退休人员)	102	105	112
	其他	*	*	*
个人月收入	没有收入	47	46	46
	1~2000 元	89	85	110
	2001~3000 元	87	91	98
	3001~4000 元	79	71	79
	4001~5000 元	81	82	79
	5001~6000 元	115	75	78
	6001 元及以上	78	68	85

注:长春为全年连续调查城市。“*”表示目标听众样本量不足,无法进行统计推断。

表 3.2.2　2017~2019 年长春听众在不同地点的人均收听时间(分钟)

地　点	2017 年	2018 年	2019 年
在家	41	41	43
车上	26	23	26
工作/学习场所	7	6	4
其他场所	3	1	2

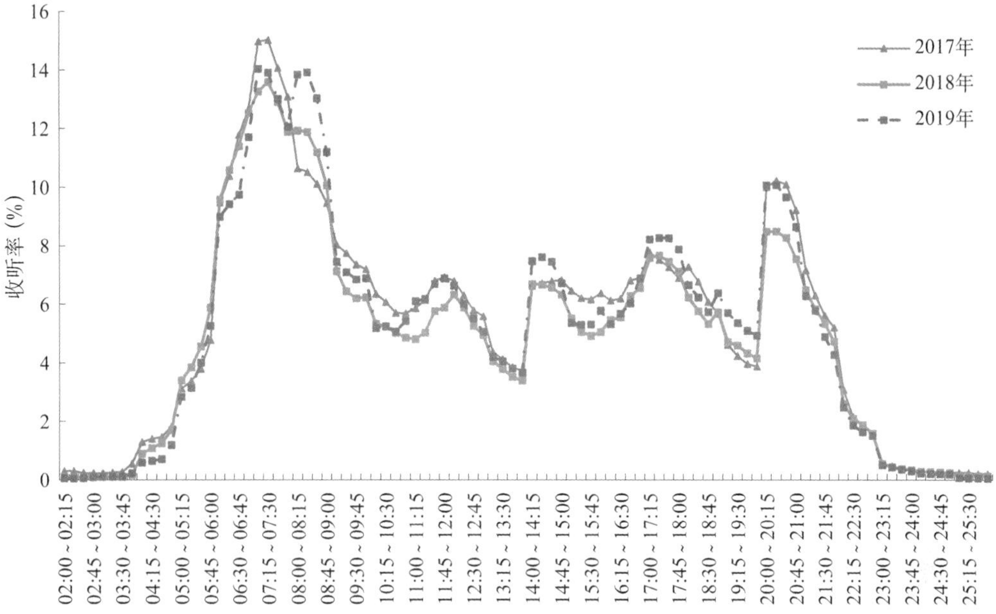

图 3.2.1　2017~2019 年长春听众全天收听率走势

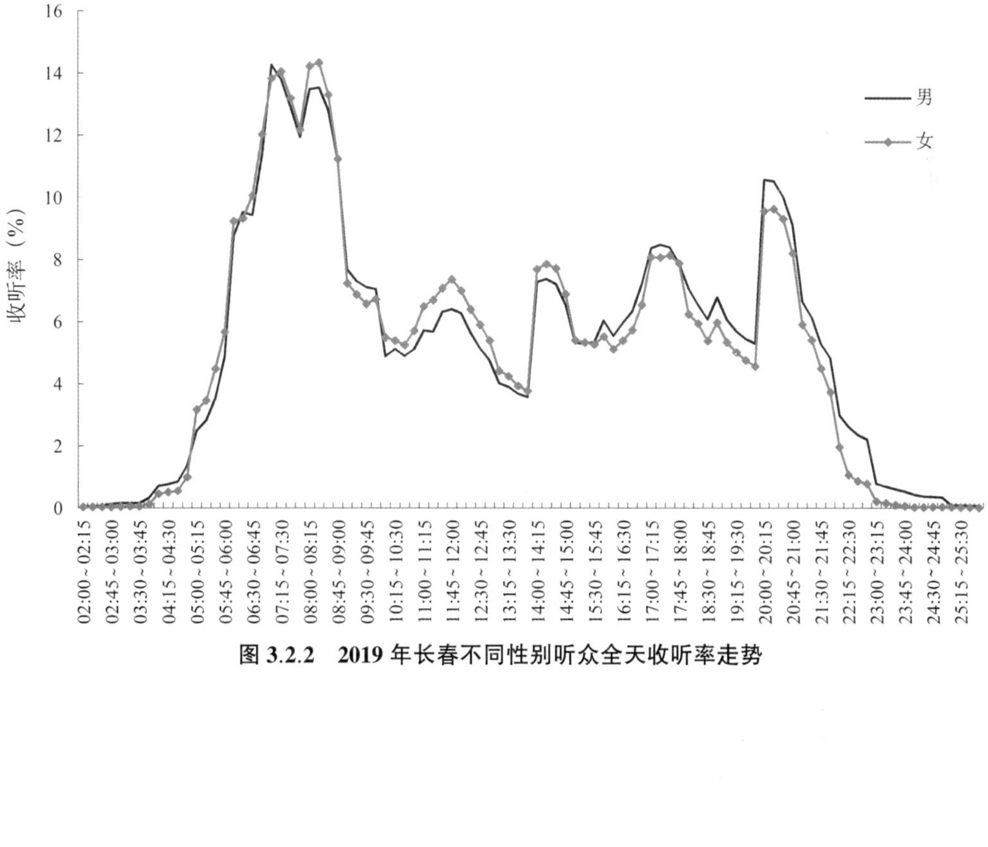

图 3.2.2　2019 年长春不同性别听众全天收听率走势

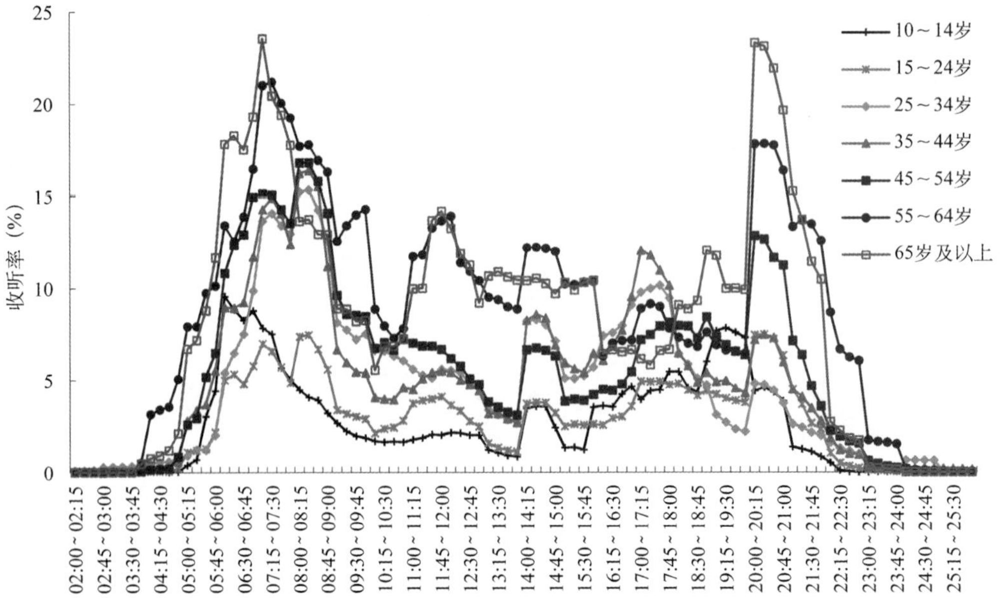

图 3.2.3　2019 年长春不同年龄听众全天收听率走势

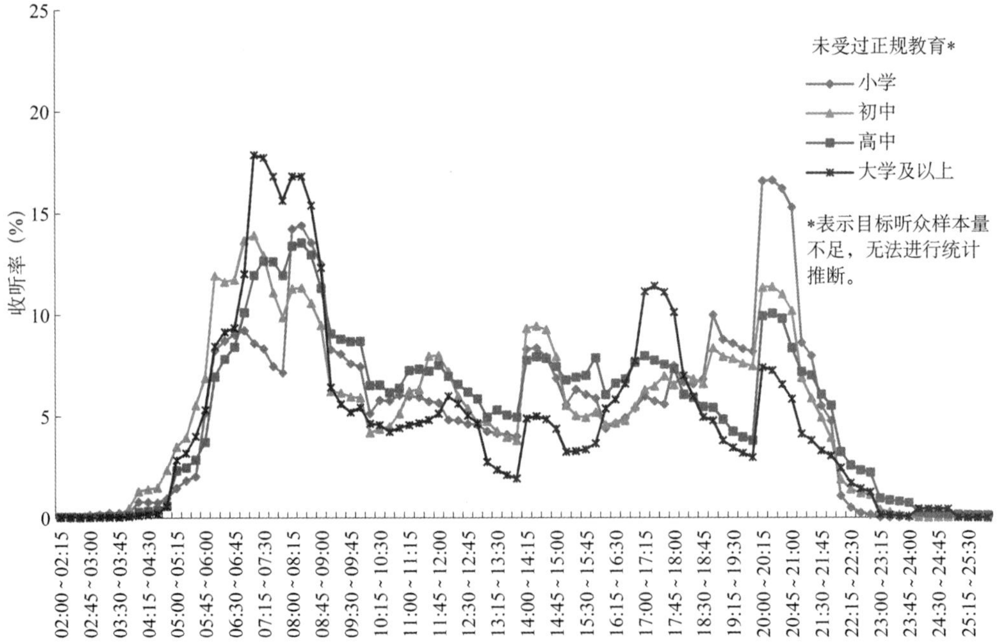

图 3.2.4　2019 年长春不同文化程度听众全天收听率走势

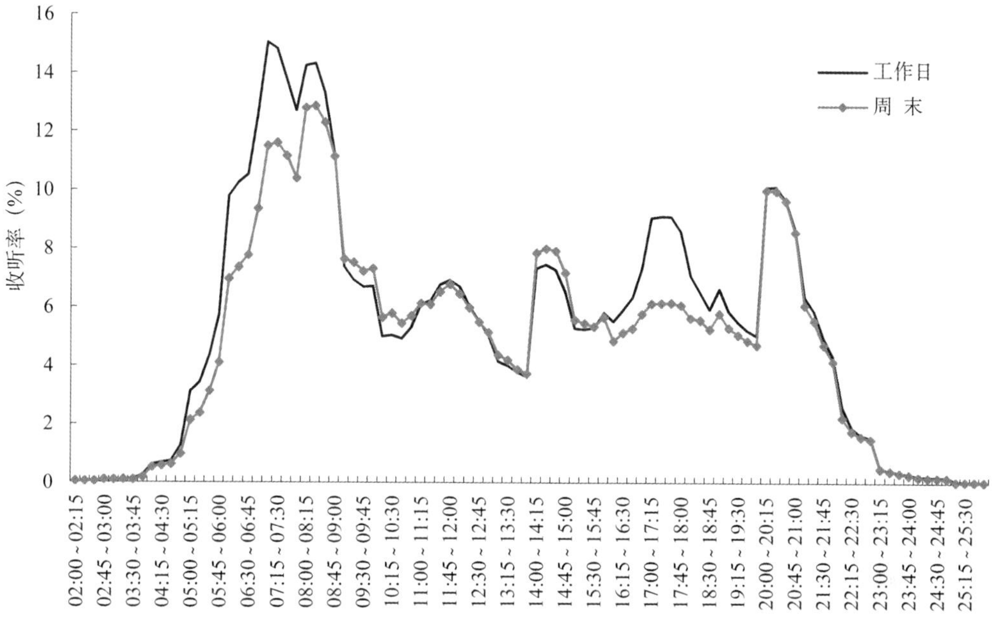

图 3.2.5　2019 年长春听众工作日与周末全天收听率走势

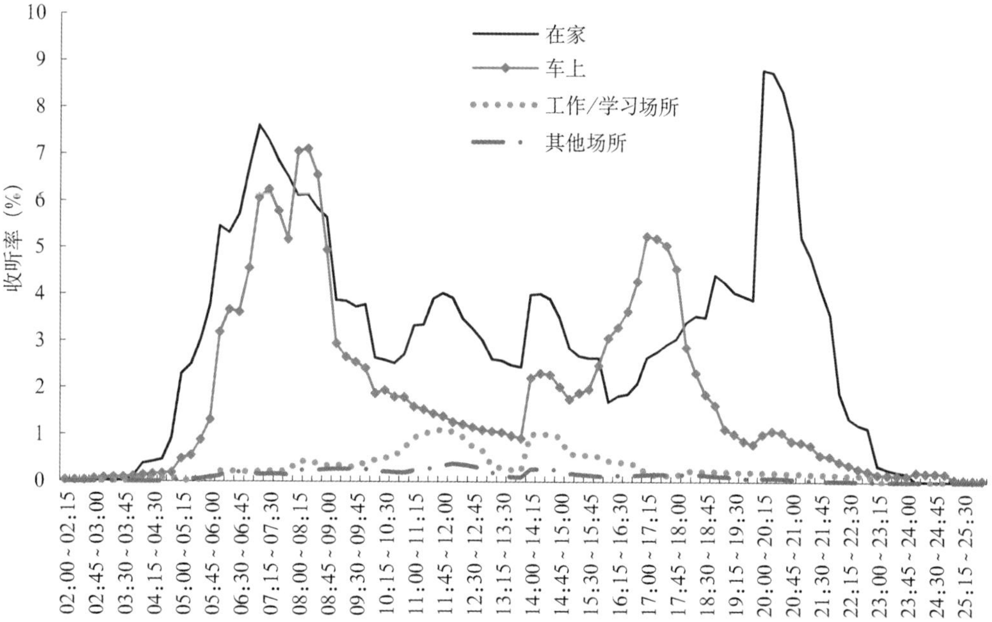

图 3.2.6　2019 年长春听众在不同收听地点全天收听率走势

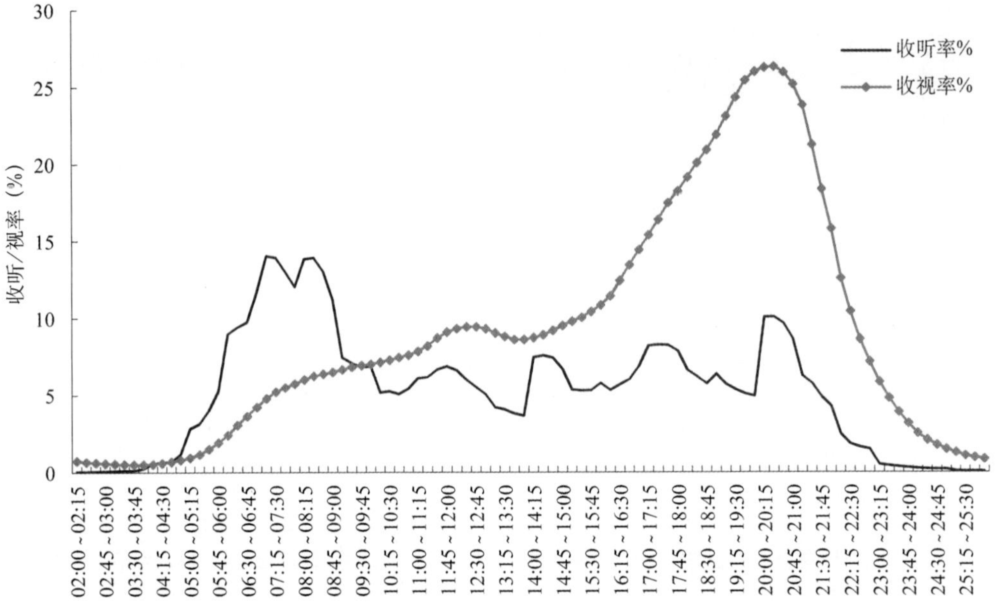

图 3.2.7　2019 年长春受众全天收听率、收视率走势比较（目标受众为 10 岁及以上）

表 3.2.3 2019 年长春市场听众构成(%)

目标听众		听众构成(%)
10 岁及以上所有人		100.0
性别	男	50.9
	女	49.1
年龄	10~14 岁	1.9
	15~24 岁	10.9
	25~34 岁	17.7
	35~44 岁	19.9
	45~54 岁	18.6
	55~64 岁	18.3
	65 岁及以上	12.7
文化程度	未受过正规教育	*
	小学	5.3
	初中	32.2
	高中	36.0
	大学及以上	26.5
职业	干部/管理人员	4.1
	初级公务员/雇员	18.3
	个体/私营企业人员	20.8
	工人	14.9
	学生	8.1
	无业(包括退休人员)	33.8
	其他	*
个人月收入	没有收入	15.1
	1~2000 元	5.4
	2001~3000 元	22.5
	3001~4000 元	26.3
	4001~5000 元	16.6
	5001~6000 元	8.9
	6001 元及以上	5.2

注:"*"表示目标听众样本量不足,无法进行统计推断。

表 3.2.4 2017 年~2019 年长春市场各广播电台的市场份额(%)

广播电台	2017 年	2018 年	2019 年
中央人民广播电台	5.0	6.9	–
中国国际广播电台	0.0	0.0	–
中央广播电视总台	–	–	5.9
吉林广播电视台	40.5	42.8	40.4
长春广播电视台	54.0	49.5	52.7
其他广播电台	0.5	0.8	1.0

表 3.2.5　2019 年长春市场各广播电台在不同目标听众中的市场份额(%)

目标听众		中央广播电视总台	吉林广播电视台	长春广播电视台	其他广播电台
10 岁及以上所有人		5.9	40.4	52.7	1.0
性别	男	6.2	39.3	53.6	0.9
	女	5.7	41.6	51.8	0.9
年龄	10~14 岁	8.9	37.5	52.6	1.0
	15~24 岁	6.0	44.0	48.1	1.9
	25~34 岁	5.4	31.0	62.9	0.7
	35~44 岁	4.9	37.3	57.2	0.6
	45~54 岁	9.4	31.5	57.1	2.0
	55~64 岁	5.4	46.4	47.9	0.3
	65 岁及以上	3.5	60.2	36.2	0.1
文化程度	未受过正规教育	*	*	*	100.0
	小学	1.8	61.1	37.0	0.1
	初中	4.4	44.7	49.1	1.8
	高中	4.9	37.5	57.1	0.5
	大学及以上	10.1	34.5	54.7	0.7
职业	干部/管理人员	10.9	32.9	56.2	0.0
	初级公务员/雇员	10.8	24.8	63.1	1.3
	个体/私营企业人员	3.7	36.5	58.0	1.8
	工人	5.4	39.1	55.3	0.2
	学生	5.5	47.6	45.1	1.8
	无业(包括退休人员)	4.3	51.3	44.0	0.4
	其他	*	*	*	*
个人月收入	没有收入	4.6	50.8	43.2	1.4
	1~2000 元	1.1	42.1	56.7	*
	2001~3000 元	5.7	46.1	47.3	*
	3001~4000 元	6.1	34.1	58.0	1.8
	4001~5000 元	5.4	33.4	61.2	0.0
	5001~6000 元	8.5	43.6	47.3	0.6
	6001 元及以上	11.6	32.9	55.4	0.1

注:“ * ”表示目标听众样本量不足,无法进行统计推断。

表 3.2.6　2019 年长春市场份额排名前五位的频率

排名	频　率	市场份额(%)
1	长春交通之声 FM96.8	40.7
2	吉林人民广播电台交通广播 FM103.8	11.6
3	吉林人民广播电台新闻综合广播 FM91.6/AM738	10.6
4	吉林人民广播电台音乐广播 FM92.7	5.9
5	中央人民广播电台第一套节目中国之声	5.7

表 3.2.7 2019 年长春市场收听率排名前三十位的节目

排名	节目名称	播出频率	收听率（%）	市场份额（%）
1	968 新闻早高峰	长春交通之声 FM96.8	7.0	52.2
2	娱乐大冰箱早间版	长春交通之声 FM96.8	6.1	50.0
3	转播中央人民广播电台《新闻和报纸摘要》	长春交通之声 FM96.8	4.8	44.3
4	968 早上好	长春交通之声 FM96.8	4.0	43.4
5	听听音乐聊聊天周末版	长春交通之声 FM96.8	3.7	47.2
6	968 都市晚高峰	长春交通之声 FM96.8	3.6	47.0
7	司机开会	长春交通之声 FM96.8	3.2	53.7
8	娱乐非主流上午版	长春交通之声 FM96.8	3.2	45.9
9	早教 360	长春交通之声 FM96.8	3.0	42.3
10	12345 生活帮帮团	长春交通之声 FM96.8	2.7	42.2
11	园园叭叭秀周末精编版	长春交通之声 FM96.8	2.7	26.8
12	娱乐非主流周末下午版	长春交通之声 FM96.8	2.5	41.4
13	新闻漫漫谈	长春交通之声 FM96.8	2.5	27.5
14	娱乐非主流下午版	长春交通之声 FM96.8	2.3	42.5
15	娱乐正当红	长春交通之声 FM96.8	2.3	28.2
16	968 车友会	长春交通之声 FM96.8	2.1	40.2
17	圆圆叭叭秀	长春交通之声 FM96.8	2.0	32.3
18	娱乐正当红周末下午版	长春交通之声 FM96.8	1.9	37.6
19	娱乐大冰箱中午版	长春交通之声 FM96.8	1.9	27.4
20	晓声长谈	吉林人民广播电台新闻综合广播 FM91.6/AM738	1.9	25.5
21	唱行 6 点半	长春交通之声 FM96.8	1.8	31.2
22	嘻嘻哈哈欢乐逗	长春交通之声 FM96.8	1.7	29.1
23	娱乐非主流周末中午版	长春交通之声 FM96.8	1.6	29.0
24	娱乐正当红周末中午版	长春交通之声 FM96.8	1.6	27.6
25	新闻纵横	中央人民广播电台第一套节目中国之声	1.6	12.5
26	生活风向标	吉林人民广播电台新闻综合广播 FM91.6/AM738	1.5	27.9
27	兄弟连	吉林人民广播电台交通广播 FM103.8	1.5	15.2
28	疯狂的匣子	吉林人民广播电台交通广播 FM103.8	1.5	11.3
29	笑口畅开	长春交通之声 FM96.8	1.4	33.1
30	1038 交警热线	吉林人民广播电台交通广播 FM103.8	1.3	10.1

三、长沙收听数据

表 3.3.1　2017~2019 年长沙各目标听众人均收听时间(分钟)

目标听众		2017 年	2018 年	2019 年
10 岁及以上所有人		46	48	44
性别	男	56	58	52
	女	36	39	35
年龄	10~14 岁	12	14	16
	15~24 岁	24	26	25
	25~34 岁	46	51	43
	35~44 岁	62	63	54
	45~54 岁	48	56	61
	55~64 岁	53	46	40
	65 岁及以上	71	76	60
文化程度	未受过正规教育	*	*	*
	小学	30	21	18
	初中	45	48	42
	高中	48	54	47
	大学及以上	47	48	46
职业	干部/管理人员	53	60	50
	初级公务员/雇员	46	48	45
	个体/私营企业人员	62	59	49
	工人	50	59	55
	学生	16	16	17
	无业(包括退休人员)	48	51	44
	其他	*	*	*
个人月收入	没有收入	20	18	20
	1~2000 元	37	36	30
	2001~3000 元	49	52	43
	3001~4000 元	50	61	53
	4001~5000 元	57	61	55
	5001~6000 元	90	62	48
	6001 元及以上	63	63	56

注:长沙为全年连续调查城市。“*”表示目标听众样本量不足,无法进行统计推断。

表 3.3.2　2017~2019 年长沙听众在不同地点的人均收听时间(分钟)

地　点	2017 年	2018 年	2019 年
在家	14	16	13
车上	29	29	27
工作/学习场所	2	2	2
其他场所	1	1	1

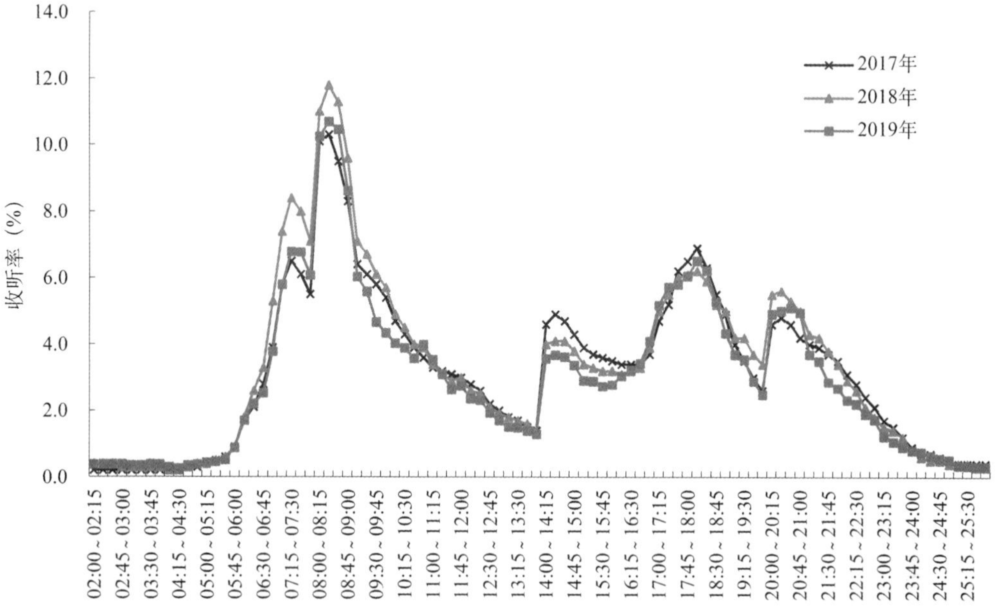

图 3.3.1　2017~2019 年长沙听众全天收听率走势

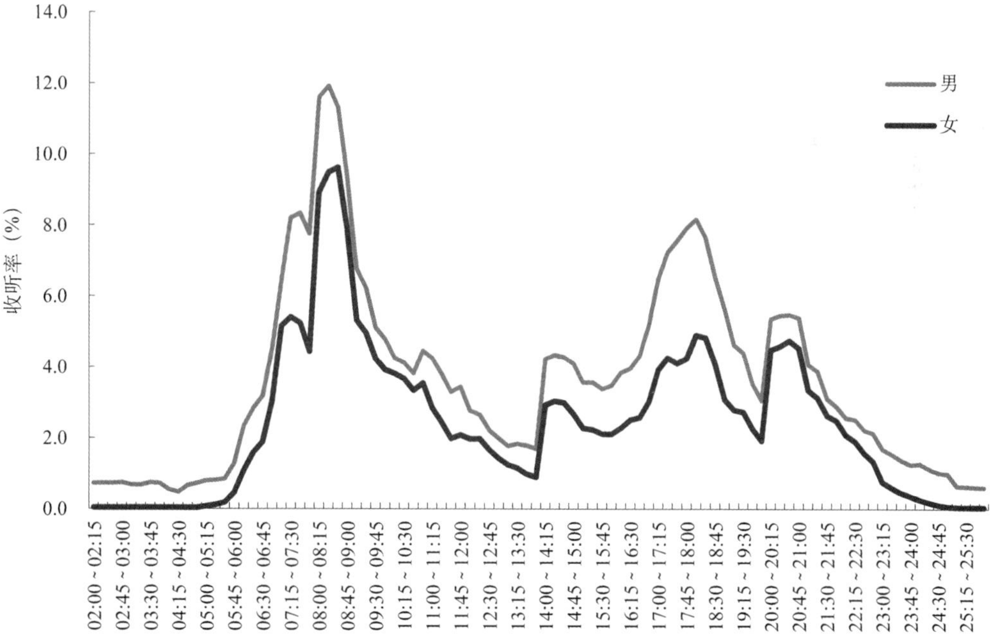

图 3.3.2　2019 年长沙不同性别听众全天收听率走势

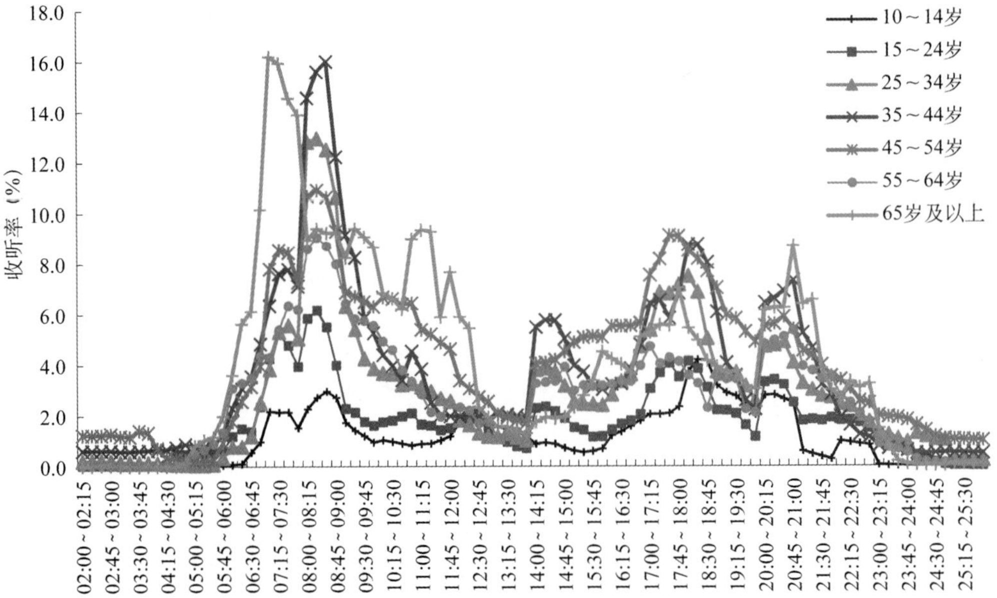

图 3.3.3　2019 年长沙不同年龄听众全天收听率走势

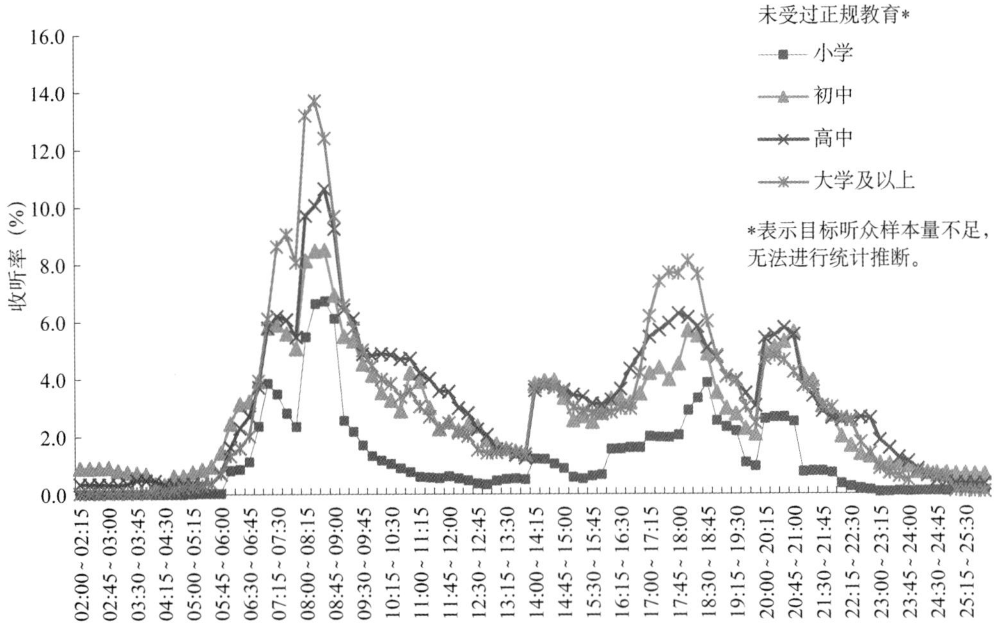

图 3.3.4　2019 年长沙不同文化程度听众全天收听率走势

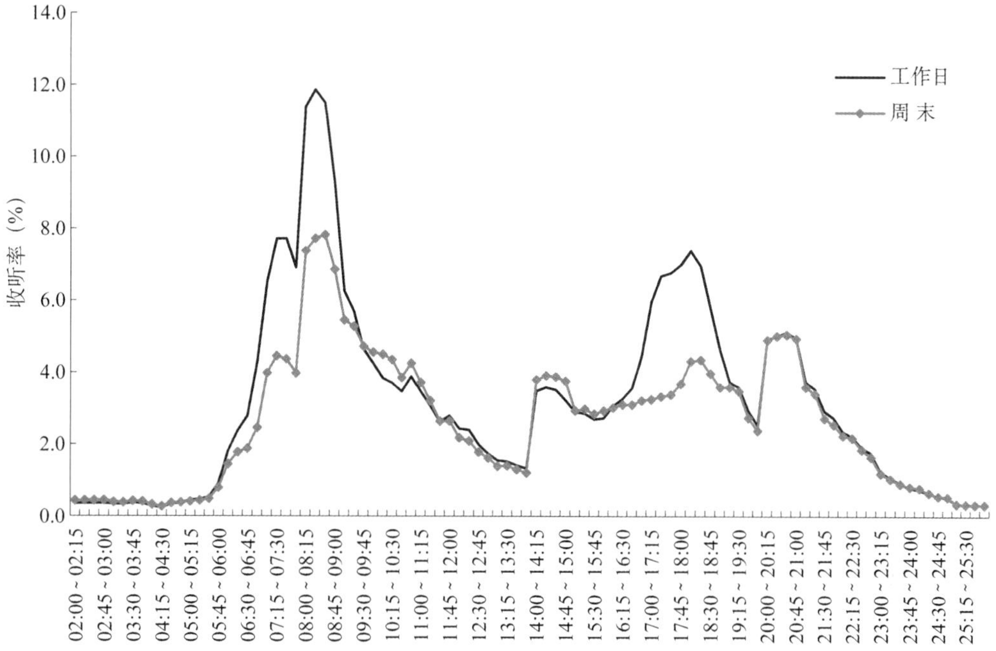

图 3.3.5　2019 年长沙听众工作日与周末全天收听率走势

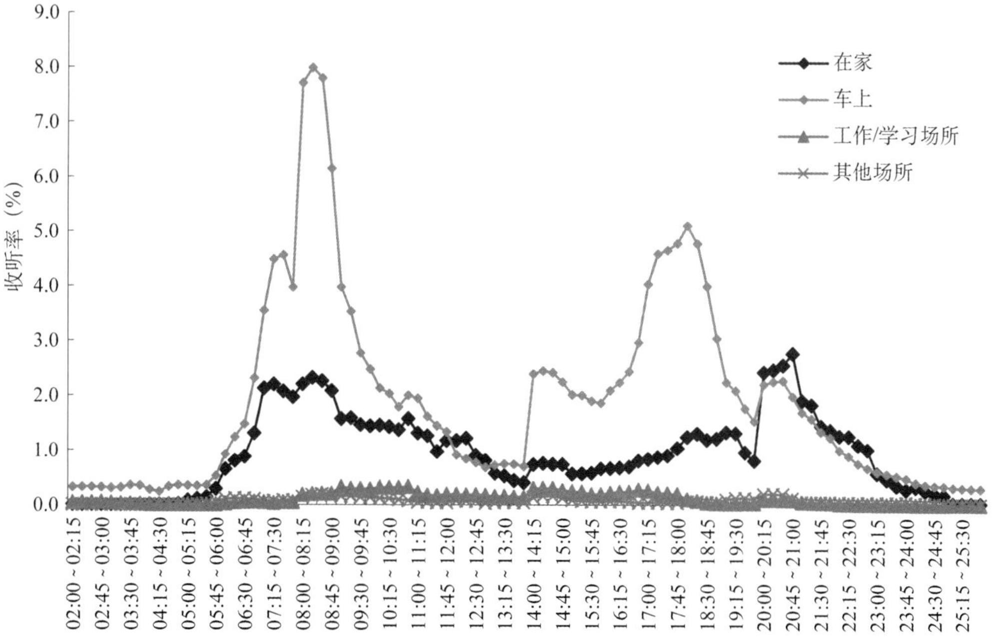

图 3.3.6　2019 年长沙听众在不同收听地点全天收听率走势

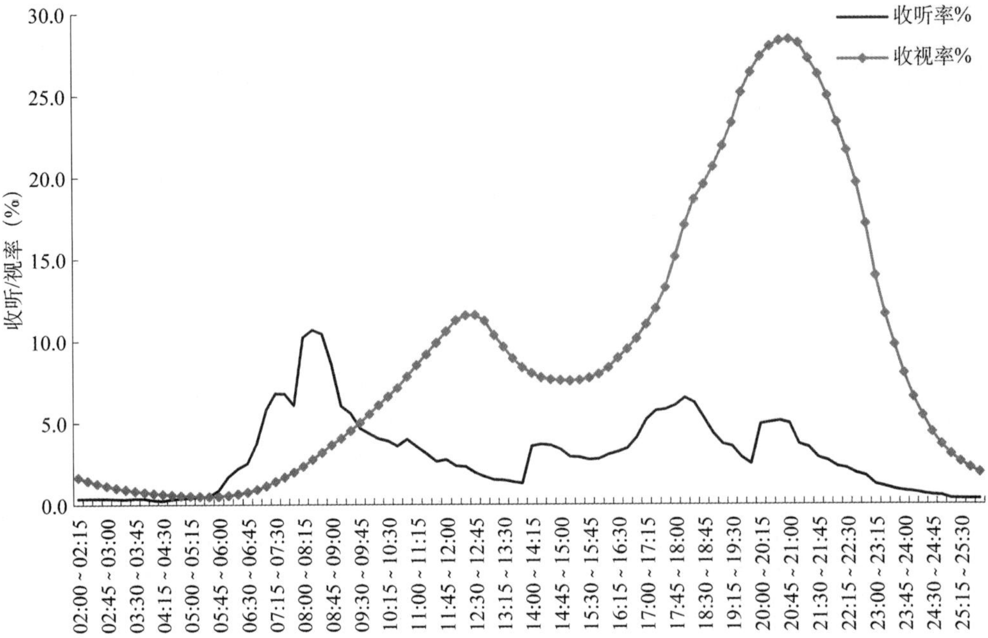

图 3.3.7　2019 年长沙受众全天收听率、收视率走势比较(目标受众为 10 岁及以上)

表 3.3.3 2019 年长沙市场听众构成(%)

目标听众		听众构成(%)
10 岁及以上所有人		100.0
性别	男	59.4
	女	40.6
年龄	10~14 岁	1.5
	15~24 岁	13.4
	25~34 岁	21.3
	35~44 岁	26.7
	45~54 岁	19.9
	55~64 岁	8.5
	65 岁及以上	8.6
文化程度	未受过正规教育	*
	小学	2.3
	初中	25.0
	高中	36.8
	大学及以上	36.0
职业	干部/管理人员	6.7
	初级公务员/雇员	20.2
	个体/私营企业人员	23.3
	工人	26.1
	学生	6.2
	无业(包括退休人员)	17.5
	其他	*
个人月收入	没有收入	10.1
	1~2000 元	3.1
	2001~3000 元	15.9
	3001~4000 元	27.8
	4001~5000 元	20.5
	5001~6000 元	8.9
	6001 元及以上	13.8

注:“ * ”表示目标听众样本量不足,无法进行统计推断。

表 3.3.4 2017~2019 年长沙市场各广播电台的市场份额(%)

广播电台	2017 年	2018 年	2019 年
中央人民广播电台	6.1	8.6	-
中国国际广播电台	0.3	0.3	-
中央广播电视总台	-	-	8.2
湖南广播电视台	62.0	60.1	57.8
长沙市广播电视台	28.2	27.8	31.1
其他广播电台	9.8	12.1	2.9

表 3.3.5　2019 年长沙市场各广播电台在不同目标听众中的市场份额(%)

目标听众		中央广播电视总台	湖南广播电视台	长沙广播电视台	其他广播电台
10 岁及以上所有人		8.2	57.8	31.1	2.9
性别	男	7.4	59.6	31.0	2.0
	女	9.4	55.2	31.3	4.1
年龄	10~14 岁	3.2	36.8	58.4	1.7
	15~24 岁	5.6	55.9	35.3	3.2
	25~34 岁	5.0	53.4	38.1	3.5
	35~44 岁	5.5	60.1	32.6	1.9
	45~54 岁	5.9	68.4	22.4	3.3
	55~64 岁	11.7	56.6	27.0	4.7
	65 岁及以上	31.2	45.2	22.4	1.2
文化程度	未受过正规教育	*	*	*	*
	小学	12.1	56.1	28.7	3.0
	初中	6.3	65.3	25.1	3.3
	高中	9.7	56.5	31.0	2.8
	大学及以上	7.7	54.1	35.6	2.6
职业	干部/管理人员	6.9	60.4	31.6	1.1
	初级公务员/雇员	5.9	57.4	32.6	4.1
	个体/私营企业人员	3.7	63.9	29.9	2.6
	工人	6.3	60.2	31.4	2.2
	学生	7.0	53.0	36.0	4.0
	无业(包括退休人员)	20.8	47.5	28.6	3.1
	其他	*	*	*	*
个人月收入	没有收入	7.3	53.5	35.8	3.5
	1~2000 元	9.2	51.4	36.4	3.0
	2001~3000 元	10.3	59.3	26.1	4.4
	3001~4000 元	8.6	53.6	35.5	2.3
	4001~5000 元	7.5	64.7	25.5	2.3
	5001~6000 元	7.5	63.5	26.7	2.4
	6001 元及以上	7.1	55.4	34.7	2.9

注:“ * ”表示目标听众样本量不足,无法进行统计推断。

表 3.3.6　2019 年长沙市场份额排名前五位的频率

排名	频　率	市场份额(%)
1	湖南人民广播电台交通频道 FM91.8/FM100.3	27.5
2	长沙人民广播电台交通广播 FM106.1	13.3
3	长沙人民广播电台城市之声(音乐)广播 FM101.7	10.0
4	湖南电台 893 汽车音乐电台 FM89.3	6.8
5	湖南金鹰 955 FM95.5	6.3

表 3.3.7　2019 年长沙市场收听率排名前三十位的节目

排名	节目名称	播出频率	收听率（%）	市场份额（%）
1	国生开讲	湖南人民广播电台交通广播 FM91.8/FM100.3	3.0	30.3
2	观点峰会	湖南人民广播电台交通广播 FM91.8/FM100.3	1.9	32.4
3	了不起的晚高峰	湖南人民广播电台交通广播 FM91.8/FM100.3	1.8	31.9
4	新闻快报	湖南人民广播电台交通广播 FM91.8/FM100.3	1.7	27.2
5	清风侠在路上	湖南人民广播电台交通广播 FM91.8/FM100.3	1.5	24.7
6	早起约个局	长沙人民广播电台交通广播 FM106.1	1.4	16.6
7	辣椒家族欢乐派	湖南人民广播电台交通广播 FM91.8/FM100.3	1.1	29.8
8	高速直播室	湖南人民广播电台交通广播 FM91.8/FM100.3	1.1	28.9
9	平安精灵车友圈	湖南人民广播电台交通广播 FM91.8/FM100.3	1.1	28.2
10	转播中央人民广播电台《新闻和报纸摘要》	湖南人民广播电台交通广播 FM91.8/FM100.3	0.9	29.5
11	交警直播室	湖南人民广播电台交通广播 FM91.8/FM100.3	0.9	28.7
12	新闻联播	湖南人民广播电台交通广播 FM91.8/FM100.3	0.9	25.9
13	绝代双椒	湖南人民广播电台交通广播 FM91.8/FM100.3	0.9	18.8
14	博闻天下	湖南人民广播电台交通广播 FM91.8/FM100.3	0.8	28.8
15	车舞飞扬	湖南人民广播电台交通广播 FM91.8/FM100.3	0.8	23.0
16	三个大嘴巴	长沙人民广播电台交通广播 FM106.1	0.8	16.9
17	交通话题	湖南人民广播电台交通广播 FM91.8/FM100.3	0.7	25.1
18	新闻和报纸摘要	中央人民广播电台第一套节目中国之声	0.7	20.6
19	城市 1920	长沙人民广播电台城市之声（音乐）广播 FM101.7	0.7	16.8
20	品牌之旅	中央人民广播电台第一套节目中国之声	0.6	24.2
21	一路好听	湖南人民广播电台交通广播 FM91.8/FM100.3	0.6	23.3
22	辣椒家族欢乐派（重播）	湖南人民广播电台交通广播 FM91.8/FM100.3	0.6	22.1
23	城市优音乐	长沙人民广播电台城市之声（音乐）广播 FM101.7	0.6	15.6
24	观点 1+1	长沙人民广播电台交通广播 FM106.1	0.6	11.9
25	刷刷朋友圈	湖南人民广播电台金鹰之声 FM95.5	0.6	8.2
26	阳光麦乐地	长沙人民广播电台城市之声（音乐）广播 FM101.7	0.6	8.0
27	国防时空	中央人民广播电台第一套节目中国之声	0.5	24.6
28	新闻快报+ 观点峰会	湖南人民广播电台交通广播 FM91.8/FM100.3	0.5	23.2
29	小八排行榜（重播）	长沙人民广播电台交通广播 FM106.1	0.5	17.1
30	wan 点不一样	长沙人民广播电台交通广播 FM106.1	0.5	11.2

四、重庆收听数据

表 3.4.1　2017~2019 年重庆各目标听众人均收听时间(分钟)

目标听众		2017 年	2018 年	2019 年
10 岁及以上所有人		37	36	37
性别	男	36	36	38
	女	37	36	36
年龄	10~14 岁	11	6	4
	15~24 岁	24	20	21
	25~34 岁	41	36	37
	35~44 岁	43	44	45
	45~54 岁	36	39	43
	55~64 岁	42	36	37
	65 岁及以上	48	56	52
文化程度	未受过正规教育	*	*	*
	小学	36	27	28
	初中	35	37	37
	高中	37	39	40
	大学及以上	39	34	35
职业	干部/管理人员	49	51	54
	初级公务员/雇员	43	41	42
	个体/私营企业人员	39	34	39
	工人	34	37	38
	学生	19	16	14
	无业(包括退休人员)	47	47	45
	其他	*	*	*
个人月收入	没有收入	22	18	16
	1~2000 元	33	25	30
	2001~3000 元	36	38	41
	3001~4000 元	44	42	40
	4001~5000 元	39	38	39
	5001~6000 元	31	30	41
	6001 元及以上	47	44	*

注:重庆为全年连续调查城市。“ * ”表示目标听众样本量不足,无法进行统计推断。

表 3.4.2　2017~2019 年重庆听众在不同地点的人均收听时间(分钟)

地　点	2017 年	2018 年	2019 年
在家	21	18	18
车上	13	15	16
工作/学习场所	1	2	2
其他场所	1	1	1

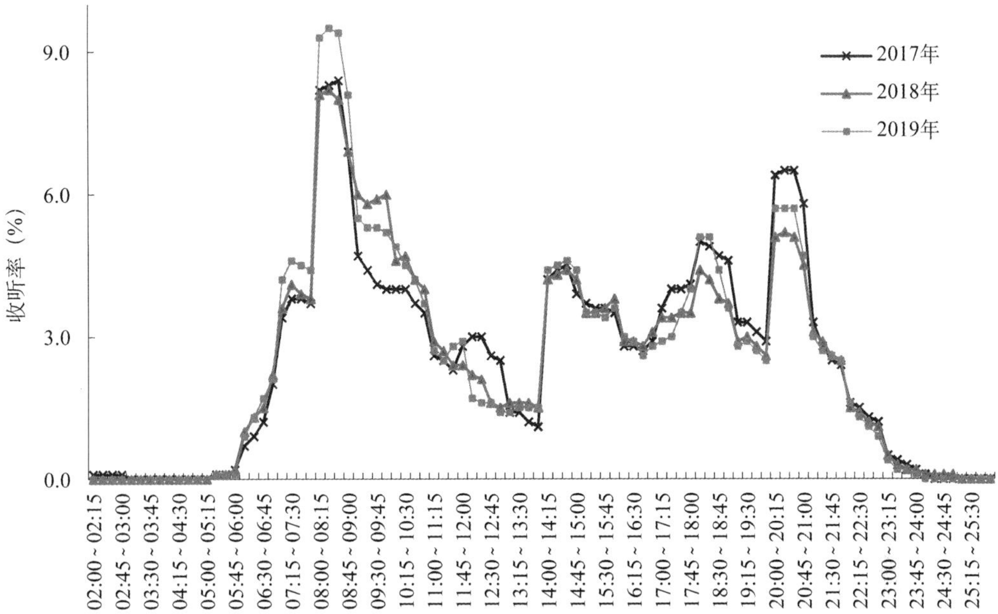

图 3.4.1　2017～2019 年重庆听众全天收听率走势

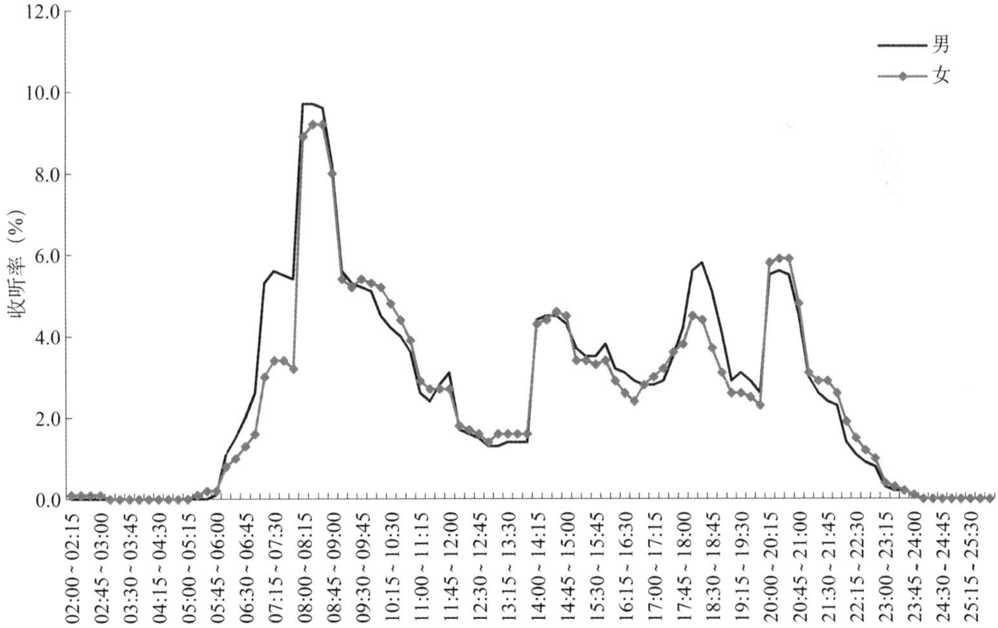

图 3.4.2　2019 年重庆不同性别听众全天收听率走势

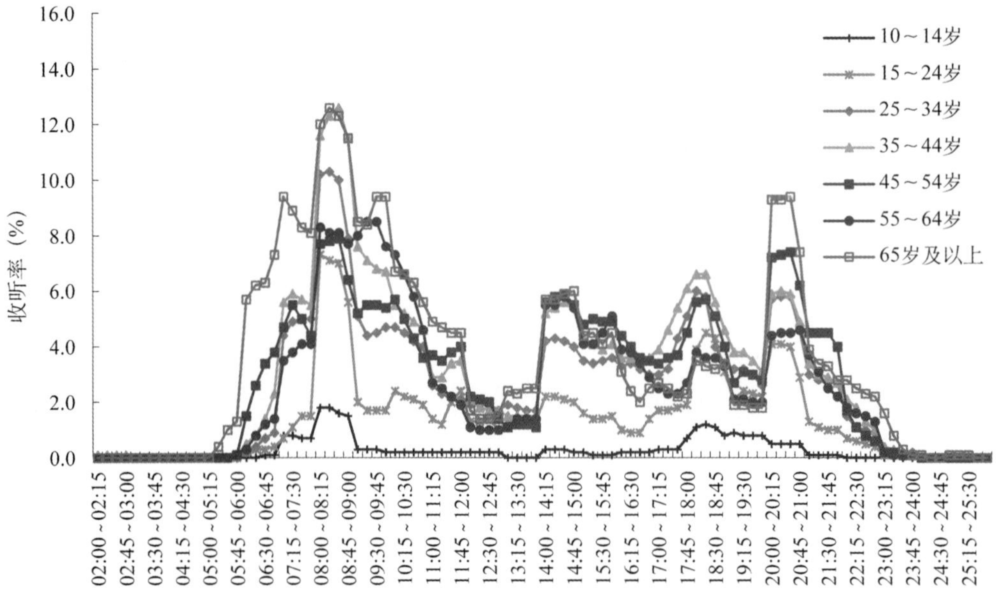

图 3.4.3　2019 年重庆不同年龄听众全天收听率走势

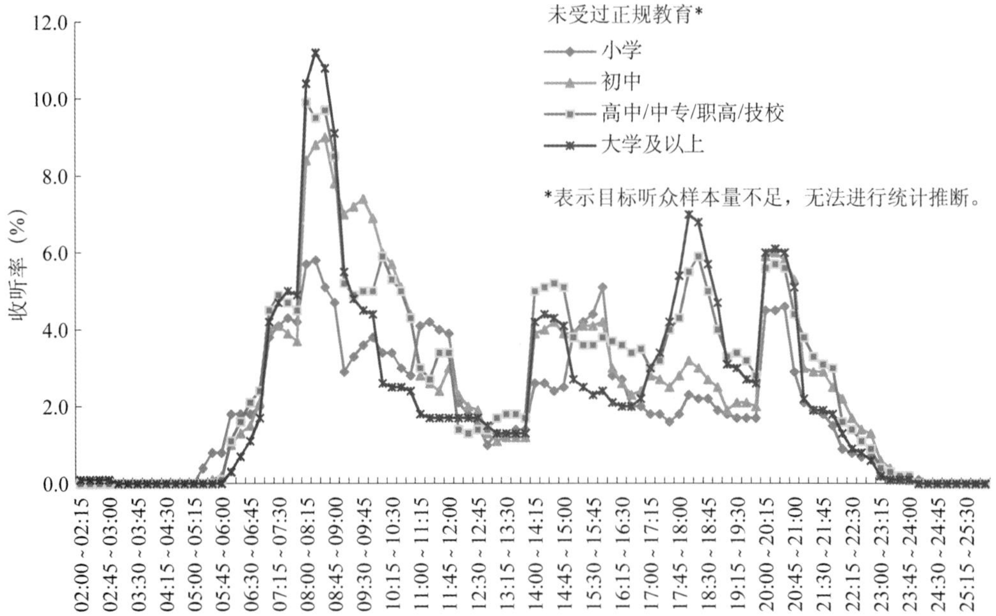

图 3.4.4　2019 年重庆不同文化程度听众全天收听率走势

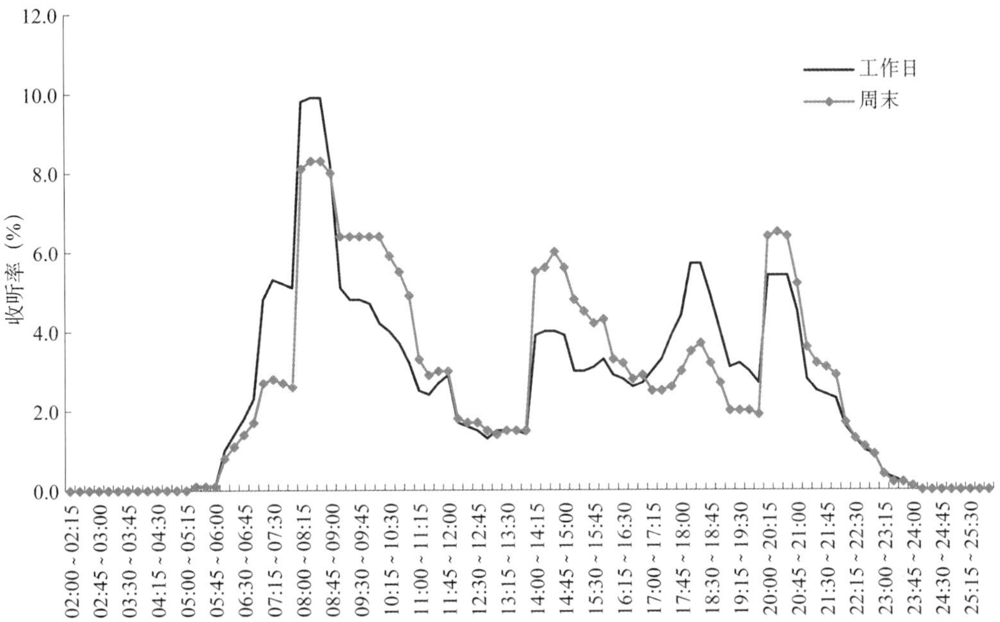

图 3.4.5 2019 年重庆听众工作日与周末全天收听率走势

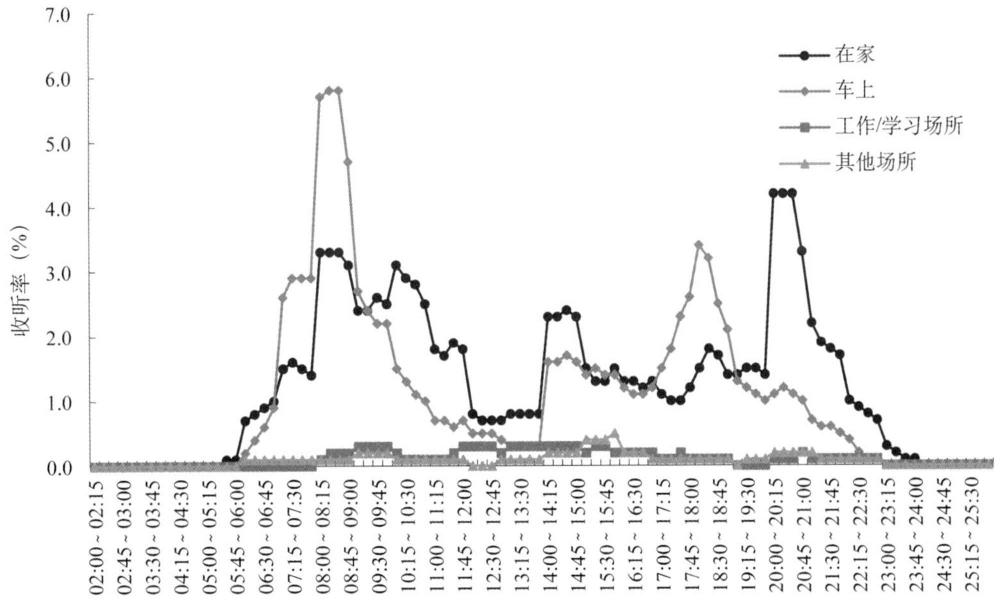

图 3.4.6 2019 年重庆听众在不同收听地点全天收听率走势

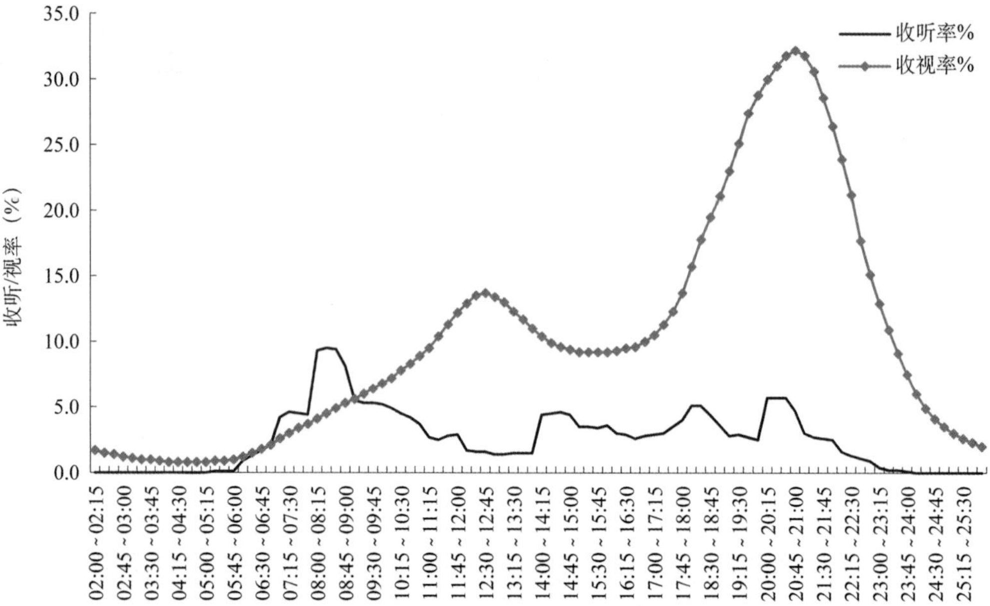

图 3.4.7　2019 年重庆受众全天收听率、收视率走势比较(目标受众为 10 岁及以上)

表 3.4.3　2019 年重庆市场听众构成(%)

目标听众		听众构成(%)
10 岁及以上所有人		100.0
性别	男	54.6
	女	45.4
年龄	10~14 岁	0.4
	15~24 岁	10.8
	25~34 岁	20.9
	35~44 岁	29.4
	45~54 岁	17.2
	55~64 岁	9.8
	65 岁及以上	11.6
文化程度	未受过正规教育	*
	小学	6.3
	初中	23.4
	高中	45.4
	大学及以上	24.7
职业	干部/管理人员	2.5
	初级公务员/雇员	15.6
	个体/私营企业人员	22.1
	工人	35.6
	学生	5.0
	无业(包括退休人员)	19.1
	其他	*
个人月收入	没有收入	6.8
	1~2000 元	1.7
	2001~3000 元	14.6
	3001~4000 元	28.5
	4001~5000 元	20.8
	5001~6000 元	11.7
	6001 元及以上	*

注:“*”表示目标听众样本量不足,无法进行统计推断。

表 3.4.4　2017~2019 年重庆市场各广播电台的市场份额(%)

广播电台	2017 年	2018 年	2019 年
中央人民广播电台	1.8	1	-
中国国际广播电台	1.4	1.8	-
中央广播电视总台	-	-	5.3
重庆广播电视集团(总台)	96.5	96.3	94.2
其他广播电台	0.3	0.9	0.5

表 3.4.5　2019 年重庆市场各广播电台在不同目标听众中的市场份额(%)

目标听众		中央广播电视总台	重庆广播电视集团(总台)	其他广播电台
10 岁及以上所有人		5.3	94.2	0.5
性别	男	5.2	94.3	0.5
	女	5.5	94.1	0.4
年龄	10~14 岁	3.4	95.7	0.8
	15-24 岁	1.7	97.9	0.3
	25-34 岁	2.4	97.5	0.2
	35-44 岁	3.8	95.5	0.7
	45-54 岁	2.6	97.3	0.1
	55-64 岁	12.1	87.4	0.5
	65 岁及以上	16.0	82.9	1.1
文化程度	未受过正规教育	*	*	*
	小学	18.4	81.3	0.3
	初中	8.2	91.3	0.5
	高中	2.9	96.7	0.5
	大学及以上	3.8	95.8	0.4
职业	干部/管理人员	0.8	99.2	0.0
	初级公务员/雇员	3.1	96.1	0.8
	个体/私营企业人员	3.3	96.4	0.3
	工人	2.3	97.4	0.3
	学生	3.6	95.7	0.7
	无业(包括退休人员)	16.1	83.2	0.8
	其他	*	*	*
个人月收入	没有收入	2.7	96.7	0.6
	1~2000 元	0.8	99.1	0.1
	2001~3000 元	8.2	91.4	0.4
	3001~4000 元	8.4	91.0	0.6
	4001~5000 元	1.0	98.5	0.5
	5001~6000 元	5.7	93.9	0.4
	6001 元及以上	*	*	*

注:“*”表示目标听众样本量不足,无法进行统计推断。

表 3.4.6　2019 年重庆市场份额排名前五位的频率

排名	频　率	市场份额(%)
1	重庆人民广播电台交通频率 FM95.5	40.9
2	重庆人民广播电台音乐频率 FM88.1	30.9
3	重庆人民广播电台都市频率 FM93.8	8.8
4	重庆人民广播电台经济频率 FM101.5	6.6
5	重庆人民广播电台重庆之声 FM96.8/AM1314	6.2

表 3.4.7　2019 年重庆市场收听率排名前三十位的节目

排名	节目名称	播出频率	收听率（%）	市场份额（%）
1	资讯早班车	重庆人民广播电台交通频率 FM95.5	3.2	52.8
2	955 与你相随	重庆人民广播电台交通频率 FM95.5	3.1	47.5
3	交广关注	重庆人民广播电台交通频率 FM95.5	2.9	63.7
4	汽车世界	重庆人民广播电台交通频率 FM95.5	2.0	48.8
5	人车在线	重庆人民广播电台交通频率 FM95.5	2.0	39.1
6	交广乐逍遥	重庆人民广播电台交通频率 FM95.5	1.8	53.7
7	音乐博客	重庆人民广播电台音乐频率 FM88.1	1.8	35.9
8	汽车 CD 早安秀(09:00~10:00)	重庆人民广播电台音乐频率 FM88.1	1.8	33.0
9	非常可乐帮	重庆人民广播电台音乐频率 FM88.1	1.7	42.0
10	音乐风情之旅	重庆人民广播电台音乐频率 FM88.1	1.4	38.8
11	驾驶员俱乐部	重庆人民广播电台交通频率 FM95.5	1.4	28.5
12	汽车 CD 早安秀（07:00~09:00）	重庆人民广播电台音乐频率 FM88.1	1.4	21.2
13	环球音乐网(重播)	重庆人民广播电台音乐频率 FM88.1	1.2	38.7
14	一路放轻松	重庆人民广播电台交通频率 FM95.5	1.1	39.2
15	英伦音乐前沿	重庆人民广播电台音乐频率 FM88.1	1.1	37.3
16	咖啡时光	重庆人民广播电台音乐频率 FM88.1	1.1	27.2
17	向快乐出发	重庆人民广播电台交通频率 FM95.5	1.1	25.0
18	爵士星空(重播)	重庆人民广播电台音乐频率 FM88.1	0.9	42.6
19	955 车友生活	重庆人民广播电台交通频率 FM95.5	0.9	32.4
20	潮妈驾到	重庆人民广播电台音乐频率 FM88.1	0.9	30.2
21	汽车音乐时间	重庆人民广播电台音乐频率 FM88.1	0.9	21.5
22	音乐最动听	重庆人民广播电台都市频率 FM93.8	0.9	9.7
23	环球音乐网	重庆人民广播电台音乐频率 FM88.1	0.8	49.5
24	周末故事会	重庆人民广播电台交通频率 FM95.5	0.8	28.3
25	爵士星空	重庆人民广播电台音乐频率 FM88.1	0.7	61.3
26	汽车俱乐部	重庆人民广播电台交通频率 FM95.5	0.7	33.8
27	古典也流行	重庆人民广播电台音乐频率 FM88.1	0.7	30.9
28	路长情更长	重庆人民广播电台交通频率 FM95.5	0.7	26.7
29	快车道	重庆人民广播电台交通频率 FM95.5	0.7	25.4
30	最流行	重庆人民广播电台音乐频率 FM88.1	0.6	36.9

五、大连收听数据

表 3.5.1　2017～2019 年大连各目标听众人均收听时间(分钟)

目标听众		2017 年	2018 年	2019 年
10 岁及以上所有人		71	67	68
性别	男	77	76	77
	女	65	58	58
年龄	10～14 岁	15	13	26
	15～24 岁	22	18	23
	25～34 岁	53	60	61
	35～44 岁	61	66	72
	45～54 岁	76	73	69
	55～64 岁	118	108	100
	65 岁及以上	147	131	123
文化程度	未受过正规教育	67	66	40
	小学	82	67	73
	初中	81	75	78
	高中	63	65	69
	大学及以上	59	58	52
职业	干部/管理人员	70	63	75
	初级公务员/雇员	47	52	49
	个体/私营企业人员	79	70	66
	工人	57	69	78
	学生	17	14	18
	无业(包括退休人员)	118	101	95
	其他	48	138	161
个人月收入	没有收入	36	25	24
	1～2000 元	88	95	105
	2001～3000 元	84	83	83
	3001～4000 元	76	79	74
	4001～5000 元	74	73	83
	5001～6000 元	90	74	56
	6001 元及以上	59	65	68

表 3.5.2　2017～2019 年大连听众在不同地点的人均收听时间(分钟)

地　点	2017 年	2018 年	2019 年
在家	45	37	35
车上	21	26	27
工作/学习场所	3	3	3
其他场所	1	1	2

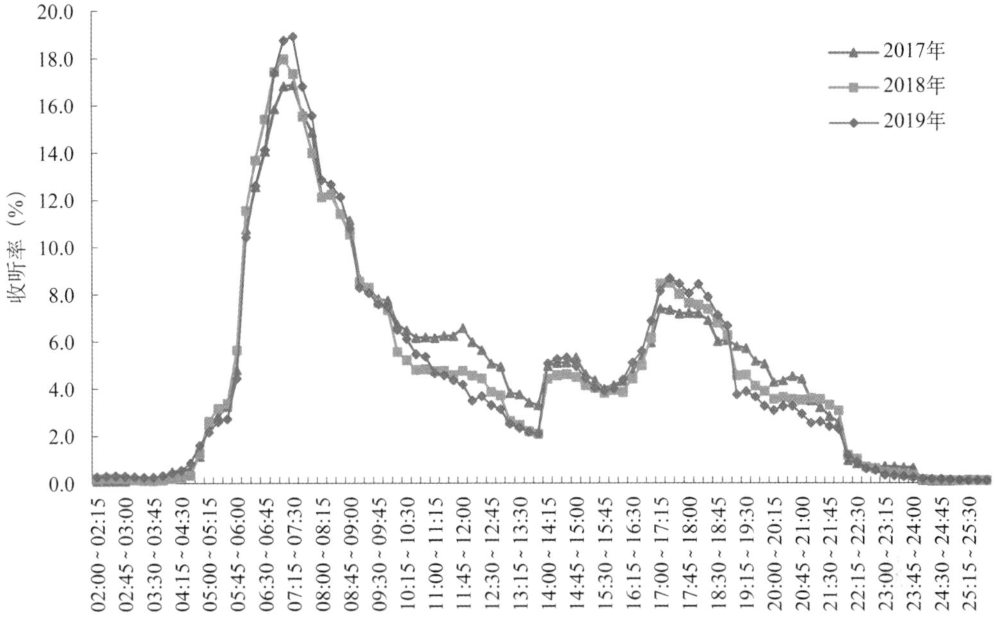

图 3.5.1　2017~2019 年大连听众全天收听率走势

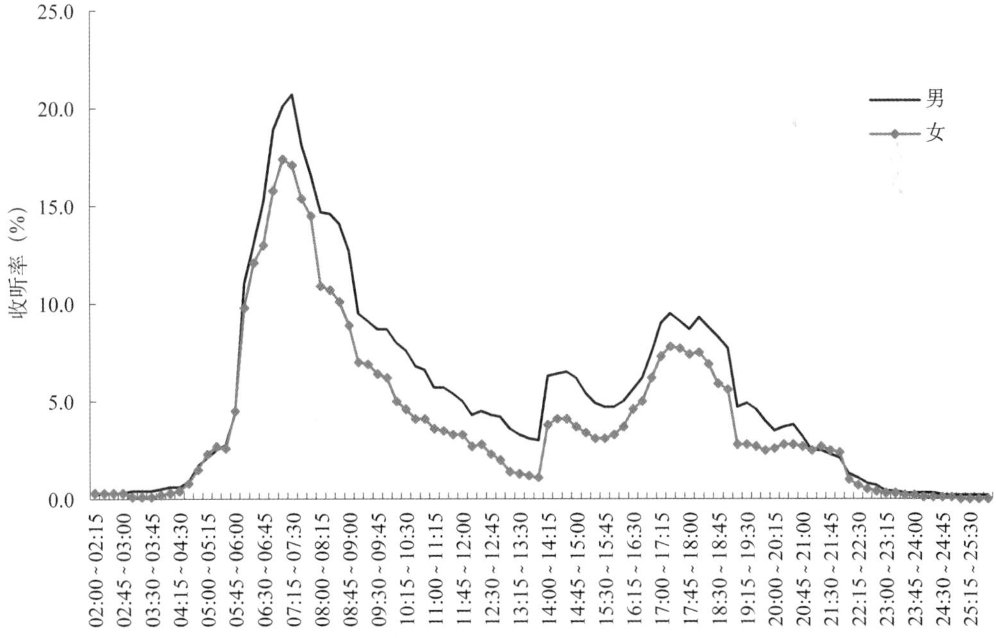

图 3.5.2　2019 年大连不同性别听众全天收听率走势

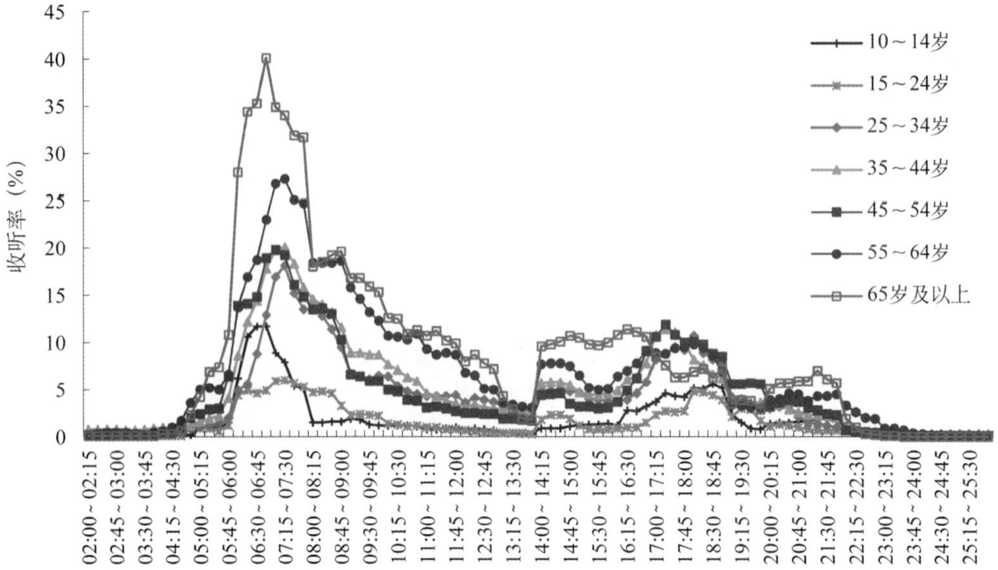

图 3.5.3　2019 年大连不同年龄听众全天收听率走势

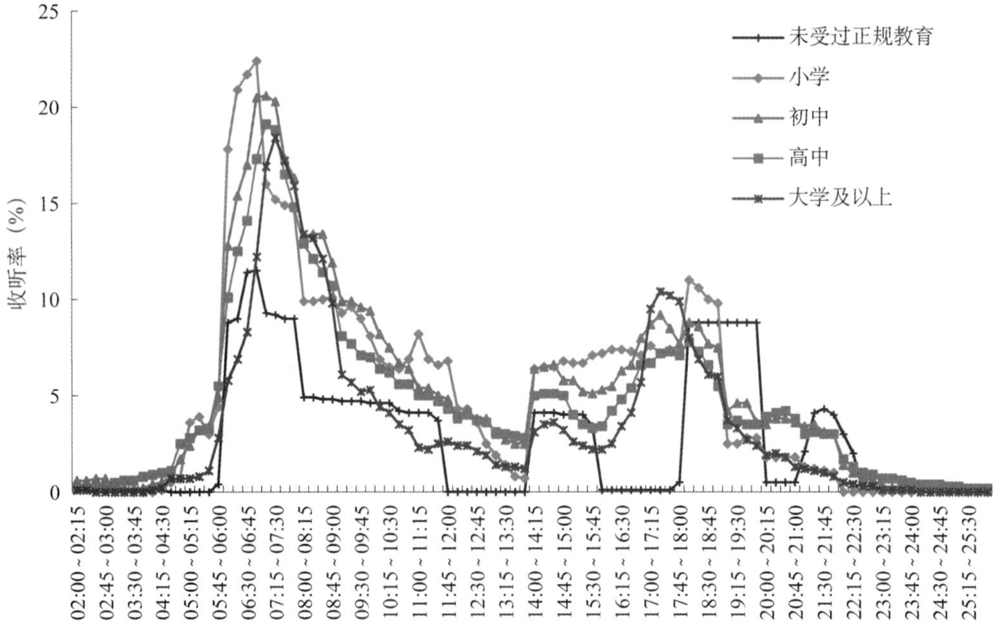

图 3.5.4　2019 年大连不同文化程度听众全天收听率走势

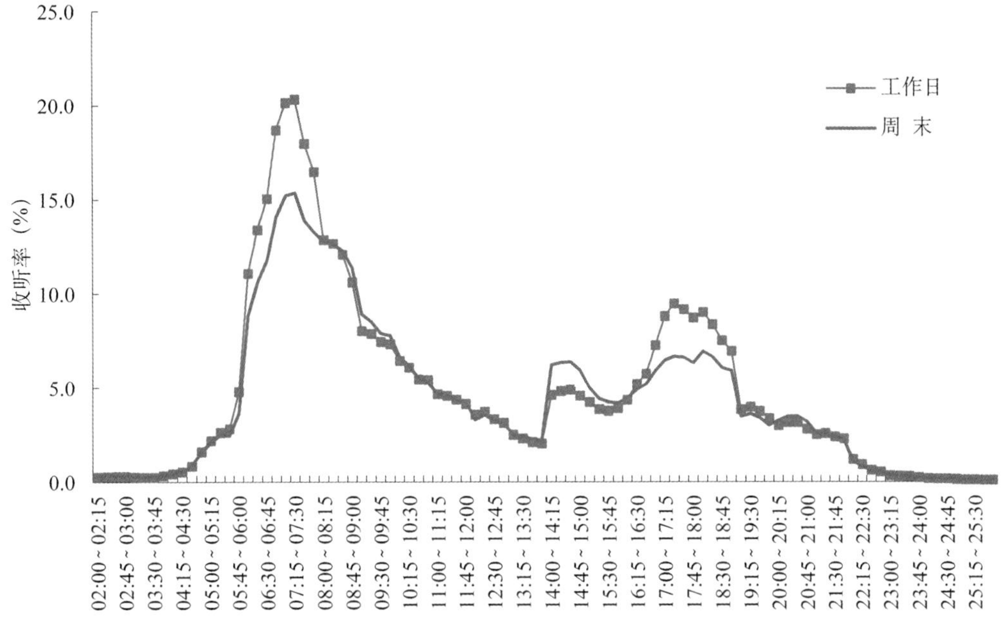

图 3.5.5 2019 年大连听众工作日与周末全天收听率走势

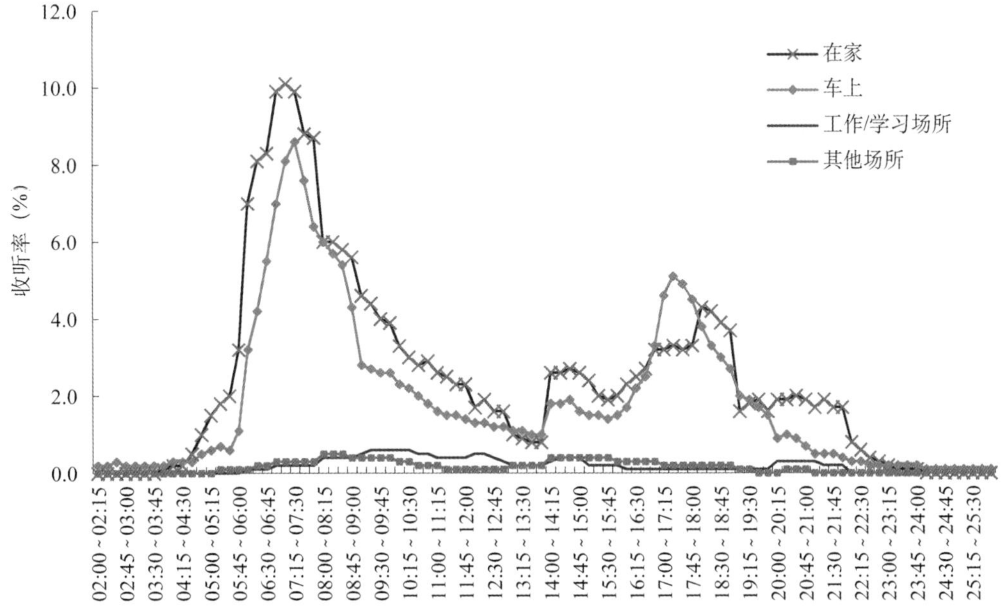

图 3.5.6 2019 年大连听众在不同收听地点全天收听率走势

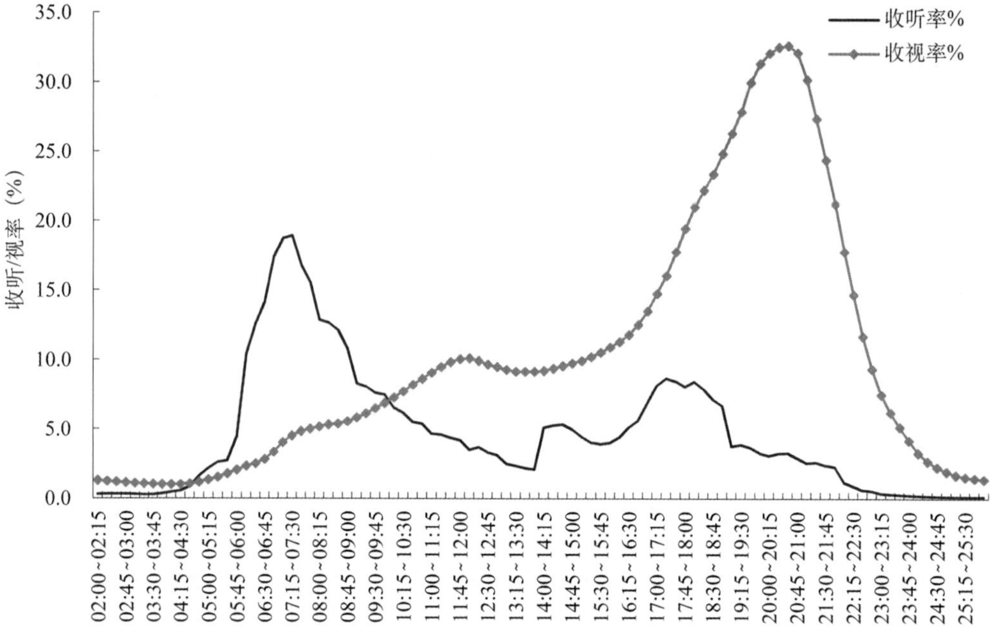

图 3.5.7　2019 年大连受众全天收听率、收视率走势比较(目标受众为 10 岁及以上)

表 3.5.3 2019 年大连市场听众构成(%)

目标听众		听众构成(%)
10 岁及以上所有人		100.0
性别	男	57.7
	女	42.3
年龄	10~14 岁	1.4
	15~24 岁	5.5
	25~34 岁	17.2
	35~44 岁	23.4
	45~54 岁	18.1
	55~64 岁	17.8
	65 岁及以上	16.6
文化程度	未受过正规教育	0.4
	小学	7.9
	初中	39.0
	高中	32.3
	大学及以上	20.4
职业	干部/管理人员	7.4
	初级公务员/雇员	12.7
	个体/私营企业人员	16.6
	工人	23.9
	学生	3.6
	无业(包括退休人员)	30.8
	其他	5.0
个人月收入	没有收入	7.0
	1~2000 元	11.9
	2001~3000 元	26.2
	3001~4000 元	25.5
	4001~5000 元	16.9
	5001~6000 元	5.8
	6001 元及以上	6.7

表 3.5.4 2017~2019 年大连市场各广播电台的市场份额(%)

广播电台	2017 年	2018 年	2019 年
中央人民广播电台	12.4	14.2	-
中国国际广播电台	0.0	0.0	-
中央广播电视总台	-	-	12.5
辽宁广播电视台	3.5	4.3	4.2
大连广播电视台	71.5	68.6	72.0
其他广播电台	12.6	12.9	11.3

表 3.5.5　2019 年大连市场各广播电台在不同目标听众中的市场份额(%)

目标听众		中央广播电视总台	辽宁广播电视台	大连广播电视台	其他广播电台
10 岁及以上所有人		12.5	4.2	72.0	11.3
性别	男	13.9	4.2	71.7	10.2
	女	10.6	4.2	72.6	12.6
年龄	10~14 岁	4.6	2.9	84.4	8.1
	15~24 岁	10.8	2.4	78.2	8.6
	25~34 岁	16.7	1.0	74.5	7.8
	35~44 岁	9.6	2.2	72.0	16.2
	45~54 岁	8.3	8.9	73.2	9.6
	55~64 岁	11.2	2.4	76.4	10.0
	65 岁及以上	19.7	7.7	60.6	12.0
文化程度	未受过正规教育	1.9	0.0	90.4	7.7
	小学	22.3	6.6	55.7	15.4
	初中	10.7	2.7	70.6	16.0
	高中	10.1	6.8	73.9	9.2
	大学及以上	16.4	1.8	77.7	4.1
职业	干部/管理人员	15.0	8.0	76.1	0.9
	初级公务员/雇员	12.6	1.6	82.5	3.3
	个体/私营企业人员	9.6	0.8	79.0	10.6
	工人	14.3	6.4	66.3	13.0
	学生	9.0	1.9	76.6	12.5
	无业(包括退休人员)	14.7	4.8	69.3	11.2
	其他	0.1	3.0	57.2	39.7
个人月收入	没有收入	8.2	2.2	72.6	17.0
	1~2000 元	3.8	4.5	82.2	9.5
	2001~3000 元	15.6	4.6	63.8	16.0
	3001~4000 元	11.0	4.2	76.3	8.5
	4001~5000 元	14.4	6.0	70.6	9.0
	5001~6000 元	14.8	2.8	72.2	10.2
	6001 元及以上	20.6	1.3	70.8	7.3

表 3.5.6　2019 年大连市场份额排名前五位的频率

排名	频　率	市场份额(%)
1	大连广播电台交通广播 FM100.8	36.8
2	大连广播电视台第一套综合广播 FM103.3/AM882	18.3
3	中央人民广播电台第三套节目音乐之声	6.7
4	大连广播电视台第六套都市之声广播 FM99.1	5.9
5	大连广播电台体育广播 FM105.7	5.5

表 3.5.7 2019 年大连市场收听率排名前 30 位的节目

排名	节目名称	播出频率	收听率（%）	市场份额（%）
1	转播中央人民广播电台《新闻和报纸摘要》	大连广播电视台第一套综合广播 FM103.3/AM882	5.2	33.2
2	威风资讯	大连广播电台交通广播 FM100.8	5.1	34.8
3	欢乐同行	大连广播电台交通广播 FM100.8	5.0	43.8
4	大连全新闻	大连广播电视台第一套综合广播 FM103.3/AM882	4.5	39.3
5	我爱早高峰(周末新闻晨报)	大连广播电视台第一套综合广播 FM103.3/AM882	4.1	29.3
6	转新闻摘要	大连广播电台交通广播 FM100.8	3.6	27.5
7	我爱早高峰	大连广播电视台第一套综合广播 FM103.3/AM882	3.3	21.2
8	交警你好	大连广播电台交通广播 FM100.8	2.7	35.3
9	欢乐购 06:00~06:30	大连广播电台交通广播 FM100.8	2.4	24.7
10	健康水时间 08:30~09:00	大连广播电视台第一套综合广播 FM103.3/AM882	2.4	20.7
11	周末 AUV 之文艺大连	大连广播电台交通广播 FM100.8	2.3	31.9
12	吃喝玩乐	大连广播电台交通广播 FM100.8	2.2	40.2
13	天天好听好歌来了	大连广播电台交通广播 FM100.8	1.9	31.6
14	法制进行时	大连广播电视台第一套综合广播 FM103.3/AM882	1.8	21.3
15	1008 换车帮	大连广播电台交通广播 FM100.8	1.4	37.9
16	健康加油站	大连广播电台交通广播 FM100.8	1.4	23.5
17	12345 市民热线	大连广播电视台第一套综合广播 FM103.3/AM882	1.3	18.2
18	1033 快新闻 09:00~09:25	大连广播电视台第一套综合广播 FM103.3/AM882	1.3	16.0
19	疯狂来电	大连广播电台交通广播 FM100.8	1.2	40.9
20	欢乐购 11:00~12:00	大连广播电台交通广播 FM100.8	1.2	27.7
21	应急时刻	大连广播电台交通广播 FM100.8	1.2	26.5
22	午后留声机	大连广播电台交通广播 FM100.8	1.2	24.3
23	科学健身大讲堂	大连广播电视台第一套综合广播 FM103.3/AM882	1.2	18.0
24	体坛龙虎榜	大连广播电台体育广播 FM105.7	1.2	6.4
25	汽车超市	大连广播电台交通广播 FM100.8	1.1	29.7
26	车谈山外山	大连广播电台交通广播 FM100.8	1.1	24.3
27	边走边唱	大连广播电台交通广播 FM100.8	1.0	33.5
28	友趣公开课	大连广播电视台第一套综合广播 FM103.3/AM882	1.0	21.1
29	健康水时间 09:25~09:40	大连广播电视台第一套综合广播 FM103.3/AM882	1.0	13.8
30	健康时间 09:40~10:00	大连广播电视台第一套综合广播 FM103.3/AM882	1.0	13.6

六、佛山收听数据

表 3.6.1　2017～2019 年佛山各目标听众人均收听时间(分钟)

目标听众		2017 年	2018 年	2019 年
10 岁及以上所有人		83	75	62
性别	男	84	78	62
	女	80	72	62
年龄	10～14 岁	32	21	19
	15～24 岁	62	62	50
	25～34 岁	80	70	55
	35～44 岁	89	80	74
	45～54 岁	107	93	80
	55～64 岁	109	109	85
	65 岁及以上	90	80	54
文化程度	未受过正规教育	58	127	*
	小学	77	70	47
	初中	86	77	65
	高中	83	74	68
	大学及以上	81	76	59
职业	干部/管理人员	109	85	56
	初级公务员/雇员	81	72	64
	个体/私营企业人员	91	83	70
	工人	92	89	65
	学生	43	36	33
	无业(包括退休人员)	90	80	66
	其他	42	72	67
个人月收入	没有收入	49	38	35
	1～2000 元	74	71	68
	2001～3000 元	92	91	68
	3001～4000 元	91	84	69
	4001～5000 元	94	90	68
	5001～6000 元	89	64	68
	6001 元及以上	78	63	59

注:佛山为全年连续调查城市。“*”表示目标听众样本量不足,无法进行统计推断。

表 3.6.2　2017～2019 年佛山听众在不同地点的人均收听时间(分钟)

地　点	2017 年	2018 年	2019 年
在家	39	36	26
车上	25	24	23
工作/学习场所	14	11	10
其他场所	5	4	2

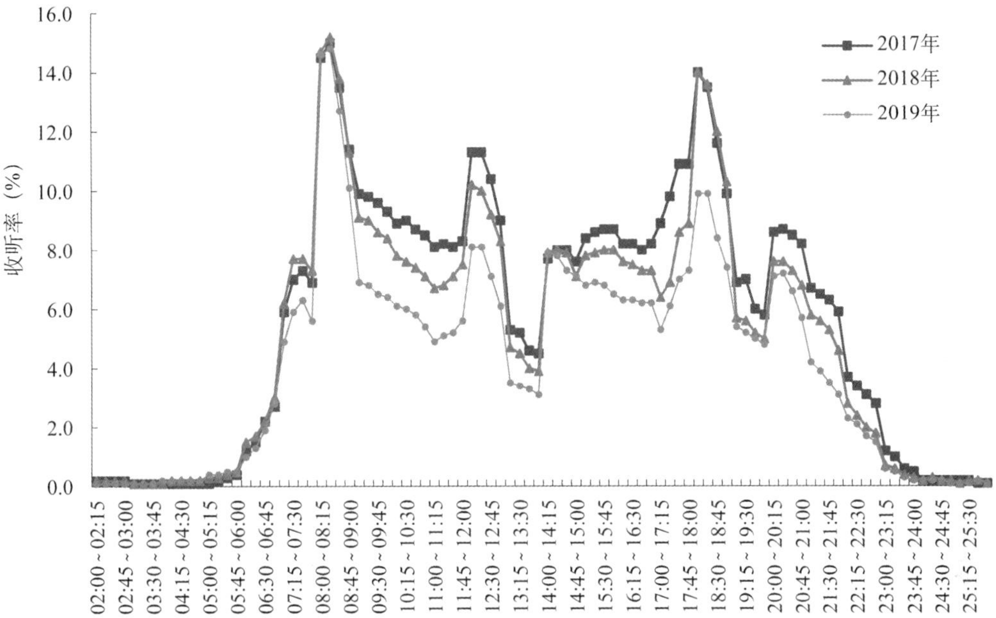

图 3.6.1　2017~2019 年佛山听众全天收听率走势

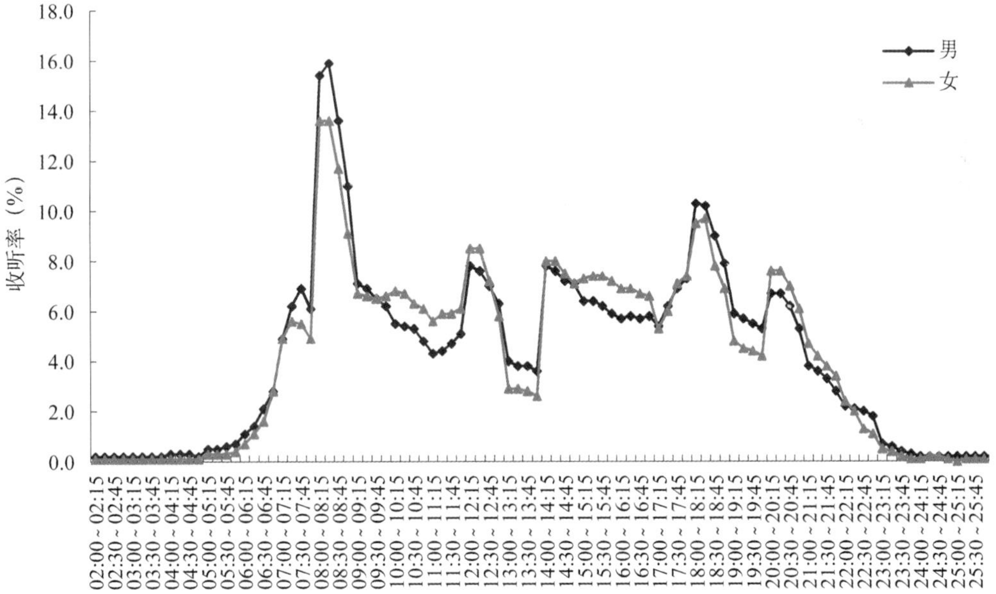

图 3.6.2　2019 年佛山不同性别听众全天收听率走势

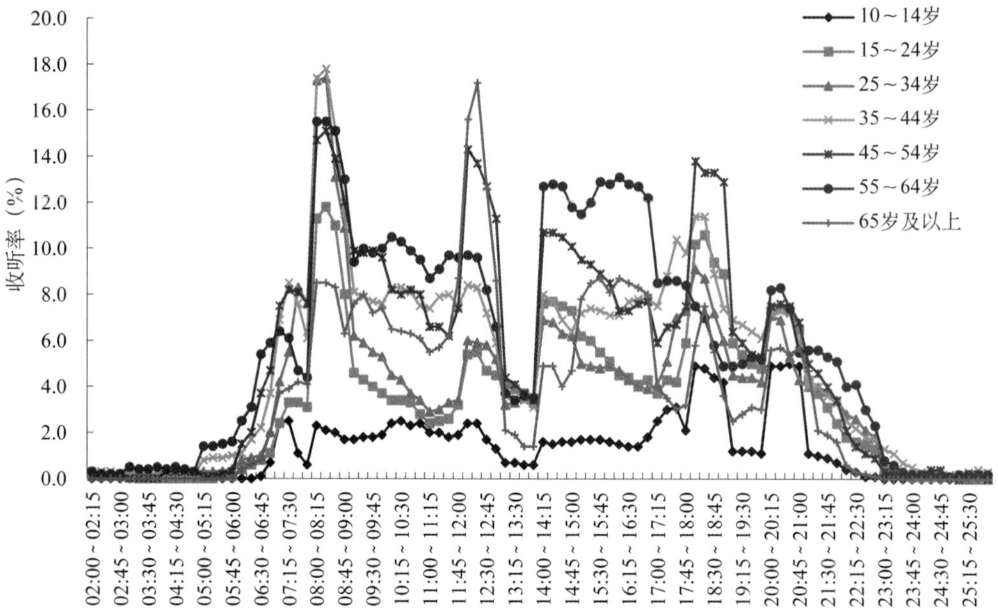

图 3.6.3　2019 年佛山不同年龄听众全天收听率走势

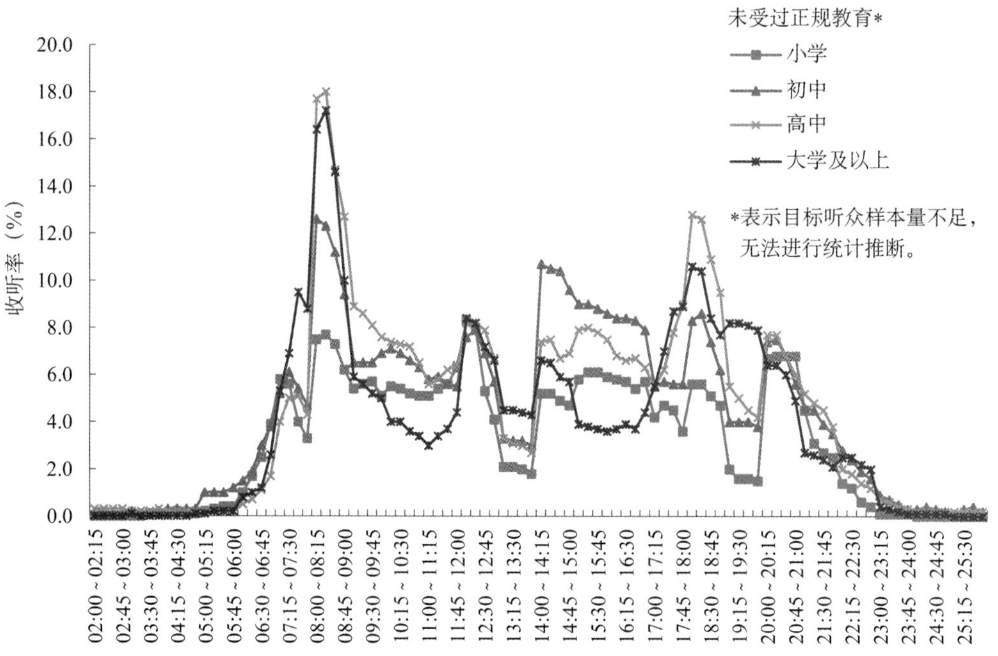

图 3.6.4　2019 年佛山不同文化程度听众全天收听率走势

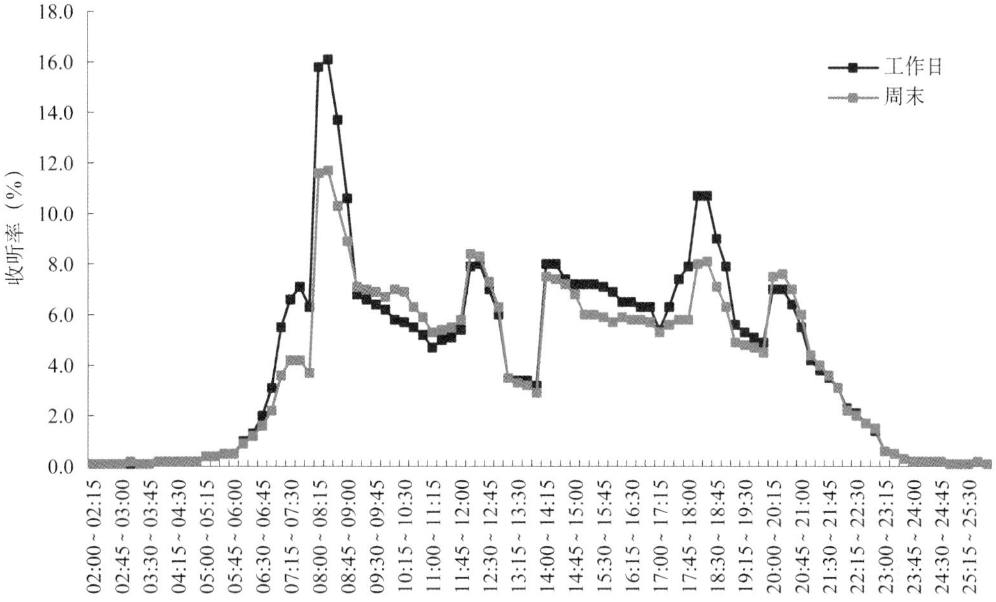

图 3.6.5 2019 年佛山听众工作日与周末全天收听率走势

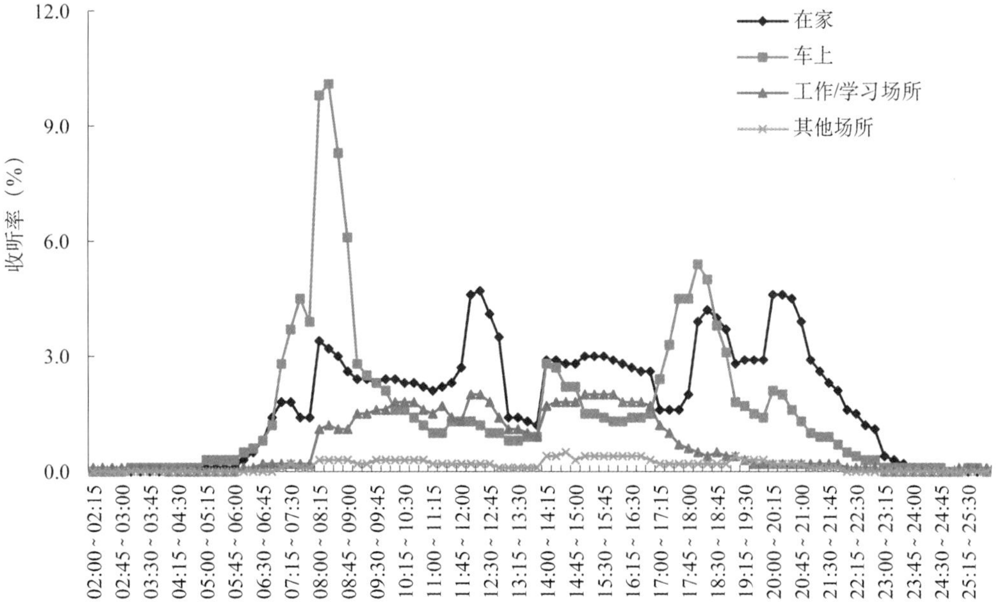

图 3.6.6 2019 年佛山听众在不同收听地点全天收听率走势

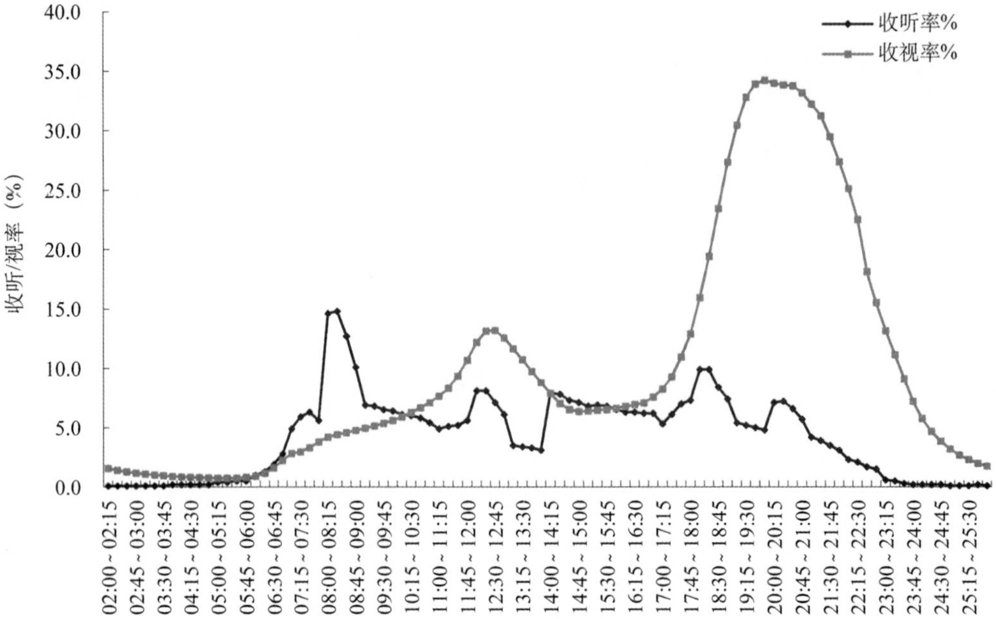

图 3.6.7　2019 年佛山受众全天收听率、收视率走势比较(目标受众为 10 岁及以上)

表 3.6.3　2019 年佛山市场听众构成(%)

目标听众		听众构成(%)
10 岁及以上所有人		100.0
性别	男	54.0
	女	46.0
年龄	10~14 岁	1.1
	15~24 岁	17.2
	25~34 岁	22.5
	35~44 岁	29.5
	45~54 岁	13.9
	55~64 岁	10.8
	65 岁及以上	5.0
文化程度	未受过正规教育	*
	小学	9.1
	初中	31.2
	高中	33.0
	大学及以上	26.7
职业	干部/管理人员	3.0
	初级公务员/雇员	30.7
	个体/私营企业人员	26.0
	工人	18.2
	学生	6.5
	无业(包括退休人员)	14.5
	其他	1.1
个人月收入	没有收入	8.4
	1~2000 元	8.5
	2001~3000 元	16.3
	3001~4000 元	25.2
	4001~5000 元	18.3
	5001~6000 元	10.0
	6001 元及以上	13.3

注:“ * ”表示目标听众样本量不足,无法进行统计推断。

表 3.6.4　2017~2019 年佛山市场各广播电台的市场份额(%)

广播电台	2017 年	2018 年	2019 年
中央人民广播电台	1.4	0.9	-
中国国际广播电台	0.1	0.0	-
中央广播电视总台	-	-	1.2
广东广播电视台	7.7	8.0	7.5
广州广播电视台	2.2	2.0	2.0
佛山人民广播电台	83.4	85.2	85.7
鹤山广播电视台	1.9	1.6	1.9
其他广播电台	3.2	2.3	1.7

表 3.6.5　2019 年佛山市场各广播电台在不同目标听众中的市场份额(%)

目标听众		中央广播电视总台	广东广播电视台	广州广播电视台	佛山人民广播电台	鹤山人民广播电台	其他广播电台
10 岁及以上所有人		1.2	7.5	2.0	85.7	1.9	1.7
性别	男	1.0	7.2	2.4	85.2	2.1	2.1
	女	1.5	8.0	1.5	86.2	1.8	1.0
年龄	10~14 岁	0.3	3.2	0.1	96.0	0.2	0.2
	15~24 岁	1.7	6.9	3.1	86.7	0.8	0.8
	25~34 岁	0.8	9.9	2.7	83.1	1.8	1.7
	35~44 岁	0.7	6.3	1.4	89.5	1.4	0.7
	45~54 岁	0.9	6.1	0.8	83.4	3.9	4.9
	55~64 岁	3.4	9.6	2.9	79.9	3.7	0.5
	65 岁及以上	1.2	7.0	0.1	87.5	0.8	3.4
文化程度	未受过正规教育	*	*	*	*	*	*
	小学	2.2	8.0	0.3	87.5	1.4	0.6
	初中	1.5	8.1	1.3	85.3	2.9	0.9
	高中	0.8	6.2	2.1	88.2	1.6	1.1
	大学及以上	1.1	8.4	3.1	82.4	1.4	3.6
职业	干部/管理人员	0.1	11.3	1.5	85.2	0.5	1.4
	初级公务员/雇员	1.1	8.2	1.9	86.1	1.6	1.1
	个体/私营企业人员	1.3	6.8	2.2	85.6	1.1	3
	工人	0.2	6.2	1.2	86.9	4.6	0.9
	学生	2.0	6.2	3.0	88.1	0.4	0.3
	无业(包括退休人员)	1.5	9.1	2.4	83.6	1.9	1.5
	其他	18.2	10	0	67.8	1.6	2.4
个人月收入	没有收入	2.7	10.4	2.6	83.1	0.8	0.4
	1~2000 元	0.8	9.4	0.6	87.0	1.8	0.4
	2001~3000 元	1.6	8.2	2.3	84.5	2.0	1.4
	3001~4000 元	1.0	6.3	1.8	86.8	2.5	1.6
	4001~5000 元	0.9	6.4	1.4	85.6	1.2	4.5
	5001~6000 元	0.6	6.1	0.8	89.8	1.6	1.1
	6001 元及以上	1.5	8.4	3.8	83.1	3.0	0.2

注:“*”表示目标听众样本量不足,无法进行统计推断。

表 3.6.6　2019 年佛山市场份额排名前五位的频率

排名	频　率	市场份额(%)
1	佛山人民广播电台 FM94.6	28.2
2	佛山人民广播电台 FM92.4	18.9
3	佛山人民广播电台 FM90.1	12.4
4	佛山人民广播电台 FM98.5	11.2
5	佛山人民广播电台 FM90.6	10.3

表 3.6.7　2019 年佛山市场收听率排名前三十位的节目

排名	节目名称	播出频率	收听率（%）	市场份额（%）
1	同步新空气	佛山人民广播电台 FM92.4	3.9	27.5
2	讲东讲西讲东西	佛山人民广播电台 FM94.6	3.2	47.6
3	阳光畅游	佛山人民广播电台 FM92.4	2.6	24.4
4	讲故台	佛山人民广播电台 FM94.6	2.4	29.1
5	早晨，从 946 出发	佛山人民广播电台 FM94.6	2.4	23.7
6	946 经典音乐（周日 15:00~16:00）	佛山人民广播电台 FM94.6	2.3	39.7
7	午间新闻	佛山人民广播电台 FM94.6	2.2	30.4
8	型篮派对	佛山人民广播电台 FM94.6	2.2	29.6
9	今日舆论场	佛山人民广播电台 FM94.6	2.2	27.3
10	花生宝贝	佛山人民广播电台 FM94.6	2.1	36.0
11	午间新闻专辑	佛山人民广播电台 FM94.6	2.1	29.5
12	经典音乐日	佛山人民广播电台 FM94.6	2.1	24.0
13	顺德早晨	佛山人民广播电台 FM90.1	2.1	18.1
14	政风行风热线	佛山人民广播电台 FM90.1	2.1	17.9
15	流金岁月	佛山人民广播电台 FM94.6	2.0	23.8
16	946 经典音乐（周六和周日 12:45~13:00）	佛山人民广播电台 FM94.6	1.9	30.4
17	946 商学院	佛山人民广播电台 FM94.6	1.9	28.3
18	禅城面对面	佛山人民广播电台 FM94.6	1.9	25.1
19	傍晚新闻专辑	佛山人民广播电台 FM94.6	1.9	23.7
20	顺德警讯	佛山人民广播电台 FM90.1	1.9	16.3
21	佛山一家人	佛山人民广播电台 FM94.6	1.8	30.8
22	946 经典音乐（周一至周五 09:00~09:30）	佛山人民广播电台 FM94.6	1.8	26.5
23	一路乐逍遥	佛山人民广播电台 FM92.4	1.8	23.0
24	粤韵知音俱乐部	佛山人民广播电台 FM94.6	1.7	26.4
25	系咪松 D 先	佛山人民广播电台 FM92.4	1.7	19.2
26	健康 E 时代	佛山人民广播电台 FM94.6	1.6	28.7
27	楼市荷包查笃撑	佛山人民广播电台 FM94.6	1.6	28.5
28	946 民生直通车	佛山人民广播电台 FM94.6	1.6	27.2
29	自在畅行	佛山人民广播电台 FM92.4	1.6	24.9
30	节奏大道	佛山人民广播电台 FM92.4	1.6	23.7

七、广州收听数据

表 3.7.1　2017~2019 年广州各目标听众人均收听时间(分钟)

目标听众		2017 年	2018 年	2019 年
15 岁及以上所有人		45	62	68
性别	男	50	66	72
	女	38	56	62
年龄	15~24 岁	25	42	49
	25~34 岁	27	40	40
	35~44 岁	42	53	54
	45~54 岁	60	80	87
	55~64 岁	76	120	135
	65 岁及以上	85	133	148
文化程度	未受过正规教育	*	*	*
	小学	66	97	130
	初中	78	111	118
	高中	57	77	87
	大学及以上	31	46	49
职业	干部/管理人员	31	37	41
	初级公务员/雇员	32	47	49
	个体/私营企业人员	46	56	68
	工人	46	73	78
	学生	21	39	43
	无业(包括退休人员)	83	119	130
	其他	*	*	*
个人月收入	没有收入	27	39	48
	1~2000 元	44	82	104
	2001~3000 元	56	78	76
	3001~4000 元	56	77	95
	4001~5000 元	48	66	71
	5001~6000 元	41	60	67
	6001 元及以上	36	49	50

注:广州为全年连续调查城市。从 2017 年 4 月 1 日广州开始采用测量仪进行收听率调查,其他广播电台频率不再纳入监测范围,2017 年的数据范围为 4 月 1 日至 12 月 31 日。“*”表示目标听众样本量不足,无法进行统计推断。

表 3.7.2　2017~2019 年广州听众在不同地点的人均收听时间(分钟)

地　点	2017 年	2018 年	2019 年
在家	12	19	22
车上	16	22	23
工作/学习场所	8	8	12
其他场所	10	12	10

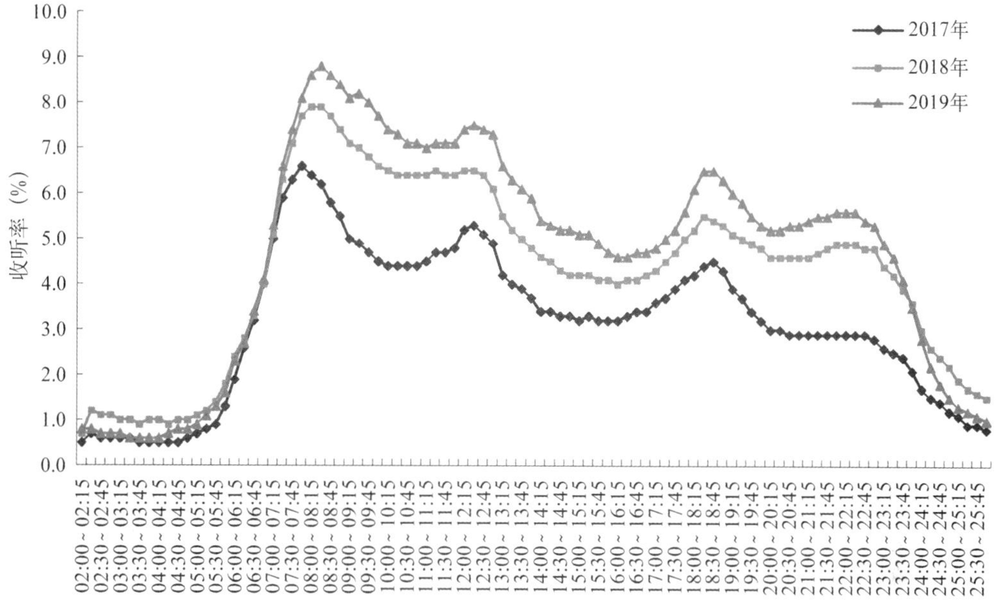

图 3.7.1　2017～2019 年广州听众全天收听率走势

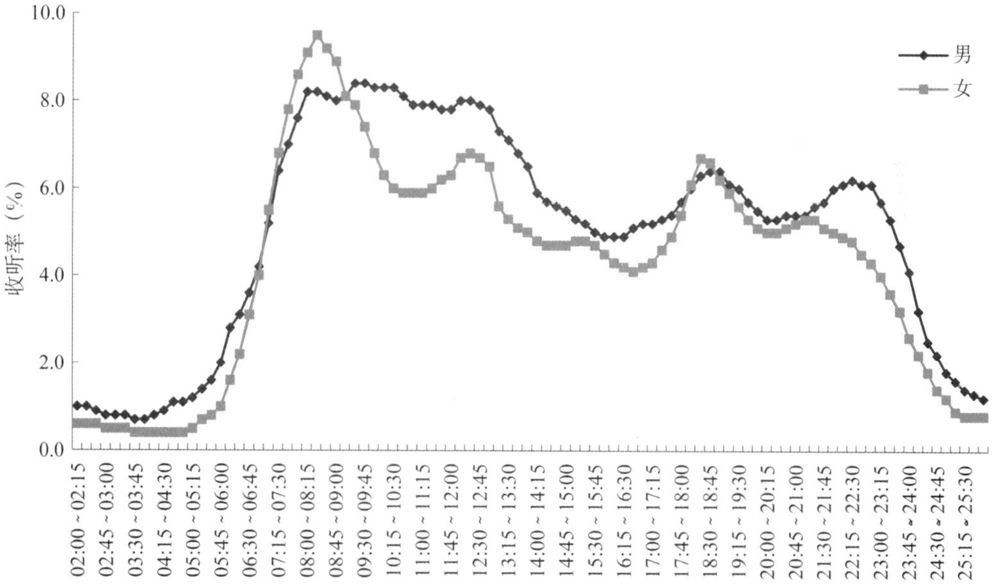

图 3.7.2　2019 年广州不同性别听众全天收听率走势

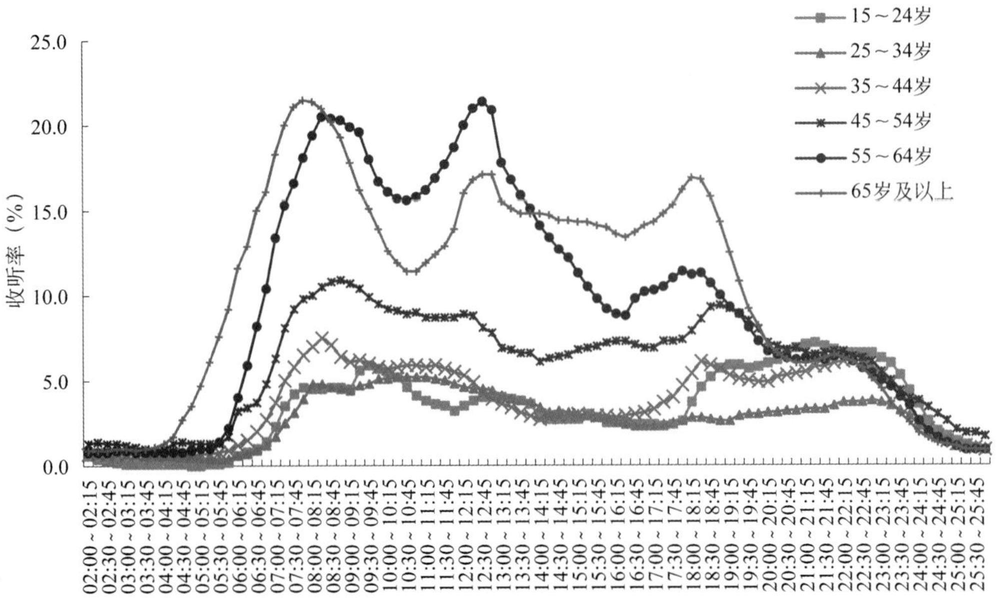

图 3.7.3 2019 年广州不同年龄听众全天收听率走势

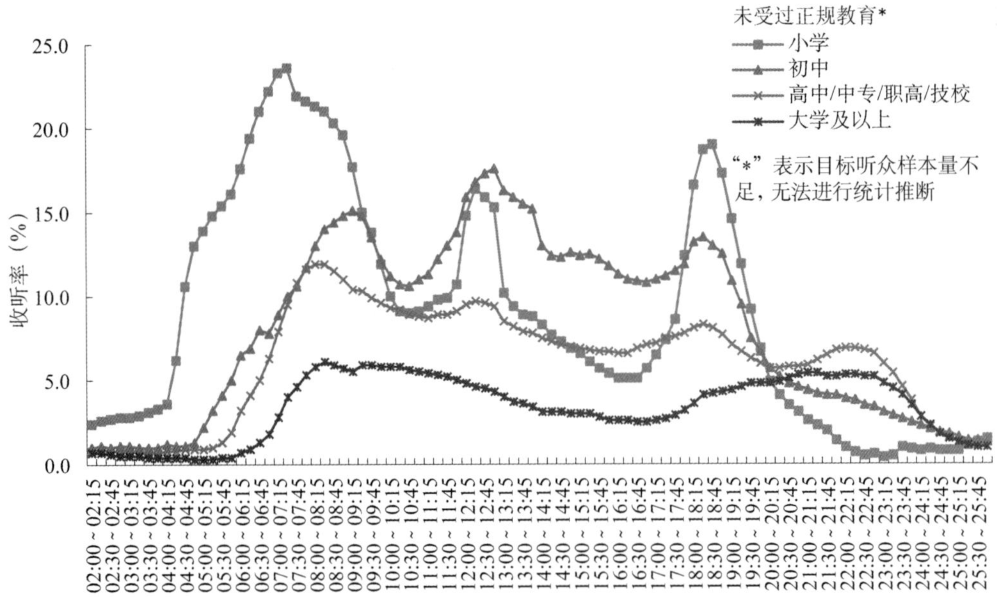

图 3.7.4 2019 年广州不同文化程度听众全天收听率走势

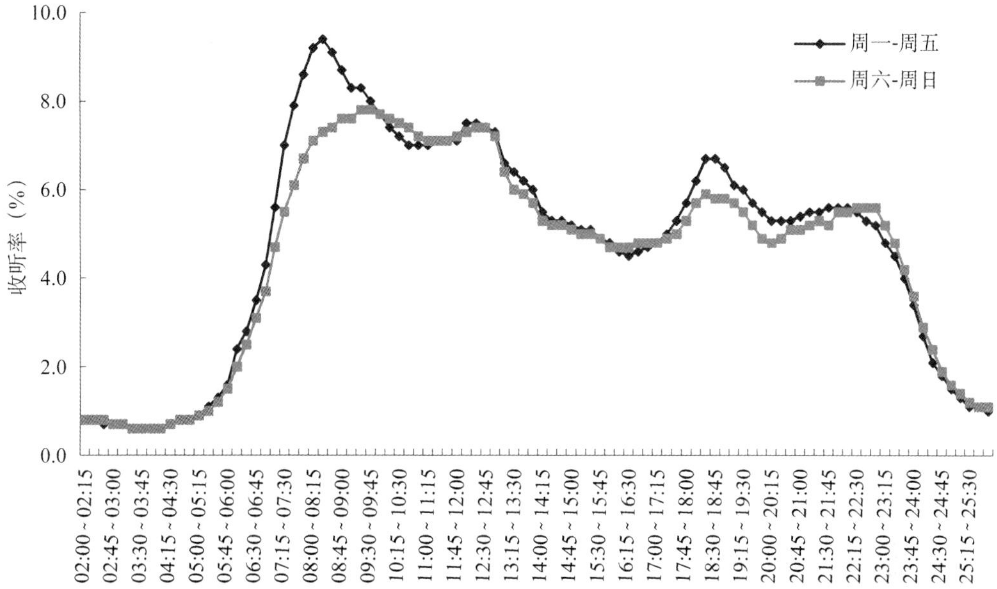

图 3.7.5 2019 年广州听众工作日与周末全天收听率走势

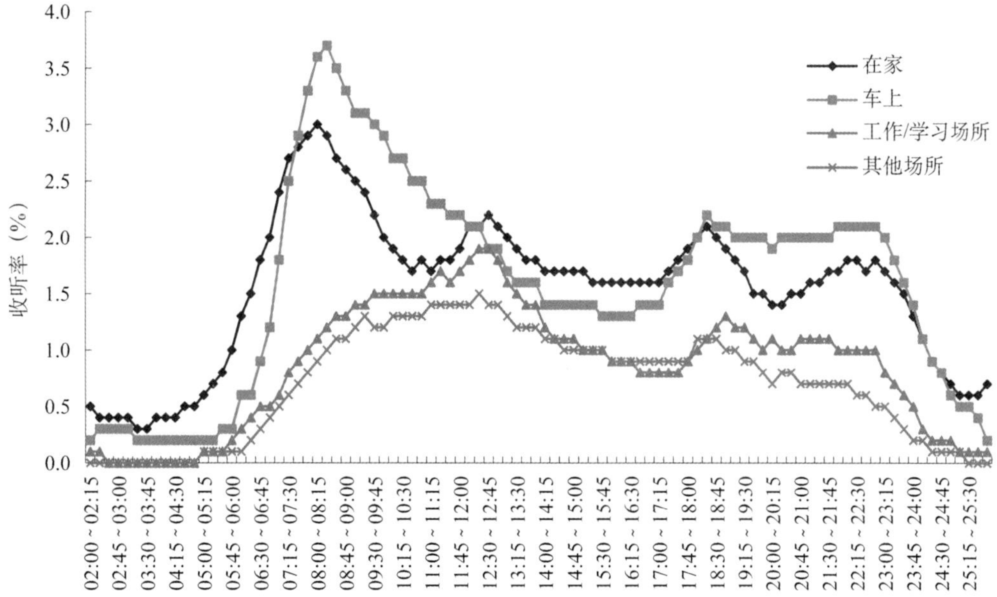

图 3.7.6 2019 年广州听众在不同收听地点全天收听率走势

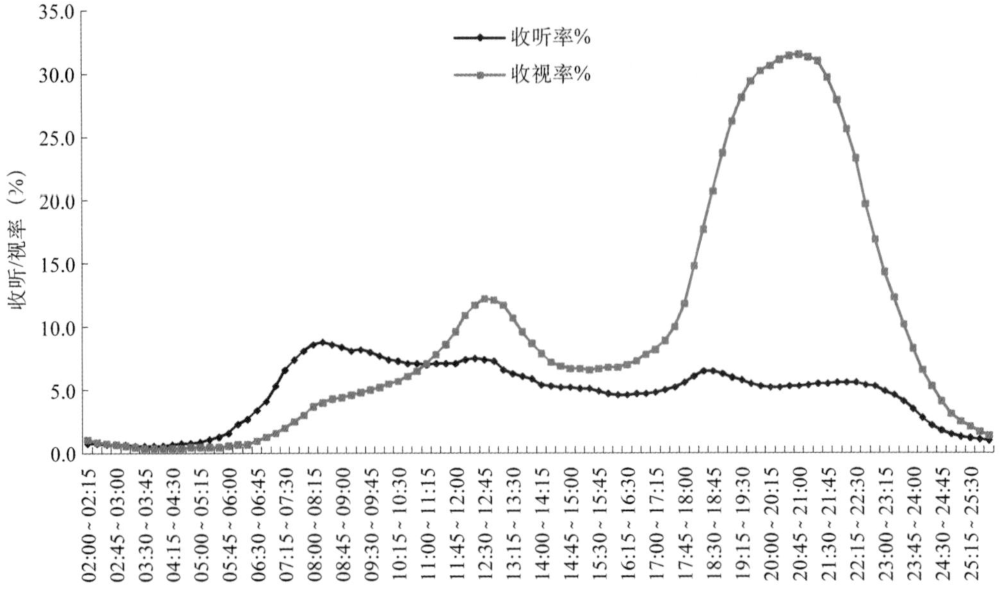

图 3.7.7　2019 年广州受众全天收听率、收视率走势比较（目标受众为 15 岁及以上）

表 3.7.3　2019 年广州市场听众构成(%)

目标听众		听众构成(%)
15 岁及以上所有人		100.0
性别	男	60.3
	女	39.7
年龄	15~24 岁	14.5
	25~34 岁	17.8
	35~44 岁	17.5
	45~54 岁	12.2
	55~64 岁	18.9
	65 岁及以上	19.1
文化程度	未受过正规教育	*
	小学	3.5
	初中	15.9
	高中	38.5
	大学及以上	42.1
职业	干部/管理人员	4.2
	初级公务员/雇员	29.9
	个体/私营企业人员	8.0
	工人	19.7
	学生	5.5
	无业(包括退休人员)	32.7
	其他	*
个人月收入	没有收入	6.9
	1~2000 元	1.7
	2001~3000 元	9.4
	3001~4000 元	30.5
	4001~5000 元	16.6
	5001~6000 元	13.3
	6001 元及以上	21.6

注:“*”表示目标听众样本量不足,无法进行统计推断。

表 3.7.4　2017~2019 年广州市场各广播电台的市场份额(%)

广播电台	2017 年	2018 年	2019 年
中央人民广播电台	5.1	4.6	–
中国国际广播电台	1.7	1.0	–
中央广播电视总台	–	–	6.7
广东广播电视台	55.2	60.0	58.5
广州广播电视台	35.7	32.8	33.7
佛山人民广播电台	2.2	1.6	1.1
其他广播电台	–	–	–

注:广州从 2017 年 4 月 1 日开始采用虚拟测量仪进行调查,其他广播电台频率不再纳入监测范围。

表 3.7.5　2019 年广州市场各广播电台在不同目标听众中的市场份额(%)

目标听众		中央广播电视总台	广东广播电视台	广州广播电视台	佛山人民广播电台
15 岁及以上所有人		6.7	58.5	33.7	1.1
性别	男	6.8	60.2	32.1	0.9
	女	6.5	56.0	36.2	1.3
年龄	15~24 岁	5.1	43.6	51.2	0.1
	25~34 岁	6.0	61.5	31.7	0.8
	35~44 岁	8.1	58.0	32.6	1.3
	45~54 岁	3.4	60.7	34.8	1.1
	55~64 岁	3.5	71.3	24.1	1.1
	65 岁及以上	12.5	53.6	32.2	1.7
文化程度	未受过正规教育	*	*	*	*
	小学	13.0	72.4	14.1	0.5
	初中	2.5	59.0	36.1	2.4
	高中	7.4	54.1	37.9	0.6
	大学及以上	7.1	61.1	30.7	1.1
职业	干部/管理人员	1.9	66.0	30.5	1.6
	初级公务员/雇员	5.8	58.4	35.0	0.8
	个体/私营企业人员	6.6	76.1	16.6	0.7
	工人	3.6	57.4	38.4	0.6
	学生	10.8	31.5	57.6	0.1
	无业(包括退休人员)	9.2	58.5	30.5	1.8
	其他	*	*	*	*
个人月收入	没有收入	9.9	31.0	58.9	0.2
	1~2000 元	10.8	85.0	4.2	0.0
	2001~3000 元	3.9	60.7	32.7	2.7
	3001~4000 元	4.6	59.1	35.0	1.3
	4001~5000 元	6.8	57.7	34.8	0.7
	5001~6000 元	8.9	58.2	32.5	0.4
	6001 元及以上	8.1	64.0	26.6	1.3

注:“*”表示目标听众样本量不足,无法进行统计推断。

表 3.7.6　2019 年广州市场份额排名前五位的频率

排名	频　率	市场份额(%)
1	广东广播电视台羊城交通广播台 FM105.2	18.1
2	广州交通电台 FM106.1	13.9
3	广东广播电视台珠江经济广播电台(E FM 财富 974)FM97.4	13.0
4	广东广播电视台音乐之声 FM99.3	10.6
5	广州新闻电台 FM96.2	8.0

表 3.7.7　2019 年广州市场收听率排名前三十位的节目

排名	节目名称	播出频率	收听率（%）	市场份额（%）
1	粤听好声音	广东广播电视台珠江经济广播电台（E FM 财富 974）FM97.4	1.9	20.8
2	小说连播	广东广播电视台珠江经济广播电台（E FM 财富 974）FM97.4	1.8	23.6
3	粤听世界	广东广播电视台珠江经济广播电台（E FM 财富 974）FM97.4	1.8	21.2
4	大吉利车队（09:00）	广东广播电视台羊城交通广播台 FM105.2	1.7	20.3
5	早安，亲爱的	广东广播电视台羊城交通广播台 FM105.2	1.6	20.0
6	朝朝早精神好	广东广播电视台羊城交通广播台 FM105.2	1.6	19.2
7	宝宝私家车	广东广播电视台羊城交通广播台 FM105.2	1.6	18.6
8	全国汽车音乐榜	广东广播电视台羊城交通广播台 FM105.2	1.5	19.6
9	珠江第一线	广东广播电视台珠江经济广播电台（E FM 财富 974）FM97.4	1.5	17.7
10	欢笑出行	广东广播电视台羊城交通广播台 FM105.2	1.4	22.8
11	有车有得挥	广东广播电视台羊城交通广播台 FM105.2	1.3	18.6
12	律师说法	广东广播电视台羊城交通广播台 FM105.2	1.3	18.3
13	974 双子星	广东广播电视台珠江经济广播电台（E FM 财富 974）FM97.4	1.3	16.3
14	随心出发-1052 航班	广东广播电视台羊城交通广播台 FM105.2	1.2	17.8
15	黄缨热线	广东广播电视台珠江经济广播电台（E FM 财富 974）FM97.4	1.1	17.3
16	1052 欢乐帮	广东广播电视台羊城交通广播台 FM105.2	1.1	16.3
17	周末随身听	广东广播电视台羊城交通广播台 FM105.2	1.1	15.8
17	好好先生	广州交通电台 FM106.1	1.1	15.0
19	广府街	广东广播电视台珠江经济广播电台（E FM 财富 974）FM97.4	1.1	14.9
20	至得美食导航	广州交通电台 FM106.1	1.1	14.9
21	广州 CAR 们	广州交通电台 FM106.1	1.0	18.5
22	巴士阿叔	广州交通电台 FM106.1	1.0	18.3
23	全球汽车音乐榜	广州交通电台 FM106.1	1.0	18.2
24	一些事一些情	广东广播电视台珠江经济广播电台（E FM 财富 974）FM97.4	1.0	18.0
25	快快装	广州交通电台 FM106.1	1.0	17.4
26	日日有靓汤	广州交通电台 FM106.1	1.0	17.2
27	羊城交广晚间新闻	广东广播电视台羊城交通广播台 FM105.2	1.0	16.7
28	一路开心	广州交通电台 FM106.1	1.0	16.7
29	波波有理	广州交通电台 FM106.1	1.0	16.6
30	精彩电影圈	广州交通电台 FM106.1	1.0	16.4

八、杭州收听数据

表 3.8.1　2017~2019 年杭州各目标听众人均收听时间(分钟)

目标听众		2017 年	2018 年	2019 年
10 岁及以上所有人		49	43	36
性别	男	53	47	41
	女	44	39	31
年龄	10~14 岁	23	19	10
	15~24 岁	36	33	29
	25~34 岁	49	43	42
	35~44 岁	55	48	40
	45~54 岁	43	43	32
	55~64 岁	63	51	45
	65 岁及以上	65	58	43
文化程度	未受过正规教育	24	21	6
	小学	38	34	23
	初中	50	44	37
	高中	49	46	40
	大学及以上	52	45	40
职业	干部/管理人员	50	45	38
	初级公务员/雇员	48	43	39
	个体/私营企业人员	51	43	37
	工人	56	46	41
	学生	27	27	21
	无业(包括退休人员)	61	52	41
	其他	40	43	28
个人月收入	没有收入	27	28	22
	1~2000 元	37	35	25
	2001~3000 元	49	40	24
	3001~4000 元	54	47	43
	4001~5000 元	61	54	45
	5001~6000 元	52	49	46
	6001 元及以上	53	45	40

注:杭州为全年连续调查城市。

表 3.8.2　2017~2019 年杭州听众在不同地点的人均收听时间(分钟)

地　点	2017 年	2018 年	2019 年
在家	22	20	13
车上	23	21	21
工作/学习场所	2	2	1
其他场所	1	1	1

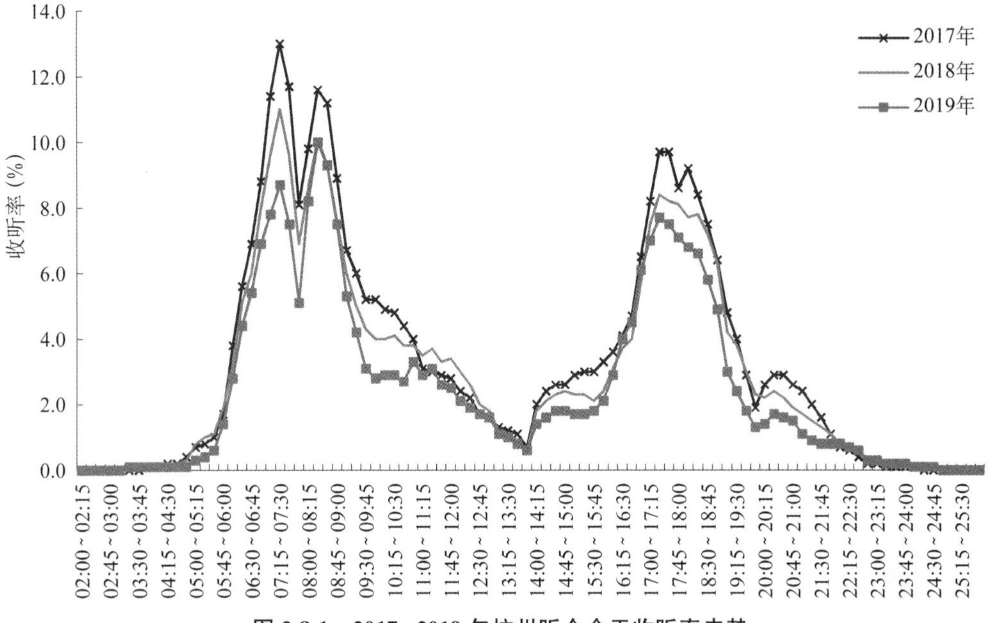

图 3.8.1　2017~2019 年杭州听众全天收听率走势

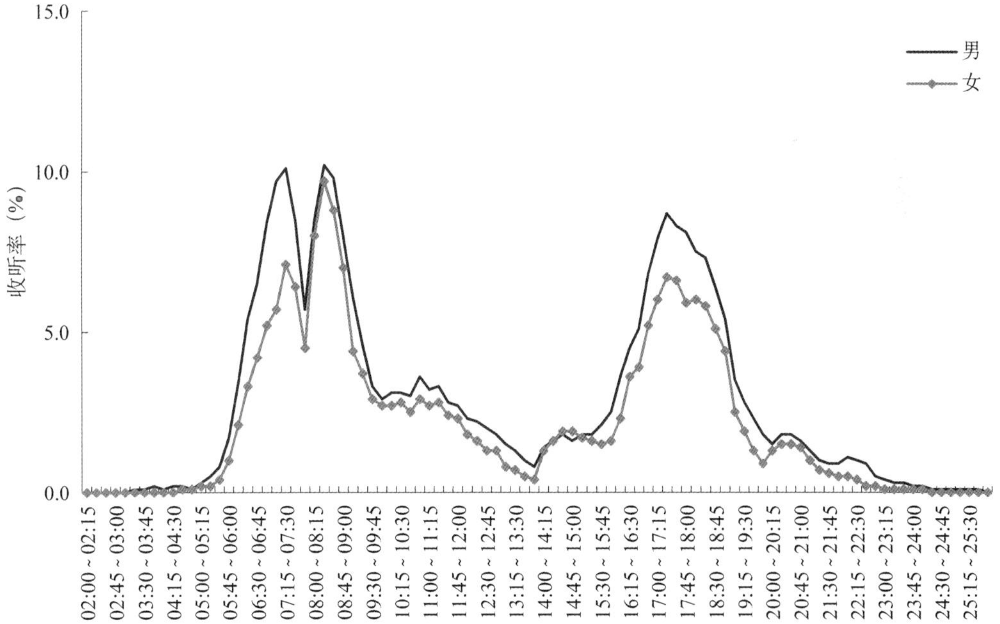

图 3.8.2　2019 年杭州不同性别听众全天收听率走势

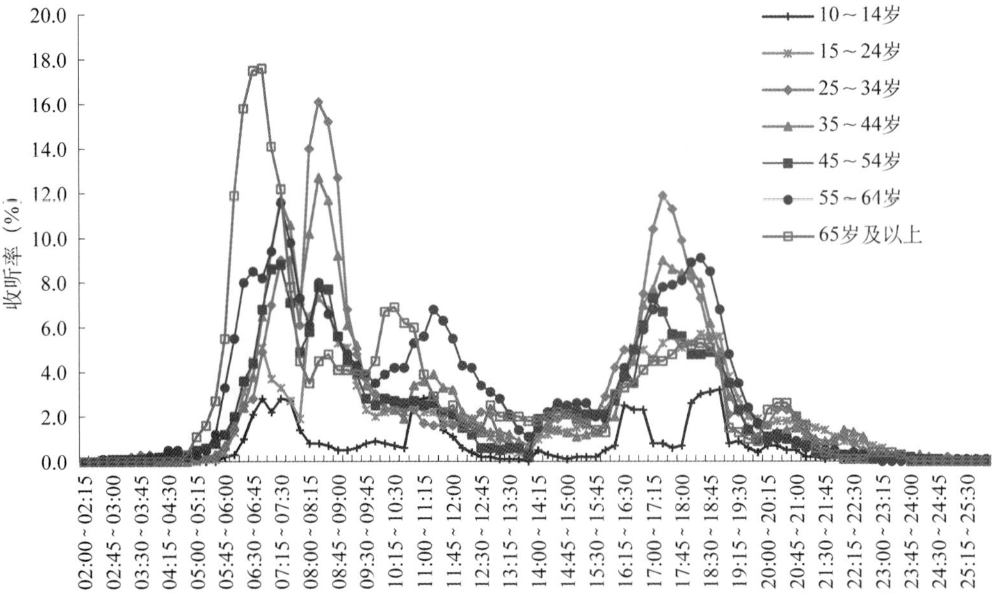

图 3.8.3　2019 年杭州不同年龄听众全天收听率走势

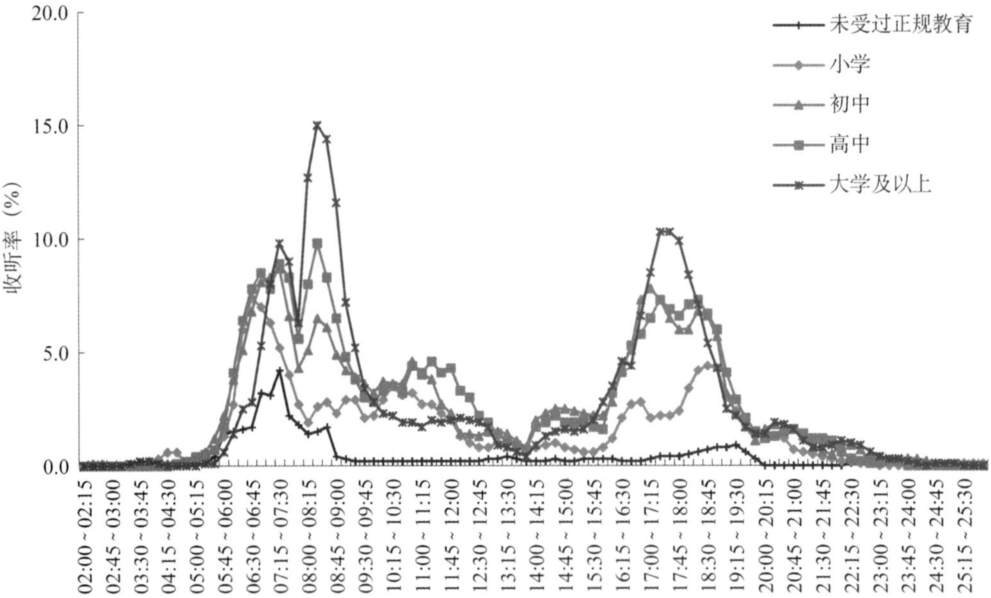

图 3.8.4　2019 年杭州不同文化程度听众全天收听率走势

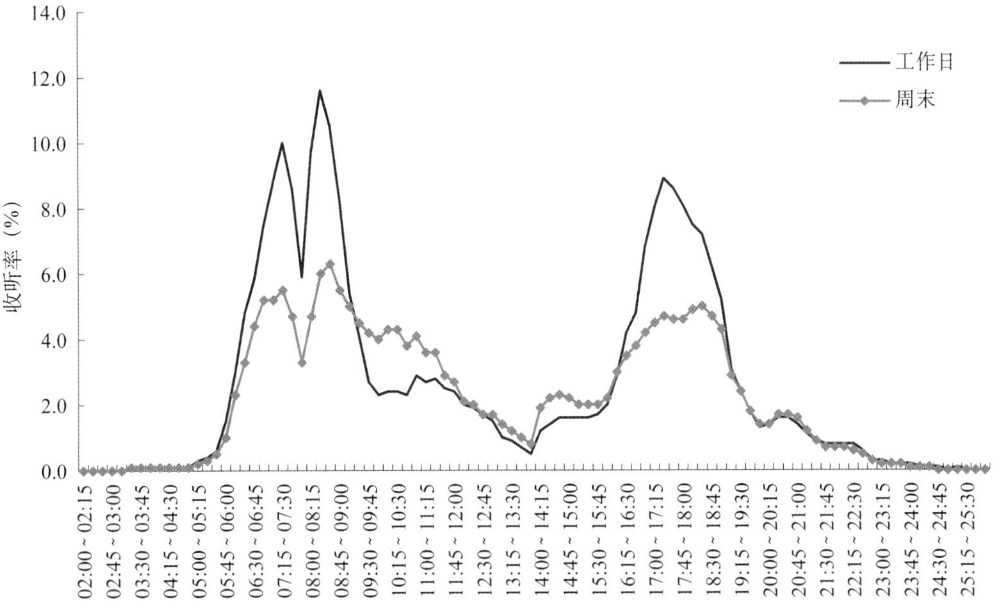

图 3.8.5 2019 年杭州听众工作日与周末全天收听率走势

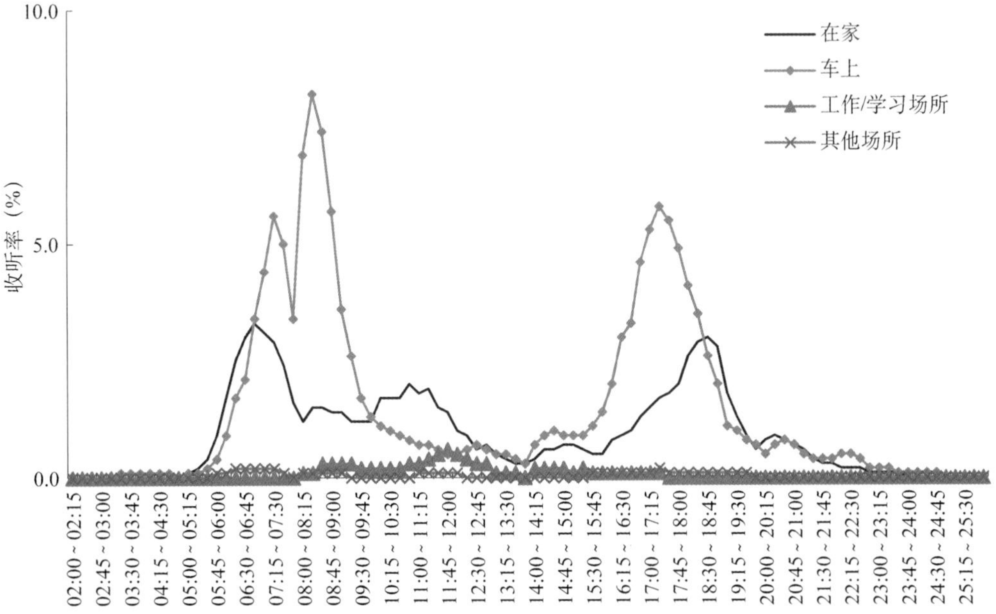

图 3.8.6 2019 年杭州听众在不同收听地点全天收听率走势

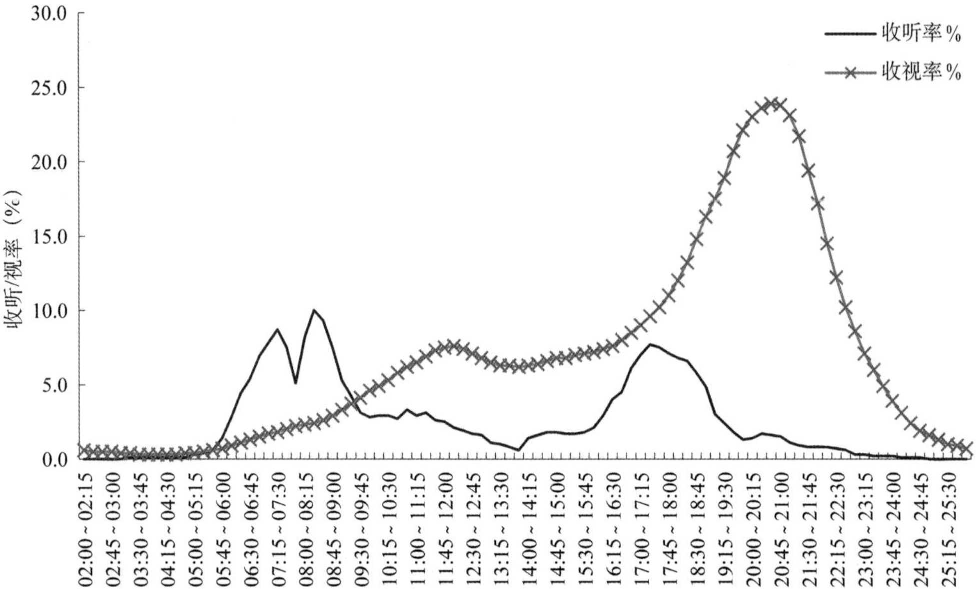

图 3.8.7　2019 年杭州受众全天收听率、收视率走势比较(目标受众为 10 岁及以上)

表 3.8.3　2019 年杭州市场听众构成(%)

目标听众		听众构成(%)
10 岁及以上所有人		100.0
性别	男	58.5
	女	41.5
年龄	10~14 岁	1.0
	15~24 岁	16.0
	25~34 岁	24.6
	35~44 岁	21.7
	45~54 岁	13.9
	55~64 岁	13.3
	65 岁及以上	9.5
文化程度	未受过正规教育	0.3
	小学	7.2
	初中	26.9
	高中	23.3
	大学及以上	42.3
职业	干部/管理人员	6.3
	初级公务员/雇员	36.3
	个体/私营企业人员	14.0
	工人	12.8
	学生	7.9
	无业(包括退休人员)	21.1
	其他	1.6
个人月收入	没有收入	11.9
	1~2000 元	3.4
	2001~3000 元	5.4
	3001~4000 元	16.7
	4001~5000 元	18.8
	5001~6000 元	17.4
	6001 元及以上	26.4

表 3.8.4　2017~2019 年杭州市场各广播电台的市场份额(%)

广播电台	2017 年	2018 年	2019 年
中央人民广播电台	6.2	9.4	–
中国国际广播电台	0.0	0.0	–
中央广播电视总台	–	–	7.5
浙江广播电视集团	45.3	40.4	38.4
杭州文化广播电视集团	37.0	34.8	44.4
其他广播电台	11.5	15.4	9.7

表 3.8.5　2019 年杭州市场各广播电台在不同目标听众中的市场份额(%)

目标听众		中央广播电视总台	浙江广播电视集团	杭州文化广播电视集团	其他广播电台
10 岁及以上所有人		7.5	38.4	44.4	9.7
性别	男	7.5	38.8	45.3	8.4
	女	7.5	37.8	43.0	11.7
年龄	10~14 岁	1.2	37.3	27.4	34.1
	15~24 岁	10.6	42.7	37.5	9.2
	25~34 岁	4.0	38.3	52.1	5.6
	35~44 岁	3.7	47.4	41.3	7.6
	45~54 岁	10.3	34.9	44.8	10.0
	55~64 岁	9.1	24.0	48.4	18.5
	65 岁及以上	14.1	36.6	38.1	11.2
文化程度	未受过正规教育	36.2	4.3	4.9	54.6
	小学	10.5	32.3	27.8	29.4
	初中	10.7	35.6	41.1	12.6
	高中	10.8	37.5	43.0	8.7
	大学及以上	2.9	41.9	50.4	4.8
职业	干部/管理人员	4.2	43.2	48.0	4.6
	初级公务员/雇员	4.8	37.5	53.5	4.2
	个体/私营企业人员	8.3	42.6	36.7	12.4
	工人	6.3	41.2	32.2	20.3
	学生	14.0	41.2	33.7	11.1
	无业(包括退休人员)	10.9	33.2	45.9	10.0
	其他	4.3	33.8	19.1	42.8
个人月收入	没有收入	12.4	42.5	34.9	10.2
	1~2000 元	19.5	30.6	20.0	29.9
	2001~3000 元	11.7	21.2	40.2	26.9
	3001~4000 元	8.7	36.6	44.8	9.9
	4001~5000 元	6.2	34.8	47.0	12.0
	5001~6000 元	4.5	46.5	41.8	7.2
	6001 及以上	5.0	39.4	52.2	3.4

表 3.8.6　2019 年杭州市场份额排名前五位的频率

排名	频　率	市场份额(%)
1	杭州交通经济广播 FM91.8	24.9
2	浙江人民广播电台交通之声 FM93	9.1
3	浙江之声 FM88/FM101.6/AM810	8.8
3	杭州 FM105.4 西湖之声	8.8
5	浙江私家车 107 城市之声 FM107	7.1

表 3.8.7　2019 年杭州市场收听率排名前三十位的节目

排名	节目名称	播出频率	收听率（%）	市场份额（%）
1	我和 E 哥有话说+针锋相对	杭州交通经济广播 FM91.8	2.6	28.9
2	我们就爱吃	杭州交通经济广播 FM91.8	2.1	36.4
3	快活晚高峰+惊喜躲不开	杭州交通经济广播 FM91.8	2.1	27.9
4	领先早高峰 · 前峰	杭州交通经济广播 FM91.8	1.9	23.6
5	领先早高峰 · 后峰	杭州交通经济广播 FM91.8	1.5	26.4
6	方雨大搜索	浙江之声 FM88/FM101.6/AM810	1.3	12.8
7	快活晚高峰周末版+	杭州交通经济广播 FM91.8	1.1	23.3
8	天天听世界	杭州交通经济广播 FM91.8	1.0	21.5
9	每周质量报告	杭州交通经济广播 FM91.8	0.9	28.8
10	老雷辣评	杭州 FM105.4 西湖之声	0.9	22.3
11	一路领先	杭州交通经济广播 FM91.8	0.9	19.2
12	新闻周报	杭州交通经济广播 FM91.8	0.9	18.1
13	1054 早班车	杭州 FM105.4 西湖之声	0.9	11.7
14	新闻 1+1	杭州交通经济广播 FM91.8	0.8	20.3
15	浙广早新闻	浙江之声 FM88/FM101.6/AM810	0.8	10.4
16	93 早高峰	浙江人民广播电台交通之声 FM93	0.8	10.2
17	我的汽车有话说	杭州交通经济广播 FM91.8	0.7	28.3
18	1045 红人馆	FM104.5 女主播电台（旅游之声）FM104.5/AM603	0.7	24.9
19	橙色派对	杭州交通经济广播 FM91.8	0.6	27.5
20	东吴同学会	杭州 FM105.4 西湖之声	0.6	13.1
21	一路有你	浙江人民广播电台交通之声 FM93	0.6	11.0
22	转播中央人民广播电台《新闻和报纸摘要》	浙江之声 FM88/FM101.6/AM810	0.6	10.3
23	走在大路上	杭州交通经济广播 FM91.8	0.5	25.9
24	我的汽车有话说重播	杭州交通经济广播 FM91.8	0.5	22.4
25	主编时间	杭州交通经济广播 FM91.8	0.5	19.2
26	我们都听过(周末)	动听 968 音乐调频 FM96.8	0.5	12.0
27	杭州有意见	杭州 FM105.4 西湖之声	0.5	10.2
28	快乐加速度	浙江人民广播电台交通之声 FM93	0.5	9.9
29	中国新歌榜	动听 968 音乐调频 FM96.8	0.5	9.9
30	娱乐大爆炸	浙江私家车 107 城市之声 FM107	0.5	7.8

九、哈尔滨收听数据

表 3.9.1　2017~2019 年哈尔滨各目标听众人均收听时间(分钟)

目标听众		2017 年	2018 年	2019 年
10 岁及以上所有人		103	96	79
性别	男	103	93	75
	女	102	99	83
年龄	10~14 岁	58	67	46
	15~24 岁	56	49	36
	25~34 岁	87	84	65
	35~44 岁	94	98	89
	45~54 岁	123	106	87
	55~64 岁	139	122	102
	65 岁及以上	164	146	125
文化程度	未受过正规教育	86	70	*
	小学	106	88	92
	初中	114	102	84
	高中	106	94	80
	大学及以上	86	87	70
职业	干部/管理人员	114	123	60
	初级公务员/雇员	92	94	87
	个体/私营企业人员	93	97	75
	工人	103	84	77
	学生	53	51	32
	无业(包括退休人员)	138	130	106
	其他	149	72	59
个人月收入	没有收入	62	58	41
	1~2000 元	114	84	70
	2001~3000 元	120	109	95
	3001~4000 元	103	95	84
	4001~5000 元	100	110	79
	5001~6000 元	100	99	104
	6001 元及以上	95	108	81

注:哈尔滨为全年连续调查城市。“*”表示目标听众样本量不足,无法进行统计推断。

表 3.9.2　2017~2019 年哈尔滨听众在不同地点的人均收听时间(分钟)

地　点	2017 年	2018 年	2019 年
在家	76	69	52
车上	19	21	20
工作/学习场所	6	5	5
其他场所	2	1	1

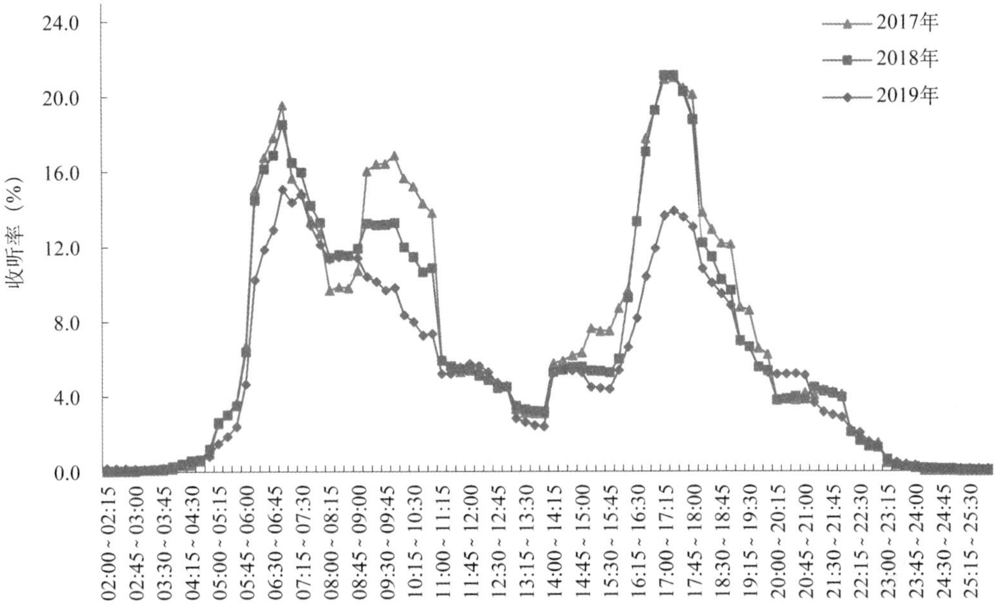

图 3.9.1　2017~2019 年哈尔滨听众全天收听率走势

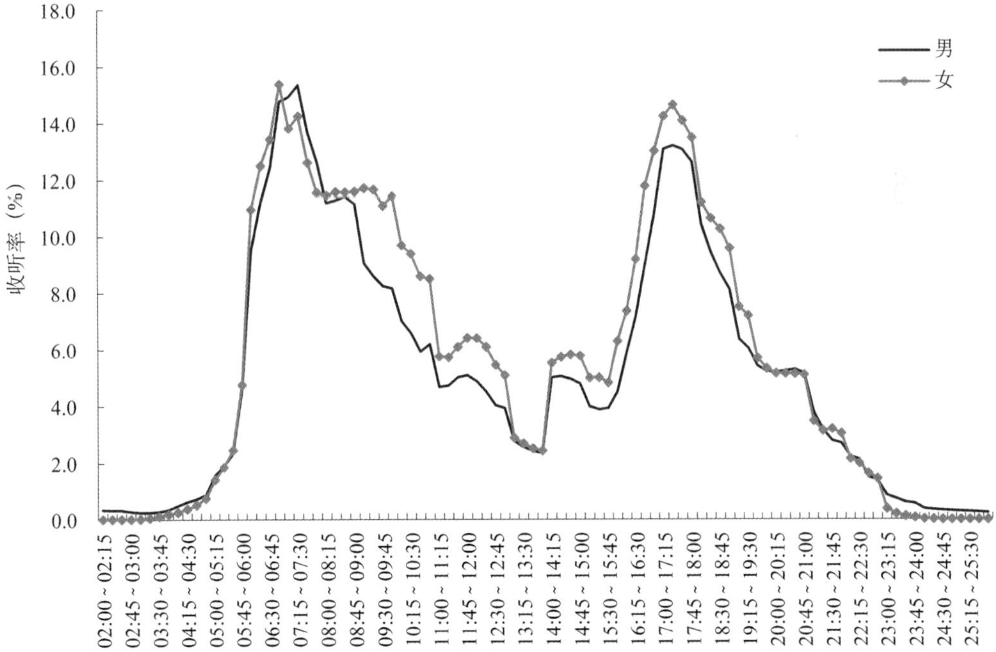

图 3.9.2　2019 年哈尔滨不同性别听众全天收听率走势

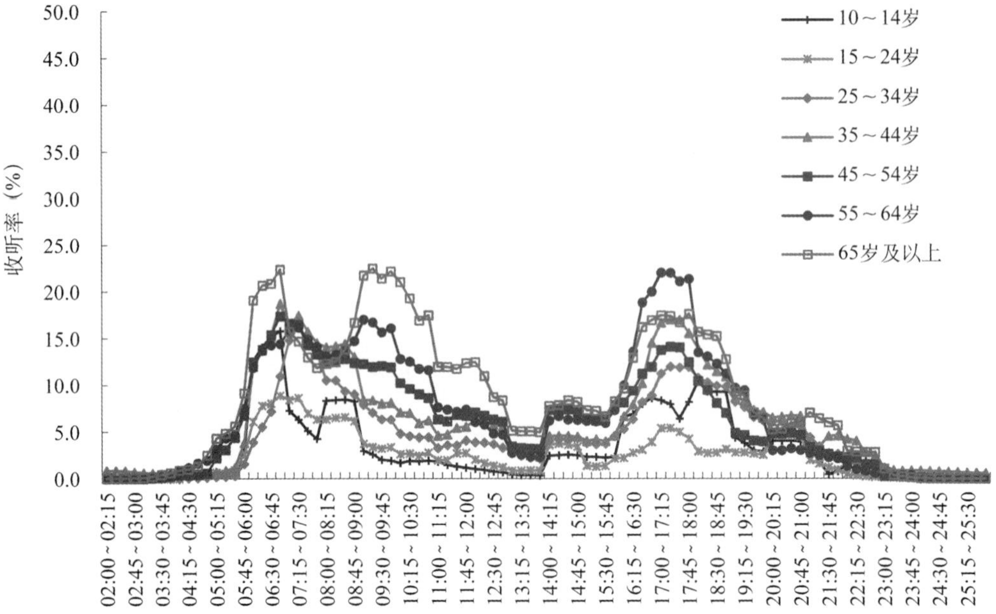

图 3.9.3　2019 年哈尔滨不同年龄听众全天收听率走势

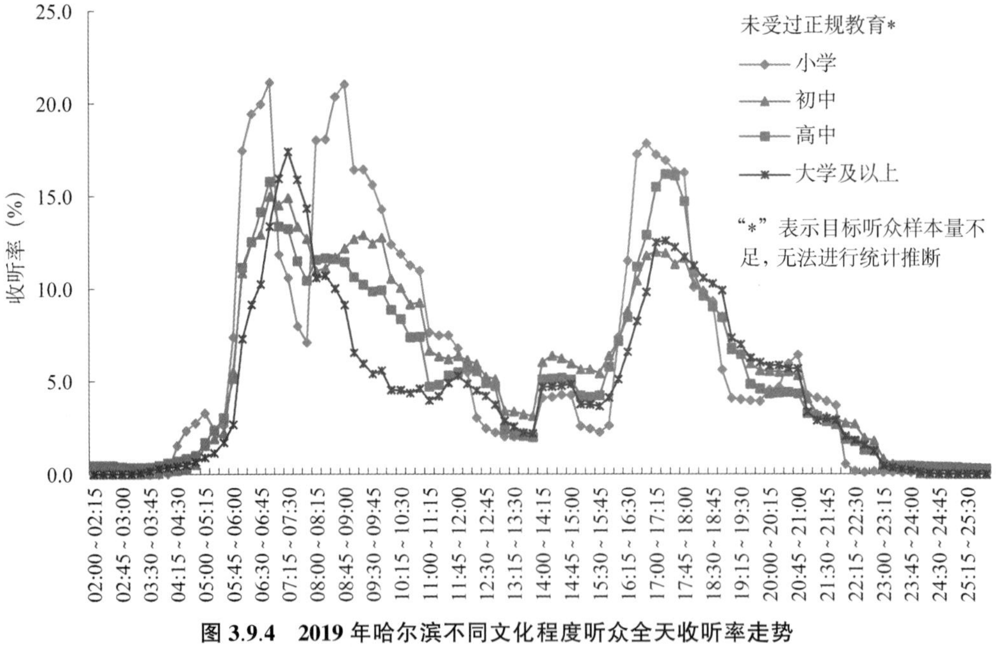

图 3.9.4　2019 年哈尔滨不同文化程度听众全天收听率走势

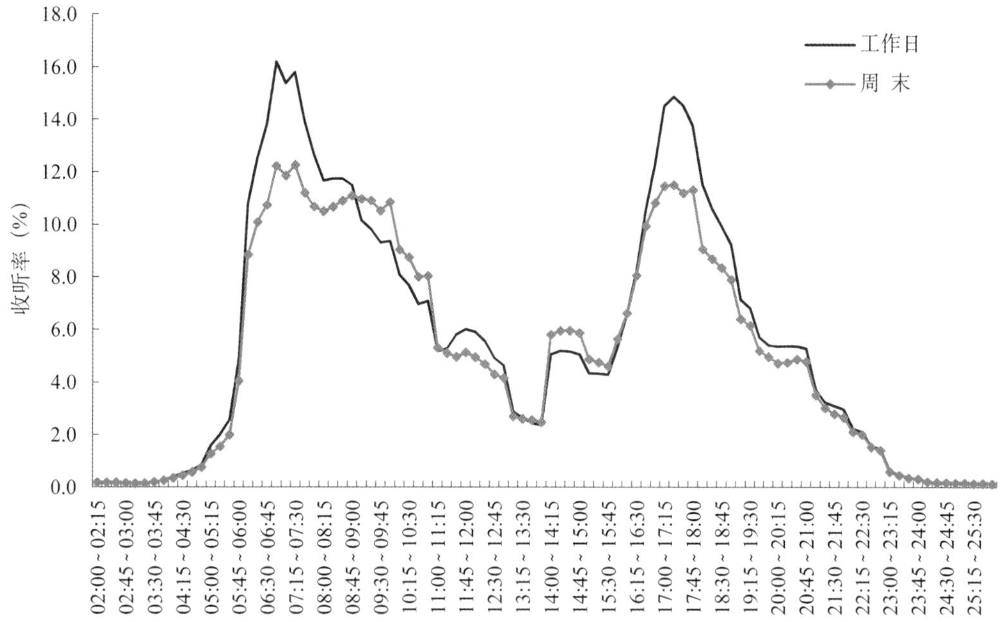

图 3.9.5　2019 年哈尔滨听众工作日与周末全天收听率走势

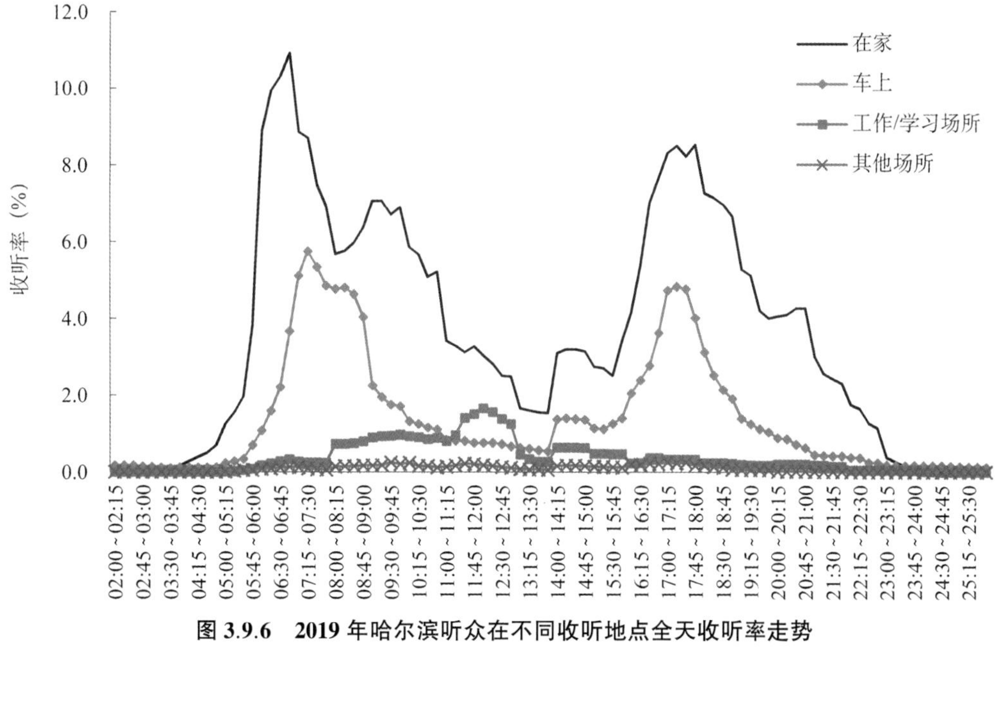

图 3.9.6　2019 年哈尔滨听众在不同收听地点全天收听率走势

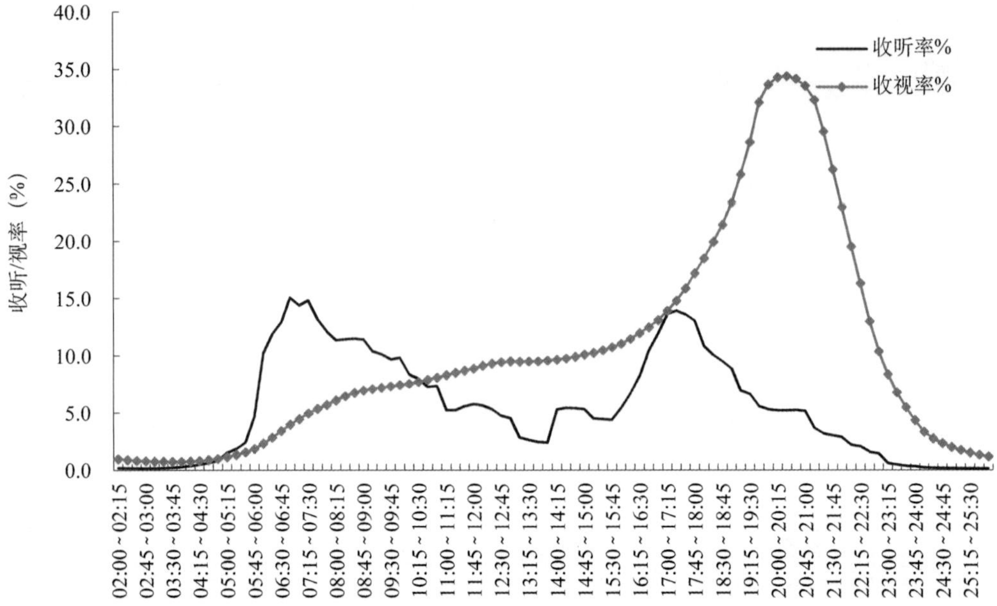

图 3.9.7　2019 年哈尔滨受众全天收听率、收视率走势比较(目标受众为 10 岁及以上)

表 3.9.3　2019 年哈尔滨市场听众构成(%)

目标听众		听众构成(%)
10 岁及以上所有人		100.0
性别	男	47.6
	女	52.4
年龄	10~14 岁	1.9
	15~24 岁	7.6
	25~34 岁	16.0
	35~44 岁	22.7
	45~54 岁	20.9
	55~64 岁	15.6
	65 岁及以上	15.3
文化程度	未受过正规教育	*
	小学	4.1
	初中	33.2
	高中	38.8
	大学及以上	23.5
职业	干部/管理人员	0.9
	初级公务员/雇员	20.7
	个体/私营企业人员	20.3
	工人	19.6
	学生	5.6
	无业(包括退休人员)	32.1
	其他	0.8
个人月收入	没有收入	9.4
	1~2000 元	6.9
	2001~3000 元	37.8
	3001~4000 元	27.0
	4001~5000 元	11.3
	5001~6000 元	6.1
	6001 元及以上	1.5

注:"*"表示目标听众样本量不足,无法进行统计推断。

表 3.9.4　2017~2019 年哈尔滨市场各广播电台的市场份额(%)

广播电台	2017 年	2018 年	2019 年
中央人民广播电台	2.0	2.1	-
中国国际广播电台	0.0	0.0	-
中央广播电视总台	-	-	2.1
黑龙江广播电视台	69.5	69.2	63.1
哈尔滨广播电视台	28.1	28.4	33.9
其他广播电台	0.4	0.3	0.9

表 3.9.5　2019 年哈尔滨市场各广播电台在不同目标听众中的市场份额(%)

目标听众		中央广播电视总台	黑龙江广播电视台	哈尔滨广播电视台	其他广播电台
10 岁及以上所有人		2.1	63.1	33.9	0.9
性别	男	2.2	64.4	32.3	1.1
	女	2.1	61.8	35.3	0.8
年龄	10~14 岁	3.6	69.6	25.7	1.1
	15~24 岁	2.3	61.3	35.6	0.8
	25~34 岁	1.2	61.5	36.5	0.8
	35~44 岁	3.6	66.6	27.4	2.4
	45~54 岁	1.6	65.4	32.8	0.2
	55~64 岁	2.2	67.4	30.1	0.3
	65 岁及以上	1.3	51.9	46.2	0.6
文化程度	未受过正规教育	*	*	*	*
	小学	7.1	69.0	23.8	0.1
	初中	2.0	65.7	31.9	0.4
	高中	1.9	64.7	32.9	0.5
	大学及以上	1.8	55.8	39.8	2.6
职业	干部/管理人员	0.0	79.5	17.6	2.9
	初级公务员/雇员	3.7	54.0	39.3	3.0
	个体/私营企业人员	1.4	65.4	33.1	0.1
	工人	0.8	73.7	25.0	0.5
	学生	4.2	65.0	30.2	0.6
	无业(包括退休人员)	2.1	59.9	37.6	0.4
	其他	0.5	68.9	30.6	0.0
个人	没有收入	3.9	68.7	26.8	0.6
	1~2000 元	0.1	71.0	28.7	0.2
	2001~3000 元	2.2	59.8	37.0	1.0
	3001~4000 元	1.0	59.0	38.4	1.6
	4001~5000 元	5.3	67.5	27.1	0.1
	5001~6000 元	0.3	76.0	23.1	0.6
	6001 元及以上	0.0	63.9	36.1	0.0

注:“ * ”表示目标听众样本量不足,无法进行统计推断。

表 3.9.6　2019 年哈尔滨市场份额排名前五位的频率

排名	频　率	市场份额(%)
1	黑龙江交通广播 FM99.8	25.4
2	哈尔滨广播电视台文艺频率 FM98.4	15.7
3	黑龙江妇女儿童广播(龙广都市女性台)FM102.1	13.8
4	黑龙江老年少儿广播(FM97 龙广爱家频道)FM97	7.2
5	哈尔滨广播电视台交通频率 FM92.5	7.1

表 3.9.7 2019 年哈尔滨市场收听率排名前三十位的节目

排名	节目名称	播出频率	收听率（%）	市场份额（%）
1	直通 998(周二周五)	黑龙江交通广播 FM99.8	6.0	46.0
2	叶文有话要说	黑龙江妇女儿童广播(龙广都市女性台)FM102.1	5.6	44.1
3	资讯早车	黑龙江交通广播 FM99.8	4.9	39.2
4	婧听十八点	哈尔滨广播电视台文艺频率 FM98.4	2.9	33.3
5	法在身边(周六日)	黑龙江老年少儿广播(FM97 龙广爱家频道)FM97	2.9	28.6
6	卢汉的倾心上午茶(工作日)	黑龙江老年少儿广播(FM97 龙广爱家频道)FM97	2.6	29.0
7	一路有你	黑龙江交通广播 FM99.8	2.4	20.2
8	转播中央人民广播电台《新闻和报纸摘要》	黑龙江新闻广播(龙广新闻台)AM621/FM94.6	2.2	15.7
9	今晨播报	黑龙江新闻广播(龙广新闻台)AM621/FM94.6	2.1	18.9
10	名家会客厅(周六日)	黑龙江老年少儿广播(FM97 龙广爱家频道)FM97	1.9	23.1
11	爱家房产(工作日)	黑龙江老年少儿广播(FM97 龙广爱家频道)FM97	1.7	23.7
12	998 帮你选饭店	黑龙江交通广播 FM99.8	1.6	20.5
13	998 汽车时代(工作日)	黑龙江交通广播 FM99.8	1.5	17.6
14	生活管家	黑龙江妇女儿童广播(龙广都市女性台)FM102.1	1.4	24.3
15	998 听友俱乐部(周末)	黑龙江交通广播 FM99.8	1.4	16.4
16	叶文故事会	黑龙江妇女儿童广播(龙广都市女性台)FM102.1	1.4	14.5
17	老年学堂	哈尔滨广播电视台文艺频率 FM98.4	1.4	14.4
18	品牌之旅(周一周二)	中央人民广播电台第一套节目中国之声	1.3	10.3
19	新闻和报纸摘要	中央人民广播电台第一套节目中国之声	1.3	9.1
20	流行经典	哈尔滨广播电视台文艺频率 FM98.4	1.2	25.1
21	养生时间	哈尔滨广播电视台文艺频率 FM98.4	1.2	23.3
22	残疾人之友(周一周二)	中央人民广播电台第一套节目中国之声	1.2	10.8
22	国防时空	中央人民广播电台第一套节目中国之声	1.2	10.8
24	快乐老家	哈尔滨广播电视台文艺频率 FM98.4	1.2	9.8
25	925 交广早高峰	哈尔滨广播电视台交通频率 FM92.5	1.2	9.3
26	早餐前后	黑龙江新闻广播(龙广新闻台)AM621/FM94.6	1.2	8.7
27	984 的朋友圈	哈尔滨广播电视台文艺频率 FM98.4	1.1	24.6
28	娱乐二人转	黑龙江交通广播 FM99.8	1.1	22.6
29	幸福乐园	哈尔滨广播电视台文艺频率 FM98.4	1.1	20.4
30	998 大讲堂	黑龙江交通广播 FM99.8	1.1	19.2

十、合肥收听数据

表 3.10.1　2017~2019 年合肥各目标听众人均收听时间(分钟)

目标听众		2017 年	2018 年	2019 年
15 岁及以上所有人		56	47	48
性别	男	57	49	51
	女	51	43	44
年龄	15~24 岁	26	26	36
	25~34 岁	47	39	40
	35~44 岁	76	59	46
	45~54 岁	66	63	59
	55~64 岁	72	63	70
	65 岁及以上	76	66	102
文化程度	未受过正规教育	23	15	*
	小学	48	31	82
	初中	56	48	59
	高中	62	50	51
	大学及以上	45	45	40
职业	干部/管理人员	47	48	*
	初级公务员/雇员	46	48	45
	个体/私营企业人员	75	58	44
	工人	67	51	40
	学生	21	20	40
	无业(包括退休人员)	60	52	71
	其他	*	*	*
个人月收入	没有收入	29	27	47
	1~2000 元	74	46	58
	2001~3000 元	57	56	54
	3001~4000 元	63	54	46
	4001~5000 元	62	55	48
	5001~6000 元	66	42	50
	6001 元及以上	63	60	39

注:合肥为全年连续调查城市,从 2019 年 1 月 1 日起采用测量仪调查数据,其他广播电台频率不再纳入监测范围。“*”表示目标听众样本量不足,无法进行统计推断。

表 3.10.2　2017~2019 年合肥听众在不同地点的人均收听时间(分钟)

地　点	2017 年	2018 年	2019 年
在家	30	24	17
车上	20	19	21
工作或学习场所	4	3	5
其他场所	2	1	5

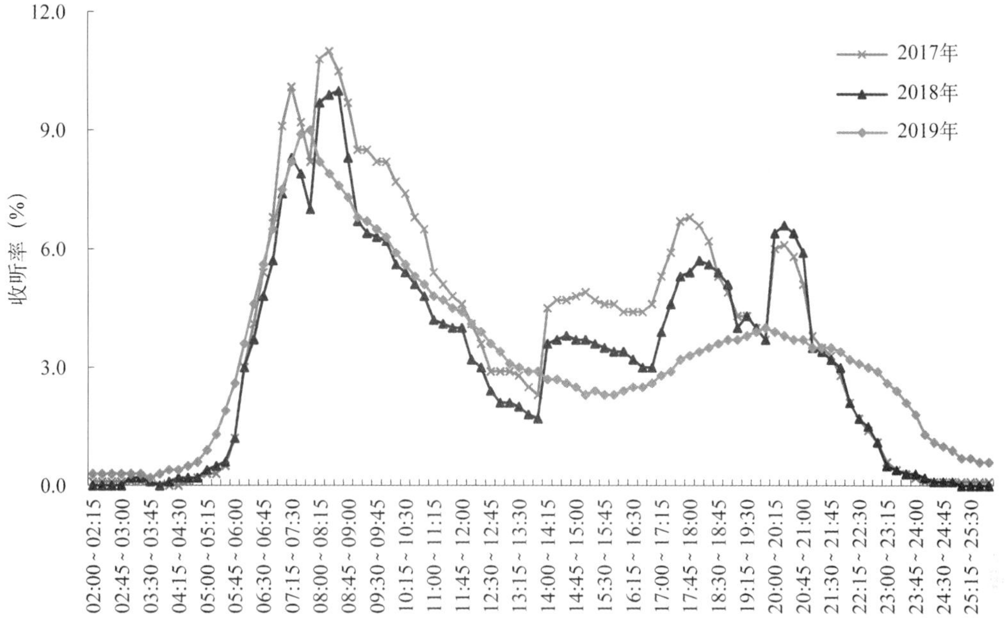

图 3.10.1　2017~2019 年合肥听众全天收听率走势

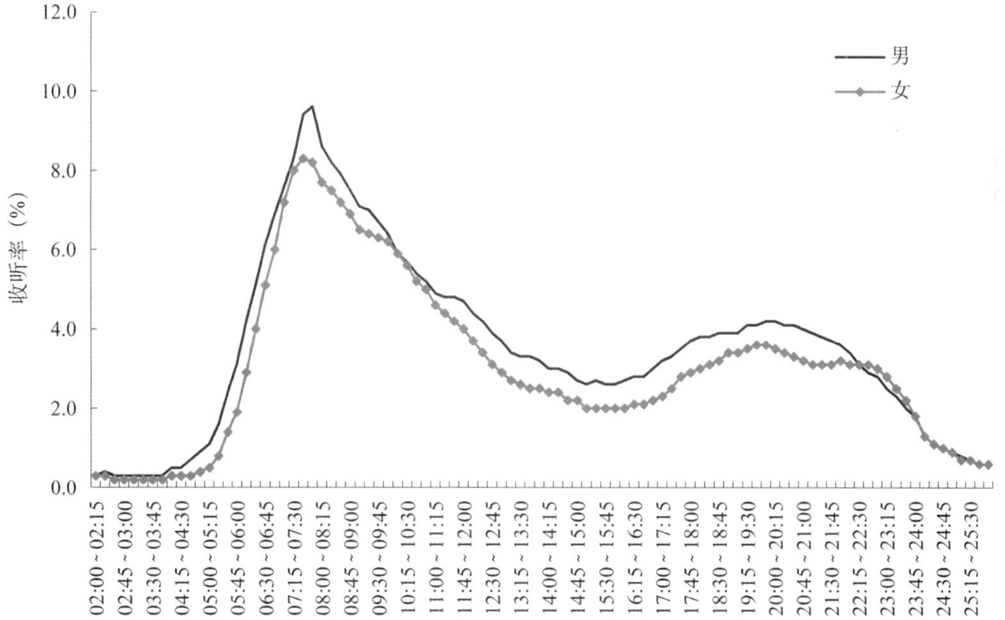

图 3.10.2　2019 年合肥不同性别听众全天收听率走势

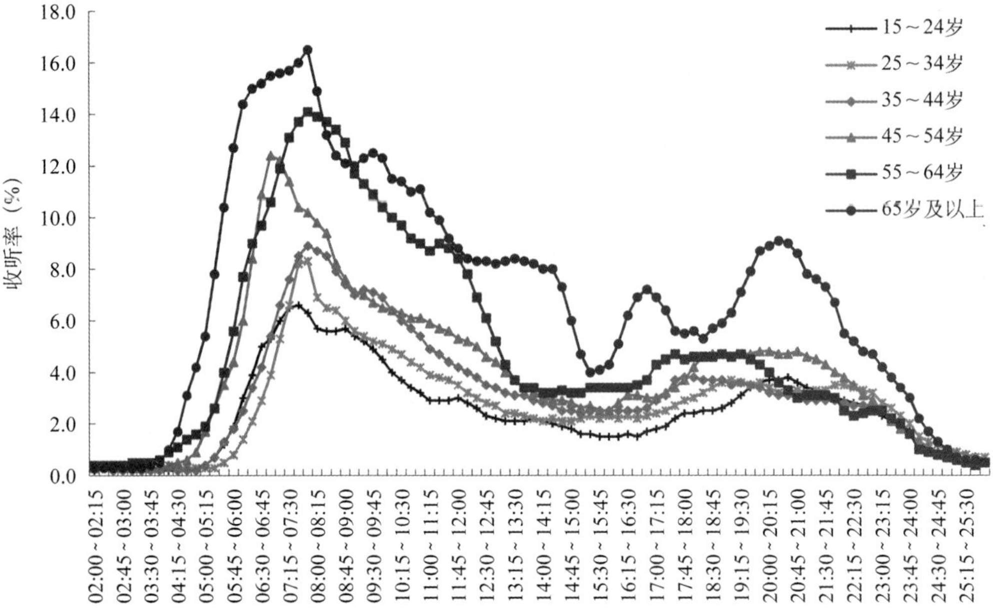

图 3.10.3　2019 年合肥不同年龄听众全天收听率走势

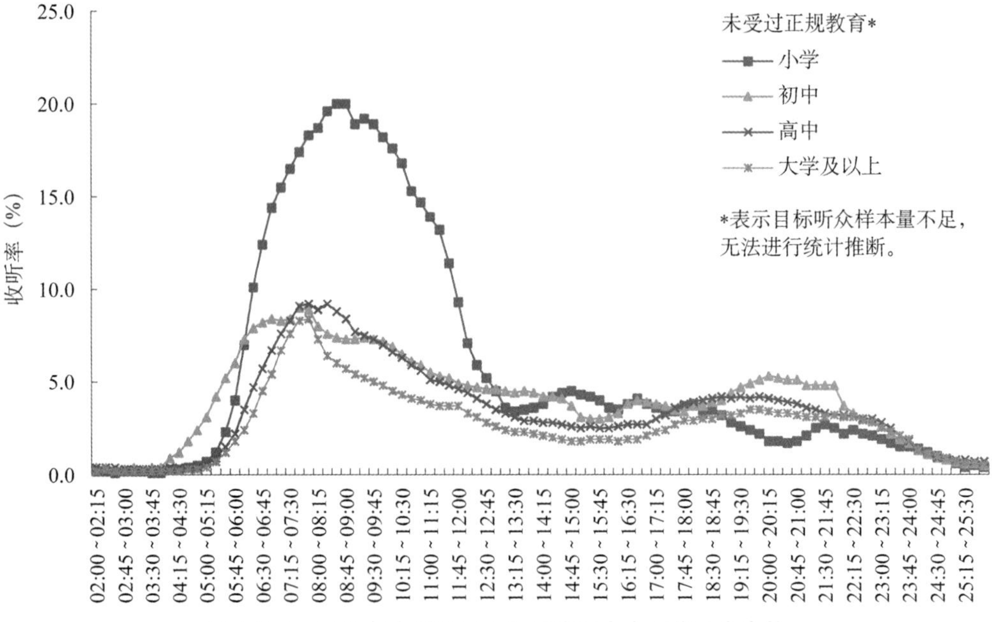

图 3.10.4　2019 年合肥不同文化程度听众全天收听率走势

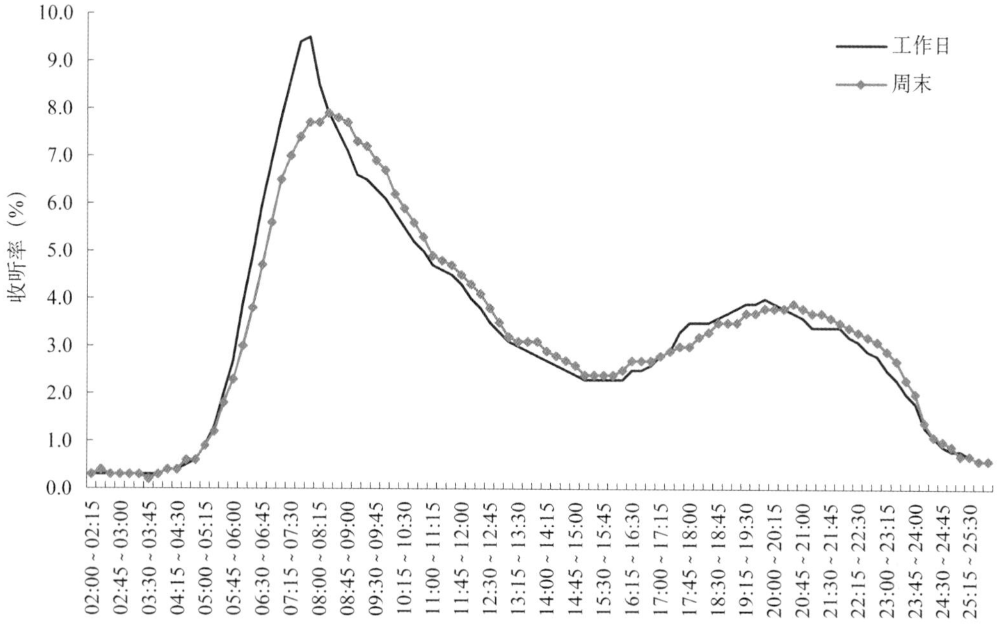

图 3.10.5　2019 年合肥听众工作日与周末全天收听率走势

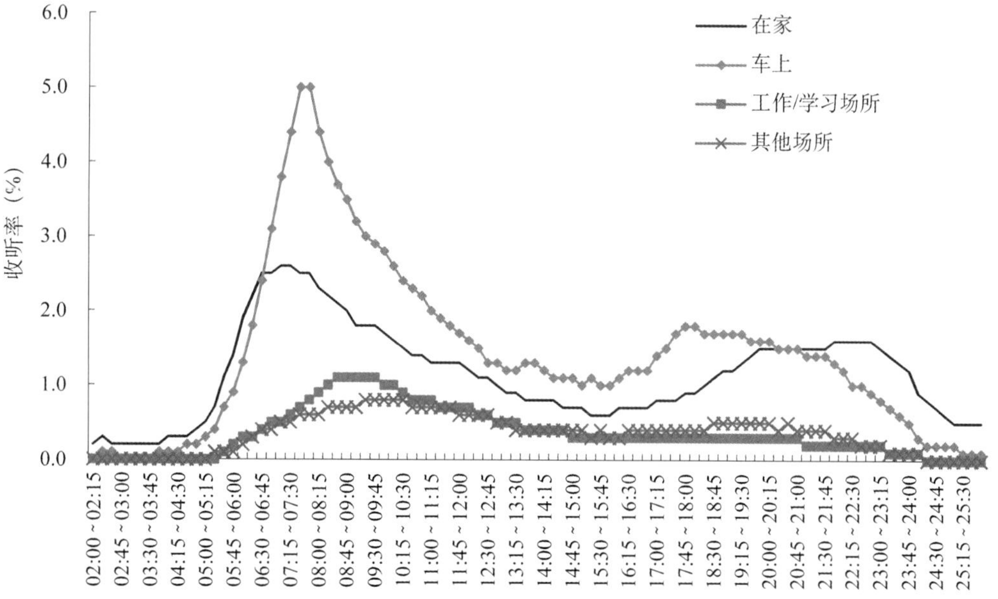

图 3.10.6　2019 年合肥听众在不同收听地点全天收听率走势

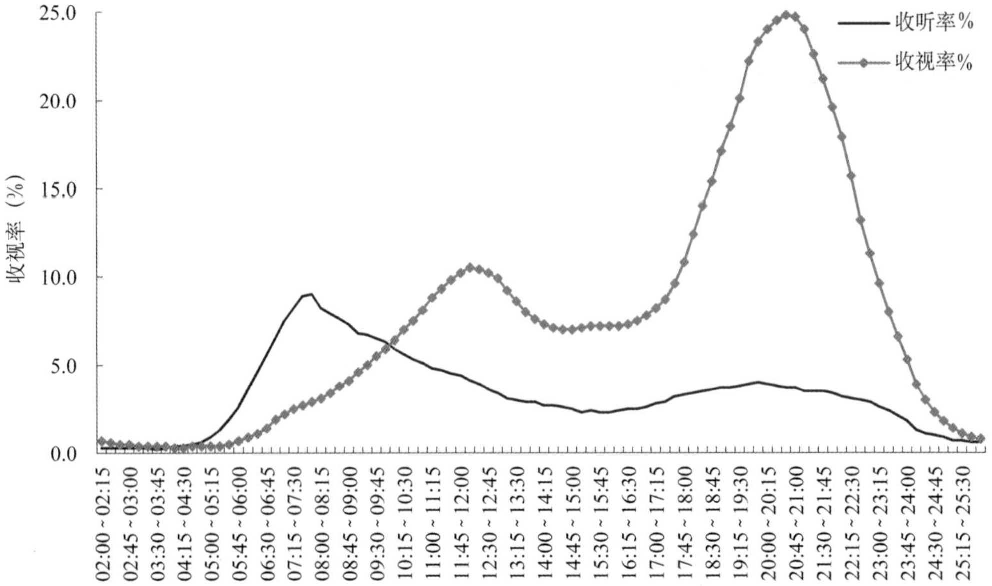

图 3.10.7　2019 年合肥受众全天收听率、收视率走势比较(目标受众为 15 岁及以上)

表 3.10.3　2019 年合肥市场听众构成(%)

目标听众		听众构成(%)
15 岁及以上所有人		100.0
性别	男	59.2
	女	40.8
年龄	15~24 岁	19.0
	25~34 岁	24.8
	35~44 岁	22.4
	45~54 岁	11.7
	55~64 岁	11.5
	65 岁及以上	10.6
文化程度	未受过正规教育	*
	小学	3.9
	初中	17.8
	高中	40.0
	大学及以上	38.2
职业	干部/管理人员	*
	初级公务员/雇员	43.6
	个体/私营企业人员	16.5
	工人	6.9
	学生	12.7
	无业(包括退休人员)	20.3
	其他	*
个人月收入	没有收入	19.8
	1~2000 元	1.7
	2001~3000 元	15.4
	3001~4000 元	24.0
	4001~5000 元	18.9
	5001~6000 元	12.9
	6001 元及以上	7.3

注:“ * ”表示目标听众样本量不足,无法进行统计推断。

表 3.10.4　2017~2019 年合肥市场各广播电台的市场份额(%)

广播电台	2017 年	2018 年	2019 年
中央人民广播电台	10.9	14.8	-
中国国际广播电台	1.9	1.9	-
中央广播电视总台	-	-	20.6
安徽广播电视台	53.2	48.6	68.6
合肥广播电视台	33.4	34.1	10.8
其他广播电台	0.6	0.6	-

表 3.10.5　2019 年合肥市场各广播电台在不同目标听众中的市场份额(%)

目标听众		中央广播电视总台	安徽广播电视台	合肥广播电视台
15 岁及以上所有人		20.6	68.6	10.8
性别	男	24.1	64.9	11.0
	女	15.6	73.9	10.5
年龄	15~24 岁	21.8	71.3	6.9
	25~34 岁	17.9	74.1	8.0
	35~44 岁	14.3	76.4	9.2
	45~54 岁	22.6	63.9	13.5
	55~64 岁	29.6	56.1	14.3
	65 岁及以上	26.2	53.0	20.8
文化程度	未受过正规教育	*	*	*
	小学	4.5	79.8	15.7
	初中	23.4	60.3	16.3
	高中	20.3	68.8	10.9
	大学及以上	20.2	72.1	7.7
职业类别	干部/管理人员	*	*	*
	初级公务员/雇员	24.5	65.7	9.8
	个体/私营企业人员	11.7	76.0	12.3
	工人	7.1	87.2	5.7
	学生	19.7	72.5	7.8
	无业(包括退休人员)	25.6	59.2	15.1
	其他	*	*	*
个人月收入	没有收入	23.3	66.2	10.5
	1~2000 元	10.9	76.5	12.6
	2001~3000 元	16.1	70.7	13.2
	3001~4000 元	22.5	69.1	8.3
	4001~5000 元	22.1	65.2	12.7
	5001~6000 元	14.0	74.9	11.0
	6001 元及以上	28.5	60.9	10.6

注:“*”表示目标听众样本量不足,无法进行统计推断。

表 3.10.6　2019 年合肥市场份额排名前五位的频率

排名	频　率	市场份额(%)
1	安徽交通广播	22.6
2	安徽音乐广播	21.1
3	中央人民广播电台第一套节目中国之声	9.6
4	安徽经典音乐 929	8.7
5	中国国际广播电台环球资讯广播 FM90.1	4.8

表 3.29.7 2019 年合肥市场收听率排名前三十位的节目

排名	节目名称	播出频率	收听率（%）	市场份额（%）
1	新闻直通车	安徽交通广播	2.1	24.9
2	新闻周末特刊	安徽交通广播	2.0	25.7
3	车友开心点	安徽交通广播	1.9	26.4
4	环球任我行	安徽交通广播	1.8	26.0
5	快乐出发	安徽交通广播	1.8	27.5
6	音乐晨飞扬	安徽音乐广播	1.3	16.2
7	生活百事通	安徽交通广播	1.2	25.9
8	听说很好	安徽交通广播	1.2	24.8
9	维权 908	安徽交通广播	1.2	24.6
10	创意空间	安徽交通广播	1.2	24.3
11	随车听音乐	安徽交通广播	1.2	21.3
12	一路微微笑	安徽音乐广播	1.2	19.7
13	无人驾驶（音乐伴随）	安徽交通广播	1.1	20.6
14	895 读书会（重播）	安徽音乐广播	0.9	27.3
15	895 读书会	安徽音乐广播	0.9	25.1
16	中国歌曲排行榜（直播北京音乐台）	安徽音乐广播	0.9	24.7
17	王梓的音乐时间	安徽音乐广播	0.9	23.6
18	老信件旧时光（重播）	安徽音乐广播	0.9	23.4
19	音乐爱假日	安徽音乐广播	0.9	21.2
20	音乐随心听	安徽音乐广播	0.8	28.0
21	正午乐逍遥	安徽交通广播	0.8	23.7
22	畅通 2019	安徽交通广播	0.8	22.5
23	895 金曲串流行	安徽音乐广播	0.8	22.0
24	音乐任我行	安徽音乐广播	0.8	20.7
25	家有好 BABY	安徽交通广播	0.8	20.6
26	残疾人之友	中央人民广播电台第一套节目中国之声	0.8	19.2
27	品牌之旅	中央人民广播电台第一套节目中国之声	0.8	15.7
28	新闻和报纸摘要	中央人民广播电台第一套节目中国之声	0.8	13.3
29	新闻纵横	中央人民广播电台第一套节目中国之声	0.8	10.5
30	嘻哈二人行	安徽音乐广播	0.7	21.5

十一、济南收听数据

表 3.11.1　2017~2019 年济南各目标听众人均收听时间(分钟)

目标听众		2017 年	2018 年	2019 年
15 岁及以上所有人		70	65	51
性别	男	72	65	54
	女	67	65	48
年龄	15~24 岁	24	24	25
	25~34 岁	49	40	31
	35~44 岁	69	53	42
	45~54 岁	77	90	65
	55~64 岁	125	110	91
	65 岁及以上	134	141	94
文化程度	未受过正规教育	59	93	*
	小学	93	91	71
	初中	78	76	54
	高中	80	70	59
	大学及以上	43	40	38
职业类别	干部/管理人员	52	30	37
	初级公务员/雇员	50	45	46
	个体/私营企业人员	80	67	41
	工人	69	59	45
	学生	15	12	25
	无业(包括退休人员)	112	111	82
	其他	64	48	38
个人月收入	没有收入	26	32	33
	1~2000 元	83	84	50
	2001~3000 元	78	67	56
	3001~4000 元	84	76	59
	4001~5000 元	68	66	54
	5001~6000 元	73	59	43
	6001 元及以上	71	65	44

注:济南为全年连续调查城市。自 2019 年 1 月 1 日起,济南采用虚拟测量仪调查方式,其他广播电台频率不再纳入监测范围。“*”表示目标听众样本量不足,无法进行统计推断。

表 3.11.2　2017~2019 年济南听众在不同地点的人均收听时间(分钟)

地　点	2017 年	2018 年	2019 年
在家	48	47	26
车上	15	13	16
工作或学习场所	4	3	6
其他场所	3	3	3

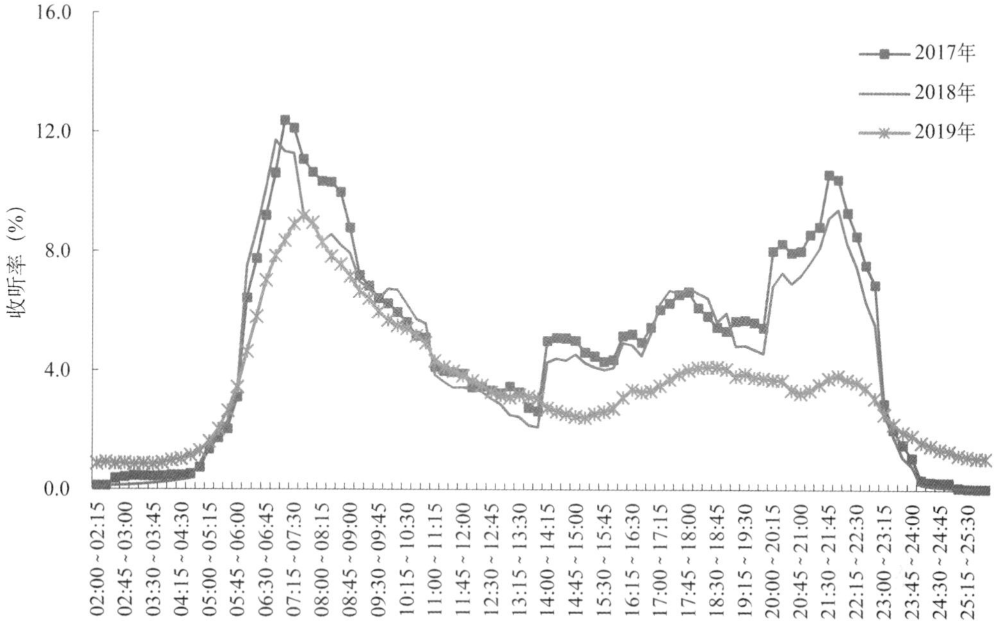

图 3.11.1 2017~2019 年济南听众全天收听率走势

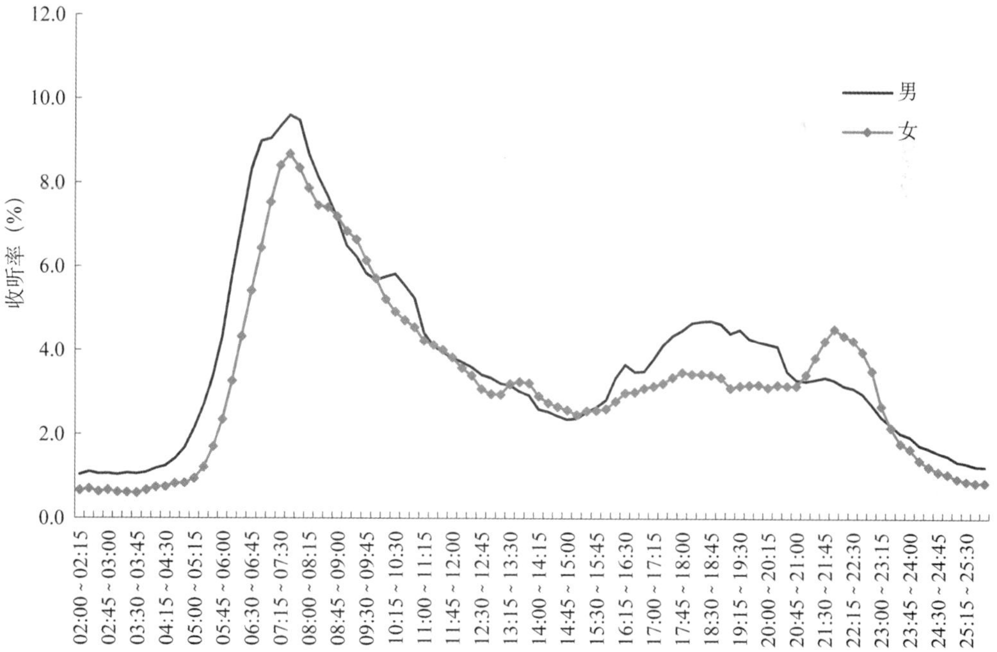

图 3.11.2 2019 年济南不同性别听众全天收听率走势

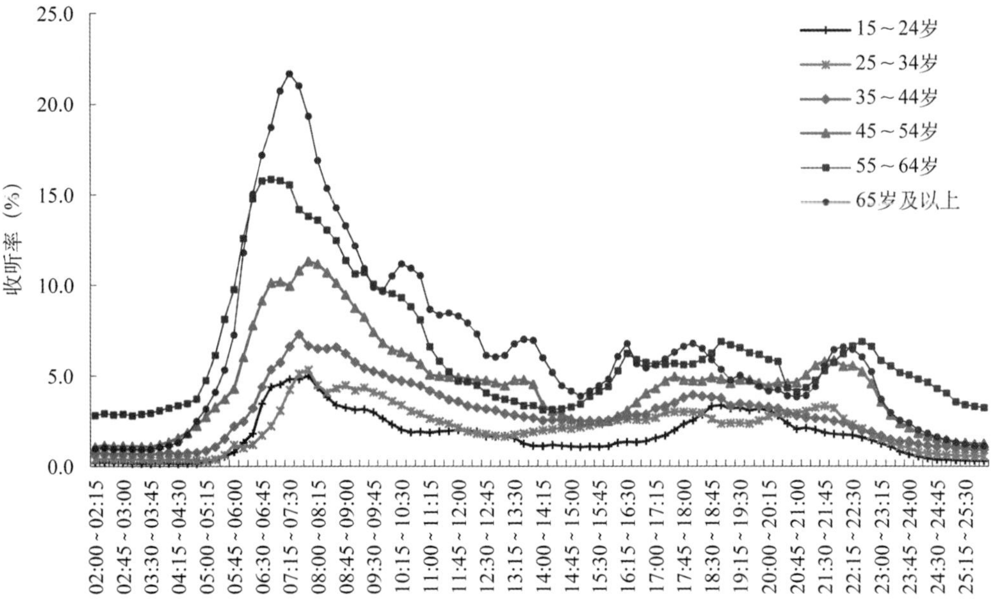

图 3.11.3　2019 年济南不同年龄听众全天收听率走势

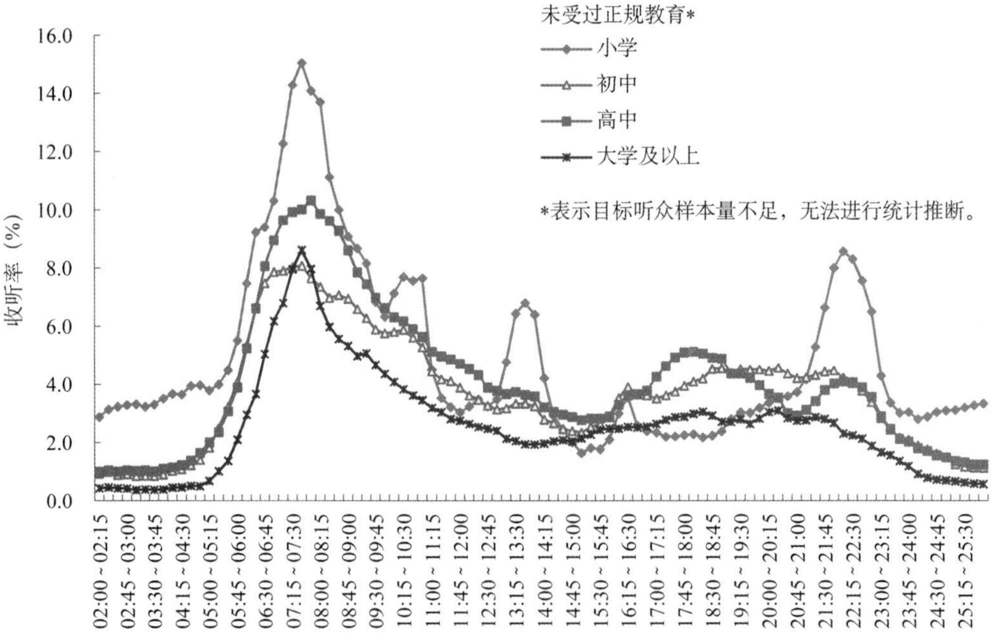

图 3.11.4　2019 年济南不同文化程度听众全天收听率走势

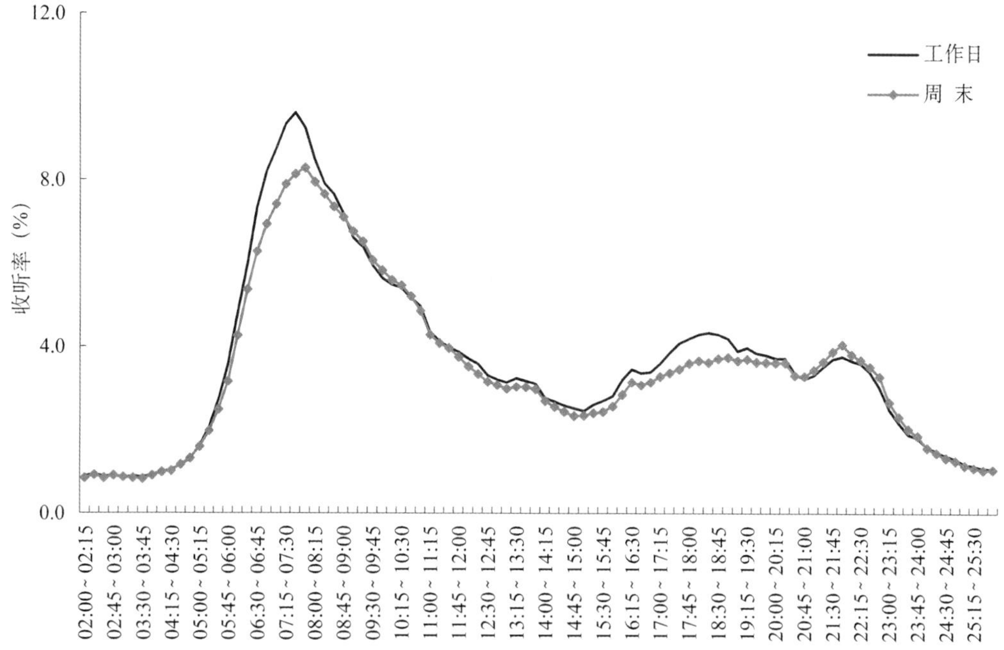

图 3.11.5　2019 年济南听众工作日与周末全天收听率走势

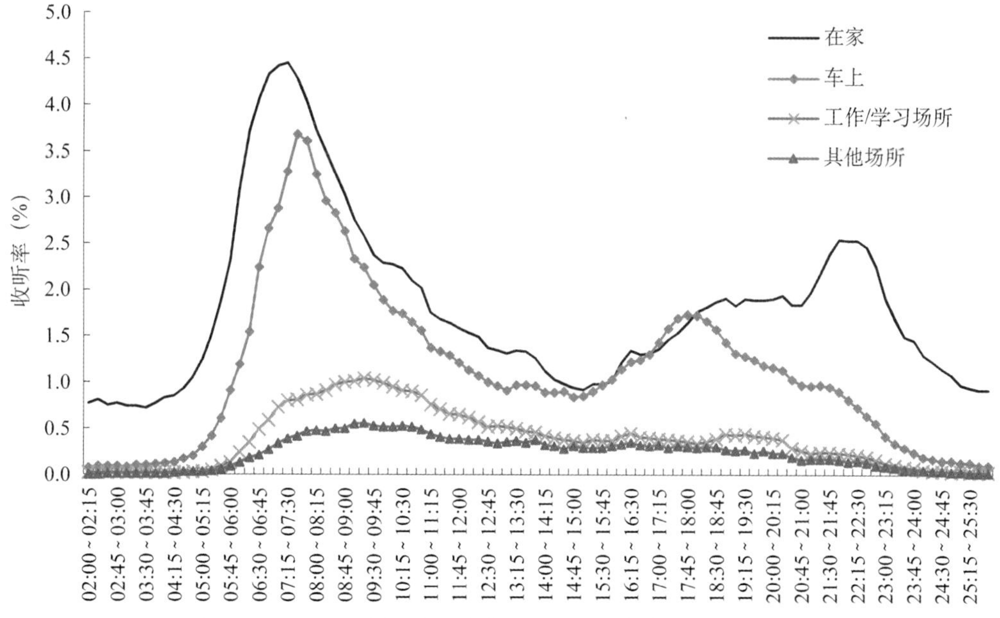

图 3.11.6　2019 年济南听众在不同收听地点全天收听率走势

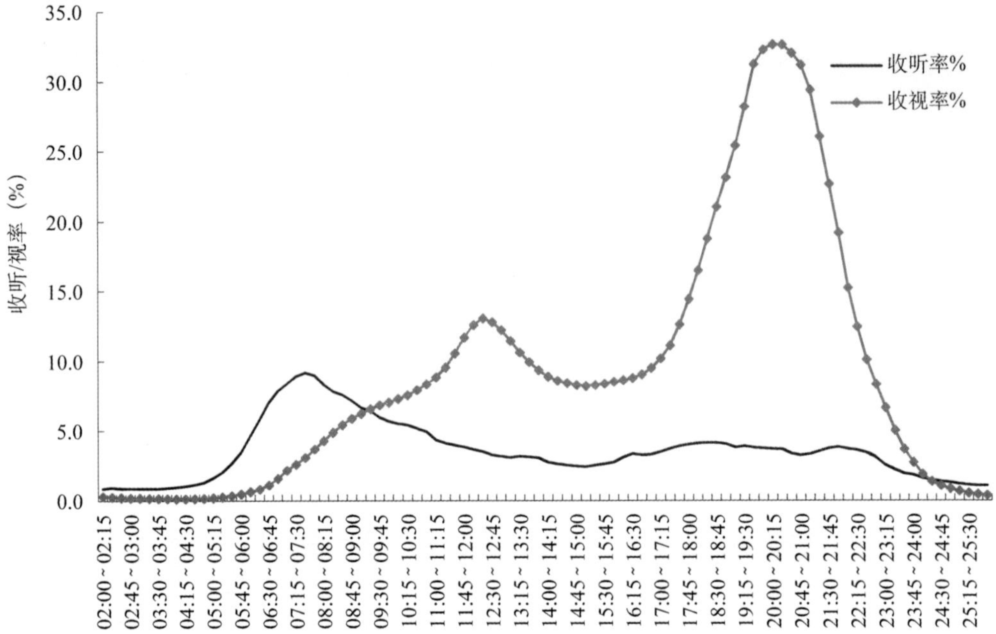

图 3.11.7　2019 年济南受众全天收听率、收视率走势比较(目标受众为 15 岁及以上)

表 3.11.3 2019 年济南市场听众构成(%)

目标听众		听众构成(%)
15 岁及以上所有人		100.0
性别	男	58.2
	女	41.8
年龄	15~24 岁	8.4
	25~34 岁	13.3
	35~44 岁	19.1
	45~54 岁	19.5
	55~64 岁	19.7
	65 岁及以上	20.0
文化程度	未受过正规教育	*
	小学	3.8
	初中	28.8
	高中	45.3
	大学及以上	22.1
职业	干部/管理人员	1.2
	初级公务员/雇员	29.0
	个体/私营企业人员	11.6
	工人	18.5
	学生	3.1
	无业(包括退休人员)	35.2
	其他	1.5
个人月收入	没有收入	7.2
	1~2000 元	6.6
	2001~3000 元	23.5
	3001~4000 元	26.3
	4001~5000 元	22.2
	5001~6000 元	8.0
	6001 元及以上	6.2

注:“*”表示目标听众样本量不足,无法进行统计推断。

表 3.11.4 2017~2019 年济南市场各广播电台的市场份额(%)

广播电台	2017 年	2018 年	2019 年
中央人民广播电台	2.3	1.7	-
中国国际广播电台	0.0	0.0	-
中央广播电视总台	-	-	4.4
山东广播电视台	16.5	16.9	20.4
济南广播电视台	80.9	81.1	75.2
其他广播电台	0.3	0.3	-

表 3.11.5　2019 年济南市场各广播电台在不同目标听众中的市场份额(%)

目标听众		中央广播电视总台	山东广播电视台	济南广播电视台
15 岁及以上所有人		4.4	20.4	75.2
性别	男	5.4	19.4	75.3
	女	3.0	21.9	75.2
年龄	15~24 岁	3.0	24.5	72.6
	25~34 岁	4.1	24.4	71.4
	35~44 岁	4.0	28.7	67.3
	45~54 岁	2.8	17.7	79.5
	55~64 岁	5.6	14.3	80.1
	65 岁及以上	5.8	16.7	77.5
文化程度	未受过正规教育	*	*	*
	小学	4.5	8.9	86.6
	初中	4.9	19.8	75.2
	高中	3.8	19.2	77.0
	大学及以上	4.8	25.5	69.7
职业类别	干部/管理人员	2.7	11.6	85.7
	初级公务员/雇员	5.0	22.7	72.4
	个体/私营企业人员	5.2	26.2	68.6
	工人	5.1	19.7	75.2
	学生	2.3	27.2	70.4
	无业(包括退休人员)	3.5	16.6	79.9
	其他	4.1	21.0	74.9
个人月收入	没有收入	1.9	23.7	74.4
	1~2000 元	6.8	13.4	79.8
	2001~3000 元	3.2	19.9	76.9
	3001~4000 元	3.6	15.7	80.7
	4001~5000 元	5.4	23.1	71.5
	5001~6000 元	3.6	31.7	64.7
	6001 元及以上	9.8	21.8	68.4

注：*”表示目标听众样本量不足，无法进行统计推断。

表 3.11.6　2019 年济南市场份额排名前五位的频率

排名	频　率	市场份额(%)
1	济南新闻广播 FM106.6/105.8	23.3
2	济南故事广播 FM104.3	14.1
3	济南经济广播 FM90.9	13.7
4	济南交通广播 FM103.1	11.3
5	济南音乐广播 FM88.7	9.7

表 3.11.7 2019 年济南市场收听率排名前 30 位的节目

排名	节目名称	播出频率	收听率（%）	市场份额（%）
1	新闻六十分	济南新闻广播 FM106.6/105.8	2.7	30.3
2	作风监督热线	济南新闻广播 FM106.6/105.8	2.3	28.2
3	转播中央人民广播电台《新闻和报纸摘要》	济南新闻广播 FM106.6/105.8	2.2	30.1
4	新闻周刊	济南新闻广播 FM106.6/105.8	2.2	28.7
5	小说连播	济南新闻广播 FM106.6/105.8	1.7	23.6
6	早安泉城	济南新闻广播 FM106.6/105.8	1.5	28.6
7	城市爱生活	济南新闻广播 FM106.6/105.8	1.2	19.6
8	经广新闻网・846 传真	济南经济广播 FM90.9	1.2	13.9
9	整点新闻 爱情 1+1	济南新闻广播 FM106.6/105.8	1.1	36.4
10	路过 32 号	济南新闻广播 FM106.6/105.8	1.1	31.7
11	马年聊吧	济南新闻广播 FM106.6/105.8	1.1	31.6
12	以案说法	济南经济广播 FM90.9	1.1	29.6
13	家住济南	济南新闻广播 FM106.6/105.8	1.1	28.5
14	法理人生	济南新闻广播 FM106.6/105.8	1.1	27.3
15	天天说事儿	济南新闻广播 FM106.6/105.8	1.1	26.5
16	法律	济南新闻广播 FM106.6/105.8	1.1	26.0
17	故事微世界 经典书场	济南故事广播 FM104.3	1.1	24.4
18	转播中央人民广播电台《新闻和报纸摘要》	济南经济广播 FM90.9	1.1	14.3
19	听说很好看(国内国际新闻)	济南经济广播 FM90.9	1.1	13.9
20	博闻天下	济南新闻广播 FM106.6/105.8	1.0	30.3
21	听说很好看(关键词解读)	济南经济广播 FM90.9	1.0	13.0
22	夜色阑珊	济南经济广播 FM90.9	0.9	24.0
23	快乐早班车	济南经济广播 FM90.9	0.9	16.4
24	古今传奇	济南故事广播 FM104.3	0.9	11.6
25	交通雷达网	济南交通广播 FM103.1	0.9	10.4
26	交广听吧(录播)	济南交通广播 FM103.1	0.8	19.4
27	整点新闻	济南新闻广播 FM106.6/105.8	0.8	17.8
28	女人花	济南新闻广播 FM106.6/105.8	0.8	15.7
29	转播中央人民广播电台《新闻和报纸摘要》	济南交通广播 FM103.1	0.8	11.1
30	怀旧音乐时间(录播)	济南交通广播 FM103.1	0.7	9.3

十二、南昌收听数据

表 3.12.1　2017~2019 年南昌各目标听众人均收听时间(分钟)

目标听众		2017 年	2018 年	2019 年
10 岁及以上所有人		33	34	32
性别	男	40	41	36
	女	25	26	28
年龄	10~14 岁	3	7	8
	15~24 岁	10	13	15
	25~34 岁	34	34	37
	35~44 岁	48	46	41
	45~54 岁	43	50	46
	55~64 岁	34	41	35
	65 岁及以上	57	41	39
文化程度	未受过正规教育	13	21	20
	小学	19	25	23
	初中	38	38	34
	高中	32	34	33
	大学及以上	35	32	35
职业	干部/管理人员	45	33	46
	初级公务员/雇员	32	36	36
	个体/私营企业人员	37	41	38
	工人	64	54	39
	学生	5	8	9
	无业(包括退休人员)	37	36	37
	其他	11	*	2
个人月收入	没有收入	9	12	12
	1~2000 元	21	24	23
	2001~3000 元	37	34	33
	3001~4000 元	40	38	36
	4001~5000 元	51	50	41
	5001~6000 元	75	77	50
	6001 元及以上	49	54	57

注:南昌为全年连续调查城市。“ * ”表示目标听众样本量不足,无法进行统计推断。

表 3.12.2　2017~2019 年南昌听众在不同地点的人均收听时间(分钟)

地　点	2017 年	2018 年	2019 年
在家	13	13	11
车上	17	18	18
工作或学习场所	2	2	2
其他场所	1	1	1

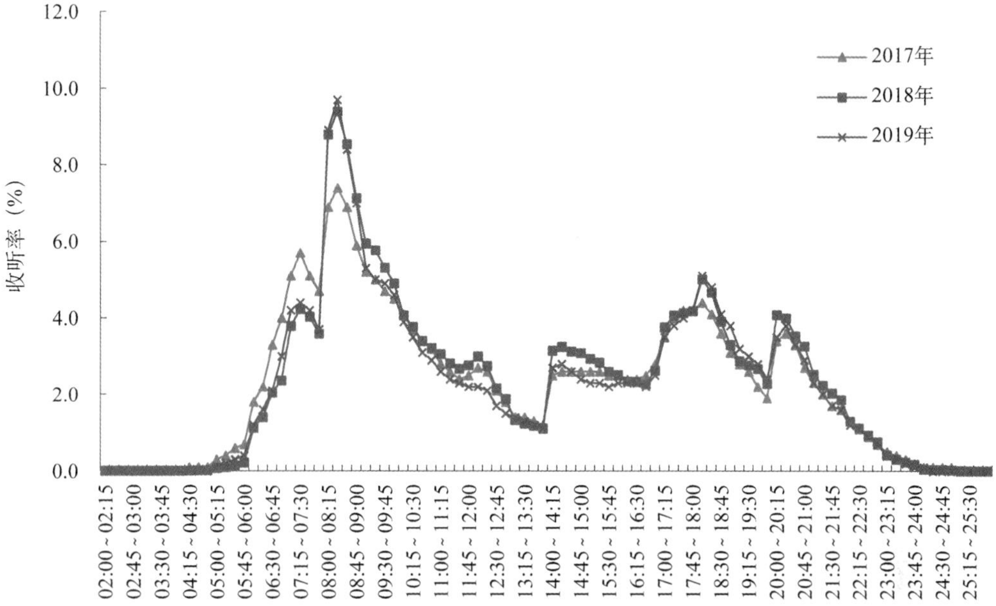

图 3.12.1　2017~2019 年南昌听众全天收听率走势

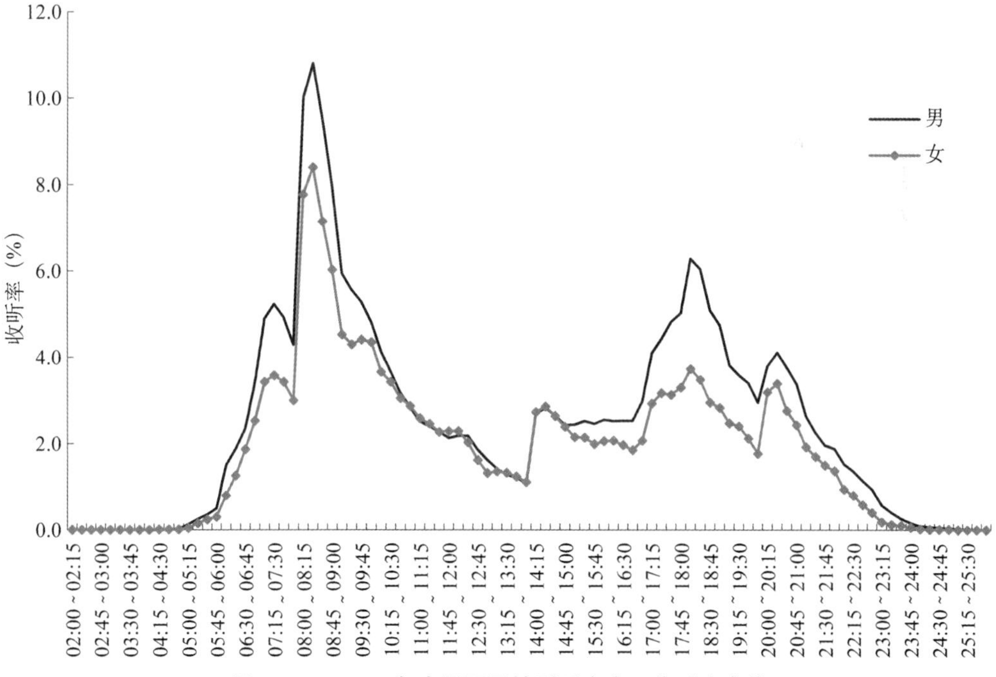

图 3.12.2　2019 年南昌不同性别听众全天收听率走势

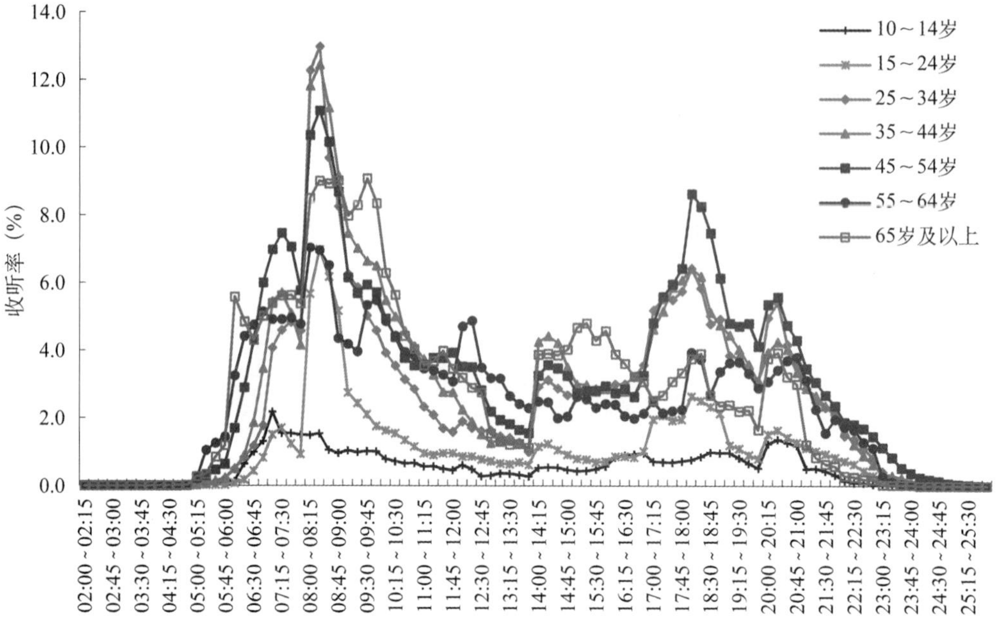

图 3.12.3　2019 年南昌不同年龄听众全天收听率走势

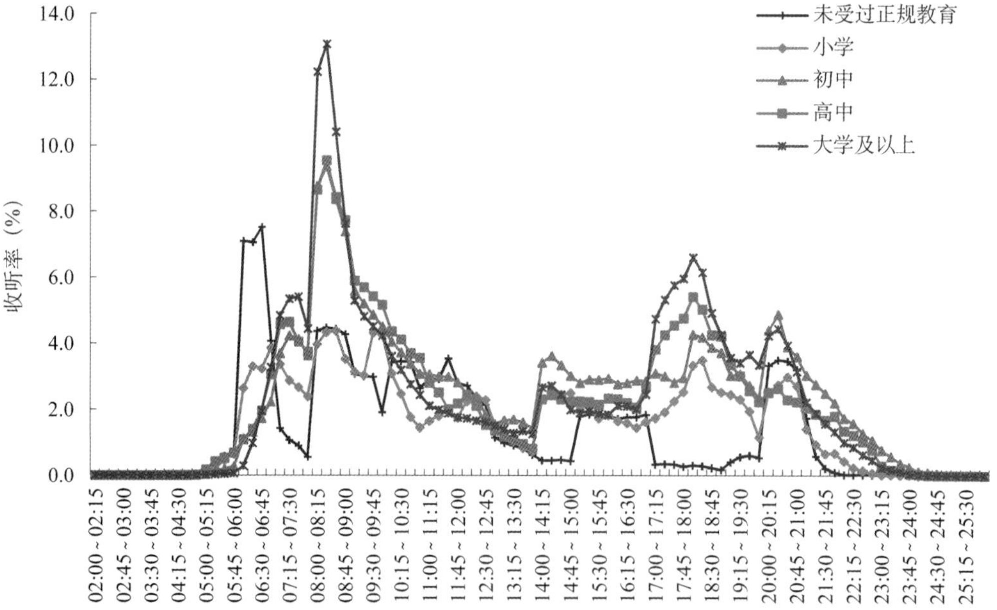

图 3.12.4　2019 年南昌不同文化程度听众全天收听率走势

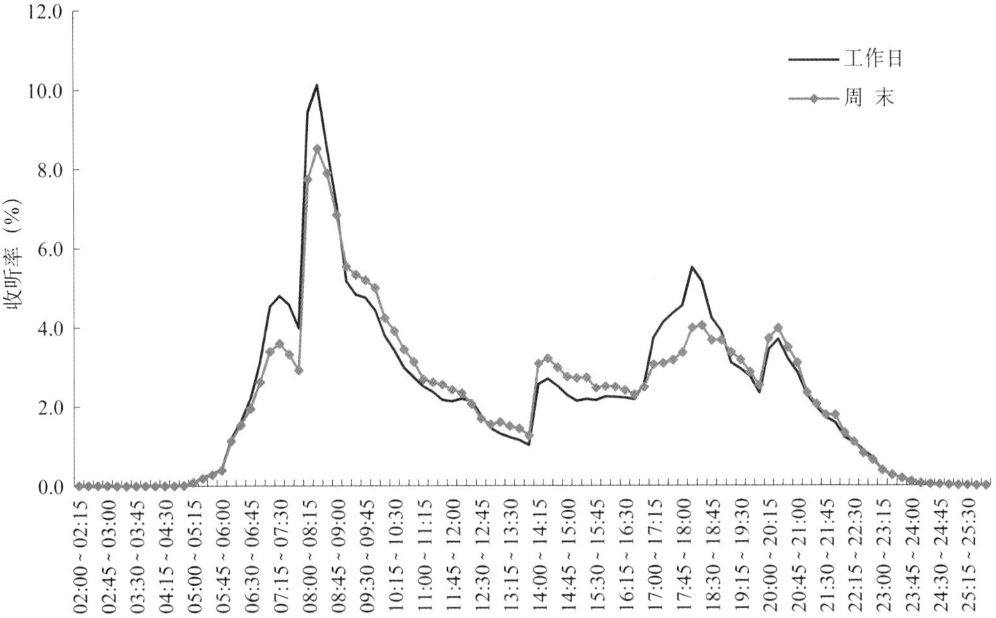

图 3.12.5 2019 年南昌听众工作日与周末全天收听率走势

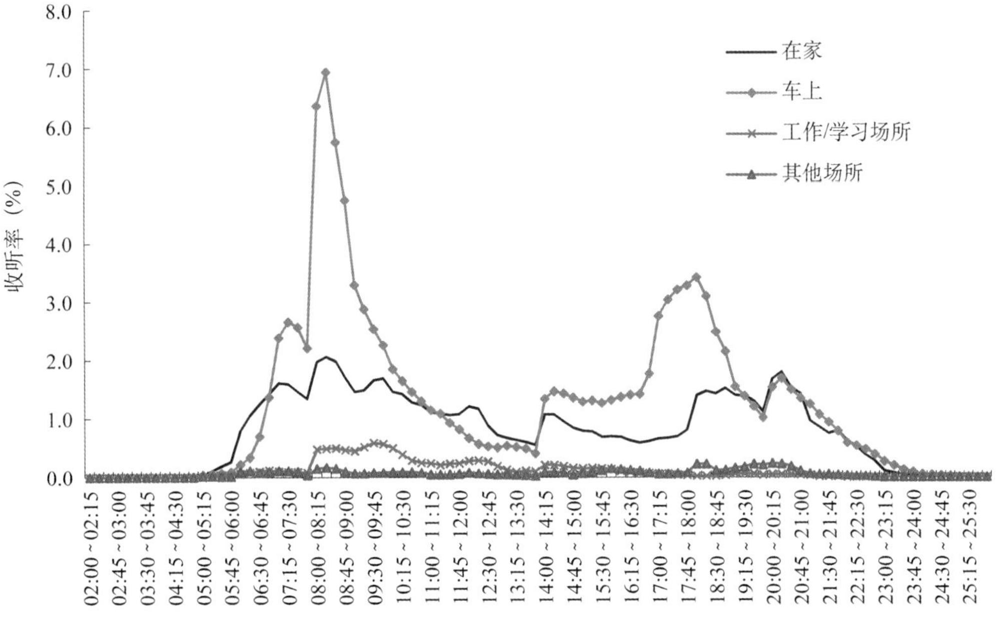

图 3.12.6 2019 年南昌听众在不同收听地点全天收听率走势

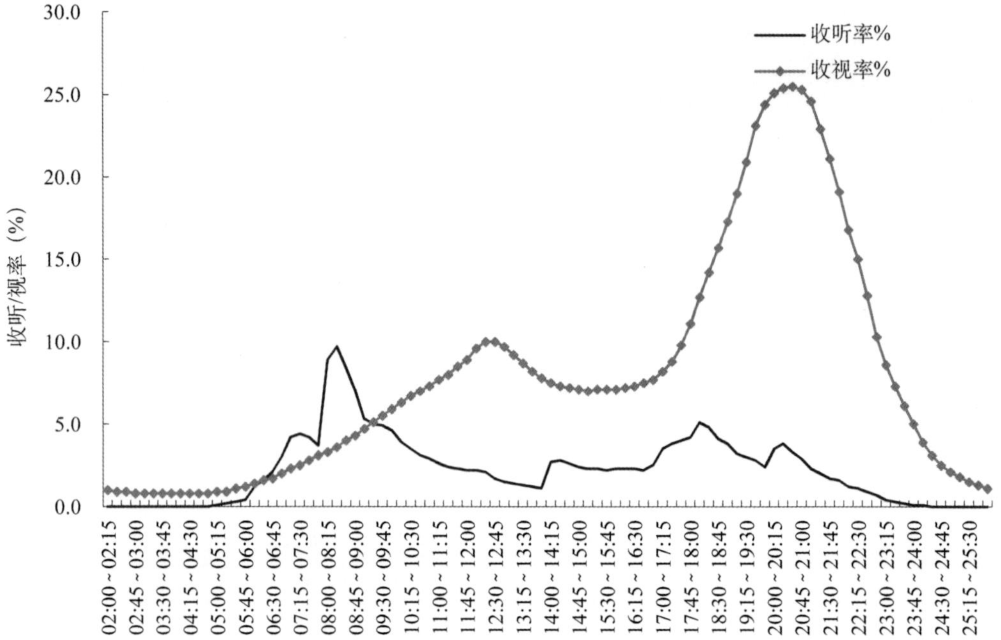

图 3.12.7　2019 年南昌受众全天收听率、收视率走势比较(目标受众为 10 岁及以上)

表 3.12.3　2019 年南昌市场听众构成(%)

目标听众		听众构成(%)
10 岁及以上所有人		100.0
性别	男	59.1
	女	40.9
年龄	10~14 岁	1.5
	15~24 岁	11.4
	25~34 岁	22.6
	35~44 岁	25.5
	45~54 岁	20.1
	55~64 岁	10.0
	65 岁及以上	8.9
文化程度	未受过正规教育	0.7
	小学	9.2
	初中	30.6
	高中	32.5
	大学及以上	27.0
职业	干部/管理人员	3.2
	初级公务员/雇员	34.8
	个体/私营企业人员	28.1
	工人	9.5
	学生	4.7
	无业(包括退休人员)	19.7
	其他	0.0
个人月收入	没有收入	8.4
	1~2000 元	2.9
	2001~3000 元	22.5
	3001~4000 元	27.7
	4001~5000 元	18.6
	5001~6000 元	8.0
	6001 元及以上	11.9

注:“*”表示目标听众样本量不足,无法进行统计推断。

表 3.12.4　2017~2019 年南昌市场各广播电台的市场份额(%)

广播电台	2017 年	2018 年	2019 年
中央人民广播电台	18.4	13.0	-
中国国际广播电台	0.0	0.0	-
中央广播电视总台	-	-	11.0
江西广播电视台	61.6	68.2	68.0
南昌广播电视台	18.8	18.7	20.9
其他广播电台	1.2	0.1	0.1

表 3.12.5　2019 年南昌市场各广播电台在不同目标听众中的市场份额(%)

目标听众		中央广播电视总台	江西广播电视台	南昌广播电视台	其他广播电台
10 岁及以上所有人		11.0	68.0	20.9	0.1
性别	男	11.6	66.8	21.5	0.1
	女	10.3	69.6	20.0	0.1
年龄	10~14 岁	7.3	70.9	21.8	0.0
	15~24 岁	5.2	77.0	17.5	0.3
	25~34 岁	3.5	63.9	32.5	0.1
	35~44 岁	10.8	69.5	19.6	0.1
	45~54 岁	12.8	71.3	15.8	0.1
	55~64 岁	18.7	64.6	16.7	0.0
	65 岁及以上	26.4	57.9	15.7	0.0
文化程度	未受过正规教育	26.7	57.7	15.6	0.0
	小学	16.8	64.7	18.5	0.0
	初中	10.3	70.5	19.1	0.1
	高中	12.1	63.9	24.0	0.0
	大学及以上	8.4	71.1	20.3	0.2
职业	干部/管理人员	2.8	71.6	25.5	0.1
	初级公务员/雇员	8.2	73.3	18.4	0.1
	个体/私营企业人员	9.0	65.7	25.2	0.1
	工人	6.0	72.6	21.3	0.1
	学生	10.1	75.6	14.2	0.1
	无业(包括退休人员)	23.1	57.4	19.4	0.1
	其他	1.2	96.8	2.0	0.0
个人月收入	没有收入	8.4	69.5	21.8	0.3
	1~2000 元	21.4	60.2	18.4	0.0
	2001~3000 元	15.3	67.0	17.7	0.0
	3001~4000 元	9.0	69.8	21.2	0.0
	4001~5000 元	13.7	70.3	15.9	0.1
	5001~6000 元	10.4	69.7	19.7	0.2
	6001 元及以上	3.6	61.9	34.4	0.1

注:“*”表示目标听众样本量不足,无法进行统计推断。

表 3.12.6　2019 年南昌市场份额排名前五位的频率

排名	频率名称	市场份额%
1	江西交通广播 FM105.4	25.2
2	南昌交通音乐广播 FM95.1	15.4
3	江西故事广播 FM96.9	12.2
4	江西音乐广播 FM103.4	11.2
5	中央人民广播电台第一套节目中国之声	6.7

表 3.12.7　2019 年南昌市场收听率排名前三十位的节目

排名	节目名称	播出频率	收听率（%）	市场份额（%）
1	交通在线	江西交通广播 FM105.4	2.0	31.5
2	交广双声道	江西交通广播 FM105.4	1.5	36.1
3	财富直通车	江西交通广播 FM105.4	1.0	22.1
4	十一特别节目	江西交通广播 FM105.4	0.8	26.5
5	嘀嘀叭叭上班了	南昌交通音乐广播 FM95.1	0.8	13.5
6	轻松相伴周末版	江西交通广播 FM105.4	0.7	23.7
7	江西壹时间	江西交通广播 FM105.4	0.7	20.7
8	听见旧时光	南昌交通音乐广播 FM95.1	0.7	17.3
9	畅游天下	江西交通广播 FM105.4	0.6	28.3
10	春节特别节目	江西交通广播 FM105.4	0.6	28.2
11	第一房产	江西交通广播 FM105.4	0.6	22.8
12	缤纷车世界	江西交通广播 FM105.4	0.6	20.2
13	嘀嘀叭叭下班了	南昌交通音乐广播 FM95.1	0.6	14.1
14	乐动早高峰 1034Z	江西音乐广播 FM103.4	0.6	9.1
15	车舞飞扬	江西交通广播 FM105.4	0.5	24.2
16	新闻和报纸摘要	中央人民广播电台第一套节目中国之声	0.5	19.1
17	大娱乐家	江西交通广播 FM105.4	0.5	17.7
18	家住南昌	南昌交通音乐广播 FM95.1	0.5	16.6
19	芝麻开门	南昌交通音乐广播 FM95.1	0.5	15.6
20	非听不可	江西音乐广播 FM103.4	0.5	13.2
21	畅听晚高峰	江西音乐广播 FM103.4	0.5	11.2
22	活力 DNA 话题+音乐	江西故事广播 FM96.9	0.5	10.2
23	音乐私享家	江西音乐广播 FM103.4	0.5	9.4
24	新闻纵横	中央人民广播电台第一套节目中国之声	0.5	8.0
25	音乐狂欢场	南昌交通音乐广播 FM95.1	0.4	23.0
26	爱车多一点	江西音乐广播 FM103.4	0.4	18.6
27	娱乐资讯+音乐	江西故事广播 FM96.9	0.4	17.3
28	音乐潮动力	南昌交通音乐广播 FM95.1	0.4	14.8
29	非凡链接娱乐资讯+音乐	江西故事广播 FM96.9	0.4	12.6
30	自在美乐地	江西音乐广播 FM103.4	0.4	12.4

十三、南京收听数据

表 3.13.1　2017~2019 年南京各目标听众人均收听时间(分钟)

目标听众		2017 年	2018 年	2019 年
15 岁及以上所有人		37	50	53
性别	男	40	51	55
	女	34	48	52
年龄	15~24 岁	31	47	53
	25~34 岁	28	36	43
	35~44 岁	30	42	44
	45~54 岁	43	57	58
	55~64 岁	60	70	75
	65 岁及以上	64	72	75
文化程度	未受过正规教育	*	*	*
	小学	42	*	57
	初中	44	56	57
	高中	41	57	60
	大学及以上	33	43	47
职业	干部/管理人员	29	41	48
	初级公务员/雇员	34	44	49
	个体/私营企业人员	28	43	40
	工人	36	47	49
	学生	31	50	55
	无业(包括退休人员)	59	70	74
	其他	*	*	*
个人月收入	没有收入	32	50	55
	1~2000 元	46	58	56
	2001~3000 元	41	55	61
	3001~4000 元	40	52	55
	4001~5000 元	35	45	50
	5001~6000 元	33	40	44
	6001 元及以上	35	47	47

注:南京为全年连续调查城市。从 2017 年 1 月 1 日开始南京采用测量仪进行调查,其他广播电台频率不再纳入监测范围。“*”表示目标听众样本量不足,无法进行统计推断。

表 3.13.2　2017~2019 年南京听众在不同地点的人均收听时间(分钟)

地　点	2017 年	2018 年	2019 年
在家	12	14	22
车上	12	18	18
工作/学习场所	5	6	6
其他场所	8	13	7

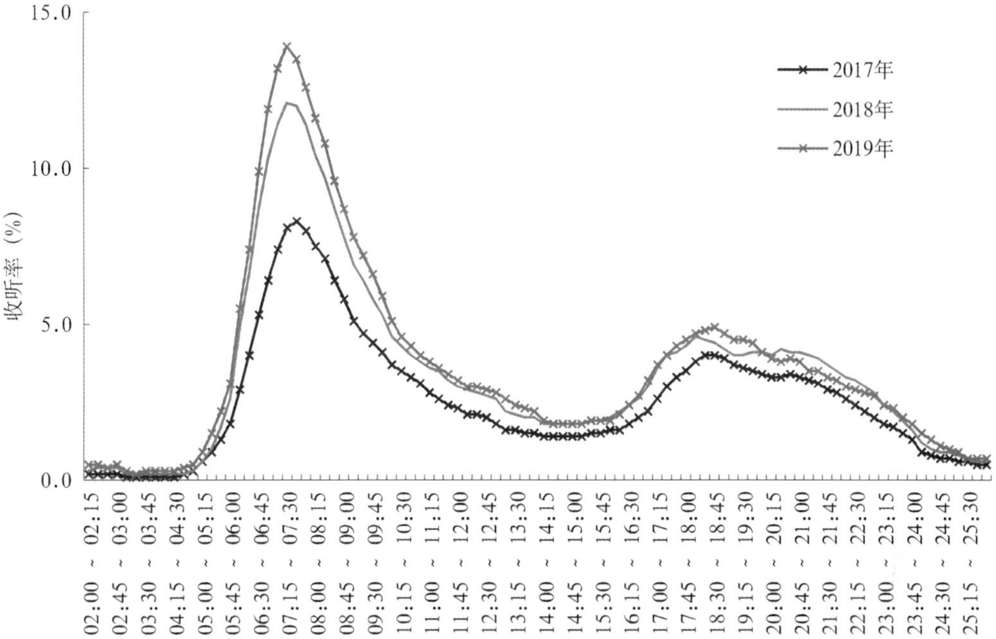

图 3.13.1 2017~2019 年南京听众全天收听率走势

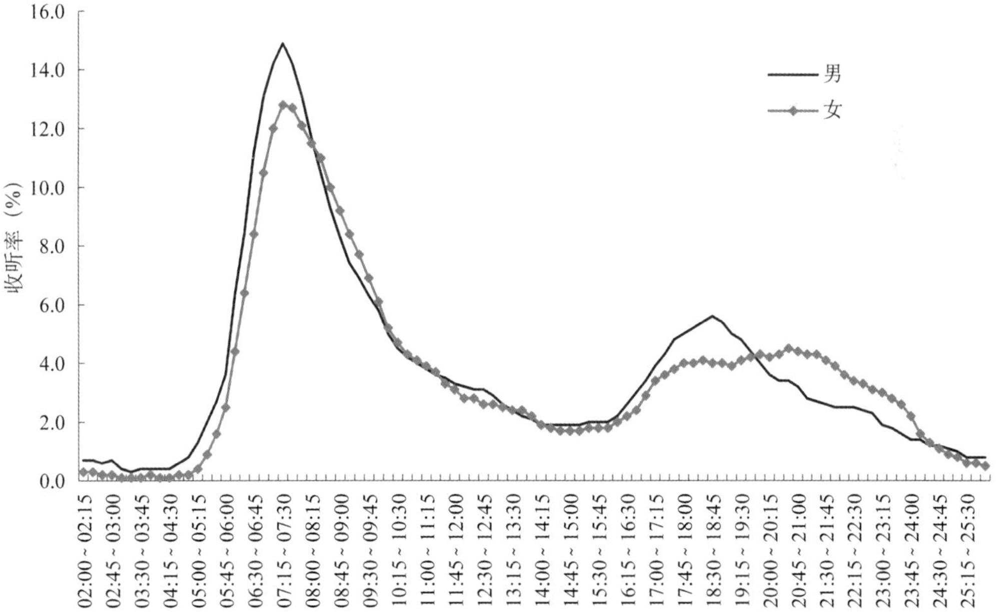

图 3.13.2 2019 年南京不同性别听众全天收听率走势

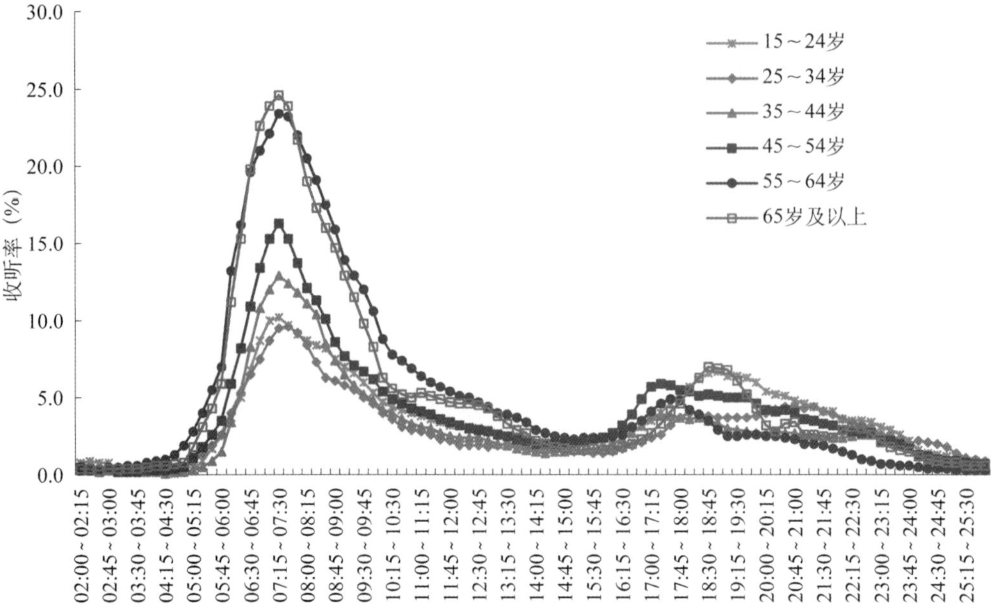

图 3.13.3　2019 年南京不同年龄听众全天收听率走势

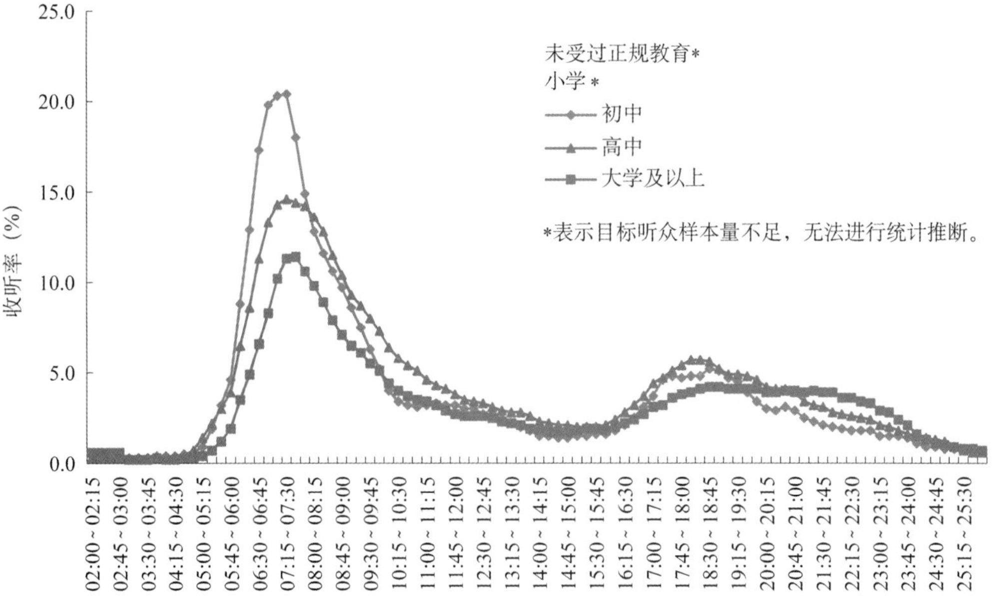

图 3.13.4　2019 年南京不同文化程度听众全天收听率走势

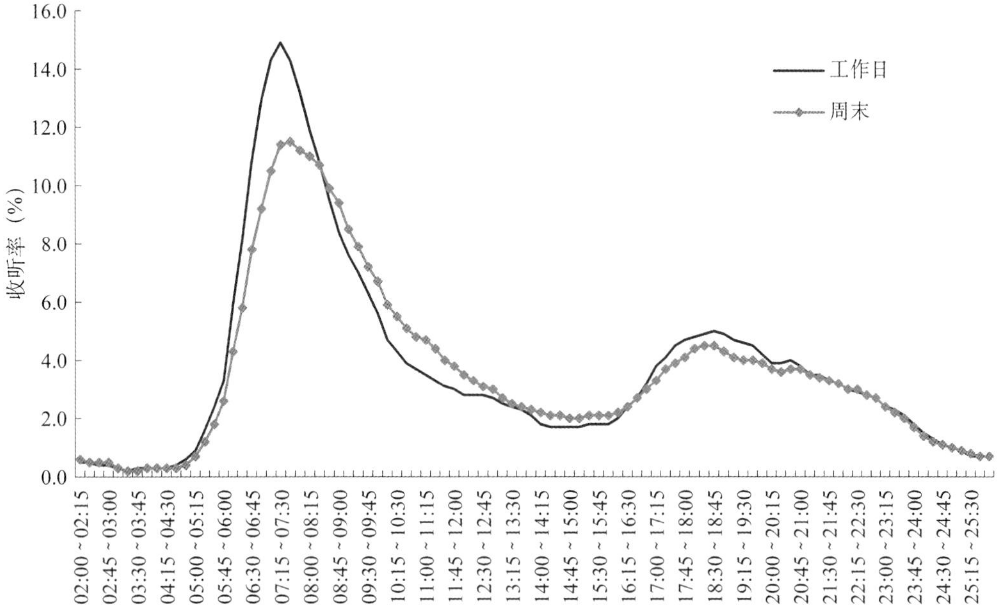

图 3.13.5 2019 年南京听众工作日与周末全天收听率走势

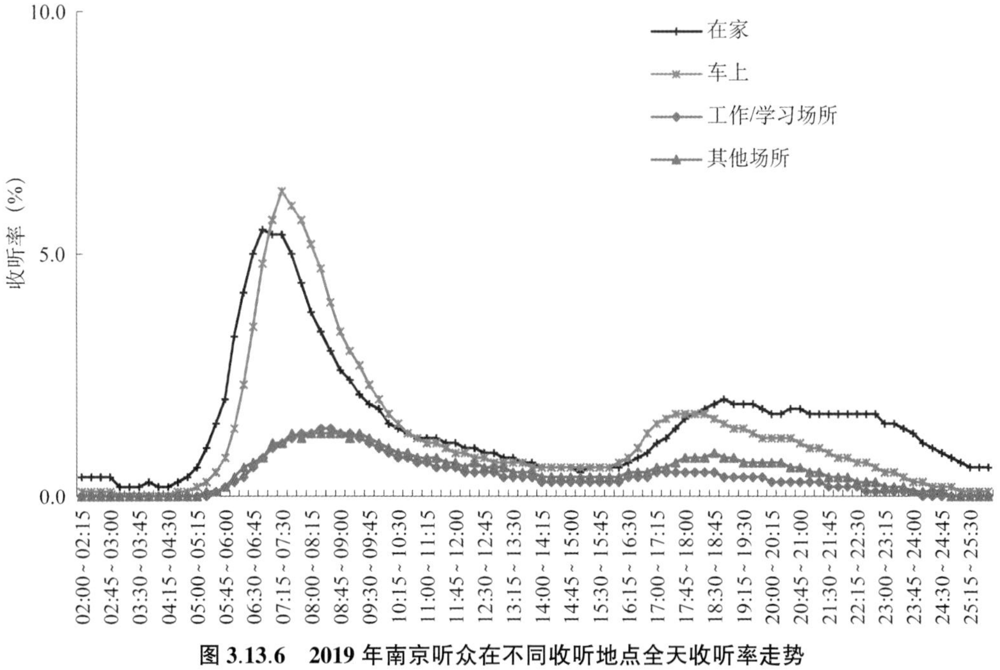

图 3.13.6 2019 年南京听众在不同收听地点全天收听率走势

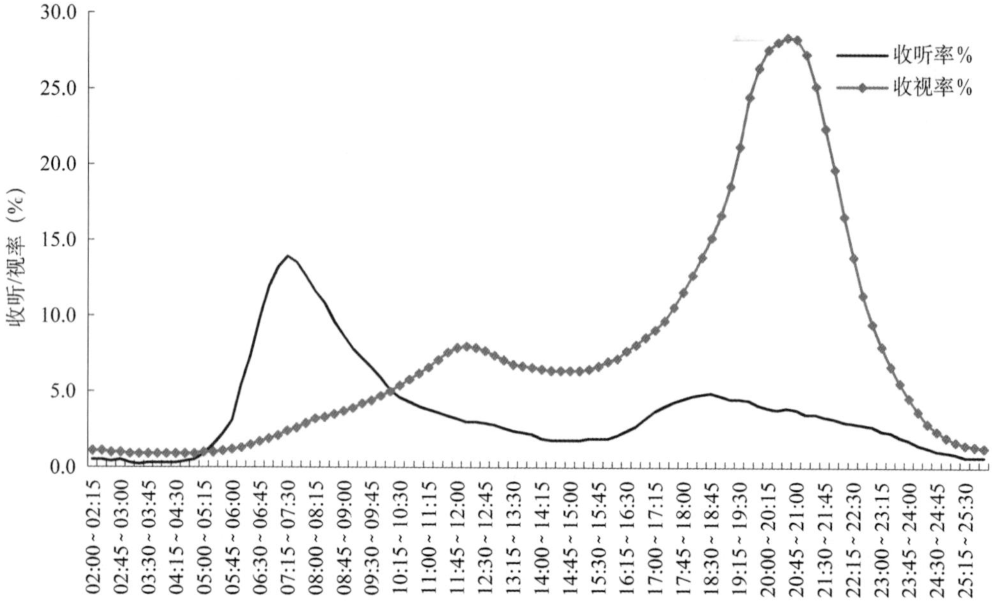

图 3.13.7　2019 年南京受众全天收听率、收视率走势比较(目标受众为 15 岁及以上)

表 3.13.3　2019 年南京市场听众构成(%)

目标听众		听众构成(%)
15 岁及以上所有人		100.0
性别	男	54.8
	女	45.2
年龄	15~24 岁	24.1
	25~34 岁	16.7
	35~44 岁	18.9
	45~54 岁	16.0
	55~64 岁	12.7
	65 岁及以上	11.6
文化程度	未受过正规教育	*
	小学	0.9
	初中	16.1
	高中	41.1
	大学及以上	41.9
职业	干部/管理人员	5.4
	初级公务员/雇员	38.5
	个体/私营企业人员	3.7
	工人	11.8
	学生	19.0
	无业(包括退休人员)	21.3
	其他	*
个人月收入	没有收入	22.0
	1~2000 元	2.1
	2001~3000 元	17.4
	3001~4000 元	24.9
	4001~5000 元	16.4
	5001~6000 元	6.3
	6001 元及以上	10.9

注:“*”表示目标听众样本量不足,无法进行统计推断。

表 3.13.4　2017~2019 年南京市场各广播电台的市场份额(%)

广播电台	2017 年	2018 年	2019 年
中央人民广播电台	6.7	5.4	-
中国国际广播电台	0.0	0.1	-
中央广播电视总台	-	-	4.2
江苏广播电视总台	71.8	76.3	79.1
南京广播电视集团	21.5	18.2	16.7
其他广播电台	-	-	-

注:从 2017 年 1 月 1 日开始南京采用虚拟测量仪进行收听率调查,其他广播电台频率不再纳入监测范围。

表 3.13.5　2019 年南京市场各广播电台在不同目标听众中的市场份额(%)

目标听众		中央广播电视总台	江苏广播电视总台	南京广播电视集团
15 岁及以上所有人		4.2	79.1	16.7
性别	男	5.1	76.5	18.4
	女	3.0	82.4	14.6
年龄	15~24 岁	3.3	85.6	11.1
	25~34 岁	4.4	81.7	13.9
	35~44 岁	2.6	77.0	20.4
	45~54 岁	3.4	83.7	12.9
	55~64 岁	5.7	63.2	31.1
	65 岁及以上	7.6	76.9	15.5
文化程度	未受过正规教育	*	*	*
	小学	0.5	81.9	17.6
	初中	3.8	76.3	19.9
	高中	3.8	79.4	16.8
	大学及以上	4.7	80.0	15.3
职业	干部/管理人员	1.9	75.2	22.9
	初级公务员/雇员	4.0	80.9	15.1
	个体/私营企业人员	1.6	69.6	28.8
	工人	3.7	80.3	16.0
	学生	3.3	85.1	11.6
	无业(包括退休人员)	6.5	73.7	19.8
	其他	*	*	*
个人月收入	没有收入	3.7	84.7	11.6
	1~2000 元	0.7	64.8	34.5
	2001~3000 元	5.5	72.7	21.8
	3001~4000 元	4.6	80.5	14.9
	4001~5000 元	3.0	85.5	11.5
	5001~6000 元	4.5	67.9	27.6
	6001 元及以上	4.4	76.2	19.4

注:"*"表示目标听众样本量不足,无法进行统计推断。

表 3.13.6　2019 年南京市场份额排名前五位的频率

排名	频率名称	市场份额(%)
1	江苏经典流行音乐广播 FM97.5	31.6
2	江苏新闻广播 FM93.7	24.9
3	江苏交通广播网 FM101.1	8.0
4	江苏音乐广播 FM89.7	7.8
5	南京交通台交通 FM102.4	4.8

表 3.13.7 2019 年南京市场收听率排名前三十位的节目

排名	节目名称	播出频率	收听率（%）	市场份额（%）
1	975 阳光倾城(07:00)	江苏经典流行音乐广播 FM97.5	4.7	32.7
2	江苏新闻联播(07:00)	江苏新闻广播 FM93.7	3.9	29.0
3	新闻早高峰(07:30)	江苏新闻广播 FM93.7	3.8	28.8
4	975 阳光倾城(06:00)	江苏经典流行音乐广播 FM97.5	3.7	38.5
5	975 精选(周六版)(07:00)	江苏经典流行音乐广播 FM97.5	3.5	30.1
6	SUNDAY 音乐天(07:00)	江苏经典流行音乐广播 FM97.5	3.3	29.9
7	975 阳光倾城(08:00)	江苏经典流行音乐广播 FM97.5	3.2	31.7
7	微风早晨(08:00)	江苏经典流行音乐广播 FM97.5	3.2	31.7
9	SUNDAY 音乐天(08:00)	江苏经典流行音乐广播 FM97.5	3.2	30.4
10	转播中央人民广播电台《新闻和报纸摘要》(06:30)	江苏新闻广播 FM93.7	3.2	29.2
11	江苏新闻联播复(08:00)	江苏新闻广播 FM93.7	3.1	31.4
12	新闻早高峰(08:00)	江苏新闻广播 FM93.7	3.0	29.4
13	975 假日经典(08:00)	江苏经典流行音乐广播 FM97.5	2.9	27.3
14	975 假日经典(07:00)	江苏经典流行音乐广播 FM97.5	2.8	27.8
15	新闻早高峰复(08:30)	江苏新闻广播 FM93.7	2.7	28.3
16	致敬 40(08:00)	江苏经典流行音乐广播 FM97.5	2.7	27.3
17	975 精选(周六版)(06:00)	江苏经典流行音乐广播 FM97.5	2.5	34.8
18	SUNDAY 音乐天(09:00)	江苏经典流行音乐广播 FM97.5	2.5	33.1
19	微风早晨(09:00)	江苏经典流行音乐广播 FM97.5	2.4	32.4
20	SUNDAY 音乐天(06:00)	江苏经典流行音乐广播 FM97.5	2.2	32.2
21	春节特别节目(09:00)	江苏新闻广播 FM93.7	2.2	26.3
22	馨悦故事会(09:00)	江苏经典流行音乐广播 FM97.5	2.2	25.1
23	975 音乐漫步(09:00)	江苏经典流行音乐广播 FM97.5	2.1	27.3
24	SUNDAY 音乐天(10:00)	江苏经典流行音乐广播 FM97.5	1.9	34.9
25	975 音乐乐成长(09:00)	江苏经典流行音乐广播 FM97.5	1.9	29.8
26	政风热线(09:00)	江苏新闻广播 FM93.7	1.9	28.3
27	天天早知道(06:00)	江苏新闻广播 FM93.7	1.9	28.1
28	怀旧金曲榜(10:00)	江苏经典流行音乐广播 FM97.5	1.6	32.0
29	馨悦故事会(10:00)	江苏经典流行音乐广播 FM97.5	1.6	24.9
30	SUNDAY 音乐天(20:00)	江苏经典流行音乐广播 FM97.5	1.5	38.7

十四、宁波收听数据

表 3.14.1　2017~2019 年宁波各目标听众人均收听时间(分钟)

目标听众		2017 年	2018 年	2019 年
10 岁及以上所有人		41	43	40
性别	男	45	52	49
	女	36	35	31
年龄	10~14 岁	13	15	13
	15~24 岁	18	24	23
	25~34 岁	37	40	39
	35~44 岁	43	44	48
	45~54 岁	48	54	48
	55~64 岁	65	52	40
	65 岁及以上	78	93	67
文化程度	未受过正规教育	11	*	15
	小学	33	21	17
	初中	45	47	41
	高中	44	49	48
	大学及以上	38	42	40
职业	干部/管理人员	44	44	42
	初级公务员/雇员	41	43	42
	个体/私营企业人员	44	44	44
	工人	42	55	62
	学生	15	18	18
	无业(包括退休人员)	58	57	37
	其他	86	19	6
个人月收入	没有收入	15	20	18
	1~2000 元	28	17	11
	2001~3000 元	38	33	33
	3001~4000 元	42	49	35
	4001~5000 元	51	52	56
	5001~6000 元	56	48	47
	6001 元及以上	50	55	48

注:宁波为全年连续调查城市。“*”表示目标听众样本量不足,无法进行统计推断。

表 3.14.2　2017~2019 年宁波听众在不同地点的人均收听时间(分钟)

地　点	2017 年	2018 年	2019 年
在家	15	15	8
车上	23	27	31
工作/学习场所	2	1	1
其他场所	0	0	0

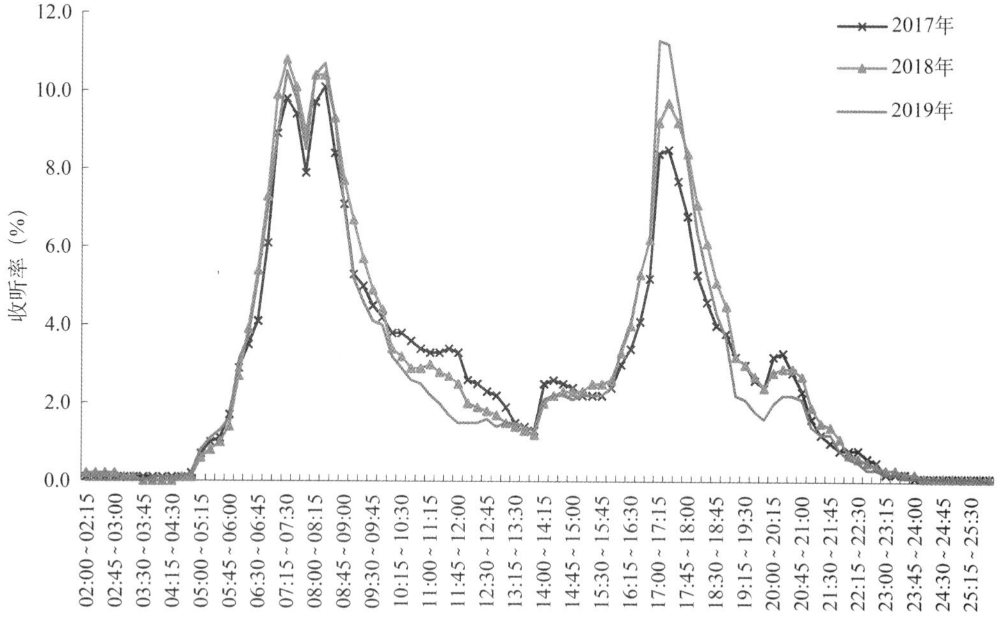

图 3.14.1 2017～2019 年宁波听众全天收听率走势

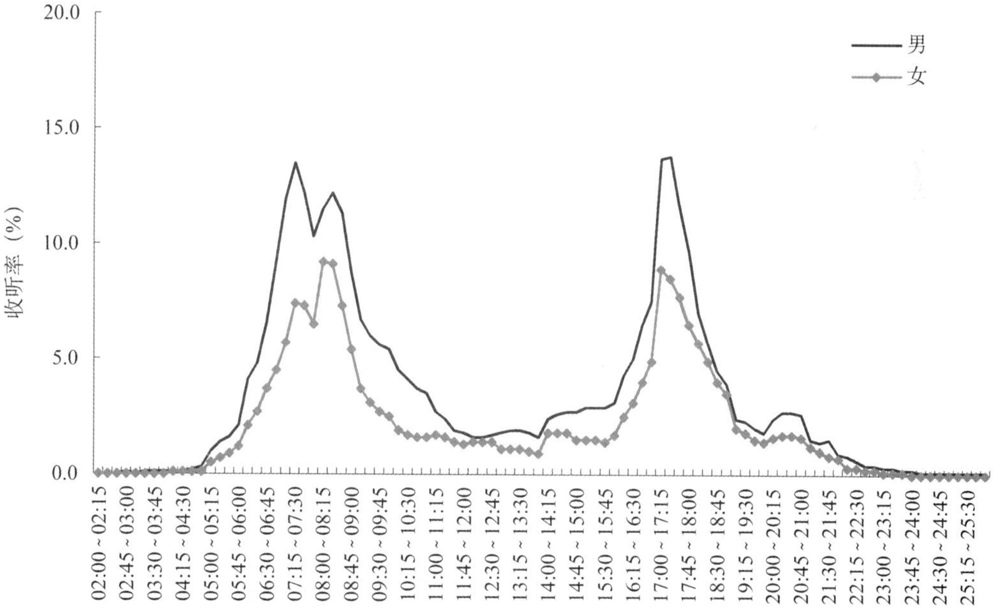

图 3.14.2 2019 年宁波不同性别听众全天收听率走势

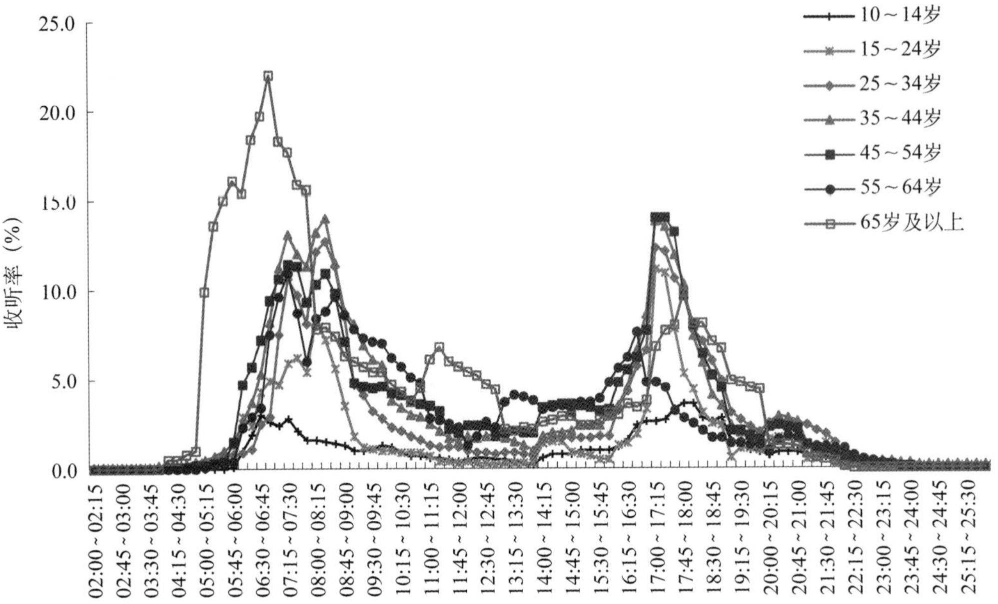

图 3.14.3　2019 年宁波不同年龄听众全天收听率走势

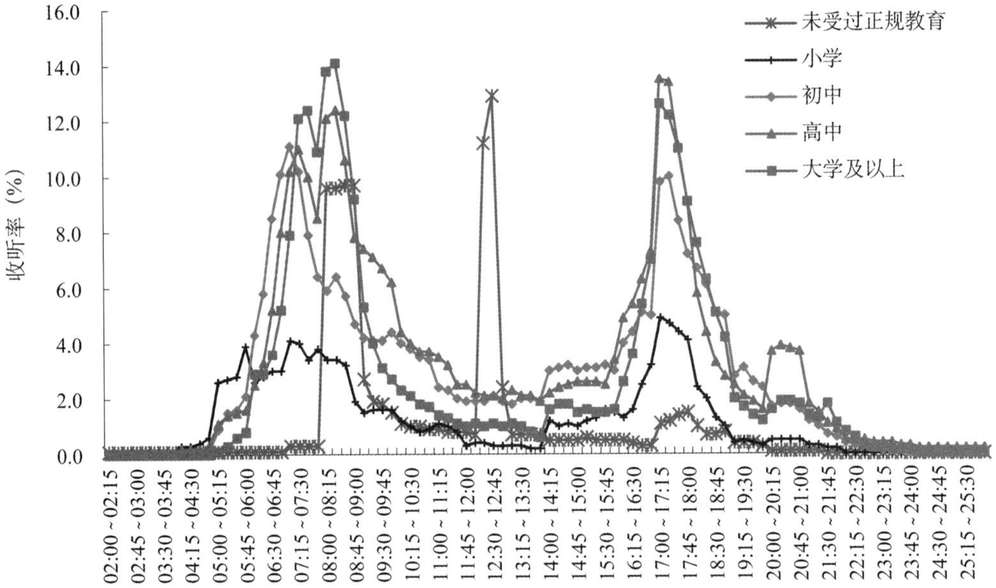

图 3.14.4　2019 年宁波不同文化程度听众全天收听率走势

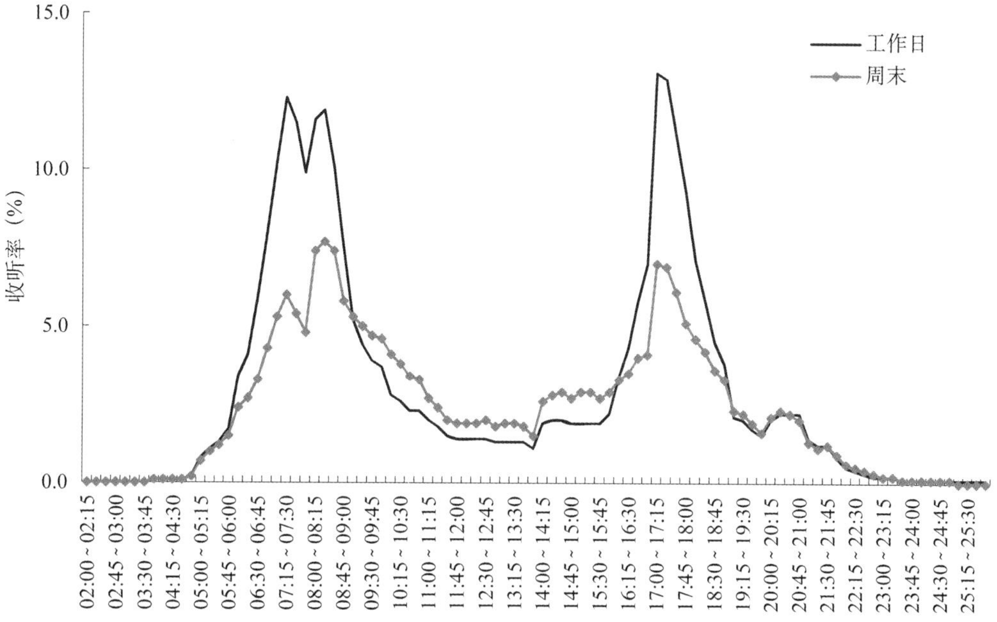

图 3.14.5 2019 年宁波听众工作日与周末全天收听率走势

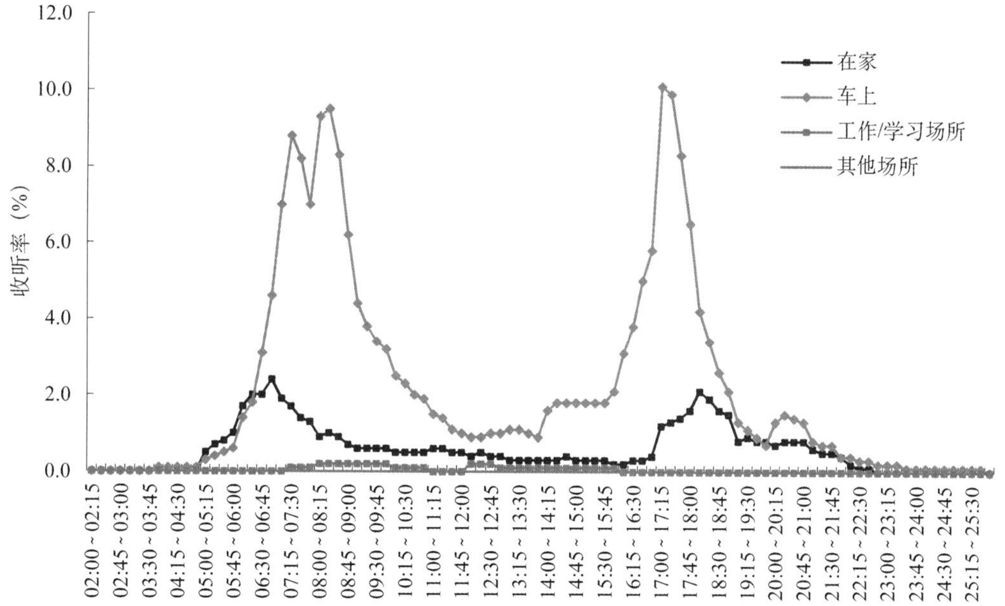

图 3.14.6 2019 年宁波听众在不同收听地点全天收听率走势

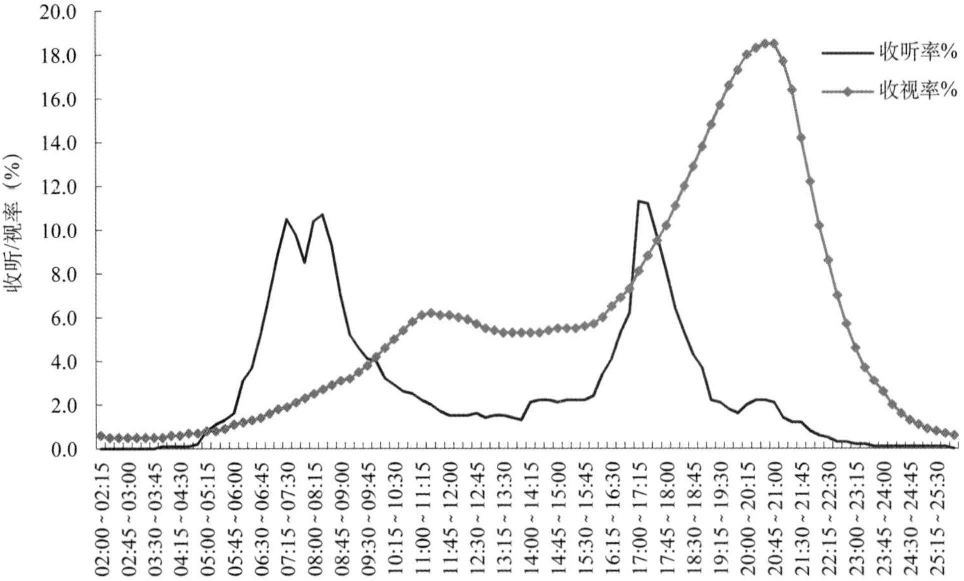

图 3.14.7　2019 年宁波受众全天收听率、收视率走势比较(目标受众为 10 岁及以上)

表 3.14.3 2019 年宁波市场听众构成(%)

目标听众		听众构成(%)
10 岁及以上所有人		100.0
性别	男	62.4
	女	37.6
年龄	10~14 岁	1.3
	15~24 岁	10.4
	25~34 岁	21.9
	35~44 岁	29.1
	45~54 岁	19.6
	55~64 岁	9.9
	65 岁及以上	7.8
文化程度	未受过正规教育	0.2
	小学	3.9
	初中	25.9
	高中	31.2
	大学及以上	38.8
职业	干部/管理人员	15.2
	初级公务员/雇员	34.7
	个体/私营企业人员	12.5
	工人	18.3
	学生	6.1
	无业(包括退休人员)	13.1
	其他	0.1
个人月收入	没有收入	8.1
	1~2000 元	1.0
	2001~3000 元	4.3
	3001~4000 元	15.9
	4001~5000 元	35.2
	5001~6000 元	13.6
	6001 元及以上	21.9

注:“ * ”表示目标听众样本量不足,无法进行统计推断。

表 3.14.4 2017~2019 年宁波市场各广播电台的市场份额(%)

广播电台	2017 年	2018 年	2019 年
中央人民广播电台	8.6	9.2	–
中国国际广播电台	0.0	0.0	–
中央广播电视总台	–	–	6.3
浙江广播电视集团	12.8	12.8	13.8
宁波广播电视集团	54.4	50.3	50.5
上海广播电视台	0.1	0.1	0.0
其他广播电台	24.1	27.6	29.4

表 3.14.5　2019 年宁波市场各广播电台在不同目标听众中的市场份额(%)

目标听众		中央广播电视总台	浙江广播电视集团	宁波广播电视集团	上海广播电视台	其他广播电台
10 岁及以上所有人		6.3	13.8	50.5	0.0	29.4
性别	男	5.0	13.8	53.9	0.0	27.3
	女	8.6	13.7	44.8	0.0	32.9
年龄	10~14 岁	13.8	13.9	37.5	0.0	34.8
	15~24 岁	10.6	9.9	41.2	0.1	38.2
	25~34 岁	4.1	12.2	42.9	0.0	40.8
	35~44 岁	3.5	16.8	51.0	0.0	28.7
	45~54 岁	6.7	13.0	49.8	0.1	30.4
	55~64 岁	2.7	12.2	70.0	0.0	15.1
	65 岁及以上	19.9	16.5	61.4	0.0	2.2
文化程度	未受过正规教育	24.2	40.6	34.6	0.0	0.6
	小学	1.3	10.9	53.8	0.0	34.0
	初中	8.9	16.9	51.6	0.1	22.5
	高中	5.1	12.6	56.0	0.0	26.3
	大学及以上	6.2	12.9	45.1	0.0	35.8
职业	干部/管理人员	3.1	14.5	33.8	0.0	48.6
	初级公务员/雇员	6.9	14.4	42.0	0.1	36.6
	个体/私营企业人员	1.9	20.5	54.3	0.0	23.3
	工人	1.7	7.9	72.6	0.0	17.8
	学生	20.7	14.6	36.1	0.0	28.6
	无业(包括退休人员)	12.4	13.5	64.2	0.1	9.8
	其他	0.0	1.2	31.3	0.0	67.5
个人月收入	没有收入	15.7	12.2	43.7	0.1	28.3
	1~2000 元	0.2	20.1	38.2	0.0	41.5
	2001~3000 元	9.1	4.6	40.7	0.1	45.5
	3001~4000 元	7.8	19.5	45.8	0.0	26.9
	4001~5000 元	6.6	10.3	55.2	0.1	27.8
	5001~6000 元	2.4	16.0	51.7	0.0	29.9
	6001 元及以上	3.4	16.6	50.3	0.0	29.7

注:“*”表示目标听众样本量不足,无法进行统计推断。

表 3.14.6　2019 年宁波市场份额排名前五位的频率

排名	频率名称	市场份额(%)
1	宁波电台交通广播 FM93.9 AM612	28.1
2	宁波电台音乐广播私家车 986FM98.6	10.4
3	宁波电台经济广播 FM102.9 AM711	6.1
4	浙江人民广播电台交通之声 FM93	5.7
5	浙江之声 FM88/FM101.6/AM810	5.5

表 3.14.7 2019 年宁波市场收听率排名前三十位的节目

排名	节目名称	播出频率	收听率（%）	市场份额（%）
1	HAPPY 路呀	宁波电台交通广播 FM93.9 AM612	3.2	27.8
2	动听宁波	宁波电台交通广播 FM93.9 AM612	2.9	31.6
3	开心 TAXI	宁波电台交通广播 FM93.9 AM612	1.9	45.2
4	939 超级派	宁波电台交通广播 FM93.9 AM612	1.6	25.1
5	939 喜乐会	宁波电台交通广播 FM93.9 AM612	1.5	34.3
6	宁波广播购 1630	宁波电台交通广播 FM93.9 AM612	1.5	24.2
7	早安,宁波	宁波电台交通广播 FM93.9 AM612	1.5	23.8
8	上班晚一点	宁波电台音乐广播私家车 986FM98.6	1.3	12.0
9	939 广播购 1630	宁波电台交通广播 FM93.9 AM612	1.2	28.7
10	下班早一点	宁波电台音乐广播私家车 986FM98.6	1.1	12.8
11	全城总动员	宁波电台交通广播 FM93.9 AM612	1.0	19.5
12	我为车狂	宁波电台交通广播 FM93.9 AM612	0.9	36.9
13	梦想旅行家	宁波电台交通广播 FM93.9 AM612	0.9	29.9
14	倾听时光	宁波电台交通广播 FM93.9 AM612	0.9	29.2
15	家在宁波	宁波电台音乐广播私家车 986FM98.6	0.9	14.4
16	民谣有声	宁波电台音乐广播私家车 986FM98.6	0.8	11.0
17	新闻早班车	宁波电台经济广播 FM102.9 AM711	0.8	8.3
18	伊然说法	宁波电台交通广播 FM93.9 AM612	0.7	32.9
19	交通任我行	宁波电台交通广播 FM93.9 AM612	0.7	31.1
20	品读十分	宁波电台交通广播 FM93.9 AM612	0.7	28.6
21	高朋满座 1400	宁波电台交通广播 FM93.9 AM612	0.7	25.3
22	全国新闻联播	中央人民广播电台第一套节目中国之声	0.7	17.6
23	心动在路上	宁波电台经济广播 FM102.9 AM711	0.7	7.1
24	广告江湖	宁波电台交通广播 FM93.9 AM612	0.6	33.5
25	高朋满座 1500	宁波电台交通广播 FM93.9 AM612	0.6	30.2
26	残疾人之友	中央人民广播电台第一套节目中国之声	0.6	17.7
27	品牌之旅	中央人民广播电台第一套节目中国之声	0.6	15.2
28	花花世界	宁波电台音乐广播私家车 986FM98.6	0.6	14.8
29	新闻和报纸摘要	中央人民广播电台第一套节目中国之声	0.6	10.7
30	音乐早安秀	宁波电台音乐广播私家车 986FM98.6	0.6	10.3

十五、青岛收听数据

表 3.15.1　2019 年青岛各目标听众人均收听时间(分钟)

目标听众		2019 年
10 岁及以上所有人		59
性别	男	66
	女	52
年龄	10~14 岁	20
	15~24 岁	29
	25~34 岁	51
	35~44 岁	48
	45~54 岁	74
	55~64 岁	89
	65 岁及以上	80
文化程度	未受过正规教育	*
	小学	40
	初中	71
	高中	63
	大学及以上	51
职业类别	干部/管理人员	69
	初级公务员/雇员	54
	个体/私营企业人员	71
	工人	83
	学生	21
	无业(包括退休人员)	69
	其他	*
个人月收入	没有收入	30
	1~2000 元	79
	2001~3000 元	72
	3001~4000 元	73
	4001~5000 元	56
	5001~6000 元	62
	6001 元及以上	62

注:青岛为四波调查城市。2019 年四波调查日期分别为:第一波 3 月 3 日至 3 月 23 日;第二波 5 月 26 日至 6 月 15 日;第三波 8 月 25 日至 9 月 14 日;第四波 11 月 3 日至 11 月 23 日。“*”表示目标听众样本量不足,无法进行统计推断。

表 3.15.2　2019 年青岛听众在不同地点的人均收听时间(分钟)

地点	2019 年
在家	26
车上	29
工作/学习场所	3
其他场所	1

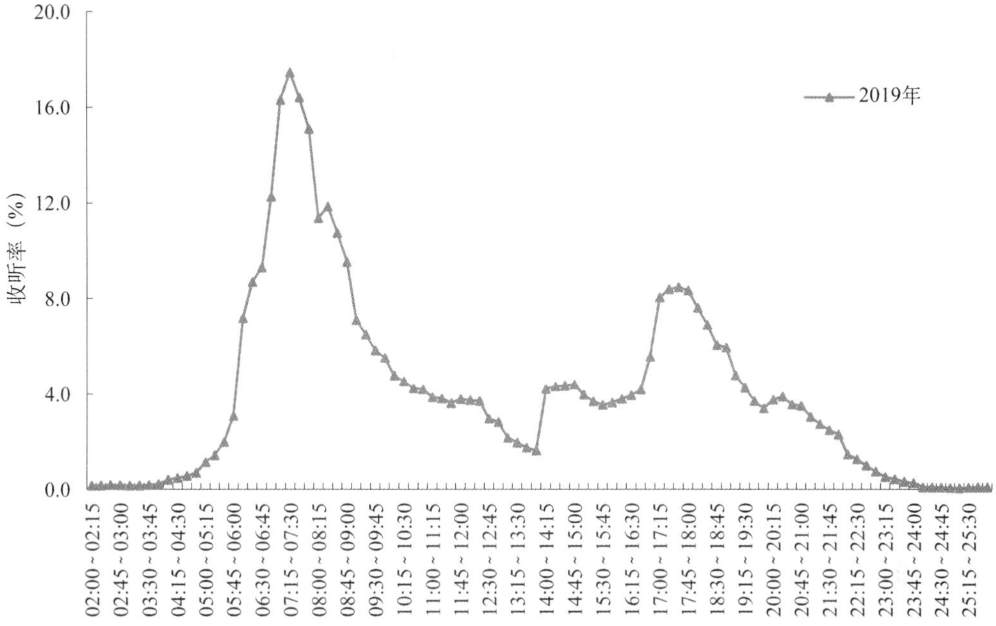

图 3.15.1　2019 年青岛听众全天收听率走势

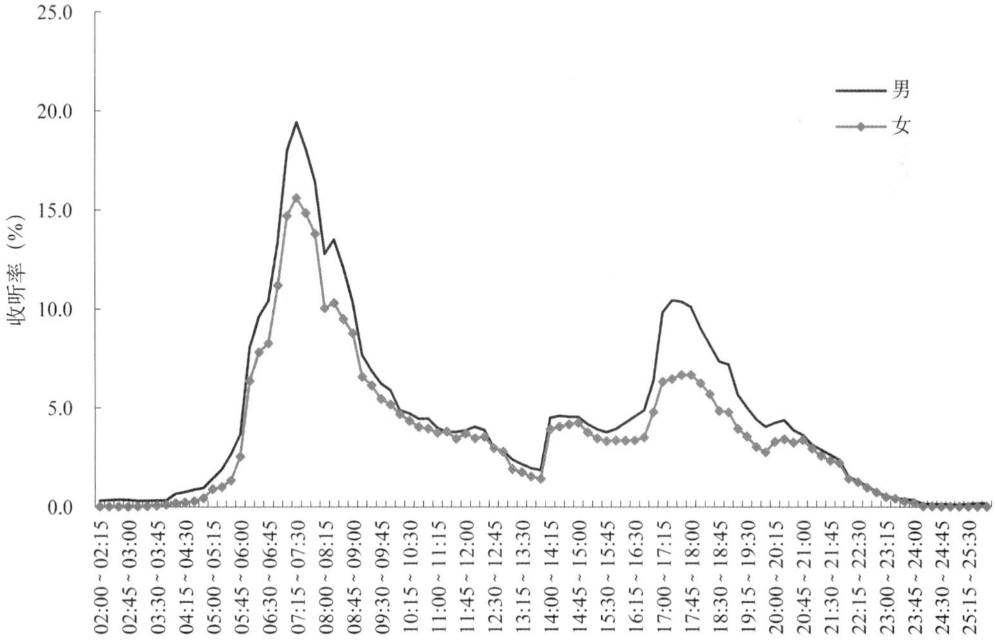

图 3.15.2　2019 年青岛不同性别听众全天收听率走势

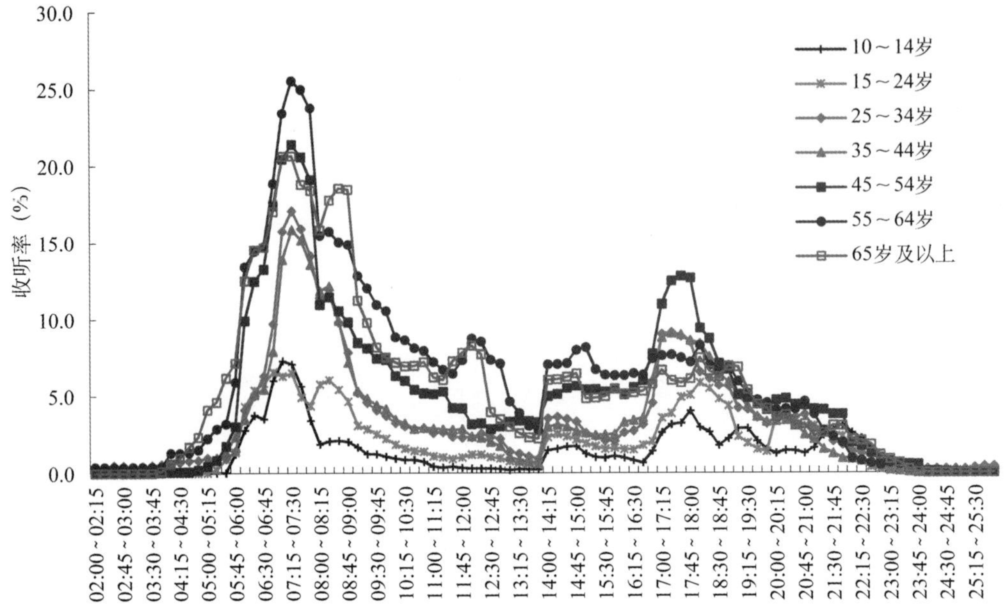

图 3.15.3　2019 年青岛不同年龄听众全天收听率走势

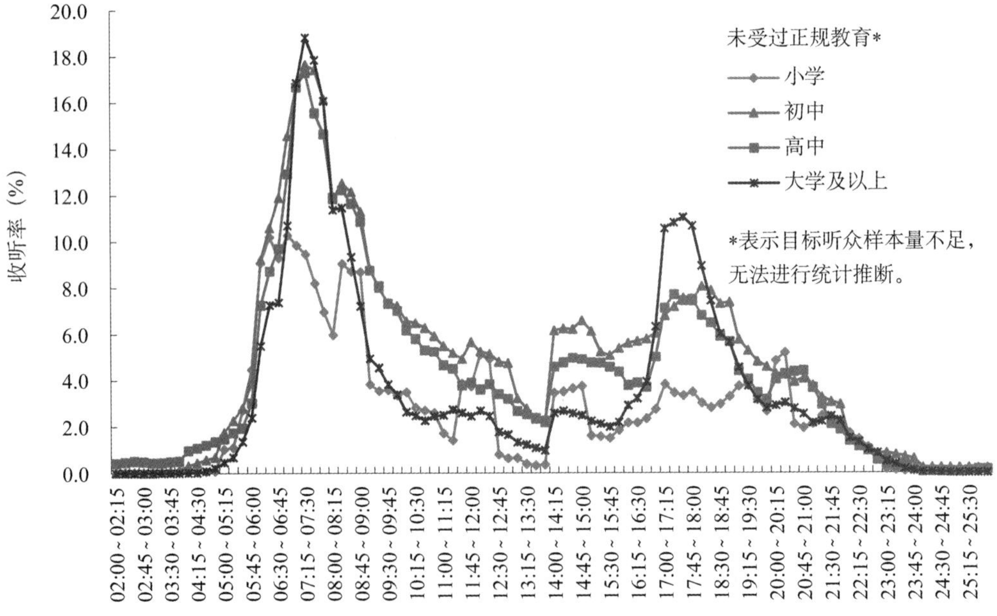

图 3.15.4　2019 年青岛不同文化程度听众全天收听率走势

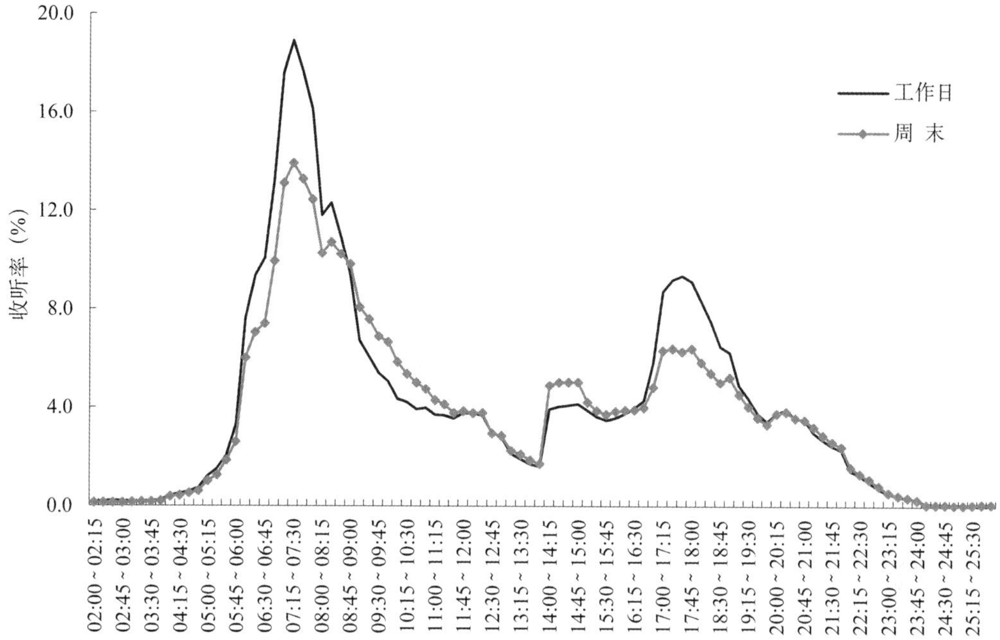

图 3.15.5 2019 年青岛听众工作日与周末全天收听率走势

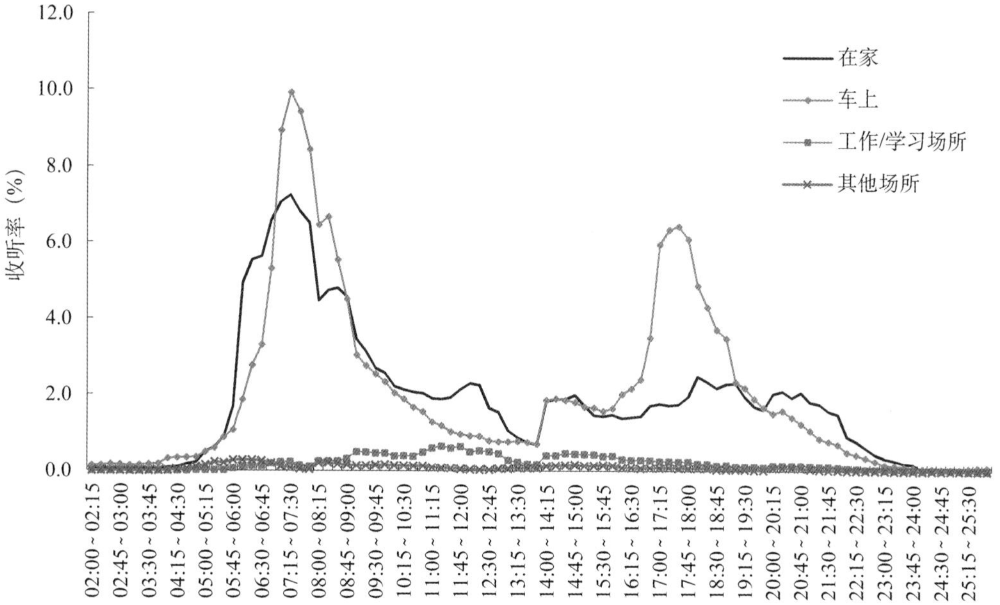

图 3.15.6 2019 年青岛听众在不同收听地点全天收听率走势

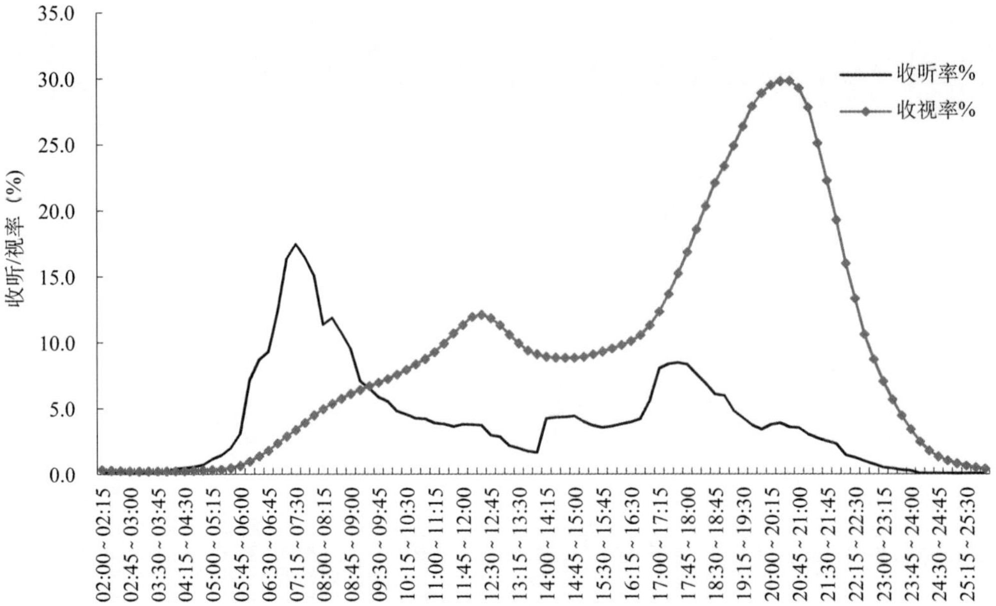

图 3.15.7　2019 年青岛受众全天收听率、收视率走势比较(目标受众为 10 岁及以上)

表 3.15.3 2019 年青岛市场听众构成(%)

目标听众		听众构成(%)
10 岁及以上所有人		100.0
性别	男	54.6
	女	45.4
年龄	10~14 岁	1.2
	15~24 岁	6.1
	25~34 岁	18.2
	35~44 岁	16.4
	45~54 岁	24.1
	55~64 岁	19.7
	65 岁及以上	14.3
文化程度	未受过正规教育	*
	小学	4.3
	初中	28.8
	高中	35.0
	大学及以上	31.9
职业	干部/管理人员	5.0
	初级公务员/雇员	34.7
	个体/私营企业人员	18.6
	工人	6.3
	学生	3.7
	无业(包括退休人员)	31.7
	其他	*
个人月收入	没有收入	10.1
	1~2000 元	4.1
	2001~3000 元	20.4
	3001~4000 元	26.6
	4001~5000 元	16.0
	5001~6000 元	11.9
	6001 元及以上	11.0

注:“*”表示目标听众样本量不足,无法进行统计推断。

表 3.15.4 2019 年青岛市场各广播电台的市场份额(%)

广播电台	2019 年
中央广播电视总台	7.0
山东广播电视台	8.1
青岛广播电视台	76.9
其他广播电台	8.0

表 3.15.5　2019 年青岛市场各广播电台在不同目标听众中的市场份额(%)

目标听众		中央广播电视总台	山东广播电视台	青岛广播电视台	其他广播电台
10 岁及以上所有人		7.0	8.1	76.9	8.0
性别	男	6.8	6.9	76.9	9.5
	女	7.3	9.5	76.9	6.3
年龄	10~14 岁	3.0	5.1	88.2	3.8
	15~24 岁	5.4	10.9	66.4	17.3
	25~34 岁	3.0	6.4	78.9	11.8
	35~44 岁	2.9	8.2	77.9	11.0
	45~54 岁	10.3	9.2	76.5	4.0
	55~64 岁	5.1	7.6	82.1	5.2
	65 岁及以上	14.9	7.8	70.6	6.8
文化程度	未受过正规教育	*	*	*	*
	小学	6.7	6.1	83.4	3.8
	初中	6.6	8.7	78.9	5.8
	高中	9.5	8.2	74.3	8.1
	大学及以上	4.6	7.7	77.1	10.5
职业类别	干部/管理人员	4.8	5.2	84.3	5.7
	初级公务员/雇员	4.1	7.5	79.7	8.8
	个体/私营企业人员	5.5	9.4	77.0	8.1
	工人	18.2	10.7	59.9	11.2
	学生	4.4	6.9	75.4	13.4
	无业(包括退休人员)	9.5	8.0	76.3	6.2
	其他	*	*	*	*
个人月收入	没有收入	5.5	9.0	74.0	11.5
	1~2000 元	21.3	9.2	61.9	7.6
	2001~3000 元	7.0	6.5	82.9	3.6
	3001~4000 元	9.2	9.6	74.6	6.6
	4001~5000 元	3.8	9.6	79.6	7.0
	5001~6000 元	4.2	5.1	81.1	9.6
	6001 元及以上	5.1	6.7	71.8	16.4

注:“*”表示目标听众样本量不足,无法进行统计推断。

表 3.15.6　2019 年青岛市场份额排名前五位的频率

排名	频率名称	市场份额(%)
1	青岛交通广播 FM89.7/AM900	47.1
2	青岛人民广播电台 FM107.6/AM819/AM1377	9.6
3	青岛故事广播 FM95.2	6.4
4	中央人民广播电台第一套节目中国之声	5.6
5	青岛经济广播 FM102.9/AM1251	4.3

表 3.15.7　2019 年济南市场收听率排名前三十位的节目

排名	节目名称	播出频率	收听率（%）	市场份额（%）
1	动感青岛	青岛交通广播 FM89.7/AM900	8.7	58.9
2	Hello 晚高峰	青岛交通广播 FM89.7/AM900	4.6	58.4
3	新闻直通车	青岛交通广播 FM89.7/AM900	4.2	42.0
4	交通热线(周末版)	青岛交通广播 FM89.7/AM900	4.1	50.2
5	交通热线	青岛交通广播 FM89.7/AM900	3.7	50.5
6	人物面对面	青岛交通广播 FM89.7/AM900	3.5	58.5
7	住在 897	青岛交通广播 FM89.7/AM900	2.9	47.3
8	新闻直通车(周末版)	青岛交通广播 FM89.7/AM900	2.9	38.0
9	897 遇见音乐	青岛交通广播 FM89.7/AM900	2.2	43.3
10	小 7 乐悠游	青岛交通广播 FM89.7/AM900	2.2	42.1
11	897 生活派	青岛交通广播 FM89.7/AM900	2.1	54.8
12	美食双侠	青岛交通广播 FM89.7/AM900	2.1	47.0
13	新闻晚 7 点	青岛交通广播 FM89.7/AM900	2.0	48.7
14	成长学院	青岛交通广播 FM89.7/AM900	1.8	46.2
15	1377 早新闻	青岛人民广播电台 FM107.6/AM819/AM1377	1.8	10.7
16	房产俱乐部	青岛交通广播 FM89.7/AM900	1.7	41.1
17	1377 清晨新闻	青岛人民广播电台 FM107.6/AM819/AM1377	1.7	21.8
18	转播中央人民广播电台《新闻和报纸摘要》	青岛人民广播电台 FM107.6/AM819/AM1377	1.7	15.5
19	需要你	青岛交通广播 FM89.7/AM900	1.6	44.7
20	青岛老时光	青岛交通广播 FM89.7/AM900	1.6	40.1
21	E 搜超有料	青岛交通广播 FM89.7/AM900	1.6	39.4
22	城市议事厅	青岛人民广播电台 FM107.6/AM819/AM1377	1.5	13.2
23	行风在线 08:00	青岛人民广播电台 FM107.6/AM819/AM1377	1.3	11.6
24	897 原味音乐	青岛交通广播 FM89.7/AM900	1.2	32.7
25	汽车总动员(上午版)	青岛交通广播 FM89.7/AM900	1.2	32.5
26	流行经典	青岛交通广播 FM89.7/AM900	1.1	33.8
27	汽车总动员(周末版)	青岛交通广播 FM89.7/AM900	1.0	38.8
28	周末欢乐吧	青岛交通广播 FM89.7/AM900	1.0	35.8
29	法制政府之声	青岛人民广播电台 FM107.6/AM819/AM1377	1.0	10.2
30	1377 午新闻 12:00	青岛人民广播电台 FM107.6/AM819/AM1377	0.9	25.2

十六、上海收听数据

表 3.16.1　2017~2019 年上海各目标听众人均收听时间(分钟)

目标听众		2017 年	2018 年	2019 年
15 岁及以上所有人		47	50	55
性别	男	50	52	59
	女	44	48	51
年龄	15~24 岁	35	36	44
	25~34 岁	40	42	44
	35~44 岁	36	42	45
	45~54 岁	52	55	61
	55~64 岁	59	67	72
	65 岁及以上	70	75	91
文化程度	未受过正规教育	*	*	*
	小学	*	*	*
	初中	57	61	64
	高中	53	58	71
	大学及以上	41	44	46
职业	干部/管理人员	44	51	54
	初级公务员/雇员	38	43	46
	个体/私营企业人员	46	47	51
	工人	53	56	66
	学生	37	40	45
	无业(包括退休人员)	66	73	83
	其他	42	38	54
个人月收入	没有收入	40	40	46
	1~2000 元	40	*	*
	2001~3000 元	57	60	69
	3001~4000 元	60	66	76
	4001~5000 元	48	56	65
	5001~6000 元	45	46	51
	6001 元及以上	41	45	47

注:上海为全年连续调查城市。从 2017 年 1 月 1 日开始上海采用测量仪进行调查,其他广播电台频率不再纳入监测范围。“*”表示目标听众样本量不足,无法进行统计推断。

表 3.16.2　2017~2019 年上海听众在不同地点的人均收听时间(分钟)

地　点	2017 年	2018 年	2019 年
在家	18	19	23
车上	13	15	17
工作/学习场所	7	6	7
其他场所	9	10	8

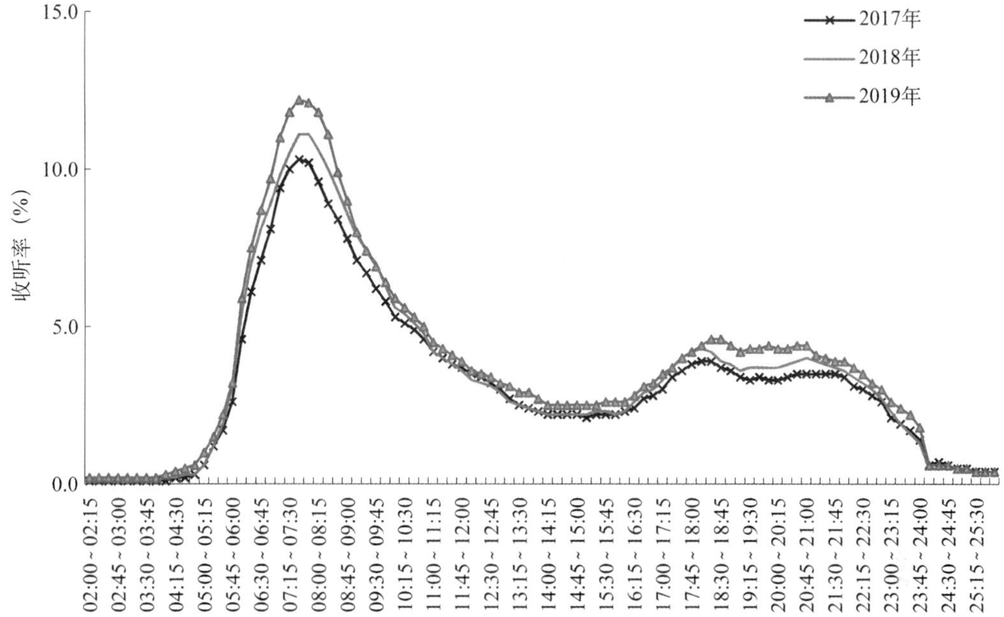

图 3.16.1　2017～2019 年上海听众全天收听率走势

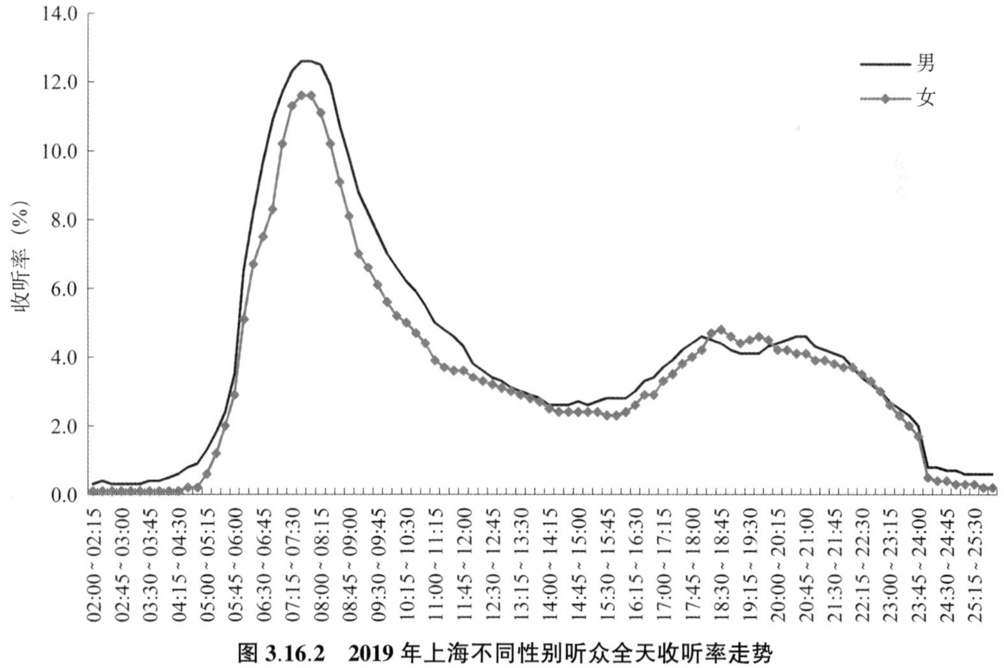

图 3.16.2　2019 年上海不同性别听众全天收听率走势

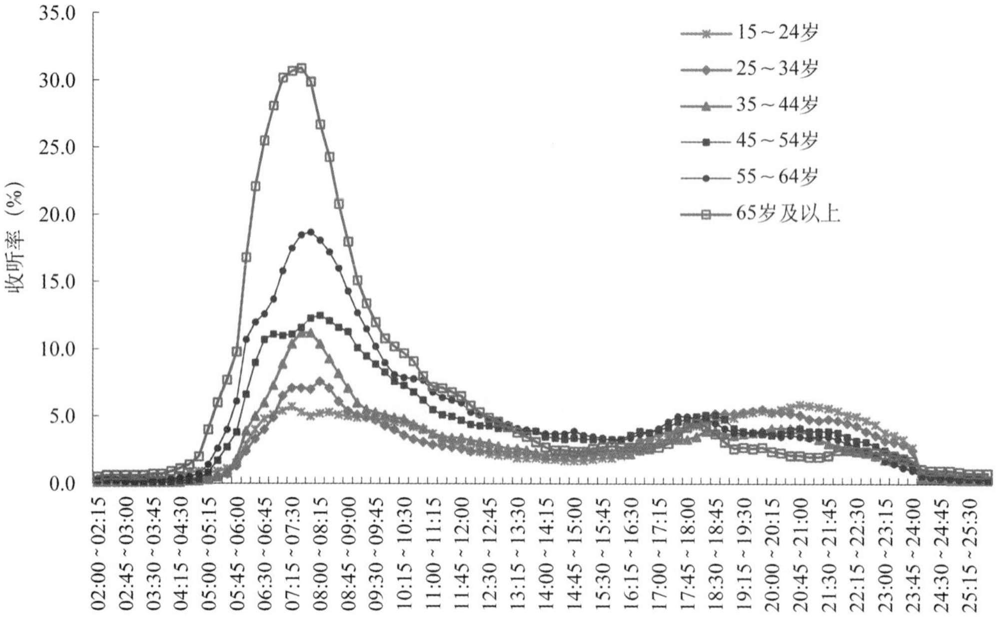

图 3.16.3　2019 年上海不同年龄听众全天收听率走势

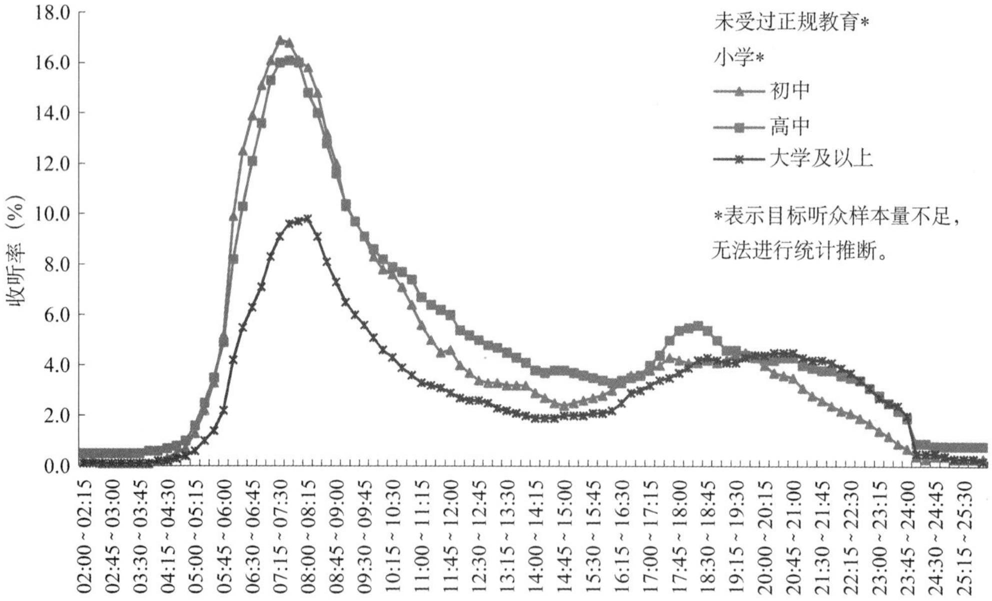

图 3.16.4　2019 年上海不同文化程度听众全天收听率走势

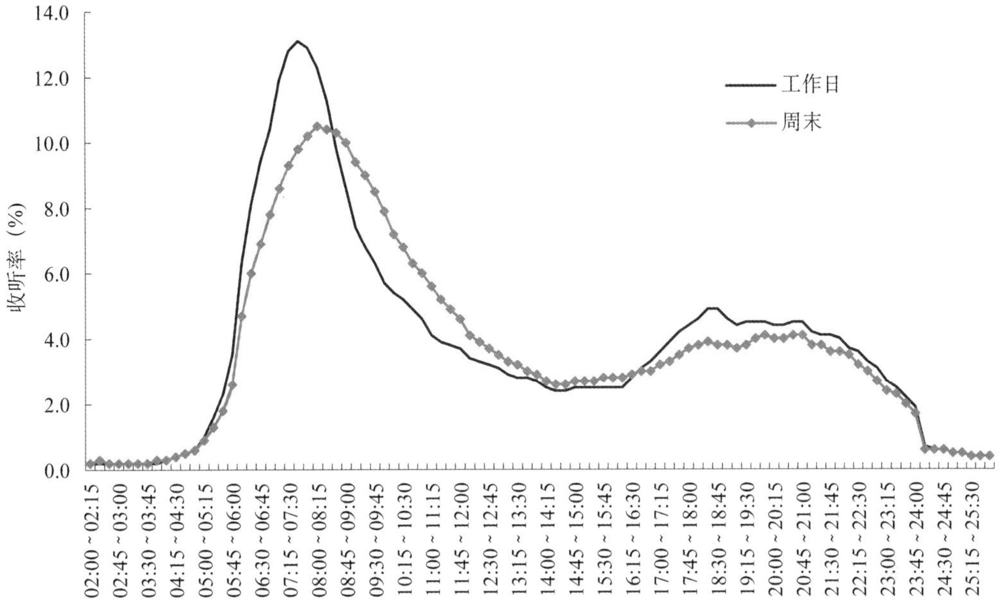

图 3.16.5　2019 年上海听众工作日与周末全天收听率走势

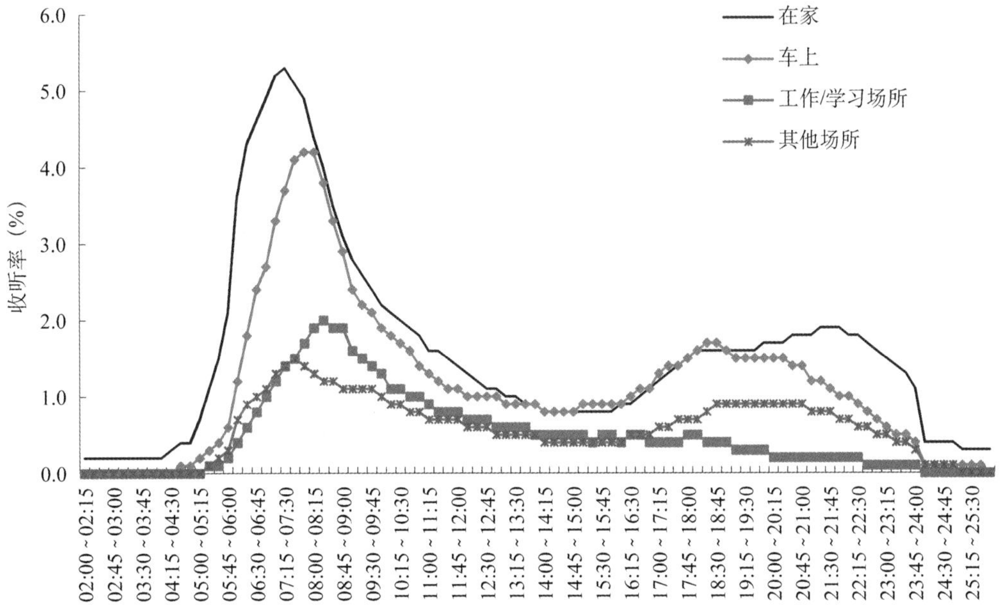

图 3.16.6　2019 年上海听众在不同收听地点全天收听率走势

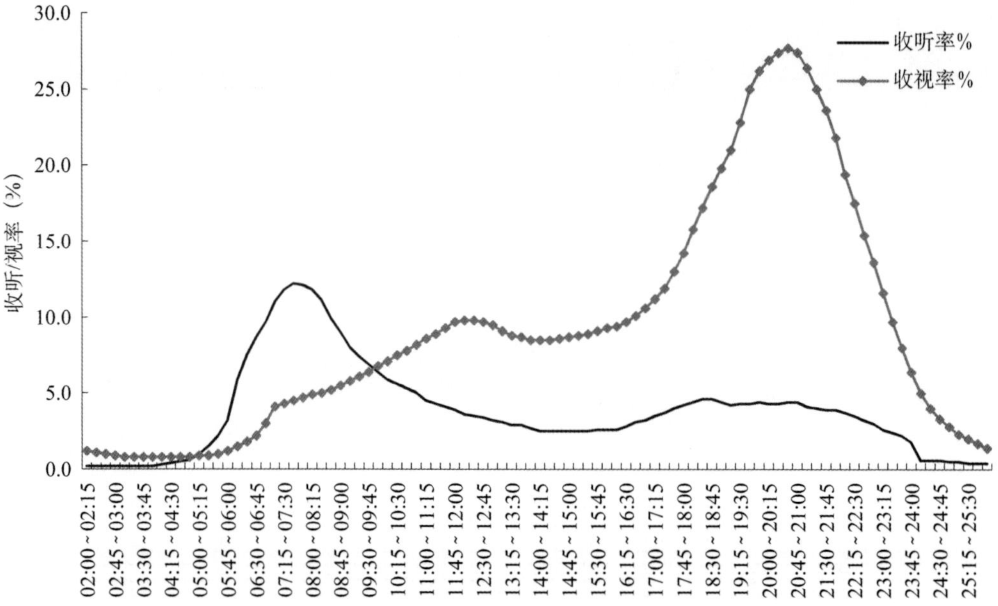

图 3.16.7　2019 年上海受众全天收听率、收视率走势比较(目标受众为 15 岁及以上)

表 3.16.3　2019 年上海市场听众构成(%)

目标听众		听众构成(%)
15 岁及以上所有人		100.0
性别	男	56.1
	女	43.9
年龄	15~24 岁	10.6
	25~34 岁	22.7
	35~44 岁	17.2
	45~54 岁	15.7
	55~64 岁	18.3
	65 岁及以上	15.5
文化程度	未受过正规教育	*
	小学	*
	初中	10.8
	高中	37.2
	大学及以上	51.8
职业	干部/管理人员	10.3
	初级公务员/雇员	40.3
	个体/私营企业人员	3.9
	工人	10.8
	学生	9.0
	无业(包括退休人员)	24.3
	其他	1.4
个人月收入	没有收入	10.0
	1~2000 元	*
	2001~3000 元	4.3
	3001~4000 元	16.6
	4001~5000 元	21.7
	5001~6000 元	13.1
	6001 元及以上	33.6

注:“*”表示目标听众样本量不足,无法进行统计推断。

表 3.16.4　2017~2019 年上海市场各广播电台的市场份额(%)

广播电台	2017 年	2018 年	2019 年
中央人民广播电台	9.8	7.3	-
中国国际广播电台	1.2	1.1	-
中央广播电视总台	-	-	8.8
上海广播电视台	89.0	91.6	91.2
其他广播电台	-	-	-

注:从 2017 年 1 月 1 日开始上海采用虚拟测量仪进行收听率调查,其他广播电台频率不再纳入监测范围。

表 3.16.5 2019 年上海市场各广播电台在不同目标听众中的市场份额(%)

目标听众		中央广播电视总台	上海广播电视台
15 岁及以上所有人		8.8	91.2
性别	男	9.8	90.2
	女	7.5	92.5
年龄	15~24 岁	7.4	92.6
	25~34 岁	7.4	92.6
	35~44 岁	7.7	92.3
	45~54 岁	7.5	92.5
	55~64 岁	9.5	90.5
	65 岁及以上	13.1	86.9
文化程度	未受过正规教育	*	*
	小学	*	*
	初中	7.5	92.5
	高中	10.7	89.3
	大学及以上	7.5	92.5
职业	干部/管理人员	7.0	93.0
	初级公务员/雇员	8.7	91.3
	个体/私营企业人员	6.0	94.0
	工人	9.6	90.4
	学生	6.6	93.4
	无业(包括退休人员)	11.1	88.9
	其他	1.6	98.4
个人月收入	没有收入	6.0	94.0
	1~2000 元	*	*
	2001~3000 元	2.8	97.2
	3001~4000 元	10.8	89.2
	4001~5000 元	11.8	88.2
	5001~6000 元	7.5	92.5
	6001 元及以上	8.1	91.9

注:“*”表示目标听众样本量不足,无法进行统计推断。

表 3.16.6 2019 年上海市场份额排名前五位的频率

排名	频率名称	市场份额(%)
1	上海流行音乐广播 动感 101 FM101.7	26.6
2	上海人民广播电台上海新闻广播 FM93.4/AM990	18.8
3	上海经典金曲广播 LoveRadio 最爱调频 FM103.7	12.0
4	东广新闻台长三角之声 AM1296/FM90.9	8.8
5	上海交通广播 AM648/FM105.7	7.3

表 3.16.7 2019 年上海市场收听率排名前三十位的节目

排名	节目名称	播出频率	收听率（%）	市场份额（%）
1	转播中央人民广播电台《新闻和报纸摘要》	上海人民广播电台上海新闻广播 FM93.4/AM990	3.0	31.9
2	990 早新闻	上海人民广播电台上海新闻广播 FM93.4/AM990	2.7	24.4
3	清晨新闻	上海人民广播电台上海新闻广播 FM93.4/AM990	2.5	37.0
4	迎战台风利奇马特别直播	上海人民广播电台上海新闻广播 FM93.4/AM990	2.4	25.4
5	音乐早餐(平日版)	上海流行音乐广播 动感 101 FM101.7	2.1	21.3
6	八点新闻	上海人民广播电台上海新闻广播 FM93.4/AM990	2.1	20.6
7	音乐早餐(周末版)	上海流行音乐广播 动感 101 FM101.7	2.0	21.3
8	音乐万花筒(平日版)	上海流行音乐广播 动感 101 FM101.7	1.9	40.1
9	全球华语歌曲排行榜	上海流行音乐广播 动感 101 FM101.7	1.8	49.6
10	音乐课代表	上海流行音乐广播 动感 101 FM101.7	1.8	41.4
11	101 爱看剧	上海流行音乐广播 动感 101 FM101.7	1.7	43.6
12	超级 DJ(10/1~10/7)	上海流行音乐广播 动感 101 FM101.7	1.7	41.1
13	绕着地球跑	上海流行音乐广播 动感 101 FM101.7	1.7	28.0
14	越夜越动听	上海流行音乐广播 动感 101 FM101.7	1.6	43.3
15	音乐厨男秀	上海流行音乐广播 动感 101 FM101.7	1.6	41.8
16	音乐零时差	上海流行音乐广播 动感 101 FM101.7	1.6	41.1
17	101 爱时尚	上海流行音乐广播 动感 101 FM101.7	1.6	40.2
18	侬好东京	上海流行音乐广播 动感 101 FM101.7	1.6	39.6
19	纪念五四运动 100 周年特别直播	上海人民广播电台上海新闻广播 FM93.4/AM990	1.6	21.2
20	弹指音乐圈	上海流行音乐广播 动感 101 FM101.7	1.5	41.8
21	中秋假期特别节目	上海流行音乐广播 动感 101 FM101.7	1.5	28.9
22	音乐爱远行	上海流行音乐广播 动感 101 FM101.7	1.5	27.4
23	东广早新闻	东广新闻台长三角之声 AM1296/FM90.9	1.5	14.5
24	2019 SNH48 GROUP 第 6 届偶像年度人气总决选	上海流行音乐广播 动感 101 FM101.7	1.4	40.1
25	音乐万花筒(周末版)	上海流行音乐广播 动感 101 FM101.7	1.4	34.9
26	庆祝澳门回归祖国 20 周年大会	上海人民广播电台上海新闻广播 FM93.4/AM990	1.4	26.9
27	市民政务通(09:00~10:00)	上海人民广播电台上海新闻广播 FM93.4/AM990	1.4	20.1
28	2019 第 2 届中国国际进口博览会开幕特别直播	上海人民广播电台上海新闻广播 FM93.4/AM990	1.4	18.2
29	101 西洋镜	上海流行音乐广播 动感 101 FM101.7	1.3	43.3
30	超级 DJ(22:00~23:00)	上海流行音乐广播 动感 101 FM101.7	1.3	42.6

十七、沈阳收听数据

表 3.17.1 2017～2019 年沈阳各目标听众人均收听时间(分钟)

目标听众		2017 年	2018 年	2019 年
10 岁及以上所有人		90	88	89
性别	男	92	92	93
	女	88	84	86
年龄	10～14 岁	28	22	33
	15～24 岁	44	41	43
	25～34 岁	72	80	62
	35～44 岁	79	78	82
	45～54 岁	94	84	80
	55～64 岁	117	130	141
	65 岁及以上	163	144	165
文化程度	未受过正规教育	87	86	87
	小学	75	94	120
	初中	100	97	98
	高中	92	80	81
	大学及以上	72	80	79
职业	干部/管理人员	95	87	88
	初级公务员/雇员	83	65	66
	个体/私营企业人员	76	89	83
	工人	80	83	79
	学生	35	29	30
	无业(包括退休人员)	130	120	130
	其他	54	163	172
个人月收入	没有收入	48	40	41
	1～2000 元	100	98	114
	2001～3000 元	103	99	98
	3001～4000 元	77	105	108
	4001～5000 元	116	73	71
	5001～6000 元	105	106	85
	6001 元及以上	95	76	69

注:沈阳为全年连续调查城市。

表 3.17.2 2017～2019 年沈阳听众在不同地点的人均收听时间(分钟)

地　点	2017 年	2018 年	2019 年
在家	63	62	63
车上	21	20	21
工作/学习场所	4	3	3
其他场所	2	2	3

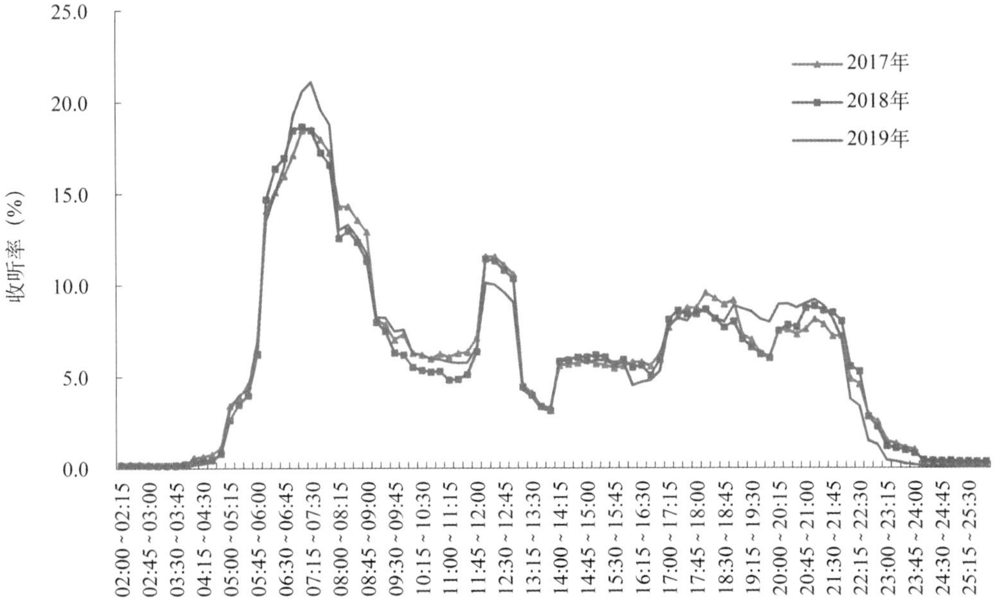

图 3.17.1　2017~2019 年沈阳听众全天收听率走势

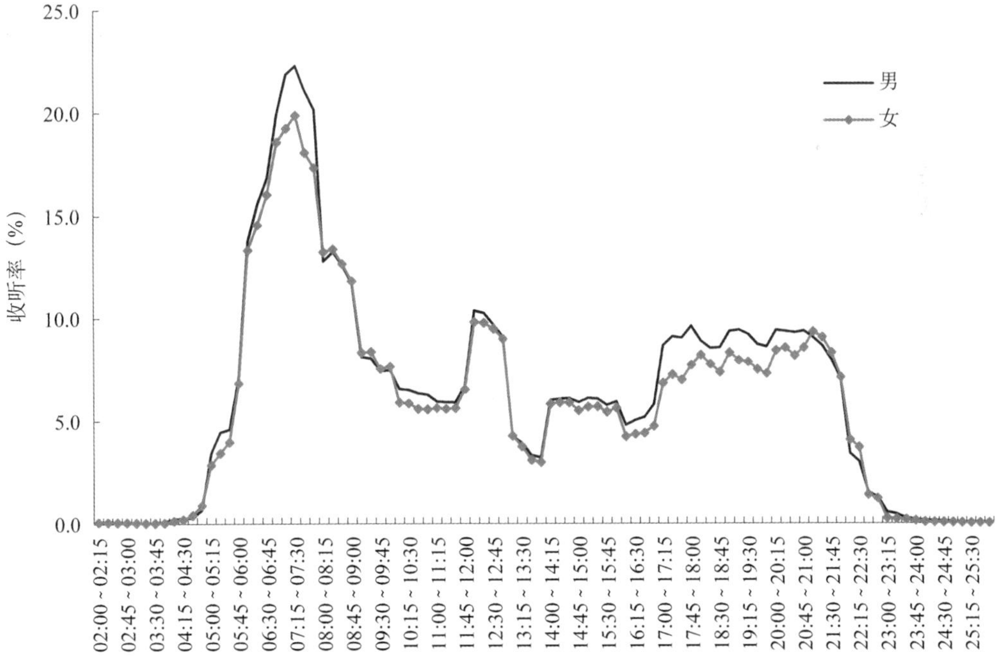

图 3.17.2　2019 年沈阳不同性别听众全天收听率走势

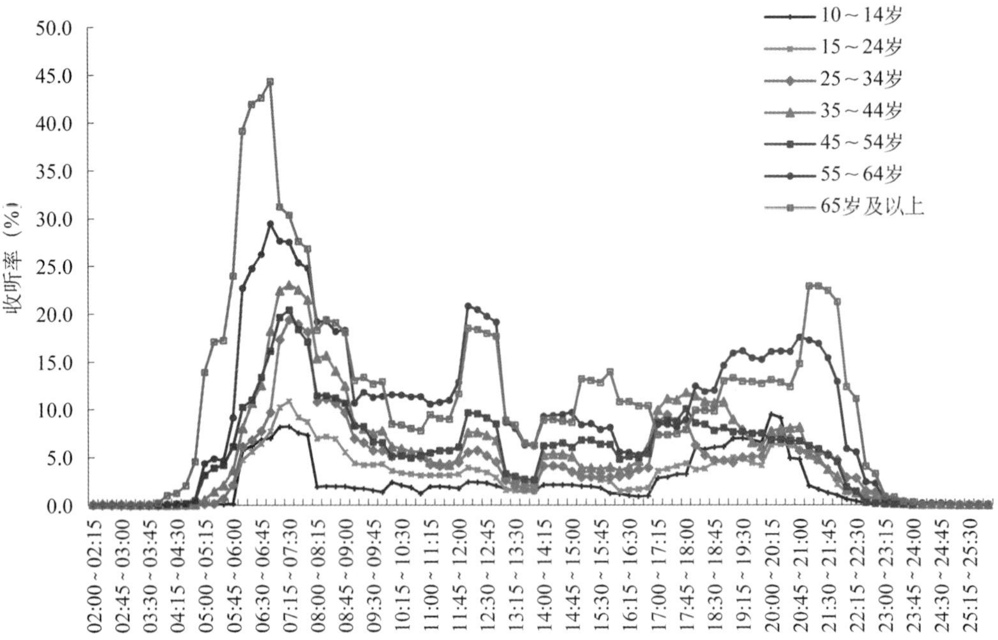

图 3.17.3　2019 年沈阳不同年龄听众全天收听率走势

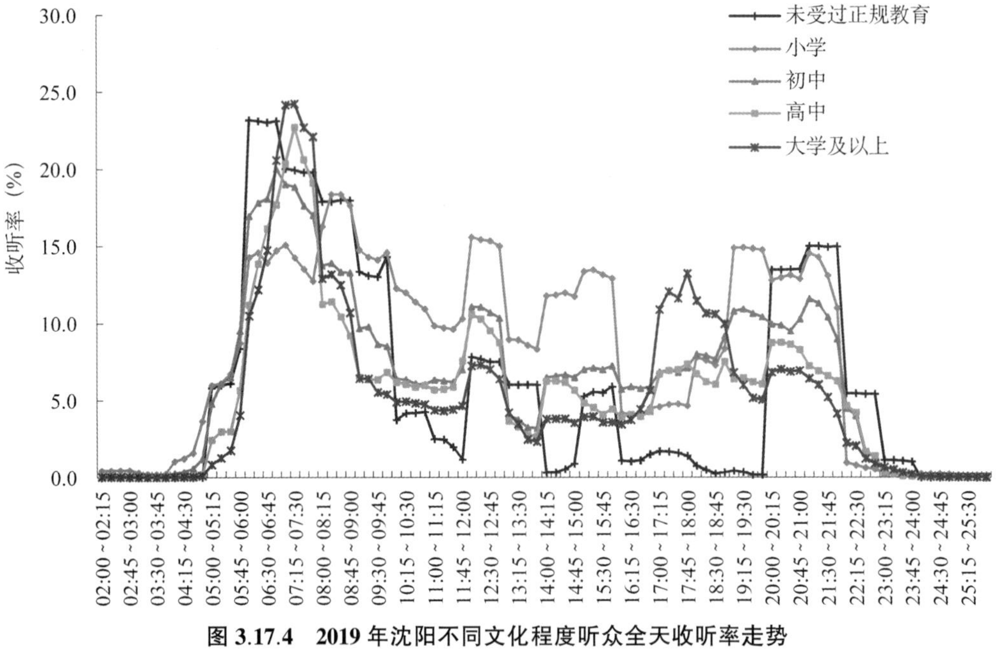

图 3.17.4　2019 年沈阳不同文化程度听众全天收听率走势

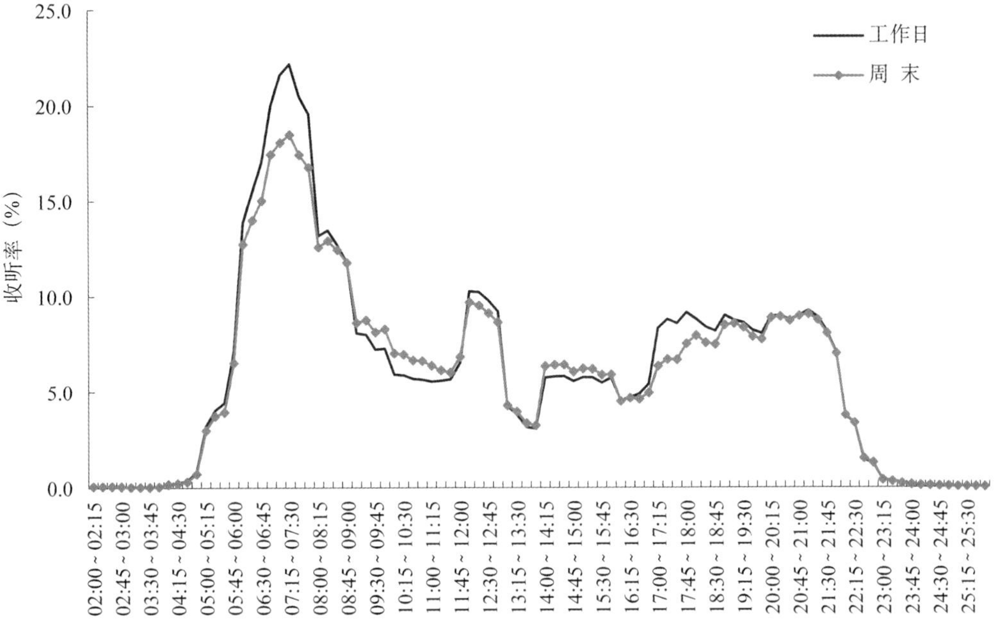

图 3.17.5 2019 年沈阳听众工作日与周末全天收听率走势

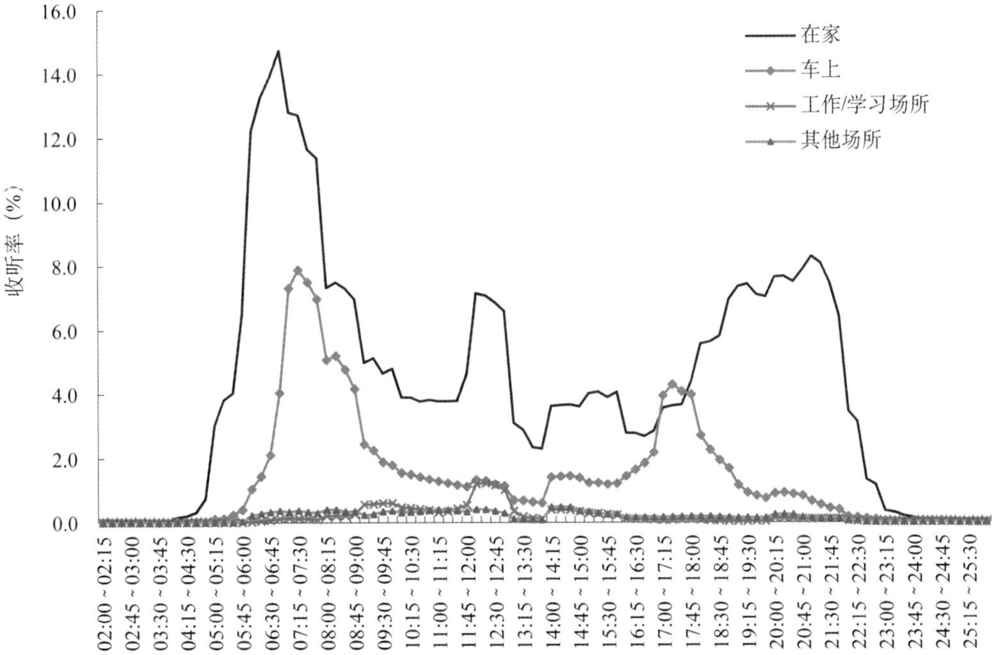

图 3.17.6 2019 年沈阳听众在不同收听地点全天收听率走势

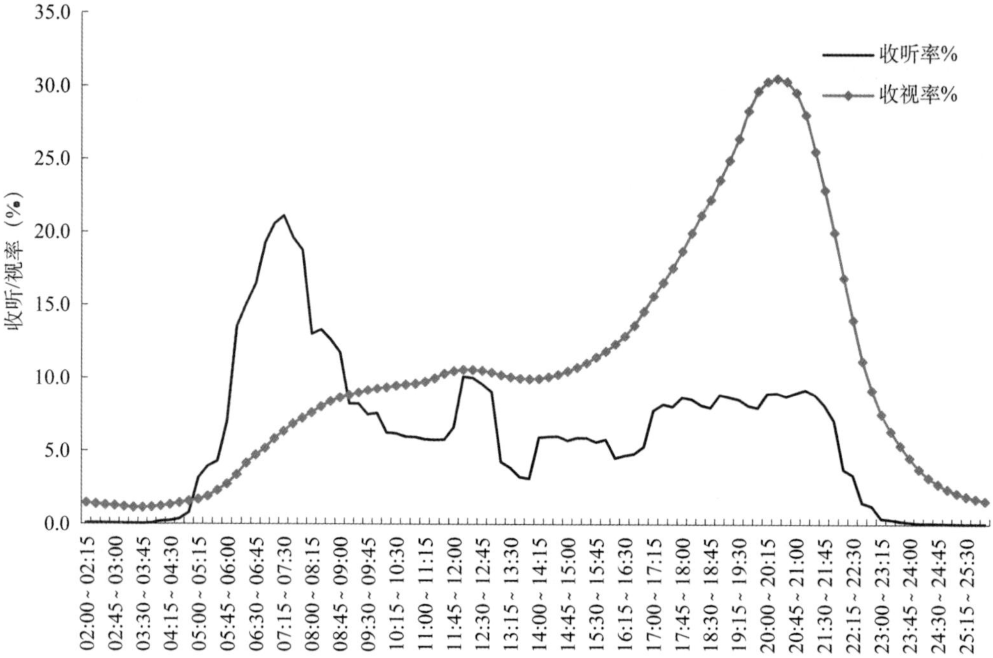

图 3.17.7　2019 年沈阳受众全天收听率、收视率走势比较(目标受众为 10 岁及以上)

表 3.17.3　2019 年沈阳市场听众构成(%)

目标听众		听众构成(%)
10 岁及以上所有人		100.0
性别	男	52.7
	女	47.3
年龄	10~14 岁	0.7
	15~24 岁	6.5
	25~34 岁	12.4
	35~44 岁	16.8
	45~54 岁	18.7
	55~64 岁	21.0
	65 岁及以上	23.9
文化程度	未受过正规教育	0.6
	小学	7.2
	初中	43.9
	高中	23.7
	大学及以上	24.6
职业	干部/管理人员	4.5
	初级公务员/雇员	11.8
	个体/私营企业人员	20.6
	工人	15.0
	学生	3.5
	无业(包括退休人员)	41.5
	其他	3.1
个人月收入	没有收入	7.2
	1~2000 元	14.0
	2001~3000 元	37.9
	3001~4000 元	27.9
	4001~5000 元	7.4
	5001~6000 元	3.6
	6001 元及以上	2.0

表 3.17.4　2017~2019 年沈阳市场各广播电台的市场份额(%)

广播电台	2017 年	2018 年	2019 年
中央人民广播电台	8.9	9.0	–
中国国际广播电台	0.0	0.0	–
中央广播电视总台	–	–	11.0
辽宁广播电视台	40.4	37.1	32.9
沈阳广播电视台	50.5	53.3	55.4
其他广播电台	0.2	0.6	0.7

表 3.17.5　2019 年沈阳市场各广播电台在不同目标听众中的市场份额(%)

目标听众		中央广播电视总台	辽宁广播电视台	沈阳广播电视台	其他广播电台
10 岁及以上所有人		11.0	32.9	55.4	0.7
性别	男	11.1	34.7	53.5	0.7
	女	10.9	30.8	57.6	0.7
年龄	10~14 岁	64.7	11.6	23.2	0.5
	15~24 岁	11.1	33.0	55.3	0.6
	25~34 岁	9.0	46.3	42.3	2.4
	35~44 岁	16.9	35.7	47.3	0.1
	45~54 岁	9.7	40.2	49.7	0.4
	55~64 岁	7.6	27.7	63.5	1.2
	65 岁及以上	10.3	23.1	66.5	0.1
文化程度	未受过正规教育	4.5	9.5	85.9	0.1
	小学	14.0	32.5	52.6	0.9
	初中	8.3	28.8	62.4	0.5
	高中	15.0	36.1	48.4	0.5
	大学及以上	11.3	37.6	49.9	1.2
职业	干部/管理人员	10.6	43.1	45.6	0.7
	初级公务员/雇员	11.2	42.8	44.3	1.7
	个体/私营企业人员	11.8	35.3	52.3	0.6
	工人	11.2	40.6	47.7	0.5
	学生	25.4	24.6	49.5	0.5
	无业(包括退休人员)	9.7	25.1	64.5	0.7
	其他	6.5	37.9	55.6	0.0
个人月收入	没有收入	22.4	33.5	43.7	0.4
	1~2000 元	6.9	31.6	61.4	0.1
	2001~3000 元	9.6	30.4	59.5	0.5
	3001~4000 元	10.3	34.9	53.8	1.0
	4001~5000 元	13.3	36.1	48.4	2.2
	5001~6000 元	19.7	38.6	40.8	0.9
	6001 元及以上	10.4	36.2	53.3	0.1

表 3.17.6　2019 年沈阳市场份额排名前五位的频率

排名	频率名称	市场份额(%)
1	辽宁广播电视台音乐广播(沈阳台)FM98.6	23.9
2	辽宁广播电视台交通广播 FM97.5	18.6
3	辽宁广播电视台都市广播(沈阳台)FM92.1/AM1341	14.4
4	沈阳广播电视台新闻广播 FM104.5/AM792	11.8
5	中央人民广播电台第一套节目中国之声	6.9

表 3.17.7 2019 年沈阳市场收听率排名前三十位的节目

排名	节目名称	播出频率	收听率（%）	市场份额（%）
1	新闻麻辣烫	辽宁广播电视台交通广播 FM97.5	4.4	24.7
2	阿宝龙哥路路通	辽宁广播电视台交通广播 FM97.5	3.8	28.6
3	新闻早班车	辽宁广播电视台音乐广播（沈阳台）FM98.6	3.5	18.2
4	好书连连听	辽宁广播电视台音乐广播（沈阳台）FM98.6	3.3	39.8
5	评书大放送	辽宁广播电视台音乐广播（沈阳台）FM98.6	3.3	34.6
6	麻辣第七天	辽宁广播电视台交通广播 FM97.5	3.3	20.1
7	向快乐出发	辽宁广播电视台交通广播 FM97.5	3.2	24.8
8	星光夜话	沈阳广播电视台新闻广播 FM104.5/AM792	3.1	45.5
9	阿宝客厅	辽宁广播电视台交通广播 FM97.5	3.1	25.3
10	冰朕小俩口	辽宁广播电视台音乐广播（沈阳台）FM98.6	3.1	23.6
11	沈阳早高峰	辽宁广播电视台音乐广播（沈阳台）FM98.6	3.0	27.0
12	转播中央人民广播电台《新闻和报纸摘要》	沈阳广播电视台新闻广播 FM104.5/AM792	3.0	16.6
13	市民您早	沈阳广播电视台新闻广播 FM104.5/AM792	2.9	20.4
14	986 收藏艺术馆	辽宁广播电视台音乐广播（沈阳台）FM98.6	2.5	28.5
15	大兵说天下	辽宁广播电视台音乐广播（沈阳台）FM98.6	2.3	27.0
16	司机奇遇记	辽宁广播电视台音乐广播（沈阳台）FM98.6	2.2	24.6
17	新闻和报纸摘要	中央人民广播电台第一套节目中国之声	2.1	11.4
18	汽车俱乐部	辽宁广播电视台音乐广播（沈阳台）FM98.6	2.0	27.7
19	体坛八卦掌	辽宁广播电视台音乐广播（沈阳台）FM98.6	2.0	23.5
20	畅通晚高峰	辽宁广播电视台交通广播 FM97.5	2.0	23.4
21	新闻纵横	中央人民广播电台第一套节目中国之声	2.0	10.0
22	汽车小辣椒	辽宁广播电视台音乐广播（沈阳台）FM98.6	1.9	31.0
23	买卖二手车	辽宁广播电视台音乐广播（沈阳台）FM98.6	1.9	28.8
24	快乐朋友圈 2	辽宁广播电视台音乐广播（沈阳台）FM98.6	1.9	25.7
25	沈阳新闻	沈阳广播电视台新闻广播 FM104.5/AM792	1.8	8.5
26	汽车相对论	辽宁广播电视台音乐广播（沈阳台）FM98.6	1.6	27.2
27	残疾人之友	中央人民广播电台第一套节目中国之声	1.6	12.4
28	986 档案大揭秘/986 快乐朋友圈/986 气象周报	辽宁广播电视台音乐广播（沈阳台）FM98.6	1.6	11.3
29	连心桥	沈阳广播电视台新闻广播 FM104.5/AM792	1.6	8.2
30	986 家装热线	辽宁广播电视台音乐广播（沈阳台）FM98.6	1.5	23.8

十八、深圳收听数据

表 3.18.1　2017~2019 年深圳各目标听众人均收听时间(分钟)

目标听众		2017 年	2018 年	2019 年
15 岁及以上所有人		37	43	43
性别	男	40	42	42
	女	33	44	43
年龄	15~24 岁	25	40	43
	25~34 岁	36	40	38
	35~44 岁	43	46	45
	45~54 岁	49	52	50
	55~64 岁	65	66	54
	65 岁及以上	44	41	48
文化程度	未受过正规教育	*	*	*
	小学	26	39	37
	初中	33	48	47
	高中	38	46	46
	大学及以上	38	37	36
职业	干部/管理人员	43	46	48
	初级公务员/雇员	39	43	44
	个体/私营企业人员	46	43	40
	工人	35	41	37
	学生	13	42	50
	无业(包括退休人员)	39	46	42
	其他	27	*	*
个人月收入	没有收入	18	41	43
	1~2000 元	52	49	50
	2001~3000 元	41	45	45
	3001~4000 元	46	43	47
	4001~5000 元	35	44	50
	5001~6000 元	39	39	41
	6001 元及以上	42	44	38

注:深圳为全年连续调查城市。从 2018 年 1 月 1 日起采用测量仪调查数据。“ * ”表示目标听众样本量不足,无法进行统计推断。

表 3.18.2　2017~2019 年深圳听众在不同收听地点的人均收听时间(分钟)

地　点	2017 年	2018 年	2019 年
在家	17	6	8
车上	15	22	22
工作/学习场所	3	5	6
其他场所	1	9	6

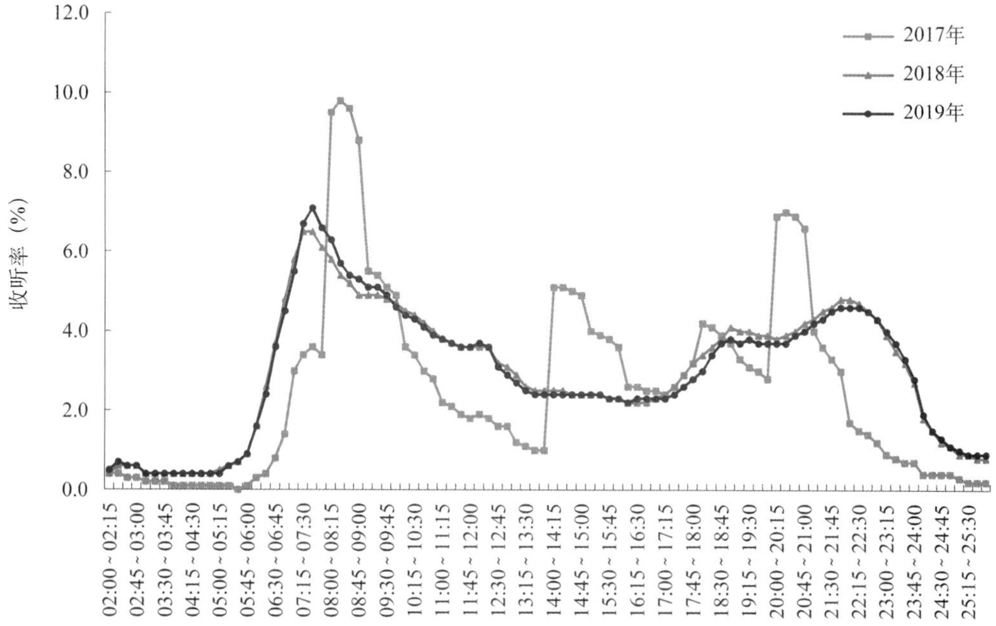

图 3.18.1　2017～2019 年深圳听众全天收听率走势

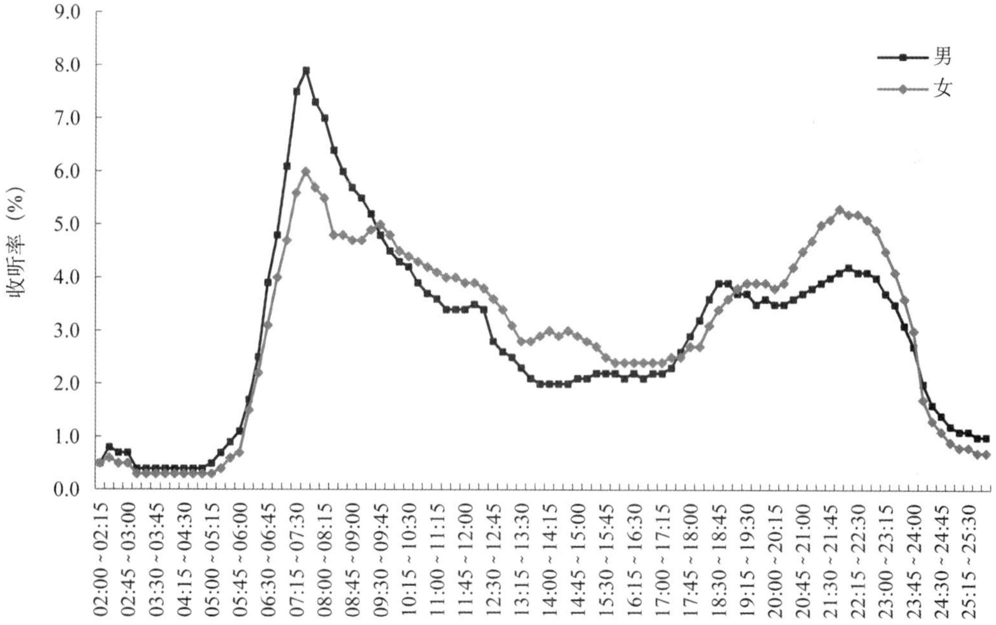

图 3.18.2　2019 年深圳不同性别听众全天收听率走势

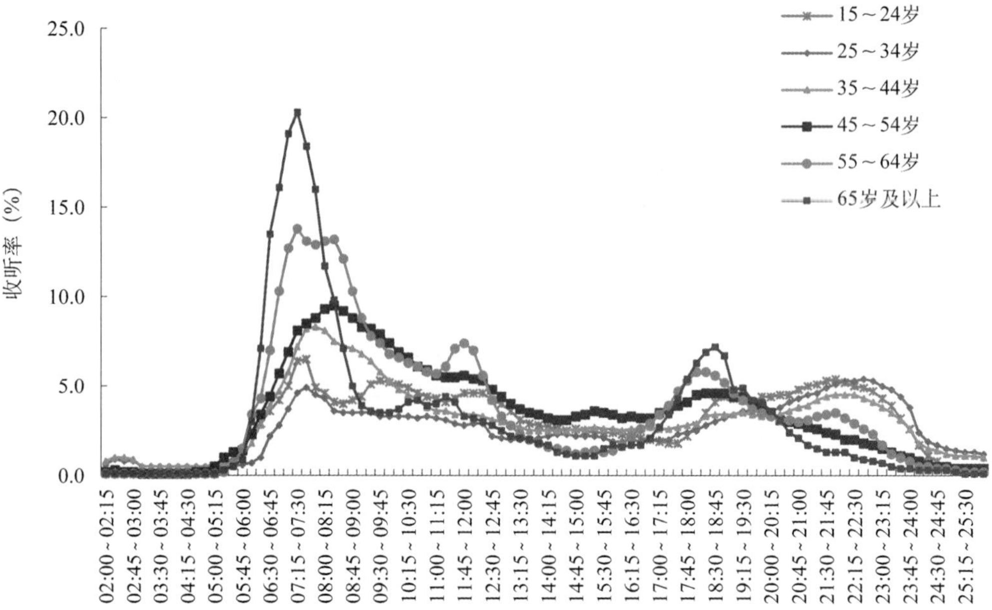

图 3.18.3　2019 年深圳不同年龄听众全天收听率走势

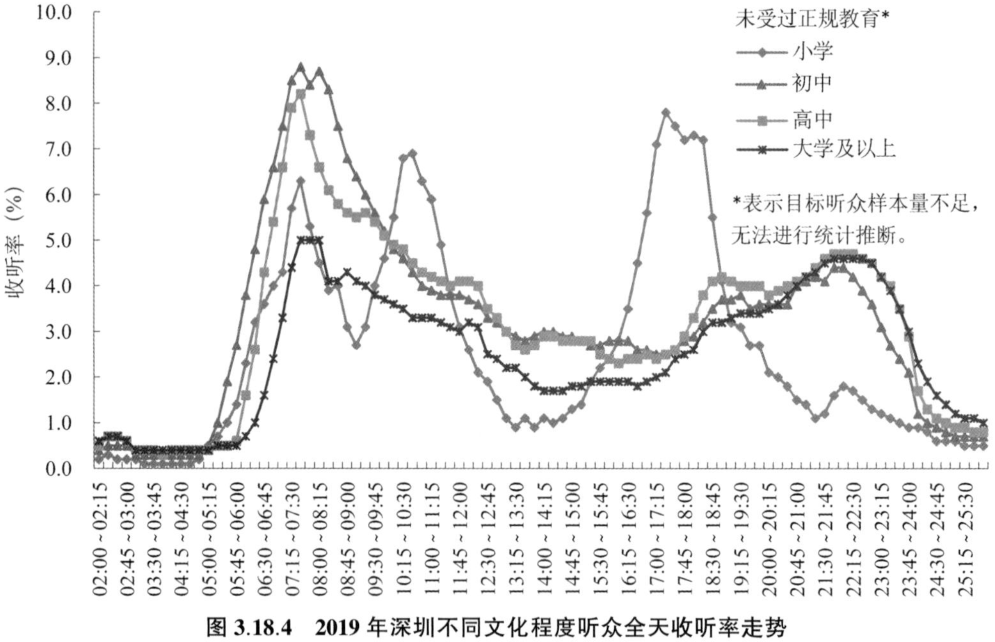

图 3.18.4　2019 年深圳不同文化程度听众全天收听率走势

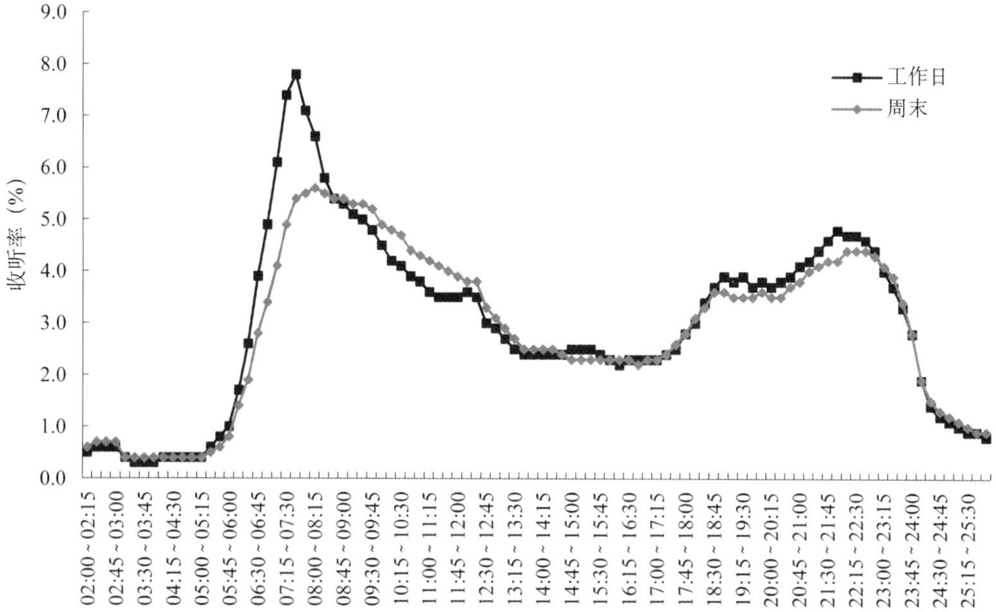

图 3.18.5　2019 年深圳听众工作日与周末全天收听率走势

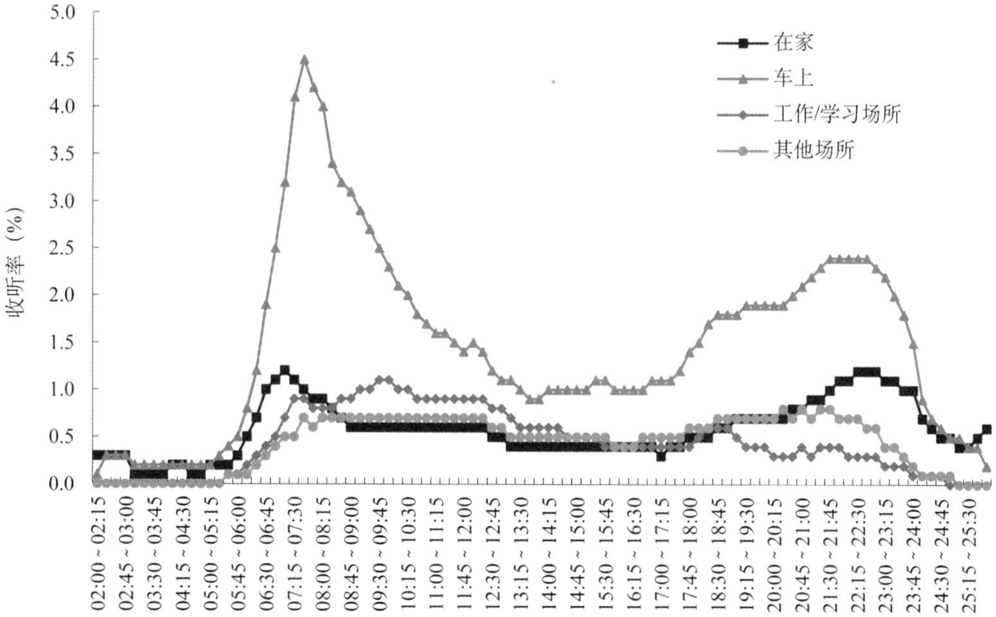

图 3.18.6　2019 年深圳听众在不同收听地点全天收听率走势

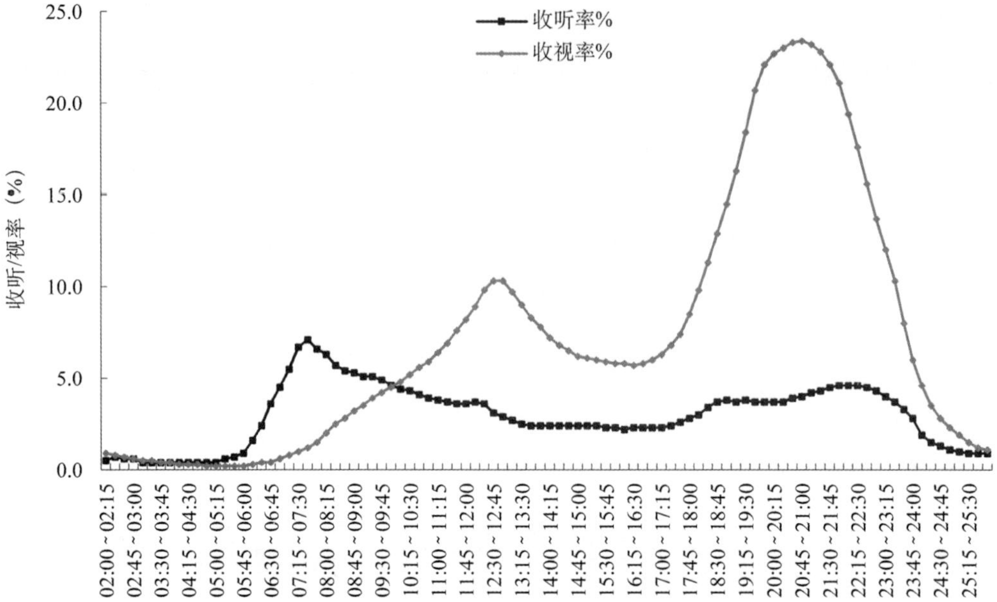

图 3.18.7　2019 年深圳受众全天收听率、收视率走势比较(目标受众为 15 岁及以上)

表 3.18.3　2019 年深圳市场听众构成(%)

目标听众		听众构成(%)
15 岁及以上所有人		100.0
性别	男	56.5
	女	43.5
年龄	15~24 岁	19.6
	25~34 岁	34.1
	35~44 岁	31.3
	45~54 岁	7.9
	55~64 岁	3.5
	65 岁及以上	3.6
文化程度	未受过正规教育	*
	小学	0.4
	初中	18.2
	高中	49.8
	大学及以上	31.6
职业	干部/管理人员	9.6
	初级公务员/雇员	46.2
	个体/私营企业人员	13.0
	工人	15.0
	学生	8.5
	无业(包括退休人员)	7.7
	其他	*
个人月收入	没有收入	11.3
	1~2000 元	1.4
	2001~3000 元	3.4
	3001~4000 元	14.8
	4001~5000 元	21.1
	5001~6000 元	16.0
	6001 元及以上	32.0

注:“ * ”表示目标听众样本量不足,无法进行统计推断。

表 3.18.4　2017~2019 年深圳市场各广播电台的市场份额(%)

广播电台	2017 年	2018 年	2019 年
中央人民广播电台	9.2	8.1	–
中国国际广播电台	3.1	1.1	–
中央广播电视总台	–	–	10.3
广东广播电视台	19.6	10.2	6.0
深圳广播电影电视集团	63.2	76.0	79.2
其他广播电台	4.9	4.6	4.5

表 3.18.5　2019 年深圳市场各广播电台在不同目标听众中的市场份额(%)

目标听众		中央广播电视总台	广东广播电视台	深圳广播电影电视集团	其他广播电台
15 岁及以上所有人		10.3	6.0	79.2	4.5
性别	男	13.4	5.3	75.6	5.7
	女	6.3	6.9	84.0	2.8
年龄	15~24 岁	12.3	3.1	82.9	1.7
	25~34 岁	8.6	8.1	80.6	2.7
	35~44 岁	8.8	6.9	77.9	6.4
	45~54 岁	8.4	4.5	79.2	7.9
	55~64 岁	22.0	1.4	65.1	11.5
	65 岁及以上	21.7	0.8	72.8	4.7
文化程度	未受过正规教育	*	*	*	*
	小学	1.2	9.9	86.8	2.1
	初中	10.6	5.5	80.6	3.3
	高中	9.3	4.8	81.4	4.5
	大学及以上	11.7	8.2	75.0	5.1
职业	干部/管理人员	8.7	8.0	76.1	7.2
	初级公务员/雇员	8.7	7.9	78.4	5.0
	个体/私营企业人员	23.4	3.1	68.7	4.8
	工人	8.1	3.7	84.9	3.3
	学生	2.5	3.8	92.0	1.7
	无业(包括退休人员)	12.5	3.7	81.4	2.4
	其他	*	*	*	*
个人月收入	没有收入	2.3	4.9	91.2	1.6
	1~2000 元	23.7	1.3	74.3	0.7
	2001~3000 元	28.9	3.4	65.8	1.9
	3001~4000 元	17.3	4.2	76.7	1.9
	4001~5000 元	9.3	6.7	82.1	2.0
	5001~6000 元	8.6	5.4	80.5	5.5
	6001 元及以上	8.7	7.5	75.6	8.2

注:“*”表示目标听众样本量不足,无法进行统计推断。

表 3.18.6　2019 年深圳市场份额排名前五位的频率

排名	频率名称	市场份额(%)
1	深圳人民广播电台音乐广播 FM97.1	27.8
2	深圳广播电台交通频率 FM106.2	26.8
3	深圳广播电台新闻频率 FM89.8	16.1
4	深圳电台生活频率 FM94.2	8.6
5	中央人民广播电台第一套节目中国之声	4.9

表 3.18.7 2019 年深圳市场收听率排名前三十位的节目

排名	节目名称	播出频率	收听率（%）	市场份额（%）
1	深圳早班车	深圳广播电台交通频率 FM106.2	2.0	33.2
2	七点早自习	深圳人民广播电台音乐广播 FM97.1	1.8	25.1
3	馨竹的格调生活	深圳广播电台交通频率 FM106.2	1.7	30.2
4	八点晚自己	深圳人民广播电台音乐广播 FM97.1	1.6	38.9
5	晋一说科技	深圳广播电台交通频率 FM106.2	1.6	30.1
5	安静看车	深圳广播电台交通频率 FM106.2	1.6	30.1
7	新太阳 everyday	深圳人民广播电台音乐广播 FM97.1	1.6	21.6
8	听海风聊聊天	深圳人民广播电台音乐广播 FM97.1	1.5	38.3
9	一路顺风	深圳人民广播电台音乐广播 FM97.1	1.5	36.7
10	因为爱	深圳人民广播电台音乐广播 FM97.1	1.5	34.3
11	缤纷车世界	深圳广播电台交通频率 FM106.2	1.5	33.1
12	音乐私享家	深圳人民广播电台音乐广播 FM97.1	1.5	32.9
13	王薇周末慢生活	深圳广播电台交通频率 FM106.2	1.5	29.4
14	971 周末派	深圳人民广播电台音乐广播 FM97.1	1.3	33.1
15	最懂女人心	深圳人民广播电台音乐广播 FM97.1	1.3	32.1
16	971 放轻松	深圳人民广播电台音乐广播 FM97.1	1.3	29.0
17	民歌味道	深圳人民广播电台音乐广播 FM97.1	1.3	26.6
18	一路飞扬	深圳人民广播电台音乐广播 FM97.1	1.3	22.7
19	898 早新闻	深圳广播电台新闻频率 FM89.8	1.3	20.4
20	张旭城市音乐会	深圳广播电台交通频率 FM106.2	1.2	32.7
21	傻瓜古典	深圳人民广播电台音乐广播 FM97.1	1.2	29.0
22	郎爽自驾之旅	深圳广播电台交通频率 FM106.2	1.2	28.1
23	飞扬快跑	深圳人民广播电台音乐广播 FM97.1	1.1	32.3
24	晚安收音机	深圳人民广播电台音乐广播 FM97.1	1.1	32.0
25	单反团	深圳人民广播电台音乐广播 FM97.1	1.1	30.6
26	TA 们的歌	深圳人民广播电台音乐广播 FM97.1	1.1	29.2
27	歌行天下	深圳广播电台交通频率 FM106.2	1.1	29.1
28	佳倩旅行心发现	深圳广播电台交通频率 FM106.2	1.1	28.8
29	行走的耳朵	深圳人民广播电台音乐广播 FM97.1	1.1	28.1
30	海馨智慧养生馆	深圳广播电台交通频率 FM106.2	1.1	27.2

十九、石家庄收听数据

表 3.19.1　2017~2019 年石家庄各目标听众人均收听时间(分钟)

目标听众		2017 年	2018 年	2019 年
10 岁及以上所有人		87	76	78
性别	男	94	83	85
	女	80	69	70
年龄	10~14 岁	44	23	19
	15~24 岁	49	40	30
	25~34 岁	76	72	78
	35~44 岁	88	82	76
	45~54 岁	98	81	100
	55~64 岁	144	133	128
	65 岁及以上	140	116	142
文化程度	未受过正规教育	83	58	*
	小学	85	54	68
	初中	99	82	96
	高中	92	86	81
	大学及以上	72	67	64
职业	干部/管理人员	73	71	72
	初级公务员/雇员	74	74	72
	个体/私营企业人员	102	77	81
	工人	96	91	90
	学生	37	28	20
	无业(包括退休人员)	134	125	133
	其他	156	48	127
个人月收入	没有收入	46	36	35
	1~2000 元	69	54	96
	2001~3000 元	103	87	97
	3001~4000 元	94	88	83
	4001~5000 元	78	80	85
	5001~6000 元	92	76	77
	6001 元及以上	91	98	130

注:石家庄为全年连续调查城市。“*”表示目标听众样本量不足,无法进行统计推断。

表 3.19.2　2017~2019 年石家庄听众在不同地点的人均收听时间(分钟)

地　点	2017 年	2018 年	2019 年
在家	53	44	47
车上	28	26	25
工作/学习场所	4	3	3
其他场所	2	3	2

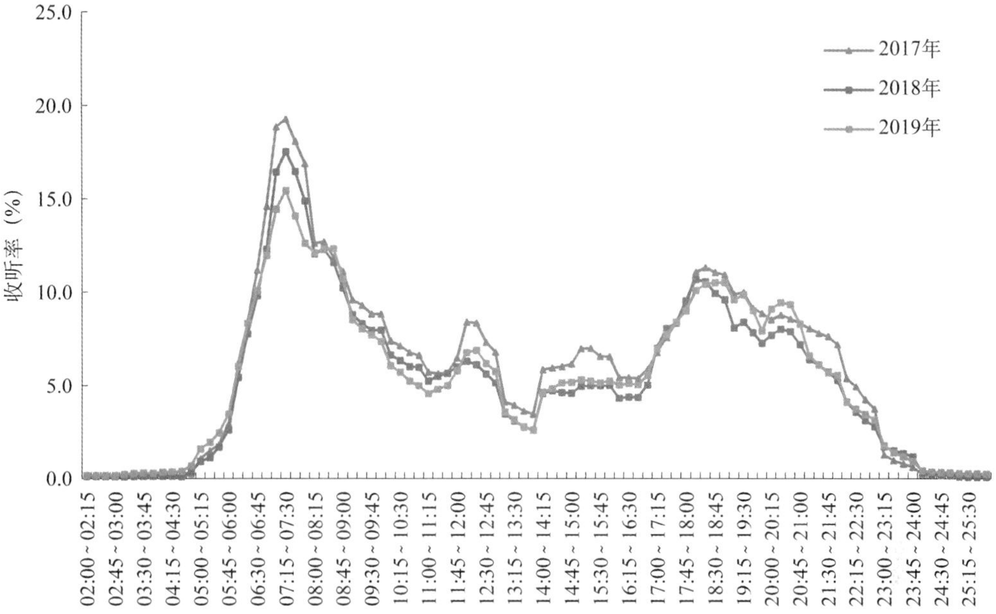

图 3.19.1　2017~2019 年石家庄听众全天收听率走势

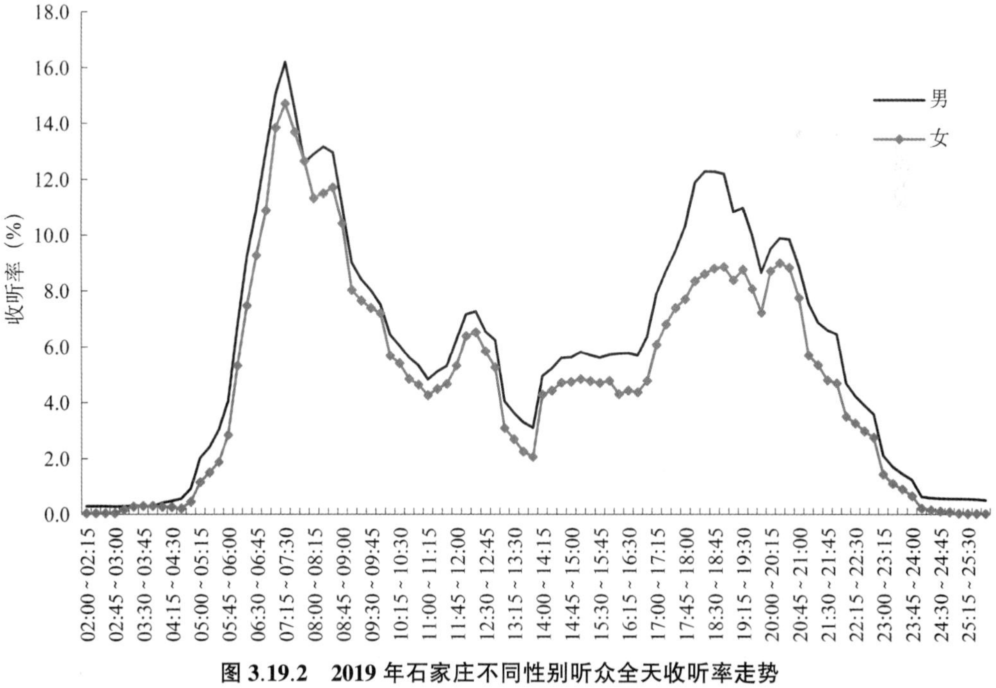

图 3.19.2　2019 年石家庄不同性别听众全天收听率走势

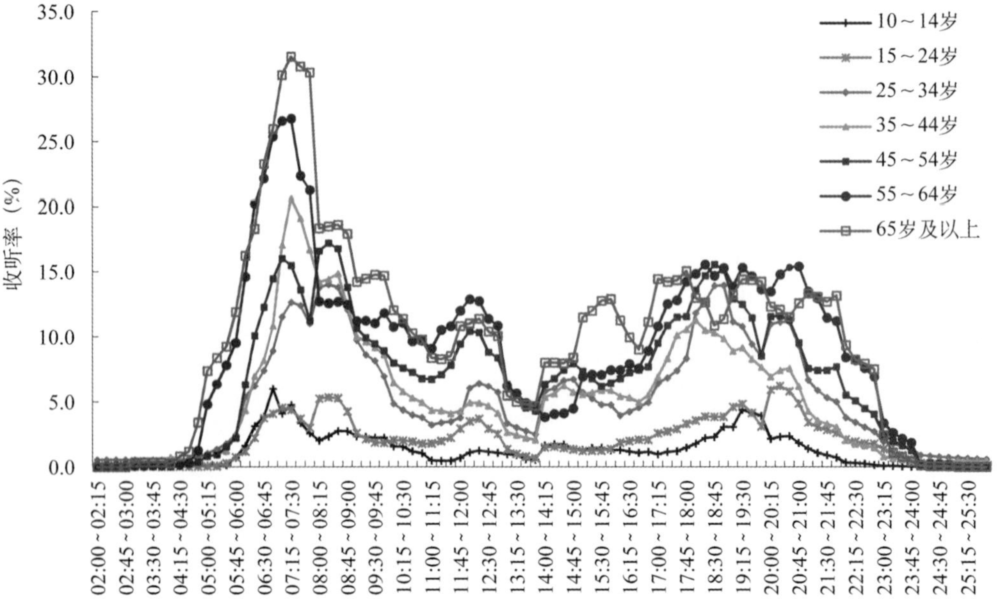

图 3.19.3　2019 年石家庄不同年龄听众全天收听率走势

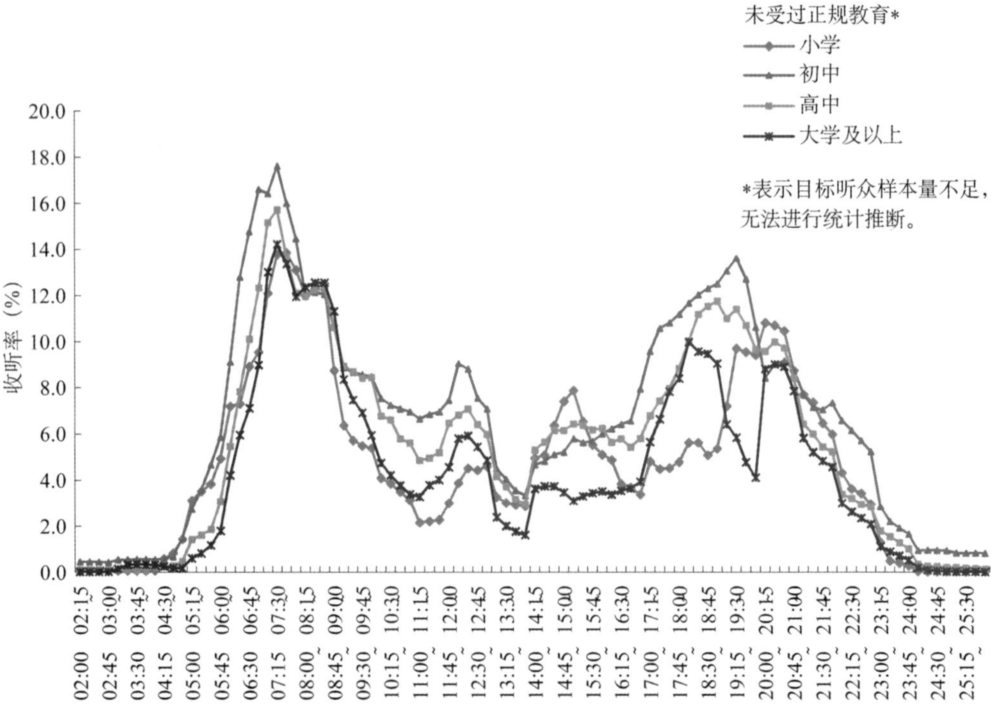

图 3.19.4　2019 年石家庄不同文化程度听众全天收听率走势

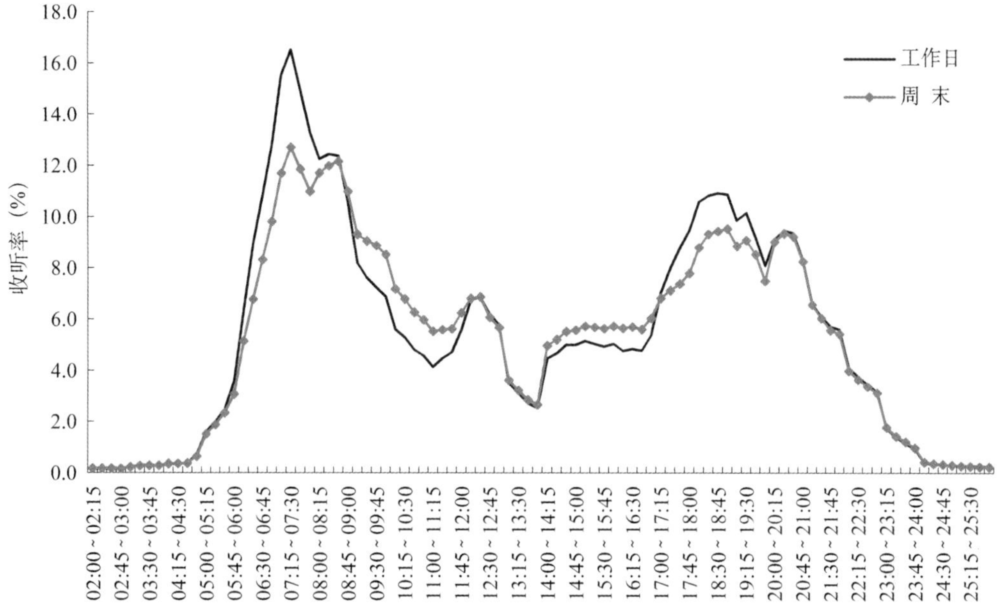

图 3.19.5　2019 年石家庄听众工作日与周末全天收听率走势

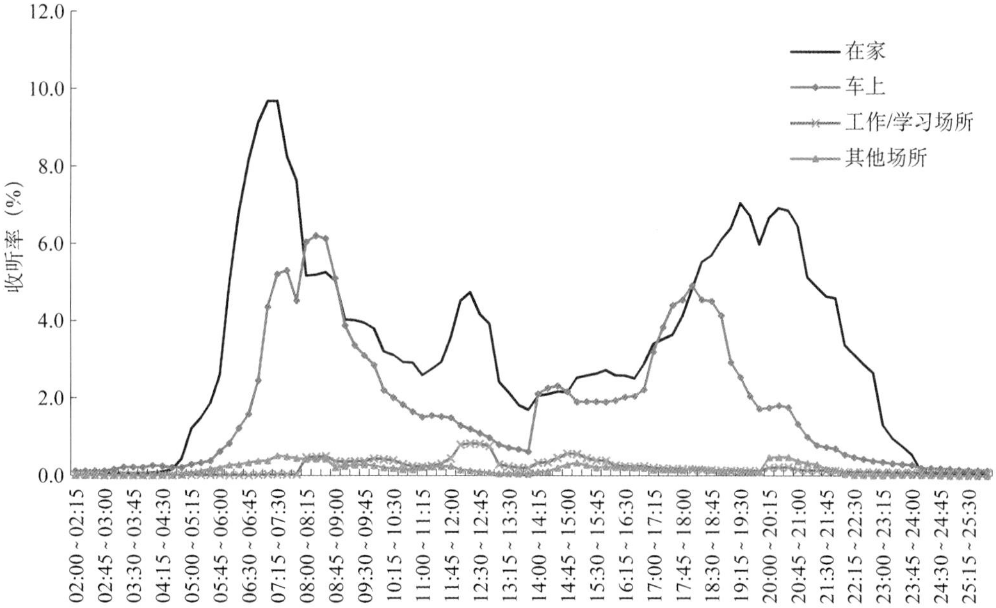

图 3.19.6　2019 年石家庄听众在不同收听地点全天收听率走势

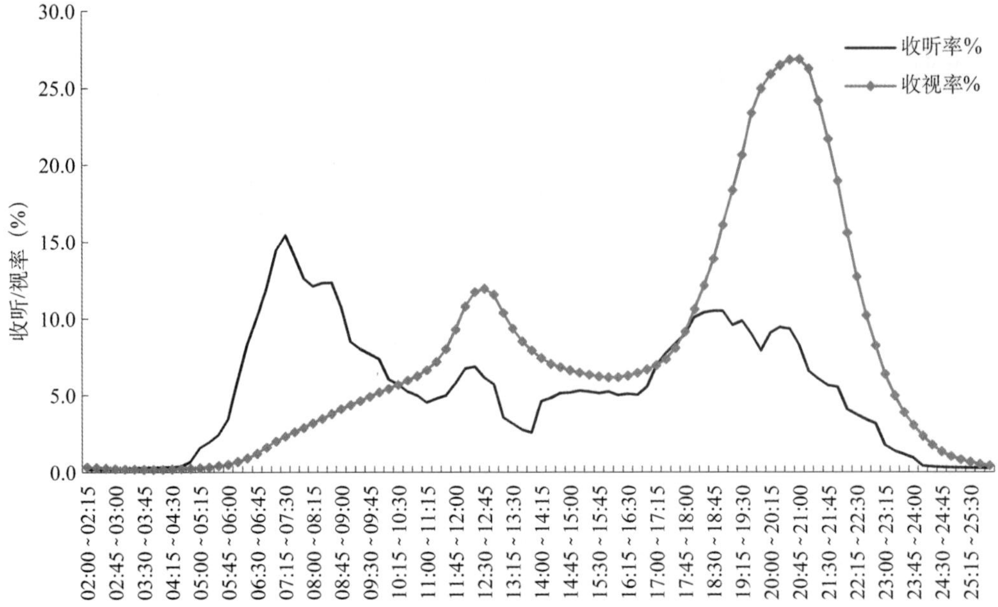

图 3.19.7　2019 年石家庄受众全天收听率、收视率走势比较(目标受众为 10 岁及以上)

表 3.19.3　2019 年石家庄市场听众构成(%)

目标听众		听众构成(%)
10 岁及以上所有人		100.0
性别	男	53.8
	女	46.2
年龄	10~14 岁	1.0
	15~24 岁	8.7
	25~34 岁	20.5
	35~44 岁	19.7
	45~54 岁	18.5
	55~64 岁	17.1
	65 岁及以上	14.4
文化程度	未受过正规教育	*
	小学	6.5
	初中	29.5
	高中	35.4
	大学及以上	28.3
职业	干部/管理人员	4.6
	初级公务员/雇员	25.4
	个体/私营企业人员	23.2
	工人	8.0
	学生	4.6
	无业(包括退休人员)	33.3
	其他	0.9
个人月收入	没有收入	10.6
	1~2000 元	11.0
	2001~3000 元	27.7
	3001~4000 元	24.3
	4001~5000 元	12.6
	5001~6000 元	6.8
	6001 元及以上	7.0

注:石家庄为全年连续调查城市。“*”表示目标听众样本量不足,无法进行统计推断。

表 3.19.4　2017~2019 年石家庄市场各广播电台的市场份额(%)

广播电台	2017 年	2018 年	2019 年
中央人民广播电台	11.9	13.1	-
中国国际广播电台	0.0	0.0	-
中央广播电视总台	-	-	6.7
河北广播电视台	43.7	48.0	52.6
石家庄广播电视台	43.8	37.7	39.4
其他广播电台	0.6	1.2	1.3

表 3.19.5　2019 年石家庄市场各广播电台在不同目标听众中的市场份额(%)

目标听众		中央广播电视总台	河北广播电视台	石家庄广播电视台	其他广播电台
10 岁及以上所有人		6.7	52.6	39.4	1.3
性别	男	6.0	52.3	40.7	1.0
	女	7.5	52.9	37.9	1.7
年龄	10~14 岁	9.4	47.1	43.4	0.1
	15~24 岁	5.2	54.4	36.1	4.3
	25~34 岁	5.6	59.6	33.3	1.5
	35~44 岁	5.6	58.6	35.2	0.6
	45~54 岁	7.2	53.0	38.1	1.7
	55~64 岁	7.0	47.0	45.1	0.9
	65 岁及以上	9.6	39.7	50.6	0.1
文化程度	未受过正规教育	*	*	*	*
	小学	11.5	42.1	46.4	0.0
	初中	6.4	47.3	45.5	0.8
	高中	5.6	54.4	38.4	1.6
	大学及以上	7.4	58.6	32.2	1.8
职业	干部/管理人员	6.0	71.9	21.4	0.7
	初级公务员/雇员	5.2	58.2	34.9	1.7
	个体/私营企业人员	5.4	52.1	41.2	1.3
	工人	11.1	54.8	33.4	0.7
	学生	5.5	55.5	36.4	2.6
	无业(包括退休人员)	7.5	44.8	46.8	0.9
	其他	15.1	76.1	0.7	8.1
个人月收入	没有收入	5.8	58.6	33.5	2.1
	1~2000 元	8.4	41.2	49.6	0.8
	2001~3000 元	7.4	50.3	41.5	0.8
	3001~4000 元	7.1	54.5	36.4	2.0
	4001~5000 元	5.2	52.6	41.6	0.6
	5001~6000 元	8.1	58.6	31.5	1.8
	6001 元及以上	2.9	57.7	38.2	1.2

注:石家庄为全年连续调查城市。“*”表示目标听众样本量不足,无法进行统计推断。

表 3.19.6　2019 年石家庄市场份额排名前五位的频率

排名	频率名称	市场份额(%)
1	河北广播电视台交通广播 FM99.2	19.9
2	石家庄广播电视台新闻广播 AM882/FM88.2	15.7
3	石家庄广播电视台交通广播 FM94.6	12.8
4	河北广播电视台音乐广播 FM102.4	9.1
5	石家庄广播电视台音乐广播 FM106.7	5.3

表 3.19.7　2019 年石家庄市场收听率排名前三十位的节目

排名	节目名称	播出频率	收听率（%）	市场份额（%）
1	转播中央人民广播电台《新闻和报纸摘要》	石家庄广播电视台新闻广播 AM882/FM88.2	3.2	29.1
2	992 早高峰	河北广播电视台交通广播 FM99.2	2.9	22.5
3	新闻 882	石家庄广播电视台新闻广播 AM882/FM88.2	2.4	18.1
4	992 晚高峰	河北广播电视台交通广播 FM99.2	2.2	23.5
5	946 领先早高峰	石家庄广播电视台交通广播 FM94.6	1.9	14.8
6	快乐晚点名	河北广播电视台交通广播 FM99.2	1.7	18.8
7	转播央视新闻联播	石家庄广播电视台新闻广播 AM882/FM88.2	1.7	17.3
8	小雨来了	河北广播电视台交通广播 FM99.2	1.6	17.7
9	946 动感晚高峰	石家庄广播电视台交通广播 FM94.6	1.5	16.5
10	992 大家帮	河北广播电视台交通广播 FM99.2	1.4	20.6
11	992 早班车	河北广播电视台交通广播 FM99.2	1.4	20.1
12	新闻串串聊	石家庄广播电视台新闻广播 AM882/FM88.2	1.4	15.0
13	畅听 946 周末上午版	石家庄广播电视台交通广播 FM94.6	1.2	15.9
14	星河梦工厂	石家庄广播电视台新闻广播 AM882/FM88.2	1.2	13.3
15	992 乐行天下	河北广播电视台交通广播 FM99.2	1.1	21.9
16	992 车世界	河北广播电视台交通广播 FM99.2	1.1	21.3
17	汽车魔方假日版	河北广播电视台交通广播 FM99.2	1.1	19.9
18	今天大不同	河北广播电视台综合广播 FM104.3	1.1	15.2
19	行风热线	石家庄广播电视台新闻广播 AM882/FM88.2	1.1	13.5
20	今晚听我的	石家庄广播电视台交通广播 FM94.6	1.1	12.2
21	转播中央人民广播电台《新闻和报纸摘要》	河北广播电视台综合广播 FM104.3	1.1	10.2
22	快乐出发	河北广播电视台音乐广播 FM102.4	1.1	8.8
23	新闻纵横	中央人民广播电台第一套节目中国之声	1.1	8.1
24	882 城市热线	石家庄广播电视台新闻广播 AM882/FM88.2	1.0	16.7
25	交通热线	石家庄广播电视台交通广播 FM94.6	1.0	13.0
26	汽车有话说	河北广播电视台交通广播 FM99.2	0.9	19.2
27	第一房产	石家庄广播电视台新闻广播 AM882/FM88.2	0.9	17.0
28	音乐私享家	河北广播电视台交通广播 FM99.2	0.9	15.6
29	开心方向盘	石家庄广播电视台交通广播 FM94.6	0.9	10.2
30	田园保健站 10	河北广播电视台农民广播 AM558/FM98.1	0.9	9.9

二十、苏州收听数据

表 3.20.1　2017~2019 年苏州各目标听众人均收听时间(分钟)

目标听众		2017 年	2018 年	2019 年
10 岁及以上所有人		61	52	66
性别	男	65	53	67
	女	57	51	65
年龄	10~14 岁	26	15	25
	15~24 岁	35	31	39
	25~34 岁	56	50	67
	35~44 岁	61	57	68
	45~54 岁	64	50	61
	55~64 岁	94	79	96
	65 岁及以上	117	85	123
文化程度	未受过正规教育	34	*	*
	小学	62	53	75
	初中	70	59	65
	高中	61	52	74
	大学及以上	58	48	60
职业	干部/管理人员	71	58	58
	初级公务员/雇员	57	50	63
	个体/私营企业人员	68	55	63
	工人	57	52	74
	学生	31	26	30
	无业(包括退休人员)	96	81	109
	其他	29	42	45
个人月收入	没有收入	33	28	35
	1~2000 元	65	51	52
	2001~3000 元	76	69	81
	3001~4000 元	69	62	72
	4001~5000 元	69	51	66
	5001~6000 元	57	51	79
	6001 元及以上	62	56	82

注:苏州为全年连续调查城市。“ * ”表示目标听众样本量不足,无法进行统计推断。

表 3.20.2　2017~2019 年苏州听众在不同地点的人均收听时间(分钟)

地　点	2017 年	2018 年	2019 年
在家	35	31	41
车上	21	17	22
工作/学习场所	4	3	3
其他场所	1	1	1

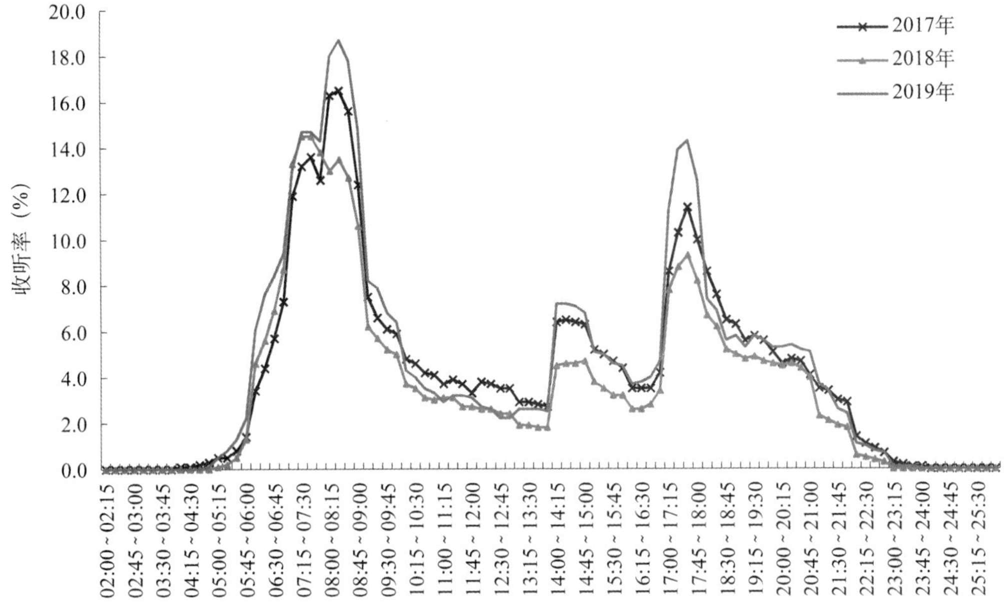

图 3.20.1　2017~2019 年苏州听众全天收听率走势

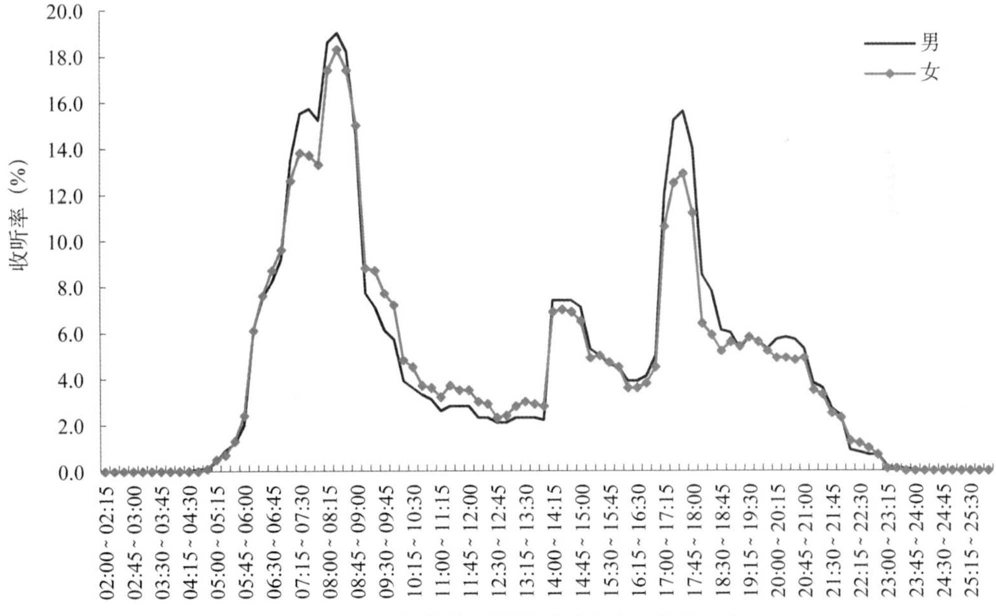

图 3.20.2　2019 年苏州不同性别听众全天收听率走势

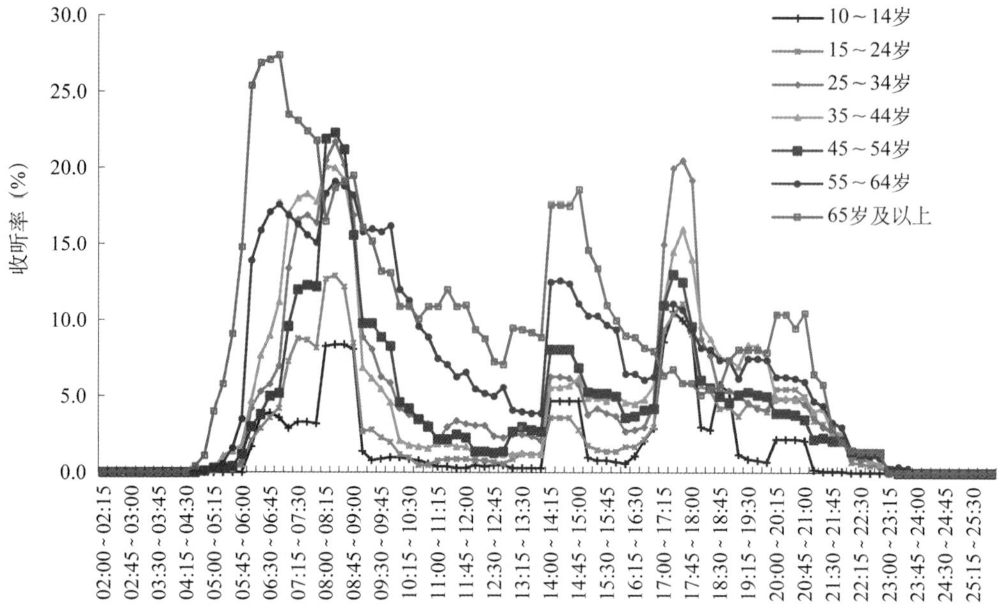

图 3.20.3　2019 年苏州不同年龄听众全天收听率走势

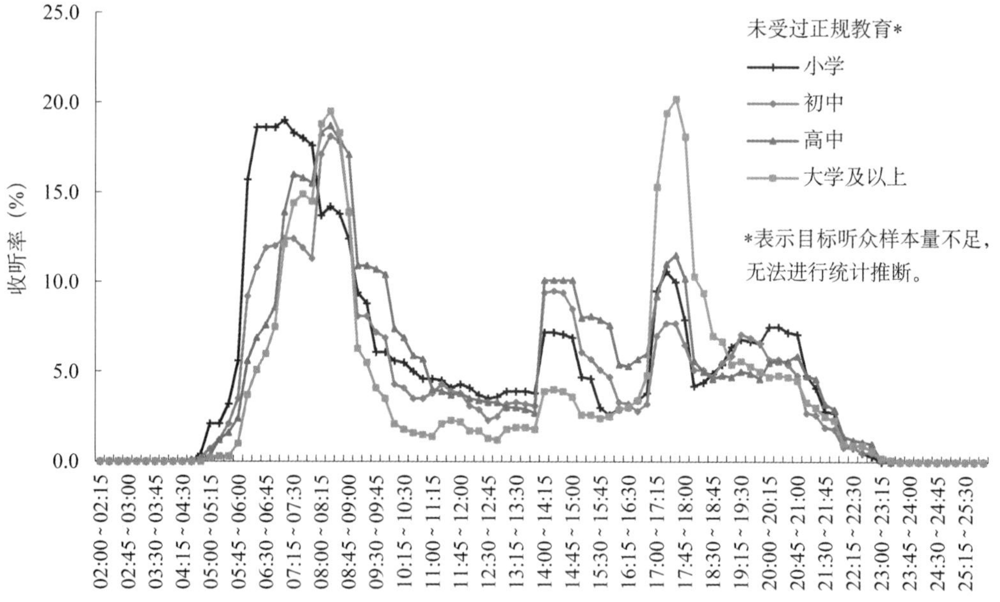

图 3.20.4　2019 年苏州不同文化程度听众全天收听率走势

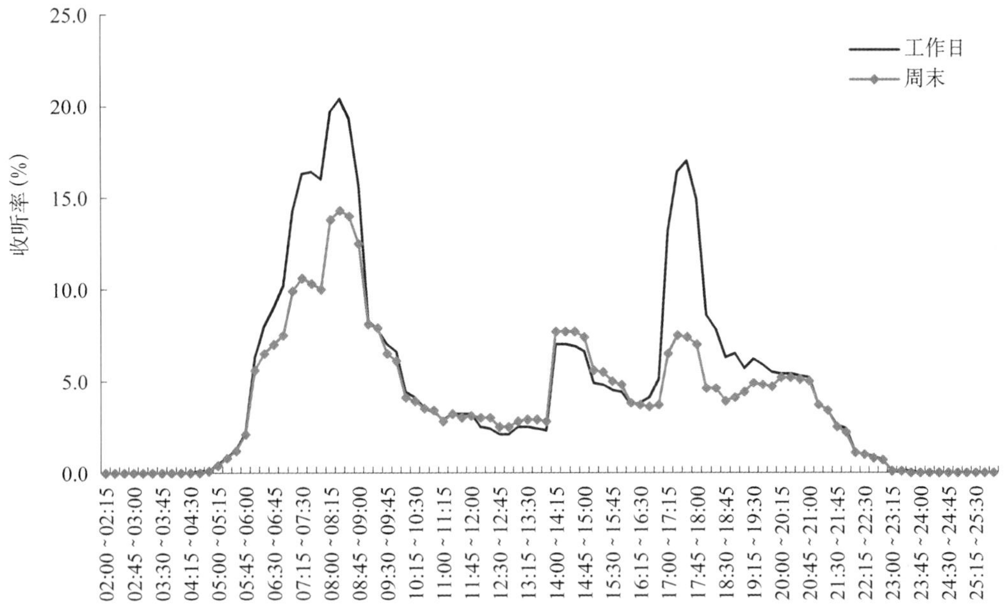

图 3.20.5　2019 年苏州听众工作日与周末全天收听率走势

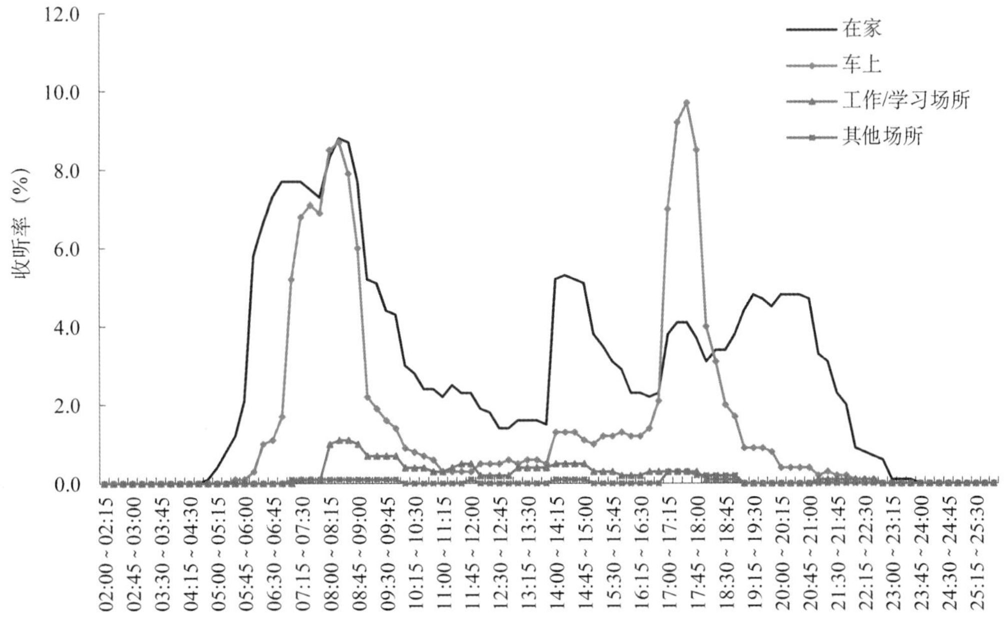

图 3.20.6　2019 年苏州听众在不同地点全天收听率走势

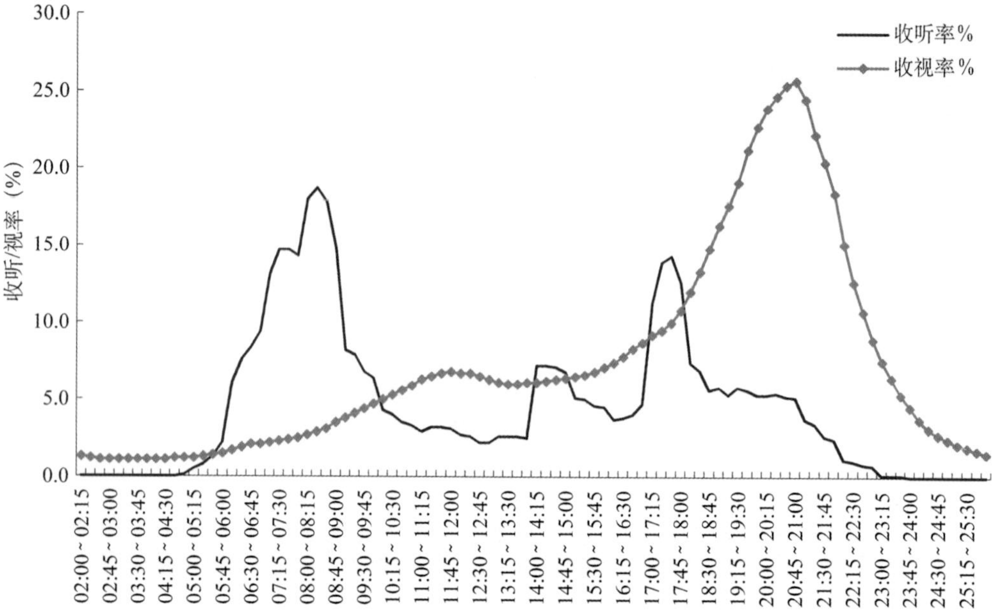

图 3.20.7　2019 年苏州受众全天收听率、收视率走势比较(目标受众为 10 岁及以上)

表 3.20.3 2019 年苏州市场听众构成(%)

目标听众		听众构成(%)
10 岁及以上所有人		100.0
性别	男	51.7
	女	48.3
年龄	10~14 岁	1.2
	15~24 岁	12.7
	25~34 岁	27.7
	35~44 岁	19.2
	45~54 岁	11.4
	55~64 岁	13.7
	65 岁及以上	14.1
文化程度	未受过正规教育	*
	小学	5.9
	初中	21.4
	高中	34.0
	大学及以上	38.7
职业	干部/管理人员	4.4
	初级公务员/雇员	34.6
	个体/私营企业人员	8.8
	工人	16.5
	学生	8.4
	无业(包括退休人员)	26.9
	其他	0.4
个人月收入	没有收入	10.9
	1~2000 元	1.0
	2001~3000 元	12.1
	3001~4000 元	26.5
	4001~5000 元	19.9
	5001~6000 元	13.3
	6001 元及以上	16.3

注:“*”表示目标听众样本量不足,无法进行统计推断。

表 3.20.4 2017~2019 年苏州市场各广播电台的市场份额(%)

广播电台	2017 年	2018 年	2019 年
中央人民广播电台	3.1	4.9	–
中国国际广播电台	0.0	0.0	–
中央广播电视总台	–	–	5.7
江苏广播电视总台	9.9	11.3	12.8
苏州广播电视总台	84.8	82.9	80.4
上海广播电视台	2.0	0.8	1.0
无锡广播电视台	0.1	0.0	0.0
其他广播电台	0.1	0.1	0.1

表 3.20.5　2019 年苏州市场各广播电台在不同目标听众中的市场份额(%)

目标听众		中央广播电视总台	江苏广播电视总台	苏州广播电视总台	上海广播电视台	无锡广播电视台	其他广播电台
10 岁及以上所有人		5.7	12.8	80.4	1.0	0.0	0.1
性别	男	4.9	12.9	80.8	1.4	0.0	0.0
	女	6.5	12.8	79.9	0.7	0.0	0.1
年龄	10~14 岁	0.2	22.2	66.5	11.0	0.0	0.1
	15~24 岁	6.9	10.5	81.4	1.2	0.0	0.0
	25~34 岁	5.1	15.8	78.3	0.8	0.0	0.0
	35~44 岁	2.8	15.1	80.6	1.4	0.0	0.1
	45~54 岁	5.3	11.8	81.0	1.9	0.0	0.0
	55~64 岁	2.5	13.7	83.6	0.2	0.0	0.0
	65 岁及以上	13.4	5.5	81.0	0.1	0.0	0.0
文化程度	未受过正规教育	*	*	*	*	*	*
	小学	7.4	16.5	76.0	0.0	0.0	0.1
	初中	8.2	10.5	80.0	1.3	0.0	0.0
	高中	5.2	12.1	81.5	1.2	0.0	0.0
	大学及以上	4.6	14.1	80.4	0.9	0.0	0.0
职业	干部/管理人员	3.9	7.7	88.2	0.2	0.0	0.0
	初级公务员/雇员	3.0	12.6	83.5	0.9	0.0	0.0
	个体/私营企业人员	3.1	15.6	80.7	0.5	0.0	0.1
	工人	7.7	19.3	70.7	2.3	0.0	0.0
	学生	7.9	13.9	75.7	2.5	0.0	0.0
	无业(包括退休人员)	8.5	9.1	82.1	0.3	0.0	0.0
	其他	0.0	0.0	100.0	0.0	0.0	0.0
个人月收入	没有收入	6.1	10.8	81.2	1.9	0.0	0.0
	1~2000 元	0.0	19.4	80.4	0.2	0.0	0.0
	2001~3000 元	5.5	14.5	77.2	2.7	0.0	0.1
	3001~4000 元	5.1	9.7	84.8	0.3	0.0	0.1
	4001~5000 元	6.8	16.8	75.1	1.3	0.0	0.0
	5001~6000 元	6.1	18.2	74.9	0.7	0.0	0.1
	6001 元及以上	5.2	8.3	86.3	0.2	0.0	0.0

注:“ * ”表示目标听众样本量不足,无法进行统计推断。

表 3.20.6　2019 年苏州市场份额排名前五位的频率

排名	频率名称	市场份额%
1	苏州广播电视总台交通经济广播 FM104.8	37.1
2	苏州广播电视总台都市音乐广播 FM102.8	15.6
3	苏州广播电视总台综合广播 FM91.1	9.0
4	苏州广播电视总台综合广播 AM1080	5.6
5	江苏交通广播网 FM101.1	4.8

表 3.20.7 2019 年苏州市场收听率排名前三十位的节目

排名	节目名称	播出频率	收听率（%）	市场份额（%）
1	直播苏州	苏州广播电视总台交通经济广播 FM104.8	7.2	45.7
2	高峰五六点	苏州广播电视总台交通经济广播 FM104.8	3.8	33.4
3	转播中央人民广播电台《新闻和报纸摘要》	苏州广播电视总台交通经济广播 FM104.8	2.9	32.2
4	与你同行	苏州广播电视总台交通经济广播 FM104.8	2.6	35.9
5	阿万茶楼	苏州广播电视总台交通经济广播 FM104.8	2.6	43.7
6	与你同行	苏州广播电视总台交通经济广播 FM104.8	2.6	35.9
7	六点辰光	苏州广播电视总台交通经济广播 FM104.8	1.9	27.8
8	摆渡人的歌	苏州广播电视总台都市音乐广播 FM102.8	1.9	21.3
9	假日高峰	苏州广播电视总台交通经济广播 FM104.8	1.8	35.9
10	转播中央人民广播电台《新闻和报纸摘要》	苏州广播电视总台综合广播 FM91.1	1.8	20.6
11	1048 帮帮团	苏州广播电视总台交通经济广播 FM104.8	1.7	39.7
12	音乐快车道	苏州广播电视总台都市音乐广播 FM102.8	1.7	12.5
13	音乐不塞车	苏州广播电视总台交通经济广播 FM104.8	1.6	27.5
14	苏阿姨谈家常	苏州广播电视总台综合广播 FM91.1	1.6	22.8
15	体坛星播客	苏州广播电视总台交通经济广播 FM104.8	1.5	33.4
16	只爱一点点	苏州广播电视总台都市音乐广播 FM102.8	1.4	26.3
17	开心方向盘 1011(17:00)	江苏交通广播网 FM101.1	1.4	9.1
18	音乐如果爱	苏州广播电视总台都市音乐广播 FM102.8	1.2	20.7
19	假日早上好	苏州广播电视总台综合广播 FM91.1	1.2	9.1
20	江苏新闻联播 937(07:00)	江苏新闻广播 FM93.7	1.2	8.9
21	新闻早高峰 937(07:30)	江苏新闻广播 FM93.7	1.2	8.4
22	快乐连连听	苏州广播电视总台交通经济广播 FM104.8	1.1	39.6
23	汽车音乐时间	苏州广播电视总台交通经济广播 FM104.8	1.1	32.8
24	转播中央人民广播电台《新闻和报纸摘要》937(06:30)	江苏新闻广播 FM93.7	1.1	12.7
25	毕口秀	苏州广播电视总台综合广播 FM91.1	1.1	5.7
26	欢乐都市夜	苏州广播电视总台交通经济广播 FM104.8	1.0	22.4
27	全国新闻联播	中央人民广播电台第一套节目中国之声	1.0	17.1
28	阳光时间	苏州广播电视总台综合广播 AM1080	1.0	14.1
29	嘟嘟下班啦	苏州广播电视总台儿童广播 FM95.7	1.0	9.2
30	音乐听自在(14:00)	苏州广播电视总台都市音乐广播 FM102.8	0.9	17.2

二十一、太原收听数据

表 3.21.1　2017~2019 年太原各目标听众人均收听时间(分钟)

目标听众		2017 年	2018 年	2019 年
10 岁及以上所有人		82	77	76
性别	男	84	84	82
	女	79	70	70
年龄	10~14 岁	51	29	24
	15~24 岁	53	55	58
	25~34 岁	79	69	74
	35~44 岁	91	92	95
	45~54 岁	87	71	68
	55~64 岁	116	108	106
	65 岁及以上	124	131	99
文化程度	未受过正规教育	*	*	*
	小学	77	64	55
	初中	89	84	86
	高中	82	73	74
	大学及以上	74	77	72
职业	干部/管理人员	90	51	71
	初级公务员/雇员	75	77	76
	个体/私营企业人员	92	87	89
	工人	101	71	79
	学生	46	43	41
	无业(包括退休人员)	100	93	85
	其他	131	139	142
个人月收入	没有收入	56	49	49
	1~2000 元	92	98	105
	2001~3000 元	100	84	81
	3001~4000 元	82	93	85
	4001~5000 元	86	68	75
	5001~6000 元	101	72	76
	6001 元及以上	109	134	135

注:太原为全年连续调查城市。“*”表示目标听众样本量不足,无法进行统计推断。

表 3.21.2　2017~2019 年太原听众在不同地点的人均收听时间(分钟)

地　点	2017 年	2018 年	2019 年
在家	52	40	41
车上	22	30	31
工作/学习场所	5	4	3
其他场所	2	2	2

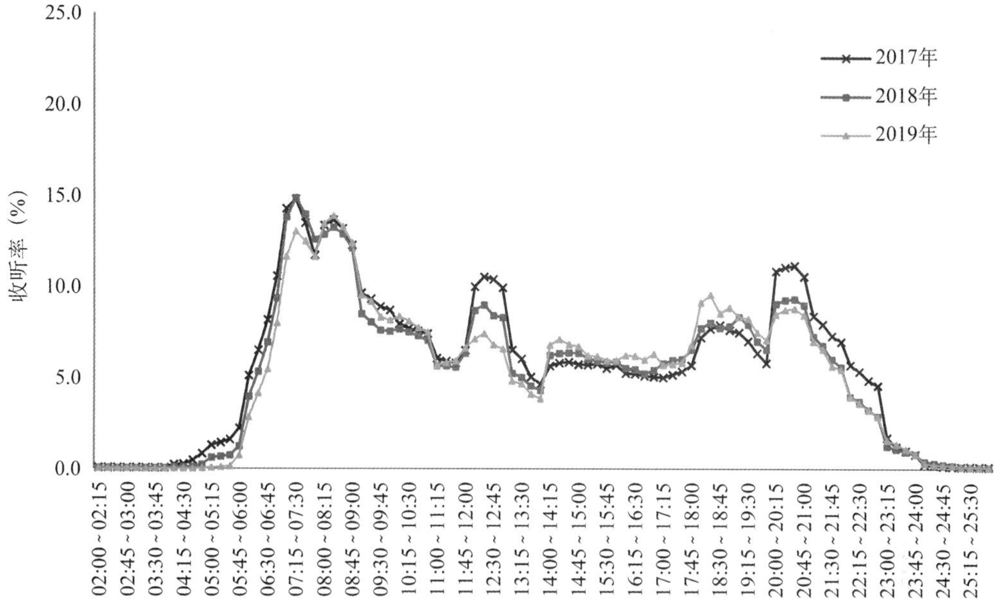

图 3.21.1 2017～2019 年太原听众全天收听率走势

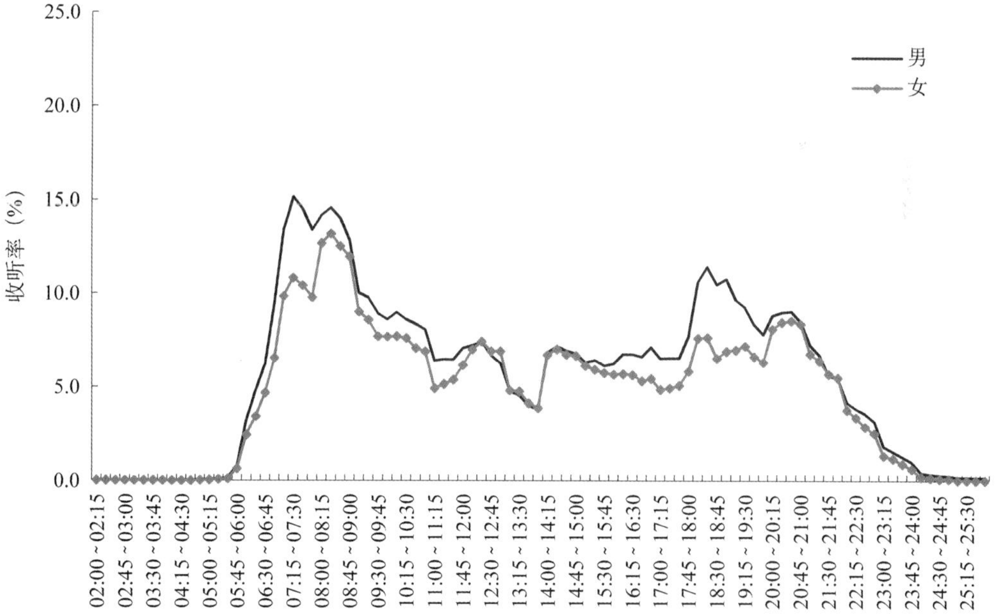

图 3.21.2 2019 年太原不同性别听众全天收听率走势

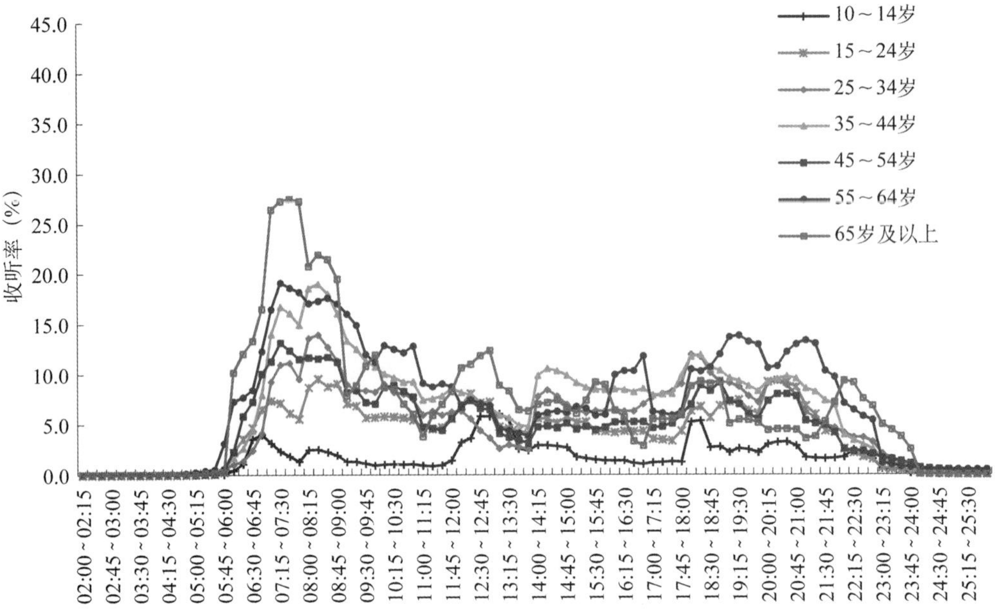

图 3.21.3　2019 年太原不同年龄听众全天收听率走势

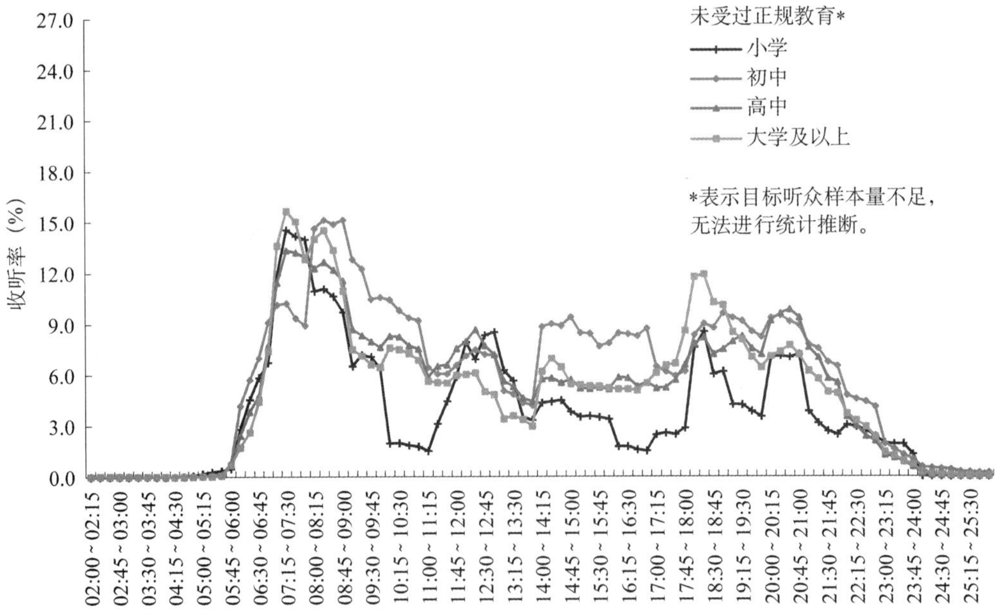

图 3.21.4　2019 年太原不同文化程度听众全天收听率走势

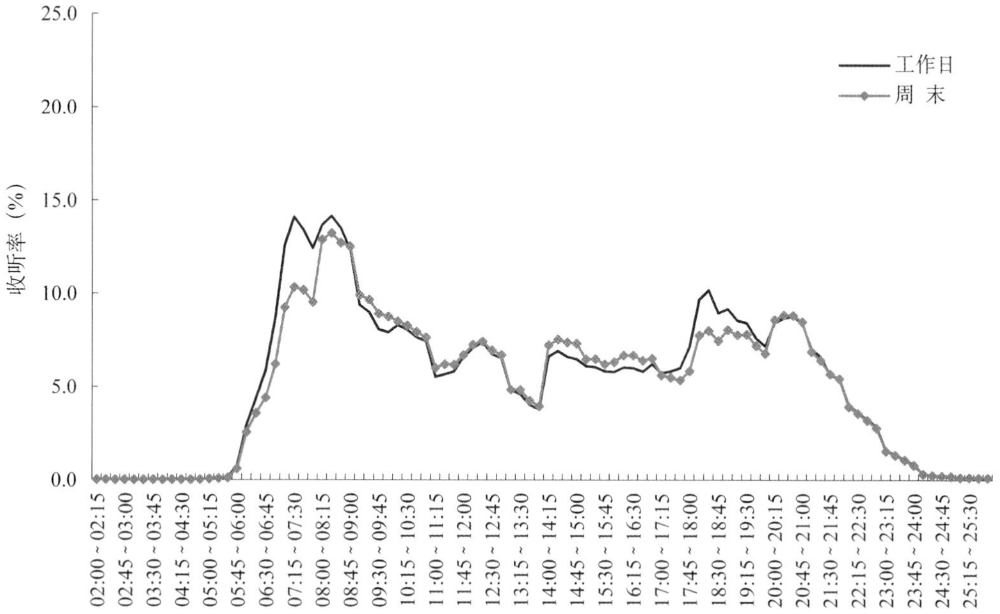

图 3.21.5　2019 年太原听众工作日与周末全天收听率走势

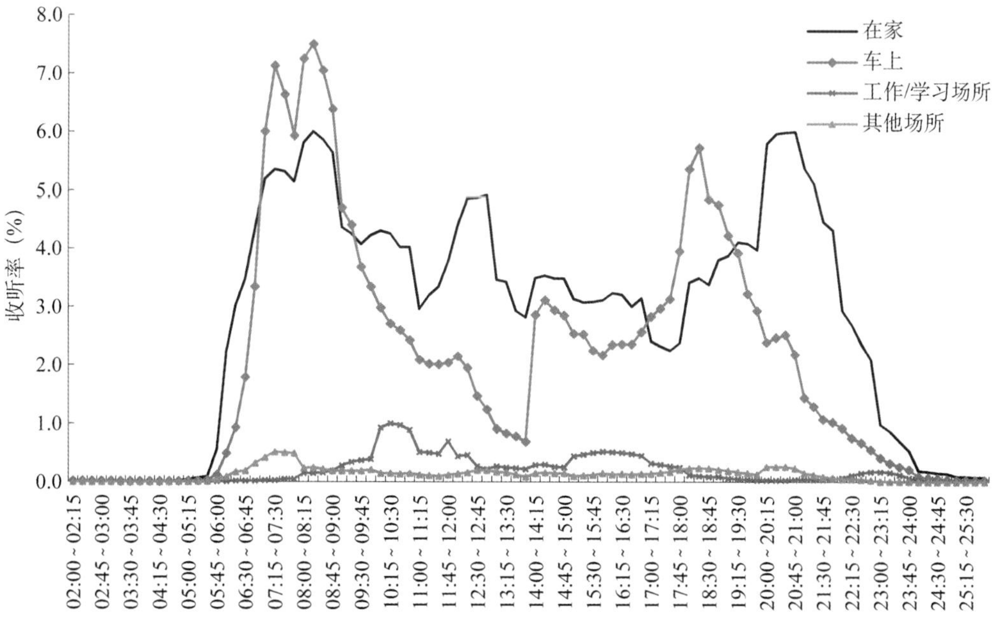

图 3.21.6　2019 年太原听众在不同收听地点全天收听率走势

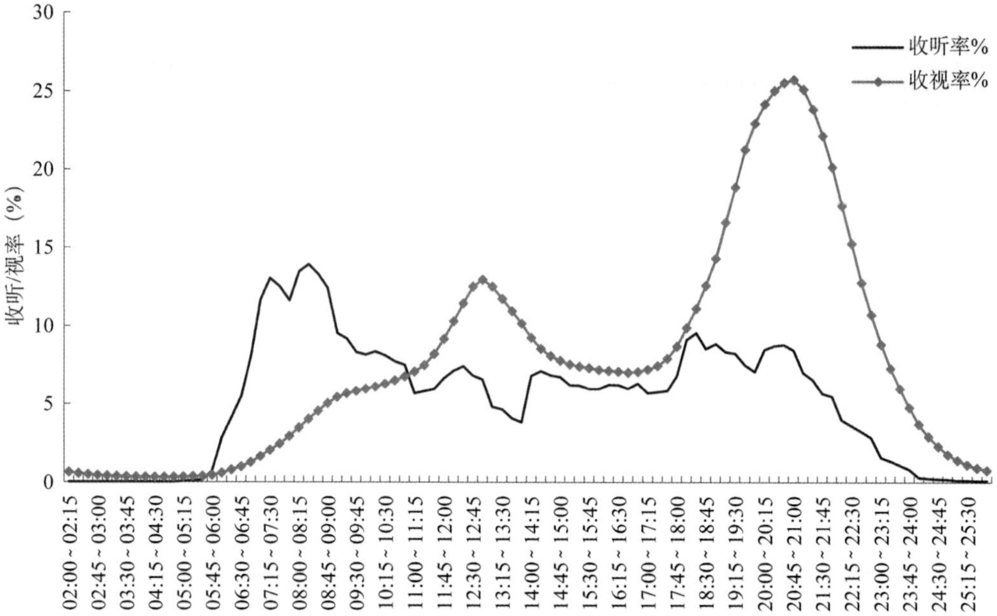

图 3.21.7　2019 年太原受众全天收听率、收视率走势比较(目标受众为 10 岁及以上)

表 3.21.3　2019 年太原市场听众构成(%)

目标听众		听众构成(%)
10 岁及以上所有人		100.0
性别	男	54.8
	女	45.2
年龄	10~14 岁	1.4
	15~24 岁	19.0
	25~34 岁	18.4
	35~44 岁	26.2
	45~54 岁	13.8
	55~64 岁	12.5
	65 岁及以上	8.8
文化程度	未受过正规教育	*
	小学	4.8
	初中	37.5
	高中	29.9
	大学及以上	27.8
职业	干部/管理人员	2.8
	初级公务员/雇员	23.6
	个体/私营企业人员	30.9
	工人	5.9
	学生	9.9
	无业(包括退休人员)	23.2
	其他	3.6
个人月收入	没有收入	18.1
	1~2000 元	11.1
	2001~3000 元	26.7
	3001~4000 元	22.3
	4001~5000 元	10.6
	5001~6000 元	4.4
	6001 元及以上	6.8

注:“*”表示目标听众样本量不足,无法进行统计推断。

表 3.21.4　2017~2019 年太原市场各广播电台的市场份额(%)

广播电台	2017 年	2018 年	2019 年
中央人民广播电台	9.0	7.0	–
中国国际广播电台	0.0	0.0	–
中央广播电视总台	–	–	6.9
山西广播电视台	56.8	48.1	43.2
太原广播电视台	33.1	43.8	48.1
其他广播电台	1.1	1.1	1.8

表 3.21.5　2019 年太原市场各广播电台在不同目标听众中的市场份额(%)

目标听众		中央广播电视总台	山西广播电视台	太原广播电视台	其他广播电台
10 岁及以上所有人		6.9	43.2	48.1	1.8
性别	男	6.7	37.8	54.3	1.2
	女	7.1	49.7	40.5	2.6
年龄	10~14 岁	9.0	52.9	25.0	13.1
	15~24 岁	7.4	37.9	52.4	2.3
	25~34 岁	5.6	42.3	51.7	0.4
	35~44 岁	6.4	37.9	53.7	2.0
	45~54 岁	4.2	49.1	46.5	0.2
	55~64 岁	5.4	48.6	41.8	4.3
	65 岁及以上	16.2	53.5	29.5	0.8
文化程度	未受过正规教育	*	*	*	*
	小学	10.5	53.6	26.3	9.6
	初中	5.8	49.1	44.2	0.9
	高中	7.6	42.8	48.2	1.4
	大学及以上	7.0	33.8	57.1	2.1
职业	干部/管理人员	13.5	30.7	54.4	1.4
	初级公务员/雇员	5.0	39.0	55.1	0.9
	个体/私营企业人员	4.1	40.9	53.2	1.8
	工人	10.0	34.5	55.3	0.2
	学生	8.9	46.7	42.1	2.2
	无业(包括退休人员)	8.3	50.5	37.8	3.4
	其他	18.9	58.0	23.1	0.0
个人月收入	没有收入	5.9	53.7	38.2	2.2
	1~2000 元	8.3	53.0	33.0	5.7
	2001~3000 元	6.6	39.8	52.3	1.3
	3001~4000 元	8.7	37.6	53.1	0.6
	4001~5000 元	7.5	46.1	44.2	2.2
	5001~6000 元	4.7	35.4	59.6	0.3
	6001 元及以上	3.1	31.4	64.6	0.9

注:“*”表示目标听众样本量不足,无法进行统计推断。

表 3.21.6　2019 年太原市场份额排名前五位的频率

排名	频率名称	市场份额(%)
1	太原人民广播电台交通频率 FM107	31.7
2	山西广播电视台交通广播 FM88	10.4
3	山西广播电视台音乐广播 FM94.0	9.6
4	山西广播电视台健康之声广播 FM105.9	8.6
5	太原人民广播电台音乐频率 FM102.6	8.2

表 3.21.7　2019 年太原市场收听率排名前三十位的节目

排名	节目名称	播出频率	收听率（%）	市场份额（%）
1	107 早班车	太原人民广播电台交通频率 FM107	2.0	31.6
2	880 早高峰	山西广播电视台交通广播 FM88	2.0	15.4
3	107 帮助热线	太原人民广播电台交通频率 FM107	1.8	31.0
4	107 交通热线	太原人民广播电台交通频率 FM107	1.7	32.8
5	107 在路上	太原人民广播电台交通频率 FM107	1.7	32.6
6	107 伴我行	太原人民广播电台交通频率 FM107	1.7	30.2
7	食在龙城	太原人民广播电台交通频率 FM107	1.6	32.7
8	看车有道	太原人民广播电台交通频率 FM107	1.6	32.4
9	107 畅游天下	太原人民广播电台交通频率 FM107	1.6	30.6
10	挑战老司机	太原人民广播电台交通频率 FM107	1.6	30.2
11	107 楼市解码	太原人民广播电台交通频率 FM107	1.6	29.7
12	假日早班车	山西广播电视台交通广播 FM88	1.6	13.7
13	107 爱相随	太原人民广播电台交通频率 FM107	1.5	31.7
14	107 高峰进行时	太原人民广播电台交通频率 FM107	1.5	31.4
15	快乐 107	太原人民广播电台交通频率 FM107	1.5	30.7
16	畅通 107	太原人民广播电台交通频率 FM107	1.5	29.5
17	汽车音乐 CD	太原人民广播电台交通频率 FM107	1.5	29.1
18	时尚 107	太原人民广播电台交通频率 FM107	1.3	30.2
19	880 晚高峰	山西广播电视台交通广播 FM88	1.2	13.7
20	专家门诊(复播)	山西广播电视台健康之声广播 FM105.9	1.1	17.4
21	红十字连心桥(日)	山西广播电视台健康之声广播 FM105.9	1.0	12.7
22	寻医问药	山西广播电视台健康之声广播 FM105.9	1.0	7.7
22	柠檬 咖啡 Tea	山西广播电视台音乐广播 FM94.0	1.0	7.7
24	幸福社区	山西广播电视台健康之声广播 FM105.9	0.9	13.4
25	无敌管家婆	山西广播电视台健康之声广播 FM105.9	0.9	12.6
26	音乐老友记	山西广播电视台音乐广播 FM94.0	0.9	11.9
27	107 榜中榜	太原人民广播电台交通频率 FM107	0.8	24.6
28	大牌主打歌	山西文艺广播 FM101.5	0.8	16.5
29	1059 帮助热线	山西广播电视台健康之声广播 FM105.9	0.8	12.7
30	早安 880	山西广播电视台交通广播 FM88	0.8	12.4

二十二、天津收听数据

表 3.22.1　2017~2019 年天津各目标听众人均收听时间(分钟)

目标听众		2017 年	2018 年	2019 年			
				第一波	第二波	第三波	第四波
10 岁及以上所有人		89	94	93	92	95	88
性别	男	87	95	97	95	98	89
	女	92	91	88	88	92	87
年龄	10~14 岁	24	24	18	36	35	31
	15~24 岁	43	55	58	54	64	56
	25~34 岁	75	74	78	83	90	70
	35~44 岁	81	84	78	71	70	72
	45~54 岁	89	104	93	95	104	98
	55~64 岁	153	131	141	140	141	135
	65 岁及以上	146	161	168	161	144	150
文化程度	未受过正规教育	*	*	*	*	*	*
	小学	75	91	120	106	80	82
	初中	106	104	108	103	106	103
	高中	90	103	102	96	95	90
	大学及以上	76	78	74	80	89	76
职业	干部/管理人员	94	78	79	94	123	110
	初级公务员/雇员	74	83	87	83	86	71
	个体/私营企业人员	82	75	80	70	81	77
	工人	91	113	105	110	115	101
	学生	36	47	46	45	50	47
	无业(包括退休人员)	137	135	137	134	126	127
	其他	*	*	*	*	*	*
个人月收入	没有收入	41	49	50	49	54	50
	1~2000 元	103	114	115	131	146	136
	2001~3000 元	113	121	120	128	131	118
	3001~4000 元	92	94	95	93	94	92
	4001~5000 元	100	99	101	105	102	94
	5001~6000 元	84	86	82	71	82	80
	6001 元及以上	90	98	99	86	96	85

注:天津为四波调查城市。2019 年四波调查日期分别为:第一波 3 月 3 日至 3 月 23 日;第二波 5 月 26 日至 6 月 15 日;第三波 8 月 25 日至 9 月 14 日;第四波 11 月 3 日至 11 月 23 日。“＊”表示目标听众样本量不足,无法进行统计推断。

表 3.22.2　2017~2019 年天津听众在不同地点的人均收听时间(分钟)

地　点	2017 年	2018 年	2019 年
在家	62	61	62
车上	20	24	21
工作/学习场所	6	7	7
其他场所	1	2	2

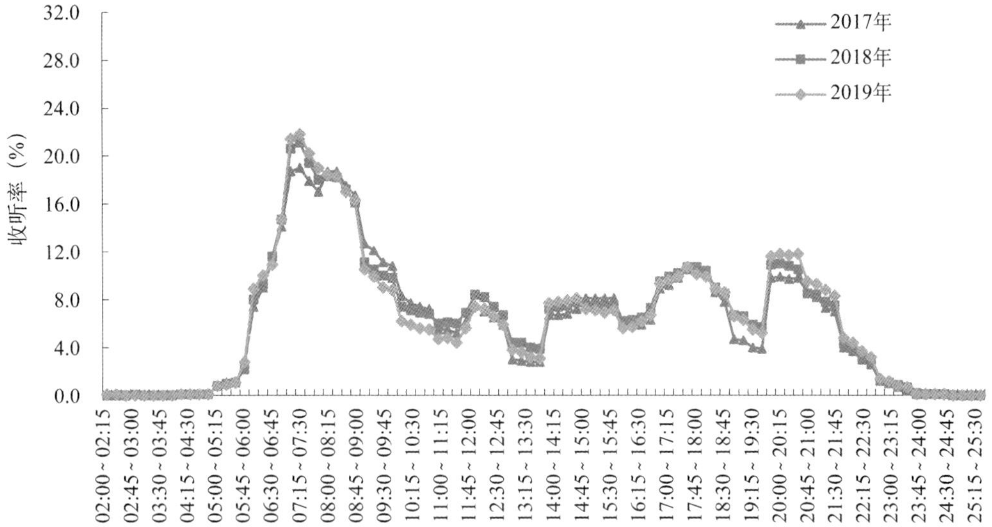

图 3.22.1　2017~2019 年天津听众全天收听率走势

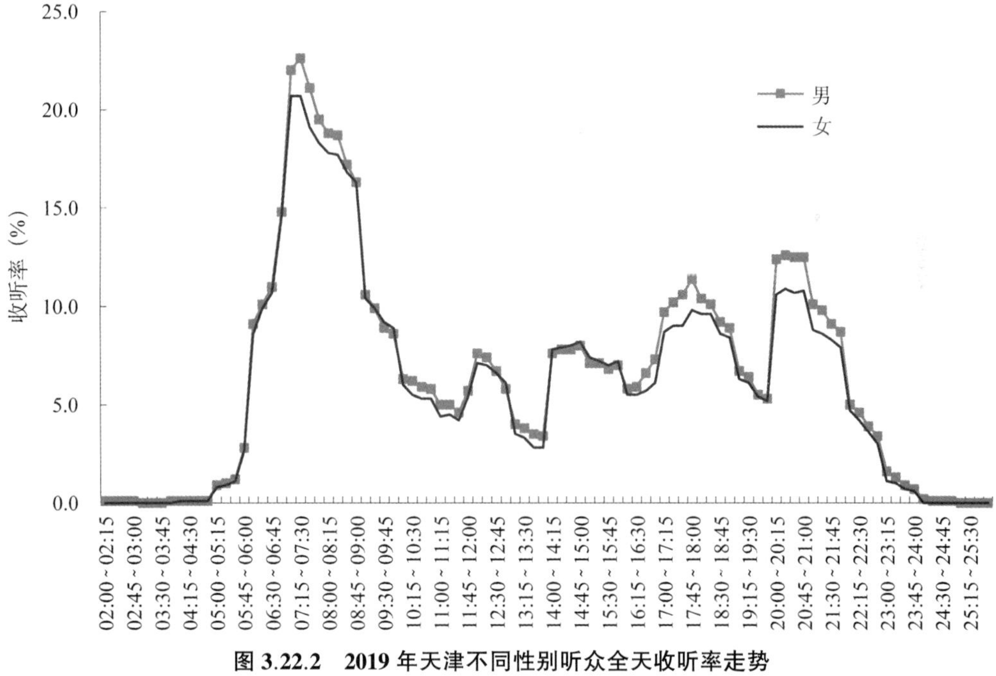

图 3.22.2　2019 年天津不同性别听众全天收听率走势

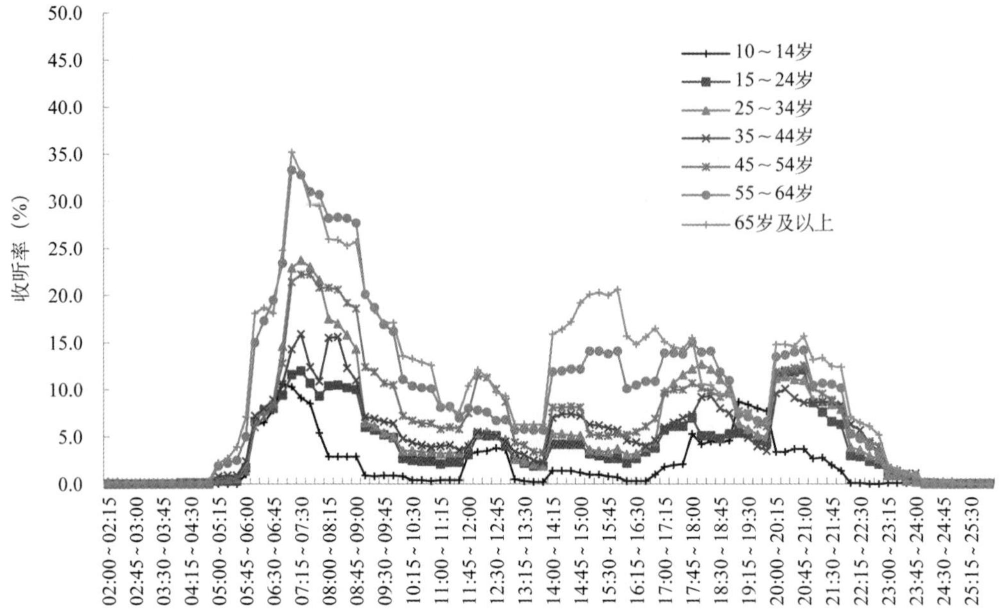

图 3.22.3　2019 年天津不同年龄听众全天收听率走势

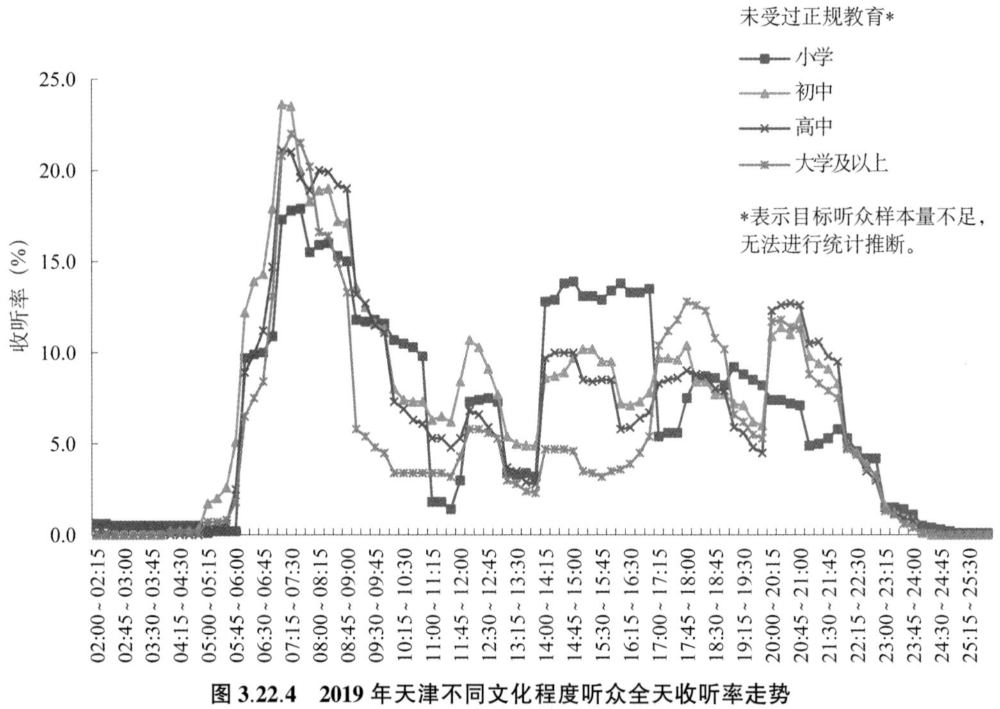

图 3.22.4　2019 年天津不同文化程度听众全天收听率走势

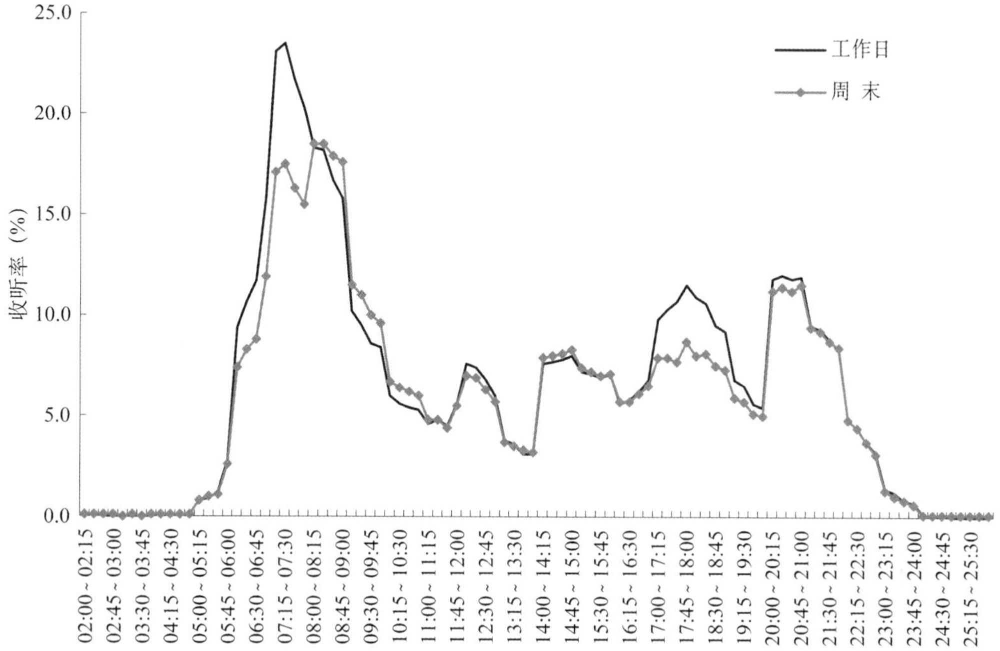

图 3.22.5　2019 年天津听众工作日与周末全天收听率走势

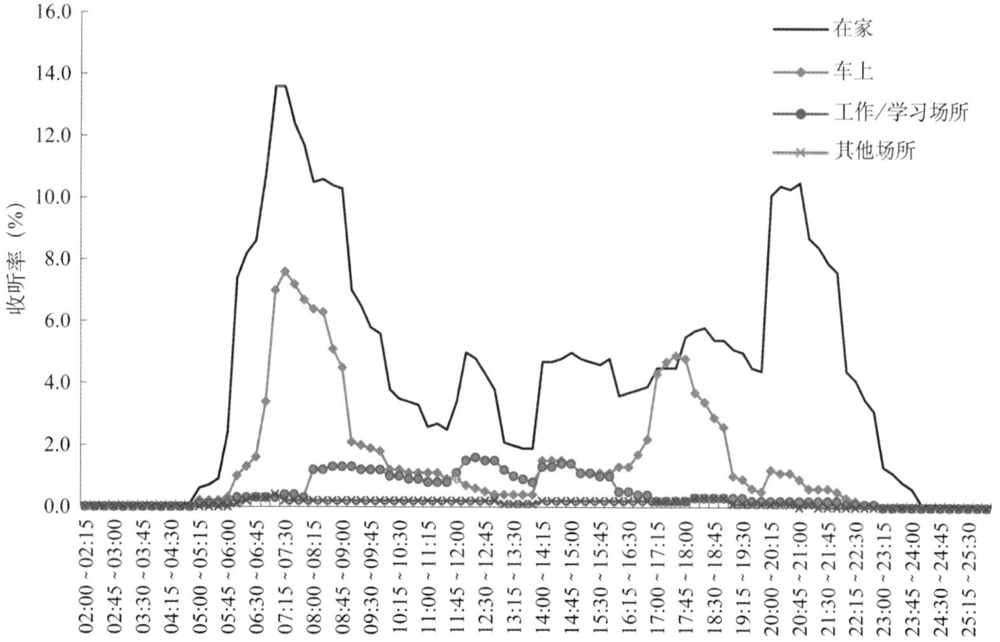

图 3.22.6　2019 年天津听众在不同收听地点全天收听率走势

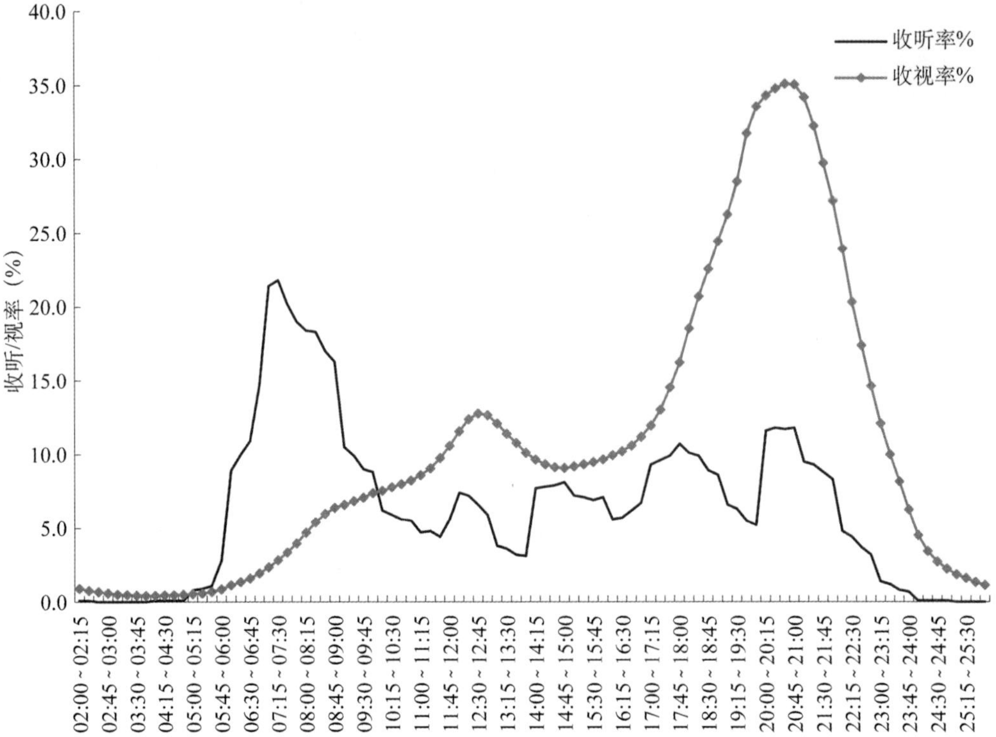

图 3.22.7　2019 年天津受众全天收听率、收视率走势比较(目标受众为 10 岁及以上)

表 3.22.3　2019 年天津市场听众构成(%)

目标听众		听众构成(%)
10 岁及以上所有人		100.0
性别	男	56.3
	女	43.7
年龄	10~14 岁	0.7
	15~24 岁	11.2
	25~34 岁	19.1
	35~44 岁	14.1
	45~54 岁	18.8
	55~64 岁	19.7
	65 岁及以上	16.5
文化程度	未受过正规教育	*
	小学	3.6
	初中	27.6
	高中	37.2
	大学及以上	31.4
职业	干部/管理人员	6.4
	初级公务员/雇员	21.3
	个体/私营企业人员	14.8
	工人	16.3
	学生	7.6
	无业(包括退休人员)	33.7
	其他	*
个人月收入	没有收入	10.2
	1~2000 元	3.7
	2001~3000 元	26.2
	3001~4000 元	21.6
	4001~5000 元	19.1
	5001~6000 元	9.3
	6001 元及以上	9.9

注:“*”表示目标听众样本量不足,无法进行统计推断。

表 3.22.4　2017~2019 年天津市场各广播电台的市场份额(%)

广播电台	2017 年	2018 年	2019 年			
			第一波	第二波	第三波	第四波
中央人民广播电台	7.4	7.5	–	–	–	–
中国国际广播电台	0.2	0.4	–	–	–	–
中央广播电视总台	–	–	8.2	8.5	6.7	7.4
天津人民广播电台	91.6	91.4	91.1	90.7	92.8	91.9
其他广播电台	0.8	0.7	0.7	0.8	0.5	0.7

表 3.22.5　2019 年天津市场各广播电台在不同目标听众中的市场份额(%)

目标听众		中央广播电视总台	天津人民广播电台	其他广播电台
10 岁及以上所有人		7.7	91.6	0.7
性别	男	7.7	91.7	0.6
	女	7.7	91.5	0.8
年龄	10~14 岁	9.6	90.2	0.2
	15~24 岁	11.3	88.5	0.2
	25~34 岁	4.6	94.7	0.7
	35~44 岁	9.1	90.5	0.4
	45~54 岁	8.7	90.7	0.6
	55~64 岁	7.7	92.0	0.3
	65 岁及以上	6.5	91.8	1.7
文化程度	未受过正式教育	*	*	*
	小学	6.9	92.7	0.4
	初中	7.7	91.9	0.4
	高中	8.1	90.8	1.1
	大学及以上	7.3	92.3	0.4
职业	干部/管理人员	6.5	93.4	0.1
	初级公务员/雇员	9.3	90.6	0.1
	个体/私营企业人员	6.7	92.2	1.1
	工人	7.4	92.5	0.1
	学生	10.8	89.0	0.2
	无业(包括退休人员)	6.8	91.9	1.3
	其他	*	*	*
个人月收入	没有收入	10.1	89.2	0.7
	1~2000 元	4.6	95.4	0.0
	2001~3000 元	8.2	91.4	0.4
	3001~4000 元	4.5	95.1	0.4
	4001~5000 元	5.6	94.1	0.3
	5001~6000 元	5.3	94.6	0.1
	6001 元及以上	18.5	78.3	3.2

注:“*”表示目标听众样本量不足,无法进行统计推断。

表 3.22.6　2019 年天津市场份额排名前五位的频率

排名	频率名称	市场份额(%)
1	天津人民广播电台交通广播 FM106.8	28.5
2	天津人民广播电台相声广播 AM567/FM92.1	14.3
3	天津人民广播电台新闻广播 FM97.2/AM909	13.2
4	天津人民广播电台音乐广播 FM99	10.9
5	天津人民广播电台文艺广播 AM1098/FM104.6	7.4

二十三、乌鲁木齐收听数据

表 3.23.1　2017~2019 年乌鲁木齐各目标听众人均收听时间(分钟)

目标听众		2017 年	2018 年	2019 年
10 岁及以上所有人		99	90	85
性别	男	106	92	94
	女	92	88	74
年龄	10~14 岁	43	33	22
	15~24 岁	80	45	40
	25~34 岁	81	77	80
	35~44 岁	98	104	93
	45~54 岁	109	97	112
	55~64 岁	149	139	114
	65 岁及以上	170	154	132
文化程度	未受过正规教育	189	*	52
	小学	127	117	81
	初中	118	92	86
	高中	92	96	92
	大学及以上	80	76	77
职业	干部/管理人员	82	71	63
	初级公务员/雇员	84	84	84
	个体/私营企业人员	105	103	102
	工人	132	93	82
	学生	58	40	31
	无业(包括退休人员)	127	117	109
	其他	*	135	107
个人月收入	没有收入	69	51	43
	1~2000 元	168	156	132
	2001~3000 元	109	107	105
	3001~4000 元	98	90	78
	4001~5000 元	81	91	106
	5001~6000 元	134	96	109
	6001 元及以上	84	103	95

注:乌鲁木齐为全年连续调查城市。“ * ”表示目标听众样本量不足,无法进行统计推断。

表 3.23.2　2017~2019 年乌鲁木齐听众在不同地点的人均收听时间(分钟)

地　点	2017 年	2018 年	2019 年
在家	66	52	42
车上	26	30	37
工作/学习场所	5	6	5
其他场所	2	2	1

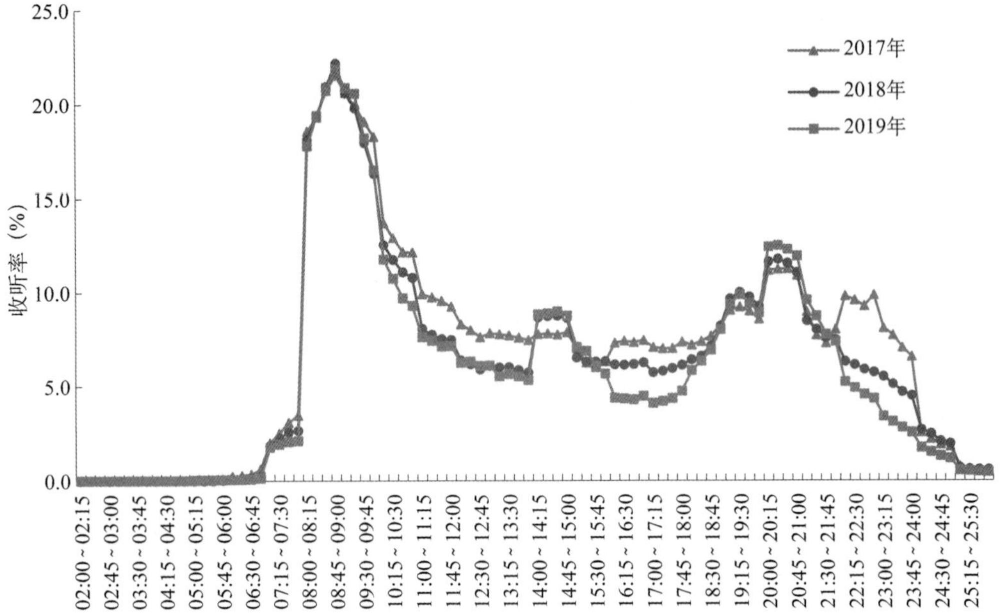

图 3.23.1　2017~2019 年乌鲁木齐听众全天收听率走势

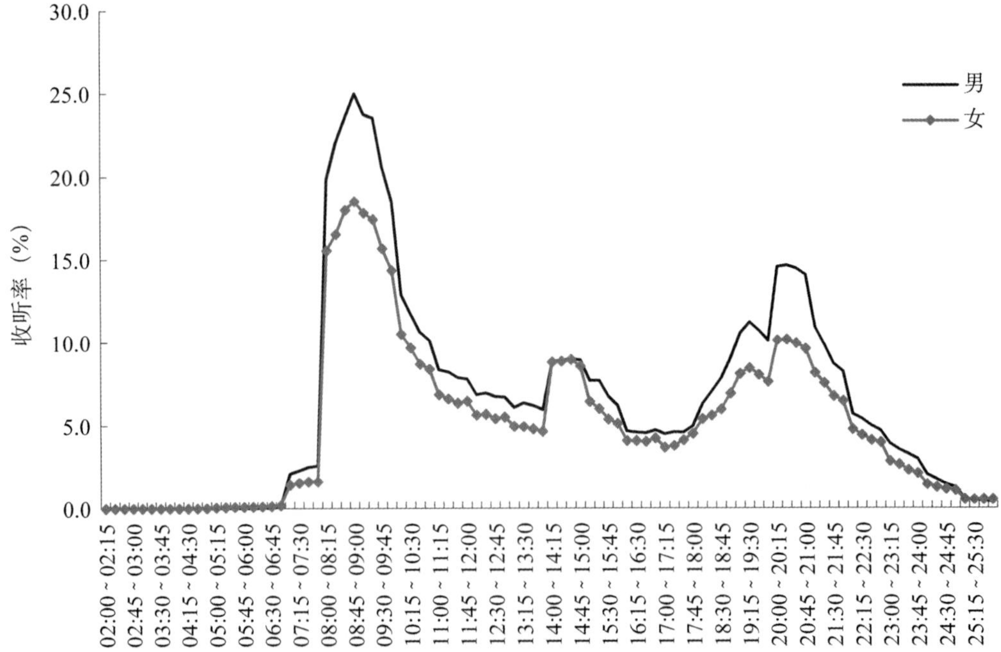

图 3.23.2　2019 年乌鲁木齐不同性别听众全天收听率走势

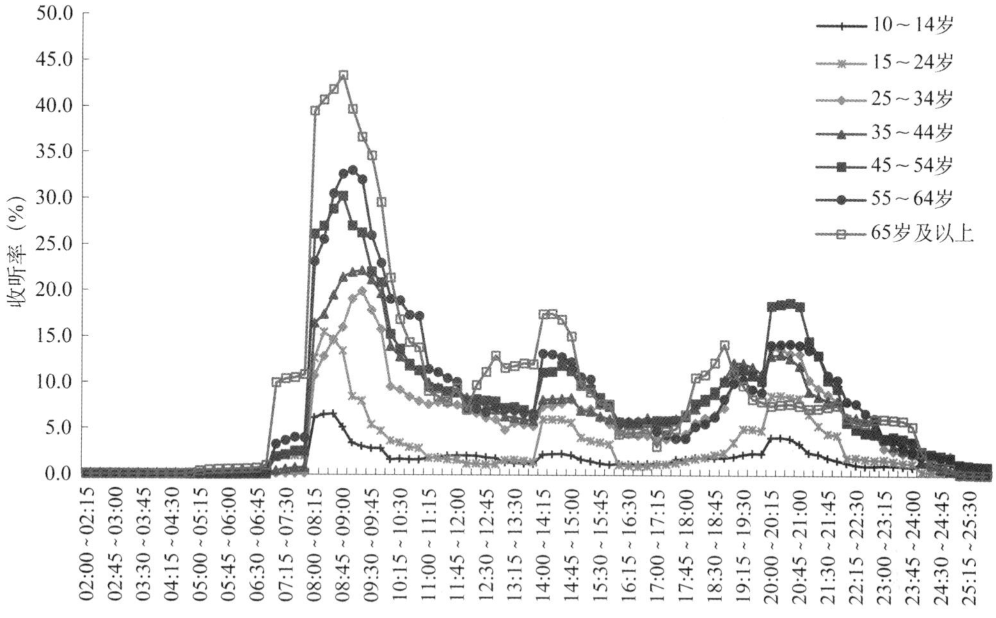

图 3.23.3　2019 年乌鲁木齐不同年龄听众全天收听率走势

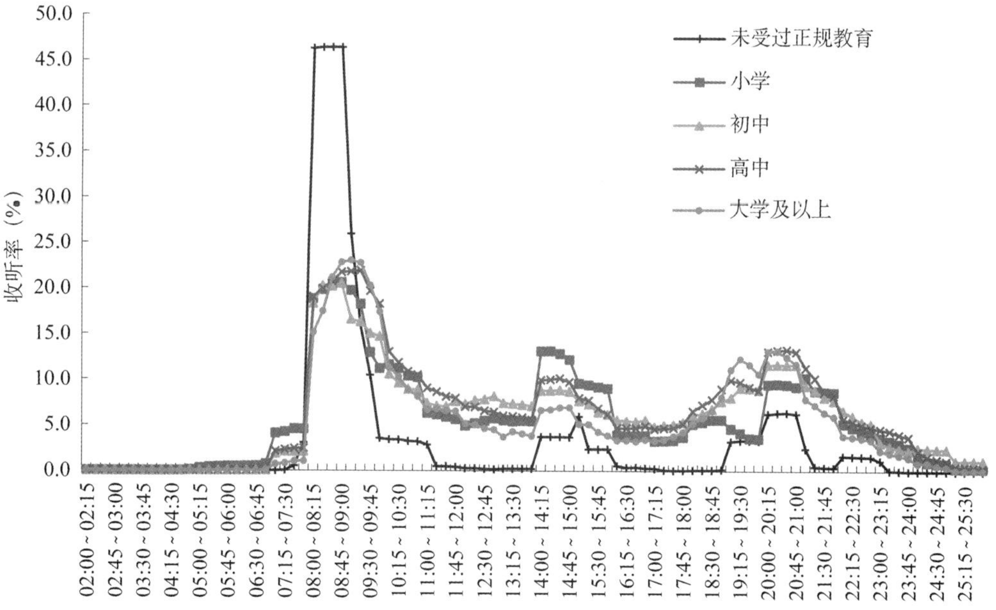

图 3.23.4　2019 年乌鲁木齐不同文化程度听众全天收听率走势

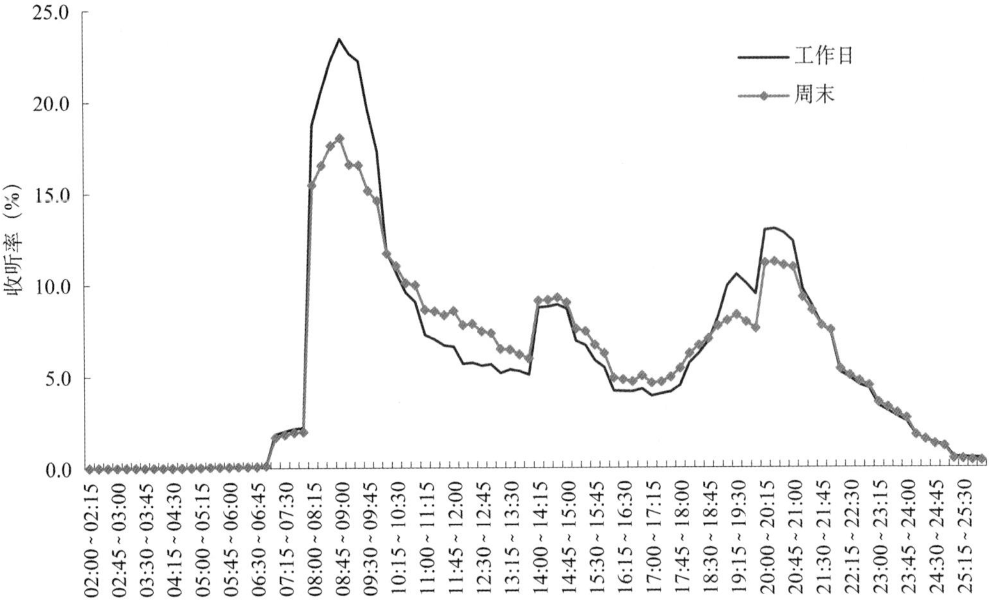

图 3.23.5　2019 年乌鲁木齐听众工作日与周末全天收听率走势

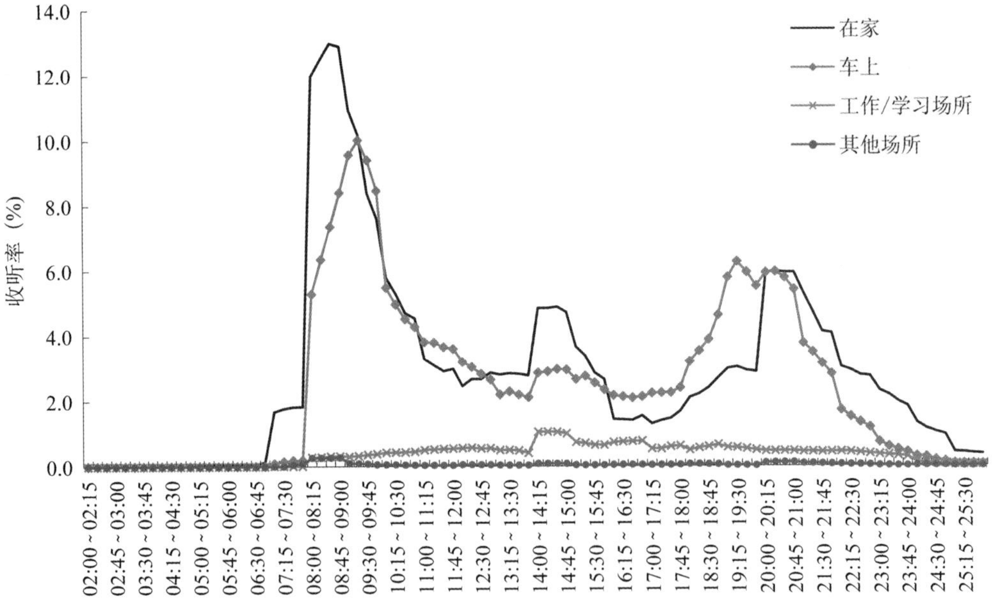

图 3.23.6　2019 年乌鲁木齐听众在不同收听地点全天收听率走势

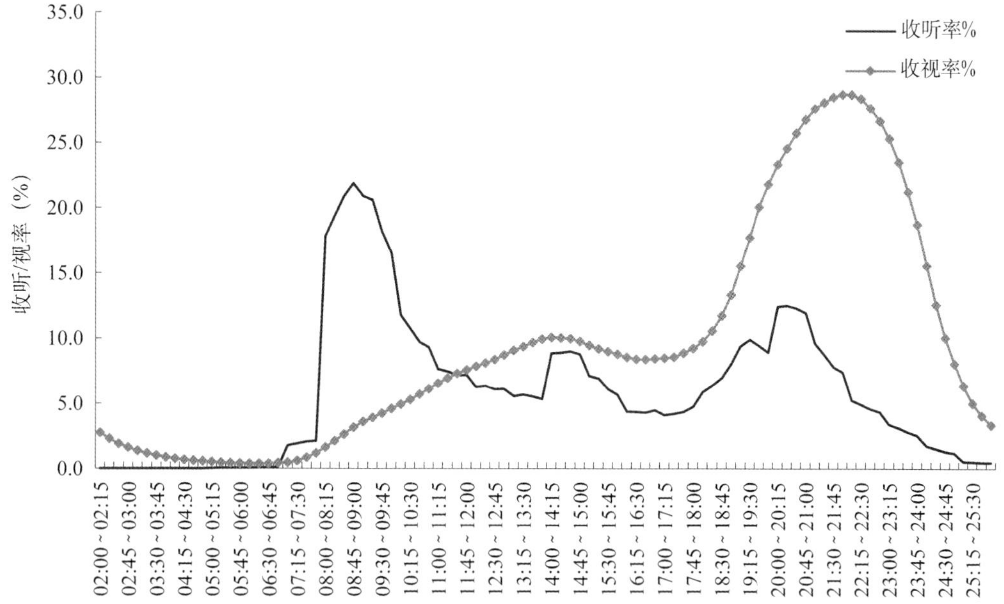

图 3.23.7　2019 年乌鲁木齐受众全天收听率、收视率走势比较(目标受众为 10 岁及以上)

表 3.23.3　2019 年乌鲁木齐市场听众构成(%)

目标听众		听众构成(%)
10 岁及以上所有人		100.0
性别	男	58.0
	女	42.0
年龄	10~14 岁	1.3
	15~24 岁	8.8
	25~34 岁	18.3
	35~44 岁	30.7
	45~54 岁	20.0
	55~64 岁	9.6
	65 岁及以上	11.4
文化程度	未受过正规教育	0.4
	小学	8.3
	初中	22.9
	高中	39.2
	大学及以上	29.2
职业	干部/管理人员	2.3
	初级公务员/雇员	24.2
	个体/私营企业人员	30.7
	工人	9.9
	学生	5.6
	无业(包括退休人员)	26.2
	其他	1.1
个人月收入	没有收入	11.7
	1~2000 元	6.4
	2001~3000 元	18.0
	3001~4000 元	22.4
	4001~5000 元	20.8
	5001~6000 元	10.1
	6001 元及以上	10.6

表 3.23.4　2017~2019 年乌鲁木齐市场各广播电台的市场份额(%)

广播电台	2017 年	2018 年	2019 年
中央人民广播电台	5.3	7.1	–
中国国际广播电台	0.0	0.0	–
中央广播电视总台	–	–	11.1
新疆人民广播电台	73.5	74.4	74.2
乌鲁木齐广播电视台	13.4	12.7	11.0
其他广播电台	7.8	5.8	3.7

表 3.23.5 2019 年乌鲁木齐市场各广播电台在不同目标听众中的市场份额(%)

目标听众		中央广播电视总台	新疆人民广播电台	乌鲁木齐广播电视台	其他广播电台
10 岁及以上所有人		11.1	74.2	11.0	3.7
性别	男	11.3	74.3	10.9	3.4
	女	10.8	74.1	11.1	4.1
年龄	10~14 岁	9.7	69.5	14.2	6.6
	15~24 岁	11.7	68.6	10.9	8.9
	25~34 岁	5.0	74.6	15.8	4.6
	35~44 岁	9.2	76.9	10.3	3.7
	45~54 岁	12.6	75.2	10.3	1.9
	55~64 岁	12.5	71.9	13.1	2.6
	65 岁及以上	21.9	71.6	4.3	2.3
文化程度	未受过正轨教育	52.0	47.9	0.1	0.0
	小学	22.6	63.8	10.7	2.9
	初中	10.5	76.4	8.1	5.0
	高中	11.8	71.6	13.1	3.5
	大学及以上	6.8	79.4	10.6	3.2
职业	干部/管理人员	5.3	82.2	12.0	0.5
	初级公务员/雇员	9.2	74.6	13.5	2.7
	个体/私营企业人员	7.9	78.4	10.3	3.4
	工人	14.4	66.4	13.6	5.6
	学生	11.1	68.6	8.6	11.7
	无业(包括退休人员)	15.8	72.6	8.6	2.9
	其他	15.3	66.8	17.8	0.2
个人月收入	没有收入	11.6	69.2	10.6	8.6
	1~2000 元	19.6	57.7	17.9	4.8
	2001~3000 元	17.0	67.8	12.1	3.2
	3001~4000 元	14.5	68.6	12.7	4.2
	4001~5000 元	9.1	82.0	7.0	1.8
	5001~6000 元	2.4	88.0	8.2	1.4
	6001 元及以上	2.1	82.9	12.1	2.9

表 3.23.6 2019 年乌鲁木齐市场份额排名前五位的频率

排名	频率名称	市场份额(%)
1	新疆人民广播电台 949 交通广播 FM94.9	47.3
2	中央人民广播电台第一套节目中国之声	6.9
3	新疆人民广播电台 FM107.4 维吾尔语交通文艺广播	6.2
4	新疆人民广播电台城市广播私家车调频 FM92.9	4.3
5	新疆人民广播电台 102.8 故事广播 FM102.8	3.9

表 3.23.7　2019 年乌鲁木齐市场收听率排名前三十位的节目

排名	节目名称	播出频率	收听率（%）	市场份额（%）
1	新闻快车道	新疆人民广播电台 949 交通广播 FM94.9	10.7	50.0
2	转播中央人民广播电台《新闻和报纸摘要》	新疆人民广播电台 949 交通广播 FM94.9	9.0	48.1
3	开心路路通	新疆人民广播电台 949 交通广播 FM94.9	6.7	52.8
4	精彩车生活	新疆人民广播电台 949 交通广播 FM94.9	5.7	50.4
5	安涛在线	新疆人民广播电台 949 交通广播 FM94.9	5.4	52.4
6	说法周末版	新疆人民广播电台 949 交通广播 FM94.9	4.0	46.8
7	生活微观察	新疆人民广播电台 949 交通广播 FM94.9	3.8	42.6
8	今晚十点	新疆人民广播电台 949 交通广播 FM94.9	3.7	44.0
9	说法	新疆人民广播电台 949 交通广播 FM94.9	3.4	49.8
10	@私家车	新疆人民广播电台 949 交通广播 FM94.9	2.7	42.8
11	劲爆体育	新疆人民广播电台 949 交通广播 FM94.9	2.7	41.4
12	美食美客	新疆人民广播电台 949 交通广播 FM94.9	2.2	40.1
13	一五一十	新疆人民广播电台 949 交通广播 FM94.9	2.1	47.9
14	车市淘宝	新疆人民广播电台 949 交通广播 FM94.9	2.0	46.6
15	新闻和报纸摘要(重播)	中央人民广播电台第一套节目中国之声	1.7	8.3
16	我的朋友圈	新疆人民广播电台 949 交通广播 FM94.9	1.6	40.9
17	新闻纵横	中央人民广播电台第一套节目中国之声	1.6	14.4
18	花儿朵朵	新疆人民广播电台 FM107.4 维吾尔语交通文艺广播	1.2	15.2
19	转播中央人民广播电台《新闻和报纸摘要》	新疆人民广播电台 961 新闻广播 FM96.1	1.1	5.8
20	评书江湖(早间)	新疆人民广播电台 102.8 故事广播 FM102.8	1.1	5.3
21	中国大舞台	新疆人民广播电台 FM107.4 维吾尔语交通文艺广播	1.0	14.7
22	青春的旋律	乌鲁木齐人民广播电台交通文艺广播维语 FM104.6	1.0	8.5
23	旅游与文化(重播)	乌鲁木齐人民广播电台交通文艺广播维语 FM104.6	1.0	8.1
24	城市特快	乌鲁木齐人民广播电台交通广播 FM97.4	1.0	5.1
25	新广早新闻	新疆人民广播电台 961 新闻广播 FM96.1	1.0	4.6
26	青湖听书馆	新疆人民广播电台 102.8 故事广播 FM102.8	0.9	9.7
27	生活全接触	新疆人民广播电台城市广播私家车调频 FM92.9	0.9	4.5
28	旅行的耳朵	新疆人民广播电台城市广播私家车调频 FM92.9	0.9	4.4
29	新疆新闻联播(直转)+歌曲	新疆人民广播电台 FM107.4 维吾尔语交通文艺广播	0.8	7.1
30	1074 交通早班车	新疆人民广播电台 FM107.4 维吾尔语交通文艺广播	0.8	4.9

二十四、武汉收听数据

表 3.24.1　2017~2019 年武汉各目标听众人均收听时间(分钟)

目标听众		2017 年	2018 年	2019 年
10 岁及以上所有人		27	31	38
性别	男	27	32	42
	女	28	30	34
年龄	10~14 岁	4	3	5
	15~24 岁	17	13	17
	25~34 岁	26	25	28
	35~44 岁	30	33	42
	45~54 岁	31	36	42
	55~64 岁	42	43	56
	65 岁及以上	35	74	106
文化程度	未受过正规教育	*	*	135
	小学	20	29	45
	初中	29	36	39
	高中	31	33	40
	大学及以上	21	24	33
职业	干部/管理人员	20	28	36
	初级公务员/雇员	22	22	29
	个体/私营企业人员	24	30	38
	工人	42	36	40
	学生	10	9	15
	无业(包括退休人员)	36	51	65
	其他	*	*	*
个人月收入	没有收入	12	12	17
	1~2000 元	38	79	66
	2001~3000 元	31	41	46
	3001~4000 元	32	32	43
	4001~5000 元	30	33	39
	5001~6000 元	16	31	44
	6001 元及以上	32	39	52

注:武汉为全年连续调查城市。“*”表示目标听众样本量不足,无法进行统计推断。

表 3.24.2　2017~2019 年武汉听众在不同地点的人均收听时间(分钟)

地　点	2017 年	2018 年	2019 年
在家	16	19	24
车上	8	10	12
工作/学习场所	2	2	1
其他场所	1	1	2

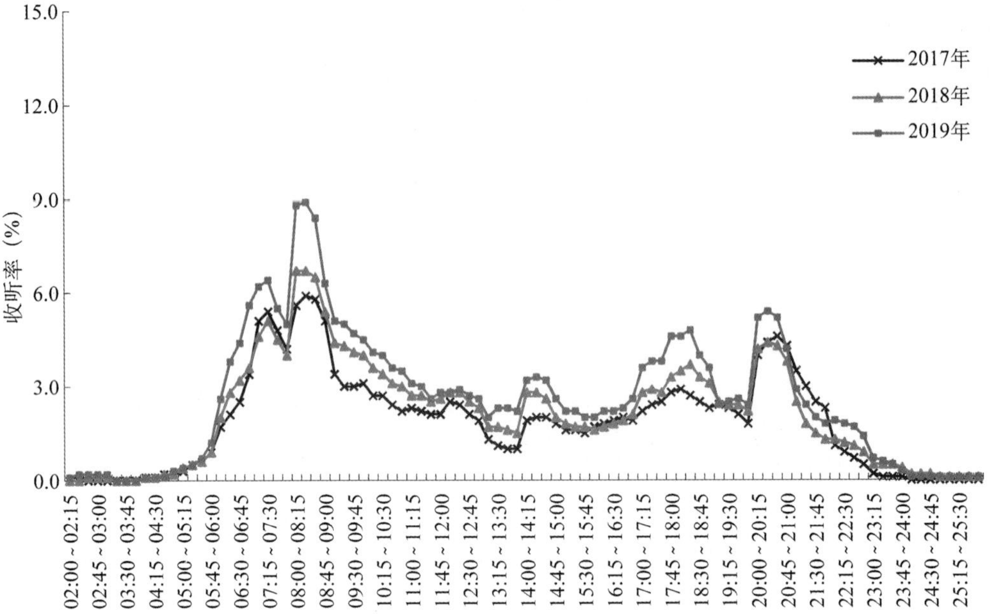

图 3.24.1　2017 ~ 2019 年武汉听众全天收听率走势

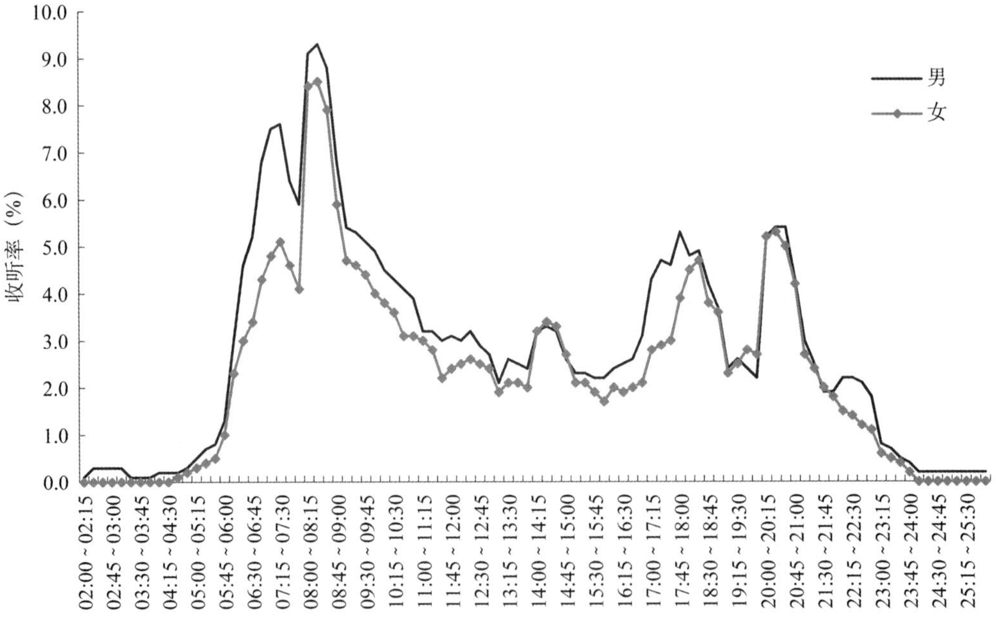

图 3.24.2　2019 年武汉不同性别听众全天收听率走势

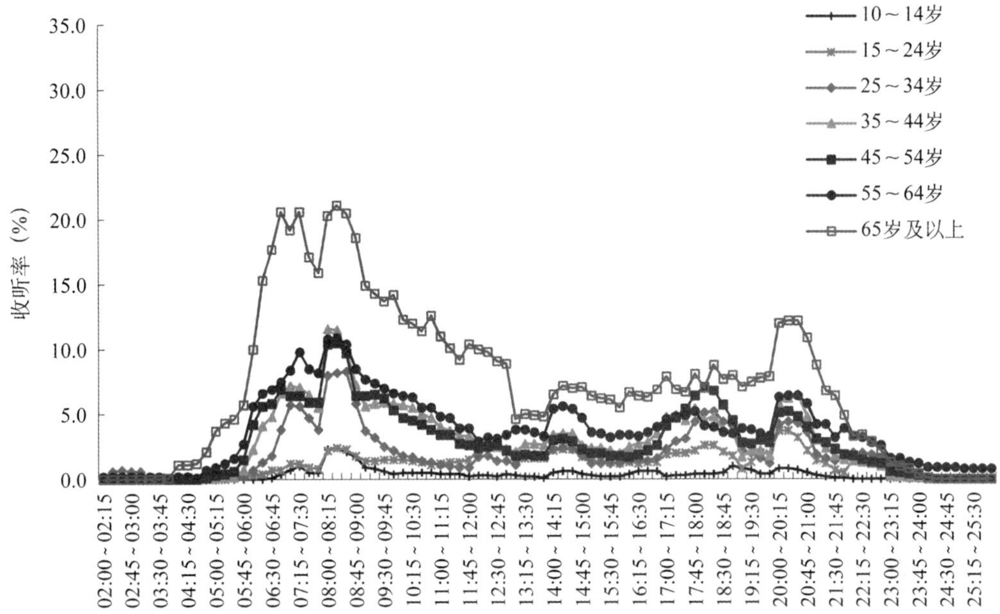

图 3.24.3　2019 年武汉不同年龄听众全天收听率走势

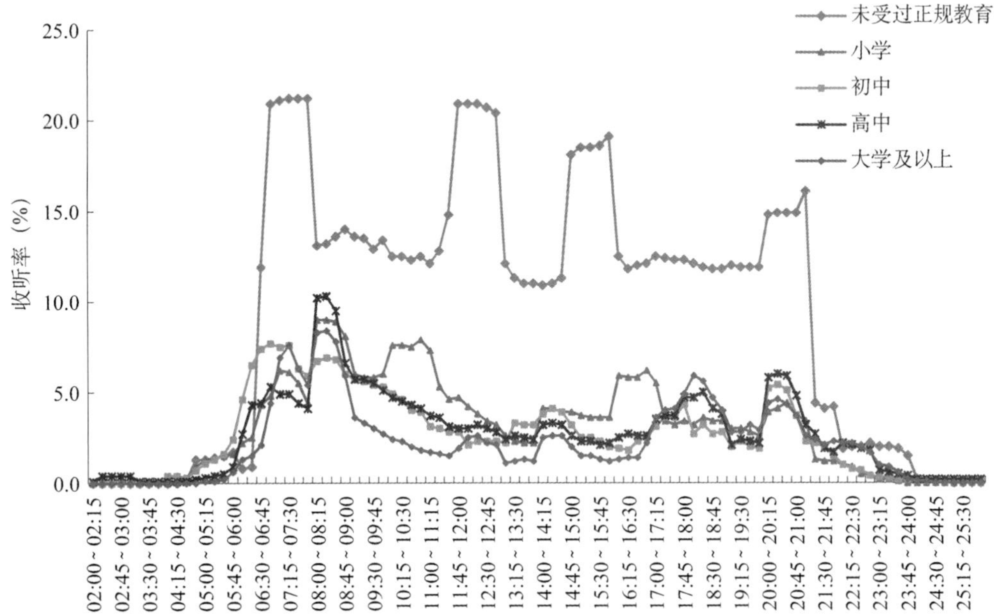

图 3.24.4　2019 年武汉不同文化程度听众全天收听率走势

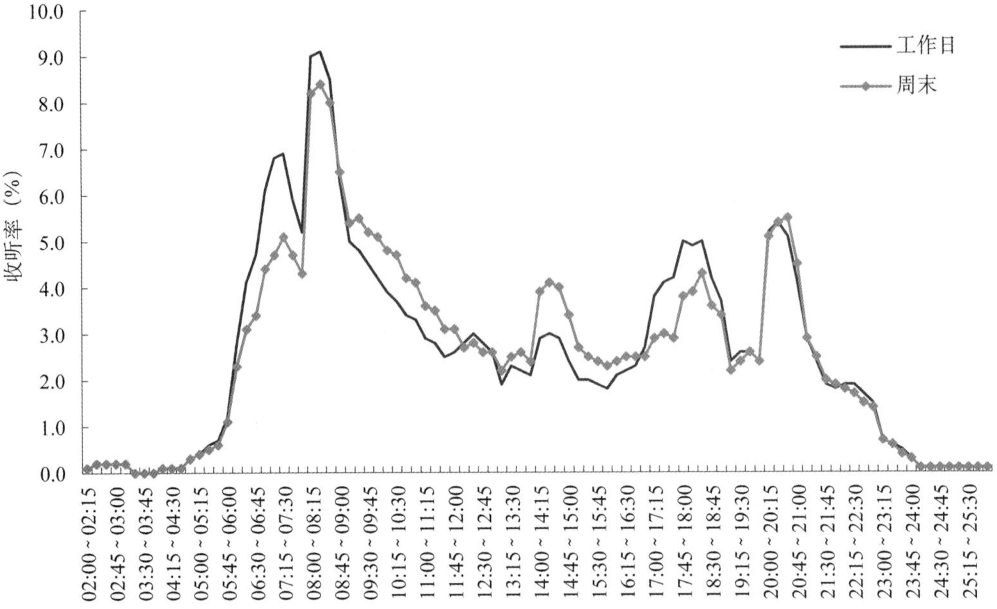

图 3.24.5　2019 年武汉听众工作日与周末全天收听率走势

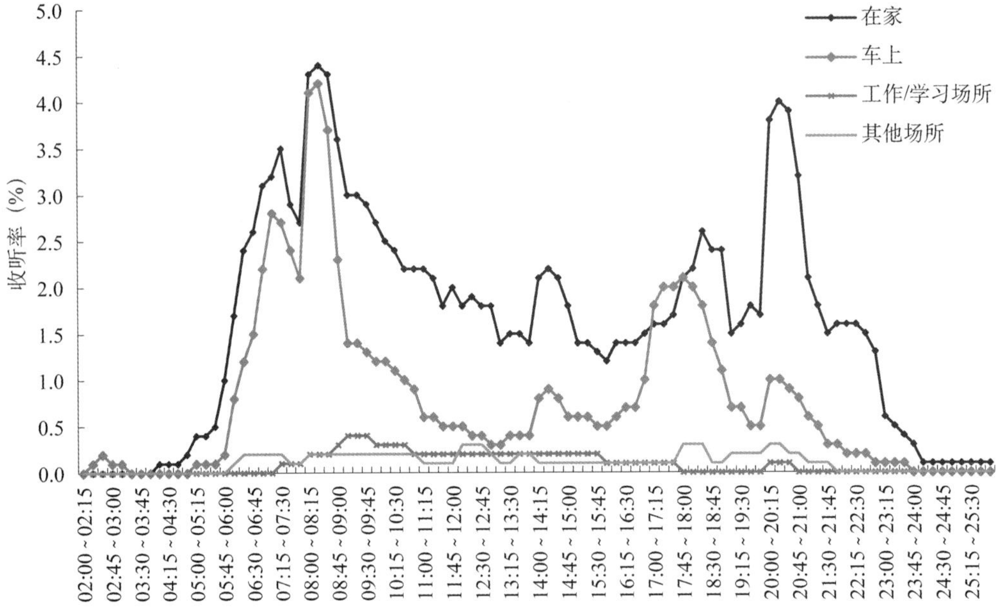

图 3.24.6　2019 年武汉听众在不同收听地点全天收听率走势

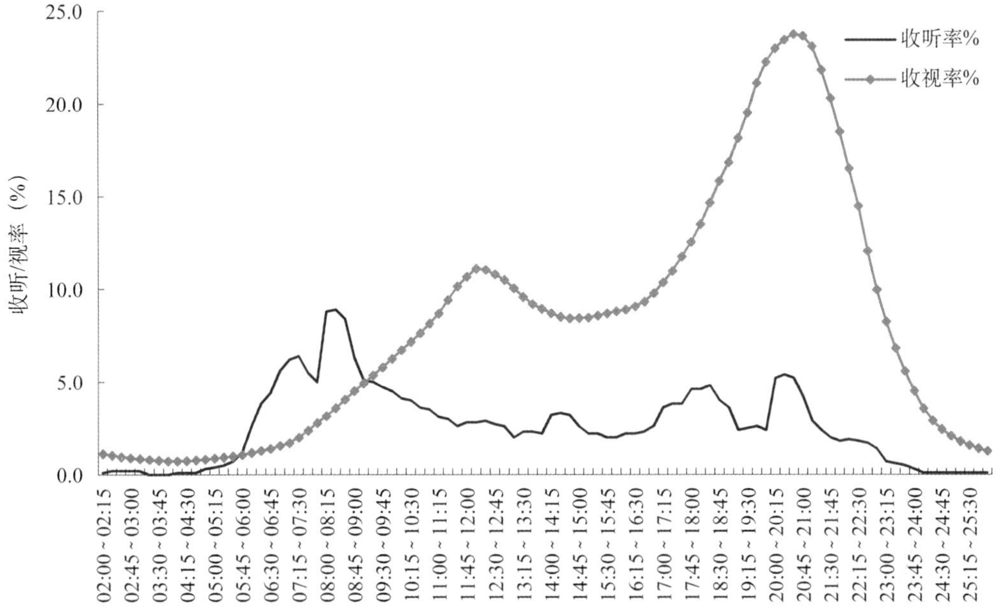

图 3.24.7 2019 年武汉受众全天收听率、收视率走势比较(目标受众为 10 岁及以上)

表 3.24.3　2019 年武汉市场听众构成(%)

目标听众		听众构成(%)
10 岁及以上所有人		100.0
性别	男	56.6
	女	43.4
年龄	10~14 岁	0.4
	15~24 岁	9.8
	25~34 岁	16.3
	35~44 岁	21.5
	45~54 岁	16.8
	55~64 岁	15.8
	65 岁及以上	19.3
文化程度	未受过正规教育	1.6
	小学	4.2
	初中	21.9
	高中	45.2
	大学及以上	27.0
职业	干部/管理人员	2.8
	初级公务员/雇员	12.6
	个体/私营企业人员	25.4
	工人	16.3
	学生	7.0
	无业(包括退休人员)	35.9
	其他	*
个人月收入	没有收入	9.9
	1~2000 元	2.9
	2001~3000 元	21.8
	3001~4000 元	28.3
	4001~5000 元	16.8
	5001~6000 元	8.1
	6001 元及以上	12.3

注:“*”表示目标听众样本量不足,无法进行统计推断。

表 3.24.4　2017~2019 年武汉市场各广播电台的市场份额(%)

广播电台	2017 年	2018 年	2019 年
中央人民广播电台	24.9	15.3	-
中国国际广播电台	0.0	0.0	-
中央广播电视总台	-	-	15.7
湖北广播电视台	47.5	57.0	53.6
武汉广播电视台	27.6	27.7	30.6
其他广播电台	0.0	0.0	0.1

表 3.24.5 2019 年武汉市场各广播电台在不同目标听众中的市场份额(%)

目标听众		中央广播电视总台	湖北广播电视台	武汉广播电视台	其他广播电台
10 岁及以上所有人		15.7	53.6	30.6	0.1
性别	男	15.6	51.6	32.7	0.1
	女	15.8	56.4	27.7	0.1
年龄	10~14 岁	7.1	69.3	23.6	0.0
	15~24 岁	13.6	41.0	45.2	0.1
	25~34 岁	8.7	61.0	30.2	0.1
	35~44 岁	14.0	53.2	32.8	0.0
	45~54 岁	15.4	55.8	28.6	0.2
	55~64 岁	20.5	52.1	27.3	0.1
	65 岁及以上	21.2	53.0	25.6	0.2
文化程度	未受过正规教育	5.9	91.6	2.5	0.0
	小学	15.9	62.9	21.1	0.1
	初中	8.3	61.3	30.3	0.1
	高中	15.6	49.8	34.4	0.1
	大学及以上	22.4	49.9	27.5	0.2
职业	干部/管理人员	20.1	50.7	29.2	0.0
	初级公务员/雇员	18.3	48.1	33.5	0.1
	个体/私营企业人员	8.9	58.8	32.2	0.1
	工人	16.0	56.1	27.8	0.1
	学生	8.9	40.9	50.0	0.2
	无业(包括退休人员)	20.7	53.6	25.6	0.1
	其他	*	*	*	*
个人月收入	没有收入	7.5	45.5	46.8	0.1
	1~2000 元	30.9	46.9	22.2	0.1
	2001~3000 元	13.0	56.2	30.7	0.1
	3001~4000 元	18.7	52.4	28.7	0.2
	4001~5000 元	22.2	42.0	35.6	0.1
	5001~6000 元	11.9	63.4	24.6	0.1
	6001 元及以上	10.3	69.3	20.4	0.0

注:“*”表示目标听众样本量不足,无法进行统计推断。

表 3.24.6 2019 年武汉市场份额排名前五位的频率

排名	频率名称	市场份额(%)
1	楚天交通广播 FM92.7	19.6
2	湖北省广播电视总台经典音乐广播频道 FM103.8	10.7
3	中央人民广播电台第一套节目中国之声	10.6
4	武汉广播电视台音乐广播 FM101.8	9.3
5	武汉广播电视台交通广播 FM89.6/AM603	9.2

表 3.24.7　2019 年武汉市场收听率排名前三十位的节目

排名	节目名称	播出频率	收听率（%）	市场份额（%）
1	城市新干线	楚天交通广播 FM92.7	1.9	23.5
2	应急之声	楚天交通广播 FM92.7	1.8	25.9
3	好吃佬	楚天交通广播 FM92.7	1.4	32.4
4	新闻和报纸摘要	中央人民广播电台第一套节目中国之声	1.2	24.2
5	畅行江城路	武汉广播电视台交通广播 FM89.6/AM603	1.1	13.4
6	103.8 音乐自由行	湖北省广播电视总台经典音乐广播频道 FM103.8	1.1	12.8
7	品牌之旅	中央人民广播电台第一套节目中国之声	1.0	25.2
8	事事关心	楚天交通广播 FM92.7	1.0	19.0
9	新闻纵横	中央人民广播电台第一套节目中国之声	1.0	13.7
10	国防时空	中央人民广播电台第一套节目中国之声	0.9	27.5
11	的哥乐园	楚天交通广播 FM92.7	0.9	20.6
11	玩转 927	楚天交通广播 FM92.7	0.9	16.9
13	残疾人之友	中央人民广播电台第一套节目中国之声	0.8	28.2
14	董涛说车	楚天交通广播 FM92.7	0.8	25.3
15	音乐加块糖	楚天交通广播 FM92.7	0.8	23.5
16	湖广农资专题+轻松时刻	湖北之声 AM774/FM104.6	0.8	15.4
17	汽车天下	楚天交通广播 FM92.7	0.7	24.5
18	全国新闻联播（重播）	中央人民广播电台第一套节目中国之声	0.7	13.7
18	新闻早班车	武汉广播电视台交通广播 FM89.6/AM603	0.7	10.7
20	早安武汉	武汉广播电视台交通广播 FM89.6/AM603	0.7	10.5
21	焦点时刻	湖北之声 AM774/FM104.6	0.7	9.6
22	健康早茶 1	湖北之声 AM774/FM104.6	0.7	9.1
23	行风连线	武汉广播电视台新闻综合广播 AM873/FM88.4	0.7	8.2
24	一路有你	楚天交通广播 FM92.7	0.6	20.1
25	辣妹说旅游	楚天交通广播 FM92.7	0.6	19.0
26	103.8 音乐摩登派	湖北省广播电视总台经典音乐广播频道 FM103.8	0.6	14.0
27	城市零距离	武汉广播电视台交通广播 FM89.6/AM603	0.6	13.1
28	为爱脱单	湖北省广播电视总台经典音乐广播频道 FM103.8	0.6	11.6
29	896 汽车音乐榜	武汉广播电视台交通广播 FM89.6/AM603	0.6	10.4
30	湖北新闻	湖北之声 AM774/FM104.6	0.6	8.8

二十五、无锡收听数据

表 3.25.1　2017~2019 年无锡各目标听众人均收听时间(分钟)

目标听众		2017 年	2018 年	2019 年
15 岁及以上所有人		63	40	42
性别	男	69	38	42
	女	58	43	41
年龄	15~24 岁	23	37	35
	25~34 岁	48	29	27
	35~44 岁	62	35	40
	45~54 岁	69	50	56
	55~64 岁	98	56	58
	65 岁及以上	120	59	68
文化程度	未受过正规教育	18	*	*
	小学	86	43	45
	初中	70	49	55
	高中	65	42	43
	大学及以上	52	34	35
职业	干部/管理人员	50	32	39
	初级公务员/雇员	54	40	38
	个体/私营企业人员	66	39	36
	工人	55	35	41
	学生	21	36	38
	无业(包括退休人员)	99	55	61
	其他	79	*	*
个人月收入	没有收入	26	37	37
	1~2000 元	66	52	54
	2001~3000 元	86	51	55
	3001~4000 元	63	37	39
	4001~5000 元	59	38	37
	5001~6000 元	75	28	31
	6001 元及以上	65	38	43

注:无锡自 2017 年 7 月 1 日开始采用虚拟测量仪进行调查,2018 年数据为测量仪数据,上海、苏州及其他广播电台频率不再纳入监测范围。“ * ”表示目标听众样本量不足,无法进行统计推断。

表 3.25.2　2017~2019 年无锡听众在不同地点的人均收听时间(分钟)

地　点	2017 年	2018 年	2019 年
在家	37	15	17
车上	21	14	15
工作/学习场所	5	5	6
其他场所	1	6	4

注:无锡 2018 年数据为虚拟测量仪数据。

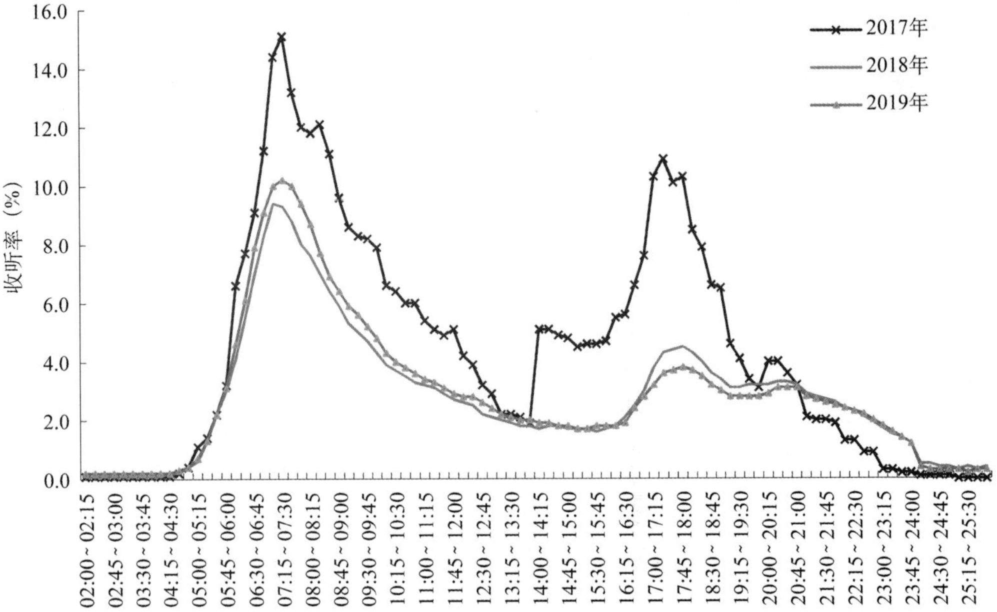

图 3.25.1　2017~2019 年无锡听众全天收听率走势

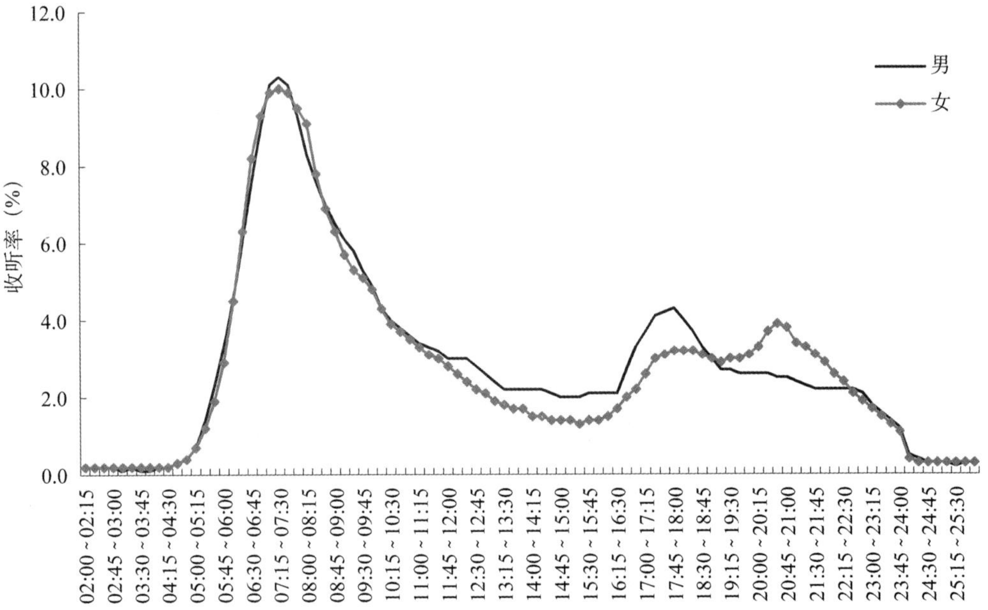

图 3.25.2　2019 年无锡不同性别听众全天收听率走势

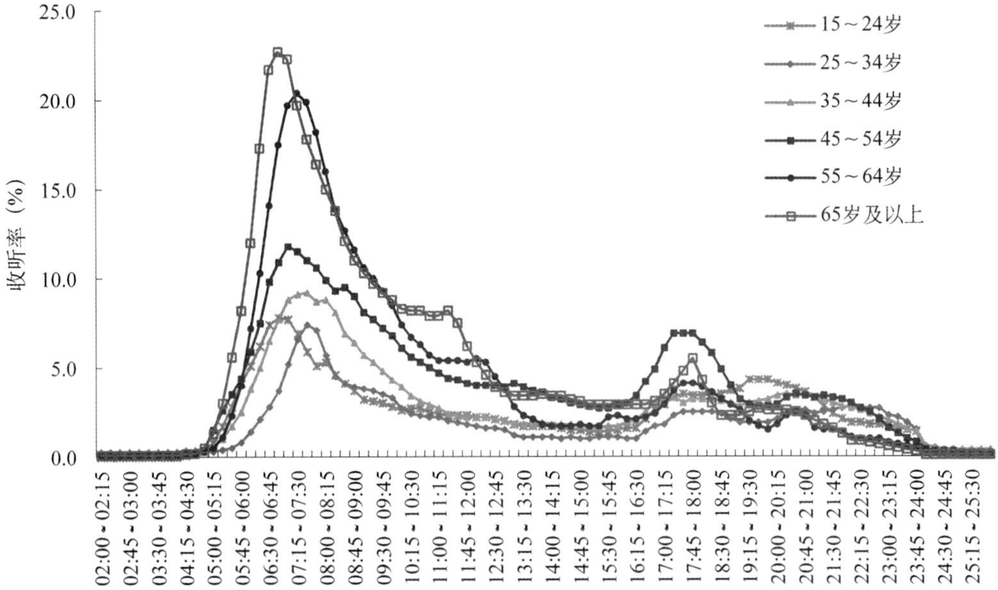

图 3.25.3　2019 年无锡不同年龄听众全天收听率走势

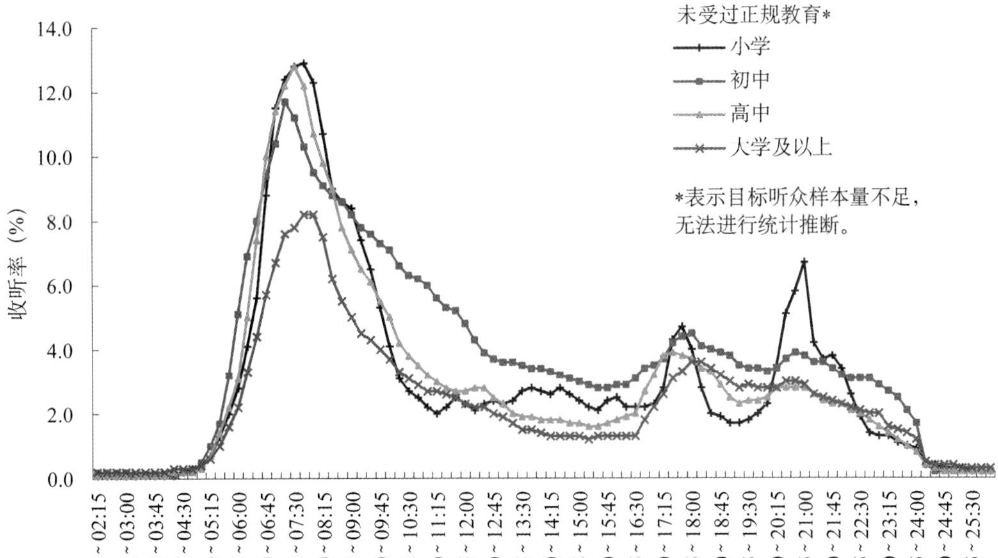

图 3.25.4　2019 年无锡不同文化程度听众全天收听率走势

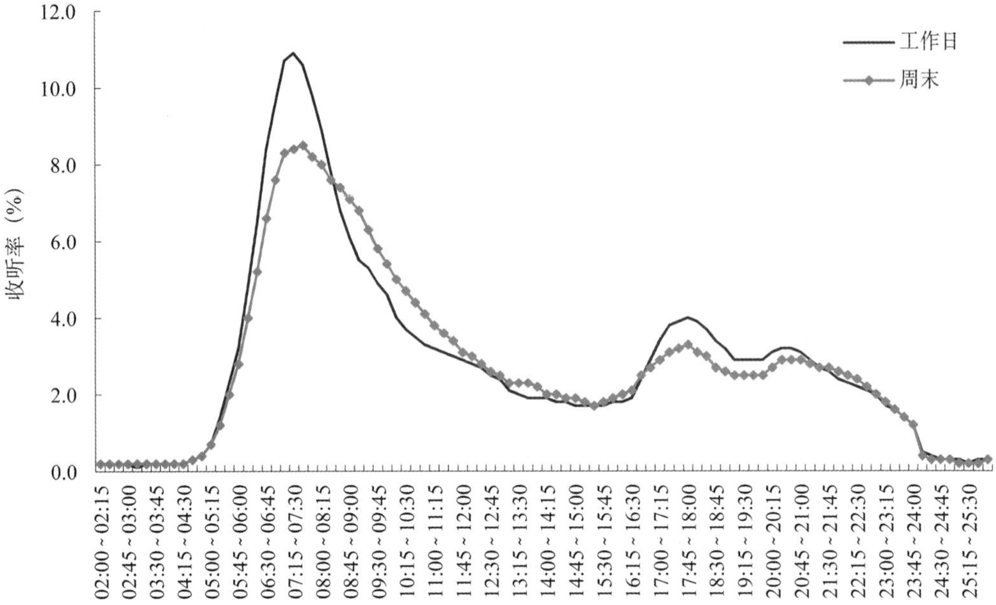

图 3.25.5　2019 年无锡听众工作日与周末全天收听率走势

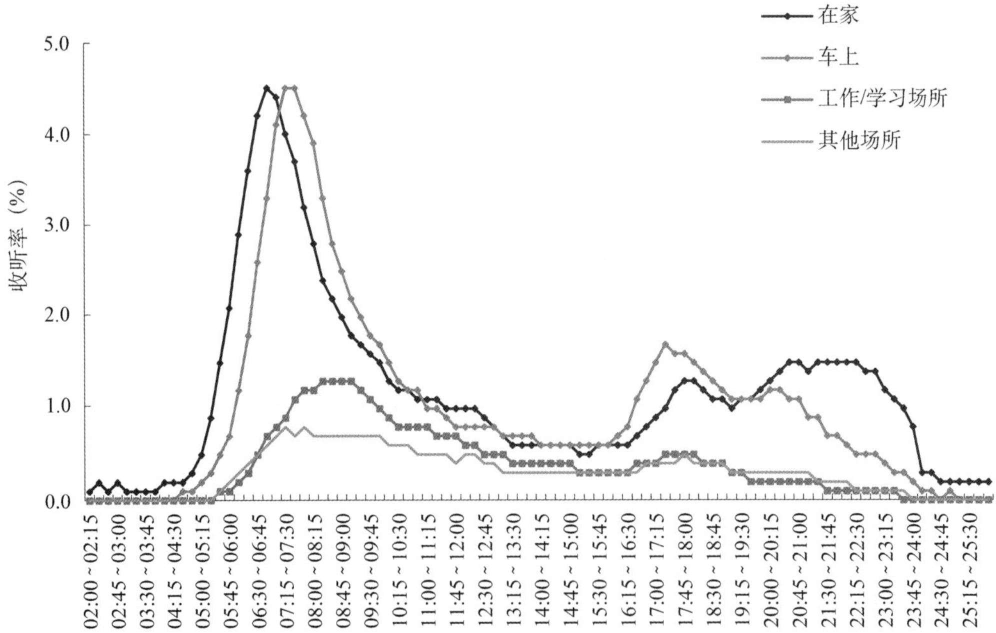

图 3.25.6　2019 年无锡听众在不同收听地点全天收听率走势

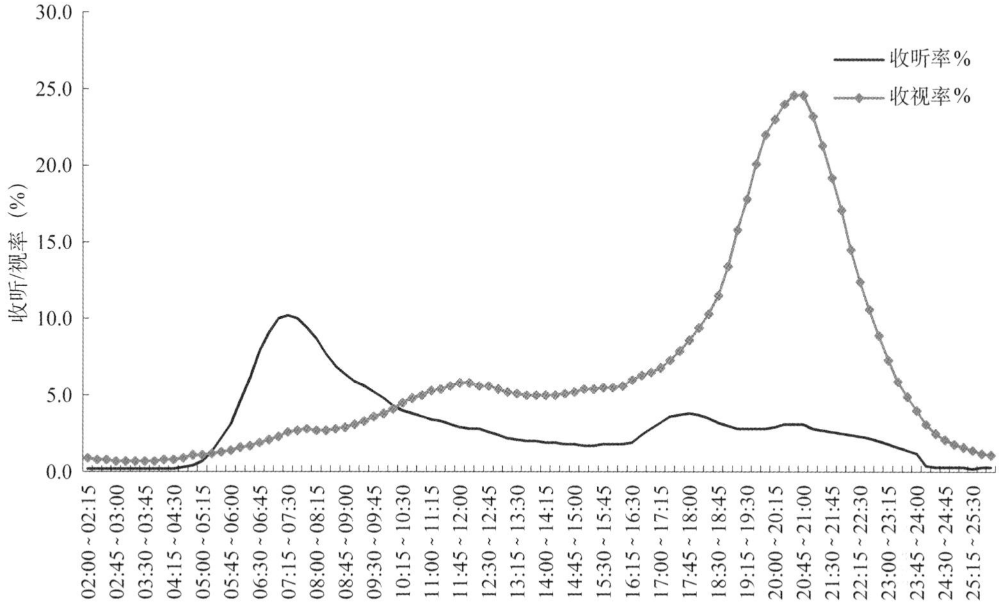

图 3.25.7　2019 年无锡受众全天收听率、收视率走势比较(目标受众为 15 岁及以上)

表 3.25.3　2019 年无锡市场听众构成(%)

目标听众		听众构成(%)
15 岁及以上所有人		100.0
性别	男	57.6
	女	42.4
年龄	15~24 岁	13.9
	25~34 岁	16.6
	35~44 岁	27.1
	45~54 岁	18.4
	55~64 岁	12.3
	65 岁及以上	11.7
文化程度	未受过正规教育	*
	小学	1.4
	初中	26.8
	高中	34.1
	大学及以上	37.7
职业	干部/管理人员	4.2
	初级公务员/雇员	29.8
	个体/私营企业人员	12.6
	工人	23.1
	学生	9.5
	无业(包括退休人员)	20.8
	其他	*
个人月收入	没有收入	10.5
	1~2000 元	7.0
	2001~3000 元	21.5
	3001~4000 元	26.9
	4001~5000 元	17.1
	5001~6000 元	7.0
	6001 元及以上	10.0

注:“*”表示目标听众样本量不足,无法进行统计推断。

表 3.25.4　2017~2019 年无锡市场各广播电台的市场份额(%)

广播电台	2017 年	2018 年	2019 年
中央人民广播电台	2.4	2.6	–
中国国际广播电台	0.0	0.1	–
中央广播电视总台	–	–	3.3
江苏广播电视总台	8.1	6.2	6.2
上海广播电视台	0.3	–	–
无锡广播电视台	84.9	91.1	90.5
苏州广播电视总台	1.1	–	–
其他广播电台	3.2	–	–

注:无锡自 2017 年 7 月 1 日开始采用虚拟测量仪进行调查,2018 年数据为虚拟测量仪数据,上海、苏州及其他广播电台频率不再纳入监测范围。

表 3.25.5　2019 年无锡市场各广播电台在不同目标听众中的市场份额(%)

目标听众		中央广播电视总台	江苏广播电视总台	无锡广播电视台
15 岁及以上所有人		3.3	6.2	90.5
性别	男	3.4	7.7	88.9
	女	3.3	4.2	92.5
年龄	15~24 岁	2.9	6.1	91.0
	25~34 岁	2.7	7.0	90.3
	35~44 岁	4.3	7.1	88.6
	45~54 岁	1.8	3.5	94.7
	55~64 岁	2.9	6.5	90.6
	65 岁及以上	5.5	6.5	88.0
文化程度	未受过正规教育	*	*	*
	小学	1.5	14.2	84.3
	初中	3.1	11.1	85.8
	高中	2.8	4.5	92.7
	大学及以上	4.1	3.9	92.0
职业	干部/管理人员	1.8	1.4	96.8
	初级公务员/雇员	4.2	5.2	90.6
	个体/私营企业人员	1.8	5.6	92.6
	工人	3.1	7.1	89.8
	学生	2.8	6.4	90.8
	无业(包括退休人员)	4.0	7.7	88.3
	其他	*	*	*
个人月收入	没有收入	2.8	6.8	90.4
	1~2000 元	1.3	7.0	91.7
	2001~3000 元	3.7	4.5	91.8
	3001~4000 元	3.4	4.8	91.8
	4001~5000 元	4.9	5.1	90.0
	5001~6000 元	2.8	3.7	93.5
	6001 元及以上	1.9	16.0	82.1

注:“ * ”表示目标听众样本量不足,无法进行统计推断。

表 3.25.6　2019 年无锡市场份额排名前五位的频率

排名	频率名称	市场份额(%)
1	无锡广播电视台交通广播 FM106.9/AM1008	21.6
2	无锡广播电视台音乐广播 FM91.4/AM900	19.3
3	无锡广播电视台梁溪之声广播 FM92.6	16.4
4	无锡广播电视台新闻综合广播 FM93.7	15.3
5	无锡广播电视台都市生活广播 FM88.1	8.7

表3.25.7　2019年无锡市场收听率排名前三十位的节目

排名	节目名称	播出频率	收听率（%）	市场份额（%）
1	新闻与报纸摘要	无锡广播电视台交通广播 FM106.9/AM1008	2.1	24.9
2	无锡早高峰	无锡广播电视台新闻综合广播 FM93.7	2.1	21.0
3	1069 直播无锡	无锡广播电视台交通广播 FM106.9/AM1008	1.9	21.9
4	转播中央人民广播电台《新闻和报纸摘要》	无锡广播电视台新闻综合广播 FM93.7	1.7	19.7
5	早安无锡	无锡广播电视台音乐广播 FM91.4/AM900	1.6	17.4
6	新闻周记(转央视)	无锡广播电视台新闻综合广播 FM93.7	1.5	19.5
7	萧萧新闻 周末版	无锡广播电视台新闻综合广播 FM93.7	1.4	18.5
8	赖床听音乐	无锡广播电视台音乐广播 FM91.4/AM900	1.4	17.2
9	梁溪早班车	无锡广播电视台梁溪之声广播 FM92.6	1.4	14.5
10	七彩金曲排行榜	无锡广播电视台音乐广播 FM91.4/AM900	1.3	23.6
11	萧萧新闻	无锡广播电视台新闻综合广播 FM93.7	1.2	16.7
12	新闻风云榜(重播)	无锡广播电视台新闻综合广播 FM93.7	1.2	16.2
13	快乐任我行(早高峰版)	无锡广播电视台梁溪之声广播 FM92.6	1.2	16.0
14	七彩金曲原创榜	无锡广播电视台音乐广播 FM91.4/AM900	1.1	22.4
15	一炮双响	无锡广播电视台梁溪之声广播 FM92.6	1.1	21.7
16	清新女生 morning call	无锡广播电视台交通广播 FM106.9/AM1008	1.1	21.3
17	七彩金曲怀旧风	无锡广播电视台音乐广播 FM91.4/AM900	1.1	21.1
18	一炮双响(法制版)	无锡广播电视台梁溪之声广播 FM92.6	1.1	18.9
19	926 早点到	无锡广播电视台梁溪之声广播 FM92.6	1.1	13.3
20	1069 非常好听	无锡广播电视台交通广播 FM106.9/AM1008	1.0	19.8
21	大李小李有道理	无锡广播电视台交通广播 FM106.9/AM1008	1.0	19.5
22	兰兰的童话兰兰的歌	无锡广播电视台新闻综合广播 FM93.7	0.9	14.2
23	104 早新闻	无锡广播电视台经济广播 FM104/AM1251	0.9	8.7
24	最美汽车 CD	无锡广播电视台音乐广播 FM91.4/AM900	0.8	28.7
25	914 娱乐快车	无锡广播电视台音乐广播 FM91.4/AM900	0.8	25.1
26	一路唱行	无锡广播电视台音乐广播 FM91.4/AM900	0.8	22.0
27	快乐星期天	无锡广播电视台梁溪之声广播 FM92.6	0.8	17.8
28	经典私藏	无锡广播电视台梁溪之声广播 FM92.6	0.8	15.6
29	转播中央人民广播电台《新闻和报纸摘要》	无锡广播电视台经济广播 FM104/AM1251	0.8	9.3
30	七彩金曲排行榜(重播)	无锡广播电视台音乐广播 FM91.4/AM900	0.7	26.9

二十六、郑州收听数据

表 3.26.1 2017~2019 年郑州各目标听众人均收听时间(分钟)

目标听众		2017 年	2018 年	2019 年
10 岁及以上所有人		51	50	50
性别	男	50	50	52
	女	53	50	48
年龄	10~14 岁	10	5	4
	15~24 岁	20	17	17
	25~34 岁	56	44	50
	35~44 岁	60	54	53
	45~54 岁	66	66	68
	55~64 岁	73	96	87
	65 岁及以上	108	132	123
文化程度	未受过正规教育	*	*	*
	小学	49	56	44
	初中	57	55	55
	高中	51	53	53
	大学及以上	48	42	45
职业	干部/管理人员	61	66	50
	初级公务员/雇员	47	44	52
	个体/私营企业人员	61	50	53
	工人	56	52	58
	学生	12	10	7
	无业(包括退休人员)	80	90	83
	其他	*	*	*
个人月收入	没有收入	29	22	19
	1~2000 元	75	90	78
	2001~3000 元	65	70	73
	3001~4000 元	52	54	56
	4001~5000 元	62	51	58
	5001~6000 元	56	46	41
	6001 元及以上	59	68	93

注:郑州为全年连续调查城市。“*”表示目标听众样本量不足,无法进行统计推断。

表 3.26.2 2017~2019 年郑州听众在不同地点的人均收听时间(分钟)

地 点	2017 年	2018 年	2019 年
在家	33	33	30
车上	13	11	14
工作/学习场所	3	3	3
其他场所	2	3	3

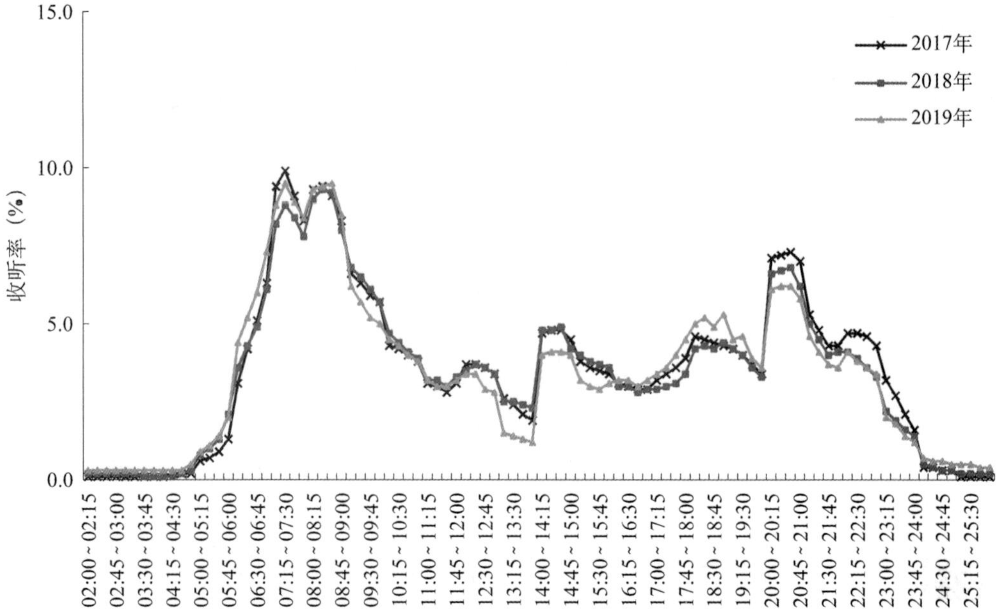

图 3.26.1　2017~2019 年郑州听众全天收听率走势

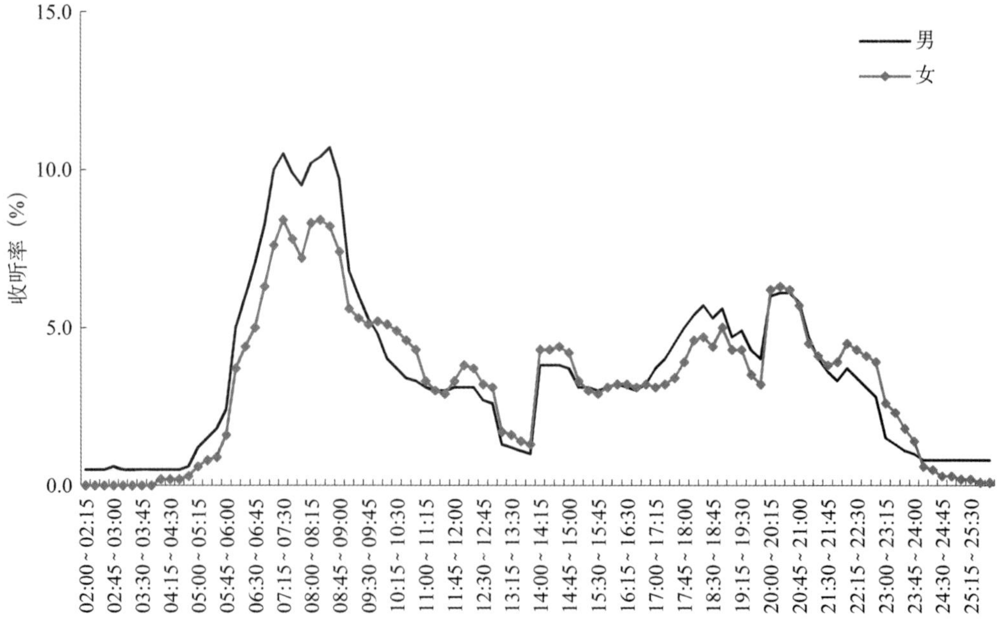

图 3.26.2　2019 年郑州不同性别听众全天收听率走势

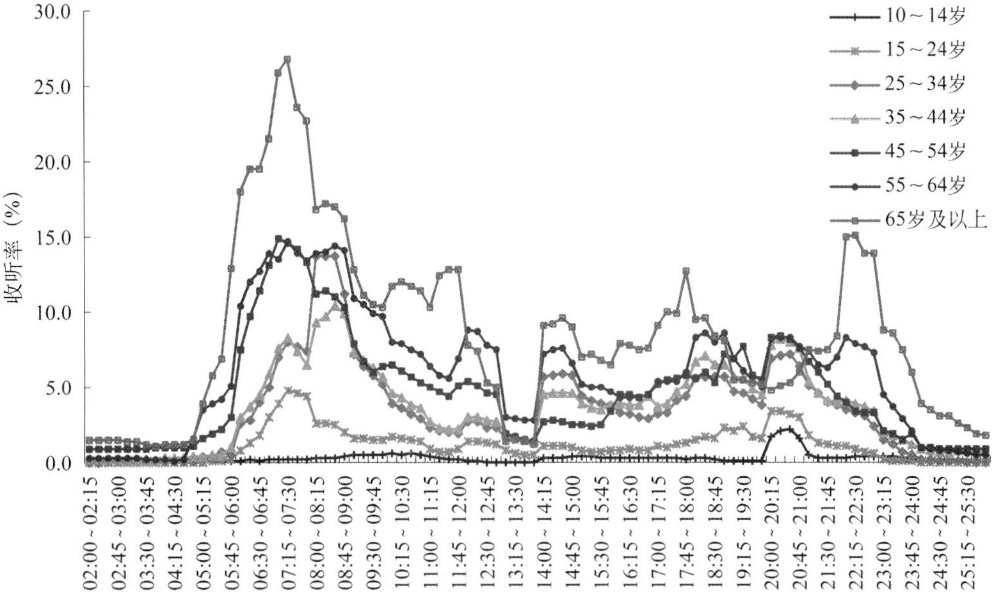

图 3.26.3　2019 年郑州不同年龄听众全天收听率走势

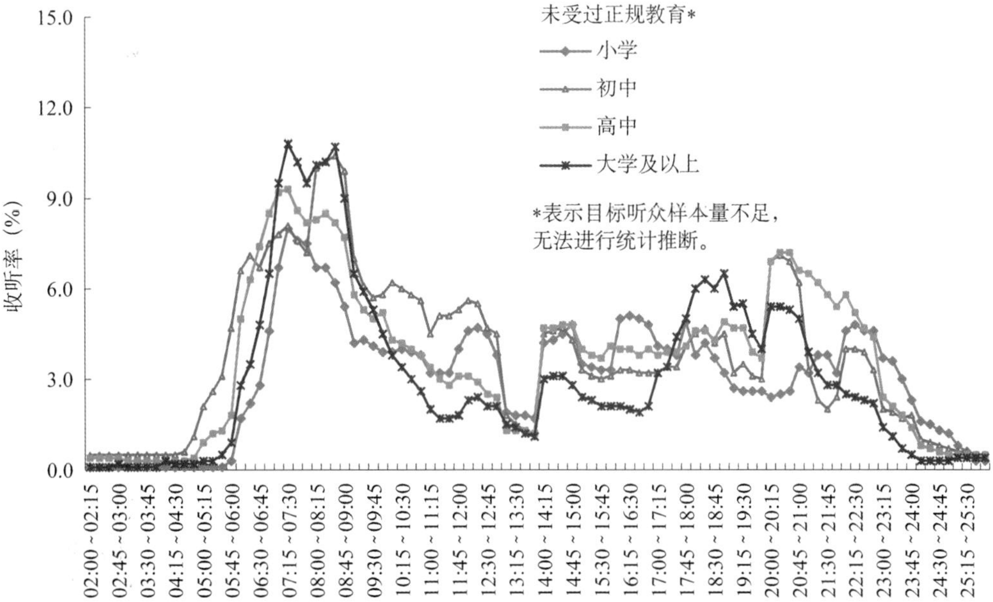

图 3.26.4　2019 年郑州不同文化程度听众全天收听率走势

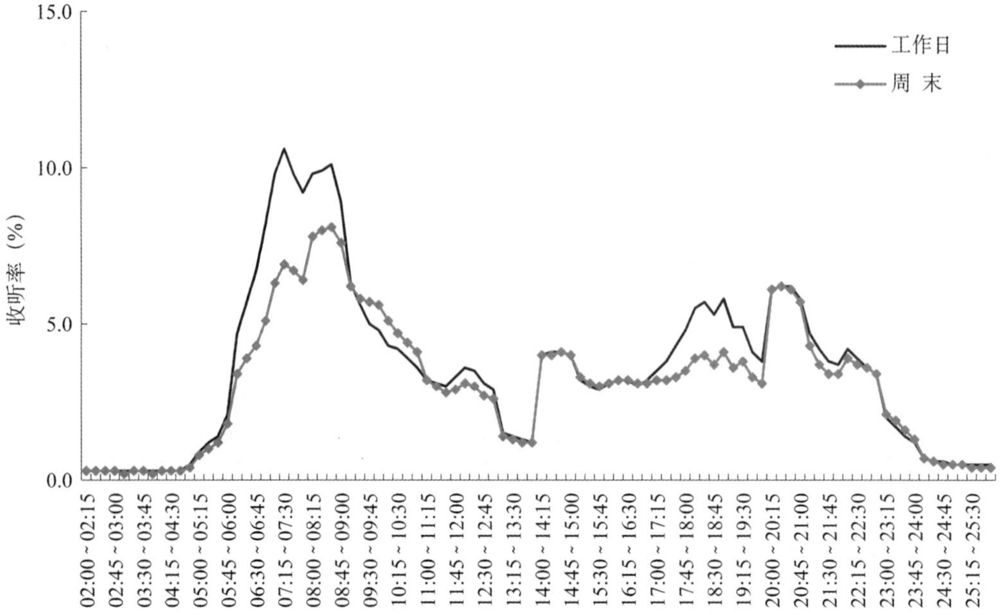

图 3.26.5　2019 年郑州听众工作日与周末全天收听率走势

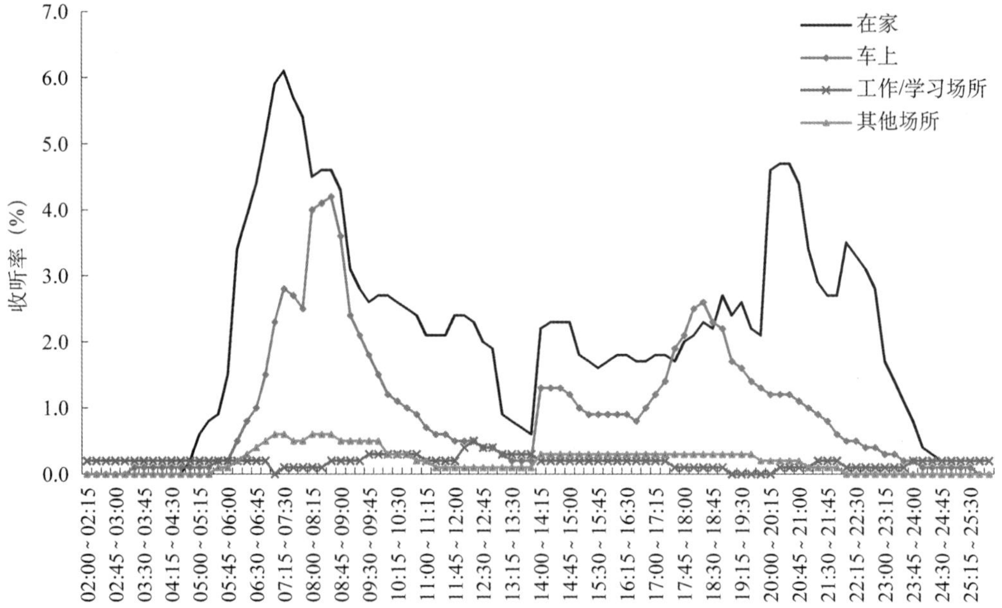

图 3.26.6　2019 年郑州听众在不同收听地点全天收听率走势

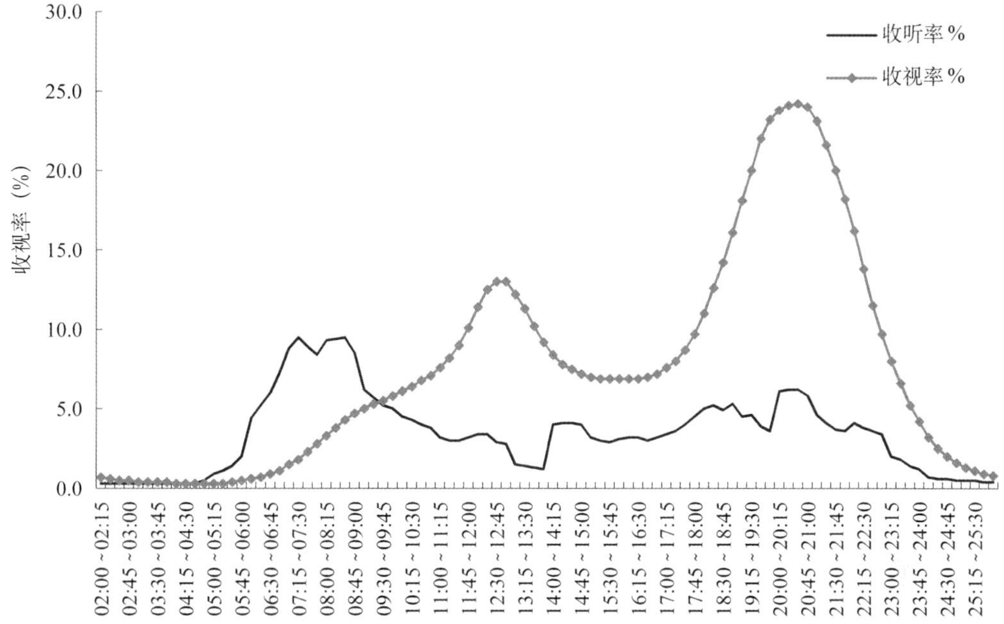

图 3.26.7 2019 年郑州受众全天收听率、收视率走势比较（目标受众为 10 岁及以上）

表 3.26.3　2019 年郑州市场听众构成(%)

目标听众		听众构成(%)
10 岁及以上所有人		100.0
性别	男	53.0
	女	47.0
年龄	10~14 岁	0.4
	15~24 岁	8.6
	25~34 岁	22.2
	35~44 岁	21.7
	45~54 岁	16.7
	55~64 岁	12.9
	65 岁及以上	17.5
文化程度	未受过正规教育	*
	小学	5.3
	初中	25.1
	高中	36.8
	大学及以上	32.8
职业	干部/管理人员	6.3
	初级公务员/雇员	25.7
	个体/私营企业人员	15.9
	工人	15.1
	学生	3.1
	无业(包括退休人员)	33.9
	其他	*
个人月收入	没有收入	11.1
	1~2000 元	6.0
	2001~3000 元	24.3
	3001~4000 元	30.1
	4001~5000 元	14.7
	5001~6000 元	4.6
	6001 元及以上	9.2

注:“*”表示目标听众样本量不足,无法统计推断。

表 3.26.4　2017~2019 年郑州市场各广播电台的市场份额(%)

广播电台	2017 年	2018 年	2019 年
中央人民广播电台	5.6	6.0	–
中国国际广播电台	0.0	0.0	–
中央广播电视总台	–	–	4.3
河南广播电视台	49.4	49.4	49.6
郑州广播电视台	44.1	43.2	43.8
其他广播电台	0.9	1.4	2.3

表 3.26.5　2019 年郑州市场各广播电台在不同目标听众中的市场份额(%)

目标听众		中央广播电视总台	河南广播电视台	郑州广播电视台	其他广播电台
10 岁及以上所有人		4.3	49.6	43.8	2.3
性别	男	4.1	50.3	43.1	2.5
	女	4.4	48.8	44.7	0.4
年龄	10~14 岁	3.3	38.0	55.5	3.2
	15~24 岁	6.5	52.6	40.0	0.9
	25~34 岁	2.9	69.6	26.0	1.5
	35~44 岁	3.4	55.8	38.0	2.8
	45~54 岁	4.5	40.5	54.5	0.5
	55~64 岁	7.7	42.2	49.4	0.7
	65 岁及以上	3.1	29.8	60.9	6.2
文化程度	未受过正规教育	*	*	*	*
	小学	4.9	41.7	53.1	0.3
	初中	4.4	39.0	54.8	1.8
	高中	5.4	48.8	43.3	2.5
	大学及以上	2.8	59.9	34.6	2.7
职业	干部/管理人员	1.1	57.7	40.9	0.3
	初级公务员/雇员	4.3	53.2	40.1	2.4
	个体/私营企业人员	3.8	59.2	35.6	1.4
	工人	4.3	50.2	44.5	1.0
	学生	7.5	61.2	28.5	2.8
	无业(包括退休人员)	4.6	40.6	51.2	3.6
	其他	*	*	*	*
个人月收入	没有收入	6.9	57.7	34.3	1.1
	1~2000 元	5.5	42.3	47.6	4.6
	2001~3000 元	3.3	39.6	55.7	1.4
	3001~4000 元	5.3	45.4	47.2	2.1
	4001~5000 元	3.4	54.9	36.3	5.4
	5001~6000 元	1.7	66.0	32.1	0.2
	6001 元及以上	2.2	68.6	28.3	0.9

注:“*”表示目标听众样本量不足,无法进行统计推断。

表 3.26.6　2019 年郑州市场份额排名前五位的频率

排名	频率名称	市场份额(%)
1	郑州新闻广播 AM549/FM98.8	20.9
2	河南音乐广播魅力 881 FM88.1/FM93.6	15.1
3	河南交通广播 FM104.1/FM92.4	11.2
4	郑州交通广播 FM91.2	10.2
5	河南广播电视台戏曲广播 FM97.6/AM1143	7.9

表 3.26.7　2019 年郑州市场收听率排名前三十位的节目

排名	节目名称	播出频率	收听率（%）	市场份额（%）
1	郑州早新闻	郑州新闻广播 AM549/FM98.8	2.5	26.8
2	转播中央人民广播电台《新闻和报纸摘要》	郑州新闻广播 AM549/FM98.8	2.1	31.1
3	百姓热线	郑州新闻广播 AM549/FM98.8	1.8	19.7
4	986 夜新闻	郑州新闻广播 AM549/FM98.8	1.6	41.1
5	一路听天下(周末版)	河南交通广播 FM104.1/FM92.4	1.6	16.0
6	新闻早六点	郑州新闻广播 AM549/FM98.8	1.5	31.6
7	今夜不寂寞	郑州新闻广播 AM549/FM98.8	1.4	63.7
8	魅力新鲜行(周末版)	河南音乐广播魅力 881 FM88.1/FM93.6	1.3	13.1
9	河南新闻(周末版)	河南新闻广播 FM95.5/AM657	1.3	12.5
10	一路听天下	河南交通广播 FM104.1/FM92.4	1.2	14.3
11	河南新闻	河南新闻广播 FM95.5/AM657	1.2	13.7
12	魅力新鲜行	河南音乐广播魅力 881 FM88.1/FM93.6	1.2	13.5
13	与你同行	河南新闻广播 FM95.5/AM657	1.1	13.4
14	交通互联网	郑州交通广播 FM91.2	1.1	12.3
15	与你同行(周末版)	河南新闻广播 FM95.5/AM657	1.1	11.6
16	马路欢乐派(周末版)	河南交通广播 FM104.1/FM92.4	1.0	20.2
17	986 听世界	郑州新闻广播 AM549/FM98.8	0.9	28.2
18	马路欢乐派	河南交通广播 FM104.1/FM92.4	0.9	20.1
19	魅力动情歌(周末版)	河南音乐广播魅力 881 FM88.1/FM93.6	0.9	19.4
20	魅力动情歌	河南音乐广播魅力 881 FM88.1/FM93.6	0.9	19.3
21	魅力快乐 song	河南音乐广播魅力 881 FM88.1/FM93.6	0.9	19.0
22	重播《郑州早新闻》	郑州新闻广播 AM549/FM98.8	0.9	14.8
23	郑州午新闻	郑州新闻广播 AM549/FM98.8	0.8	24.0
24	超级新闻场(周末版)	河南交通广播 FM104.1/FM92.4	0.8	17.6
24	魅力快乐 song(周末版)	河南音乐广播魅力 881 FM88.1/FM93.6	0.8	17.6
26	986 整点播报	郑州新闻广播 AM549/FM98.8	0.8	16.9
27	986 理财时间	郑州新闻广播 AM549/FM98.8	0.8	16.1
28	大龙吐槽	郑州新闻广播 AM549/FM98.8	0.8	15.5
29	歌曲	河南交通广播 FM104.1/FM92.4	0.8	12.4
30	快乐串流行(周末版)	河南戏曲广播娱乐 976 FM97.6/AM1143	0.7	8.6

二十七、安徽收听数据

表 3.27.1　2017~2019 年安徽各目标听众人均收听时间(分钟)

目标听众		2017 年	2018 年	2019 年			
				第一波	第二波	第三波	第四波
10 岁及以上所有人		28	29	33	37	38	39
城乡	城市	34	31	34	43	41	45
	农村	23	27	32	33	36	35
性别	男	31	31	36	42	42	43
	女	24	26	29	32	34	34
年龄	10~14 岁	6	12	10	12	18	16
	15~24 岁	11	15	16	18	19	14
	25~34 岁	24	24	33	39	39	37
	35~44 岁	31	29	30	35	38	46
	45~54 岁	38	41	44	50	49	49
	55~64 岁	41	41	41	48	50	57
	65 岁及以上	44	46	60	62	61	57
文化程度	未受过正规教育	19	22	28	35	35	34
	小学	29	33	38	37	39	39
	初中	29	30	33	38	40	41
	高中	24	24	28	33	31	34
	大学及以上	31	32	34	41	46	42
职业	干部/管理人员	45	36	34	30	36	34
	初级公务员/雇员	25	28	34	41	42	41
	个体/私营企业人员	32	30	40	45	46	44
	工人	37	35	31	38	36	46
	农民/渔民/牧民	20	27	33	31	37	39
	学生	8	12	11	13	15	12
	无业(包括退休人员)	42	39	46	53	55	55
	其他	57	66	52	83	67	64
个人月收入	没有收入	15	18	20	23	24	20
	1~2000 元	23	28	31	31	38	35
	2001~3000 元	32	33	39	43	42	43
	3001~4000 元	34	33	40	42	45	54
	4001~5000 元	32	34	36	47	45	49
	5001~6000 元	43	38	36	39	42	45
	6001 元及以上	34	27	41	46	48	41

注:安徽为四波调查省网。2019 年四波调查时间分别为:第一波 3 月 3 日至 3 月 23 日;第二波 5 月 26 日至 6 月 15 日;第三波 8 月 25 日至 9 月 14 日;第四波 11 月 3 日至 11 月 23 日。

表 3.27.2　2017~2019 年安徽听众在不同地点的人均收听时间(分钟)

地　点	2017 年	2018 年	2019 年
在家	17	19	23
车上	7	6	9
工作/学习场所	2	2	3
其他场所	2	2	2

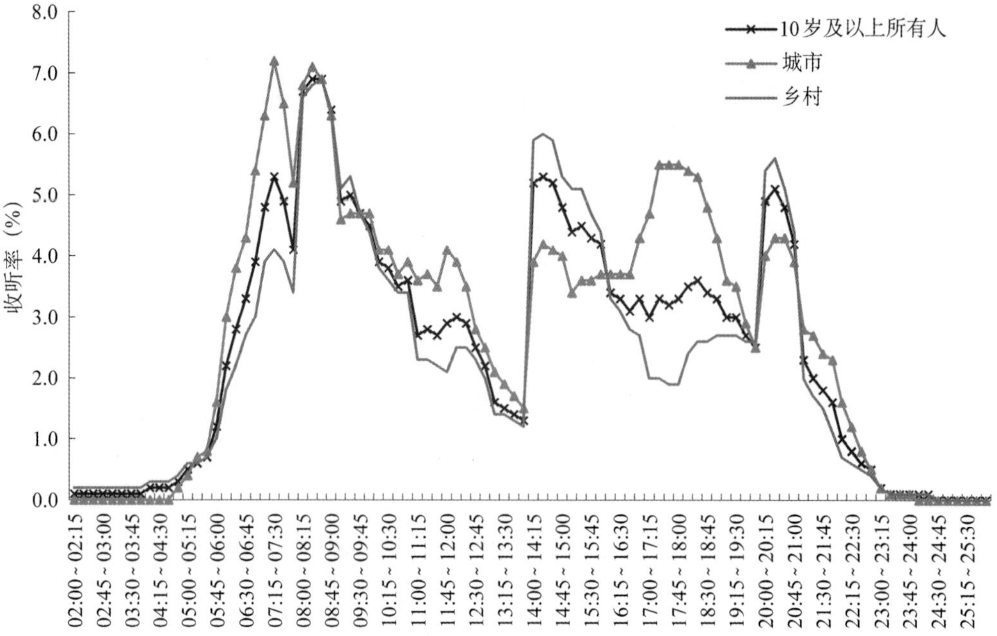

图 3.27.1　2019 年安徽听众全体及分城乡全天收听率走势

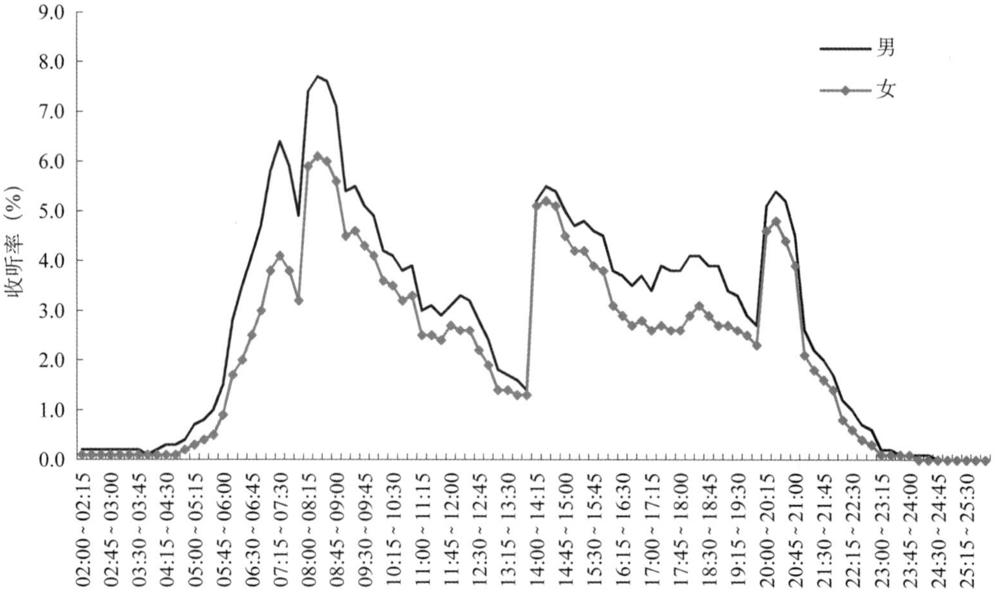

图 3.27.2　2019 年安徽不同性别听众全天收听率走势

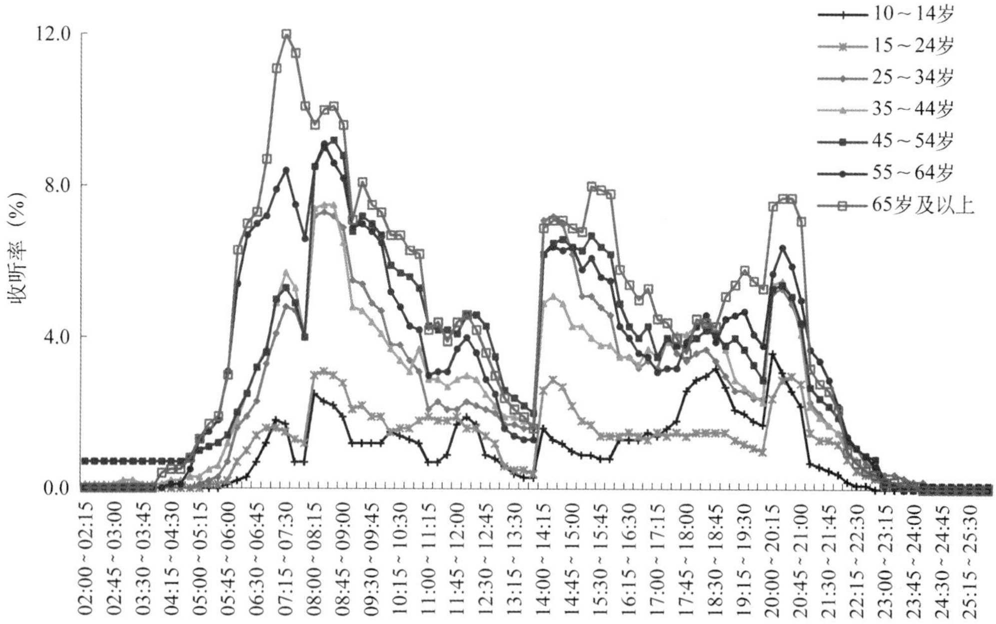

图 3.27.3 2019 年安徽不同年龄听众全天收听率走势

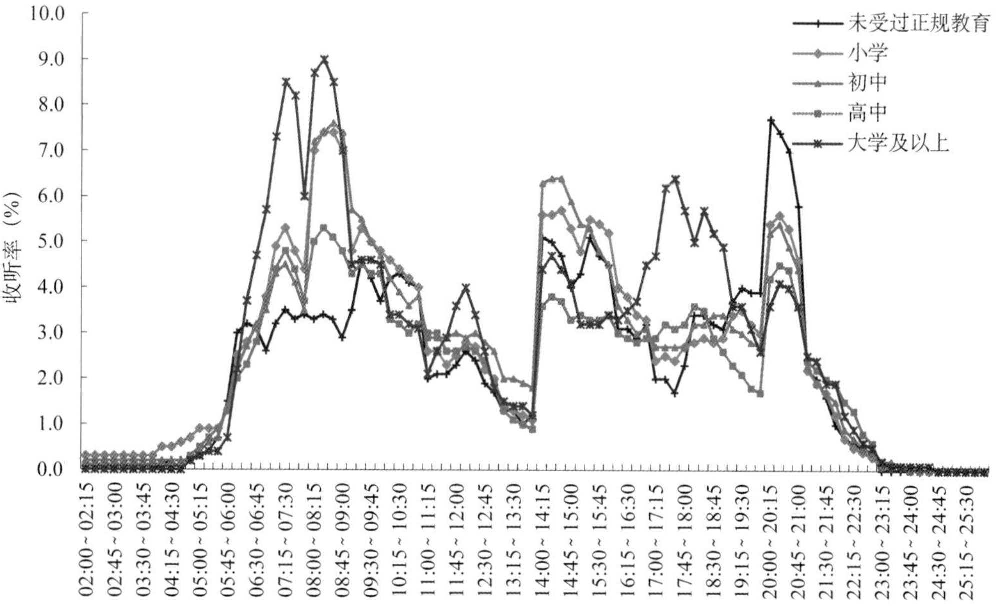

图 3.27.4 2019 年安徽不同文化程度听众全天收听率走势

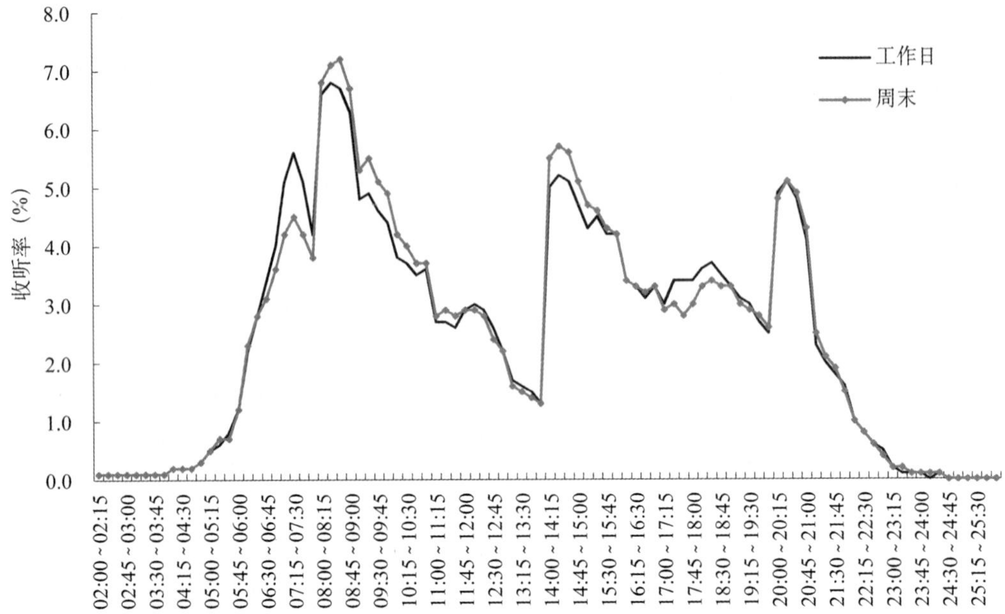

图 3.27.5　2019 年安徽听众工作日与周末全天收听率走势

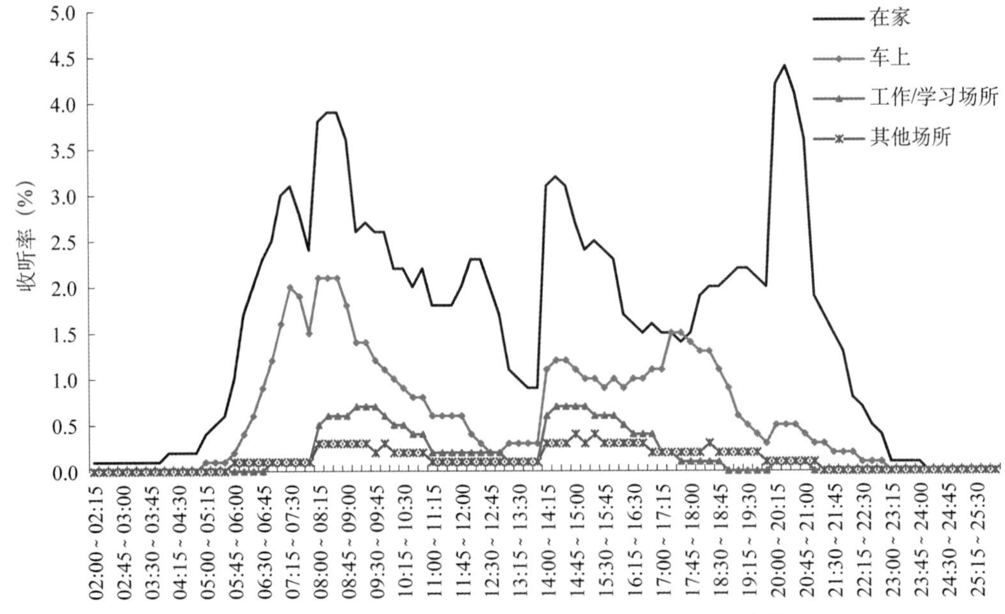

图 3.27.6　2019 年安徽听众在不同地点全天收听率走势

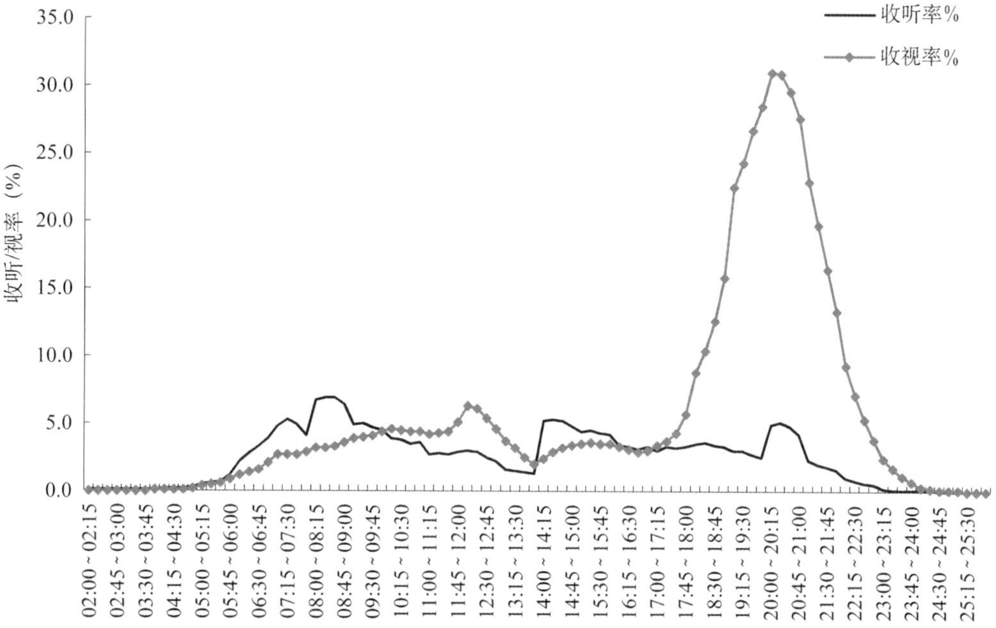

图 3.27.7　2019 年安徽受众全天收听率、收视率走势比较(目标受众为 10 岁及以上)

表 3.27.3 2019 年安徽市场听众构成(%)

目标听众		听众构成(%)
10 岁及以上所有人		100.0
城乡	城市	41.7
	农村	58.3
性别	男	57.0
	女	43.0
年龄	10~14 岁	2.1
	15~24 岁	8.9
	25~34 岁	18.6
	35~44 岁	23.6
	45~54 岁	18.6
	55~64 岁	13.8
	65 岁及以上	14.5
文化程度	未受过正规教育	4.1
	小学	17.0
	初中	40.7
	高中	21.8
	大学及以上	16.4
职业	干部/管理人员	1.6
	个体/私营企业人员	16.5
	初级公务员/雇员	24.8
	工人	14.6
	农民/渔民/牧民	14.6
	学生	6.3
	无业(包括退休人员)	19.7
	其他	1.9
个人月收入	没有收入	15.2
	1~2000 元	10.4
	2001~3000 元	13.8
	3001~4000 元	21.4
	4001~5000 元	21.3
	5001~6000 元	9.5
	6001 元及以上	8.4

表 3.27.4 2017~2019 年安徽市场各广播电台的市场份额(%)

广播电台	2017 年	2018 年	2019 年			
			第一波	第二波	第三波	第四波
中央人民广播电台	15.3	16.4	–	–	–	–
中国国际广播电台	0.1	0.0	–	–	–	–
中央广播电视总台	–	–	16.0	9.5	8.9	10.2
安徽广播电视台	61.1	56.8	56.1	60.2	57.1	57.3
其他广播电台	23.5	26.8	27.8	30.3	34.0	32.4

表 3.27.5 2019 年安徽市场各广播电台在不同目标听众中的市场份额(%)

目标听众		中央广播电视总台	安徽广播电视台	其他广播电台
10 岁及以上所有人		11.0	57.7	31.3
城乡	城市	10.2	53.2	36.6
	农村	11.5	61.0	27.5
性别	男	11.3	54.7	33.9
	女	10.6	61.7	27.8
年龄	10~14 岁	11.7	70.7	17.6
	15~24 岁	10.8	60.1	29.1
	25~34 岁	5.6	57.3	37.1
	35~44 岁	10.2	65.4	24.3
	45~54 岁	13.2	56.0	30.7
	55~64 岁	13.4	45.3	41.3
	65 岁及以上	14.0	56.4	29.7
文化程度	未受过正规教育	9.4	60.3	30.3
	小学	10.5	57.4	32.1
	初中	11.5	62.6	26.0
	高中	12.6	54.7	32.7
	大学及以上	8.5	49.4	42.0
职业	干部/管理人员	17.0	46.3	36.7
	个体/私营企业人员	10.1	51.6	38.4
	初级公务员/雇员	10.9	59.4	29.7
	工人	9.4	65.5	25.0
	农民/渔民/牧民	12.1	51.8	36.0
	学生	12.2	67.8	19.9
	无业(包括退休人员)	11.8	58.0	30.2
	其他	4.4	47.0	48.7
个人月收入	没有收入	10.4	68.4	21.2
	1~2000 元	9.4	53.2	37.5
	2001~3000 元	10.5	58.7	30.8
	3001~4000 元	15.3	54.5	30.2
	4001~5000 元	10.7	52.9	36.5
	5001~6000 元	9.5	58.7	31.8
	6001 元及以上	5.8	62.3	31.9

表 3.27.6 2019 年安徽市场份额排名前五位的频率

排名	频率名称	市场份额(%)
1	安徽音乐广播	16.2
2	安徽交通广播	12.7
3	中央人民广播电台第一套节目中国之声	9.3
4	安徽小说评书广播	6.4
5	安徽新闻综合广播 AM936/FM103.6(安徽之声)	5.8

表 3.27.7　2019 年安徽市场收听率排名前三十位的节目

排名	节目名称	播出频率	收听率（%）	市场份额（%）
1	金曲大本营	安徽音乐广播	1.1	22.6
2	新闻周末特刊	安徽交通广播	1.1	15.5
3	新闻和报纸摘要	中央人民广播电台第一套节目中国之声	0.9	25.1
4	新闻直通车	安徽交通广播	0.9	16.9
5	音乐随心聊	安徽音乐广播	0.8	18.1
6	老信件旧时光	安徽音乐广播	0.7	20.5
7	嘻哈二人行	安徽音乐广播	0.7	20.2
8	音乐爱假日	安徽音乐广播	0.7	18.4
9	一路微微笑	安徽音乐广播	0.7	16.1
10	中国歌曲排行榜（直播北京音乐台）	安徽音乐广播	0.7	15.7
11	快乐出发	安徽交通广播	0.7	15.3
12	环球任我行	安徽交通广播	0.7	14.8
13	车友开心点	安徽交通广播	0.7	12.9
14	音乐晨飞扬	安徽音乐广播	0.7	12.3
15	新闻纵横	中央人民广播电台第一套节目中国之声	0.7	11.7
16	国防时空	中央人民广播电台第一套节目中国之声	0.6	23.0
17	品牌之旅	中央人民广播电台第一套节目中国之声	0.6	21.5
18	星星梦工厂	安徽音乐广播	0.6	18.8
19	残疾人之友	中央人民广播电台第一套节目中国之声	0.5	21.2
20	幸福 1+1	安徽交通广播	0.5	13.8
21	畅通 2019	安徽交通广播	0.5	13.3
22	908 楼市风向标	安徽交通广播	0.5	12.6
23	908 体育圈	安徽交通广播	0.5	11.3
24	交警面对面	安徽交通广播	0.5	10.9
25	安徽新闻	安徽新闻综合广播 AM936/FM103.6（安徽之声）	0.5	10.7
26	周日新空气	安徽交通广播	0.5	10.4
27	直播中国	中央人民广播电台第一套节目中国之声	0.5	10.3
28	小喇叭	中央人民广播电台第一套节目中国之声	0.5	9.0
29	新闻早高峰	安徽新闻综合广播 AM936/FM103.6（安徽之声）	0.5	8.1
30	爱车地带	安徽交通广播	0.4	10.0

二十八、辽宁收听数据

表 3.28.1 2017~2019 年辽宁各目标听众人均收听时间(分钟)

目标听众		2017 年	2018 年	2019 年
10 岁及以上所有人		57	54	51
城乡	城市	74	73	70
	农村	29	29	27
性别	男	60	58	55
	女	54	49	47
年龄	10~14 岁	10	12	15
	15~24 岁	25	22	25
	25~34 岁	41	48	40
	35~44 岁	54	49	48
	45~54 岁	65	60	51
	55~64 岁	80	85	81
	65 岁及以上	113	99	110
文化程度	未受过正规教育	56	67	50
	小学	49	50	52
	初中	58	54	50
	高中	62	57	50
	大学及以上	53	52	57
职业	干部/管理人员	55	55	72
	初级公务员/雇员	61	47	46
	个体/私营企业人员	51	51	50
	工人	54	54	43
	农民/渔民/牧民	48	52	49
	学生	19	17	17
	无业(包括退休人员)	84	81	83
	其他	*	*	*
个人月收入	没有收入	32	23	24
	1~2000 元	45	45	43
	2001~3000 元	66	60	52
	3001~4000 元	61	59	62
	4001~5000 元	64	68	62
	5001~6000 元	73	69	64
	6001 元及以上	79	57	48

注:辽宁省网为全年连续调查省网。“*”表示目标听众样本量不足,无法进行统计推断。

表 3.28.2 2017~2019 年辽宁听众在不同地点的人均收听时间(分钟)

地 点	2017 年	2018 年	2019 年
在家	40	38	35
车上	12	12	13
工作/学习场所	4	2	2
其他场所	1	1	1

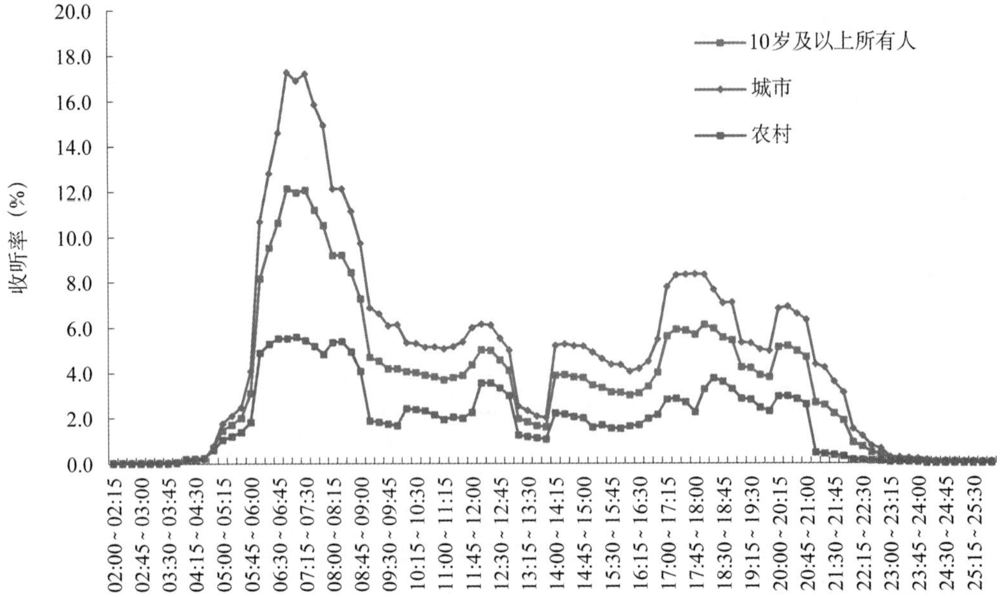

图 3.28.1　2019 年辽宁听众全体及分城乡全天收听率走势

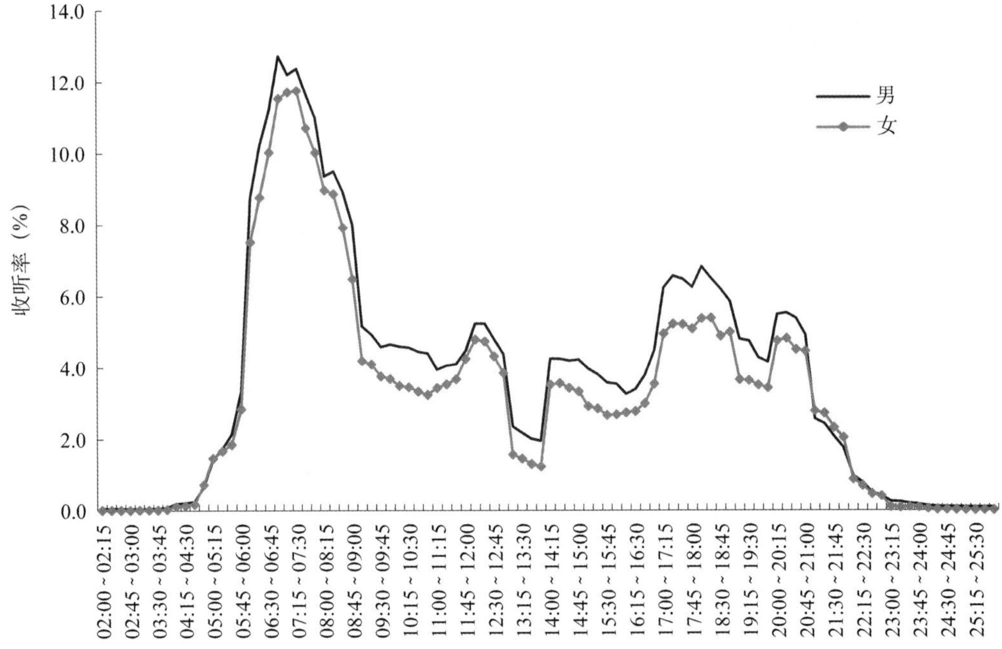

图 3.28.2　2019 年辽宁不同性别听众全天收听率走势

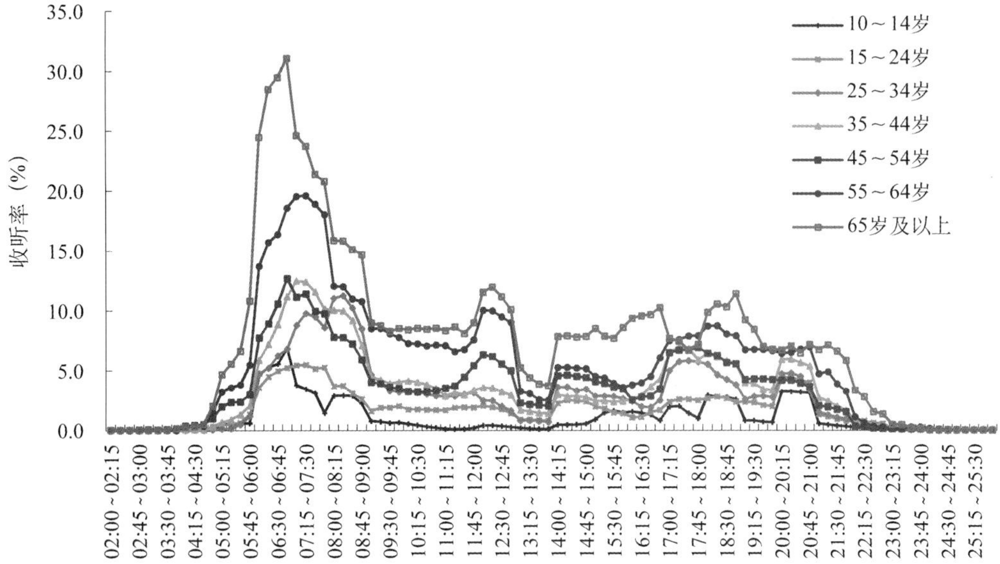

图 3.28.3　2019 年辽宁不同年龄听众全天收听率走势

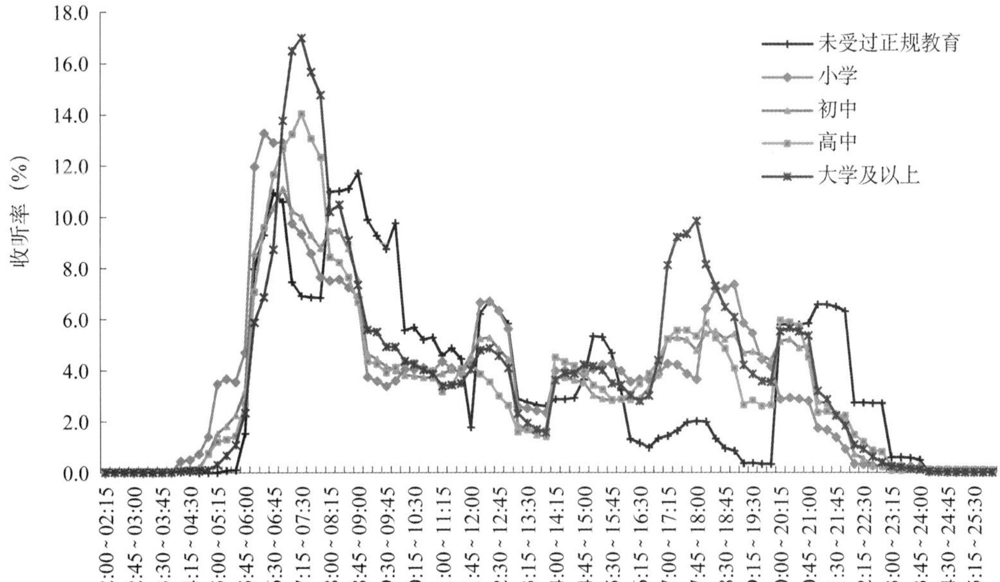

图 3.28.4　2019 年辽宁不同文化程度听众全天收听率走势

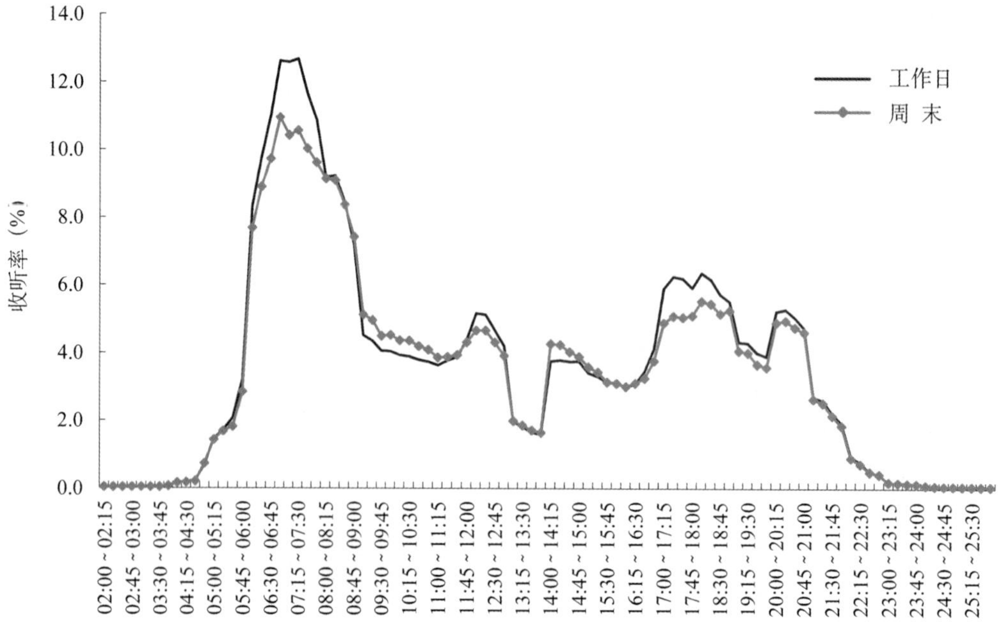

图 3.28.5　2019 年辽宁听众工作日与周末全天收听率走势

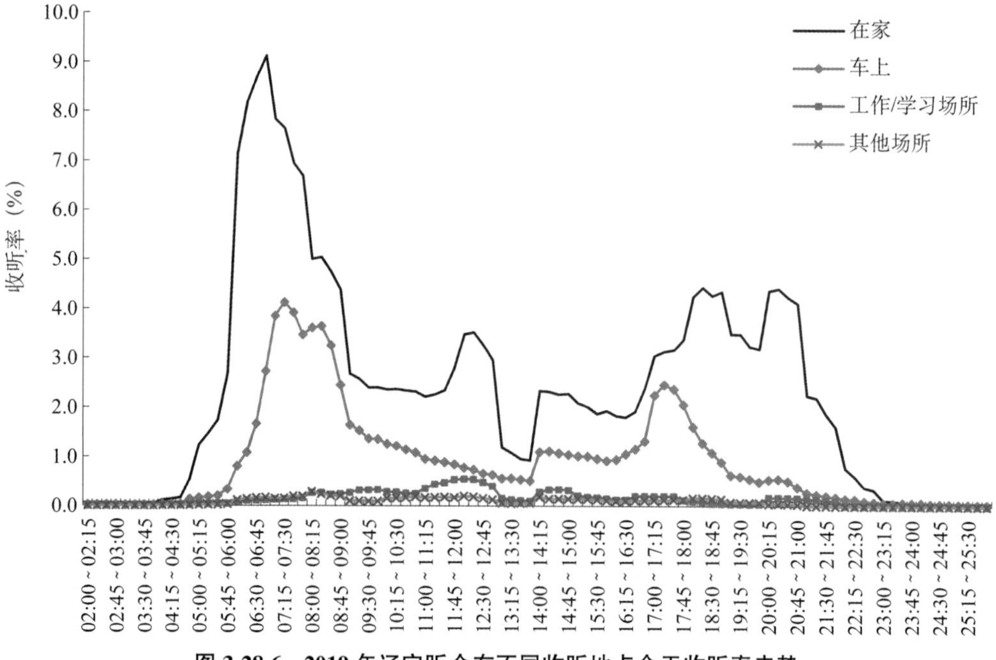

图 3.28.6　2019 年辽宁听众在不同收听地点全天收听率走势

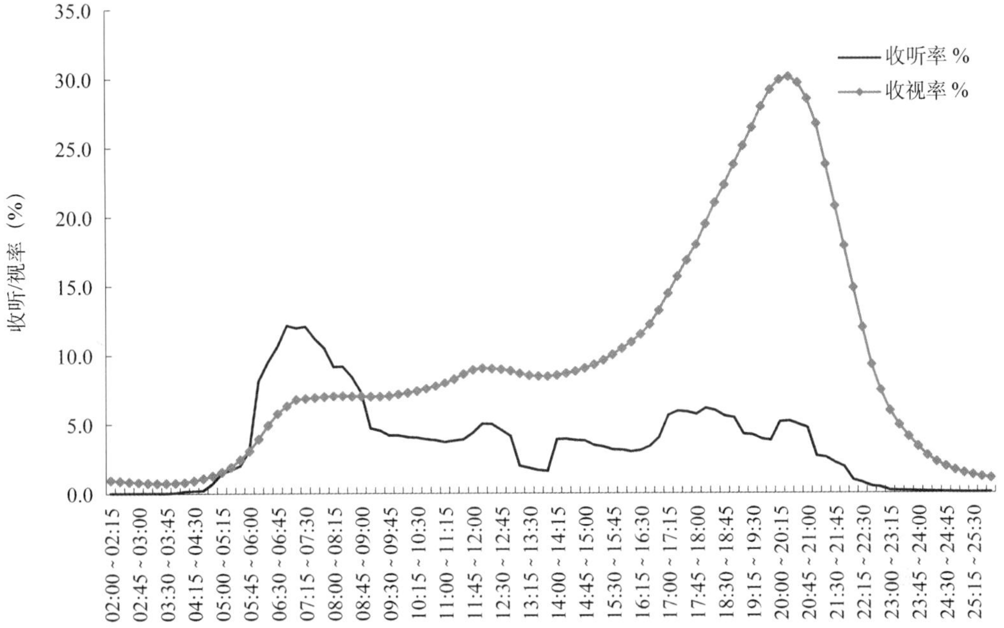

图 3.28.7　2019 年辽宁受众全天收听率、收视率走势比较(目标受众为 10 岁及以上)

表 3.28.3　2019 年辽宁市场听众构成(%)

目标听众		听众构成(%)
10 岁及以上所有人		100.0
城乡	城市	76.8
	农村	23.2
性别	男	55.6
	女	44.4
年龄	10~14 岁	0.5
	15~24 岁	8.3
	25~34 岁	13.0
	35~44 岁	21.3
	45~54 岁	18.4
	55~64 岁	18.8
	65 岁及以上	19.7
文化程度	未受过正规教育	0.6
	小学	11.5
	初中	46.2
	高中	21.3
	大学及以上	20.4
职业	干部/管理人员	4.2
	初级公务员/雇员	9.6
	个体/私营企业人员	16.7
	工人	21.2
	农民/渔民/牧民	11.6
	学生	3.7
	无业(包括退休人员)	33.0
	其他	*
个人月收入	没有收入	8.9
	1~2000 元	5.1
	2001~3000 元	14.0
	3001~4000 元	34.7
	4001~5000 元	22.0
	5001~6000 元	9.2
	6001 元及以上	6.1

注:“ * ”表示目标听众样本量不足,无法进行统计推断。

表 3.28.4　2017~2019 年辽宁市场各广播电台的市场份额(%)

广播电台	2017 年	2018 年	2019 年
中央人民广播电台	17.4	18.0	–
中国国际广播电台	0.0	0.0	–
中央广播电视总台	–	–	16.2
辽宁广播电视台	25.1	26.9	24.6
其他广播电台	57.5	55.1	59.2

表 3.28.5　2019 年辽宁市场各广播电台在不同目标听众中的市场份额(%)

目标听众		中央广播电视总台	辽宁广播电视台	其他广播电台
10 岁及以上所有人		16.2	24.6	59.2
城乡	城市	15.3	21.3	63.4
	农村	19.2	35.5	45.3
性别	男	17.1	23.4	59.5
	女	15.1	26.1	58.8
年龄	10~14 岁	25.9	18.4	55.7
	15~24 岁	16.7	25.8	57.5
	25~34 岁	12.9	33.4	53.7
	35~44 岁	15.4	26.6	58.0
	45~54 岁	16.6	27.9	55.5
	55~64 岁	16.6	19.6	63.8
	65 岁及以上	18.6	18.0	63.4
文化程度	未受过正规教育	10.2	2.6	87.2
	小学	20.2	17.3	62.5
	初中	15.0	27.7	57.3
	高中	18.9	26.6	54.5
	大学及以上	14.1	20.4	65.5
职业	干部/管理人员	13.8	20.0	66.2
	初级公务员/雇员	10.6	23.7	65.7
	个体/私营企业人员	12.5	34.3	53.2
	工人	17.2	25.3	57.5
	农民/渔民/牧民	19.1	29.2	51.7
	学生	15.8	25.8	58.4
	无业(包括退休人员)	18.5	18.4	63.1
	其他	*	*	*
个人月收入	没有收入	16.5	25.4	58.1
	1~2000 元	11.1	23.4	65.5
	2001~3000 元	17.3	22.1	60.6
	3001~4000 元	17.7	24.6	57.7
	4001~5000 元	15.8	28.9	55.3
	5001~6000 元	13.7	19.7	66.6
	6001 元及以上	14.5	22.1	63.4

注:“*”表示目标听众样本量不足,无法进行统计推断。

表 3.28.6　2019 年辽宁市场份额排名前五位的频率

排名	频率名称	市场份额(%)
1	中央人民广播电台第一套节目中国之声	11.5
2	辽宁广播电视台交通广播 FM97.5	10.9
3	辽宁广播电视台辽宁之声 AM1089/FM102.9	4.7
4	辽宁广播电视台经济广播 FM88.8/AM999	3.5
5	辽宁广播电视台文艺广播 FM95.9/FM101.8/AM1053	3.4

表 3.28.7　2019 年辽宁市场收听率排名前 30 位的节目

排名	节目名称	播出频率	收听率（%）	市场份额（%）
1	新闻麻辣烫	辽宁广播电视台交通广播 FM97.5	1.5	13.6
2	新闻纵横	中央人民广播电台第一套节目中国之声	1.4	14.1
3	新闻和报纸摘要	中央人民广播电台第一套节目中国之声	1.4	12.0
4	阿宝龙哥路路通	辽宁广播电视台交通广播 FM97.5	1.1	13.7
5	阿宝客厅	辽宁广播电视台交通广播 FM97.5	1.0	12.7
6	国防时空	中央人民广播电台第一套节目中国之声	1.0	11.3
7	麻辣第七天	辽宁广播电视台交通广播 FM97.5	1.0	10.1
8	残疾人之友	中央人民广播电台第一套节目中国之声	0.9	12.2
9	新闻进行时	中央人民广播电台第一套节目中国之声	0.6	14.1
10	央广新闻晚高峰	中央人民广播电台第一套节目中国之声	0.6	10.7
11	向快乐出发	辽宁广播电视台交通广播 FM97.5	0.6	10.5
12	音乐 morning call	辽宁广播电视台文艺广播 FM95.9/FM101.8/AM1053	0.6	4.9
13	震宇说交通	辽宁广播电视台交通广播 FM97.5	0.5	11.9
14	走进香港	中央人民广播电台第一套节目中国之声	0.5	11.6
15	小喇叭	中央人民广播电台第一套节目中国之声	0.5	10.5
16	新闻晚高峰	中央人民广播电台第一套节目中国之声	0.5	10.4
17	全国新闻联播	中央人民广播电台第一套节目中国之声	0.5	10.3
18	全球华语广播网	中央人民广播电台第一套节目中国之声	0.5	10.0
19	直播中国	中央人民广播电台第一套节目中国之声	0.5	9.4
20	畅通晚高峰	辽宁广播电视台交通广播 FM97.5	0.5	8.7
21	央广新闻	中央人民广播电台第一套节目中国之声	0.4	11.2
22	全选二手车	辽宁广播电视台交通广播 FM97.5	0.4	11.1
23	一起侃侃房	辽宁广播电视台交通广播 FM97.5	0.4	11.0
24	动感车世界	辽宁广播电视台交通广播 FM97.5	0.4	10.9
25	龙哥修车行	辽宁广播电视台交通广播 FM97.5	0.4	10.7
26	娱乐香饽饽	辽宁广播电视台交通广播 FM97.5	0.4	10.3
27	中国大舞台	中央人民广播电台第一套节目中国之声	0.4	9.8
28	哎呀！女司机	辽宁广播电视台交通广播 FM97.5	0.4	9.2
29	车厢欢乐秀	辽宁广播电视台交通广播 FM97.5	0.4	8.8
30	心有千千结	辽宁广播电视台经济广播 FM88.8/AM999	0.4	7.6

第四部分

Part Four

附 录 Appendix

附　录

CSM 各收听率调查网概况

表 4.1　2019 年各城市收听率调查网样本规模及推及人口

城市	固定样组规模（户，人）	推及户数（千户）	推及人口（千人）
北京(M)	1200	–	4772
大连	300	1017	2518
佛山	300	1074	3108
广州(M)	500	–	2292
哈尔滨	300	1275	3065
杭州	300	1979	5595
合肥(M)	500	–	1758
济南(M)	500	–	2251
南昌	300	429	1394
南京(M)	500	–	4035
宁波	300	719	1949
青岛	300	513	1319
上海(M)	600	–	8975
深圳(M)	600	–	5470
沈阳	300	1296	3215
石家庄	300	675	1853
苏州	300	640	1976
太原	300	812	2256
天津	300	1931	5088
乌鲁木齐	300	1108	2560
无锡(M)	500	–	1155
武汉	300	1170	3160
长春	300	956	2522
长沙	300	854	2321
郑州	300	1453	3683
重庆	300	683	1864

注:标注(M)的城市为采用虚拟测量仪调查的城市,固定样组规模单位为人,调查样本及推及总体为 15 岁及以上人口。

表 4.2　2019 年各城市收听率调查网家庭规模结构(%)

城市	1 人户	2 人户	3 人户	4 人及以上户
北京(M)	–	–	–	–
大连	8.8	37.7	38.9	14.6
佛山	6.0	39.9	23.4	30.7
广州(M)	–	–	–	–
哈尔滨	10.3	40.1	36.1	13.5
杭州	5.1	39.7	30.4	24.8
合肥(M)	–	–	–	–
济南(M)	–	–	–	–
南昌	3.5	21.5	34.7	40.3
南京(M)	–	–	–	–
宁波	6.2	36.1	44.0	13.7
青岛	7.9	32.2	44.8	15.1
上海(M)	–	–	–	–
深圳(M)	–	–	–	–
沈阳	10.8	37.3	35.7	16.2
石家庄	5.7	29.8	40.8	23.7
苏州	7.6	27.3	35.0	30.1
太原	3.6	30.7	41.8	23.9
天津	6.3	37.0	42.5	14.2
乌鲁木齐	15.1	38.6	31.8	14.5
无锡(M)	–	–	–	–
武汉	12.2	30.0	37.8	20.0
长春	9.3	32.5	38.6	19.6
长沙	7.8	33.3	38.4	20.5
郑州	11.5	36.1	29.1	23.3
重庆	9.1	34.2	33.7	23.0

注:标注(M)的城市为采用虚拟测量仪调查的城市,调查样本及推及总体为 15 岁及以上人口。

表 4.3 2019 年各城市收听率调查网性别与年龄结构(%)

城市	性别		年龄						
	男性	女性	10～14 岁	15～24 岁	25～34 岁	35～44 岁	45～54 岁	55～64 岁	65 岁及以上
北京(M)	56.9	43.1	–	20.1	22.5	24.6	14.2	11.3	7.3
大连	50.6	49.4	3.4	17.2	21.0	21.3	16.6	11.2	9.3
佛山	54.2	45.8	3.4	15.1	27.6	21.6	16.0	9.0	7.3
广州(M)	57.5	42.5	–	13.9	27.1	26.7	10.5	9.9	11.9
哈尔滨	51.4	48.6	2.9	14.6	18.4	17.7	18.7	16.2	11.5
杭州	51.6	48.4	3.0	20.8	21.8	20.3	16.0	10.2	7.9
合肥(M)	56.8	43.2	–	22.5	26.7	26.9	10.5	7.8	5.6
济南(M)	56.5	43.5	–	14.5	24.8	24.3	14.4	11.6	10.4
南昌	52.9	47.1	6.6	23.4	18.3	21.2	13.9	10.3	6.3
南京(M)	50.8	49.2	–	23.3	20.6	23.3	16.4	9.5	6.9
宁波	50.7	49.3	4.2	18.2	22.5	25.5	15.7	9.5	4.4
青岛	49.8	50.2	3.7	13.6	21.0	20.2	18.3	13.0	10.2
上海(M)	52.4	47.6	–	10.8	29.6	25.0	13.1	10.6	10.9
深圳(M)	55.6	44.4	–	17.4	38.9	30.1	7.9	2.5	3.2
沈阳	50.6	49.4	3.5	14.1	20.3	17.8	20.2	12.5	11.6
石家庄	48.6	51.4	4.4	22.2	21.4	20.2	14.7	9.5	7.6
苏州	50.4	49.6	2.6	23.9	24.6	19.5	12.2	9.6	7.6
太原	51.8	48.2	4.7	23.8	19.7	20.7	16.2	8.1	6.8
天津	54.1	45.9	2.1	19.5	21.2	17.7	18.9	12.0	8.6
乌鲁木齐	52.2	47.8	4.9	19.0	19.2	27.0	14.9	7.4	7.6
无锡(M)	56.6	43.4	–	14.1	31.1	29.9	11.5	7.4	6.0
武汉	51.2	48.8	3.3	21.1	23.3	19.8	14.7	10.6	7.2
长春	50.4	49.6	4.2	19.3	20.3	20.6	17.0	11.1	7.5
长沙	49.8	50.2	4.2	23.4	21.5	22.0	14.1	8.8	6.0
郑州	50.9	49.1	4.3	27.5	21.7	19.9	12.6	7.7	6.3
重庆	51.8	48.2	3.9	17.9	21.5	23.5	14.6	10.9	7.7

注:标注(M)的城市为采用虚拟测量仪调查的城市,调查样本及推及总体为 15 岁及以上人口。

表 4.4　2019 年各城市收听率调查网人均月收入结构(%)

城市	没有收入	1～2000 元	2001～3000 元	3001～4000 元	4001～5000 元	5001～6000 元	6001 元及以上
北京(M)	12.4	0.2	2.2	6.0	11.1	20.4	47.7
大连	28.9	2.7	12.3	23.4	13.8	11.6	7.3
佛山	22.4	7.8	9.0	23.4	12.4	10.3	14.7
广州(M)	18.4	7.8	6.7	15.5	19.2	12.2	20.2
哈尔滨	20.2	5.7	25.3	23.0	11.1	8.6	6.1
杭州	25.2	3.5	6.0	10.0	14.2	16.2	24.9
合肥(M)	22.6	2.5	9.7	15.1	22.3	11.7	16.1
济南(M)	20.1	9.6	5.7	17.2	12.9	19.4	15.1
南昌	31.2	3.4	9.7	22.1	15.2	11.2	7.2
南京(M)	20.4	4.6	6.1	13.8	17.0	13.8	24.3
宁波	25.8	3.5	5.1	13.2	19.1	16.7	16.6
青岛	30.4	3.0	8.7	15.9	15.4	13.7	12.9
上海(M)	5.6	1.7	3.3	6.9	15.2	17.4	49.9
深圳(M)	26.0	0.3	1.4	2.3	7.0	8.7	54.3
沈阳	19.4	7.1	24.0	24.6	9.4	9.3	6.2
石家庄	30.5	4.1	16.4	21.7	13.7	7.8	5.8
苏州	23.1	5.0	6.5	11.5	14.8	15.2	23.9
太原	34.6	3.5	16.0	22.5	12.3	6.5	4.6
天津	23.8	2.2	12.5	25.4	15.7	11.9	8.5
乌鲁木齐	31.0	3.5	6.1	13.3	15.8	17.0	13.3
无锡(M)	19.0	5.4	7.6	18.5	17.3	14.4	17.8
武汉	27.4	2.2	9.5	19.1	15.6	11.3	14.9
长春	31.3	3.5	14.3	22.7	14.1	8.6	5.5
长沙	31.3	3.4	9.4	13.7	16.6	11.1	14.5
郑州	38.9	2.7	8.7	13.4	13.1	12.8	10.4
重庆	21.4	6.3	10.6	21.5	11.7	14.6	13.9

表 4.5　2019 年各省级收听率调查网样本规模及推及人口

省份	固定样组规模(户)	推及户数(千户)	推及人口(千人)
安徽省	300	8207	24959

表 4.6　2019 年各省级收听率调查网家庭规模结构(%)

省份	1 人户	2 人户	3 人户	4 人及以上户
安徽省	8.3	27.7	32.0	32.0

表 4.7　2019 年各省级收听率调查网性别与年龄结构(%)

省份	性　别		年　龄						
	男性	女性	10~14 岁	15~24 岁	25~34 岁	35~44 岁	45~54 岁	55~64 岁	65 岁及以上
安徽省	51.3	48.7	5.6	19.7	17.4	24.5	13.4	10.4	9.0

表 4.8　2019 年各省级收听率调查网人均月收入结构(%)

省份	没有收入	1~1000 元	1001~2000 元	2001~3000 元	3001~4000 元	4001~5000 元	5001 元及以上
安徽省	36.5	9.5	6.3	12.1	12.9	9.0	13.7

图书在版编目(CIP)数据

中国广播收听年鉴.2020/丁迈主编. --北京:中国传媒大学出版社,2020.12
ISBN 978-7-5657-2840-2

Ⅰ.①中… Ⅱ.①丁… Ⅲ.①广播工作-抽样调查统计-中国-2020-年鉴 Ⅳ.①G229.2-54

中国版本图书馆CIP数据核字(2020)第225836号

中国广播收听年鉴2020

ZHONGGUO GUANGBO SHOUTING NIANJIAN 2020

主　　编　丁　迈
策划编辑　程　平
责任编辑　程　平　姜颖昳　蒋　倩
封扉设计　大鹏设计
责任印制　李志鹏

出版发行　中国传媒大学出版社
社　　址　北京市朝阳区定福庄东街1号　　邮　　编　100024
电　　话　86-10-65450528　65450532　　传　　真　65779405
网　　址　http://cucp.cuc.edu.cn
经　　销　全国新华书店

印　　刷　艺堂印刷(天津)有限公司
开　　本　787mm×1092mm　1/16
印　　张　28
字　　数　614千字
版　　次　2020年12月第1版
印　　次　2020年12月第1次印刷

书　　号　ISBN 978-7-5657-2840-2/G·2840　　定　价　138.00元

本社法律顾问:北京李伟斌律师事务所　郭建平